Der Zugang zu elektrischen Versorgungsnetzen nach der Energierechtsreform von 1998

Europäische Hochschulschriften
Publications Universitaires Européennes
European University Studies

Reihe II
Rechtswissenschaft

Série II Series II
Droit
Law

Bd./Vol. 3597

PETER LANG
Frankfurt am Main · Berlin · Bern · Bruxelles · New York · Oxford · Wien

Björn Heinlein

Der Zugang zu elektrischen Versorgungsnetzen nach der Energierechtsreform von 1998

PETER LANG
Europäischer Verlag der Wissenschaften

Bibliografische Information Der Deutschen Bibliothek
Die Deutsche Bibliothek verzeichnet diese Publikation in der Deutschen Nationalbibliografie; detaillierte bibliografische Daten sind im Internet über <http://dnb.ddb.de> abrufbar.

ISSN 0531-7312
ISBN 3-631-50671-6

www.peterlang.de

Meiner Familie

Anja, Berthold, Leonie, Stefan und Ursel

sowie für

Eva-Maria

Vorwort

Am 29. April 1998 ist das Gesetz zur Neuregelung des Energiewirtschaftsrechts vom 24. April 1998 in Kraft getreten. Mit dem Gesetz wurde der ordnungspolitische Rahmen der Elektrizitäts- und Gaswirtschaft fundamental geändert. Mit Erlass des Gesetzes wollte der bundesdeutsche Gesetzgeber nach Vorgaben des europäischen Rechts einen Rahmen schaffen, damit Wettbewerb auf dem Energiemarkt stattfinden kann. Um dieses Ziel zu verwirklichen, wurde die kartellrechtliche Freistellung für Energieversorgungsunternehmen im Gesetz gegen Wettbewerbsbeschränkungen (GWB) abgeschafft. Dies hat zur Folge, dass die geschlossenen Versorgungsgebiete (rechtlich) weggefallen sind. Ferner wurden im Energiewirtschaftsgesetz mit dem System des verhandelten Netzzugangs (§§ 5 und 6 EnWG) und dem Alleinabnehmer-System (§ 7 EnWG) Netzzugangssysteme eingeführt. Darüber hinaus besteht auch die Möglichkeit des Direktleitungsbaus, da die Kommunen verpflichtet sind, ihre öffentlichen Verkehrswege im Gemeindegebiet zum Zwecke der Verlegung und des Betriebs von Leitungen zur unmittelbaren Versorgung von Letztabnehmern diskriminierungsfrei zur Verfügung zu stellen. Der Einführung von Wettbewerb sollen überdies die Deregulierung der Energieaufsicht sowie die Entbündelung der Unternehmen dienen.

Zwar nicht durch das Gesetz zur Neuregelung des Energiewirtschaftsgesetzes, aber doch in unmittelbaren Zusammenhang damit, ist die Fixierung eines speziellen Missbrauchstatbestandes in § 19 IV Nr. 4 GWB zu sehen. Auch dies soll dem freien Wettbewerb im Energiesektor dienen.

Jedoch hat der Gesetzgeber im Energierecht nur einen Rahmen hinsichtlich des Netzzugangs geschaffen. Die Umsetzung in die Praxis, insbesondere die Ausgestaltung der Durchleitungsverträge im Einzelnen, hat der Gesetzgeber nicht geregelt. Geradezu einzigartig ist der Ansatz des deutschen Gesetzgebers, die Ausgestaltung der Durchleitungsverträge den am Markt beteiligten Kräften zu überlassen. Von der Installation einer Regulierungsbehörde ist bislang ebenso Abstand genommen worden wie von der Möglichkeit, die Ausgestaltung der Durchleitungsverträge in ihrem entscheidenden Punkt, dem Durchleitungsentgelt, durch Rechtsverordnung zu regeln. Im Gegensatz zu den meisten ausländischen Staaten verzichtet die Bundesrepublik somit gänzlich auf eine aktive Regulierung.

Zur Ausgestaltung der Durchleitungsverträge und zur Vereinheitlichung der Durchleitungen haben die Verbände BDI, VIK und VDEW – wie von der damaligen Bundesregierung gefordert – zunächst die sog. Verbändevereinbarung Durchleitung (VV I) entwickelt. Diese wurde dann von der sog. Verbändevereinbarung Netznutzung (VV II) abgelöst.

Gegenstand dieser Arbeit ist zum einen der Zugang zu den Stromnetzen nach dem Energiewirtschaftsgesetz sowie dem Wettbewerbsrecht, wobei ein Schwerpunkt auf die Untersuchung der sog. Durchleitungsverweigerungsgründe gelegt wird. Untersucht werden ferner die Verbändevereinbarungen von BDI, VIK und VDEW.

Björn C. Heinlein

Inhaltsverzeichnis

Literaturverzeichnis:

Ahlemeyer, W./Nissen, J./ Lehmköster, C.	VV II – Ermittlung der Netznutzungsentgelte	ET 2000 S. 220 ff.
Apfelstedt, G.	Eine Argumentationsalternative zur Notwendigkeit einer Novellierung des Energiewirtschaftsrechts vom 24. April 1998	ZNER 1999 S. 39 ff.
Apfelstedt, G.	Energiegesetz und Verbändevereinbarung: Stellen sie wettbewerbsfördernde Netzbenutzungsregelungen dar?	ZNER 1998 S. 26 ff.
Apfelstedt, G.	Vorrangregelungen für Ökostrom unterm Damoklesschwert	ZNER 1997 S. 3 ff.
ARE/DVG/VDEW/VKU	Die „Durchleitung“ elektrischer Energie – Stellungnahme der Elektrizitätswirtschaft zur Frage der Zwangseinspeisung und Verrechnung beim Strombezug (1979)	ET 1979 S. 686
Baudenbacher, C.	Kartellrechtliche und verfassungsrechtliche Aspekte gesetzesersetzender Vereinbarungen zwischen Staat und Wirtschaft	JZ 1988 S. 689 ff.
Baumann, H.	Rechtsprobleme freiwilliger Selbstbeschränkung	Tübingen 1978 S. 97 ff.
Baumann, R.	Der liberalisierte Strommarkt in Kalifornien	EW 1999, S. 14
Baums, T.	GWB-Novelle und Kartellverbot	ZiP 1998 S. 233 ff.
Baur, J.F.	Der Missbrauch im deutschen Kartellrecht	1972 Tübingen
Baur, J.F.	Die Elektrizitätsbinnenmarktrichtlinie: Gestaltungsmöglichkeiten von Mitgliedstaaten; Auswirkungen auf Elektrizitätsunternehmen	VEnergR 84 (1998) S. 29
Baur, J.F.	Die Gebietsschutzverträge der Energieversorgungswirtschaft unter Fristenregelung und Kartellverbot seit der 4. Kartellgesetznovelle In: Hamburger Beiträge zum Handels-, Schifffahrts- und Wirtschaftsrecht	Band 5 1981
Baur, J.F.	Kooperative Wirtschaftslenkung und Kartellrecht In: FS für v. Gamm	S. 525 ff.

Baur, J.F.	Preisänderungsklauseln, Vertragsanpassungsklauseln und Höhere-Gewalt-Klauseln in langfristigen Lieferverträgen	ZiP 1985 S. 905 ff.
Baur, J.F.	Preisdifferenzierung durch Aufteilung von Versorgungsgebieten	ET 1996 S. 587 ff.
Baur, J.F.	Salvatorische Klauseln In: Festschrift für Ralf Vieregge	1995 S. 31 ff Berlin
Baur, J.F.	Schicksal der Lieferverträge nach Wegfall der Ausschließlichkeitsabrede	RdE 1997 S. 41 ff.
Baur, J.F.	Vertragliche Anpassungsregelungen	1983
Baur, J.F.	Wirtschaftsklausel In: Festschrift für Ernst Steindorff	1990 S. 509 ff.
Baur, J.F.,	Vergütungen für Strom aus Eigenerzeugungsanlagen	VEnergR 62 (1990) Baden-Baden
Baur, J.F./Moraing, M.	Rechtliche Probleme einer Deregulierung der Elektrizitätswirtschaft	VEnergR 72 (1994)
Bechtold, R.	Kommentar zum GWB	2. Auflage 1999 München
Becker, P.	Rechtsfragen langfristiger Lieferverträge zwischen Energieversorgern im Wettbewerb	ZNER 1997 S. 12 ff
Becker, P.	Reform der Reform: Zur Struktur des EnWG und zu den Anforderungen an eine Novelle	ZNER 1998 S. 51 ff.
Becker/Held/Riedel/Theobald (Hrsg.)	Energiewirtschaft im Aufbruch	2001
Becker, U./Rosin, P.	Das Single Buyer-System gem. Energiewirtschaftsgesetz	ET 2000 S. 385 ff.
Beckert, Z.	Abgeänderter Richtlinienvorschlag zum Binnenmarkt für Elektrizität	1997 Berlin
Bergmann, B.	Ein Netzzugang Dritter in der Elektrizität und Grundrechte der Versorgungsunternehmen	1995 Sinzheim
Bergmann, C.	Grundlagen für Durchleitungsentgelte aus elektrizitätswirtschaftlicher Sicht	EW 12/97 (1998), S. 9 ff.

Bergmann, L./Schaefer, C.	Lehrbuch der Experimentalphysik: Elektrizität und Magnetismus	Band II 7. Auflage 1987
Berthold, H./Rottenbacher, C.	Ermittlung angemessener Durchleitungsentgelte	EW 1997 S. 931 ff.
BET Aachen; Becker Büttner Held	Gutachten: Regelungs- und Tarifierungsvorschläge zur Öffnung des Elektrizitätsmarktes für Wettbewerber unter Sicherung von Umweltschutzstandards	1997
Bewag (Hrsg.)	Strom für Berlin – Von der Inselversorgung zum Verbund	
Biedenkopf, K.	Zur Selbstbeschränkung auf dem Heizölmarkt	BB 1966 S. 1113 ff.
Birkenmaier, D.	Der europäische Stromverbund und das Missbrauchsverbot des EWG-Kartellrechts – ein Diskussionsbeitrag	WRP 1981 S. 518 ff.
Blanke, H-J./Peilert, A.	Zur Verfassungsmäßigkeit energiewirtschaftlicher Subventionsregime (Teil 2)	RdE 1999 S. 125 ff.
Bock, U./Nissen, J.	Standardisierte Lastprofile für Haushalte und Kleingewerbe	ET 1999 S. 606 ff.
Bonner Kommentar	zum Grundgesetz	Band 4 13. Lieferung Dezember 1964
Börner, A.-R.	Verhandelter Stromnetzzugang und Kartellrecht	Versorgungswirtschaft 1999 S. 77 ff.
Börner, A-R.	Der Energiemarkt und die geschlossenen Versorgungsgebiete der Strom- und Gaswirtschaft im Übergang zum Wettbewerb, Zeitschrift für öffentliche und gemeinwirtschaftliche Unternehmen	Zeitschrift für öffentliche und gemeinwirtschaftliche Unternehmen, Beiheft 20, 1996 Baden-Baden
Börner, A-R.	Durchleitungsvertrag nach § 6 EnWG	RdE 1998 Heft 6
Börner, A-R.	Erste Überlegungen zu den privaten Normierungen der Stromdurchleitung: Stringenz und Kartellrecht (Teil 1)	RdE 2000 S. 55 ff.

Börner, A-R.	Erste Überlegungen zu den privaten Normierungen der Stromdurchleitung: Stringenz und Kartellrecht (Teil 2)	RdE 2000 S. 94 ff.
Börner, A-R.	Stromdurchleitung: Anregung aus US-Regulierung? Kölner Miszellen zum Energierecht	Heft 6 1998
Börner, A-R.	Zur Nichtigkeit eines Stromliefervertrages zwischen Regionalversorger und Stadt	ET 1999 S. 405 ff.
Börner, B.	Probleme der 4. Novelle zum GWB	VEnergR 48 (1981) S. 77 ff.
Börner, B.	Studien zum deutschen und europäischen Wirtschaftsrecht	Bd. 3 1980
Böwing, A.	Rechtsfragen bei Netzzugang, Netzbenutzung und Durchleitung	VEnergR 85 (1998)
Böwing, A./Rosin, P.	Neue juristische Probleme bei Stromlieferverträgen	ET 2000 S. 249 ff.
Brandt, E./Albrecht, M./Köster, K./Ristau, H.	Umwelt- und wettbewerbsorientierte Weiterentwicklung des Energierechts	1996 Berlin
Bräuer, W./Egeln, J./Werner, A.	Wettbewerb in der Versorgungswirtschaft und seine Auswirkungen auf kommunale Querverbundunternehmen	ZEW-Schriftenreihe Band 20 1997 Baden-Baden
Britz, G.	Öffnung der europäischen Strommärkte durch die Elektrizitätsbinnenmarktrichtlinie	RdE 1997 S. 85 ff.
Britz, G.	Örtliche Energieversorgung nach nationalem und europäischen Recht	1994 Baden-Baden
Brox, H/Walker, W-D.	Zwangsvollstreckungsrecht	6. Auflage 1999
Budde, H-J.	„Rücklieferung“ und „Durchleitung“ elektrischer Energie	ET 1973 S. 199 ff.
Budde, H-J.	KWK – looser or winner des Wettbewerbs in der Energielandschaft?	VIK-Mitteilungen 1-1999 S. 2 ff.

Büdenbender, U.	Die Energieaufsicht über Energieversorgungsunternehmen nach dem neuen Energiewirtschaftsrecht	DVBl. 1999 S. 7 ff.
Büdenbender, U.	Die Kartellaufsicht über die Energiewirtschaft	VEnergR 76 (1995)
Büdenbender, U.	Die kartellrechtliche Zulässigkeit von Gesamtbedarfsdeckungsklauseln	ET 2000 S. 359 ff.
Büdenbender, U.	Durchleitung elektrischer Energie nach der Energierechtsreform	RdE 1999 S. 1 ff.
Büdenbender, U.	Durchleitungen in der Elektrizitätswirtschaft und Eigentumsschutz	WuW 2000 S. 119 ff.
Büdenbender, U.	Energierecht	1982 Köln
Büdenbender, U.	Energiekartellrecht	1994 Köln
Büdenbender, U.	Lässt sich der Wettbewerb in der Elektrizitätswirtschaft mit Hilfe von Durchleitungen elektrischer Energie über fremde Leitungsnetze einführen?	RdE 1979 S. 14 ff.
Büdenbender, U.	Missbrauchsaufsicht und Durchleitung in der Elektrizitätswirtschaft	VEnergR 48 (1981) S. 129 ff.
Büdenbender, U.	Möglichkeiten zur Durchsetzung des Netzzugangs in der Elektrizität- und Gaswirtschaft	ZIP 1999 S. 1469 ff.
Büdenbender, U.	Rechtsfragen anlässlich der Durchleitung elektrischer Energie	VEnergR 91 (1999) S. 73 ff.
Büdenbender, U.	Schwerpunkte der Energierechts-Reform 1998	1999 Köln
Büdenbender, U./von Heinegg, W./Rosin, P.	Energierecht I, Recht der Energieanlagen	1999 Berlin/ New York
Bunte, H-J.	6. GWB-Novelle und Missbrauch wegen Verweigerung des Zugangs zu einer „wesentlichen Einrichtung“	WuW 1997 S. 302 ff.

Burkhardt, J.	Kartellrecht	1995 München
Cahn von Seelen, U.	Energierechtsreform – gleiche Wettbewerbsbedingungen für alle	ET 1997 S. 600 ff.
Cahn von Seelen, U.	Wettbewerb als Chance	ET 1999 S. 438 ff.
Creifelds	Rechtswörterbuch	16. Auflage 2000 München
Cronenberg, M.	Das neue Energiewirtschaftsrecht	RdE 1998 S. 85 ff.
Dehmer, R.	Energieversorgungskonzept – Vorranggebiete – Kartellrecht	RTW-Reihe Band 52 1989 Berlin
Dennersmann, J. u.a.	Systemdienstleistungen bei Durchleitungen	ET 1998 S. 550 ff.
Dennersmann, J./Gerecht, M./Hartenstein, R./Hüppe, W./Reeh, P./Staschus, K.	Durchleitungsentgelte in Übertragungsnetzen gemäß Verbändevereinbarung	EW 96 (1997) S. 1542 ff.
Deregulierungskommission	Marktöffnung und Wettbewerb	1991
Deselaers, W.	Die „essential facilities“-Doktrin im Lichte des Magill-Urteils des EuGH	EuZW 1995 S. 563 ff.
DIHT	DIHT für einfachen und preiswerten Netzzugang auf den Strommärkten	DIHT Informationen für Presse, Funk & Fernsehen v. 11. November 1997
Dreher, M.	Die Verweigerung des Zugangs zu einer wesentlichen Einrichtung als Missbrauch der Marktbeherrschung	DB 1999 S. 833 ff.
Drews/Wacke/Vogel/Martens	Gefahrenabwehr	9. Auflage 1986 Köln/Berlin/Bonn /München

Ebel, H-R.	Abgegrenzte Versorgungsgebiete auch nach der Energierechtsreform?	VIK-Mitteilungen 4/1998 S. 75 ff.
Ebel, H-R.	Durchleitung von Strom und Gas nach § 103 GWB	WuW 1994 S. 731 ff.
Ebel, H-R.	Energielieferungsverträge	1992 Heidelberg
Eickhoff, N./Kreikenbaum, D.	Die Liberalisierung der Märkte für leitungsgebundene Energien	WuW 1998 S. 666 ff.
Elberskirch, D.	Eine Energiebörse in Deutschland	Wirtschaftswelt Energie Teil I Februar 1999, S. 8 ff. Teil II März 1999, S. 12 ff.
Emmerich, V.	Das Wirtschaftsrecht der öffentlichen Unternehmen	1969 Bad Homburg v.d.H./Berlin/Zürich
Emmerich, V.	Ist der kartellrechtliche Ausnahmebereich für die leitungsgebundene Versorgungswirtschaft wettbewerbspolitisch gerechtfertigt? Gutachten im Auftrag des Niedersächsischen Ministers für Wirtschaft und Verkehr, hrsg. vom Niedersächsischen Minister für Wirtschaft und Verkehr, Referat Öffentlichkeitsarbeit	1978
Emmerich, V.	Kartellrecht	7. Auflage 1997 und 8. Auflage 1999 München
Eyermann	Kommentar zur Verwaltungsgerichtsordnung	11. Auflage 2000 München
Fehling, M.	Der finanzielle Ausgleich für die Mitbenutzung fremder Infrastruktur bei Schienenwegen, Energieversorgungs- und Telekommunikationsleitungen	VerwArch 86 (1995) S. 600 ff.

Fehling, M.	Mitbenutzungsrecht Dritter bei Schienenwegen, Energieversorgungs- und Telekommunikationsleitungen vor dem Hintergrund staatlicher Infrastrukturverantwortung	AöR 121 (1996) S. 59 ff.
Fischerhof, H.	„Stromdurchleitung" über fremde Netze als Rechtsproblem	1974 Baden-Baden
Fischerhof, H.	Zur Rechtsnatur des Stromlieferungsvertrages	NJW 1954 S. 1874 ff.
Flume, W.	Allgemeiner Teil des Bürgerlichen Rechts	Band 2 3. Auflage 1979 Berlin/Heidelberg/New York
Franke, P.	Zulassungsvoraussetzungen zum Alleinabnehmersystem	ET 1999 S. 273 ff.
Frankfurter Kommentar	zum GWB	Band II Lfg. 30 Januar 1993 und Lfg. 43 Mai 1999
Gablers	Wirtschafts-Lexikon	Band 4 und Band 8 13. Auflage 1993
Gabriel, S.L.	„Wesentlicher" Wettbewerb und „missbräuchliche" Preise	BB 1974 S. 1405 ff.
Gabriel, S.L.	Missbrauch wirtschaftlicher Macht: Kriterien, Verfahren, Maßnahmen	WuW 1968 S. 581 ff.
Gamm, O. Frhr. v.	Kartellrecht	2. Auflage 1990 Köln/Berlin/Bonn /München
Gassner, U. M.	Grundzüge des Kartellrechts	1999
Geiger	EG-Vertrag Kommentar	2. Auflage 1995 München

Geiß, A.	Verbändevereinbarung: Ein klares politisches Signal	Wirtschaftswelt Energie 1997 S. 13
Genten, A./Rosin, P.	Praktische Rechtsfragen beim Wechsel des Energielieferanten	ET 2000 S. 469 ff.
Genten, A./Rosin, P.	Praktische Rechtsfragen beim Wechsel des Energielieferanten (Teil 2)	ET 2000 S. 606 ff.
Gersemann, D.	Schutzklausel – Ein Beitrag zu Art. 4 § 2 des Gesetzes zur Neuregelung des Energiewirtschaftsrechts	ZNER 1998 S. 15 ff.
Giefers, P.	Durchleitung und einstweilige Verfügung	ET 1999 S. 481 ff.
Gleiss/Hirsch	Kommentar zu EG-Kartellrecht	Band 1 4. Auflage 1993 Heidelberg
Grawe, J.	Netzzugang und Vorrang-Regelungen	EW 1997 S. 1309 ff.
Grawe, J./Müller, N.	Kriterien zur Bestimmung von Durchleitungsentgelten	EW 1996 S. 1 ff.
Gutmann, F.	Energietechnik vom Kraftwerk bis zum Verbraucher	1994 Renningen-Malmsheim
Haedicke, M. E.	Energiehandel in Europa	ET 1997 S. 276 ff.
Hamacher, J.	Die neue kartellrechtliche Preismissbrauchsaufsicht in der leitungsgebundenen Energieversorgung	RdE 1998 S. 225 ff.
Hannes, B./Rottenbacher, C.	Ermittlung angemessener Durchleitungsentgelte	EW 18/1997 S. 931 ff.
Harms, W.	Preismissbrauch im Hinblick auf die Preishöhe	VEnergieR Band 48 1981 S. 191 ff.
Harms, W.	Zur Anwendung der Schutzklauseln für Öko-, KWK- und Braunkohlestrom	RdE 1999 S. 165 ff.

Harms, W.	Zwischen Privatisierung, Wettbewerb und Kommunalisierung In: Berliner Beiträge zum Wirtschaftsrecht	Band 8 Energierecht 1992 Köln/Berlin/Bonn /München
Heiermann, W./Riedl, R./Rusam, M.	Handkommentar zur VOB	9. Auflage 2000 Wiesbaden und Berlin
Heinegg, W. v./Haltern, U.	Keine Angst vor Art. 14 GG!	JuS 1993 S. 121 ff. u. S. 213 ff.
Heinloth, K.	Die Energiefrage: Bedarf und Potentiale, Nutzung, Risiken und Kosten	Braun-schweig/Wiesbaden 1997
Herrmann, B.	Das Kraft-Wärme-Kopplungsgesetz – Systematik, Anwendungsbereich und Grenzen	RdE 2000 S. 184 ff.
Heuck, K./Dettmann, K-D.	Elektrische Energieversorgung	3. Auflage 1995 Braun-schweig/Wiesbaden
Hiddemann, H-J.	Die Rechtsprechung des Bundesgerichtshofs zu den Energieversorgungsverträgen	WM 1976 S. 1294 ff.
Hinz H-J./Klafka, P.	DVG-GridCode zementiert Punkt-zu-Punkt-Modell	Wirtschaftswelt Energie, 1999, 6 ff.
Hinz, H-J./Klafka, P.	Entfernungsabhängige Durchleitungsentgelte und Wettbewerb	VIK-Mitteilungen April 1997 S. 85 ff.
Hinz, H-J./Klafka, P.	Mit Lastprofilen den Wettbewerb gestalten	ET 1999 S. 611 ff.
Hoppmann, E.	Marktbeherrschung und Preismissbrauch	1983
Hoppmann, E.	Preiskontrolle und Als-ob-Konzept	1974
Horn, N.	Neuverhandlungspflicht	AcP 181 (1981) S. 255 ff.

Horn, N.	Vertragsbindung unter veränderten Umständen	NJW 1985 S. 1118 ff.
Horstmann, K-P.	Zulassungsverfahren und Wegerechte für Energieversorgungsleitungen sowie der Zugang zu Energieversorgungsnetzen nach dem neuen Energiewirtschaftsgesetz und Wettbewerbsrecht	1999 Osnabrück
Hübschle, W.	Die kartellrechtliche Missbrauchsaufsicht über Strompreisdifferenzen nach der Energierechtsnovelle	WuW 1998 S. 146 ff.
Hueck, A.	Normenverträge	Jherings Jahrbücher 73 (1923) S. 33 ff
Hüffer, U./Ipsen, K./ Tettinger, P.J.	Die Transitrichtlinien für Gas und Elektrizität	1991 Stuttgart/München/Hannover
Immenga, U.	Politische Instrumentalisierung des Kartellrechts?	1976
Immenga, U./Mestmäcker, E-J.	EG-Wettbewerbsrecht	Band I 1997 München
Immenga, U./Mestmäcker, E-J.	GWB	2. Auflage 1992 München
Jarass, H.D.	Europäisches Energierecht In: Schriften zum Europäischen Recht	Band 23 1996 Berlin
Jung, V.	Eckpunkte einer Novellierung des Energiewirtschaftsgesetzes vom 24. April 1998 (25. 03. 1999)	ZNER 1999 S. 31 ff.
Kaiser, J. H.	Industrielle Absprachen im öffentlichen Interesse	NJW 1971 S. 585 ff.
Klafka, P./Hinz, H-J./Zander, W./ Ritzau, M./Held, C.	Netzzugangsverordnung für elektrische Netze	ET 1998 S. 35 ff.
Klafka, P./Ritzau, M./Zander, W./Held, C.	Durchleitungsmodell des Energieforum Berlin e.V.	1997

Klafka, P./Ritzau, M./Zander, W./Held, C./Riedel/Zenke, I.	Nutzung elektrischer Netze durch Dritte auf Basis einer wettbewerbsgerechten Tarifierung, Gutachten im Auftrag der Bundesländer Schleswig-Holstein, Berlin, Brandenburg, Bremen, Hessen, Saarland	1997
Klätte, G.	Wettbewerb und EG-Binnenmarkt	ET 1988 S. 412 ff.
Klaue, S.	Einige Bemerkungen zur Gasdurchleitungsentscheidung des Kammergerichts in Berlin	RdE 1994 S. 88 ff.
Klaue, S.	Einige Bemerkungen zur Verbändevereinbarung über Durchleitungsentgelte für Strom	ZNER 1998 S. 22 ff.
Klaue, S.	Zur Rezeption der amerikanischen „essential-facility-doctrine" in das europäische und deutsche Kartellrecht	RdE 1996 S. 51 ff.
Klopfer, T./Schulz, W.	Märkte für Strom	1993 München
Knöpfle, R.	Ist die Frage nach der Gewinnhöhe bei der Missbrauchsaufsicht über marktbeherrschende Unternehmen mit einem freiheitlichen Wirtschaftssystem vereinbar?	BB 1979 S. 1101 f.
Knöpfle, R.	Wege und Irrwege der kartellrechtlichen Missbrauchsaufsicht	DB 1984 S. 1129 ff. u. S. 1184 ff.
Knöpfle, R.	Zulässigkeit und Eignung des Maßstabs des Als-ob-Wettbewerbs für die Missbrauchsaufsicht über Versorgungsunternehmen	
Knöpfle, R.	Zur Berücksichtigung der Kosten, insbesondere der Gemeinkosten, bei der kartellrechtlichen Missbrauchsaufsicht	BB 1975 S. 1607 ff.
Knöpfle, R.	Zur Missbrauchsaufsicht über marktbeherrschende Unternehmen auf dem Preissektor	BB 1974 S. 862 ff.
Köhler, H.	Zulässigkeit von Wettbewerbsbeschränkungen beim Eigenvertrieb	VEnergR 91 (1999) S. 51 ff.
Kühne, G.	Der Netzzugang und seine Verweigerung im Spannungsfeld zwischen Zivilrecht, Energierecht und Kartellrecht	RdE 2000 S. 1 ff.

Kühne, G.	Schicksal langfristiger Lieferverträge zwischen Energieversorgungsunternehmen (EVU) bei Aufhebung der §§ 103, 103 a GWB	BB 1997 Beilage zu Heft 50 S. 1 ff.
Kühne, G./Scholtka, B.	Das neue Energiewirtschaftsrecht	NJW 1998 S. 1902 ff.
Kühne/Straßburg/Hermann/ Rupp (Hrsg.)	Wettbewerb, Bestandsschutz, Umweltschutz	VEnergR 83 (1997)
Kuhnt, D.	Übertragung von Strom nach deutschem und europäischem Recht, in : Festschrift für Lukes	1989 S. 411 ff.
Kumkar, L.	Die deutsche Energierechtsnovelle aus ökonomischer Sicht – Über Alleinabnehmer, zugelassenen Kunden und Vorrangregelungen für einzelne Energieträger	ZNER 1998 S. 26 ff.
Kumkar, L./Neu, A.D.	Nach beschlossener Marktöffnung auch Wettbewerb in der Elektrizitätswirtschaft	1997 Kiel
Kunth, B./Slabschi, P.	Zu den Folgen nichtiger Gebietsschutzabreden in Energielieferverträgen	RdE 1997 S. 174 ff.
Landmann/Rohmer	Umweltrecht Bundes-Immissionsschutzgesetz	Band 1 31. Lfg. März 1999
Langen/Bunte	Kommentar zum deutschen und europäischen Kartellrecht	Band 1 und 2 7. Auflage 1994 8. Auflage 1998
Langer, S.	Durchleitung von Energie gemäß § 103 Abs. 5 GWB	ET 1995 S. 395 ff.
Lapuerta, C./Pfeifenberger, J./Weiss, J./Pfaffenberger, W.	Netzzugang in Deutschland im internationalen Vergleich	ET 1999 S. 446 ff.
Larenz, K.	Allgemeiner Teil des deutschen Bürgerlichen Rechts	8. Auflage 1997 München
Lindemann, H-H./Köster, K.	Energiewirtschaft auf dem Weg zu mehr Wettbewerb	DVBl. 1997 S. 527 ff.
Lorenz, H.	Staatlich inspirierte Selbstbeschränkungsabkommen und Kartellrecht	Berlin 1977/78

Löwer, W.	Energieversorgung zwischen Staat, Gemeinde und Wirtschaft	RTW-Reihe Band 53 1989 Köln
Ludwig, W./Cordt, A./Stech, J./Odenthal, H.	Recht der Elektrizitäts-, Gas- und Wasserversorgung	Bd. 2 Teil IV EL 37 Mai 1992
Lukes, R.	Alleinabnehmerstatus für Letztverbraucher versorgende EVU	ET 1998 S. 26 ff.
Lukes, R.	Beseitigung der kartellrechtlichen Freistellung für die leitungsgebundene Energieversorgung und die Auswirkungen auf die Netzbenutzungen	RdE 1998 S. 26 ff.
Lukes, R.	Das Preisrecht als Instrument zur Angleichung des Energiepreisniveaus	BB 1980 S. 1593 ff.
Lukes, R.	Energieaufsichtsrecht als Instrument zur Beseitigung von Preisdisparitäten	ET 1981 S. 757 ff.
Lukes, R.	Liberalisierung des Strommarktes – Realität oder Utopie?	Beilage 12 zu BB 1998 Heft 48
Lukes, R.	Richtlinienkonformität der Netzzugangsregelungen im Neuregelungsgesetz	ET 1999 S. 80 ff.
Lukes, R.	Stromlieferverträge im liberalisierten Strommarkt	Beilage 8 zu BB 1999 Heft 21 S. 1 ff.
Lukes, R.,	Die Neuregelung des Energiewirtschaftsrechts	BB 1998 S. 1217 ff.
Maas, H.	Für Wettbewerb und Umweltschutz in der deutschen Elektrizitätswirtschaft – Arbeitspapier zur Novellierung der Energierechtsnovelle –	ZNER 1999 S. 50 ff.
Mailänder, K.P.	Schranken für das Vertragsdiktat zu Lasten der Träger wesentlicher Einrichtungen In: Festschrift für Ingo Schmidt	S. 271 ff. 1997 Baden-Baden
Markert, K.	Bestehende Lieferverträge als Grund für die Unzumutbarkeit von Stromdurchleitungen?	ZNER 1998 S. 3 ff.

Markert, K.	Die Verweigerung des Zugangs zu „wesentlichen Einrichtungen“ als Problem der kartellrechtlichen Missbrauchsaufsicht	WuW 1995 S. 560 ff.
Markert, K.	Durchleitung von Strom und Gas: Allgemeines Kartellrecht oder Sonderregelung?	BB 1997 S. 1421 ff.
Markert, K.	Zur Frage der kartellrechtlichen Unbilligkeit der Verweigerung wettbewerbsbegründender Durchleitungen	BB 1993 S. 1023 ff.
Markert, K.	Zwangsdurchleitung mittels Kartellrecht	ET 1998 S. 252 ff.
Martens, K-P.,	Rechtsgeschäft und Drittinteressen	AcP 177 (1977) S. 139
Maurer, H.	Allgemeines Verwaltungsrecht	13. Auflage 2000 München
Medicus, D.	Allgemeiner Teil des BGB	7. Auflage 1997 Heidelberg
Medicus, D.	Schuldrecht I AT	12. Auflage 2000 München
Meier, H.	Verordneter oder freier Netzzugang	ET 1998 S. 41 ff.
Meinhold, W.	Nur Zuspruch statt Vorrang für KWK-Strom im neuen EnWG	ZNER 1998 S. 2 ff.
Meller, E.	Neue Verbändevereinbarung erleichtert den Marktzugang	ET 1999 S. 736 ff.
Mestmäcker, E.-J.	Über das Verhältnis des Rechts der Wettbewerbsbeschränkung zum Privatrecht	AcP 168 (1968), S. 235 ff.
Mombauer, P.M.	Energiewirtschaft im Wettbewerb	DÖV 1997 S. 571 ff
Monopolkommission	Hauptgutachten I	
Montag, F.	Gewerbliche Schutzrechte, wesentliche Einrichtungen und Normungen im Spannungsfeld zu Art. 86 EGV	EuZW 1997 S. 71 ff.

Möschel, W.	Der Oligopolmissbrauch im Recht der Wettbewerbsbeschränkungen	1974
Möschel, W.	Recht der Wettbewerbsbeschränkungen	1983 Köln/Berlin/Bonn /München
Möschel, W.	Strompreis- und kartellrechtliche Kontrolle	WuW 1999 S. 5 ff.
Mühlen, M. zur	Handlungsbedarf in der Rechnungslegung und Prüfung deutscher Energieversorgungsunternehmen	Versorgungswirtschaft 1997 S. 173 ff.
Müller, L.	Handbuch der Elektrizitätswirtschaft	1998
Müller, M.	Die „Essential Facilities"-Doktrin im Europäischen Kartellrecht	EuZW 1998 S. 232 ff.
Müller, W. (Hrsg.)	Duden – Bedeutungswörterbuch	2 Auflage Band 10 1985 Mannheim/ Leipzig/ Wien/ Zürich
Müller-Kirchenbauer, J. /Ritzau, M.	VV II – Anforderungen und Chancen in der Praxis	ET 2000 S. 212 ff.
v. Münch/Kunig	Grundgesetz	4. Auflage 1992 München
Münchner Kommentar zum	Bürgerlichen Gesetzbuch	Band 1 3. Auflage 1993 4. Auflage 2001 München
Nicklisch, F.	Technische Regelwerke – Sachverständigengutachten im Rechtssinne?	NJW 1983 S. 841 ff.
Nitsch, J. u.a. in: Deutsche Forschungsanstalt für Luft- und Raumfahrttechnik Schwerpunkt Energietechnik (Hrsg.)	Wirtschaftliches und ausschöpfbares Potential der Kraft-Wärme-Kopplung in Baden-Württemberg - Untersuchung im Auftrag des Wirtschaftsministeriums Baden-Würtemberg – Hauptband	1994 Stuttgart

Notthoff, M.	Novellierungsversuche des Energiewirtschaftsrechts vor dem Hintergrund grundrechtlicher Normen In: Europäische Hochschulschriften	Reihe II Band 1637 1994 Berlin
Obernolte, W./Danner, W.	Energiewirtschaftsrecht Kommentar	Ergänzungslieferung 36 Stand März 2000 München
Ohlms, W.	Die Verbändevereinbarung II Strom ist unterschrieben – was nun?	Anlage zum VKU-Nachrichtendienst 613 vom Januar 2000, S. 2.
Oschmann, V.	Das Gesetz für den Vorrang Erneuerbarer Energien	ET 2000 S. 460 ff.
Ott, G.	Energie – kein Thema?	RdE 1997 S. 128 ff.
Palandt	Bürgerliches Gesetzbuch (zitiert: Palandt/Verfasser)	59. Auflage 2000 München
Papier, H-J.	Die Regelung von Durchleitungsrechten	RTW 77 (1997)
Papier, H-J.	Durchleitung und Eigentum	BB 1997 S. 1213 ff.
Papoutsis, C.	Die Stellungnahme der Kommission zum Netzzugang, zu lex VEAG und zur Kraft-Wärme-Kopplung – Brief des für Wirtschaft zuständigen Kommissars Christos Papoutsis vom 22.9.1997 an Staatssekretär Dr. Schomerus im Bundeswirtschaftsministerium	ZNER 1998 S. 66 ff.
Perner, J./Riechmann, C./ Schulz, W.	Durchleitungsbedingungen für Strom und Gas	1997 München
Pfeifenberger, J./Lapuerta, C./Pfaffenberger, W.	Netzzugang in Deutschland – ein Ländervergleich	Wirtschaftswelt Energie, 1999 S. 9 ff.
Pfeiffer, J.	Stromdurchleitungen nach deutschem, europäischem und amerikanischem Recht	1996 Heidelberg

Pfletschinger, W./Günther, A.	Zugang zu wesentlichen Einrichtungen – aber zu welchen Bedingungen? (Teil 2),	Wirtschaftswelt Energie, Juni 1998 S. 17 ff.
Pfletschinger, W./Styles, P.R./Günther, A.	Verbändevereinbarung reicht nicht aus	Wirtschaftswelt Energie Oktober 1997, S. 15 f.
Pieroth, B./Schlink, B.	Staatsrecht II Grundrechte	17. Auflage 2001
Pohlmann, M.	Energierechtsnovelle und Stromlieferungsverträge	1997 Frankfurt/M.
Pohlmann, M.	Kartellrechtliche Aufsicht über die Stromabgabepreise der Energieversorgungsunternehmen nach der Energierechtsnovelle	RdE 1998, S. 570 ff.
Raisch, P.	Methodische Bedenken gegen Generalklauseln im Kartellrecht am Beispiel der Missbrauchsaufsicht über marktbeherrschende Unternehmen	JZ 1965 S. 625 ff.
Raiser, L.	Das Recht der allgemeinen Geschäftsbedingungen	Nachdruck 1960
Raskop, M./ Starzynski, B.	Studien für das elektrische Verbundnetz der Bewag	EW 1995, S. 418 ff.
Rauschning, D.	Wiedervereinigung vor dem Hintergrund der Rechtslage Deutschlands	JuS 1991 S. 977 ff.
Recknagel, H./Pardemann, H.	Zu den Auswirkungen des Wegfalls des § 103 GWB auf Energielieferverträge zwischen EVU In: Energierechtsnovelle und Stromlieferungsverträge	1997 S. 101 ff. Frankfurt/M.
Reinholz, H.	Die rechtliche Einordnung des Energielieferungsvertrages	RdE 1999 S. 64 ff.
Richmann, A.	Mehr Stromwettbewerb für kleine und mittlere Kunden	Wirtschaftswelt Energie 1998 S. 13 ff.
Rittner, F.	Wettbewerbs- und Kartellrecht	6. Auflage 1999 Heidelberg

Rittner, F.	Wirtschaftsrecht	1987 Tübingen
Rogge, I.	Auswirkungen des Wegfalls des Gebietsschutzes auf Preise/Preisänderungsklauseln in Stromlieferungsverträgen zwischen EVU und Kunden In: Energierechtsnovelle und Stromlieferungsverträge	1997 S. 93 ff. Frankfurt/M.
Rosin, Peter	Vertragsgestaltung bei der Stromdurchleitung – Gegenwart und Zukunft	ET 2001, S. 390 ff.
RWE Energie (Hrsg.)	Erzeugung der elektrischen Energie	3. Auflage 1991
RWE Energie (Hrsg.)	Übertragung und Verteilung der elektrischen Energie	5. Auflage 1995
Säcker, F.J./Busche, J.	Umsetzung der Elektrizitätsbinnenmarkt-Richtlinie	ET 1998 S. 18 ff.
Salje, P.	Der Durchleitungsvertrag	RdE 1998 S. 169 ff.
Salje, P.	Stromlieferverträge nach Wegfall der kartellrechtlichen Freistellung	ET 1999 S. 768 ff.
Salje, P.	Vorrang für Erneuerbare Energien	RdE 2000 S. 125 ff.
Sauerbaum, E.	Mit heißer Nadel genäht	Wirtschaftswelt Energie Oktober 1997 S. 14
Scherer, J.	Das neue Telekommunikationsgesetz	NJW 1996 S. 2953 ff.
Schiffer, H-W.	Deutscher Energiemarkt '99	ET 2000 S. 114 ff.
Schiffer, H-W.	Energiemarkt Bundesrepublik Deutschland	6. Auflage 1997 Köln
Schmidt, R. (Hrsg.)	Öffentliches Wirtschaftsrecht, Besonderer Teil I	1995 Berlin/Heidelberg/New York

Schmidtchen, D./Bier, C.	Liberalisierte Strommärkte	1997 Tübingen
Schmidt-Preuß, M.	Die Gewährleistung des Privateigentums durch Art. 14 GG im Lichte aktueller Probleme	AG 1996 S. 1 ff.
Schmidt-Preuß, M.	Verfassungskonflikt um die Durchleitung?	RdE 1996 S. 1 ff.
Schnorbus, Y.	Die Konzessions- und Demarkationsverträge der Versorgungswirtschaft	DZWir 1998 S. 137 ff.
Scholz, R./Langer, S.	Europäischer Binnenmarkt und Energiepolitik In: Schriften zum Europäischen Recht	Band 13 1992 Berlin
Scholz, R./Langer, S.	Rechtsfragen eines europäischen Binnenmarktes für Energie	ET 1992 S. 851 ff.
Scholz, U.	Die Beurteilung von Bezugsbindungen in Elektrizitätslieferverträgen nach deutschem und EG-Kartellrecht	RdE 1998 S. 209 ff.
Scholz, U.	Stromimporte via Durchleitung – Die Reziprozitätsklausel des Artikel 4 § 2 NeuregelungsG –	RdE 1999 S. 209 ff.
Schönke, H./Schröder, A.	Strafgesetzbuch Kommentar	26. Auflage 2001 München
Schröder, K./Stelzner, P.	Der Bilanzkreisvertrag unter besonderer Berücksichtigung der Strombörsen	ET 2000 S. 683 ff.
Schröter, M.	Verordneter oder freier Netzzugang	ET 1998 S. 196 ff.
Schwabe, P.	Die deutsche Stromversorgungsstruktur und der EWG-Vertrag	1993 Baden-Baden
Schwintowski, H-P.	Wettbewerb und Ordnung auf Energiemärkten nach Wegfall der §§ 103, 103 a GWB	WuW 1997 S. 769 ff.
Sinzheimer, H.	Der korporative Arbeitsnormenvertrag	Berlin 1977
Sölch/Ringleb	Umsatzsteuergesetz-Kommentar	46. Ergänzungslieferung Stand: August 2001 München

Soergel	Bürgerliches Gesetzbuch	12. Auflage 1990 13. Auflage 1999 Stuttgart/Berlin/Köln/Mainz
Speich, P.	Rechtsfragen eines Stromimports aus Frankreich	RdE 1984 S. 122 ff.
Staudinger	Kommentar zum Bürgerlichen Gesetzbuch	13. Bearbeitung 1996 Berlin
Steinberg, R./Britz, G.	Der Energieliefer- und erzeugungsmarkt nach nationalem und europäischen Recht	1995 Baden-Baden
Steinborn, F.	„BHKW-Plan" Benutzerhandbuch	1999
Steindorf/Horn/Nelle	Neuverhandlungspflichten	1994
Stein-Jonas	Kommentar zur ZPO	21. Auflage seit 1993
Stern, .K.	Energierecht im Widerstreit zwischen Bundes- und Landeskompetenz >Vom Preußischen Allgemeinen Berggesetz zum Bundesberggesetz: Entwicklungstendenzen im deutsche Bergrecht< In. Bochumer Beiträge zum Berg- und Energierecht	1988 Stuttgart/München/Hannover
Stern, K.	Das Staatsrecht der Bundesrepublik Deutschland	Band 1 2. Auflage 1984 München
Stewing, C.	Gasdurchleitung nach Europäischem Recht	1989 Köln/Berlin/Bonn/München
Stewing, C.	Umsetzung einer allgemeinen Durchleitungsverpflichtung für Elektrizität in das nationale Recht	EWS 1997 S. 83 ff.
Strahringer, W.	Durchleitung von elektrischem Strom, Elektrizitätswirtschaft	1962

Suttor, K-H./Suttor, W.	Praxis Kraft-Wärme-Kopplung Handbuch Kraft-Wärme-Kopplung	1991 Karlsruhe
Tegethoff, W./Büdenbender, U./Klinger, H.	Das Recht der öffentlichen Energieversorgung Kommentar	16. Ergänzungslieferung Stand: April 1998 Essen
Tettinger, P.J.	Diskriminierung von Verteilerunternehmen durch den Geänderten Vorschlag für eine Richtlinie des Europäischen Parlaments und des Rates betreffend gemeinsame Vorschriften für den Elektrizitätsbinnenmarkt	1996 Köln
Theobald/de Wyl	Über Sinn und Unsinn des Netznutzungsvertrages	Energie & Management vom 15. April 2001
Theobald/de Wyl/Deschler	Der Netznutzungsvertrag	ZNER 2001, S. 24
Theobald, C./Zenke, I.	Braunkohleklausel: unzulässige Durchleitungsverweigerung und Schadensersatzansprüche	ET 2000 S. 530 ff.
Thiele, S.	Stromhandel und Durchleitung in Deutschland und Europa	EW 1998 S. 26 ff.
Thomas, H./Putzo, H.	Zivilprozessordnung	23. Auflage 2001 München
Traube, K./Münch, D.	Zur Struktur der deutschen Elektrizitätswirtschaft – Ein Beitrag zur Debatte um die Reform des Energiewirtschaftsrechts	ZNER 1997 S. 17 ff.
Traugott, R.	Zur Abgrenzung von Märkten	WuW 1998 S. 929 ff.
Ungemach, M/Weber, T.	Verfahrensfragen des Netzzugangs bei Elektrizität und Gas	RdE 1999 S. 11-17 (Teil I) und S. 131-138 (Teil II).
Vahlens,	Großes Wirtschaftslexikon	Band 4 2. Auflage 1994
VDEW	Begriffe der Versorgungswirtschaft	Heft 2, 7. Ausgabe, Stand 5/1999

VDEW (Hrsg.)	Der europäische Strommarkt	1988
VDEW (Hrsg.)	Energierechtsnovelle und Stromlieferungsverträge	1997 Frankfurt/M.
VDEW (Hrsg.)	Hinweise zur Gestaltung von Durchleitungsverträgen	1998 S. 1 ff.
VDI-Gesellschaft Technische Gebäudeausrüstung (Hrsg.)	VDI-Richtlinie 2067 Blatt 7: Berechnung der Kosten von Wärmeversorgungsanlagen; Blockheizkraftwerke	1988
VIK-Stellungnahme	Kraft-Wärme-Kopplung (KWK) im liberalisierten Markt	8. Juni 1999.
VKU-Nachrichtendienst	Alleinabnehmer- und Durchleitungssystem Gutachten der WIBERA Wirtschaftsberatung AG, Düsseldorf In. Anlage zum VKU-Nachrichtendienst Folge 585	Folge 585 1997
VKU-Nachrichtendienst	Das Alleinabnehmersystem in der Stromversorgung	Folge 577 1997
VKU-Nachrichtendienst	Energierecht: VKU-Brief an Bundeskanzler	Oktober 1997
VKU-Nachrichtendienst	Entflechtung im Rechnungswesen vertikal und horizontal integrierter Elektrizitätsunternehmen	Folge 589 1998
VKU-Nachrichtendienst,	VKU-Stellungnahme zur Novellierung des EnWG	Folge 592 1997
VWEW (Hrsg.)	Energiewirtschaftsgesetz 1998 Erläuterungen (zitiert: EnWG 1998, Erläuterungen-*Bearbeiter*)	Frankfurt a.M. 1999
Walter, K.M./v. Keussler, J.	Der diskriminierungsfreie Zugang zum Netz: Reichweite des Anspruchs auf Durchleitung	RdE 1999 S. 190 ff.
Weigt, N.	Die Stellung der kommunalen Unternehmen im neuen Energiewirtschaftsgesetz – Eine Bilanz –	Anlage zum VKU-Nachrichtendienst, Folge 593, 1998, S. 1 ff.
Westermann, H.	Zur Problematik der „Salvatorischen Klauseln“ In: Festschrift für Phillipp Möhring	S. 135 ff. 1975 München

Westphalen, F. Graf v.	Produkthaftungshandbuch	Band 1 2. Auflage 1997 München
Wieland, J.	Verfassungsfragen des Gesetzes zur Neuregelung des Energiewirtschaftsrechts (Rechtsgutachten)	März 1998
Willeke, F.-U.	Marktbeherrschung und Missbrauch von Marktmacht	WuW 1975 S. 533 ff.
Wolf, A.	Der „Jahrhundertvertrag" im Lichte des deutschen und europäischen Kartellrechts	BB 1989 S. 160 ff.
Würzberg, G./Bartsch, M.	Sicherung der Ausschließlichkeit In: Energierechtsnovelle und Stromlieferungsverträge	S. 9 ff. 1997 Frankfurt/M.
Zinow, B-M.	Rechtliche Aspekte von TPA und Single Buyer	EW 1998 S. 31 ff.
Zinow, B-M.	Rechtsprobleme der grenzüberschreitenden Durchleitung von Strom in einem EG-Binnenmarkt für Energie In: Europäische Hochschulschriften	Reihe II Band 1139 1991 Frankfurt/M.
Zinow, B-M.	Tagungsunterlagen 'Spannungsfeld Energierecht'	
Zöller	Kommentar zur ZPO	22. Auflage 2001

Einleitung:

Nach langjähriger Diskussion ist am 29. April 1998 die Reform des Energierechts abgeschlossen worden und das Gesetz zur Neuregelung des Energiewirtschaftsrechts in Kraft getreten. Damit gehen fundamentale Änderungen des rechtlichen Rahmens für die Elektrizitäts- und Gaswirtschaft einher. Bis zu diesem Zeitpunkt bestand die Überzeugung, dass die Sicherheit und Preiswürdigkeit der Versorgung am besten über Monopolstellungen der Energieversorgungsunternehmen Gewähr leistet werden könnte. Diese Überzeugung fand sich auch in dem am 13. Dezember 1935 in Kraft getretenen Gesetz zur Förderung der Energiewirtschaft - Energiewirtschaftsgesetz - (RGBl I, 1451) wieder, das sich ausdrücklich gegen den für volkswirtschaftlich für schädlich erachteten Wettbewerb aussprach und die sichere und preiswürdige Energieversorgung zu Gesetzeszielen erklärte.

Auf dieser Rechtsgrundlage wurde das Prinzip der geschlossenen Versorgungsgebiete spezialgesetzlich abgesichert. Der Mangel an wettbewerblichen Kontrollmechanismen wurde durch eine umfassende Staatsaufsicht aufgefangen.

Die Ansicht, den ordnungspolitischen Rahmen in der leitungsgebundenen Energieversorgung monopolitisch auszugestalten, wurde auch in der Folgezeit vertreten. Dies äußerte sich vor allem darin, dass der Gesetzgeber sich auch im Gesetz gegen Wettbewerbsbeschränkungen für eine Harmonisierung des Kartellrechts mit dem Energierecht entschied. Erreicht wurde dies dadurch, dass die in der Versorgungswirtschaft üblichen Gebietsschutzverträge zur Sicherung der geschlossenen Versorgungsgebiete in einer besonderen Freistellungsregelung (§ 103 Abs. 1 GWB) von den allgemeinen kartellrechtlichen Vorgaben, insbesondere von dem Kartellverbot, ausgenommen worden. Trotz der vielfach geäußerten Forderung, auch in der Elektrizitäts- und Gaswirtschaft spartengleichen Wettbewerb einzuführen, wurde der monopolistische Ansatz bis 1998 beibehalten.

Die Einführung des spartengleichen Wettbewerbs auch in der Elektrizitäts- und Gaswirtschaft beruhte aber nicht auf einem plötzlichen Sinneswandel; vorausgegangen war vielmehr eine intensive Diskussion um den ordnungspolitischen Rahmen in der Energiewirtschaft. Vor allem die Europäische Kommission hatte es zu einem wichtigen Ziel erklärt, den gemeinsamen Markt auch in der Elektrizitäts- und Gaswirtschaft zu verwirklichen. Seit Anfang der 90er-Jahre setzte sich diese ordnungspolitische Überzeugung auch in der Bundesrepublik Deutschland immer mehr durch. Dies äußerte sich insbesondere dadurch, dass auch in anderen bis dahin monopolistisch strukturierten Wirtschaftszweigen, eine grundlegende Änderung vollzogen wurde. Diesbezüglich sei lediglich auf den Telekommunikationssektor verwiesen, bei dem das bislang staatliche Unternehmen in ein Wirtschaftsunternehmen umgewandelt wurde und der Wettbewerb eröffnet wurde.

Dieser Sinneswandel vom monopolistischen Ordnungsrahmen zum wettbewerbsorientierten Ordnungsrahmen führte auf europäischer Ebene zum Erlass der Elektrizitäts- und Gasbinnenmarktrichtlinien in den Jahren 1996 und 1998. Die Richtlinien verpflichten den jeweiligen nationalen Gesetzgeber, das Wettbewerbsprinzip in das innerstaatliche Recht zu übernehmen. Dieser Verpflichtung ist die Bundesrepublik Deutschland mit dem Gesetz zur Neuregelung des Energiewirtschaftsrechts nachgekommen. Zur Einführung des Wettbewerbs beseitigt das Gesetz zur Neuregelung des Energiewirtschaftsrechts einerseits die bestehenden Wettbewerbsbarrieren im Kartellrecht durch Streichung der Freistellungstatbestände in den §§ 103, 103 a GWB und andererseits im Energiewirtschaftsgesetz. Hierbei hat es der Gesetzgeber aber nicht belassen: Als hauptsächliches Wettbewerbsinstrument zur Öffnung der Strom- und Gasmärkte führt er eine aktive Förderung des Wettbewerbs durch den Zugang zu verhandelten Energieversorgungsleitungen ein. Die Zugangsregelung zu vorhandenen Energieversorgungsleitungen finden sich in den §§ 6, 7 EnWG und § 19 Abs. 4 Nr. 4 GWB wieder. Als ergänzendes Wettbewerbsinstrument wird der Bau von neuen Direktleitungen durch die Abschaffung der kartellrechtlichen Freistellung für die leitungsgebundene Energieversorgung ermöglicht. Begleitet werden diese beiden Wettbewerbsinstrumente durch kartellrechtliche Rahmenbedingungen, die gravierende Auswirkungen auf die vertraglichen Beziehungen in der Energiewirtschaft haben.

Vor diesem Hintergrund widmet sich die Untersuchung vor allem der Darstellung und kritischen Betrachtung des Netzzugangs in der Elektrizitätswirtschaft sowohl nach dem Energiewirtschaftsgesetz als auch nach dem Gesetzt gegen Wettbewerbsbeschränkung sowie der Durchsetzung der Netzzugangsansprüche. Insbesondere werden die Voraussetzungen und Bedingungen herausgearbeitet, unter denen der Netzzugang einerseits zu gewähren ist und andererseits verweigert werden darf.

Der Gesetzgeber hat sich darauf beschränkt, in den Durchleitungsregelungen des Energiewirtschaftsgesetzes und des Gesetzes gegen Wettbewerbsbeschränkungen im Wesentlichen das "ob" der Durchleitung zu regeln. Die Ausgestaltung des "wie" einer Durchleitung hat der Gesetzgeber hingegen den an einer Durchleitung beteiligten Unternehmen überlassen (so genannter verhandelter Netzzugang). Zur Ausgestaltung des "wie" eines Netzzugangs auf Vertragsbasis haben der Bundesverband der Deutschen Industrie e. V. (BDI), der VIK (Verband der Industriellen Energie- und Kraftwirtschaft e. V.) sowie der Verband der Elektrizitätswirtschaft (VDEW) Vereinbarungen für die Einspeisung von elektrischer Energie (Leistung und Arbeit), gleich welcher Herkunft, in definierte Einspeisepunkte des Netzsystems und die damit verbundenen zeitgleiche Entnahme der eingespeisten elektrischen Energie an räumlich davon entfernt liegenden Entnahmepunkten des Netzsystems (so genannte Verbändevereinbarungen) geschlossen. Auch der Darstellung und kritischen Betrachtung der Verbändevereinbarungen I und II widmet sich diese Arbeit.

1. Teil: Technisch-physikalische Aspekte

Eine rechtliche Würdigung des Netzzugangs zu elektrischen Versorgungsnetzen setzt eine gewisse Grundkenntnis der technisch-physikalischen Gegebenheiten sowohl bei der Erzeugung elektrischer Energie als auch bei deren Übertragung und Verteilung voraus.

A. Erzeugung elektrischer Energie

I. Elektrizitätsversorgung in der BRD

1. Bedeutung der elektrischen Energie

Im Jahr 1999 belief sich der Primärenergieverbrauch in der Bundesrepublik Deutschland auf 484,5 Millionen Tonnen Steinkohleneinheiten (Mio. t. SKE). Der Primärenergieverbrauch umfasst ausschließlich die sog. primären Energieträger und damit nicht die sekundäre Energie Elektrizität. Im Rahmen des Endenergieverbrauchs wird aber auch die Elektrizität mit berücksichtigt.

In der BRD wurden in 1997 im Bereich der Endenergie mit 46,1 % hauptsächlich Mineralölprodukte genutzt. Danach folgten Gas mit einem Anteil von 25,3 %, elektrische Energie mit 17,5 % und Kohle mit 7, 4 % (Steinkohle und Steinkohleprodukte 4, 8 % und Braunkohle und Braunkohleprodukte 2, 6 %). Aus wirtschaftlichen Gründen stellt die Fernwärme mit 3,7 % nur einen geringen Anteil.[1]

Auch wenn die elektrische Energie mit 17 % am nationalen Energieendverbrauch einen eher geringen Anteil aufweist, darf dies nicht über ihre Bedeutung täuschen. Tatsächlich hat die elektrische Energie in der heutigen Zeit innerhalb der Energieversorgung einen bedeutenden Stellenwert erlangt. Ihre Vorteile bestehen insbesondere darin, dass sie ohne Schwierigkeiten transportiert werden kann, einfach zu verteilen und darüber hinaus sauber und problemlos anzuwenden ist. Ohne elektrischen Strom wären die Fortschritte in der technischen Entwicklung, vor allem im Informations- und Kommunikationsbereich, nicht möglich. Er ist weder aus täglichen Anwendungsbereichen, z.B. zum Betrieb von Fernseher oder PC, noch aus der Großindustrie hinweg zu denken. Außerdem zeigt die Vergangenheit, dass im Laufe der Zeit immer wieder andere Energieträger durch die Anwendung von Strom ersetzt wurden.[2] Dieser Weg wird trotz des bei der Umwandlung von Primärenergie in die Sekundärenergie Strom anfallenden Energieverlustes verstärkt beschritten, da die Anwendung von Strom letztendlich eine effizientere Energienutzung und einen sparsamen Ressourcenverbrauch ermöglicht. Die Tendenz, vermehrt elektrischen Strom einzusetzen, kann auch daran abgesehen werden, dass früher der Primärenergieverbrauch einen ähnlichen Anstieg wie der Stromverbrauch aufwies. In den letzten Jahren kann aber ein langsamerer Anstieg beim Primärenergieverbrauch als beim Stromverbrauch beobachtet werden.[3]

Der Bruttostromverbrauch in Deutschland betrug in 1999 553,5 Mrd. kWh. Der Stromverbrauch wird im wesentlichen durch die inländische Stromerzeugung gedeckt. Bei der inländischen Stromerzeugung entfallen 89,1 % auf Kraftwerke der Stromversorger, 9,6 % auf Industriekraftwerke

---

[1] Quelle: Arbeitsgemeinschaft Energiebilanzen.

[2] So hat sich z.B. die Glühbirne gegen Gas- und Öllampe und der Elektromotor sich in weiten Teilen gegen die Dampfmaschine durchgesetzt.

[3] *Heuck/Dettmann*, Elektrische Energieversorgung, 1995, S. 1 f.

und private Einspeiser sowie 1,3 % auf Bahnkraftwerke. Mit 40,5 Mrd. kWh entfielen auf den Stromimport ca. 7 % des Bruttostromverbrauchs. Exportiert wurden 39,5 Mrd. kWh Strom.[4]

Der Stromerzeugung dienen heute die verschiedensten Energieträger, wie Heizöl, Gas, Steinkohle, Braunkohle, Kernenergie und Wasserkraft, wobei jedoch, um eine möglichst preisgünstige Stromversorgung zu erreichen, so wie es der Gesetzgeber im Energiewirtschaftsgesetz fordert, möglichst billige Brennstoffe eingesetzt werden, die sich anderweitig nicht oder nur schwer einsetzen lassen. Dies sind vor allem die Kernenergie und die Braunkohle. Die Struktur der gesamten Stromerzeugung stellt sich für 1999 wie folgt dar:[5]

Kernenergie	30,7 %
Steinkohle	26,1 %
Braunkohle	24,4 %
Erdgas	9,7 %
Öl	0,8 %
Wasser	4,3 %
Wind	1,0 %
Sonstige	3,0 %.

Da heute weitgehend Einigkeit darüber besteht, dass von den fossilen Energieträgern Erdöl, Erdgas und Kohle, die Ressourcen an Erdöl und Erdgas Mitte des 21. Jahrhunderts aufgebraucht sein werden[6], ist es offensichtlich, dass eine künftige Energieversorgung und damit auch die künftige Versorgung mit elektrischer Energie nur durch rationelle und sinnvolle Verwendung gesichert werden kann. Sowohl unter dem Aspekt der Sicherheit zukünftiger Energieversorgung als auch aus umwelttechnischen Gesichtspunkten folgt ferner die Notwendigkeit der Nutzung aller verfügbaren Energien. Neben den bereits erwähnten fossilen Energieträgern zählen hierzu die Kernenergie und die regenerativen Energien, wie z.B. Wasserkraft, Windkraft, Solarenergie und Geothermik. Die Stromgewinnung aus erneuerbaren Energien ist in Deutschland derzeit und wohl auch in Zukunft beschränkt. Bei Ausschöpfung sämtlicher Potentiale wird der Anteil maximal etwa 20 % des künftigen Bedarfs decken.[7]

2. Netzbelastung, Kraftwerkseinsatz und Kosten

Der Bedarf an elektrischer Energie unterliegt starken Schwankungen. Faktoren, die den Bedarf an elektrischer Energie bestimmen, sind vornehmlich das Wetter, die Jahres- und die Tageszeit, die Art der Anwendung des Stroms (Industrie oder Privathaushalte) sowie die allgemeine Wirtschaftssituation. Diese Bedarfsschwankungen werden anhand von Tagesbelastungslinien dargestellt. Hierbei wird die jeweilige Belastung zu jeder bestimmten Tageszeit in einem Diagramm aufgezeichnet, wobei unter „Belastung" oder „Last" die in Anspruch genommene elektrische Leistung verstanden wird. Die einzelnen Anwendungsgebiete des Stroms, z.B. zum Kochen, zur Beleuchtung oder in einem Industriebetrieb, weisen unterschiedliche Tagesbelastungslinien mit charakteris-

---

[4] Sämtliche Daten aus *Schiffer* Deutscher Energiemarkt '99, ET 2000, S. 114 (124).

[5] Quelle: Bundesministerium für Wirtschaft, Vereinigung Deutscher Elektrizitätswerke und Deutsche Verbundgesellschaft. Abgedruckt in ET 2000, S. 114 (125).

[6] *Gutmann*, Energietechnik vom Kraftwerk bis zum Verbraucher, 1994, Punkt 4.1.1.

[7] *Heinloth*, Die Energiefrage, 1997, S. 386 f.

tischen Belastungsspitzen auf. Diese Einzelbelastungen, die zumeist noch an Wochen- und Werktagen divergieren, summieren sich zu einer für jedes Versorgungsgebiet typischen Ganglinie, der so genannten Gruppenbelastung. Die Summe der einzelnen Gruppenbelastungen stellt dann wiederum die Gesamtbelastung eines Elektrizitätsversorgungsunternehmens (EVU) dar, auf die es die entsprechende Kraftwerksleistung abzustimmen hat.

Aus dem Umstand, dass elektrische Energie in größeren Mengen nicht speicherbar ist, folgt, dass die Stromerzeugung permanent auf den Verbrauch abgestimmt sein muss. Die Kraftwerksleistung muss demnach einem plötzlichen Anstieg des Strombedarfs zeitgleich folgen. Einem sprunghaften Anstieg des Strombedarfs kann jedoch nicht jeder Kraftwerkstyp in angemessener Zeit folgen. Kohlekraftwerke benötigen zum Beispiel 2 bis 7 Stunden, bis sie lieferbereit sind. Andere Kraftwerke wie zum Beispiel moderne Speicherkraftwerke können dagegen schon in 2 Minuten auf die volle Leistung hochgefahren werden. Der Einsatz der verschiedenen dem EVU zur Verfügung stehenden Kraftwerken muss daher sorgfältig geplant werden. Für die Planung, wann welches Kraftwerk für wie lange eingeschaltet werden muss, bedarf es der Kenntnis der zu erwartenden Belastung. Die zu erwartende Belastung kann auf Grund von Erfahrungswerten von den so genannten Lastverteilern der EVU geschätzt werden.

Anhand einer Tagesbelastungslinie lässt sich erkennen, dass eine gewisse Leistung über den gesamten Tag hinweg benötigt wird. Diese Last wird als Grundlast bezeichnet. Kraftwerke, die zur Deckung der Grundlast eingesetzt werden, müssen daher dauernd in Betrieb sein. Die in diesem Bereich eingesetzten Kraftwerke arbeiten mit geringen Erzeugungskosten. Erzeugungskosten, bezogen auf eine Kilowattstunde, setzen sich aus Betriebskosten für Personal, Reparatur und Wartung, den Investitionskosten, weiteren Nebenkosten und aus den Brennstoffkosten zusammen, wobei letztere die Erzeugungskosten am stärksten beeinflussen. Im Grundlastbereich werden Braunkohlekraftwerke, Kernkraftwerke und Laufwasserkraftwerke eingesetzt. Die Brennstoffkosten sind bei diesen Kraftwerken relativ gering, im Fall der Laufwasserkraftwerke steht der Antriebsstoff sogar kostenlos zur Verfügung. Die Investitionskosten sind dagegen sehr hoch. Da Grundleistungskraftwerke sehr hohe Betriebsstundenzahlen aufweisen, haben sie wegen der niedrigen Brennstoffkosten die geringsten Erzeugungskosten. Die hohen Investitionskosten amortisieren sich daher.

Der obere Teil einer Belastungslinie stellt die Spitzenlast dar. Da die Kraftwerke, welche die Spitzenlast abdecken, nur relativ kurze Zeit in Betrieb sind, ist ihre Ausnutzung bei weitem geringer als bei den Grundleistungskraftwerken. Im Bereich der Spitzenlast können nur solche Kraftwerke eingesetzt werden, deren Leistung schnell abgerufen und gut geregelt werden kann. Dies sind vor allem Gasturbinenkraftwerke sowie Pumpspeicher- und Speicherkraftwerke. Auf Grund ihres begrenzten Wasservorrats können letztere nur wenige Stunden am Tag eingesetzt werden. Die Investitionskosten sind bei diesen Kraftwerken äußerst hoch. Die Investitionskosten der Gasturbinenkraftwerke sind dagegen bei weitem niedriger, jedoch sind die Brennstoffkosten sehr hoch.

Zwischen Spitzen- und Grundlast liegt die Mittellast. Die für diesen Bereich eingesetzten Kraftwerke sind fast den gesamten Tag über im Einsatz und werden zumeist nur in der Nacht abgeschaltet. Hauptsächlich werden in diesem Bereich Steinkohlekraftwerke eingesetzt. Teilweise werden jedoch auch Erdgas- und in besonderen Fällen auch Heizölkraftwerke eingesetzt. Die Brennstoffkosten sind höher als die der Grundleistungskraftwerke, die Investitionskosten sind jedoch niedriger. Die im Bereich der Mittellast eingesetzten Kraftwerke müssen in gewissen Bereichen ebenfalls gut zu regeln sein, wenn auch nicht im gleichen Umfang wie die Kraftwerke im Spitzenlastbereich, da sie sich nur geringfügig den wechselnden Tagesbelastungen anpassen müssen.

Die in einem bestimmten Zeitabschnitt aufgetretene höchste Belastung bezeichnet man als Höchstlast. Dem entsprechend wird die innerhalb eines Jahres aufgetretene höchste Belastung als Jahreshöchstlast bezeichnet. Selbst zum Zeitpunkt der Jahreshöchstlast ist jedoch nicht die gesamte zur Verfügung stehende Kraftwerksleistung einsetzbar. Dies resultiert daraus, dass Kraftwerke auf

Grund von Überprüfungs- oder Reparaturmaßnahmen überhaupt nicht einsatzbereit sind oder auf Grund behördlicher Auflagen ihren Betrieb einschränken müssen. Darüber hinaus muss ein Teil von ca. 20 % als Sicherheitsreserve für plötzlich ausfallende Kraftwerke (Blackouts) oder für konjunkturbedingte Bedarfsanstiege zur Verfügung stehen. Die Differenz zwischen tatsächlich einsetzbarer und nicht einsetzbarer Kraftwerksleistung ist die gesicherte Leistung. Die gesicherte Leistung muss für die auf Grund bisheriger Erfahrungen geschätzte Jahreshöchstlast bereitgestellt werden. Nach Abzug der Jahreshöchstlast von der gesicherten Leitung erhält man die freie Leistung.

II. Kraftwerkstypen und ihre Energieumwandlungsprozesse

1. Wärmekraftwerke

Da elektrische Energie in größeren Mengen nicht zu speichern ist, muss sie in dem Moment, in dem sie vom Verbraucher benötigt wird, erzeugt werden. Hierzu werden in Deutschland zum größten Teil Wärmekraftwerke eingesetzt. Dies sind in der Regel alle diejenigen Kraftwerke, bei denen Dampf gewonnen wird, sei es nun durch Verbrennung diverser fossiler Brennstoffe, durch Spaltung von Atomkernen, Absorption von Sonnenstrahlung (Solarthermik) oder durch die Wärme der Erde (Geothermik). Ebenfalls zu den Wärmekraftwerken zählen Gasturbinen- und kombinierte Gasturbinen-/Dampfturbinenkraftwerke (Kombi-Kraftwerke).

Durch Kraftwerke werden Primärenergien, zum Beispiel die in Kohle enthaltene chemische Energie, in die Sekundärenergie Elektrizität umgewandelt. Diese Umwandlung erfolgt in mehreren Schritten (Umwandlungskette).Vereinfacht lässt sich eine Umwandlungskette für ein mit Öl, Gas oder Kohle befeuertes Kraftwerk folgendermaßen darstellen: In den fossilen Brennstoffen ist chemische Energie gebunden. Die chemische Energie wird durch Verbrennung in einem Kessel in Wärmeenergie umgewandelt. Mittels des Trägermediums Dampf wird die Wärmeenergie dann in einem Wasser-Dampf-Kreislauf einer Dampfturbine zugeführt. Durch die Dampfturbine wird die Wärmeenergie anschließend in kinetische Energie umgewandelt. Ein Generator wandelt die Bewegungsenergie nach dem Induktionsprinzip letztlich in elektrische Energie um. Im Prinzip identisch ist die Umwandlungskette bei Gasturbinenkraftwerke mit dem Unterschied, dass hier nicht Dampf, sondern komprimierte Luft als Trägermedium benutzt wird, die in einer Brennkammer durch den Brennstoff erhitzt wird.

Bei Kernkraftwerken bedient man sich nicht einer chemischen Energie. Vielmehr handelt es sich bei der Kernbindungsenergie um eine physikalische Energie. Durch die Spaltung von Uran- oder Plutoniumkernen (U-235 bzw. Pu-239) in Reaktoren wird letztlich ebenfalls Wärmeenergie freigesetzt. Der weitere Umwandlungsprozess vollzieht sich dann wie bei einem fossil befeuerten Dampfkraftwerk.

2. Wasserkraftwerke

Des Weiteren werden Wasserkraftwerke zur Deckung des Energiebedarfs in Deutschland eingesetzt. Dies geschieht aber auf Grund der geographischen Möglichkeiten in Deutschland in weit geringerem Maße als zum Beispiel auf dem amerikanischen Kontinent oder in Asien[8]. Wasserkraftwerke werden in Laufwasserkraftwerke, Speicherkraftwerke, Pumpspeicherkraftwerke und Gezeitenkraftwerke unterschieden.

8 Allein die U.S.A. verfügen über ca. 6150 Stauseen, deren Dämme höher als 15 m sind oder die über ein Speichervolumen von mehr als 1 Milliarde km3 verfügen. In Japan gibt es ca. 2424 solcher Stauseen. Deutschland dagegen verfügt lediglich über 269 derartiger Stauseen. Quelle: Water Power & Dam Construction, 1997 Yearbook.

Die Energieumwandlungskette bei Wasserkraftwerken ähnelt der der Wärmekraftwerke. Ausgangspunkt der Kette ist jedoch keine chemische oder physikalische Energie, sondern die potentielle Energie, die Lageenergie des Wassers. Diese Energie ist bei Wasser stets dann vorhanden, wenn es zum Beispiel mit einem Staudamm aufgestaut oder in einem See gespeichert wird. Die Lageenergie wird auf dem Weg des Wassers durch das Einlaufbauwerk des Staudamms oder die Unterwasserstollen unter dem See zur Turbine in Bewegungsenergie (kinetische Energie) umgewandelt. Die Turbine wandelt anschließend die Bewegungsenergie in Drehbewegungsenergie und der Generator schließlich die Drehbewegungsenergie in elektrische Energie um.

Grob vollzieht sich die Gewinnung elektrischer Energie auf diese Weise bei allen Wasserkraftwerken. Abweichungen resultieren hier lediglich aus den unterschiedlichen Erscheinungsformen der Wasserkraft in der Natur. So nutzen Laufwasserkraftwerke das natürliche Gefälle eines Flusses, so dass das ankommende Wasser „laufend“ verarbeitet wird. Speicherkraftwerke dagegen werden zumeist an hoch gelegenen Seen mit natürlichem Wasserzu- und ablauf angelegt. Das Wasser wird mittels eines Staudamms aufgestaut und durch Rohrleitungen zum Kraftwerk geleitet. Da das zufließende Wasser nicht augenblicklich genutzt werden muss, kann es zunächst gespeichert werden, um dann in Zeiten erhöhten Bedarfs, vor allem im Spitzenlastbereich vermehrt entnommen zu werden.

Pumpspeicherkraftwerke verfahren nach dem gleichen Prinzip wie Speicherkraftwerke. Hier wird Wasser, das in einem höhergelegenen Becken aufgestaut wird über eine Turbine, die einen Generator antreibt, in ein tiefer gelegenes Auffangbecken geleitet. Die Besonderheit bei dieser Art von Kraftwerk besteht darin, dass das Wasser aus dem Auffangbecken zu Zeiten geringen Bedarfs an elektrischer Energie wieder in das hoch gelegene Becken zurückgepumpt wird. Damit wird die Energieumwandlungskette praktisch umgekehrt. Elektrische Energie wird wieder in potentielle Energie zurückverwandelt und für einen späteren erneuten Umwandlungsprozess gespeichert.

Die Rotation der Erde und die Gravitationskräfte von Mond und Sonne bewirken die Erscheinungen von Ebbe und Flut. Die in den Gezeiten steckende kinetische bzw. potentielle Energie (Gezeitenenergie) kann mit Hilfe von Gezeitenkraftwerken in elektrische Energie umgewandelt werden. Diese Kraftwerke können jedoch nur dort sinnvoll errichtet werden, wo ein Tidenhub, das ist der Höhenunterschied zwischen Hoch- und Niedrigwasser, von circa 12 m vorliegt. Insgesamt gibt es auf der Erde etwa 50 Küstengebiete, an denen ein solcher Niveauunterschied von Ebbe und Flut gegeben ist. Überdurchschnittlicher Tidenhub findet sich, wo bei Flut das Wasser in eine lang gezogene Meeresbucht oder eine Flussmündung gedrückt und aufgestaut wird. Bei Ebbe kann dann das Wasser wieder normal ablaufen. Ein Gezeitenkraftwerk ist im Prinzip ein Damm, der eine solche Bucht oder Flussmündung vom Meer abtrennt und somit ein künstliches Wasserbecken schafft, welches durch Rohrleitungen im Damm bei Flut und Ebbe gezielt aufgefüllt bzw. entleert wird. Bei Flut werden die Durchlassöffnungen der Turbinen so lange geschlossen gehalten, bis der Meeresspiegel zumindest 5 m[9] über dem Wasserstand auf der anderen Seite liegt. Anschließend werden die Turbinenverschlüsse geöffnet, und das durchströmende Wasser treibt die Turbinen an. Dadurch erhöht sich der Wasserstand in dem Auffangbecken. Wenn der Wasserstand auf der Meerseite 5 m unter dem des Auffangbeckens liegt, wird das aufgestaute Wasser wieder ins Meer abgelassen. Die nur selten gegebenen geographischen Voraussetzungen sowie die hohen Investitionskosten haben dazu geführt, dass Gezeitenkraftwerke kaum gebaut wurden.[10]

---

[9] 5 m ist das Minimum für einen wirtschaftlichen Betrieb eines Gezeitenkraftwerkes.

[10] 1966 ging bei St. Malo an der La Rance-Mündung das erste große Gezeitenkraftwerk mit einer Leistung von 240 MW in Betrieb.

3. Sonstige Kraftwerke

Die Verknappung der Ressourcen an fossilen Brennstoffen führt dazu, dass andere Primärenergieträger gesucht werden müssen, um den Energiebedarf der Menschheit zu decken. Sowohl wegen der Sicherheit der zukünftigen Energieversorgung als auch aus Gründen des Umweltschutzes wird daher in jüngster Zeit verstärkt versucht, die regenerativen Energien der Stromerzeugung zugänglich zu machen. Regenerative Energien sind sich ständig erneuernde Energien.

Zu nennen sind in diesem Zusammenhang vor allem geothermische, solarthermische, solarelektrische Kraftwerke sowie Windkraftanlagen. Während geothermische und solarthermische Kraftwerke die Wärme der Erde bzw. die der Sonne als Primärenergie für den Stromerzeugungsprozess benutzen, wird in solarelektrischen Kraftwerken mit Solarzellen aus Silizium Sonnenenergie direkt in elektrische Energie umgewandelt. Windkraftanlagen nutzen als Primärenergie die Energie von Luftströmungen.

Die Nutzung regenerativer Energien kann beim jetzigen Stand der Technik jedoch nur eine unterstützende Funktion bei der Energieversorgung haben. Zumindest derzeit sind sie nicht in der Lage, den Energiebedarf der Menschheit zu decken. So beträgt zum Beispiel die gesamte geothermische Leistung, die auf der Erde gewonnen wird, gerade einmal 2,5 x 10^9 Watt.[11] Diese Leistung entspricht der eines mittleren Kernkraftwerkes.

Unter dem Aspekt der Ressourcenschonung haben vor allem die Kraftwerke mit Kraft-Wärme-Kopplung (KWK) besondere Bedeutung erlangt. Bei Wärmekraftwerken mit Wasser/Dampf-Kreislauf, die den Energiegehalt des Dampfes möglichst weit in mechanische und letztlich in elektrische Energie umwandeln sollen, geschieht die Verflüssigung des Dampfes im Kondensator bei einer Temperatur, die nur knapp über der Temperatur der Umgebung liegt. Naturgesetzlich bedingt fallen bei solchen Kondensationskraftwerken große Abwärmemengen an; wegen ihrer geringen Temperatur sind sie aber relativ wertlos. Allenfalls in unmittelbarer Nähe zum Kraftwerk lässt sich die Abwärme z.B. zum Beheizen von Gewächshäusern nutzen. Zum Beheizen von Wohnräumen ist sie indes völlig unbrauchbar.

Einen anderen Weg beschreitet daher die KWK. Durch sie wird neben Strom auch hochwertige Heizwärme erzeugt. Von Abwärmenutzung kann insoweit allerdings nicht gesprochen werden. Um zusätzlich nutzbare Heizwärme zu produzieren, ist entweder ein Verzicht an Leistung bei der Stromerzeugung hinzunehmen oder eine Zufuhr von Brennstoff erforderlich. Letzteres setzt selbstverständlich voraus, dass der Kessel für eine höhere Feuerungsleistung ausgelegt ist. Insgesamt wird bei der KWK der Brennstoff besser ausgenutzt als bei der reinen Stromerzeugung in einem Kondensationskraftwerk, nämlich im günstigsten Fall bis zu 85 %, entsprechend dem feuerungstechnischen Wirkungsgrad eines Heizungskessels.[12]

4. Kraftwerkstandorte

Die Wahl des Standortes eines Kraftwerkes hängt von vielen Faktoren ab. Am wirtschaftlichsten wäre es natürlich, die Kraftwerke so nah wie möglich an den Orten zu bauen, an denen der Strom letztlich verbraucht wird. Dies bringt den Vorteil mit sich, dass nur kurze Übertragungsleitungen benötigt würden, was wiederum niedrige Übertragungsverluste bedeuten würde. Aus diversen Gründen kann diese Idealvorstellung aber in vielen Fällen nicht verwirklicht werden.

So benötigen die in Deutschland hauptsächlich verwendeten Wärmekraftwerke aus physikalischen Gründen eine Kühlung. Als Kühlmittel dient Wasser, so dass Wärmekraftwerke meist an Flüssen

---

[11] *Bergmann/Schaefer*, Lehrbuch der Experimentalphysik, Bd. II: Elektrizität und Magnetismus, 7. Aufl., 1987, S. 757.

[12] RWE Energie (Hrsg.), Erzeugung der elektrischen Energie, 3. Aufl., 1991, S. 90.

errichtet werden müssen. Eine andersartige Standortwahl ist bei Wärmekraftwerken nur dann möglich, wenn das Kühlwasser entweder auf andere Weise zum Kraftwerk geführt werden kann oder wenn Trockenkühltürme eingesetzt werden. Ferner schließen heutzutage die städtebaulichen Planungen die Errichtung von Kraftwerken in unmittelbarer Nähe von Ortschaften aus. Eines der wichtigsten Kriterien bei der Wahl des Standortes ist aber das der wirtschaftlichen Brennstoffbeschaffung. Die Ausgangsfrage hierbei ist, welcher Brennstoff für das angedachte Kraftwerk verwendet werden soll und wie er wirtschaftlich sinnvoll beschafft werden kann. Hierbei sind grundsätzlich zwei Dinge zu beachten: Auf der einen Seite dürfen die Transportkosten des Brennstoffes, bezogen auf seinen Energiegehalt, nicht zu hoch sein, auf der anderen Seite dürfen aber auch die Übertragungsleitungen auf Grund der Übertragungsverluste und der hohen Investitionskosten nicht zu lang sein. Daraus folgt, dass Brennstoffe mit hohem Energiegehalt wirtschaftlich akzeptabel auch über größere Entfernungen transportiert werden können. Brennstoffe mit hohem Energiegehalt sind vor allem die Brennelemente für Kernkraftwerke und die Steinkohle.[13]

Wasserkraftwerke können denknotwendig nur an Flüssen und Stauseen gebaut werden. Jedoch scheiden einige potentielle Standorte aus Gründen des Landschaftsschutzes aus.

Es ist also ersichtlich, dass die Idealvorstellung, Kraftwerke in unmittelbarer Nähe zu den Ballungszentren zu bauen, nur selten erfüllt werden kann. Dies bedeutet dann aber, dass der Strom über größere Entfernungen zum Endabnehmer geleitet werden muss.

B. Übertragung und Verteilung der elektrischen Energie

I. Voraussetzungen für eine wirtschaftliche Übertragung der elektrischen Energie

Die von den Generatoren der modernen Kraftwerke erzeugte Spannung beträgt heutzutage je nach Nennleistung des Generators 10.500 V, 21.000 V oder 27.000 V. Die Nennleistungen der Generatoren liegen zwischen 600 und 1.300 MW. Das hat zur Folge, dass die Generatoren Ströme zwischen 15.000 und 30.000 A abgeben müssen. Die Fortleitung derartig hoher Ströme über weite Strecken ist aber weder technisch möglich noch wirtschaftlich sinnvoll. Technisch würden solche hohen Ströme einen sehr großen Leiterquerschnitt erfordern. Bei der Fortleitung elektrischer Energie über große Entfernungen fällt darüber hinaus die Wärmeentwicklung in den Fernleitungen als Energieverlust in hohem Maße ins Gewicht. Dies würde eine wirtschaftliche Übertragung verhindern. Die Wärmeentwicklung und der daraus resultierende Energieverlust hängen ausschließlich von der Stromstärke ab. Aus der physikalischen Gleichung Leistung (P) = Spannung (U) x Strom (I) folgt, dass eine bestimmte Leistung entweder mit niedriger Stromstärke und hoher Spannung oder mit hoher Stromstärke und niedriger Spannung erzielt werden kann. So sind etwa 1.000 kW mit 10.000 A und 100 V, ebenso aber auch mit 10 A und 100.000 V zu erreichen. Da aber lediglich die Stromstärke für den Energieverlust verantwortlich ist, ist es sinnvoll, die Stromstärke zu reduzieren und die Spannung zu erhöhen. Dabei reduziert die Erhöhung der Übertragungsspannung um das Zehnfache die Verlustleistung um das Hundertfache. In erster Annäherung kann man also sagen, dass die Erhöhung der Übertragungsspannung und die Abnahme der Verlustleistung in einem quadratischen Verhältnis stehen.[14]

---

[13] 1t Steinkohle hat den gleichen Energiegehalt wie 3,7t Braunkohle oder wie 900 m^3 Erdgas oder wie 0,7t Heizöl. Ein Brennelement wiederum entspricht dem gleichen Energiegehalt von 50.000t Steinkohle. Quelle: RWE Energie AG (Hrsg.), Übertragung und Verteilung der elektrischen Energie, 5. Aufl., 1995, S. 9.

[14] RWE Energie (Hrsg.), (Fn. 13), S. 12 ff. mit Beispiel.

Auf Grund dieser Tatsache schließt sich an den Generator eines Kraftwerks unmittelbar ein Transformator an. Dieser formt die Generatorspannung in eine höhere Spannung um, so dass die elektrische Leistung mit kleineren Strömen fortgeleitet werden kann. Um auf Endabnehmerseite genutzt werden zu können, wird die hohe Spannung vorher wieder auf eine niedrigere Spannung umgeformt. Bei der Umformung durch die Transformatoren geht ebenfalls ein Teil der Leistung verlustig. Dieser Teil ist aber so gering, dass er nicht weiter ins Gewicht fällt. Trotz der Kosten für die Transformatoren und der Verluste bei den Umformungen ist der Betrieb eines weiträumigen Übertragungsnetzes nur mit hohen Übertragungsspannungen wirtschaftlich möglich. Hochspannung ist die Grundvoraussetzung für eine wirtschaftliche Energieübertragung.

II. Stromversorgungsnetz

1. Spannungsebenen

Je nach der Betriebsspannung unterscheidet man Höchstspannung, Hochspannung, Mittelspannung und Niederspannung. Auf Grund der unterschiedlichen Aufgaben wird zwischen Übertragungs- und Verteilungsnetzen differenziert. Das Höchstspannungsnetz dient hauptsächlich der Energieübertragung. Mit dem Ringleitungsbau um Verbrauchsschwerpunkte übernimmt aber auch das 380.000 V-Netz schrittweise Verteilungsfunktionen. Hoch-, Mittel- und Niederspannungsnetze sind dagegen für die Energieverteilung zuständig. Die Höchstspannungsleitungen weisen Betriebsspannungen von über 150.000 V auf. In Deutschland werden sie mit Betriebsspannungen von 380.000 V betrieben. Teilweise findet man aber auch noch ältere Höchstspannungsleitungen mit 220-kV-Betriebsspannungen vor. In den U.S.A. werden sogar Spannungen von bis zu 765.000 V verwendet.[15] Die Höchstspannungsleitungen übertragen die elektrische Energie von Großkraftwerken in die unmittelbare Nähe der Verbrauchsschwerpunkte, wo sie durch Umspannanlagen auf eine Spannung von 110.000 V herab transformiert wird. Leitungen, die Betriebsspannungen zwischen 60.000 und 150.000 V aufweisen, werden als Hochspannungsleitungen bezeichnet. Die Hochspannungsleitungen transportieren die elektrische Energie dann zu den Verbraucherschwerpunkten mit einem Bedarf von 10 bis 100 MW. Solche Verbraucherschwerpunkte sind die Großindustrie und die Umspannanlagen von Städten und ländlichen Gebieten. In den Umspannanlagen der Städte und der ländlichen Gebiete wird die Spannung alsdann auf 10.000 V für die Stadtgebiete bzw. auf 20.000 V für die ländlichen Gebiete umgewandelt. Mit diesen Spannungen werden die Mittelspannungsleitungen (1000 bis 60.000 V) betrieben, die die elektrische Energie innerhalb der einzelnen Stadt- oder Landbezirke verteilen. Die Mittelspannung wird schließlich in Ortsnetzstationen auf die Niederspannung von 400/230 V herab transformiert. Das Niederspannungsnetz übernimmt die Verteilung der elektrischen Energie an die umliegenden Häuser und Gewerbebetriebe.

---

[15] *Bergmann/Schaefer* (Fn. 11), S. 779.

2. Struktur der deutschen Energiewirtschaft

a) Allgemeine Marktstufen der leitungsgebundenen Energiewirtschaft[16]

Allgemein sind die Marktstufen innerhalb der leitungsgebundenen Energiewirtschaft in folgende Bereiche zu unterteilen:[17]

- Erzeugung/Gewinnung
- Übertragung/Fernleitung
- Verteilung
- Verkauf/Handel.

Auf Grund der Leitungsgebundenheit stellen die Bereiche Übertragung/Fernleitung und Verteilung „natürliche Monopole" dar. Die übrigen Bereiche der Erzeugung/Gewinnung und Verkauf/Handel sind demgegenüber nicht als natürliches Monopol zu qualifizieren. Diese Konstellation ist problematisch. Die vorgelagerte Marktstufe, die Erzeugung/Gewinnung, sowie die nachgelagerte Marktstufe, der Verkauf/Handel, können ohne weiteres wettbewerblich ausgestaltet werden. Zwischen ihnen liegen jedoch die Stufen Übertragung/Fernleitung und Verteilung, die natürliche Monopole darstellen. Ein Wettbewerb auf den vor- und nachgelagerten Märkten der leitungsgebundenen Energiewirtschaft, so wie ihn der Gesetzgeber mit dem Gesetz zur Neuregelung des Energiewirtschaftsrecht postuliert,[18] ist letztlich nur zu erreichen, wenn der Zugang zu den Übertragungs- und Verteilungsnetzen möglich ist. Aus diesem Grund sieht die Reform für die Energiewirtschaft den diskriminierungsfreien Zugang zu den Energieversorgungsnetzen vor. Nicht zuletzt wegen der starken vertikalen und horizontalen Integration[19] der Energieversorgungsunternehmen ist darüber hinaus die Entbündelung der Unternehmen vorgesehen.[20]

b) Versorgungsstruktur

Auf der Ebene der lokalen Versorgung betätigen sich etwa 900 Versorgungsunternehmen,[21] die zumeist im Eigentum der jeweils zu versorgenden Gemeinde stehen. Sie werden regelmäßig als Eigenbetriebe oder Eigengesellschaften geführt. Rund 600 dieser Unternehmen haben sich dem Verband Kommunaler Unternehmer (VKU) angeschlossen. Lokale Versorgungsunternehmen übernehmen hauptsächlich Verteilerfunktionen, indem sie Strom von Gesellschaften vorgelagerter Marktstufen an die Endabnehmer verteilen. Teilweise produzieren lokale Versorgungsunternehmen aber auch in eigenen Kraftwerken Strom. Dies sind meist kleinere Heizkraftwerke, die neben Strom

---

[16] Zur leitungsgebundenen Energiewirtschaft im hiesigen Sinne zählen die Elektrizitätswirtschaft sowie die Erdgaswirtschaft.

[17] Vgl. *Bräuer/Egeln/Werner*, Wettbewerb in der Versorgungswirtschaft und seine Auswirkung auf kommunale Querverbundunternehmen, ZEW-Schriftenreihe, Bd. 20, 1997, S. 31 f.

[18] Vgl. BT-Drs. 13/7274, S. 24.

[19] Integrierte Elektrizitätsunternehmen sind laut Legaldefinition der RL 96/92/EG in Kapitel I Art. 2 Nr. 17 sowohl „vertikal integrierte Elektrizitätsunternehmen" als auch „horizontal integrierte Elektrizitätsunternehmen". Dabei ist ein „vertikal integriertes Elektrizitätsunternehmen" ein Elektrizitätsunternehmen, welches von den Tätigkeiten Erzeugung, Übertragung und Verteilung zumindest zwei ausübt. Ein „horizontal integriertes Elektrizitätsunternehmen" nimmt von den eben genannten Tätigkeiten zumindest eine wahr und übt darüber hinaus noch eine weitere Tätigkeit außerhalb des Elektrizitätssektors aus

[20] In Deutschland kommt es nicht selten vor, dass in einem Versorgungsgebiet eine vollständige vertikale Integration der Marktstufen Erzeugung/Import, Übertragung/Fernleitung und Verteilung vorliegt.

[21] *Kumkar/Neu*, Nach beschlossener Marktöffnung auch Wettbewerb in der Elektrizitätswirtschaft, 1997, S. 53.

auch Fernwärme erzeugen, sog. Kraft-Wärme-Kopplung.[22] Teilweise wird Strom aber auch in Gemeinschaftskraftwerken erzeugt, die dann mehrere Gemeindegebiete mit Elektrizität versorgen. Ein großer Anteil der kommunalen Energieversorgungsunternehmen ist überdies als Querverbundunternehmen zusätzlich zur Elektrizitätsversorgung in der Gas-, Fernwärme- oder Wasserversorgung engagiert.[23]

Regionale Versorgungsunternehmen beliefern vorwiegend die lokalen Versorgungsunternehmen, zum Teil aber auch Endabnehmer mit Elektrizität, die sie selbst produzieren, oder von den Verbundunternehmen oder anderen Gesellschaften beziehen. Der Strombezug macht ca. ¾ und die Eigenerzeugung ca. ¼ aus.[24] Der Anteil der Eigenerzeugung der regionalen EVU erreicht einen Anteil an der Nettostromerzeugung der gesamten öffentlichen Elektrizitätswirtschaft von ca. 10 %. Insgesamt existieren in Deutschland rund 70 regionale Versorgungsunternehmen. 55 davon gehören der Arbeitsgemeinschaft Regionaler Versorgungsunternehmen (ARE) an. An den regionalen EVUs sind die großen Verbundunternehmen überwiegend mehrheitlich beteiligt oder verfügen doch zumindest über eine Sperrminorität.[25]

Auf der Verbundebene planen, betreiben und koordinieren sechs[26] große so genannte Verbundunternehmen den Ausbau und Einsatz ihrer Kraftwerke und Höchstspannungsnetze. Diese sechs Unternehmen sind die E.ON AG, die Bewag, die EnBW AG, die HEW AG, die RWE AG sowie die VEAG. Die jeweiligen netzbetreibenden Gesellschaften dieser Unternehmen bilden die Deutsche Verbundgesellschaft (DVG)[27] und verfügen über die wesentlichen Transportnetze. Sie stellen in etwa 70 % der öffentlichen Energieversorgung. Überwiegend beliefern die Verbundunternehmen regionale und lokale Versorgungsunternehmen. Die Höchstspannungsnetze der Verbundunternehmen sind über Kuppelstellen miteinander verbunden. Die Gesamtheit aller miteinander verbundenen Höchstspannungsnetze ist das Verbundnetz. Aber auch die Verbundnetze der angrenzenden Nachbarländer sind mit dem der Bundesrepublik verkuppelt. Dadurch ist nicht nur ein national überregionaler, sondern auch ein internationaler Energieaustausch möglich.[28] Im Stromaustausch liegt daher auch ein weiteres Betätigungsfeld der Verbundunternehmen. Die Vorteile des Verbundnetzes liegen darin, dass die in verschiedenen Regionen zu unterschiedlichen Zeiten auftretenden Höchstbelastungen von denselben Kraftwerken gedeckt werden können. So ist es möglich, die Höchstbelastung in einer industriell geprägten Region, in der die Höchstbelastung tagsüber auftritt, und die Höchstbelastung in einer ländlichen Region, in der am Abend die Höchstbelastung auftritt, durch ein einziges Kraftwerk abzudecken. Ein weiterer wichtiger Vorteil des Verbundnetzes liegt in der erhöhten Versorgungssicherheit. Das liegt daran, dass durch die Vernetzung Hunderte von Kraftwerke miteinander verbunden sind. Sollte nun ein Kraftwerk ausfallen, so kann die Versorgung durch die anderen Kraftwerke mit übernommen werden. Letztlich bedeutet das, dass weniger Kraftwerke in einer reinen Reservestellung bereitstehen müssen, da die Wahrscheinlichkeit, dass mehrere Kraftwerke gleichzeitig ausfallen, eher gering ist. Da Kraftwerke in Reservestellung hohe Investitions- und Betriebskosten verursachen, dafür aber nur selten in Betrieb sind, bedeutet die

---

[22] Zur Kraft-Wärme-Kopplung (KWK) vgl. oben 1. Teil A II. 3.

[23] *Bräuer/Egeln/Werner* (Fn. 17), S. 68.

[24] *Kumkar/Neu* (Fn. 21), S. 51.

[25] *Traube/Münch*, Zur Struktur der deutschen Elektrizitätswirtschaft – Ein Beitrag zur Debatte um die Reform des Energiewirtschaftsrechts, ZNER 1997, S. 17 (26).

[26] Die Verbundunternehmen Bayernwerk AG und PreussenElektra AG sind zu E.ON fusioniert. Ferner fusionierten RWE Energie AG und VEW AG.

[27] Im Einzelnen sind dies: Bewag, EnBW Transportnetze AG, E.ON Netz GmbH, HEW AG, RWE Net AG sowie die VEAG.

[28] Die westeuropäischen Staaten, die ihre Transportnetze miteinander gekoppelt haben, sind in der *Union für die Koordination der Erzeugung und des Transportes elektrischer Energie* (UCPTE) zusammengeschlossen.

Verbindung mehrerer Kraftwerke somit auch eine Kostenreduzierung. Das Verbundnetz hilft daher bei der Verwirklichung der vom Gesetzgeber im EnWG geforderten sicheren und billigen Stromversorgung.

C. *„Durchleitung" elektrischer Energie*

I. Einführung

Jahrzehntelang wurde über die technisch-physikalische Möglichkeit der „Durchleitung" elektrischer Energie diskutiert.[29] Ausgelöst wurde dieser Streit durch die ordnungspolitische Forderung, die Einführung von Wettbewerb auf dem Strommarkt mittels Durchleitungen zu erleichtern.[30] Da Strom nur mittels Leitungen übertragen werden kann und der Bau von parallelverlaufenden Leitungsnetzen extrem kostenaufwändig und auch volkswirtschaftlich wenig sinnvoll ist, soll Wettbewerb u.a. mit Durchleitungsrechten eröffnet werden. Dabei soll einem EVU die Möglichkeit gegeben werden, nicht benötigte Energie in das Netz eines fremden EVU einzuspeisen und sie über die fremden Leitungsnetze zu bestimmten Entnahmepunkten zu transportieren. Dadurch soll es dem Endabnehmer ermöglicht werden, Strom auch durch ein anderes Unternehmen als durch das Gebietsversorgungsunternehmen zu beziehen. Die verschiedenen EVU können so in Konkurrenz zueinander treten. Im Mittelpunkt der Diskussion um die technisch-physikalische Möglichkeit einer Stromdurchleitung standen die Besonderheiten der leitungsgebundenen Stromversorgung. Diese Besonderheiten wurden von den Befürwortern einer Durchleitungsregelung zwar nicht in Abrede gestellt, aber nicht als gravierend angesehen. Vielmehr wurden immer wieder Versuche unternommen, die Stromversorgung mit anderen ebenfalls leitungsgebundenen Vorgängen, wie z.B. mit den materiellen Vorgängen der Wasser- und Ölversorgung, aber auch mit dem immateriellen Vorgang bei Fernsprechsystemen zu vergleichen. Mittlerweile besteht jedoch Einigkeit darüber, dass es die „Durchleitung" bzw. den „Transit" von Elektrizität im Sinne des Transportes von einem Einspeisepunkt des Leitungsnetzes zu einem anderen Punkt des Netzes aus physikalischen Gründen nicht gibt.[31] Auf Grund der außerordentlichen Wichtigkeit des richtigen Verständnisses der Stromdurchleitung für diese Arbeit soll in den folgenden Ausführungen versucht werden, anhand der physikalischen und betriebstechnischen Aspekte der Stromversorgung die Gründe darzustellen, warum es eine Durchleitung an sich nicht gibt.

---

[29] U.A.: ARE/DVG/VDEW/VKU, Die „Durchleitung" elektrischer Energie – Stellungnahme der Elektrizitätswirtschaft zur Frage der Zwangseinspeisung und Verrechnung beim Strombezug (1979), auch abgedruckt in ET 1979, 686; *Börner, B.*, Studien zum deutschen und europäischen Wirtschaftsrecht 1980, S. 408 ff.; *Budde*, „Rücklieferung" und „Durchleitung" elektrischer Energie, ET 1973, S. 199 ff.; *Büdenbender*, Lässt sich der Wettbewerb in der Elektrizitätswirtschaft mit Hilfe von Durchleitungen elektrischer Energie über fremde Leitungsnetze einführen?, RdE 1979, S. 14 ff. = VEnergR 47 (1981), S. 193 ff. (196 ff.); *ders.* Energierecht 1982, S. 20; *Emmerich*, Das Wirtschaftsrecht der öffentlichen Unternehmen, 1969, S. 356 ff; *Fischerhof*, „Stromdurchleitung" über fremde Netze als Rechtsproblem, 1974, S. 17 ff.; *Strahringer*, Durchleitung von elektrischem Strom, Elektrizitätswirtschaft, 1961, S. 25 ff.

[30] Siehe u.a. *Emmerich*, Ist der kartellrechtliche Ausnahmebereich für die leitungsgebundene Versorgungswirtschaft wettbewerbspolitisch gerechtfertigt? Gutachten im Auftrag des Niedersächsischen Ministers für Wirtschaft und Verkehr, hrsg. vom Niedersächsischen Minister für Wirtschaft und Verkehr, Referat Öffentlichkeitsarbeit, 1978, S. 65 ff.

[31] *Tettinger* in: Hüffer/Ipsen/Tettinger, Die Transitrichtlinien für Gas und Elektrizität 1991, S. 272 f.; *Kuhnt*, Übertragung von Strom nach deutschem und europäischem Recht, in : Festschrift für Lukes, 1989, S. 411 f.; *Klätte*, Wettbewerb und EG-Binnenmarkt, ET 1988, S. 412 ff.

II. Strom ist keine Ware oder Dienstleistung

Der Begriff Durchleitung impliziert die Vorstellung, dass es sich um einen Vorgang handelt, bei dem ein und derselbe Strom vom Einspeisepunkt A zum Entnahmepunkt B geleitet wird. Im Allgemeinen entspricht dies der Vorstellung, die man von einem Warentransport hat. So verhielte es sich, wenn statt z.B. Güter per Eisenbahn vom Produzenten zum Abnehmer zu transportieren, Strom über das Leitungsnetz der EVU zu den Stromabnehmern geleitet würde. Diese Vorstellung setzt voraus, dass Strom materielle Eigenschaften besitzt. Genau das ist aber gerade nicht der Fall. Strom besitzt immaterielle Eigenschaften, die sich durch physikalische Gesetze definieren lassen. Ein Vergleich mit den zwar ebenfalls leitungsgebundenen Bereichen der Gas- oder Wasserversorgung oder den Fernsprechsystemen ist schon daher unzulässig. Denn im Gegensatz zu Wasser ist Strom nicht speicherbar, wenn man von geringen Mengen einmal absieht. Eine Produktion auf Vorrat ist daher unmöglich. Ferner verlangen die physikalischen Besonderheiten der Elektrizität, dass augenblicklich genau so viel Strom erzeugt werden muss, wie im selben Moment dem Versorgungsnetz insgesamt entnommen wird. Ein Versorgungsnetz, das zu einer solchen permanenten Anpassung zwischen Erzeugung und Entnahme nicht in der Lage ist, wird früher oder später zusammenbrechen. Dies resultiert aus dem physikalischen Fakt, dass bei der Stromversorgung in jedem Augenblick ein Gleichgewicht zwischen dem Gesamtstromverbrauch und der Gesamtstromerzeugung bestehen muss. Weicht der Stromverbrauch nach oben oder nach unten von der Stromerzeugung ab, so steigt oder fällt die Netzfrequenz. Sollte die Schwankung enge Grenzen überschreiten, bricht die komplette Stromversorgung zusammen.[32] Hierin zeigt sich auch ein großer Unterschied zu Fernsprechsystemen. Ist ein Fernsprechsystem überlastet, bleibt nur derjenige Teilnehmer ohne Verbindung, dessen Anwahl die Netzkapazität übersteigt. Nach einer Wartezeit ist es dann wieder möglich eine Verbindung zu erhalten. Derartige Wartezeiten sind in der Stromversorgung jedoch unzulässig. Sämtliche mit der Stromversorgung verbundene Dienstleistungen müssen in dem Moment zur Verfügung gestellt werden, in dem der Kunde dem Netz den Strom entzieht. Eine weitere Besonderheit der Stromversorgung liegt darüber hinaus gerade in den Dienstleistungen, die bei der Stromversorgung vom EVU erbracht werden. Es reicht nämlich nicht aus, wenn das EVU die reine Wirkleistung stellt, also die Leistung, die beim Kunden ankommen muss, um sein elektrisches Gerät zu betreiben. Des Weiteren muss das EVU eine Blindleistung einspeisen und die Spannung des Netzes regeln. Ferner muss die Netzfrequenz bei schwankendem Stromverbrauch mittels Regelkraftwerken konstant gehalten werden. Letztlich erfordert die Gewährleistung der Versorgungssicherheit die Vorhaltung von Reservekapazitäten und die Leitung des Netzbetriebs durch einen Lastverteiler.

Bei der Stromversorgung handelt es sich somit nicht um eine Ware oder eine Dienstleistung. Vielmehr beinhaltet sie mehrere Dienstleistungen.

III. Strom wird dem Netz vom Kunden entnommen

Eine weitere Besonderheit, welche die Außergewöhnlichkeit der Elektrizitätsversorgung ausmacht, zeigt ein Vergleich mit einer gewöhnlichen Warenlieferung. Ein Kunde möge ein Möbelstück, z.B. ein Bett bestellt haben. Nachdem er das Bett beim Möbelhändler bestellt hat, wird es nach den Vorstellungen des Kunden beim Hersteller produziert oder vom Lager abgerufen. Je nach Auftragslage kann es hierbei zu Wartezeiten kommen. Anschließend wird das Bett dem Kunden entweder über den Möbelhändler oder direkt ausgeliefert.

In der Stromversorgung gibt es dagegen keine Bestellung, keine Lagerhaltung und keine Wartezeiten. Außerdem gibt es keine individuelle Belieferung über einen fest definierten Transportweg.

---

[32] *Klätte*, (Fn. 31), S.414.

Wie bereits dargestellt[33], muss in einem Stromversorgungsnetz permanent ein Gleichgewicht zwischen Gesamtstromverbrauch und Gesamtstromerzeugung bestehen. Wenn nun aber ein Kunde dem bis dahin ausgeglichenen Netz Strom entnimmt, so steigt der Gesamtstromverbrauch. Diesem plötzlichen Anstieg kann die Stromerzeugung nicht ohne Verzögerung folgen. Damit liegt zunächst eine Differenz zwischen Verbrauch und Erzeugung vor. Dies hat letztlich ein Abfallen der Netzfrequenz zur Folge. Der Drehzahlregler an der Turbine erkennt das Abfallen der Netzfrequenz, wodurch dann durch Erhöhen der Dampfzufuhr bzw. durch Erhöhen der Generatorleistung die Differenz wieder ausgeglichen wird. Entnimmt der Verbraucher weniger, so dass die Erzeugung den Verbrauch übersteigt, verhält es sich genau umgekehrt. Nachdem der Drehzahlregler ein Ansteigen der Netzfrequenz registriert, wird die Dampfzufuhr bzw. die Generatorleistung entsprechend verringert.

In gewissem Umfang passt sich also die Generatorleistung dem Verbraucherverhalten an. Das bedeutet im Endeffekt, dass der Strom nicht vom Produzenten geliefert, sondern vom Kunden entnommen wird.[34] Der Generator muss seine Leistung dem jeweiligen Verbraucherverhalten anpassen. Da sich die Frequenz-Leistungs-Regelung des Stromversorgungssystems an der Summenleistung der Verbraucher orientiert, kann es schon bei der Versorgung zweier Abnehmer bei einer Änderung des Stromverbrauchs nicht mehr unterscheiden, welcher der beiden für die Laständerung kausal ist. Daraus folgt, dass der Generator nicht festlegen kann, welcher Kunde mit wie viel Strom beliefert wird, sondern dass der Kunde so viel Strom entnimmt, wie er benötigt, ohne diesen vorher zu bestellen oder gar Lieferfristen abzuwarten.

IV. Lastflüsse in vermaschten Netzen

Das Bild der Durchleitung als reiner Energietransport wäre darüber hinaus nur dann zutreffend, wenn die Energie zielgerichtet von einem Punkt zum anderen geleitet werden könnte.

Gerade dies lässt sich aber in vermaschten Netzen, das sind Netze, bei denen mehrere Erzeuger über verschiedene Leitungen mit mehreren Verbrauchern verbunden sind, nicht bewerkstelligen.[35] In einem vermaschten Netz ist es weder möglich die Einspeiseleistungen der Erzeuger, die Lastflüsse in den Leitungen, noch die Entnahmeleistungen der Verbraucher einander zuzuordnen. Dies hat unterschiedliche Gründe.

1. Strom sucht sich den Weg des geringsten Widerstands

Strom wählt sich immer den Weg des geringsten Widerstands.[36] Das folgende Beispiel soll verdeutlichen, dass auf Grund dieser physikalischen Gesetzmäßigkeit kein Einfluss darauf genommen werden kann, welchen Weg sich der Strom aussucht.

---

[33] Vgl. 1. Teil C II.

[34] Vgl. hierzu *Pfeiffer*, Stromdurchleitungen nach deutschem, europäischem und amerikanischem Recht, 1996, S. 7.

[35] Vgl. hierzu *Perner/Riechmann/Schulz*, Durchleitungsbedingungen für Strom und Gas, 1997, S. 38 ff.; *Zinow*, Rechtsprobleme der grenzüberschreitenden Durchleitung von Strom in einem EG-Binnenmarkt für Energie, Reihe II, Bd. 1139, 1991, S. 28.

[36] Jeder Leiter besitzt einen Widerstand, der den Stromfluss hemmt. Die Größe des Widerstands richtet sich u.a. nach der Länge und des Querschnitts des verwendeten Drahtes. Siehe hierzu: RWE Energie (Fn. 13), S. 13 f.

Beispiel 1:[37]

Der Generator des Kraftwerkes G1 beliefert über eine 50 km lange Leitung L1 den Verbraucher V1 mit 50 MW. Der Generator des Kraftwerkes G2 beliefert über eine 30 km lange Leitung L2 den Verbraucher V2 ebenfalls mit 50 MW. In diesem Zustand handelt es sich um ein unvermaschtes Netz. Sowohl die Generatoren G1 und G2 als auch die Verbraucher V1 und V2 sollen mit einer Sammelschiene verbunden sein. Verkuppelt man die Leitungen L1 und L2 nun durch Schließen der beiden Sammelschienen, liegt die simpelste Form eines vermaschten Netzes vor. Auf Grund der geringeren Länge besitzt L2 einen kleineren Leitungswiderstand. Da sich Strom den Weg des geringsten Widerstands sucht, verändert sich der Lastfluss dahingehend, dass sich der Lastfluss in L2 in dem Maße erhöht, wie sich der in L1 verringert. Selbst wenn G1 den Verbraucher V1 allein über die Leitung L1 versorgen wollte, ist ihm das im vermaschten Netz nicht möglich.

2. Lastflüsse in einzelnen Leitungen

Darüber hinaus lassen sich auch die Lastflüsse in den einzelnen Leitungen nicht generell bestimmen. Ganz im Gegenteil: Hierzu werden die Lastflüsse von der sich ständig ändernden Erzeugungs- und Belastungssituation bestimmt. Selbst bei gleich bleibendem Gesamtstromverbrauch können sich die Lastflüsse in einem vermaschten Netz ändern. Auch dies soll an einem Beispiel erläutert werden.

Beispiel 2:[38]

Die Generatoren der Kraftwerke G1 und G2 speisen in ein vermaschtes Netz jeweils eine Leistung von 50 MW ein. An das Netz sind ebenfalls die Verbraucher V1 – V3 angeschlossen. Jeder Verbraucher ist jeweils über eine direkte Verbindung mit den Generatoren G1 und G2 verbunden. Ferner bestehen sowohl Querverbindungen zwischen G1 und G2 als auch zwischen V1 und V3, die sich bei V2 kreuzen. Die einzelnen Leitungsabschnitte sollen der Einfachheit halber einen gleich großen Widerstand haben. Der größte Abnehmer ist im Ausgangsfall V1. V2 ist mittlerer und V3 ein kleiner Abnehmer.

In diesem Ausgangsfall ergibt sich für die Lastflüsse folgendes Bild: Die Lastflüsse strömen in den Leitungen, die die Generatoren mit dem jeweiligen Abnehmer verbinden, von den Generatoren aus in Richtung auf den Verbraucher. Die Lastflüsse sind umso höher, desto größer der Verbraucher ist. Konkret heißt das, dass die Lastflüsse in den direkten Verbindungen von G1 und G2 zu V1 im Ausgangsfall am höchsten sind.

Geht man nun davon aus, dass V3 dieselbe Leistung entnimmt, die vorher V1 entnommen hat und umgekehrt V1 dieselbe wie V3, so ist unschwer zu erkennen, dass sich die Lastflüsse nunmehr genau umkehren. Da sich aber am Gesamtstromverbrauch nichts ändert, speisen die Generatoren der Kraftwerke G1 und G2 unverändert ihre Leistung in das Netz ein. Die Lastflussänderung wird durch sie nicht erkannt.

Wenn Kraftwerk G1 nun aber ein gebietsfremdes Kraftwerk ist, das sich des Netzes des Gebietsversorgungsunternehmens (Gebiets-EVU) G2 bedient, um im Wege der Durchleitung den Verbraucher V1 mit einer vertraglich bestimmten Menge Strom zu beliefern, so würde es bei konstantem Gesamtstromverbrauch nach wie vor die gleiche Leistung einspeisen, obwohl sein Kunde V1 mittlerweile viel weniger Strom entnimmt. G1 würde also die Versorgung des fremden Kunden V3 mit übernehmen. In dem Fall, dass der Durchleitungsempfänger V1 seinen Stromverbrauch in dem

---

[37] *Klätte* (Fn. 31), S. 414 f.

[38] *Klätte* (Fn. 31), S. 415.

Maße erhöht, in dem V3 seinen Verbrauch senkt, würde das Gebiets-EVU einen Teil des Strombedarfs von V1 decken.

3. Verteilung elektrischer Energie in vermaschten Netzen

In einem großen vermaschten Netz sind die Leitungen derartig miteinander verbunden, dass der Strom mehrere Möglichkeiten hat, von Punkt A zu Punkt B zu gelangen. Die Lastflüsse in den einzelnen Leitungen hängen von der sich ständig ändernden Erzeugungs- und Belastungssituation ab. Da sich die Lastflüsse somit ebenfalls permanent verändern, nimmt auch die eingespeiste Energie eines gebietsfremden EVU ständig neue Leitungen in Anspruch. Daraus folgt, dass die Übertragung elektrischer Energie von Punkt A nach Punkt B in vermaschten Netzen nicht über eine reservierte Leitung erfolgen kann, sondern vom gesamten Netz übernommen wird. Ein Einspeiser kann nicht den elektrischen Zustand einer Leitung verändern, sondern nur den des Gesamtnetzes inklusive all seiner Abzweigungen.[39] Das ergibt sich aus dem 2. Kirchhoffschen Gesetz, wonach sich die Stromstärke bei einer Einspeisung auf sämtliche Leitungsverzweigungen gemäß dem Verhältnis der Kehrwerte der Widerstände der einzelnen Verzweigungen verteilt.

In vermaschten Netzen können sich die Lastflüsse erheblich verschieben. Das liegt an der jeweiligen Netzkonfiguration und an der sich ständig ändernden Erzeugungs- und Belastungssituation. Darüber hinaus kann Strom in vermaschten Netzen auf mehreren Wegen von Punkt A zu Punkt B gelangen. Da er sich den Weg des geringsten Widerstands sucht, hat der Stromeinspeiser keinen Einfluss darauf, über welche Leitung der Strom fließt. Eine Durchleitung in dem Sinne, dass der an einer bestimmten Stelle eingespeiste Strom über einen festgelegten Weg an einen bestimmten Einzelkunden an einem entfernten Ort geleitet und dort von ihm zeitgleich entnommen wird, ist somit in vermaschten Netzen technisch und physikalisch unmöglich.[40]

Zur Verdeutlichung des Funktionsprinzips beim Elektrizitätsversorgungsnetzsystems wird regelmäßig das Bild eines Trinkwassersees herangezogen:

Dabei wird in einen See, der einen genau definierten Wasserstand hat, an vielen verschiedenen Stellen von unterschiedlichen Einspeisern, Wasser in den See geleitet. Diese Einspeiser entsprechen den Stromerzeugern. Ebenso wird an unterschiedlichen Stellen von verschiedenen Verbrauchern (diese entsprechen den Stromverbrauchern) Wasser aus dem See entnommen. Kauft nun ein bestimmter Verbraucher Wasser von einem am gegenüberliegenden Ufer liegenden Einspeiser, so fließt das Wasser nicht vom Einspeiser quer über den See zum Verbraucher. Vielmehr entnimmt der Verbraucher Wasser, das von den Einspeisern in den See geleitet wurde. Wem das Wasser zuzuordnen ist, kann nicht festgestellt werden.

V. Abschaffung des Begriffs der „Durchleitung"?

Auf Grund der Erkenntnis, dass es eine Durchleitung im Sinne einer Stromlieferung von Punkt A zu Punkt B nicht geben kann, ist vereinzelt gefordert worden, den Begriff der Durchleitung durch eine zutreffendere Bezeichnung zu ersetzen. Fischerhoff begründet die Notwendigkeit eines neuen Begriffes so: „Was falsch, nicht tatsachengerecht und nicht unterstellbar ist, kann auch nicht als eine – simplifizierte und irreführende – 'Fiktion' Eingang in Rechtssprache und Rechtsleben finden."[41] Im Anschluss daran ist vorgeschlagen worden, anstatt von Durchleitung besser von „Netz-

---

[39] *Börner, B.* (Fn. 29), Studien, S. 410.

[40] Vgl. hierzu *Böwing*, Rechtsfragen bei Netzzugang, Netzbenutzung und Durchleitung, VEnergR 85 (1998), S. 19 (25); *Perner/Riechmann/Schulz* (Fn. 35), S. 38 ff.; *Zinow* (Fn. 35), S. 28.

[41] *Fischerhof* (Fn. 29), S. 21.

und Maschinendienstbarkeit"[42] oder von „Austausch-Dienstleistungen"[43] zu sprechen. Da aber auch diese Formulierungen den einer Elektrizitätslieferung zu Grunde liegenden Sachverhalt nicht ganz genau erfassen, wird im Allgemeinen weiterhin von Durchleitung gesprochen.[44] So wurde im Rahmen der 4. Kartellgesetznovelle[45] in § 103 Abs. 5 Satz 2 Nr. 4 GWB die Einspeisung von Energie in das Netz eines fremden Versorgungsnetzes und eine damit verbundene Entnahme als „Durchleitung" legaldefiniert. Der Begriff der Durchleitung hat sich insoweit durchgesetzt. Auch das EnWG 1998 verwendet in § 6 I S. 2 EnWG den Begriff „Durchleitung". Ebenso definierte die „Verbändevereinbarung über Kriterien zur Bestimmung von Durchleitungsentgelten" von 1998 (VV I) in ihrer Präambel die Durchleitung als „Einspeisung von elektrischer Energie (Leistung und Arbeit), gleich welcher Herkunft, in definierte Einspeisepunkte des Netzsystems und die damit verbundene zeitgleiche Entnahme der eingespeisten elektrischen Energie an räumlich davon entfernt liegenden Entnahmepunkten der Netzsysteme". Im Grunde wird damit die erstmalige Legaldefinition der Durchleitung fortgeführt. Einem solchen Verständnis liegt die Vorstellung eines Strompfades zu Grunde, auf dem Strom vom Einspeisepunkt zum Entnahmepunkt geleitet wird. Dies abstrahiert – wie erläutert – von den physikalischen Gegebenheiten. Dennoch kann aus diesem Grund nicht von der tatsächlichen Unmöglichkeit auf eine rechtliche Unmöglichkeit einer „Durchleitung" geschlossen werden. Zwar handelt es sich um einen Fall der tatsächlichen Unmöglichkeit; die Belieferung eines Abnehmers durch einen Dritten unter Benutzung fremder Netze ist rechtlich aber dennoch möglich. Möglich gemacht wird dies durch eine Fiktion. Die Durchleitung im Sinne der Einspeisung an der einen Stelle und der zeitgleichen Entnahme an anderer Stelle wird für den Bereich der Stromversorgung fiktiv als möglich angesehen,[46] um eine Grundlage zu haben, Fremdbelieferungen zu ermöglichen. Fiktionen sind der Rechtslehre nicht unbekannt. Es handelt sich um im Gesetz festgelegte Annahmen eines Sachverhalts, der in Wirklichkeit nicht besteht.[47] Nur ein Beispiel ist § 1923 II BGB, wonach jemand als vor dem Erbfall geboren gilt, der zur Zeit des Erbfalls noch nicht lebte, aber bereits gezeugt war. Auch im Rahmen des Gesellschaftsrechts wird zum Teil mit einer Fiktion gearbeitet. Nach der sog. Fiktionstheorie ist die juristische Person als Rechtsperson neben dem Menschen an sich nicht denkbar; ihre Existenz werde zur Erreichung gemeinsamer Zwecke nur unterstellt. So verhält es sich auch hinsichtlich des Durchleitungsbegriffs. Die Möglichkeit, Strom von Punkt A zielgerichtet zu Punkt B zu leiten, wird fingiert, um den gemeinsamen Zweck Wettbewerb zu ermöglichen. Als Fiktion existiert die Durchleitung also, obwohl es sie technisch-physikalisch nicht geben kann.

Dennoch verleitet der Begriff der Durchleitung zu einer nicht sachgerechten Betrachtung der Vorgänge, wie sie sich bei der Versorgung mit Elektrizität abspielen.[48] Insofern ist zu begrüßen, dass die Verbändevereinbarung über Kriterien zur Bestimmung von Netznutzungsentgelten (VV II) den Begriff der Durchleitung nicht weiter verwendet, sondern nunmehr von Netznutzung spricht. Dabei wird unter Netznutzung dasselbe verstanden, was zuvor als Durchleitung definiert wurde. Dies folgt aus der Präambel der VV II, welche mit demselben Wortlaut wie bei der VV I nunmehr die Netznutzung definiert. Der Begriff der Netznutzung impliziert nicht mehr die Vorstellung eines

---

[42] *Börner, B.*, (Fn. 29), Studien, S. 408.

[43] *Tettinger* (Fn. 31), S. 273.

[44] Begründung zum Gesetzesentwurf der Bundesregierung zur Neuregelung des Energiewirtschaftsrechts, BT-Drs. 13/7274, S. 11; Präambel der Verbändevereinbarung über Kriterien zur Bestimmung von Durchleitungsentgelten (VV I).

[45] BGBl. I S.458.

[46] *Britz*, Örtliche Energieversorgung nach nationalem und europäischen Recht, 1994, S. 117; *Tettinger* (Fn. 31), S. 273; *VDEW* (Hrsg.), Der europäische Strommarkt, 1988, S. 19, *Zinow* (Fn. 35), S. 27.

[47] Fiktionen können umgekehrt einen Sachverhalt entgegen der Wirklichkeit als nicht bestehend fingieren.

[48] Vgl. *Börner, A.-R.*, Erste Überlegungen zu den privaten Normierungen der Stromdurchleitung: Stringenz und Kartellrecht (Teil 1), RdE 2000, S. 55 (56): „[...] plastisch, aber physikalisch falsch [...]".

Stromtransports in dem Sinne, dass Strom eines Dritten durch die Leitung eines Leitungsbetreibers zu einem Abnehmer geleitet wird. Netznutzung beinhaltet vielmehr nur die Vorstellung, dass das Netz des Betreibers in irgendeiner Form genutzt wird. Dies trifft aber auch zu. Der Dritte nutzt das Netz, indem er die Elektrizität, die sein Abnehmer dem Netz entnimmt, diesem zuführt. Eine Netznutzung ist also gegeben. Wohin gerade die eingespeiste Elektrizität des Dritten fließt, hängt von vielen Faktoren ab. Bei einer Netznutzung verbleibt es aber dennoch. Insofern ist der Begriff der Netznutzung dem der Durchleitung vorzuziehen.

Im Folgenden werden sowohl der Begriff der Durchleitung als auch der der Netznutzung verwendet. Nach hier vertretener Auffassung ist zwar der zutreffendere Begriff der Netznutzung vorzugswürdig. Da sich der Gesetzgeber aber entschieden hat, den Begriff der Durchleitung (weiter) zu verwenden, wird dieser hier ebenfalls gebraucht. Eine unterschiedliche Bedeutung ist nach den obigen Ausführungen damit nicht verbunden.

2. Teil: Energiewirtschaftsrechtsrechtliche Aspekte

A. Wirtschaftliche Bedeutung der Energiewirtschaft

Der hohe Stellenwert der Energiewirtschaft innerhalb des Wirtschaftssektors in Europa und der Bundesrepublik Deutschland ist unübersehbar. Die EU benötigt rund ein Sechstel des gesamten Weltenergiebedarfs, wobei in der EU lediglich 7 % der Weltbevölkerung leben. Der hohe Energiebedarf der EU übersteigt bei weitem die eigenen Energievorräte. Deutlich wird das u.a. daran, dass Westeuropa gut 20 % des weltweit geförderten Mineralöls verbraucht, aber nur über knapp 2 % an Mineralölvorräten verfügt. Bei Erdgas verhält es sich nur ein wenig anders. Hier liegt der Konsum bei knapp 15 % bei eigenen Vorräten von circa 4 %[49]. In der Bundesrepublik beträgt die Nachfrage nach elektrischer Energie derzeit 476 Milliarden kWh. Der deutsche Markt ist somit der größte Europas und nach dem der USA, der GUS-Staaten, Japans und Chinas der fünft größte der Welt.

B. Rechtliche Ausgestaltung der Energiewirtschaft

I. Verfassungsrechtliche Vorgaben

1. Bezüglich der Sicherstellung der Energieversorgung als hochrangiges Schutzgut

Im Gegensatz zu einigen anderen EU-Mitgliedstaaten[50] findet die Sicherstellung der Energieversorgung keine Verankerung im Grundgesetz. Das BVerfG hat dennoch die Sicherstellung der Energieversorgung als „ein Gemeinschaftsgut höchsten Ranges“[51] eingestuft. Die Verfügbarkeit ausreichender Energiemengen sei entscheidende Voraussetzung für die Funktionsfähigkeit der gesamten Wirtschaft. Es handele sich um ein „absolutes“ Gemeinschaftsgut.[52] Energieversorgung gehöre zur Daseinsvorsorge; sie sei eine Leistung, deren der Bürger zur Sicherung einer menschenwürdigen Existenz unumgänglich bedürfe.[53]

2. Bezüglich der Gesetzgebungskompetenzen

In Art. 74 I Nr. 11 GG rechnet das Grundgesetz das Recht der Wirtschaft zum Gegenstand der konkurrierenden Gesetzgebung. Zur Erläuterung enthält Art. 74 I Nr. 11 GG einen erläuternden Klammerzusatz mit einigen beispielhaften Aufzählungen der Bereiche der Wirtschaft mit der ausdrücklichen Erwähnung der Energiewirtschaft. Mit Blick auf die Nutzung von Kernenergie hat Art. 74 I Nr. 11 GG durch Art. 74 I Nr. 11a eine Ergänzung erfahren. Die konkurrierende Gesetzgebungskompetenz im Bereich der Energiewirtschaft umfasst die Gesamtheit der Rechtssätze, die sich auf die wirtschaftliche Erzeugung, Umwandlung, Speicherung, Verteilung und den Verbrauch von Energie und die damit zusammenhängenden Vorgänge und Handlungsweisen bezieht.54 Dazu

---

[49] *Ott*, Energie – kein Thema?, RdE 1997, S. 128 (129).

[50] Vgl. Art. 10 der Verfassung der Rep. Irland, Art. 43 der italienischen Verfassung, Art. 66 II d und Art. 81n portugiesischer Verfassung, Art. 149 I Nr. 25 der Verfassung des Königreichs Spanien.

[51] BVerfG Beschl. v. 16. März 1971 BVerfGE 30, 292 (323 f.).

[52] BVerfGE (Fn. 51) 30, 292 (323f.).

[53] BVerfG Beschl. v. 20. März 1984 BVerfGE 66, 248 (258).

[54] *Tettinger* in: Schmidt, Öffentliches Wirtschaftsrecht, Besonderer Teil I, 1995, § 7 Rn. 6.

gehören im Wesentlichen das Recht der Energieanlagen und ihrer Sicherheit, der staatlichen Energieaufsicht, der Energiepreise und –abgaben sowie der Energieversorgung. In Verbindung mit Art. 74 I Nr. 16 GG ist die Grundlage für energiekartellrechtliche Vorschriften und i.V.m. Art. 74 I Nr. 13 GG für die Förderung der Energieforschung geschaffen.[55] Der Bundesgesetzgeber hat von diesem weit reichenden Kompetenzen bis dato nur wenig in Anspruch genommen. Daher blieben den Ländern Regelungsspielräume, deren Ausmaß jedoch umstritten ist.

3. Bezüglich der Verwaltungszuständigkeiten

Zur Ausführung des Energiewirtschaftsrechts sind grundsätzlich die Länder zuständig. Energieaufsichtsbehörde ist der jeweilige Wirtschaftsminister. Nur bei der Aufsicht über die Nutzung der Kernenergie sind die Einflussmöglichkeiten verstärkt, da es sich hierbei gem. Art. 87c GG, § 24 AtG um Auftragsverwaltung handelt. Zuständig ist auf Bundesebene das Ministerium für Umwelt, Naturschutz und Reaktorsicherheit, das den Ländern gemäß Art. 85 III GG Weisungen erteilen kann.[56]

II. Normative Vorgaben für die Strom- und Gaswirtschaft bis 1998

Maßgeblich wurde die Strom- und Gasversorgung durch das Gesetz zur Förderung der Energiewirtschaft (Energiewirtschaftsgesetz –EnWG) aus dem Jahre 1935[57] nebst ergänzenden Verordnungen geregelt. Dazu kamen noch kartell- und wegerechtliche Regelungen. Die bisherigen Regelungen des Energiewirtschaftsrechts wurden durch das Gesetz zur Neuregelung des Energiewirtschaftsgesetzes[58] grundlegend geändert. Um die einschneidenden Änderungen durch das am 29.04.1998 in Kraft getretene Gesetzeswerk zu verdeutlichen, sollen zunächst die bisherigen normativen Vorgaben dargestellt werden.

1. Gesetz zur Förderung der Energiewirtschaft nebst ergänzenden Verordnungen

Das Gesetz zur Förderung der Energiewirtschaft von 1935[59] galt im Wesentlichen gem. Art. 123 I und 125 Nr. 1 i.V.m. Art. 74 Nr. 11 GG als Bundesrecht fort und wurde teilweise auch in den Willen des nachkonstitutionellen Gesetzgebers aufgenommen. Laut Präambel diente das Gesetz den Leitzielen einer möglichst sicheren und kostengünstigen Energieversorgung. Das EnWG von 1935 galt nur für die leitungsgebundene Energieversorgung, also für die Erzeugung, Verarbeitung und Lieferung von Gas und Elektrizität. Der Begriff der EVU wurde in § 2 II S. 1 EnWG legaldefiniert. Danach waren EVU alle Unternehmen und Betriebe ohne Rücksicht auf Rechtsformen und Eigentumsverhältnisse, die andere mit elektrischer Energie oder Gas versorgen. Das EnWG von 1935 sah für die EVU eine besondere Staatsaufsicht vor. Durch § 5 EnWG wurde festgelegt, dass EVU, die erstmals die Energieversorgung anderer aufnahmen, einer Genehmigung durch das jeweilige Landeswirtschaftsministerium bedurften. Einen wesentlichen Kernpunkt des EnWG stellte die in § 4

[55] *Stern*, Energierecht im Widerstreit zwischen Bundes- und Landeskompetenz, 1988, S. 18 und 27 f.; *Tettinger* (Fn. 54).

[56] Zur Auftragsverwaltung vgl. BVerfG Urt. v. 22. Mai 1990 BVerfGE 81, 310 (331) = DVBl. 1990, 763 = NVwZ 1990, 955.

[57] RGBl. I S. 1451; BGBl. III 752-1.

[58] BGBl. I S. 730ff.

[59] Zuletzt geändert durch Art. 3 des Gesetzes zur Änderung energierechtlicher Vorschriften vom 19. Dezember1977 (BGBl. I S. 2750).

EnWG niedergelegte Verpflichtung zur Anzeige des Baues, der Erweiterung, Erneuerung oder Stilllegung von Energieanlagen (Investitionskontrolle) dar. Die Investitionskontrolle war eine dem deutschen Wirtschaftsrecht ansonsten völlig unbekannte Regelung. Des Weiteren umfasste die Staatsaufsicht die Möglichkeit einer Betriebsuntersagung (§ 8 EnWG – sog. Abmeierung) und die Enteignung für Zwecke der öffentlichen Versorgung (§ 11 EnWG). § 6 I EnWG verpflichtete darüber hinaus die EVU, die ein bestimmtes Gebiet versorgten, jedermann zu allgemeinen Versorgungsbedingungen und Tarifpreisen an ihr Versorgungsnetz anzuschließen und zu versorgen. Jede natürliche oder juristische Person war demnach berechtigt, den Anschluss und die Versorgung zu verlangen. Für Eigenanlagenbetreiber galt dies dagegen nicht (vgl. aber § 6 III EnWG).Von der allgemeinen Berechtigung waren ferner Sondervertragskunden ausgenommen, es sei denn sie verlangten, zu den allgemeinen Bedingungen versorgt zu werden.

Gem. § 7 I EnWG ist der Bundesminister für Wirtschaft ermächtigt, durch allgemeine Vorschriften und Einzelanordnungen die allgemeinen Tarifpreise der EVU sowie die Energieeinkaufspreise der Energieverteiler wirtschaftlich zu gestalten. Von dieser Ermächtigung hat der Bundesminister für Wirtschaft u.a. durch Erlass der Bundestarifordnung Elektrizität (BTOElt) vom 18.12.1989[60] Gebrauch gemacht. Die BTOElt enthält preisstrukturelle Vorgaben sowie Kontrollbefugnisse bezüglich der Preisentwicklung. Mittels der BTOElt wird staatlicherseits Einfluss auf den Energielieferungsvertrag zwischen EVU und seinem Tarifkunden genommen. § 1 I BTOElt verpflichtet die EVU mit allgemeiner Anschluss- und Versorgungspflicht (§ 6 EnWG), allgemeine Tarife anzubieten. Die Tarife müssen den Erfordernissen einer möglichst sicheren und preisgünstigen Verwendung von Elektrizität, der Ressourcenschonung und möglichst geringen Umweltbelastung entsprechen. Hierbei müssen sich die Tarife nach den Kosten der Elektrizitätsversorgung richten. Ferner müssen die Tarife für den Kunden verständlich gestaltet werden und ein ausgeglichenes Tarifsystem ergeben. Die allgemeinen Tarifpreise gelten als Höchstpreise. Zu einer Anhebung bedarf es einer behördlichen Genehmigung, § 12 I BTOElt, die nur dann erteilt wird, wenn das EVU nachweisen kann, dass entsprechende Preise in Anbetracht der gesamten Kosten- und Erlöslage bei elektrizitätswirtschaftlich rationeller Betriebsführung erforderlich sind.

Parallel zu diesen Regelungen gilt die Bundestarifordnung Gas (BTOGas) vom 10.02.1959[61] in der Form der Verordnung vom 21.06.1979.[62]

§ 7 II EnWG ermächtigte den Bundesminister für Wirtschaft, durch Rechtsverordnung die allgemeinen Bedingungen der EVU ausgewogen zu gestalten. Mit der Verordnung über Allgemeine Bedingungen für die Elektrizitätsversorgung von Tarifkunden (AVBEltV) vom 21.06.1979[63] und der Verordnung über allgemeine Bedingungen für die Gasversorgung von Tarifkunden (AVB Gas) vom 21.06.1979[64] ist von dieser Ermächtigung ebenfalls Gebrauch gemacht worden. Die Verordnungen regeln Details der Versorgung, Haftung, Grundstücksbenutzung und Abrechnung.

2. Wegerecht

Auf der Ebene der Verteilung der elektrischen Energie sind die EVU hinsichtlich der Verlegung von Versorgungsleitungen auf die Benutzung öffentlicher Straßen und Wege angewiesen, vor allem innerhalb der Ortschaften. Ein gesetzliches Nutzungsrecht am öffentlichen Straßennetz zur Verlegung ihrer Leitungen, wie es § 1 TelegraphenwegeG für Fernmeldeleitungen vorsah, steht den

[60] BGBl. I S. 2255.

[61] BGBl. I S. 46.

[62] BGBl. I S. 676.

[63] BGBl. I S. 684.

[64] BGBl. I S. 676.

EVU nicht zu. Darum haben in der Vergangenheit die EVU privatrechtliche Verträge abgeschlossen, bei Bundes- und Landstraßen in der Regel Gestattungsverträge, bei kommunalen Straßen und Wegen üblicherweise Konzessionsverträge. Durch diese Konzessionsverträge wurde dem entsprechenden EVU gegen Zahlung einer Konzessionsabgabe das Exklusivrecht eingeräumt, unter bzw. auf öffentlichen Straßen und Wegen Versorgungsleitungen zu verlegen. Häufig verpflichteten sich die Gemeinden in einem Konzessionsvertrag darüber hinaus, selbst keine Energieversorgung zu betreiben. Die Befugnis zur Begründung privatrechtlicher Verträge ergab sich aus straßenrechtlichen Vorschriften wie § 8 X BFernStrG und z.B. § 23 StrWG NW, wonach sich die Einräumung von Rechten zur Benutzung des Eigentums nach bürgerlichem Recht richtet, wenn dadurch der Gemeingebrauch nicht beeinträchtigt wird, wobei eine kurzweilige Beeinträchtigung für Zwecke der öffentlichen Versorgung außer Betracht bleibt. Letzteres wurde vom BVerwG sowohl für kreuzende Leitungstrassen als auch für längsverlegte unterirdische Versorgungsanlagen angenommen.[65] Somit lag es in der Macht der jeweiligen Gemeinde, zu entscheiden, wer für ihr Gebiet die Energieversorgung übernehmen durfte.

Die Höhe der Konzessionsabgaben hat durch die Konzessionsabgabenverordnung (KAV) vom 09.01.1992[66] eine eigene Regelung erhalten. § 2 KAV legt Höchstbeträge in Pfennig pro Kilowattstunde fest.

3. Kartellrecht

Eine besondere Bedeutung innerhalb des Energiewirtschaftsrechts kam dem Energiekartellrecht zu. Auf Einzelheiten des komplexen Normengeflechts soll hier – bei der Darstellung der bisherigen rechtlichen Ausgestaltung – nicht weiter eingegangen werden. Vielmehr soll das Wesentliche hervorgehoben werden. Im Mittelpunkt der energiekartellrechtlichen Regelungen standen die §§ 103 und 103a GWB. § 103 GWB erklärte die §§ 1, 15 und 18 GWB für die in § 103 I Nr. 1-4 GWB erwähnten Verträge für unanwendbar.[67] Bei Demarkationsverträgen (§ 103 I Nr. 1 GWB) handelte es sich um Verträge, bei denen sich ein EVU oder eine Gebietskörperschaft verpflichtete, in einem bestimmten Gebiet die Versorgung zu unterlassen. In den bereits erwähnten Konzessionsverträgen (§ 103 I Nr. 2 GWB) räumten Gebietskörperschaften einem EVU das Exklusivrecht ein, auf oder unter öffentlichen Straßen oder Wegen die Leitungen für die Versorgung zu verlegen und/oder zu betreiben. Hierdurch wurde jedes andere EVU von der Versorgungstätigkeit auf dem jeweiligen Gemeindegebiet ausgeschlossen, da eine solche Betätigung ohne Versorgungsleitungen schlichtweg unmöglich war. Die Kombination der beiden Vertragsarten sicherte dem EVU den Absatzmarkt unter Ausschluss jeglicher Konkurrenz anderer EVU. Darüber hinaus waren Vereinbarungen von Preisbindungen zu Gunsten der Verbraucher gem. § 103 I Nr. 3 GWB von den oben erwähnten kartellrechtlichen Regelungen genauso freigestellt wie sog. „Verbundverträge", die dem Aufbau und der Unterhaltung des Verbundsystems dienten.

Durch das unmittelbare Anknüpfen an die Vertragstypen des Demarkations- und des Konzessionsvertrages machte der Gesetzgeber deutlich, dass es gerade die Besonderheiten der leitungsgebundenen Energiewirtschaft waren, die ihn zu dieser Sonderbehandlung veranlasst hatten. Gleichzeitig wurde damit klargestellt, dass die althergebrachten Instrumentarien der Energiewirtschaft, vertragliche Beziehungen zur Basis des Betriebes von Leitungsnetzen zu machen, beibehalten werden sollte. Insgesamt standen diese Regelungen im absoluten Widerspruch zu dem ansonsten auf ein

[65] BVerwG Urt. v. 29. März 1968 BVerwGE 29, 248, 2. Leitsatz.

[66] BGBl. I S. 12.

[67] Vgl. zur Systematik der §§ 1, 15, 18, 103 und 103 a GWB a.F. u.a. *Beckert*, Abgeänderter Richtlinienvorschlag zum Binnenmarkt für Elektrizität, Berlin 1997, S. 28; *Steinberg/Britz*, Der Energieliefer- und erzeugungsmarkt nach nationalem und europäischen Recht, Baden-Baden 1995, S. 19 f.

Höchstmaß an Wettbewerb ausgerichteten GWB. Der Gesetzgeber verwies zur Begründung dieser Ausnahmen ausdrücklich auf die besonderen Verhältnisse der leitungsgebundenen Versorgungswirtschaft:[68]

„1. Die Energie- und Wasserwirtschaft kann nicht völlig von den Grundsätzen dieses Gesetzes freigestellt werden, insbesondere da das noch geltende Gesetz zur Förderung der Energiewirtschaft vom 13. Dezember 1935 (Reichsgesetzbl. I S. 1451) keine Bestimmungen gegen ungerechtfertigte Beschränkungen des Wettbewerbs enthält. Andererseits bestehen in der öffentlichen Versorgungswirtschaft besondere Wettbewerbsverhältnisse. Das beruht auf der Eigenart von Erzeugung und Verbrauch; beide stellen einen technisch und zeitlich im Wesentlichen untrennbaren Vorgang dar, Speicherung von Energie und Wasser ist nur in beschränktem Umfang möglich. Ferner erfordert die Errichtung neuer Versorgungsanlagen einen erheblichen Aufwand an Zeit und Kapital; es ist deshalb nicht möglich, jederzeit elastisch und mit wirtschaftlich größtem Nutzeffekt die Erzeugung einem vergrößerten oder verringerten Bedarf anzupassen.

Diesen besonderen technischen und wirtschaftliche Verhältnissen würde man nicht gerecht werden, wenn das Gesetz gegen Wettbewerbsbeschränkungen in vollem Umfang auf die Energie- und Wasserwirtschaft Anwendung finden würde."

Der Gesetzgeber führte weiterhin aus, dass die öffentliche Versorgungswirtschaft diverse Verträge kenne – nämlich die in § 103 I GWB aufgeführten –, die zwar im Sinne des § 1 GWB wettbewerbsbeschränkende Vereinbarungen darstellten oder die im Sinne der §§ 10 ff. GWB Preisbindungen enthielten, gegen die aber aus gesamtwirtschaftlichen Gründen keine Bedenken zu erheben seien, weil sie die Grundlage einer sicheren und preisgünstigen Versorgung bildeten. Insoweit seien angemessene Ausnahmen zuzulassen.

Obwohl der Gesetzgeber lediglich eine vorläufige Sonderregelung beabsichtigt hatte,[69] die nur bis zur Regelung der Wettbewerbsverhältnisse der öffentlichen Versorgungswirtschaft in einem allgemeinen Energiegesetz gelten sollte, und obwohl es an Reformvorschlägen und Initiativen nicht mangelte,[70] blieb eine Verabschiedung eines neuen Energiegesetzes lange aus. Auch im Rahmen der 4. Kartellgesetznovelle hielt der Gesetzgeber an § 103 I GWB fest.

Als Ausgleich für die durch § 103 I GWB eingeräumten Freiheiten sah das GWB eine Reihe von spezifischen Aufsichtsbefugnissen der Kartellbehörden vor. Gemäß §§ 105, 34 GWB mussten die in § 103 I GWB aufgeführten Absprachen schriftlich abgeschlossen werden. Weiterhin durften die Absprachen die Versorgung mit einer anderen Energieart (Substitutionskonkurrenz) keinesfalls ausschließen. Sämtliche Vereinbarungen mussten ferner den Kartellbehörden gemeldet werden (§ 103 III i.V.m. § 9 GWB). Letztlich unterlagen sie gem. § 103 V und VI GWB einer weit gehenden Missbrauchsaufsicht. In § 103 V S. 2 Nr. 1-4 GWB waren beispielhaft einige Missbrauchstatbestände aufgelistet. Seit der 4. Kartellgesetznovelle vom 26.04.1980 konnte ein Missbrauch auch dann vorliegen, wenn ein EVU ein anderes EVU dadurch unbillig behinderte, indem es sich weigerte, mit diesem EVU Verträge über die Einspeisung von Energie in sein Versorgungsnetz und eine damit verbundene Entnahme (Durchleitung) zu angemessenen Bedingungen abzuschließen, § 103 V S. 2 Nr. 4 S. 2 GWB. Damit war die Durchleitung zum ersten Mal kartellrechtlich normiert worden. In der Praxis erlangte die Regelung aber kaum Bedeutung. So erging erst mit dem Beschluss des BGH vom 15. November 1994[71] eine höchstrichterliche Entscheidung zur Frage der Durchleitung nach dem damals geltenden Recht. Sie betraf die Gaswirtschaft in den neuen Län-

---

[68] BT-Drs. 2/1158 Anlage 1, abgedruckt bei Tegethoff/Büdenbender/Klinger, Das Recht der öffentlichen Energieversorgung, Band I, GWB II, § 103 S. 2.

[69] *Büdenbender* in: Tegethoff/Büdenbender/Klinger (Fn. 68), § 103 Rn. 12.

[70] Siehe nur *Büdenbender* in Tegethoff/Büdenbender/Klinger (Fn. 68), Rn. 18 ff.

[71] BGH Beschl. v. 15.11.1994 BGHZ 128, 17 ff. = NJW 1995, S. 2718 = WuW/E BGH 2953.

dern. In dem Fall VNG ./. WIEH verneinte der BGH allerdings eine missbräuchliche Verweigerung der Durchleitung. Durch die Einführung der zeitlichen Freistellungsanforderungen des § 103a I und IV GWB ebenfalls im Rahmen der 4. Kartellgesetznovelle wollte der Gesetzgeber verhindern, dass das Gebilde der Gebietsmonopole erstarrt und so dem Abnehmer zum Nachteil gereicht. Es sollte zumindest ein Wettbewerb um die Versorgungsgebiete eröffnet werden.

III. Gesetz zur Neuregelung des Energiewirtschaftsrechts von 1998[72]

1. Einleitung

Mit der Umsetzung der EU-Stromrichtlinie vom 19.12.1996[73] im Gesetz zur Neuregelung des Energiewirtschaftsgesetzes soll der bislang größtenteils geschlossene Markt dem Wettbewerb geöffnet werden. Das Gesetz zur Neuregelung des Energiewirtschaftsgesetzes vom 24.04.1998 wurde am 28.04.1998 im Bundesgesetzblatt (Nr. 23 Teil I, S. 730ff.) veröffentlicht und ist am 29.04.1998 in Kraft getreten. Das Artikelgesetz beinhaltet die Ablösung des Gesetzes zur Förderung der Energiewirtschaft aus dem Jahre 1935 durch das Gesetz über die Elektrizitäts- und Gasversorgung (Art. 1), die Anordnung der Unanwendbarkeit der kartellrechtlichen Bereichsausnahmen der §§ 103ff. GWB für die Elektrizitäts- und Gaswirtschaft (Art. 2), eine Neufassung des Stromeinspeisegesetzes (Art. 3), Übergangsvorschriften (Art. 4) sowie Regelungen hinsichtlich des In- und Außerkrafttretens (Art. 5).

Damit wurde erstmals seit 1935 eine umfassende Reform des Rechtsrahmens für die Strom- und Gaswirtschaft erschaffen. Die Reform des Energiewirtschaftsrechts fügt sich in die jüngere Geschichte, der Umgestaltung monopolistisch ausgeprägter Wirtschaftsbereiche durch Einführung von Wettbewerb ein.[74] Zu nennen sind diesbezüglich die Neuordnungen im Bahn-, Post- und Telekommunikationssektor.[75]

Die Überlegungen, eine Reform des Energiewirtschaftsrechts auf nationaler Ebene zu initiieren, wurden durch die Mitte der 80er-Jahre intensiv geführten Diskussionen hinsichtlich der Liberalisierung und Deregulierung zur Errichtung eines europäischen Binnenmarktes für Energie[76] ausgelöst. Schon damals war die Zielsetzung, die für europäische Verhältnisse zu hohen Energiepreise durch die Einführung von mehr Wettbewerb zu senken[77] und zusätzlich verstärkt auf eine ökologisch weniger einschneidende Energieversorgung hin zu wirken.

---

[72] BGBl. I, S. 730.

[73] Richtlinie 96/92/EG des Europäischen Parlaments und des Rats vom 19. Dezember 1996 betreffend gemeinsame Vorschriften für den Elektrizitätsbinnenmarkt (ABl. EG 1997 Nr. L 27, S. 20); auch abgedruckt in: Beilage zu RdE 5/1996.

[74] *Kühne/Scholtka*, Das neue Energiewirtschaftsrecht, NJW 1998, S. 1902.

[75] Vgl. Telekommunikationsgesetz (TKG), BGBl I, S. 1120. Zum TKG: *Scherer*, Das neue Telekommunikationsgesetz, NJW 1996, S. 2953 ff.

[76] Vgl. Kommission der EG, Der Binnenmarkt für Energie, KOM (88) 238; *Jarass*, Europäisches Energierecht, Bd. 23, 1996, S. 16 ff.

[77] Vgl. die Hauptgutachten der Monopolkommission 1992/93, S. 56ff., BR-Drs. 734/94 (10. Hauptgutachten); 1994/95, S. 29 f., BT-Drs. 13/5309; Deregulierungskommission, Marktöffnung und Wettbewerb, 1991, S. 25 ff.

Nach den zunächst vorgenommenen Änderungen im Energiewirtschaftssektor durch die 4. und 5. GWB-Novelle von 1980 bzw. 1990 wurden die Reformansätze schließlich im „Entwurf zur Neuregelung des Energiewirtschaftsrechts"[78] konkretisiert. Entscheidend für diesen Vorstoß dürfte letztlich die am 19.12.1997 in Kraft getretene Elektrizitätsbinnenmarktrichtlinie (RL 96/92/EG) gewesen sein.

2. Überblick über Ziele und Folgen des Gesetzes

a) Ziele

Im Wesentlichen zielt das Gesetz auf eine Neuregelung des Energierechts für die leitungsgebundene Strom- und Gasversorgung. Ziel des Gesetzes ist die Liberalisierung und Deregulierung der nationalen Strom- und Gasmärkte. Dazu wird das Gesetz zur Förderung der Energiewirtschaft von 1935 durch ein neues Gesetz über die Elektrizitäts- und Gasversorgung (EnWG) abgelöst und die kartellrechtlichen Ausnahmeregelungen der §§ 103 und 103a GWB werden für die Strom- und Gasversorgungsunternehmen für unanwendbar erklärt. Dadurch gilt für diese das generelle Kartellverbot. Für die Versorgung der Letztverbraucher in den bislang geschlossenen Versorgungsgebieten sieht das Gesetz drei neue Möglichkeiten der Versorgung vor. In Art. 1 § 6 den verhandelten Netzzugang (sog. „Durchleitung"), die Netzzugangsalternative in Art. 1 § 7 (sog. „Alleinabnehmer") sowie den Direktleitungsbau in Art. 1 § 13.

Die Bundesregierung führte zur Begründung ihrer Initiative wie folgt aus:[79]

> *„Im internationalen Vergleich leidet der Wirtschaftsstandort Deutschland unter zu hohen Strom- und Gaspreisen. Eine Ursache hierfür ist die Monopolstellung der Unternehmen der Strom- und Gaswirtschaft. Sie unterliegen zwar einer Aufsicht nach dem Energiewirtschaftsrecht und dem Kartellrecht, die aber den fehlenden Druck brancheninternen Wettbewerbs nicht ausgleichen kann."*

Zur Lösung dieses Problems schlug sie daher vor:

> *„Für Strom- und Gasunternehmen soll künftig wie für alle anderen Unternehmen das generelle Kartellverbot gelten. Dazu wird die bisherige Freistellung aufgehoben. Gleichzeitig wird die Staatsaufsicht auf das Maß zurückgeführt, das – jedenfalls zunächst noch – auch bei wettbewerblichen Rahmen notwendig bleibt. Die Strompreisaufsicht zu Gunsten der Tarifabnehmer sowie die kartellrechtliche Missbrauchsaufsicht bei marktbeherrschender Stellung werden fortgeführt."*

Für die öffentlichen Haushalte erwartete die Bundesregierung eine Kostenentlastung. Diese ergebe sich aus geringeren Strom- und Gaspreisen. Im Gegensatz dazu solle das Aufkommen der Gemeinden aus den Konzessionsabgaben durch ein fortbestehendes Wegemonopol für die Leitungsverlegung sowie durch eine zusätzliche Klarstellung und Übergangsregelungen gesichert werden. Beim Vollzugsaufwand erwartete die Bundesregierung ebenfalls einen Rückgang, da die Anmeldung und Prüfung der bisher freigestellten Kartellverträge entfällt und die Aufgaben der Länder bei der Energieaufsicht weniger werden.[80]

---

[78] BT-Drs. 13/7274.

[79] BT-Drs. 13/7274, S. 1.

[80] BT-Drs. 13/7274, S. 1 f.

b) Folgen

Durch das Gesetz zur Neuregelung der Energiewirtschaft kommt es zu einigen weit reichenden Folgen. So kommt es neben der Aufhebung des Grundsatzes der geschlossenen Versorgungsgebiete ebenso zur Abschaffung der kartellrechtlichen Zulässigkeit von Gebietsabsprachen als auch zur Abschaffung der kartellrechtlichen Zulässigkeit exklusiver Wegerechte in Konzessionsverträgen. Dritte können nunmehr auf dem Wege der Durchleitung über bereits existierende Netze beliefert werden. Stattdessen können aber auch Gebietsversorger zur Übernahme von Drittlieferungen zur Versorgung von Letztverbrauchern verpflichtet werden. Als dritte Möglichkeit der Versorgung von Dritten ist die Belieferung mittels zusätzlicher Leitungen vorgesehen. Durch das Gesetzeswerk wird ferner die Staatsaufsicht über die Energiewirtschaft eingeschränkt und die BTO Gas aufgehoben. Darüber hinaus bedarf es bei der Weiterverteilung an sog. „verbundene Unternehmen" keiner behördlichen Genehmigung mehr. Die EVU haben in Zukunft weitere Bestimmungen für ihre betriebliche Rechnungslegung, den Jahresabschluss und dessen Offenlegung zu beachten.

3. Überblick über das Gesetzgebungsverfahren sowie über die europarechtlichen Vorgaben

a) Gesetzgebungsverfahren

Eingeleitet wurde das Gesetzgebungsverfahren durch eine Initiative der Bundesregierung. Am 08.11.1996 legte sie den Gesetzesentwurf zur Neuregelung der Energiewirtschaft vor.[81] Maßgebend für die Beratungen war der Wirtschaftsausschuss. Der Gesetzesentwurf wurde aber auch im Finanz, Innen-, und Rechtsausschuss sowie im Ausschuss für Umwelt, Natur und Reaktorsicherheit mitberaten.[82] Im Bundesrat stieß die Gesetzesinitiative der Bundesregierung von Beginn auf Ablehnung. Die Länder Nordrhein-Westfalen,[83] Hessen[84] und Bayern[85] stellten am 18.12.1996 Änderungsanträge, und der Bundesrat lehnte in seiner Plenarsitzung vom 19.12.1996 das Gesetzgebungs-vorhaben zunächst ab.[86] Die Kritik an dem Reformvorhaben bezog sich vor allem darauf, dass die Interessen der Kommunen nicht ausreichend berücksichtigt würden. Ferner waren dem Bundesrat die ökologischen Zielsetzungen nicht eingehend genug beachtet worden. Daraufhin wurde dem Gesetzesentwurf das Planfeststellungsverfahren für Höchstspannungsleitungen entnommen. Das Planfeststellungsverfahren für Höchstspannungsleitungen hätte den Gesetzesentwurf zwingend zustimmungsbedürftig gemacht. Nach Auffassung der Bundesregierung entfiel die Zustimmungsbedürftigkeit durch die Herausnahme.[87]

Am 23.03.1997 leitete dann die Bundesregierung ihren Gesetzesentwurf, versehen mit der Stellungnahme des Bundesrates und ihrer Gegenäußerung, dem Bundestag zu.[88]

In der ersten Beratung des Bundestages wurde beschlossen, den Gesetzesentwurf dem Wirtschaftsausschuss (federführend), dem Innenausschuss, dem Rechtsausschuss sowie dem Ausschuss

---

[81] BR-Drs. 806/96.

[82] Vgl. BR-Drs. 806/1/96.

[83] BR-Drs. 806/5/96 bis 806/7/96.

[84] BR-Drs. 806/8/96.

[85] BR-Drs. 806/2/96 bis 806/4/96.

[86] Bundesrat-Plenarprotokoll 707 19.12.1996 S. 691A (696A); Stellungnahme des Bundesrates vom 19.12.1996 Drucksache 806/96, S. 2 ff.

[87] a.A. *Wieland*, Verfassungsfragen des Gesetzes zur Neuregelung des Energiewirtschaftsrechts (Rechtsgutachten), März 1998.

[88] BT-Drs. 13/7274.

für Umwelt, Natur und Reaktorsicherheit zu überweisen.[89] Der Wirtschaftsausschuss legte seine Beschlussempfehlung und seinen Bericht am 25.11.1997 vor.[90] Darauf folgten am 27.11.1997 zahlreiche Änderungsanträge der Fraktion Bündnis 90/Die Grünen.[91]

Die zweite[92] und die dritte[93] Beratung des Bundestages fanden am 28.11.1997 statt. Hierbei wurden die Änderungsanträge abgelehnt und das Gesetz mehrheitlich beschlossen.

Nach Weiterleitung des Gesetzesbeschlusses an den Bundesrat, rief dieser den Vermittlungsausschuss an.[94] Dessen Beschlussempfehlung vom 02.03.1998[95] wurde vom Bundestag am 05.03.1998 zurückgewiesen.[96] Daraufhin versagte der Bundesrat in seiner Sitzung am 06.03.1998 seinerseits dem Gesetz zur Novellierung des Energiewirtschaftsrechts gemäß Art. 84 I GG die Zustimmung. Einen Einspruch nach Art. 77 III S. 1 GG hat der Bundesrat jedoch nicht einmal hilfsweise eingelegt. Damit ist das Gesetz – nach Auffassung der damaligen Bundesregierung und des Bundestages – gemäß Art. 78 GG am 19.03.1998 zu Stande gekommen.

Der Bundespräsident hat das Gesetz am 24.04.1998 unterzeichnet. Am 28.04.1998 wurde es im Bundesgesetzblatt Teil I 1998 Nr. 23 S. 730 verkündet und trat am 29.04.1998 in Kraft.

b) Europarechtliche Vorgaben

Das Gesetz zur Neuregelung des Energiewirtschaftsrechts dient – hierauf wird im Bundesgesetzblatt ausdrücklich hingewiesen – der Umsetzung der Elektrizitätsbinnenmarktrichtlinie (RL 96/92/EG).[97] Die Stromrichtlinie dient der schrittweisen Forcierung des Wettbewerbs und der Angleichung der unterschiedlichen rechtlichen Rahmenbedingungen in den Mitgliedstaaten.[98] Im Wesentlichen erkennt die RL 96/92/EG die unterschiedlichen Ausprägungen der Organisationsstrukturen der Elektrizitätsversorgung in den Mitgliedstaaten an. Hinsichtlich der Versorgungssicherheit, der Sicherstellung günstiger Preise und der Umwelt- und Ressourcenschonung greift die RL 96/92/EG allerdings ein. Die Aufstellung allgemeiner Regelungen in diesen Bereichen wird für unumgänglich angesehen, um Wettbewerb innerhalb der EU einzuführen. Die RL 96/92/EG enthält vor allem Regelungen bezüglich der Organisation der Energieversorgung und der Energieerzeugung, den Betrieb der Netzsysteme (Übertragungsnetze und Verteilungsnetze) und Bestimmungen zur Organisation des Netzzugangs und des freien Leitungsbaus (Art. 21 II RL 96/92/EG).[99] Dabei

---

[89] BT-Plenarprotokoll 13/169 17.04.1997 S. 15216A (15244C).

[90] BT-Drs. 13/9211 Beschlussempfehlung und Bericht des Wirtschaftsausschusses.

[91] Änderungsanträge Michaele Hustedt, Bündnis 90/Die Grünen; Gila Altmann (Aurich), Bündnis 90/Die Grünen; und andere; Bündnis 90/Die Grünen 27.11.1997 Drucksache 19/9283 bis 13/9291 und 13/9293 bis 13/9297.

[92] BT-Plenarprotokoll 13/208 28.11.1997 S. 18966A-18997A, 19013B-19014C/Anl; Plenarprotokoll 13/209 10.12.1997 S. 19091C/Anl.

[93] BT-Plenarprotokoll 13/208 S. 18997A-B.

[94] BR-Drs. 941/97; BT-Drs. 13/9545.

[95] BT-Drs. 13/10002.

[96] BT-Plenarprotokoll 13/222 S. 20294C.

[97] BGBl. I S. 730.

[98] S. zur RL 96/92/EG: *Hermann*, in: Kühne/Straßburg/Hermann/Rupp, Wettbewerb, Bestandsschutz, Umweltschutz, VEnergR 83 (1997), S. 25 ff.

[99] *Kühne/Scholtka* (Fn. 74), S. 1903.

stellen die Bestimmungen hinsichtlich des Netzzugangs den „Dreh- und Angelpunkt“ der Richtlinie dar.[100]

aa) Vorgaben bezüglich der Organisation und des Netzbetriebs

Die Vorgaben zur Organisation des Stromsektors und zum Betrieb der Übertragungs- und Verteilungsnetze sind in den Kapiteln I-VI der RL 96/92/EG niedergelegt. Besondere Bedeutung erlangt hierbei Kapitel VI. Hier werden in den Art. 13-15 RL 96/92/EG und vor allem in Art. 14 III-V RL 96/92/EG die Grundsätze zur (buchführungsmäßigen) Entflechtung und Transparenz der Elektrizitätsversorgung festgelegt. Nach Art. 14 III RL 96/92/EG haben „integrierte Elektrizitätsunternehmen“ in ihrer Buchführung die Kosten für die Erzeugung, die Verteilung und die Übertragung getrennt aufzuführen. Dasselbe gilt für Betätigungen außerhalb des Elektrizitätssektors. Integrierte Elektrizitätsunternehmen sind laut Legaldefinition der RL 96/92/EG in Kapitel I Art. 2 Nr. 17 sowohl „vertikal integrierte Elektrizitätsunternehmen“ als auch „horizontal integrierte Elektrizitätsunternehmen“. Dabei ist ein „vertikal integriertes Elektrizitätsunternehmen“ ein Elektrizitätsunternehmen, welches von den Tätigkeiten Erzeugung, Übertragung und Verteilung zumindest zwei ausübt.[101] Ein „horizontal integriertes Elektrizitätsunternehmen“ nimmt von den eben genannten Tätigkeiten zumindest eine wahr und übt darüber hinaus noch eine weitere Tätigkeit außerhalb des Elektrizitätssektors aus.[102] Dieses sog. „Unbundling“ führt dazu, dass die interne Buchführung für die Erzeugung, Übertragung und Verteilung der integrierten Unternehmen so aufgesplittet wird, als wenn jeder Bereich durch ein separates Unternehmen[103] geführt würde. Dadurch sollen Diskriminierungen, Quersubventionen und Wettbewerbsverzerrungen verhindert werden. Im Anhang zum Jahresabschluss haben die Unternehmen für jeden Tätigkeitsbereich eine Bilanz und eine Gewinn- und Verlustrechnung aufzunehmen.[104]

bb) Vorgaben bezüglich der Organisation des Netzzugangs

Den Mitgliedstaaten wird bei der Organisation des Netzzugangs ein Wahlrecht eingeräumt. Gem. Kapitel VII Art. 16 RL 96/92/EG können die Mitgliedstaaten zwischen den in Art. 17 und/oder Art. 18 genannten Systemen wählen. Art. 17 RL 96/92/EG beinhaltet den Netzzugang auf Verhandlungsbasis (Art. 17 I RL 96/92/EG) und den geregelten Netzzugang (Art. 17 IV RL 96/92/EG). Die dritte Variante ist das Alleinabnehmersystem in Art. 18 RL 96/92/EG.[105] Im Falle des Netzzugangs auf Verhandlungsbasis (verhandelter Netzzugang) treffen die Mitgliedstaaten die erforderlichen Maßnahmen, damit die Stromerzeuger mit sog. zugelassenen Kunden[106] Lieferverträge auf der

---

[100] *Hermann* (Fn. 98), S. 35.

[101] Kapitel I Art. 2 Nr. 18 RL 96/92/EG.

[102] Kapitel I Art. 2 Nr. 19 RL 96/92/EG.

[103] Die RL 96/92/EG spricht hier von „Firmen“.

[104] Kapitel VI Art. 14 III S. 2 RL 96/92/EG.

[105] Zur Problematik, inwieweit die verschiedenen Netzzugangsalternativen auf verschiedenen Versorgungsstufen oder innerhalb einer Versorgungsstufe miteinander kombiniert werden können, vgl. *Lukes*, Alleinabnehmerstatus für Letztverbraucher versorgende EVU, ET 1998, S. 26 ff; *Säcker/Busche*, Umsetzung der Elektrizitätsbinnenmarkt-Richtlinie, ET 1998, S. 18 (21 ff.).

[106] Kapitel VII Art. 19 III RL 96/92/EG: „Die Mitgliedstaaten geben an, welche Verbraucher in ihrem Hoheitsgebiet die in Absätzen 1 und 2 festgelegten Quoten erbringen und die Rechts- und Geschäftsfähigkeit haben, um Elektrizitäts-Lieferverträge nach den Artikeln 17 und 18 zu schließen, wobei alle Endverbraucher mit einem Jahresverbrauch von mehr als 100 GWh (je Verbrauchsstätte und einschließlich der Eigenerzeugung) in die genannte Kategorie einzubeziehen sind.“

Basis freier kommerzieller Vereinbarungen schließen können. Im Falle des geregelten Netzzugangs wird den zugelassenen Kunden der Zugang zu den Übertragungs- und Verteilungsnetzen auf der Basis veröffentlichter Tarife ermöglicht. Beim Alleinabnehmersystem benennen die Mitgliedstaaten einen Alleinabnehmer, der grundsätzlich allein für die Versorgung in einem genau definierten Gebiet verantwortlich ist. Der Mitgliedstaat kann beim Alleinabnehmermodell entscheiden, ob er den Alleinabnehmer verpflichtet, die Strommengen, die Vertragsgegenstand zwischen einem zugelassenen Kunden und einem Erzeuger sind, zu einem bestimmten Preis abzunehmen (sog. Alleinabnehmersystem mit Abnahmeverpflichtung)[107] oder ob er ihm diese Verpflichtung nicht auferlegt.[108] Beim Alleinabnehmermodell gleich welcher Ausgestaltung soll durch diverse rechtliche Regelungen sichergestellt werden, dass die gleichen wirtschaftlichen Ergebnisse erreicht werden, wie bei den Systemen des verhandelten oder geregelten Netzzugangs.

4. Änderungen des Gesetzes gegen Wettbewerbsbeschränkungen

In Art. 2 enthält das Gesetz zur Neuregelung des Energiewirtschaftsrechts die Änderungen des Gesetzes gegen Wettbewerbsbeschränkungen. Genau genommen handelt es sich lediglich um eine Änderung. Nach den §§ 103 und 103 a GWB wird § 103 b GWB eingeführt. Dieser erklärt, dass die §§ 103 und 103 a GWB nicht mehr für die Versorgung mit Elektrizität und Gas anzuwenden sind. Für die Wasserversorgung gelten sie dagegen bis auf weiteres fort. Damit sind die Energieversorgungsunternehmen allen übrigen Wirtschaftsunternehmen gleichgestellt, so dass für sie ebenfalls das allgemeine Kartellrecht gilt. Die bislang geltenden Freistellungen der in § 103 I Nr. 1 bis 4 GWB aufgeführten Vertragstypen sind aufgehoben. Demarkationsverträge sind demnach unzulässig. Das gilt ebenso für die Ausschließlichkeitsvereinbarungen in Konzessionsverträgen, in denen sich eine Kommune verpflichtet, ausschließlich einem bestimmten Unternehmen Wegerechte einzuräumen. Die geltenden Konzessionsverträge bestehen von nun an mit einfachen Wegerechten weiter.[109] Diese Abschaffung stellt das Kernelement der Reform des Ordnungsrahmens für Strom und Gas[110] dar. Die bislang geschlossenen Versorgungsgebiete werden geöffnet. Damit erhalten die Letztverbraucher die Möglichkeit, zwischen mehreren Anbietern zu wählen. Die Versorgungsunternehmen dagegen können auch in anderen Gebieten ihre Leistungen anbieten. Hierbei werden sie nicht mehr durch Ausschließlichkeitsrechte gehindert, so dass sie durch freien Leitungsbau mit anderen EVU in Wettbewerb treten können. Allein die Möglichkeit des freien Leitungsbaus reicht indes zur Einführung von Wettbewerb nicht aus. In vielen Fällen ist der freie Leitungsbau wirtschaftlich uninteressant. Des Weiteren können neue Leitungswege häufig nicht schnell genug errichtet werden, und zum Teil scheitert die Errichtung an öffentlich-rechtlichen Genehmigungserfordernissen. Deshalb muss zur Einführung von Wettbewerb noch die Möglichkeit der Durchleitung treten. Diese kann – im Falle der unbilligen Behinderung durch ein anderes Unternehmen, z.B. bei Ablehnung einer freiwilligen Vereinbarung – auf der Grundlage des allgemeinen Missbrauchs und Behinderungsverbots nach §§ 19 IV Nr. 4 und 20 I GWB n.F. (§ 22 IV und § 26 II GWB a.F.) erzwungen werden. Da die bisherige Privilegierung geschlossener Versorgungsgebiete weggefallen ist, werden derartige Begehren in Zukunft größere Aussichten auf Erfolg haben.

---

[107] Kapitel VII Art. 18 II RL 96/92/EG.

[108] Kapitel VII Art. 18 III RL 96/92/EG.

[109] Vgl. Art. 4 § 1 des Gesetzes zur Neuregelung der Energiewirtschaft.

[110] BT-Drs. 13/7274, S. 23.

5. Gesetz über die Elektrizitäts- und Gasversorgung (Energiewirtschaftsgesetz – EnWG)

Das Gesetz über die Elektrizitäts- und Gasversorgung von 1998 löst das Gesetz zur Förderung der Energiewirtschaft (Energiewirtschaftsgesetz – EnWG) von 1935 ab, wobei die bisherige Kurzbezeichnung einschließlich Abkürzung beibehalten wird. Die Änderung des Namens soll anzeigen, dass es nicht mehr nötig ist, die Elektrizitäts- und Gasversorgung durch ein Gesetz zu fördern.[111] Das Gesetz umfasst die Regelung der besonderen Rechte und Pflichten der Elektrizitäts- und Gasversorgungsunternehmen und ihrer Abnehmer ebenso wie die besondere staatliche Aufsicht über die Elektrizitäts- und Gaswirtschaft. Gem. Art. 74 I Nr. 11 GG ist es Gegenstand der konkurrierenden Gesetzgebung.[112]

Hinsichtlich des Anwendungsbereiches hat das Gesetz keinerlei Änderungen erfahren. Es gilt ebenfalls nur für die leitungsgebundene Elektrizitäts- und Gaswirtschaft. Zu den schon bislang geltenden Leitzielen der sicheren und preisgünstigen Energieversorgung tritt nun noch das Kriterium der möglichst umweltverträglichen Versorgung mit Elektrizität und Gas im Interesse der Allgemeinheit hinzu. Nach § 2 IV EnWG bedeutet Umweltverträglichkeit, dass die Energieversorgung den Erfordernissen eines rationellen und sparsamen Umgangs mit Energie genügt, eine schonende und dauerhafte Nutzung von Ressourcen Gewähr leistet ist und die Umwelt möglichst wenig belastet wird. Dabei kommt der Nutzung der Kraft-Wärme-Kopplung und erneuerbaren Energie besondere Bedeutung zu. Die Neufassung der Definition der EVU in § 2 III EnWG bedeutet keine materielle Änderung zu § 2 II S. 1 EnWG a. F. Die besondere Staatsaufsicht für die EVU wird weitgehend eingeschränkt. So entfällt die besondere Investitionsaufsicht bei Kraftwerken und Leitungen ebenso wie das Abmeierungsverfahren. Die Genehmigungspflicht für die erstmalige Aufnahme der Energieversorgung anderer wird eingeschränkt, § 3 EnWG. Für Kraft-Wärme-Kopplungsanlagen, aus denen andere Abnehmer außerhalb der allgemeinen Versorgung beliefert werden, entfällt sie gänzlich, § 3 I Nr. 2 EnWG. Neu ist dagegen die Regelung in § 13 I S. 1 EnWG, wonach Gemeinden in Zukunft ihre Wege für die Verlegung und den Betrieb von Leitungen diskriminierungsfrei zur Verfügung stellen müssen. Dabei müssen diese Wegerechte gem. § 13 II S. 1 EnWG künftig mindestens alle 20 Jahre neu vergeben werden. Sollte es bei der Vergabe der Wegerechte mehrere Interessenten geben, so ist die Entscheidung für den einen Bewerber unter Angabe der Gründe öffentlich bekannt zu machen, § 13 III EnWG. Die Gemeinden erhalten weiterhin Konzessionsabgaben, § 14 EnWG, die sich weiterhin nach der KAV bemessen. Durch § 4 I EnWG werden die EVU verpflichtet, ihre Versorgungsnetze so zu betreiben, dass sie den Leitzielen dieses Gesetzes entsprechen. Des Weiteren sind die Betreiber des Übertragungsnetzes verpflichtet, die technischen Mindestanforderungen, die für den Anschluss an dieses Netz erforderlich sind, festzulegen, zu veröffentlichen und der Behörde sowie der Europäischen Kommission mitzuteilen, § 4 II EnWG. Ebenso haben die Betreiber des Übertragungsnetzes objektive Kriterien für die Einspeisung aus Erzeugungsanlagen und die Benutzung von Vebindungsleitungen festzulegen und diskriminierungsfrei anzuwenden. Auch diese Kriterien sind zu veröffentlichen, § 4 III EnWG.

Im Hinblick auf das Thema dieser Arbeit sind gerade die §§ 5-8 EnWG von Interesse. Die §§ 5-8 EnWG behandeln den Zugang zum Elektrizitätsversorgungsnetz, wobei § 5 EnWG das Verhältnis der beiden Netzzugangsalternativen zueinander geregelt. Danach erfolgt der Zugang zum Elektrizitätsversorgungsnetz, vorbehaltlich des § 7 EnWG, nach dem System des verhandelten Netzzugangs des § 6 EnWG. Damit entspricht § 5 EnWG dem Art. 16 der EU-Stromrichtlinie, wonach die Mitgliedstaaten zwischen den in Art. 17 (entspricht dem § 6 EnWG) und/oder dem Art. 18 (entspricht dem § 7 EnWG) genannten Systemen wählen können. Demnach gibt die Bundesregierung der in § 6 EnWG geregelten Durchleitung den Vorrang vor dem in § 7 EnWG geregelten Alleinabnehmersystem. Nach § 6 I S. 1 EnWG haben die Betreiber von Elektrizitätsversorgungsnetzen anderen

[111] BT-Drs. 13/7274, S. 12.

[112] Vgl. Punkt II 1; S. 20 f.

Unternehmen das Versorgungsnetz zu Bedingungen zur Verfügung zu stellen, die nicht ungünstiger sind, als sie von ihnen in vergleichbaren Fällen für Leistungen innerhalb ihres Unternehmens oder gegenüber verbundenen oder assoziierten Unternehmen tatsächlich oder kalkulatorisch in Rechnung gestellt werden. Ausnahmen sind nur dann zulässig, wenn eine Durchleitung aus betriebstechnischen oder sonstigen Gründen nicht möglich oder nicht zumutbar ist, § 6 I S. 2 EnWG. Der Bundesminister für Wirtschaft wird durch § 6 II EnWG ermächtigt, mit Zustimmung des Bundesrates eine Rechtsverordnung zu erlassen, die die Gestaltung dieser Verträge regelt und die Kriterien zur Bestimmung von Durchleitungsentgelten festlegt. Von dieser Befugnis hat der Bundesminister für Wirtschaft jedoch keinen Gebrauch gemacht, sondern vielmehr der Verbändevereinbarung den Vorzug gegeben. Der Zugang zum Versorgungsnetz kann aber auch über das Alleinabnehmersystem erreicht werden. Hierzu erteilt die Behörde eine Bewilligung, durch die die Anwendung des § 5 EnWG ausgeschlossen wird, § 7 I S. 1 EnWG. Die Bewilligung wird jedoch nur dann erteilt, wenn der auf diese Weise erlangte Netzzugang zu gleichwertigen Ergebnissen und daher zu einer direkt vergleichbaren Marktöffnung sowie einem direkt vergleichbaren Zugang zu den Elektrizitätsmärkten führt. Ferner müssen die Voraussetzungen der Absätze 2 bis 5 erfüllt werden. Dazu gehört, dass das Unternehmen, auf das sich die Bewilligung bezieht, die Elektrizität abzunehmen hat, die ein in ihrem Versorgungsgebiet ansässiger Letztverbraucher bei einem anderen Unternehmen gekauft hat, § 7 II S. 1 EnWG. Der Preis für derartig abzunehmende Elektrizität muss gem. § 7 III S. 1 EnWG mindestens dem vom Letztverbraucher an das versorgende EVU zu zahlenden Preis, abzüglich des Tarifs für die Versorgungsnetzkosten entsprechen. Dieser Tarif muss behördlich genehmigt werden und ist öffentlich bekannt zu geben. § 7 IV EnWG verlangt von den EVU, dass sie ihre Tätigkeit nach den Absätzen 2 und 3 strikt von ihren Erzeugungs- und Verteilungstätigkeiten getrennt verwalten. Per § 7 V EnWG wird der Bundesminister für Wirtschaft ermächtigt, materiellrechtliche Einzelheiten durch Rechtsverordnung zu regeln. Die Erfahrungen mit den Wettbewerbswirkungen der Regelungen zum verhandelten Netzzugang und zur Netzzugangsalternative sind gem. § 8 EnWG durch das Bundesministerium für Wirtschaft dem Deutschen Bundestag im Jahre 2003 zu berichten. Anhand der Auswertung dieser Erfahrungen soll dann darüber entschieden werden, ob zur Erreichung der in § 1 EnWG erklärten Ziele und zur Optimierung des Wettbewerbs Änderungen der Regelungen des Netzzugangs erforderlich sind.

Neu ist darüber hinaus die Regelung des § 9 EnWG, die auf die Rechnungslegung der EVU Einfluss nimmt.[113] Für die Bereiche Erzeugung, Übertragung und Verteilung sowie für Aktivitäten außerhalb des Elektrizitätsbereichs sind die EVU zur getrennten Rechnungslegung verpflichtet. Durch diese Vorschrift sollen die Kosten eindeutig zugewiesen werden können. Dies führt zu einer größeren Transparenz. Daher hilft die Norm, die Umsetzung des verhandelten Netzzugangs gem. § 6 I EnWG effizient in die Praxis umzusetzen. Da § 6 EnWG nur für die Elektrizitätswirtschaft gilt, erhellt sich daraus, dass auch § 9 EnWG nur für die Elektrizitätswirtschaft gilt.

Nach wie vor trifft EVU, die ein bestimmtes Gemeindegebiet versorgen, eine allgemeine Anschluss- und Versorgungspflicht, § 10 EnWG. Weiterhin gilt auch der Grundsatz, dass diese Verpflichtung dann ausgeschlossen ist, wenn Anschluss und Versorgung unzumutbar sind. § 10 I S. 3 EnWG beinhaltet nunmehr ein Verbot, für verschiedene Gemeindegebiete unterschiedliche Tarife zu verlangen. Dadurch wird die zu § 6 I EnWG a.F. streitige Rechtsfrage per Gesetz geregelt[114]

---

[113] Vgl. hierzu *zur Mühlen*, Handlungsbedarf in der Rechnungslegung und Prüfung deutscher Energieversorgungsunternehmen, Versorgungswirtschaft 1997, S. 173 ff; VKU, Entflechtung im Rechnungswesen vertikal und horizontal integrierter Elektrizitätsunternehmen, VKU-Nachrichtendienst Januar 1998, S. 1 ff.

[114] Vgl. zur alten Rechtslage *Baur*, Preisdifferenzierung durch Aufteilung von Versorgungsgebieten, ET 1996, S. 587 ff.

6. Änderung sonstiger Gesetze

In Art. 3 des Neuregelungsgesetzes nimmt der Gesetzgeber noch Änderungen des Gerätesicherheitsgesetzes und des Gesetzes über die Einspeisung von Strom aus erneuerbarer Energie in das öffentliche Netz (Stromeinspeisungsgesetz) vor.

Gem. Art. 3 Nr. 1 Neuregelungsgesetz wird § 18 des Gerätesicherheitsgesetzes in der Fassung der Bekanntmachung vom 23. Oktober 1992 (BGBl. I S. 1793), zuletzt geändert durch das Gesetz vom 14. September 1994 (BGBl. I S. 2325), gestrichen. Die Streichung des § 18 Gerätesicherheitsgesetzes war nach Ansicht der Bundesregierung[115] erforderlich, weil das Energiewirtschaftsgesetz in Zukunft auf Energieverbrauchsgeräte keine Anwendung mehr fände. § 11 EnWG n.F. gilt künftig ausschließlich für Energieanlagen im Sinne des § 2 II EnWG n.F.

Nach Nr. 2 des Art. 3 Neuregelungsgesetz wird das Stromeinspeisungsgesetz vom 7. Dezember 1990 (BGBl. I S. 2633), geändert durch Art. 5 des Gesetzes vom 19. Juli 1994 (BGBl. I S. 1622), dadurch geändert, dass die §§ 1 bis 4 durch die neuen §§ 1 bis 4a ersetzt werden. Die Nivellierung des Stromeinspeisegesetzes dient auch dem gesetzgeberischen Ziel eines stärkeren Umwelt- und Klimaschutzes. In Zukunft wird bei Strom aus Biomasse nicht mehr nach der Herkunft differenziert, da er nunmehr generell begünstigt wird. Ferner wird der Netzbetreiber als Adressat der Abnahme- und Vergütungspflicht festgelegt. Über § 4 a werden die EVU aufgefordert, Selbstverpflichtungen zu Gunsten regenerativer Energien und KWK zu übernehmen. Die entscheidende Änderung des Stromeinspeisegesetzes stellt aber die Konkretisierung der Härteklausel in § 4 dar. Damit wird die Vergütungspflicht für Strom aus regenerativen Energien nach diesem Gesetz für jedes EVU auf 5 % seines Stromaufkommens beschränkt. Werden die 5 % überstiegen ist der Netzbetreiber des vorgelagerten Netzes verpflichtet, dem Netzbetreiber des aufnehmenden Netzes die Mehrkosten, die dadurch entstehen zu vergüten. Bei Erreichen der 5 %-Grenze bei Netzbetreibern ohne vorgelagertes Netz – also regelmäßig die Verbundebene – endet die erhöhte Vergütungspflicht auch auf den unteren Netzebenen, allerdings nur für neue Anlagen. Nach § 4 II Stromeinspeisungsgesetz geht die Abnahme- und Vergütungspflicht auch dann auf den Netzbetreiber der vorgelagerten Ebene über, wenn die Einhaltung, trotz Anwendung der Erstattungsregelung eine unbillige Härte darstellen würde. Abs. 4 des Stromeinspeisungsgesetzes verpflichtet das Bundesministerium für Wirtschaft, spätestens 1999 einen Bericht über die Auswirkungen der Härteklausel vorzulegen, damit auf dessen Grundlage über einen anderen Ausgleichsmechanismus entschieden werden kann.

---

[115] BT-Drs. 13/7274, S. 26.

IV. Kraft-Wärme-Kopplungsgesetz und Erneuerbare-Energien-Gesetz

Nicht im Rahmen des NeuregelungsG, sondern erst nachträglich sind das Gesetz zum Schutz der Stromerzeugung aus Kraft-Wärme-Kopplung (Kraft-Wärme-Kopplungsgesetz)[116] sowie das Gesetz für den Vorrang Erneuerbarer Energien (Erneuerbare-Energien-Gesetz)[117] erlassen worden.

1. Kraft-Wärme-Kopplungsgesetz (KWKG)[118]

Der Zweck des KWKG wird in § 1 KWKG definiert als der befristete Schutz der Kraft-Wärme-Kopplung in der allgemeinen Versorgung im Interesse von Energieeinsparung und Klimaschutz. Das Gesetz beinhaltet als zentrales Element des Schutzes der Kraft-Wärme-Kopplung eine Anschluss- sowie eine Abnahme- und Vergütungsverpflichtung der Netzbetreiber (§ 3 KWKG). Danach sind Netzbetreiber zum einen verpflichtet, KWK-Anlagen an ihr Netz anzuschließen und zum anderen, den Strom aus KWK-Anlagen abzunehmen und zu vergüten.[119] Die Höhe der Vergütung gibt § 4 KWKG mit mindestens 9 Pf/kWh vor. Die Mindestvergütung sinkt jedes Jahr zum 01. Januar um 0,5 % (§ 4 I S. 2 KWKG).

Eine Abnahmeverpflichtung besteht jedoch nicht gegenüber jedem KWK-Anlagenbetreiber. Nach § 2 KWKG fällt nur Strom aus KWK-Anlagen in den Anwendungsbereich des Gesetzes, der auf Basis von Steinkohle, Braunkohle, Erdgas, Öl oder Abfall erzeugt wird. Ferner muss der Strom aus einer KWK-Anlage stammen, die von einem Erzeuger betrieben wird, der die allgemeine Versorgung von Letztverbrauchern sicherstellt und dies auch schon vor dem 31. Dezember 1999 getan hat.[120] Dem ist Strom gleichgestellt, der auf Basis eines vor dem 01. Januar 2000 geschlossenen Vertrages von einem EVU bezogen wird, § 2 I S. 3 Nr. 2 KWKG.

Nimmt die installierte KWK-Leistung eines EVU aber nicht mindestens 25 % der gesamten installierten Kraftwerksleistung und die aus KWK erzeugte Strommenge im Verhältnis zur gesamten Strommenge im Jahr nicht mindestens 10 % ein, so ist dieser Strom eines EVU aus einer KWK-Anlage gem. § 2 II KWKG nicht vom Schutz des KWKG umfasst.

In den Genuss des Schutzes kommen gemäß § 2 I S. 2 KWKG überdies nur Anlagen, die vor dem 01. Januar 2000 in Betrieb genommen worden sind.[121]

---

[116] Vom 12. Mai 2000 (BGBl. I, S. 703).

[117] Vom 01. April 2000 (BGBl. I, S. 305 ff.).

[118] Zum KWKG vgl. *Herrmann, B.*, Das Kraft-Wärme-Kopplungsgesetz – Systematik, Anwendungsbereich und Grenzen, RdE 2000, S. 184 ff.

[119] Die Verpflichtung trifft den Netzbetreiber, zu dessen Netz mit einer für die Einspeiseleistung geeigneten Spannungsebene die kürzeste Entfernung zum Standort der Anlage besteht, § 3 I KWKG. Gem. § 5 KWKG kann der Netzbetreiber bezüglich der von ihm geleisteten Zahlungen von dem vorgelagerten Netzbetreiber einen Ausgleich von 3 Pf/kWh der zu vergütenden Strommenge verlangen. Auch dieser Vergütungsbetrag sinkt um 0,5 Pf/kWh zu Beginn eines Jahres.

[120] Ausreichend ist jedoch auch, wenn das EVU am Stichtag an dieser Anlage mit mindestens 25 % beteiligt war oder im Sinne von § 15 AktG verbunden war, § 2 I S. 3 Nr. 1 KWKG.

[121] Dem steht es gleich, wenn wesentliche Anlagenteile vor dem 01. Januar 2000 bestellt worden sind.

2. Erneuerbare-Energien-Gesetz (EEG)[122]

Das EEG löst das Stromeinspeisungsgesetz (StrEG) von 1999 ab, das im Rahmen des NeuregelungsG noch geändert wurde. Es übernimmt essentielle Elemente des StrEG, führt aber auch weit reichende Neuregelungen ein.[123] Ziel des Gesetzes ist es nach § 1 EEG, im Interesse des Klima- und Umweltschutzes eine nachhaltige Entwicklung der Energieversorgung zu ermöglichen und den Beitrag erneuerbarer Energien an der Stromversorgung deutlich zu erhöhen, um entsprechend den Zielen der Europäischen Union und der Bundesrepublik Deutschland den Anteil erneuerbarer Energien am gesamten Energieverbrauch bis zum Jahr 2010 mindestens zu verdoppeln.[124]

Der Anwendungsbereich des EEG geht über den des StrEG hinaus. Einerseits werden EVU uneingeschränkt aufgenommen, der im StrEG geltende Ausschluss für öffentliche Elektrizitätsversorger mithin gestrichen. Ferner nimmt das EEG als zusätzlich förderungswürdig die Geothermik sowie das Grubengas in § 2 EEG auf. Der Begriff der Sonnenenergie wird – ohne das damit eine inhaltliche Veränderung einherginge – in solare Strahlungsenergie präzisiert. Zusätzlich wird der Anwendungsbereich erweitert, indem gem. § 2 II Nr. 1 EEG für Biogasanlagen die Kapazitätsgrenze von 5 MW auf 20 MW erhöht worden ist.

Eine Einschränkung erfahren hat dagegen die Förderung von Anlagen, die Strom aus solarer Strahlungsenergie erzeugen. Hier wurde die Kapazitätsgrenze auf 5 MW beschränkt.

Ähnlich wie beim KWKG statuiert das EEG Pflichten für den Netzbetreiber. Zunächst ist der Netzbetreiber, zu dessen technisch geeignetem Netz die kürzeste Verbindung besteht, gem. § 3 I EEG verpflichtet, Anlagen nach § 2 EEG an sein Netz anzuschließen, den gesamten Strom abzunehmen und zu vergüten. Soweit erforderlich und wirtschaftlich zumutbar, hat er hierfür sein Netz zu verstärken. Gem. § 3 II EEG muss der Betreiber des vorgelagerten Netzes den Strom aus erneuerbaren Energien von dem den Strom primär aufnehmenden Netzbetreiber abnehmen und vergüten.

Die umfassendste Änderung des EEG, verglichen mit dem StrEG, stellt das Vergütungssystem (§§ 4 – 8 EEG) dar, das von dem des StrEG vollständig abweicht. Anstatt der relativen Mindestpreisvergütung, die von der allgemeinen Strompreisentwicklung abhängig war, führt das EEG vom Strompreiswettbewerb losgelöste absolute Mindestvergütungen[125] ein. Die Vergütungen liegen zwischen 0,99 Pf./kWh für Biogas und 12,1 Pf/kWh für Windkraft der 2. Förderstufe. Die Vergütungszahlungen sind gem. § 9 I EEG auf 20 Jahre befristet. Dabei sinken die Vergütungszahlungen für Biomasse, Windenergie und solare Strahlungsenergie, beginnend mit dem Jahr 2002, jährlich für in dem jeweiligen Jahr in Betrieb genommene Anlagen um 1 % (Biomasse gem. § 5 II EEG), 1,5 % (Wind gem. § 7 III EEG) und 5 % (solare Strahlungsenergie gem. § 8 II EEG).

---

[122] Zum EEG vgl. *Oschmann*, Das Gesetz für den Vorrang Erneuerbarer Energien, ET 2000, S. 460 ff.; *Salje*, Vorrang für Erneuerbare Energien, RdE 2000, S. 125 ff.

[123] *Oschmann* (Fn. 122), S. 460.

[124] Vgl. Beschlussempfehlung und Bericht des Ausschusses für Wirtschaft und Technologie, BT-Drs. 14/2776, S. 30 ff. (33).

[125] *Salje* (Fn. 122), spricht von „Mindest-Festvergütung“, S. 126.

3. Teil: Netzzugang zu Elektrizitätsversorgungsnetzen nach der Energierechtsreform

A. Zugang zum Elektrizitätsversorgungsnetz, § 5 EnWG

§ 5 EnWG „Zugang zum Elektrizitätsversorgungsnetz“:

Der Zugang zum Elektrizitätsversorgungsnetz erfolgt, vorbehaltlich des § 7 EnWG, nach dem System des verhandelten Netzzugangs.

Durch die §§ 5-8 EnWG werden die Vorschriften der Artikel 16-22 des Kapitels VII (Organisation des Netzzugangs) der Elektrizitätsbinnenmarktrichtlinie 96/92/EG (RL 96/92/EG) in nationales Recht umgesetzt. Sie gelten ausschließlich für die Elektrizitätsversorgung.[126] Die Norm des § 5 EnWG leitet dabei die zentralen Regelungen des EnWG 1998 ein, mit denen erstmals der freie Wettbewerb in der Elektrizitätswirtschaft festgelegt wird. § 5 EnWG normiert den für ein Funktionieren eines Elektrizitätsmarktes unbedingt erforderlichen „Zugang zum Elektrizitätsnetz“. Dabei regelt er selbst nicht, wie dieser Zugang zu erfolgen hat, sondern wird insoweit von den §§ 6-8 EnWG ausgefüllt. Dennoch ist § 5 EnWG hinsichtlich des Netzzugangs nicht nur eine leere Hülle. Denn die Norm gibt eine entscheidende Wertung dahingehend vor, dass der Zugang, vorbehaltlich des § 7 EnWG, nach § 6 EnWG erfolgt. Der Formulierung „der Netzzugang erfolgt nach dem System des verhandelten Netzzugangs“, sprich dem des § 6 EnWG, „vorbehaltlich“ des § 7 EnWG lässt sich entnehmen, dass der Netzzugang grundsätzlich nach § 6 EnWG und nur ausnahmsweise nach § 7 EnWG erfolgen soll.

Die einzelnen Systeme, durch die Wettbewerb ermöglicht werden soll, werden in §§ 6-8 EnWG, speziell in §§ 6 und 7 EnWG geregelt. Es sind dies das System des verhandelten Netzzugangs, welches grundsätzlich den Vorzug hat vor der in § 7 EnWG geregelten Netzzugangsalternative des sog. Alleinabnehmersystems.

---

[126] Auch die Gasbinnenmarktrichtlinie 98/30/EG der Europäischen Kommission enthält in den Art. 14 ff. Regelungen über den Netzzugang. Ein Alleinabnehmersystem wie das des § 7 EnWG sieht sie dagegen nicht vor. Die Gasbinnenmarktrichtlinie ist abgedruckt bei *Büdenbender*, Schwerpunkte der Energierechts-Reform 1998, Anhang 4, S. 345 ff.

B. Durchleitung des verhandelten Netzzugangs, § 6 EnWG

§ 6 EnWG „Verhandelter Netzzugang":

(1) Betreiber von Elektrizitätsversorgungsnetzen haben anderen Unternehmen das Versorgungsnetz für Durchleitungen zu Bedingungen zur Verfügung zu stellen, die nicht ungünstiger sind, als sie von ihnen in vergleichbaren Fällen für Leistungen innerhalb ihres Unternehmens oder gegenüber verbundenen oder assoziierten Unternehmen tatsächlich oder kalkulatorisch in Rechnung gestellt werden. Dies gilt nicht, soweit der Betreiber nachweist, dass ihm die Durchleitung aus betriebsbedingten oder sonstigen Gründen unter Berücksichtigung der Ziele des § 1 nicht möglich oder nicht zumutbar ist. Die Ablehnung ist schriftlich zu begründen. § 19 Abs. 4 und § 20 Abs. 1 und 2 des Gesetzes gegen Wettbewerbsbeschränkungen bleiben unberührt.

(2) Das Bundesministerium für Wirtschaft kann, soweit dies zur Erreichung der Ziele des § 1 und zur Gewährleistung wirksamen Wettbewerbs erforderlich ist, durch Rechtsverordnung mit Zustimmung des Bundesrates die Gestaltung der Verträge nach Absatz 1 regeln und Kriterien zur Bestimmung von Durchleitungsentgelten festlegen.

(3) Bei der Beurteilung der Zumutbarkeit nach Absatz 1 Satz 2 ist besonders zu berücksichtigen, inwieweit dadurch Elektrizität aus fernwärmeorientierten, umwelt– und ressourcenschonenden sowie technisch-wirtschaftlich sinnvollen Kraft-Wärme-Kopplungsanlagen oder aus Anlagen zur Nutzung erneuerbarer Energie verdrängt und ein wirtschaftlicher Betrieb dieser Anlagen verhindert würde, wobei Möglichkeiten zum Verkauf dieser Elektrizität an Dritte zu nutzen sind.

(4) Die Betreiber des Elektrizitätsversorgungsnetzes veröffentlichen jährlich, erstmals im Jahr 2000, Richtwerte zur Spanne der Durchleitungsentgelte. In den folgenden Jahren sollen die Angaben auf dem Durchschnitt der in den vergangenen zwölf Monaten ausgehandelten Entgelte beruhen.

Nicht direkt aus § 6 I S.1 EnWG, sondern aus dem Wortlaut des § 6 I S. 2 EnWG ergibt sich, dass es sich bei dem System des verhandelten Netzzugangs um ein Durchleitungssystem handelt. Mit § 6 EnWG hat sich der Gesetzgeber letztlich doch dafür entschieden, die Durchleitung per Gesetz zu regeln, nachdem er zunächst geplant hatte, keinen speziellen Durchleitungstatbestand zu normieren, sondern annahm, dass die allgemeinen kartellrechtlichen Regelungen insbesondere der §§ 22 IV und 26 II GWB a.F. (§§ 19 IV und 20 GWB n.F.) der Missbrauchsaufsicht und des Diskriminierungsverbots ausreichen würden.[127] Damit ist § 6 EnWG die eigentliche zentrale Norm zur Einführung von Wettbewerb auf dem Energiesektor. Um die gewünschten Wettbewerbsprozesse in die Praxis umzusetzen, ist ein grundlegendes Verständnis dieser Norm unerlässlich. § 6 I S. 1 EnWG bestimmt, dass Betreiber von Elektrizitätsversorgungsnetzen anderen Unternehmen das Versorgungsnetz zu Bedingungen zur Verfügung stellen müssen, die nicht ungünstiger sind als sie von ihnen in vergleichbaren Fällen für Leistungen innerhalb ihres Unternehmens oder gegenüber verbundenen oder assoziierten Unternehmen tatsächlich oder kalkulatorisch in Rechnung gestellt werden. Bei näherer Betrachtung des Durchleitungstatbestandes führt dies zu Fragen nach dem Begriff der Durchleitung, der Systematik des Netzzugangs, den Beteiligten einer Durchleitung, genauer ausgedrückt, nach den Durchleitungsverpflichteten und –berechtigten, sowie nach den verschiedenen Durchleitungsvorgängen. Gem. § 6 I S. 2 EnWG soll S. 1 dann nicht gelten, wenn der Betreiber nachweist, dass ihm die Durchleitung aus betriebstechnischen oder sonstigen Grün-

[127] BT-Drs. 13/7274, S. 23.

den unter Berücksichtigung der Ziele des § 1 EnWG nicht möglich oder nicht zumutbar ist. Dies führt zu der Frage nach der Rechtfertigung von Durchleitungsverweigerungen sowie der damit verbundenen Interessenabwägung. Letztlich bleiben dann noch die Fragen zu Kriterien zur Bestimmung von Durchleitungsentgelten und zu Durchleitungsbedingungen zu klären. Als Erstes sind aber die mit der Einführung eines Durchleitungstatbestandes und der Einführung von Wettbewerb unter Aufgabe des bisherigen Systems der geschlossenen Versorgungsgebiete entstandenen Grundrechtsproblematiken näher zu untersuchen.

I. Grundrechtsrelevante Aspekte einer gesetzlichen Durchleitungsregelung

Mit § 6 I 1 EnWG hat der Gesetzgeber eine Norm erlassen, die dem Durchleitungspetenten den Anspruch vermittelt, dass der Netzbetreiber ihm sein Netz zur Verfügung zu stellen hat. § 6 I 1 EnWG stellt somit eine Anspruchsnorm dar.[128] In der Vergangenheit ist eine intensive verfassungsrechtliche Diskussion um die Zulässigkeit gesetzlicher Durchleitungsregelungen geführt worden.[129] Bezüglich des in der damaligen Praxis bedeutungslos gebliebenen Durchleitungstatbestandes des § 103 V S. 2 Nr. 4 GWB a.F. in seiner Interpretation durch den BGH[130] wurde teilweise behauptet, dass die restriktive Auslegung dieses Tatbestandes zwangsläufige Folge der für den Netzeigentümer streitenden Eigentums- und Berufsfreiheitsgewährleistungen aus Art. 14 und 12 GG sei.[131] *Schmidt-Preuß*[132] entnahm gerade aus Art. 14 GG Restriktionen, die eine gesetzliche Durchleitungsregelung seiner Meinung nach der Bedeutungslosigkeit anheim fallen ließen. Im Folgenden soll untersucht werden, ob eine Durchleitungsregelung auch nach der Energierechtsreform gegen Grundrechte – insbesondere gegen die Eigentumsfreiheit aus Art. 14 GG – verstößt.

1. Eingriff in den Schutzbereich

Art. 14 I S. 1 GG[133] Gewähr leistet das Privateigentum in erster Linie als subjektives Recht des einzelnen Eigentümers. Unter den Eigentumsschutz des Art. 14 I S. 1 GG fallen unstreitig das Sacheigentum, der Besitz und alle weiteren privatrechtlichen vermögenswerte Rechte und Güter.[134] Der Eigentumsschutz beschränkt sich dabei nicht auf den Bestandsschutz. Der Eigentümer darf sein Eigentum nicht nur schlicht behalten. Er hat darüber hinaus auch die Freiheit, sein Eigentum zu verwenden, zu veräußern und zu verbrauchen. Das durch Art. 14 I S. 1 GG Gewähr leistete Eigentum ist durch Privatnützigkeit und „grundsätzliche Verfügungsbefugnis des Eigentümers über den Eigentumsgegenstand gekennzeichnet".[135] Dem Eigentümer soll es „in eigenverantwortlichem

[128] BT-Drs. 13/9211, S. 24; *Cronenberg*, Das neue Energiewirtschaftsrecht, RdE 1998, S. 85 (86); *Börner, A.-R.*, Verhandelter Stromnetzzugang und Kartellrecht, Versorgungswirtschaft, 1999, S. 77 (79).

[129] *Büdenbender*, Rechtsfragen anlässlich der Durchleitung elektrischer Energie, VEnergR 91 (1999), S. 73 (76 m.w.N.).

[130] BGHZ (Fn. 71) 128, 17 ff.

[131] *Schmidt-Preuß*, Verfassungskonflikt um die Durchleitung?, RdE 1996, S. 1ff.; *ders.*, Die Gewährleistung des Privateigentums durch Art. 14 GG im Lichte aktueller Probleme, AG 1996, S. 1 (5 ff.); *Scholz/Langer*, Rechtsfragen eines europäischen Binnenmarktes für Energie, ET 1992, S. 851 ff.

[132] *Schmidt-Preuß* (Fn. 131).

[133] Zu Art. 14 GG vgl. *v. Münch/Kunig*, Grundgesetz, 4. Aufl. 1992; *v. Heinegg/Haltern*, Keine Angst vor Art. 14 GG!, JuS 1993, S. 121 ff. u. S. 213 ff.

[134] *Pieroth/Schlink*, Staatsrecht II, Grundrechte, 17. Aufl. 2001, Rn. 999 m.w.N.

[135] BVerfG Urt. v. 18. Dezember 1968 BVerfGE 24, 367 (389).

privatem Interesse von Nutzen sein".[136] Von der eigentumsgrundrechtlich verbürgten Verfügungsbefugnis werden aber nicht nur Verwendung, Veräußerung und Verbrauch umfasst. Zur Verfügungsbefugnis gehört „auch die Freiheit, den Eigentumsgegenstand selbst zu nutzen".[137]

Die Verpflichtung, sein Netz einem Durchleitungspetenten zur Verfügung zu stellen, greift offensichtlich nicht in das Sacheigentum des Netzbetreibers[138] ein. Die sachenrechtliche Zuordnung der Leitungen bleibt erhalten. Die Leitungen bleiben im Eigentum des Netzeigentümers. Die Verpflichtung zur Durchleitung beeinträchtigt aber die Verfügungsbefugnis des Netzeigentümers.[139] Dies gilt auch dann, wenn – wie in der EG-Richtlinie und im EnWG und GWB vorgesehen – eine Durchleitungspflicht nur bei freier Kapazität besteht, so dass der Netzeigentümer nicht daran gehindert ist, sein Netz zu eigenen Zwecken zu verwenden. Denn Art. 14 I S. 1 GG schützt auch die negative Freiheit, andere von der Nutzung des eigenen Eigentumsobjekts auszuschließen. Eine Durchleitungsverpflichtung durch Gesetz oder auf Grund eines Gesetzes greift demnach in den Schutzbereich des Art. 14 I S. 1 GG ein.[140]

2. Rechtfertigung

Ein Eingriff in den Schutzbereich des Art. 14 I S. 1 GG kann verfassungsrechtlich gerechtfertigt sein, wenn es sich um eine zulässige Inhalts- und Schrankenbestimmung oder um eine zulässige Enteignung handelt.[141]

a) Abgrenzung der Inhalts- und Schrankenbestimmung zur Enteignung

Nach der Rechtsprechung des BVerfG handelt es sich um eine Inhalts- und Schrankenbestimmung, wenn durch den Gesetzgeber in genereller und abstrakter Weise Rechte und Pflichten hinsichtlich solcher Rechtsgüter festgelegt werden, die als Eigentum i.S. des Art. 14 I S. 1 GG zu verstehen sind.[142] Wesentlich ist, dass die durch Art. 14 I S. 1 GG geschützte Rechtsposition in ihrer wesentlichen Substanz dem Eigentümer verbleibt. Enteignung ist dagegen der konkret-individuelle Eingriff, mit dem eine bestimmte Vermögensposition ganz oder teilweise final entzogen wird.[143]

---

[136] BVerfG Urt. v. 01. März 1979 BVerfGE 50, 290; BVerfG Beschl. v. 12. Juni 1979 BVerfGE 52, 1 (30); s. auch BVerfG Urt. v. 14. Februar 1989 BVerfGE 79, 292 (303 f.).

[137] BVerfGE (Fn. 136) 79, 292 (304); im selben Urteil hat das BVerfG zum Eigentum an Mietwohnungen angemerkt, dass „eine Gesetzesauslegung, welche den Willen des Vermieters, seine Wohnung selbst zu nutzen, unberücksichtigt ließe, [...] mit Art. 14 I 1 GG nicht zu vereinbaren" wäre.

[138] Zur Frage, ob EVU überhaupt grundrechtsfähig sind vgl. *Baur/Moraing*, Rechtliche Probleme einer Deregulierung der Elektrizitätswirtschaft, VEnergR 72 (1994), S. 21 ff.; *Bergmann, B.*, Ein Netzzugang Dritter in der Elektrizität und Grundrechte der Versorgungsunternehmen, 1995, S.116 ff.; *Notthoff*, Novellierungsversuche des Energiewirtschaftsrechts vor dem Hintergrund grundrechtlicher Normen, in: Europäische Hochschulschriften, Bd. 1637, 1994, S. 134 ff.; *Papier*, Die Regelung von Durchleitungsrechten, RTW 77 (1997), S. 15 ff.; *Schmidt-Preuß* (Fn. 131) S. 3. Zur Grundrechtsfähigkeit nach dem Gemeinschaftsrecht vgl. *Jarass* (Fn. 75), S. 95 ff.; *Scholz/Langer*, Europäischer Binnenmarkt und Energiepolitik, S. 244 ff.

[139] *Baur/Moraing* (Fn. 138), S. 59 ff.

[140] so auch *Baur/Moraing* (Fn. 138); *Bergmann* (Fn. 138), S. 123 ff.; *Böwing* (Fn. 40), S. 25 f.; *Papier* (Fn. 138), S. 20 (47); *ders.*, Durchleitung und Eigentum, BB 1997, S. 1213 (1220); *Schmidt-Preuß* (Fn. 131), S. 3.

[141] BVerfGE (Fn. 136) 52, 1 (26 ff.); BVerfG Urt. v. 15. Juli 1981 BVerfGE 58, 300 (322 ff.).

[142] BVerfGE (Fn. 136) 52, 1 (27).

[143] BVerfG Beschl. v. 14. Juli 1981 BVerfGE 58, 137 (144 ff.); BVerfGE (Fn. 141) 58, 300 (330 f.).

Das Sacheigentum wird dem Netzeigentümer weder durch § 6 I S. 1 EnWG direkt noch durch eine auf seiner Grundlage ergangenen Verfügung entzogen. Der Netzeigentümer muss Einschränkungen „nur" in seiner Verfügungsfreiheit dulden. Darüber hinaus wird ein Durchleitungsinteressent immer nur für einen gewissen Zeitraum das Leitungsnetz des Netzeigentümers in Anspruch nehmen. Dann fällt die alleinige Verfügungsbefugnis wieder an den Betreiber zurück. Ein finaler Entzug ist demnach nicht gegeben. Bei § 6 I S. 1 EnWG handelt es sich daher um eine Inhalts- und Schrankenbestimmung.

b) Verfassungsmäßigkeit

Zulässig ist die Inhalts- und Schrankenbestimmung nur, wenn der „Gesetzgeber bei der Wahrnehmung des ihm in Art. 14 I S. 2 GG erteilten Auftrages [...] sowohl die grundgesetzliche Anerkennung des Privateigentums durch Art 14 I S. 1 GG als auch das Sozialgebot des Art. 14 II GG"[144] beachtet hat. Hierzu muss der Gesetzgeber dem Übermaßverbot und dem Gebot sachgerechter Abwägung entsprochen haben. Demnach muss die Durchleitungsregelung des § 6 I S. 1 EnWG zunächst geeignet und notwendig zur Erreichung des gesetzgeberischen Zweckes sein. Legitimes Ziel des Gesetzgebers ist die Einführung von Wettbewerb in der leitungsgebundenen Energiewirtschaft. Wettbewerb auf diesem Sektor ist wegen der Leitungsgebundenheit der Versorgung nur durch die Ermöglichung der Errichtung paralleler Leitungsnetze oder durch die Ermöglichung der Durchleitung zu erreichen. Beide Möglichkeiten hat der Gesetzgeber verwirklicht. Wegen der hohen Kosten eines parallelen Leitungsbaus und des damit verbundenen volkswirtschaftlichen Unnutzes ist die Durchleitung letztlich das einzige Mittel, um Wettbewerb in der leitungsgebundenen Energiewirtschaft einzuführen. Es ist auch anzunehmen, dass sich durch die Durchleitungsregelung spartengleicher Wettbewerb einstellen wird. Im Zweifel kommt dem Gesetzgeber diesbezüglich seine gesetzgeberische Einschätzungsprärogative zugute. Die Durchleitungsregelung ist geeignet und notwendig, um Wettbewerb auf dem Elektrizitätsversorgungsmarkt einzuführen. Darüber hinaus müssen der mit § 6 I S. 1 EnWG verfolgte Zweck der Einführung von Wettbewerb und die Beeinträchtigung der Netzbetreiber in ihrer Verfügungsbefugnis über ihre Versorgungsnetze in einem wohl gewichtetem Verhältnis zueinander stehen. Dabei ist die Funktion des Eigentums und die Eigenart der vermögensrechtlichen Position zu beachten. Besonders strenge Maßstäbe sind anzulegen, „soweit es um die Funktion des Eigentums als Element der Sicherung der persönlichen Freiheit des Einzelnen geht".[145] Dagegen „ist die Befugnis des Gesetzgebers zur Inhalts- und Schrankenbestimmung umso weiter, je mehr das Eigentumsobjekt in einem sozialen Bezug und einer sozialen Funktion steht".[146] Da Nichteigentümer zur eigenen wirtschaftlichen Betätigung im Bereich der leitungsgebundenen Elektrizitätsversorgung in ganz besonderem Maße auf die Nutzung des fremden Netzes angewiesen sind, steht das Eigentum am Versorgungsnetz in einem besonderen sozialen Bezug und einer sozialen Funktion.[147] Diese Abhängigkeit bleibt auch nach Aufgabe der Gebietsmonopole. Wegen der hohen Kosten und teilweise entgegenstehender rechtlicher - insbesondere umweltrechtlicher - Vorschriften ist der Bau paralleler Leitungsnetze größtenteils wirtschaftlich wenig sinnvoll.[148] Insofern verbleibt den Netzeigentümern in den meisten Fällen ein

---

[144] BVerfGE (Fn. 141) 58, 300 (338); vgl. dazu auch *Pieroth/Schlink* (Fn. 134), Rn. 1022 ff.

[145] BVerfGE (Fn. 136) 50, 290 (340).

[146] BVerfGE (Fn. 136) 50, 290 (340).

[147] *Papier* (Fn. 138), S. 21; *ders.* (Fn. 140), S. 1215; *Fehling*, Mitbenutzungsrecht Dritter bei Schienenwegen, Energieversorgungs- und Telekommunikationsleitungen vor dem Hintergrund staatlicher Infrastrukturverantwortung, AöR 121 (1996), S. 59 (88, 91 f.).

[148] vgl. Zehntes Hauptgutachten 1992/93 der Monopolkommission, BT-Drs. 12/8323, S. 355 „Verschwendung von Ressourcen".

faktisches Netzmonopol. Diese besondere wirtschaftliche Machtstellung[149] lässt dem Netzeigentum eine besondere soziale Bedeutung zukommen. Dasselbe Resultat folgt auch aus der Zugehörigkeit der Elektrizitätsversorgung zur Daseinsvorsorge und ihrer Qualifikation als Gemeinwohlaufgabe. Daher „umfasst das verfassungsrechtliche Postulat einer am Gemeinwohl orientierten Nutzung des Netzeigentums das Gebot der Rücksichtnahme auf die Belange derjenigen Unternehmer, die für die eigene wirtschaftliche Betätigung auf die (Mit-) Nutzung des Leitungseigentums rechtlich und/oder faktisch angewiesen sind".[150] Eine einseitige Bevorzugung bzw. Benachteiligung der Interessen eines der Beteiligten verbietet sich aber. Vielmehr müssen die Interessen von Netzbetreibern und Durchleitungspetenten unter den Gesichtspunkten Eigentumsgewährleistung und Sozialpflichtigkeit des Eigentums gegeneinander abgewogen werden.[151] Für den Durchleitungsinteressenten spricht die Tatsache, dass ein effizienter Wettbewerb nur unter Inanspruchnahme des Leitungsnetzes anderer Unternehmen erreicht werden kann. Dies dürfte wohl unstreitig sein.[152] Wenn der Gesetzgeber unter Berücksichtigung des Zieltrias des § 1 EnWG nunmehr - im Gegensatz zu früher - die Auffassung vertritt, dass die Einführung von Wettbewerb diesen Zielen nicht abträglich ist und darüber hinaus den Wettbewerb wünscht, so ist sie wegen des Übermaßverbots letztlich gezwungen, Rechtsänderungen vorzunehmen. Die Durchleitung ist hierfür das unverzichtbare Mittel. Abzusehen ist dies unter anderem auch daran, dass der Gesetzgeber in anderen Bereichen den Zugang zu den Netzen des Wettbewerbers bereits eröffnet hat.[153] Ferner zeigt sich hierin eine Entwicklung, die ähnlich auch in der US-amerikanischen Rechtsentwicklung und der Praxis der europäischen Kommission zum Vorschein kommt.

Für den Netzbetreiber spricht die Eigentumsfreiheit, die er „mit höchster Abwägungsrelevanz"[154] in die Abwägung mit einbringt. Dies umfasst auch, dass Durchleitungen auf Grundlage des § 6 I S. 1 EnWG nicht zur Existenzvernichtung bzw. -gefährdung für Netzeigentümer führen dürfen. Existenzgefährdende Wirkung ist indes von § 6 I S. 1 EnWG nicht zu erwarten. Zum einen gibt § 6 I S. 1 EnWG jedem Netzbetreiber die Möglichkeit, mittels Durchleitung seinerseits neue Abnehmer in bislang fremden Versorgungsgebieten zu akquirieren, zum anderen erhält der Netzbetreiber vom Durchleitungspetenten ein angemessenes Entgelt. Weigert sich der Durchleitungsinteressent, ein solches Entgelt zu zahlen, kann der Netzbetreiber den Zugang zu seinem Netz verweigern. Darüber hinaus wird das Eigentum des Netzbetreibers durch weitere Durchleitungsverweigerungsgründe geschützt. Von besonderer Bedeutung ist unter dem Gesichtspunkt des Eigentumsschutzes der Verweigerungsgrund des Kapazitätsmangels. Der Netzbetreiber kann eine Durchleitung verweigern, wenn die Kapazität der für eine Durchleitung vorgesehenen Leitung nicht ausreicht. Er ist nicht verpflichtet, für eigene Zwecke benötigte Kapazität frei zu machen, um eine Durchleitung zu ermöglichen. Eine solche Verpflichtung würde die Eigentumsfreiheit des Netzbetreibers nicht ausreichend berücksichtigen. Zu beachten ist in diesem Zusammenhang jedoch, dass im Falle des Abwerbens eines Kunden vermittels Durchleitung Kapazitätsprobleme nur in seltenen Fällen vorkommen werden. Denn der Kunde ist vorher vom ehemaligen Gebietsversorger beliefert worden. Jetzt bezieht er seinen Strom von einem anderen EVU. Die Kapazität, die er vorher bei seinem alten EVU bezogen hat, ist aber weggefallen, so dass diese Kapazität frei ist. Sie kann daher von einem neuen EVU übernommen werden. *Schmidt-Preuß*[155] war dagegen der Auffas-

[149] Vgl. BGHZ (Fn. 71) 128, 17 (29).

[150] *Papier* (Fn. 138), S. 22.

[151] BVerfG Beschl. v. 23. Januar 1990 BVerfGE 81, 208 (220); BVerfG Beschl. v. 09. Januar 1991 BVerfGE 83, 201 (208).

[152] *Büdenbender* (Fn. 129), Rechtsfragen, S. 77.

[153] Vgl. vor allem § 35 Telekommunikationsgesetz (TKG); ebenfalls § 14 Allgemeines Eisenbahngesetz (AEG).

[154] *Schmidt-Preuß* (Fn. 131), S. 4.

[155] *Schmidt-Preuß* (Fn. 131), S. 8.

sung, dass auf Grund von „Abwerben“ freigewordene Kapazität nicht mit in die Beurteilung aufgenommen werden darf, ob der Netzbetreiber über freie Kapazitäten verfügt, da diese Kapazität erst durch das „Opfer“ des Eigentümers freigeworden sei. Dagegen schützt Art. 14 I GG weder zu Gunsten des Leitungsnetzes noch zu Gunsten des eingerichteten und ausgeübten Gewerbebetriebs den bisherigen Absatz eines Unternehmens für die Zukunft. Größe und Qualität des Absatzmarktes eines Unternehmens gehört zu den unternehmerischen Chancen und Risiken. Art. 14 I GG schützt grundsätzlich nur den Bestand, nicht aber den Erwerb. Bloße Umsatz- und Gewinnchancen, Hoffnungen, Erwartungen und Aussichten werden daher nicht umfasst.[156] Ähnliches gilt für die Berufsfreiheit aus Art. 12 I GG. Auch sie schützt nicht vor Wettbewerb und neuer Konkurrenz. Wettbewerb, Konkurrenz und u.U. auch geringere Erwerbsmöglichkeiten muss der Netzbetreiber somit grundsätzlich hinnehmen. Eine Abwägung unter Berücksichtigung der Sozialpflichtigkeit des Eigentums einerseits und der Privatnützigkeit des Eigentums andererseits ergibt jedoch, dass diese Einschränkung in der Verfügungsbefugnis des Netzbetreibers über sein Versorgungsnetz nicht unter allen Umständen hinzunehmen ist. Vielmehr folgt aus dem Verhältnismäßigkeitsgrundsatz, dass dem Netzbetreiber ein angemessenes Durchleitungsentgelt für die Überlassung seines Netzes zu zahlen ist. Darüber hinaus muss dem Netzbetreiber die Verweigerung der Durchleitung unter gewissen Umständen eingeräumt werden. Vor allem muss der Netzeigentümer eine Durchleitung verweigern können, wenn er die gesamte Kapazität für eigene Zwecke benötigt oder er sie bereits durch verbindlich getroffene Durchleitungsvereinbarungen an andere Durchleitungspetenten vergeben hat.

§ 6 I S. 1 EnWG sieht für den Netzbetreiber die Möglichkeit zur Verweigerung der Durchleitung vor, wenn sie ihm aus technischen oder sonstigen Gründen unmöglich oder nicht zumutbar ist. Als technischen Verweigerungsgrund sieht der Gesetzgeber in Umsetzung des Art. 17 V EG-Richtlinie insbesondere den Kapazitätsmangel.[157] Darüber hinaus sieht diese noch weitere Möglichkeiten zur Verweigerung der Durchleitung vor.[158] Ferner postuliert § 6 I S. 1 EnWG die Zahlung eines angemessenen Entgelts. § 6 I S. 1 EnWG erfüllt damit sämtliche Vorgaben, um nach der Änderung der Einschätzung hinsichtlich des Wettbewerbs auf dem Sektor der leitungsgebundenen Elektrizitätswirtschaft durch den Gesetzgeber, dem diesbezüglich eine Einschätzungsprärogative zusteht, als verfassungskonforme Inhalts- und Schrankenbestimmung zu gelten.

II. Begriff der Durchleitung

Das Gesetz selbst verzichtet auf eine Definition des Begriffs der Durchleitung.[159] Auch die Stromrichtlinie vermag nur mittelbar bei der Ausfüllung des Begriffs zu helfen. So wird in Art. 2 Nr. 15 RL 96/92/EG der Netznutzer als natürliche oder juristische Person bezeichnet, die Elektrizität in ein Übertragungs- oder Verteilungsnetz einspeist oder daraus versorgt wird. Der Begriff der Durchleitung ist jedoch nicht neu. Vielmehr kann bei der Auslegung des Begriffs auf eine Ausprägung zurückgegriffen werden, die er im Laufe intensiver Diskussionen in Literatur und Rechtsprechung zur Durchleitung, insbesondere im Rahmen der Diskussion um § 103 V S. 2 Nr. 4 GWB a.F., erhalten hat.[160] Allgemein definiert der Begriff „Durchleitung“ die zeitgleiche Einspeisung an einem und die Entnahme an einem anderen räumlich entfernten Netz-

[156] BVerfG Beschl. v. 31. Oktober 1984 BVerfGE 68, 193 (222); BVerfG Beschl. v. 14. Januar 1987 BVerfGE 74, 129 (148).

[157] BT-Drs. 13/9211, S. 24.

[158] Vgl. unten 3. Teil B. VIII.

[159] Nach hier vertretener Auffassung ist der Begriff „Netznutzung“ vorzugswürdig. Vgl. oben 1. Teil C. IV.

[160] Vgl. 1. Teil C. I, IV.

punkt.[161] Die Durchleitung kann danach als Einspeisung von elektrischer Energie (Arbeit und Leistung) in vereinbarte Einspeisepunkte des Netzsystems und die damit verbundene zeitgleiche Entnahme dieser Energie an räumlich entfernt liegenden Entnahmepunkten aus dem Netzsystem definiert werden.[162]

III. Netzbegriff

Ein Übertragungs- oder Verteilungsnetz besteht aus mehreren untereinander verbundenen Versorgungsleitungen inklusive ihres notwendigen Zubehörs. Direktleitungen unmittelbar zwischen einem Kraftwerk und einem Kunden, die nicht mit anderen Leitungen verbunden sind und nicht Bestandteil eines Netzes sind, werden vom Anwendungsbereich des § 6 EnWG nicht erfasst. Sog. „Stichleitungen", die aus dem Netz eines Betreiberunternehmens einen Kunden im Netzgebiet eines anderen Betreiberunternehmens versorgen, gehören zum Netz des versorgenden Unternehmens und werden daher vom Anwendungsbereich des § 6 EnWG erfasst.[163]

IV. Systematik des Netzzugangs gem. § 6 I S. 1 EnWG

Gem. § 6 I S. 1 HS. 1 EnWG „haben Betreiber von Elektrizitätsversorgungsnetzen das Versorgungsnetz für Durchleitungen zur Verfügung zu stellen". Der Betreiber hat dem Durchleitungswilligen sein Netz für die begehrte Durchleitung zu öffnen. Einigkeit besteht hier hinsichtlich der Tatsache, dass § 6 I EnWG Anspruchsqualität hat. Während zum Teil vertreten wird, § 6 I EnWG beinhalte nicht nur einen Anspruch auf Aufnahme von Vertragsverhandlungen, sondern gewähre vielmehr einen unmittelbaren Rechtsanspruch auf Netzzugang[164], ist vereinzelt auch geäußert worden, das System des verhandelten Netzzugangs gebe dem Petenten nicht das Recht, das Netz des Betreibers zu nutzen.[165] Letzterer Ansicht kann jedoch nicht gefolgt werden. Zwar ist in § 5 EnWG tatsächlich vom System des „verhandelten Netzzugangs" die Rede. Dies allein rechtfertigt jedoch nicht den Schluss darauf, dass der Netzzugang unbedingt von einem vorherigen Vertragsschluss abhängig ist. Hiergegen spricht zunächst der Wortlaut des § 6 I EnWG. Dort ist von der „Zurverfügungstellung" zu bestimmten Bedingungen die Rede. Dies lässt eher auf einen unmittelbaren Zugangsanspruch schließen. Dieses Ergebnis wird auch von Sinn und Zweck der Norm getragen. Nachdem zunächst in der Energierechtsnovelle überhaupt kein Durchleitungstatbestand vorgesehen

---

[161] vgl. auch *Walter/v. Keussler*, Der diskriminierungsfreie Zugang zum Netz: Reichweite des Anspruchs auf Durchleitung, RdE 1999, S. 190 (191).

[162] Vgl. Präambel der VV I.

[163] EnWG 1998, Erläuterungen-*Recknagel*, Art. 1, § 6 Anm. 6.2.

[164] Hierbei wird nochmals unterschieden: Während zum einen hierin ein unmittelbarer und zivilgerichtlich durchsetzbarer Rechtsanspruch des Petenten gegen den Netzbetreiber auf Zugang zu Stromnetzen angenommen wird, wird zum anderen ein Kontrahierungszwang dem gesetzlichen Schuldverhältnis vorgezogen. Zum Teil wird sogar ein unmittelbarer Anspruch auf Gewährung der Durchleitung ohne Vertragsabschluss angenommen. Zum Streitstand vgl: OLG Dresden Urt. v. 08. Februar 2001 – U 2978/00 Kart -; LG Berlin Urt. v. 1. August 2000 – 16.O.9/00 – S. 22; LG Kiel Urt. v. 31. Januar 2001 – 14 O Kart 135/00; LG Potsdam, Urt. v. 02. Februar 2000 – 51 O 2/00 -; LG Chemnitz Urt. v. 24. Juli 2000 – 4 HK O 3126/00; *Büdenbender* (Fn. 129), Rechtsfragen, S. 80; *ders.* (Fn. 126), Schwerpunkte, Rn. 132; *Cronenberg* (Fn. 128), S. 87; *Dreher*, Die Verweigerung des Zugangs zu einer wesentlichen Einrichtung als Missbrauch der Marktbeherrschung, DB 1999, S. 833 (838) *Genten/Rosin*, Praktische Rechtsfragen beim Wechsel des Energielieferanten (Teil 2), ET 2000, S. 606 (607); *Harms*, Zur Anwendung der Schutzklauseln für Öko-, KWK- und Braunkohlestrom, RdE 1999, S. 165; *Kühne/Scholtka* (Fn. 74), S. 1905; *Ungemach/Weber*, Verfahrensfragen des Netzzugangs bei Elektrizität und Gas, Teil II, RdE 1999, S. 131; *Walter/v. Keussler* (Fn. 161), S. 192.

[165] *Lukes*, Die Neuregelung des Energiewirtschaftsrechts, BB 1998, S. 1217 (1219), ist der Ansicht, dass § 6 I S. 1 EnWG den Wettbewerbern lediglich einen Verhandlungsanspruch gibt.

war, entschloss sich der Gesetzgeber schließlich doch dazu, einen solchen zu schaffen. In den Materialien wird diesbezüglich ausdrücklich von einem Rechtsanspruch auf Zugang zu den Stromnetzen gesprochen.[166] Nicht der Netzzugang als solcher, sondern nur die Bedingungen desselben sind verhandelbar. Wortlaut, Entstehungsgeschichte als auch Sinn und Zweck der Norm, möglichst umfassend Wettbewerb auf dem Elektrizitätsmarkt einzuführen, führen mithin zu dem Ergebnis, dass ein grundsätzlicher Anspruch auf Netzzugang besteht. Eine Verweigerung des Netzzugangs soll nicht allein damit erreicht werden können, dass über die Vertragsbedingungen Uneinigkeit besteht.[167] Das gesetzgeberische Anliegen umfassenden Wettbewerbs würde konterkariert, wenn Netzbetreiber allein mit dem Vorbringen, die Bedingungen seien nicht hinreichend geklärt, den Zugang zu ihrem Netz verweigern könnten. Wegen der hohen Praktikabilität erscheint in diesem Zusammenhang die (vermittelnde) Ansicht des LG Magdeburg[168] vorzugswürdig, wonach sich „der Anspruch eines Energieversorgungsunternehmens auf einen durch Verhandlung zu erreichenden Zugang zu einem Versorgungsnetz [...] dann zu einem unmittelbar durchsetzbaren Anspruch auf Netzzugang [konzentriert],[169] wenn der Energieversorger sämtliche Voraussetzungen für einen Vertragsschluss vorgelegt hat und der Netzbetreiber keine die Verweigerung der begehrten Durchleitung berechtigenden Gründe i.S. des § 6 I S. 2 EnWG geltend machen kann".[170]

Dies kommt einer Mitbenutzung des Netzes gleich, für die der mitbenutzende Durchleitungsinteressent jedoch ein angemessenes Entgelt zu zahlen hat. Welche Leistungen zu entgelten sind, ergibt sich nicht aus dem Gesetz, sondern u.a. aus dem Aufgaben- und Leistungskatalog des Grid Codes,[171] der Verbändevereinbarung und ähnlicher Klauselwerke. Die Regelung entspricht damit Art. 17 I EG-Richtlinie,[172] wonach der Netzzugang auf Vertragsbasis zwischen Unternehmen und Netzbetreiber ausgehandelt werden darf, um Lieferverträge auf der Basis freiwilliger Vereinbarungen zu schließen. Nach den Vorgaben des Art. 17 I der Richtlinie müssen Netzbetreiber und Durchleitungspetenten befähigt werden, einen Netzzugang aushandeln zu können, um untereinander Lieferverträge auf der Basis freiwilliger kommerzieller Vereinbarungen treffen zu können. Dies bedeutet jedoch nicht, dass der Begriff des „verhandelten Netzzugangs" mit dem der „Individualabrede" gleichzusetzen ist.[173] Insoweit können Kriterien zur Durchführung eines Netzzugangs durchaus standardisiert geregelt werden, solange sie keine Wettbewerbsbehinderung bewirken. Auf Grund der Komplexität der Materie können typisierte Kriterien gerade zu einer Vereinfachung führen.[174]

Die Ausgestaltung der Durchleitungsverträge überlässt das Gesetz den Beteiligten einer Durchleitung. Dabei gilt der Grundsatz der Vertragsfreiheit. Sowohl Abschluss als auch Vertragsinhalt unterliegen daher grundsätzlich der freien Parteibestimmung. Eine Einschränkung – aber keinen Ausschluss – erfährt die Vertragsfreiheit jedoch durch den grundsätzlichen Anspruch auf Netzzu-

---

[166] BT-Drs. 13/9211, S. 24.

[167] OLG Dresden (Fn. 164).

[168] LG Magdeburg Urt. v. 14. April 2000 RdE 2000, 207. In seinem Anschluss LG Kiel (Fn. 164).

[169] Einfügung durch den Verfasser.

[170] LG Magdeburg (Fn. 168), S. 207. Im Anschluss LG Kiel (Fn. 164).

[171] Kritisch zum GridCode, *Hinz/Klafka*, DVG-GridCode zementiert Punkt-zu-Punkt-Modell, Wirtschaftswelt Energie, 1999, S. 6 f.

[172] Vgl. *Britz*, Öffnung der europäischen Strommärkte durch die Elektrizitätsbinnenmarktrichtlinie, RdE 1997, S. 85 (89); *Richmann*, Mehr Stromwettbewerb für kleine und mittlere Kunden, Wirtschaftswelt Energie 1998, 13.; *Salje*, Der Durchleitungsvertrag, RdE 1998, S. 169; *Stewing*, Umsetzung einer allgemeinen Durchleitungsverpflichtung für Elektrizität in das nationale Recht, EWS 1997, S. 83 (85).

[173] *Büdenbender* (Fn. 126), Schwerpunkte, Rn. 132.

[174] *Büdenbender* (Fn. 126), Schwerpunkte, Rn. 132.

gang und durch das spezielle Diskriminierungsverbot[175] sowie durch die gesetzlich vorgegebenen Verweigerungsgründe. Darüber hinaus gelten die allgemeinen Einschränkungen der Vertragsfreiheit wie z.B. §§ 242, 826 BGB. Ferner sind in diesem Rahmen die allgemeinen gesetzlichen Vorschriften des BGB, des AGBG,[176] des GWB[177] und sonstiger allgemeiner Vorschriften anwendbar.

Aus der Formulierung des Gesetzes „Gestaltung der Verträge" kann entnommen werden, dass die „Bedingungen" den gesamten technischen und kaufmännischen Vertragsinhalt, bestehend aus Leistungsbeschreibungen und Preisregelungen zur Bestimmung von Durchleitungsentgelten umfassen.[178]

Haben sich die Vertragsparteien über sämtliche Punkte geeinigt, insbesondere über die Zahlung eines angemessenen Durchleitungsentgelts, hat der Netzbetreiber sein Netz zur Verfügung zu stellen. Zur Verfügung stellen darf dabei nicht in einem zivilrechtlichen Sinn verstanden werden, dass der Betreiber dem durchleitungswilligen Unternehmen Verfügungsmacht bzw. –gewalt im zivilrechtlichen Sinne einräumt, so dass der Durchleitungspetent sachenrechtlich über die Anlagen verfügen kann. Eigentum und Besitz am Netz bleiben unberührt. Selbst eine Dispositionsgewalt kommt dem Interessenten nicht zu. Sämtliche Kompetenzen hinsichtlich des Netzbetriebs, wie z.B. die Planungs- und Führungskompetenz, verbleiben beim Eigentümer oder obligatorisch Berechtigtem. Sowohl rechtliche als auch technische Verfügungsgewalt verbleiben beim Netzbetreiber.

V. Durchleitungsverpflichtete

Zur Durchleitung verpflichtet werden nach § 6 I S. 1 EnWG die Betreiber von Elektrizitätsversorgungsnetzen. Gem. § 4 I EnWG ist damit jedes Unternehmen Adressat, das ein Versorgungsnetz unterhält und in Betrieb hat. Nach § 2 III EnWG gehören sie somit neben Betrieben und Unternehmen, die andere mit Energie versorgen, zu den EVU. Eine Ausnahme von der Durchleitungspflicht hinsichtlich der Netzbetreiber gibt es nicht. Die Durchleitungsverpflichtung trifft sämtliche Netzbetreiber jeder Spannungsebene.[179] Es muss sich aber um Netze handeln, so dass Direktleitungen von einem Kraftwerk zu einem Kunden, wenn sie nicht mit dem Netz verbunden sind, nicht unter § 6 EnWG fallen.[180] Sog. Stichleitungen, die zwar nur zu einem bisher in einem fremden Gebiet ansässigen Abnehmer führen, aber mit dem Netz verbunden sind, gehören dagegen zum Netz.[181] Auch hinsichtlich der Eigentumsverhältnisse sind keine Ausnahmen vorgesehen. Da auf das Betreiben des Netzes abgestellt wird, trifft die Verpflichtung zur Durchleitung daher nicht nur den Betreiber eines eigenen Netzes, sondern auch den obligatorischen Berechtigten, z.B. den Pächter eines Netzes. Es kommt also auf die tatsächliche Sachherrschaft an.[182]

---

[175] Vgl. BT-Drs. 13/9211, S. 24; *Cronenberg* (Fn. 128), S. 86; *Lukes* (Fn. 105), S. 26; *Markert*, Zwangsdurchleitung mittels Kartellrecht, ET 1998, S. 252; *Zinow*, Rechtliche Aspekte von TPA und Single Buyer, EW 1998, S. 31 (32).

[176] Vgl. EnWG 1998, Erläuterungen – *Recknagel* (Fn. 163) Artikel 1, § 6 Anm. 9.

[177] Vgl. vor allem § 6 I S. 4 EnWG.

[178] Vgl. EnWG 1998, Erläuterungen-*Recknagel* (Fn. 163).

[179] *Büdenbender* (Fn. 129), Rechtsfragen, S. 84; *Horstmann*, Zulassungsverfahren und Wegerechte für Energieversorgungsleitungen sowie der Zugang zu Energieversorgungsnetzen nach dem neuen Energiewirtschaftsgesetz und Wettbewerbsrecht, Dissertation, 1999, S. 678; EnWG 1998, Erläuterungen-*Recknagel* (Fn. 163), Art. 1, § 6 Anm. 5.

[180] EnWG 1998, Erläuterungen-*Recknagel* (Fn. 163), Art. 1, § 6 Anm. 6.2.

[181] EnWG 1998, Erläuterungen-*Recknagel* (Fn. 163), Art. 1, § 6 Anm. 6.2.

[182] *Büdenbender* (Fn. 129), Rechtsfragen, S. 84; *Horstmann* (Fn. 179), S. 678; EnWG 1998, Erläuterungen-*Recknagel* (Fn. 163), Art. 1, § 6 Anm. 5.

VI. Durchleitungsberechtigte

Die durchleitungsverpflichteten Betreiber der Elektrizitätsversorgungsnetze haben ihre Netze „anderen Unternehmen" zur Verfügung zu stellen. Die „anderen Unternehmen" stellen somit den Gegenpart zu den Betreibern von Elektrizitätsversorgungsnetzen dar. Andere Unternehmen sind daher die Menge sämtlicher Unternehmen mit Interesse an einer Durchleitung. Mangels Unternehmensqualität sind nur private Verbraucher nicht zur Durchleitung berechtigt.[183] Ihre Interessen werden durch den Durchleitungsanspruch ihres Durchleitungspartners im verhandelten Netzzugang berücksichtigt.[184] Ansonsten ist auch der Begriff des Durchleitungsberechtigten weit gefasst. Als durchleitungsberechtigtes anderes Unternehmen kommt daher sowohl ein EVU gem. § 2 III EnWG, gleich welcher Versorgungsstufe, mit oder ohne eigenes Leitungsnetz in Betracht als auch ein Eigenanlagenbetreiber, mit dem Interesse, seine den Eigenbedarf übersteigende Energie abzusetzen. Das „andere Unternehmen" kann inländisch oder ausländisch[185] sein. Es kann sich um einen Elektrizitätserzeuger aber auch um einen Händler, Lieferanten oder Versorger handeln. Als Durchleitungsberechtigte sind darüber hinaus auch Endverbraucher denkbar, soweit sie Unternehmensqualität aufweisen. Dies resultiert daraus, dass der Gesetzgeber auf die von der EG-Richtlinie eingeräumte Möglichkeit verzichtet hat, den Netzzugang nur für bestimmte EVU und Kunden zuzulassen, sondern stattdessen den Wettbewerb umfassend ermöglicht hat. Sowohl Bundesrat[186] als auch Bundesregierung[187] haben eine stufenweise Öffnung des Elektrizitätsmarkts als wettbewerbsverzerrend abgelehnt. Einer Einführung einer Strombörse steht das System des verhandelten Netzzugangs nicht entgegen.[188] Betreiberunternehmen werden grundsätzlich keinen Anspruch auf Netzzugang haben. Ihre Tätigkeit besteht im Betreiben des eigenen Netzes. Hierzu bedürfen sie nicht der Benutzung anderer Netze. Am Wettbewerb sollen sie nach der Entbündelung nicht teilnehmen.

VII. Durchleitungsvorgänge

Nicht nur hinsichtlich der Beteiligten eines Durchleitungsvorganges, sondern auch bezüglich der Durchleitungsvorgänge selbst ist das Gesetz umfassend. Jeder erdenkliche Durchleitungsfall[189] wird von dem verhandelten Netzzugang gem. § 6 EnWG gedeckt. Dabei sind grob drei Arten von Durchleitungsvorgängen zu unterscheiden.

1. Stromtransporte innerhalb der Elektrizitätswirtschaft

Durchleitungen können reine Transportfunktionen innerhalb der Elektrizitätswirtschaft innehaben. Dies ist z.B. dann der Fall, wenn EVU A dem EVU B elektrische Energie liefern möchte, die Netze dieser beiden EVU aber durch das Leitungsnetz des räumlich zwischen ihnen angesiedelten EVU C

---

[183] Zur vergleichbaren Problematik im Kartellrecht siehe beispielsweise, *Gassner*, Grundzüge des Kartellrechts, 1999, S. 14 f.

[184] Vgl. 3. Teil B. VIII. 3.

[185] Nicht erfasst sind dagegen reine Transitlieferungen.

[186] BT-Drs. 13/7274, S. 27.

[187] BT-Drs. 13/7274, S. 35.

[188] Vgl. hierzu *Elberskirch*, Eine Energiebörse in Deutschland, Wirtschaftswelt Energie, Februar 1999, S. 8 ff. (Teil I); *ders.*, März 1999, S. 12 ff. (Teil II).

[189] Zu den diversen Durchleitungsfällen vgl. bereits: *Büdenbender* (Fn. 29), S.14 f.; *ders.*, Missbrauchsaufsicht und Durchleitung in der Elektrizitätswirtschaft, VEnergR 48 (1981), S. 129 ff. (139 ff.); *Perner/Riechmann/Schulz* (Fn. 35), S. 22 ff.

getrennt sind. Um in einem solchen Fall dennoch eine Energielieferung von A nach B zu ermöglichen, muss das Netz des C in Anspruch genommen werden. Im Falle eines räumlich getrennten Versorgungsgebietes eines EVU ist es möglich, dass EVU A und B aus dem vorangegangenen Beispiel identisch sind. Derartige Durchleitungsfälle gab es schon vor der Neuregelung des Energiewirtschaftsrechts. Durch sie wurde das Prinzip der geschlossenen Versorgungsgebiete nicht berührt, denn die von A über das Netz des C an B gelieferte Energie sollte nicht dem Zwecke dienen, C in dessen Versorgungsgebiet Konkurrenz zu machen.

2. Stromtransporte der industriellen Eigenerzeugung

Eine vergleichbare Konstellation liegt vor, wenn ein Eigenanlagenbetreiber über mehrere räumlich voneinander getrennt liegende Betriebsstätten verfügt. Zumeist wird er nur über eine Eigenerzeugungsanlage verfügen. Kann der Eigenanlagenbetreiber mit dieser Anlage mehr elektrische Energie erzeugen, als er an Ort und Stelle zu verbrauchen in der Lage ist, wird er regelmäßig daran interessiert sein, diesen Überschussstrom zu seiner räumlich entfernt liegenden Betriebsstätte zu leiten. Da eine eigene Leitungsverbindung meist aus wirtschaftlichen oder (landschaftsschutz-) rechtlichen Gründen ausscheidet, ist der Eigenanlagenbetreiber bestrebt, seinen Überschussstrom über das Netz eines EVU zu seinen anderen Betriebsstätten „durchzuleiten". Auch diese Art der Durchleitungsvorgänge gab es schon vor der Neuregelung. Diesen Durchleitungsvorgängen ist ebenfalls zu Eigen, dass die Inanspruchnahme des Leitungsnetzes des Gebiets-EVU nicht dazu dient, diesem Konkurrenz zu machen. Mittels Durchleitung soll die Eigenversorgung der Eigenanlagenbetreiber erleichtert werden. Um derartige Sachverhalte grundsätzlich zu regeln, wurde in der am 01.08.1979 veröffentlichten „Verbändevereinbarung über die Intensivierung der stromwirtschaftlichen Zusammenarbeit zwischen öffentlicher Elektrizitätsversorgung und industrieller Kraftwirtschaft"[190] auch die „Einspeisung mit Zweckbindung" geregelt. Danach kann ein Eigenversorger, der über eine räumlich getrennte eigene, rechtlich unselbstständige Betriebsstätte verfügt, so gestellt werden, als ob er eine eigene Verbindungsleitung zwischen den beiden Betriebsstätten gebaut hätte. Die Beschränkung auf rechtlich unselbstständige Betriebsstätten verwundert zunächst. Sie war aber nach der alten Rechtslage nötig, da die Versorgung rechtlich selbstständiger Unternehmen nach § 2 II EnWG a.F. als Versorgung anderer zu klassifizieren gewesen wäre. Dies hätte zur Folge gehabt, dass es sich um öffentliche Energieversorgung mit allen daran anschließenden rechtlichen Konsequenzen gehandelt hätte. Nach § 4 I EnWG a.F. hätte der Eigenanlagenbetreiber z.B. eine Stilllegung seiner Eigenanlage anzeigen müssen. Rein theoretisch hätte der Wirtschaftsminister diese Stilllegung innerhalb einer Frist von einem Monat nach Eingang der Anzeige beanstanden und innerhalb einer weiteren Frist von zwei Monaten nach der Beanstandung die Stilllegung sogar untersagen können, § 4 II S. 1 u. 2 EnWG a.F. Um diese Auswirkungen zu umgehen, musste es sich um rechtlich unselbstständige Betriebsstätten handeln. Als Vergütung sind grundsätzlich die Gesamtjahreskosten einer fiktiven Leitung zwischen den Betriebsstätten des Eigenversorgers zu entrichten. Dafür wird er wirtschaftlich so gestellt, als ob er die Verbrauchseinrichtung seiner örtlich von der Stromerzeugungsanlage getrennten Betriebsstätte auf dem Gelände errichtet hätte, auf dem sich die Eigenerzeugungsanlage befindet. Voraussetzung ist hierfür ferner der Abschluss eines Stromlieferungsvertrages, der Regelungen über die Reserve- und Zusatzstromlieferung für alle auf diese Weise belieferten Betriebsstätten enthält. Die an einer solchen Durchleitung beteiligten Partner können diesem grundsätzlichen Modell individuelle frei verhandelte Lösungen vorziehen. In der Vergangenheit hat sich die sog. „Einspeisevergütung" jedoch bewährt. Sie ist daher am 01.07.1985 bestätigt worden. Am 27.06.1988 erfuhr sie eine Ergänzung und wurde zuletzt am 27.09.1994[191] weiterentwickelt.

---

[190] Abgedruckt in ET 1979, 706.

[191] Die Einspeisevergütung in der Fassung von 1994 ist abgedruckt in: VIK-Mitteilungen 1994, 119 ff.

3. Wettbewerbsbegründende Durchleitungen

§ 6 I EnWG gilt aber auch für Vorgänge, die Wettbewerb entfalten. Wettbewerbsprozesse auslösende Durchleitungen waren bislang nur theoretisch möglich, da sie gegen das Prinzip der geschlossenen Versorgungsgebiete des § 103 I S. 1 GWB verstießen.[192] In Betracht kommt insoweit die Bündelung der Energienachfrage durch den Zusammenschluss mehrerer Betriebsstätten bzw. Filialen eines Unternehmens (z.B. Deutsche Post AG, Deutsche Telekom AG, Handelsketten, Banken, Versicherungen etc.), aber auch rechtlich verschiedener Unternehmen, zur Bündelung ihrer Stromnachfrage. Bündelung bedeutet, dass sich z.B. ein Unternehmen mit vielen in Deutschland verteilten Filialen nur noch von einem einzigen EVU beliefern lässt, statt wie bisher, den Strom vom jeweilig zuständigen Gebietsversorger zu beziehen. Aber auch der Wettbewerbsfall schlechthin ist durch das Gesetz erfasst, bei dem ein EVU einem konkurrierenden EVU dessen Kunden abwirbt, indem es elektrische Energie über das Netz des Gebiets-EVU zu dessen ehemaligen Kunden „durchleitet". Dies gilt für alle Versorgungs- und Spannungsstufen. Das bedeutet, dass das Gesetz für weiterverteilende gleichermaßen wie für endverbrauchende Abnehmer gilt. Ebenso verhält es sich bei den Spannungsstufen. Es ist unerheblich, ob die Durchleitung innerhalb des Höchst-, Hoch-, Mittel- oder Niederspannungsnetz erfolgt.

VIII. Verweigerung des Netzzugangs durch den Netzbetreiber

Bei der Regelung der Öffnung des Elektrizitätsversorgungsnetzes für Durchleitungen und der Verweigerung des Netzzugangs hat sich der Gesetzgeber der dem Juristen vertrauten Systematik der „Grundsatz-Ausnahme-Regelung" bedient. Der Netzzugang per Durchleitung ist in § 6 I S. 1 EnWG als grundsätzliche Regel ausgestaltet worden. Der Tatbestand des Netzzugangs mittels Durchleitung ist ohne jegliche Einschränkung umfassend ausgestaltet worden, so dass jeder Netzbetreiber als Durchleitungsverpflichteter einem anderen durchleitungsinteressierten Unternehmen unter den genannten Bedingungen sein Netz zur Verfügung zu stellen hat. § 6 I S. 2 EnWG gewährt ausnahmsweise aber ein Recht zur Verweigerung des Netzzuganges dann, wenn der Netzbetreiber nachweisen kann, „dass ihm die Durchleitung aus betriebsbedingten oder sonstigen Gründen unter Berücksichtigung der Ziele des § 1 nicht möglich oder nicht zumutbar ist". Aus dem Wortlaut ergibt sich, dass die Darlegungs- und Beweislast für eine Durchleitungsverweigerung den Netzbetreiber trifft. Im Gegensatz zur alten Rechtslage und insbesondere zur Rechtsprechung des BGH zur Gasdurchleitung bedeutet das eine Beweislastumkehr insofern, als bis dato der Durchleitungspetent – u.U. mit Hilfe der Kartellbehörde – nachweisen musste, dass die Verweigerung der Durchleitung eine unbillige Behinderung durch ein marktbeherrschendes Unternehmen darstellt. Näher zu spezifizieren sind demnach die Gründe, bei deren Vorliegen es dem Netzbetreiber unmöglich oder unzumutbar ist, sein Netz zur Verfügung zu stellen. Erst einmal sollen daher die verschiedenen Ablehnungsgründe unterschieden werden und die damit verbundenen Probleme besprochen werden.

Das Gesetz unterscheidet zunächst zwischen betriebsbedingten und sonstigen Verweigerungsgründen. Diese Differenzierung betrifft die Ursache der Durchleitungsverweigerung. Den Verweigerungen können entweder betriebsbedingte oder sonstige Ursachen zu Grunde liegen. Betriebsbedingt sind Gründe dann, wenn sie durch den Betrieb des Netzes verursacht sind, welches der Interessent benutzen will.[193] Die betriebsbedingten Gründe umfassen sämtliche mit der Durchleitung zusammenhängenden netztechnischen Fragen, die beantwortet sein müssen, damit der Netzbetreiber seinen Pflichten aus § 4 I EnWG auch unter Einbeziehung der Durchleitung aufrecht erhalten kann.

---

[192] Vgl. 2. Teil B. II. 3.

[193] *Lukes*, Liberalisierung des Strommarktes – Realität oder Utopie? Beilage 12 zu BB 1998 Heft 48, S. 13.

Was unter sonstigen Gründen zu verstehen ist, hat der Gesetzgeber nicht näher definiert. Insoweit lässt sich lediglich feststellen, dass es sich um Gründe handeln muss, die zwar nicht betriebsbedingt sind, eine Durchleitung aber dennoch unmöglich oder nicht zumutbar machen. Eine Verweigerung des Netzzugangs aus sonstigen Gründen kommt demnach dann in Betracht, wenn Gründe vorliegen, die nicht betriebsbedingt sind, aber auf die verlangte Durchleitung einwirken können. In Frage kommen alle Anwendungsfälle des allgemeinen Vertragsrechts. Von entscheidender Bedeutung – gerade für den abgewiesenen Durchleitungsinteressenten – ist die Frage, ob der vorgebrachte Verweigerungsgrund eine objektive Unmöglichkeit nach sich zieht oder ob noch eine Interessenabwägung zu erfolgen hat, an deren Ende u.U. doch noch der Anspruch auf Zugang zum Netz steht. Dies führt zu der zweiten und entscheidenden Unterscheidung im Gesetzestext. Sowohl die betriebsbedingten als auch die sonstigen Ablehnungsgründe können dem Netzbetreiber die Durchleitung entweder unmöglich oder ihm unzumutbar machen. Diese Differenzierung bezieht sich auf die Folge aus dem Verweigerungsgrund. Dabei ist „unmöglich" so zu verstehen, dass der die Verweigerung auslösende Grund eine objektive Unmöglichkeit[194] darstellt, in dem Sinne, dass die Durchleitung von keinem Netzbetreiber bei Vorliegen einer solchen Konstellation vorgenommen werden könnte. Es ist also darauf abzustellen, ob ein anderer Netzbetreiber, gedacht in der Position des verweigernden Netzbetreibers, die Durchleitung vornehmen könnte. Kommt man zu dem Ergebnis, dass die Durchleitung von niemandem ermöglicht werden kann, liegt ein „absoluter Verweigerungsgrund"[195] vor. Das Vorliegen eines solchen Grundes reicht für sich genommen für eine Verweigerung aus. Einer darüber hinausgehenden Begründung sowie einer Abwägung mit entgegenstehenden Interessen des Durchleitungspetenten bedarf es nicht. Im Gegensatz dazu stellen Verweigerungsgründe, die es dem Durchleitungsverpflichteten unzumutbar machen, elektrische Energie durchzuleiten, „relative Verweigerungsgründe"[196] dar. Liegt ein solcher Grund vor, rechtfertigt dies für sich genommen noch keine Ablehnung der Durchleitung. Der Wortlaut „nicht zumutbar" macht deutlich, dass bei Vorliegen eines relativen Verweigerungsgrundes eine Durchleitung dem Netzbetreiber prinzipiell möglich ist. Ein Berufen auf die prinzipielle Möglichkeit kann ihm im konkreten Einzelfall jedoch zu viel abverlangen. Daraus folgt, dass ein relativer Verweigerungsgrund einen Durchleitungswunsch nicht per se ausschließt. Ob der Zugang zu seinem Netz durch einen Petenten für den Netzbetreiber unzumutbar ist, muss im Rahmen einer Abwägung festgestellt werden. Dabei sind die negativen Auswirkungen, von denen der durchleitungsverpflichtete Netzbetreiber behauptet, dass sie ihm eine Durchleitung nicht zumutbar machten, denjenigen gegenüberzustellen, von denen der Durchleitungsinteressent behauptet, dass sie bei der Nichtvornahme der Durchleitung bei ihm einträfen. Bei dieser Abwägung sind sämtliche Fakten des jeweiligen Einzelfalls zu berücksichtigen sowie die Leitziele des § 1 EnWG zu beachten.[197]

---

[194] Von einer objektiven Unmöglichkeit geht auch das BKartA bei der Betrachtung des § 19 IV Nr. 4 GWB aus. Vgl. BKartA Beschl. v. 30. August 1999 B8-40100-T-99/99, S. 12. Der Beschluss ist auch abgedruckt in WuW DE-V 149 ff.

[195] *Büdenbender*, Durchleitung elektrischer Energie nach der Energierechtsreform, RdE 1999, S. 1 ff. (2).

[196] *Büdenbender*, (Fn. 195), Durchleitung elektrischer Energie, S. 3 ff.

[197] Vgl. zur Abwägung 3. Teil B. VIII. 3.

1. Absolute Ablehnungsgründe

a) Kapazitätsmangel

aa) Verweigerung wegen mangelnder Kapazität

Einen betriebsbedingten Ablehnungsgrund, der es dem Netzbetreiber unmöglich macht, einem Durchleitungsinteressierten Zugang zu seinem Netz zu gewähren, stellt der Mangel an Kapazität dar.[198] Dieser Ablehnungsgrund ist in der EG-Stromrichtlinie in Art. 17 V ausdrücklich vorgesehen worden. Der Netzbetreiber muss einem Durchleitungswunsch nur dann entsprechen, wenn er über ausreichende Kapazität verfügt.[199] Die Netzkapazität muss für die beantragte Durchleitung ausreichen. Dies ist nicht mehr der Fall, wenn die mit einer Durchleitung verbundenen zusätzlichen Übertragungs- und Verteilaufgaben einen sicheren Netzbetrieb gefährden, d.h. die Fähigkeit des Netzes übersteigen würden, stabile, normgerechte und vereinbarungsgemäße Versorgungsverhältnisse zu Gewähr leisten.[200] Verlangt ein Durchleitungsinteressent den Zugang zum Netz eines Netzbetreibers, dessen Netzkapazität vollends ausgeschöpft ist, bedeutet dies das Begehren nach etwas tatsächlich Unmöglichen. Denn die weitere Energieeinspeisung in ein bereits voll ausgelastetes Netz könnte den völligen Zusammenbruch dieses Netzes bedeuten.[201] Die Forderung nach etwas Unmöglichem verstößt gegen die in den §§ 275, 280, 306, 323, 325 BGB niedergelegten allgemeinen zivilrechtlichen Grundsätze der Unmöglichkeit. Ferner scheitert eine solche Forderung an den Grenzen des faktisch Machbaren und aus Gründen der Logik. Ein Verwaltungsakt, der etwas tatsächlich unmögliches verlangt, ist rechtswidrig.[202] Darum wäre eine behördliche Maßnahme, die darauf abzielte, dem Netzbetreiber aufzutragen, eine Durchleitung trotz Kapazitätsauslastung seines Netzes zuzulassen, zumindest rechtswidrig. Eine Möglichkeit, trotz voll ausgeschöpfter Kapazität des Netzes den Zugang zu diesem zu erreichen, bestünde darin, dem Netzbetreiber aufzuerlegen, den Eigenbedarf in dem Maße zu drosseln, dass der Durchleitungspetent die gewünschte elektrische Energiemenge einspeisen kann. Dies ist mit der grundrechtlich verbürgten Eigentumsgarantie des Art. 14 GG in ihrer Ausformung durch die ständige Rechtsprechung des BVerfG[203] indes nicht vereinbar.[204] Danach ist „das Eigentum in seinem rechtlichen Gehalt durch Privatnützigkeit und grundsätzliche Verfügungsbefugnis über den Eigentumsgegenstand gekennzeichnet."[205] Zur Substanz des Eigentums gehöre u.a. eben „auch die Freiheit, den Eigentumsgegenstand selbst zu nutzen."[206] Das Verlangen, den eigenen Bedarf zu Gunsten des Durchleitungsinteressenten zurückzufahren, ist verfassungsrechtlich auch nicht nach der Änderung der gesetzgeberischen Ansicht hinsichtlich von Wettbewerb in der leitungsgebundenen Elektrizitätswirtschaft zu rechtfertigen. Der Netzbetreiber muss anderen Unternehmen den Zugang zu seinem Netz zu Bedingungen

---

[198] Vgl. BT-Drs. 13/9211, S. 54.

[199] So auch BKartA (Fn. 194), S. 10 ff.; *Büdenbender* (Fn. 129), Rechtsfragen, S. 87 f.; *Cronenberg* (Fn. 128), S. 87; *Horstmann* (Fn. 179), S. 692; *Lukes* (Fn. 195), S. 13; EnWG 1998, Erläuterungen-*Recknagel* (Fn. 163), Art. 1, § 6 Anm. 11.3.1.

[200] Vgl. Nr. 1.3. der Definitionen zur VV I (Anlage 1).

[201] Vgl. 1. Teil, C. II.

[202] *Maurer*, Allgemeines Verwaltungsrecht AT, 13. Aufl., 2000, § 10 Rn. 19.

[203] BVerfGE (Fn. 135) 24, 367 (390 f.); BVerfG Beschl. v. 19. Juni 1969 BVerfGE 26, 215 (222); BVerfG Beschl. v. 07. Juli 1971 BVerfGE 31, 229 (240); BVerfG Urt. v. 08. Juli 1976 BVerfGE 42, 263 (294); BVerfGE (Fn. 136) 52, 1 (31); BVerfG Beschl. v. 08. Januar 1985 BVerfGE 68, 361 (367); BVerfGE (Fn. 136) 79, 292 (303).

[204] Vgl. zum Thema Kapazität und Eigentumsschutz *Büdenbender*, Durchleitungen in der Elektrizitätswirtschaft und Eigentumsschutz, WuW 2000, S. 119 (121 ff.); ferner 3. Teil B. I.

[205] BVerfGE (Fn. 136) 52, 1 (30).

[206] BVerfGE (Fn. 136) 79, 292 (304).

gewähren, die er gegenüber sich selbst anwendet. Er hat jegliche Diskriminierung zu unterlassen. Andere Unternehmen sind ihm gleichgestellt. Daraus folgt, dass seine Interessen gleichberechtigt sind. Auch der Netzbetreiber darf nicht diskriminiert werden. Eine Diskriminierung stellte es aber dar, wenn der Netzbetreiber gezwungen werden könnte, nachweislich benötigte Kapazität zu Gunsten seiner Konkurrenz freigeben zu müssen.

Eine weitere Möglichkeit, die gewünschte Durchleitung zu erreichen, wäre, den Netzbetreiber zum Ausbau des Netzes zur Behebung des Kapazitätsengpasses zu verpflichten. Eine solche Investitionspflicht ist z.B. als Konsequenz der allgemeinen Anschluss- und Versorgungspflicht nach § 10 EnWG anerkannt.[207] Der BGH hat diesbezüglich festgestellt, dass derjenige, welcher umfassend versorgungspflichtig ist, hierfür die Voraussetzungen zu schaffen hat und sich nicht auf den Kapazitätsmangel als Rechtfertigungsgrund für eine Verletzung der Versorgungspflicht berufen kann.[208] Die Ausgangslagen der allgemeinen Versorgungspflicht und der bei Durchleitungsrechten unterscheiden sich jedoch erheblich, so dass es sich verbietet, sie gleich zu behandeln. Wer die allgemeine Versorgungspflicht für ein Versorgungsgebiet auferlegt bekommt, kann sich dieser Pflicht nicht durch Berufen auf Kapazitätsmängel entziehen. Wäre dem Netzbetreiber ein solches Verhalten erlaubt, stünde die Versorgung in seinem Gebiet zu seiner Disposition. Da dies aber nicht so ist, hat der Netzbetreiber dafür zu sorgen, dass er seiner Versorgungspflicht nachkommen kann. Unter dieses Investitionsrisiko fällt auch das Risiko der Amortisation zusätzlich gebauter Leitungen. Während bei der allgemeinen Versorgungspflicht die Amortisation einer neuen Leitung lediglich vom eigenen Verhalten und von dem des bzw. der neuen Kunden abhängt, kommt im Durchleitungsfall noch das Verhalten der Durchleitungsinteressenten hinzu. Sind diese – aus welchen Gründen auch immer – nicht mehr daran interessiert durchzuleiten, bliebe der Netzbetreiber auf den getätigten Investitionen sitzen und könnte eine Amortisation anhand der Durchleitungsentgelte nicht mehr erreichen. Eine Ausbaupflicht kann dem Gesetz auch sonst nicht entnommen werden.[209] Hinsichtlich der Kapazität basiert § 6 I EnWG auf derselben Vorstellung wie Art. 17 V EG-Richtlinie. Beide Normen gehen von den Besonderheiten der bestehenden Stromversorgungsnetze aus, die bei ihrer Ausbauplanung auf eine definierte Übertragunsfähigkeit ausgelegt wurden. Ergibt die Prüfung eines Antrags auf Durchleitung, dass dadurch die Kapazität überschritten würde, kann die Durchleitung verweigert werden. Weder aus § 4 i.V.m. § 1 EnWG noch aus § 20 I GWB kann ein grundsätzliche Verpflichtung zur Kapazitätserweiterung gefolgert werden. Eine Pflicht zur Kapazitäts-erweiterung und zum Ausbau des Leitungsnetzes des Netzbetreibers zur Erfüllung des Durchleitungswunsches könnte ebenfalls nicht mit der Eigentumsgarantie des Art. 14 GG vereinbart werden. Die Eigentumsgarantie umfasst insoweit nämlich auch die negative Freiheit zur Unterlassung entsprechender Investitionen.[210] Übernimmt der Durchleitungspetent dagegen die vollen Kosten eines Kapazitätsausbaus, hat der Netzbetreiber den Ausbau in der Regel vorzunehmen und nach erfolgtem Ausbau grundsätzlich auch durchzuleiten, es sei denn, es stünden andere Gründe einer Durchleitung entgegen.[211] Nur im Falle der vollen Kostenübernahme kann also ein Kapazitätsausbau erreicht werden. Ansonsten kann bei voller Auslastung der Kapazität die

[207] *Büdenbender*, (Fn. 129), Rechtsfragen, S. 89.

[208] BGH Urt. v. 29. Mai 1979 BGHZ 74, 327 = RdE 1979, 153.

[209] So auch *Börner, A-R.*, Der Energiemarkt und die geschlossenen Versorgungsgebiete der Strom- und Gaswirtschaft im Übergang zum Wettbewerb, Zeitschrift für öffentliche und gemeinwirtschaftliche Unternehmen, Beiheft 20, 1996, S. 34; *Horstmann* (Fn. 179), S. 693; *Papier* (Fn. 138), S. 37; ders. (Fn. 140), S. 1219; EnWG 1998, Erläuterungen-*Recknagel* (Fn. 163), Art. 1, § 6 Anm. 11.3.2; *Schmidt-Preuß* (Fn. 131), S. 5.

[210] *Papier* (Fn. 140), S. 1219.

[211] Für diese Sichtweise spricht, dass auch bei § 10 I S. 2 EnWG von der Möglichkeit eines Ausräumens der Unzumutbarkeit ausgegangen wird. § 10 I EnWG regelt die allgemeine Anschluss- und Versorgungspflicht von EVU, die in einem Gemeindegebiet die allgemeine Versorgung von Letztabnehmern durchführen. Diese Verpflichtung kann einem EVU aus wirtschaftlichen Gründen unzumutbar sein, wodurch sie entfallen kann. Anschluss und Versorgung können aber nicht generell abgelehnt werden. Liegen die Gründe z.B. in der Person des Kunden (z.B. Zahlungsunfähigkeit), kann er die Hinderungsgründe ausräumen und somit die Anschluss- und Versorgungspflicht wieder aufleben lassen.

ausbau erreicht werden. Ansonsten kann bei voller Auslastung der Kapazität die Durchleitung verweigert werden. Auf Grund dessen stellt ein Kapazitätsmangel des Netzes und eine darauf erfolgte Durchleitungsverweigerung einen absoluten Ablehnungsgrund dar. Einer Abwägung mit etwaigen anderen Interessen bedarf es folglich nicht.

bb) Vorliegen eines Kapazitätsmangels

Die Verweigerung des Netzzugangs auf Grund eines Kapazitätsmangels setzt denknotwendig voraus, dass ein Kapazitätsmangel überhaupt vorliegt. Die Beweislast hierfür trägt gem. § 6 I S. 2 EnWG der Netzbetreiber. Ein Mangel an Kapazität liegt vor, wenn die Leitung, die für die beantragte Durchleitung verwendet werden soll, ihre maximale Leistungsnutzbarkeit erreicht hat. Dabei kann die maximale Leistungsausnutzung darauf basieren, dass der Leitungseigentümer die gesamte Kapazität zu eigenen Zwecken benötigt. Ein Kapazitätsmangel kann jedoch auch dadurch entstehen, dass der Netzbetreiber zwar nicht die gesamte Kapazität benötigt, den nicht benötigten Teil aber auf Grund vertraglicher Abreden bereits an andere Petenten verbindlich vergeben hat.[212] Auch dann also, wenn er selbst nur einen Teil der Kapazität in Anspruch nimmt, kann ein Fall des Kapazitätsmangels vorliegen. Dann nämlich, wenn er sich bereits vertraglich gebunden hat, den verbleibenden Teil anderen Unternehmen für deren Durchleitungen zur Verfügung zu stellen, so dass die Summe dieser Energieeinspeisungen und der eigenen Bedürfnisse die Kapazität des Netzes voll ausschöpft. Ist die maximale Leistungsausnutzung erreicht, sei es auf Grund alleiniger Inanspruchnahme des Netzbetreibers, sei es wegen gemeinsamer Ausnutzung durch Betreiber und Durchleitenden oder sogar nur durch die Nutzung von Durchleitenden, kann ein Antrag auf Durchleitung abgelehnt werden.

Fraglich ist dabei allerdings, ob die Kapazität, die durch den Wechsel eines Kunden vom Netzbetreiber zum Durchleitungspetenten frei wird, bei der Beurteilung der Kapazitätsverhältnisse des netzbetreibenden Unternehmens mit einbezogen werden darf. Der Kunde, der vom Durchleitungspetenten beliefert werden soll, wird ja in aller Regel seinen Strom statt vom bisherigen EVU von einem anderen EVU und nicht etwa zusätzlichen Strom beziehen wollen. Dann kündigt er aber zunächst den Stromliefervertrag mit seinem alten Lieferanten. Dadurch wird Kapazität frei. Die Frage ist nun, ob diese Kapazität mit in die Betrachtung der Kapazitätsverhältnisse einbezogen werden darf.

Zum Teil wird dies verneint, da die Kapazität erst durch das „Opfer" des Eigentümers frei geworden sei.[213] Vor einer solchen Beeinträchtigung sei er durch Art. 14 I S. 1 GG geschützt. Dagegen ist einzuwenden, dass weder Art. 14 noch Art. 12 GG Absatzchancen eines Unternehmens schützen. Ebenso wenig wird ein Schutz vor neuer Konkurrenz gewährt.[214] Diese gehören regelmäßig zu den Chancen und Aussichten, die von einem grundrechtlichen Schutz nicht umfasst werden. Dies gilt vor allem, seit der Gesetzgeber mit der Energierechtsnovelle sein gesetzgeberisches Ermessen dahingehend ausgeübt hat, dass nunmehr Wettbewerb auch in der leitungsgebundenen Elektrizitätswirtschaft möglich sein soll.[215] Dieser Ansicht ist auch das BKartA.[216] Im Schreiben der 8. Beschlussabteilung des BKartA an die Bewag bezüglich des Verdachts des Missbrauchs einer marktbeherrschenden Stellung und der unbilligen Behinderung der RWE Energie AG, Essen, bei

---

[212] *Büdenbender* (Fn. 129), Rechtsfragen, S. 87; *Harms* (Fn. 164), S. 174.

[213] *Schmidt-Preuß* (Fn. 131), S. 1 (8).

[214] BVerfG Entsch. v. 01. Februar 1973 BVerfGE 34, 252 (256); Entsch. v. 03. Dezember 1980 BVerfGE 55, 261 (269); BVerwG Beschl. v. 20. Januar 1997 – 6 B 75.96 -; *Blanke/Peilert*, Zur Verfassungsmäßigkeit energiewirtschaftlicher Subventionsregime (Teil 2), RdE 1999, S. 125 (127, 128).

[215] Vgl. 2. Teil B. III. 2. a).

[216] BKartA (Fn. 194), S. 19.

der Belieferung der KM Europe Metal AG in Berlin mit Strom stellt das BKartA fest, dass „in dem Maße, in dem RWE die KM Europe Metal AG mit Strom beliefert, der Stromlieferungsumfang der Bewag, die den Kunden bisher beliefert hat, sinkt".[217] Dementsprechend reduziere sich der Strombezugsbedarf bzw. Stromeigenerzeugungsbedarf der Bewag durch die begehrte Durchleitung. Eine Durchleitung der RWE Energie AG an die KM Europe Metal AG sei daher ohne weiteres möglich, sofern die Bewag ihren Strombezug aus dem Verbundnetz in entsprechenden Umfang reduziere.[218]

Keinen Mangel an Kapazität stellt es dar, wenn zum Zeitpunkt des Eingangs des betreffenden Durchleitungsantrages ausreichend Kapazität vorhanden ist, der Netzbetreiber aber in Zukunft weitere Durchleitungswünsche erwartet und er dafür freie Kapazität reservieren muss.[219] Dies ergibt sich schon aus dem Wortlaut des § 6 I S. 2 EnWG. Danach darf der Netzbetreiber die Durchleitung verweigern, wenn sie ihm unmöglich oder unzumutbar ist. Verfügt der Netzbetreiber aber noch über freie Kapazität, so ist ihm die Durchleitung objektiv nicht unmöglich. Er ist in der Lage, der konkret beantragten Durchleitung nachzukommen. Auch eine Unzumutbarkeit liegt nicht vor. Der Netzbetreiber setzt sich keinerlei Ansprüchen Dritter aus, wenn er zu einem späteren Zeitpunkt nicht mehr über die dann benötigte Kapazität verfügt. Das Gesetz verlangt von ihm, Durchleitungen im Rahmen seiner Kapazitäten zuzulassen. Kommt er dem in voll umfänglich nach, so kann ihm nicht vorgeworfen werden, er hätte frühere Durchleitungen nicht zulassen dürfen. Insofern gilt das Windhundverfahren,[220] nach dem die Zuteilung gemäß dem Zeitpunkt der Antragstellung erfolgt (first come-first serve).[221] Sind Durchleitungsanträge jedoch schon konkret gestellt worden und wird über die Bedingungen noch verhandelt, so sind diese Ansprüche zu beachten.[222]

Hinsichtlich eines behaupteten Kapazitätsmangels ist ferner zu beachten, dass die vertragliche Kapazität einer Stromleitung deutlich höher sein kann als ihre physische Kapazität. So können entgegengerichtete Durchleitungen aufgerechnet oder überlagert werden. Schließt beispielsweise ein Netzbetreiber einen Durchleitungsvertrag mit dem Inhalt, dass 100 MW über eine Leitung von A nach B geliefert werden soll, und gleichzeitig einen zweiten Vertrag mit dem Inhalt, dass 80 MW von B nach A geleitet werden sollen, müssen physikalisch nur 20 MW in Richtung B geleitet werden. Entgegengerichtete vertragliche Flüsse können saldiert und überlagert werden.

Bei der Beurteilung der Frage, ob noch Kapazität vorhanden ist, könnte auch das Verfahren der „frei machbaren" Kapazitäten eine Rolle spielen. Netzbetreiber sind u.U. in der Lage, Durchleitungen durch einen veränderten Kraftwerkseinsatz zu ermöglichen, indem sie verbrauchsnahe Kraftwerke stärker in Anspruch nehmen und dadurch die Leitungskapazitäten für Durchleitungen erhöhen. Ob ein sog. „Redispatch" möglich ist, muss in jedem Einzelfall überprüft werden. Die dadurch verursachten Kosten für den Netzbetreiber sind bei der Entgeltberechnung zu berücksichtigen. Ferner sind auch hierbei die Vorgaben des § 1 EnWG zu beachten.

Ein dem „Redispatching" ähnliches Verfahren ist das sog. „Countertrading". Im Gegensatz zum „Redispatching" organisiert hier der Netzbetreiber Stromflüsse in die entgegengesetzte Richtung. Hierfür muss der Netzbetreiber Strom von Erzeugern oder Entnehmern, die zu einer Erhöhung oder Verringerung ihrer Einspeisung bzw. Entnahme bereit sind, kaufen oder an diese verkaufen.

---

217 BKartA (Fn. 194), S. 19.

218 BKartA (Fn. 194), S. 19.

219 BKartA (Fn. 194), S. 20; *Harms* (Fn. 164), S. 174.

220 So auch *Harms* (Fn. 164), S. 174.

221 Vgl. Gablers Wirtschafts-Lexikon, Band 8, 13. Aufl. 1993, S. 3780; Vahlens Großes Wirtschaftslexikon, Band 4, 2. Aufl., 1994, S. 2365.

222 so auch *Harms* (Fn. 164), S. 174.

Ist es dem Netzbetreiber trotz allem möglich, nachzuweisen, dass die maximale Leistungsnutzbarkeit erreicht ist, so kann er eine darüber hinausgehende Einspeisung ablehnen. Wenn ihm der Nachweis jedoch nicht gelingt bzw. Kapazität noch unstreitig vorhanden ist, so ist zu fragen, wie die vorhandene „Restkapazität“ aufgeteilt wird.

cc) Aufteilung von Kapazität

Einfach zu beurteilen sind hinsichtlich der Aufteilung der „Restkapazität“ die Fälle, in denen der Netzbetreiber einem oder mehreren Durchleitungsbegehren gegenübersteht, dem bzw. den Begehren vollständig nachkommen kann und selbst keinen weiteren Bedarf beansprucht. Aus Gründen des Kapazitätsmangels kann er in solchen Fällen keine Durchleitungsverweigerung durchsetzen. Fraglich ist aber, wie es sich in den Fällen verhält, in denen noch Kapazität vorhanden ist, diese aber nicht für die beantragten Durchleitungen ausreicht. Dieses Problem wirft mehrere Fragen auf. Zum einen ist zu klären, ob eigener Bedarf des Netzbetreibers gegenüber dem der Durchleitungspetenten vorrangig zu behandeln ist. Wäre dies der Fall, birgt diese Frage wiederum das Problem, ob der Bedarf verbundener Unternehmen des Netzbetreibers wie eigener zu behandeln ist und damit ebenfalls Priorität hätte. Und letztlich bedarf die Frage der Klärung, nach welcher Vorgehensweise „Restkapazitäten“, die nicht für sämtliche Bedürfnisse ausreichen, unter den Interessenten aufgeteilt werden.

Zunächst soll der Frage nachgegangen werden, ob eigener Bedarf des Netzbetreibers dem des Durchleitungspetenten vorgeht. Sowohl aus dem Wortlaut des EnWG als auch aus dessen Sinn und Zweck ergibt sich, dass der eigene Bedarf des Netzbetreibers keinen generellen Vorrang vor dem anderer Netzbenutzer hat. Netzbetreiber haben gem. § 6 I S. 1 EnWG anderen Unternehmen ihr Netz zu Bedingungen zur Verfügung zu stellen, die nicht schlechter sind als sie von ihnen in vergleichbaren Fällen für Leistungen innerhalb ihres Unternehmens oder gegenüber verbundenen oder assoziierten Unternehmen tatsächlich oder kalkulatorisch in Rechnung gestellt werden. Die Norm beinhaltet ein Nichtdiskriminierungsgebot bzw. Diskriminierungsverbot.[223] Die Durchleitungsbedingungen für andere Unternehmen dürfen nicht schlechter sein als die unternehmensintern bzw. die von verbundenen oder assoziierten Unternehmen verlangten Bedingungen. Insoweit erfolgt eine Gleichstellung der Interessen dritter Netzbenutzer und denen der eigenen Gesellschaft oder des eigenen Konzerns. Hierfür spricht auch § 4 IV EnWG, wonach das Übertragungsnetz als eigene Betriebsabteilung separat von Erzeugung und Verteilung sowie von den übrigen Tätigkeiten zu führen ist.[224] Durch diese Norm wird Art. 7 V RL 96/92/EG umgesetzt. Danach hat sich jeder Übertragungsnetzbetreiber jedweder Diskriminierung gegenüber den Netzbenutzern oder den Kategorien von Netzbenutzern, insbesondere zu Gunsten seiner Tochterunternehmen oder Aktionäre, zu enthalten. Gem. Art. 11 II RL 96/92/EG gilt dies auch für Verteilungsnetzbetreiber. Netzbenutzer bezeichnet dabei jede natürliche oder juristische Person, die Elektrizität in ein Übertragungs- oder Verteilungsnetz einspeist oder die daraus versorgt wird, Art. 2 Ziffer 15 RL 96/92/EG. Eine Differenzierung der Netzbenutzer wird von der RL 96/92/EG demzufolge nicht vorgenommen. Das Tatbestandsmerkmal „insbesondere“ weist darauf hin, dass die Aufzählung der Tochterunternehmen und Aktionäre in Art. 7 V RL 96/92/EG nur exemplarisch zu verstehen ist.[225] Netzbenutzer sind grundsätzlich gleich zu behandeln. Dabei unterscheidet die RL 96/92/EG auch nicht, ob der Netzbetreiber gesellschaftsrechtlich unabhängig oder vertikal integriert ist. Eine bevorzugte Berücksichtigung des Eigenbedarfs ergibt sich auch nicht aus eigentumsrechtlichen Gesichtspunkten des

[223] Vgl. 3. Teil B. XIII.

[224] Vgl. BKartA (Fn. 194), S. 15.

[225] So auch BKartA (Fn. 194), S. 16.

Art. 14 GG.[226] Das durch Art. 14 I S. 1 GG Gewähr leistete Eigentum ist durch Privatnützigkeit und „grundsätzliche Verfügungsbefugnis des Eigentümers über den Eigentumsgegenstand gekennzeichnet".[227] Dem Eigentümer soll es „in eigenverantwortlichem privatem Interesse von Nutzen sein".[228] Von der eigentumsgrundrechtlich verbürgten Verfügungsbefugnis werden aber nicht nur Verwendung, Veräußerung und Verbrauch umfasst. Zur Verfügungsbefugnis gehört „auch die Freiheit, den Eigentumsgegenstand selbst zu nutzen".[229] Gem. Art. 14 I S. 2 GG werden Inhalt und Schranken des Eigentums durch die allgemeinen Gesetze bestimmt. Hierzu gehört nunmehr auch § 6 I EnWG, der dem Netzbetreiber auferlegt, den Zugang zu seinem Netz zu gewähren. Die Einschränkung[230] der Eigentumsfreiheit durch § 6 I EnWG ist auch auf Grund des besonderen sozialen Bezugs und der besonderen sozialen Funktion gerechtfertigt, in dem das Eigentum an den Netzen steht.[231] Die Einschränkung ist vor allem auch deshalb gerechtfertigt, weil § 6 I S. 1 EnWG für die Mitbenutzung des Netzes dem Betreiber ein angemessenes Entgelt zuspricht, so dass ein wirtschaftlicher Betrieb möglich ist. Auch unter eigentumsrechtlichen Gesichtspunkten ist daher nicht ersichtlich, dass der Bedarf des Netzbetreibers dem Dritter vorgeht.[232] Hinzu kommt, dass zu befürchten stünde, dass die Netzbetreiber bei einer Vorrangstellung Kapazitäten abbauten, so dass weniger bis keine Durchleitungen möglich wären und nur der Eigenbedarf des Betreibers durch sein Netz geleitet werden könnte. Dies würde faktisch zum selben Zustand wie zu Monopolzeiten führen. Gerade der Abschaffung starrer Versorgungsgebiete dient das Gesetz jedoch. Dem Bedarf des Betreibers kommt daher kein genereller Vorrang zu.[233] Daher ist auch unerheblich, ob der Bedarf verbundener oder assoziierter Unternehmen wie eigener zu behandeln ist. Vorrang bei der Verteilung freier Kapazitäten kommt, abgesehen von gesetzlichen Wertungen wie beispielsweise § 6 III EnWG, keinem Bedarf zu.[234]

Fraglich ist jedoch noch, wie die Kapazität unter den grundsätzlich gleichberechtigten Bedürfnissen der Interessenten verteilt wird, wenn zwar Kapazität vorhanden ist, diese aber nicht für sämtliche Begehren ausreicht. Das EnWG gibt für die Verteilung von Kapazitäten keine Kriterien vor. Allerdings ist zu beachten, dass der Zugang zu den Netzen des Betreibers für die Netzbenutzer zu denselben Bedingungen erfolgen können muss, die der Betreiber von sich selbst abverlangt. Auch ist hier wieder das Diskriminierungsverbot zu beachten. In Bezug auf das Verhalten des Netzbetreibers bei knappheitsbedingten Zugangsbeschränkungen bedeutet das, dass alle Netzzugangsbegehren gleich behandelt werden müssen. Auch das Verfahren zur Verteilung von Kapazität muss objektiv, transparent und nichtdiskriminierend sein.

Ansätze für Verteilungssysteme, die den oben aufgeführten Kriterien der Objektivität, Transparenz und Nichtdiskriminierung nachkommen, gibt es mehrere. Zum einen kann das Windhundverfah-

---

[226] Vgl. zu Art. 14 GG 3. Teil B. I.

[227] BVerfGE (Fn. 135) 24, 367 (389).

[228] BVerfGE (Fn. 136) 50, 290; BVerfGE (Fn. 136) 52, 1 (30); s. auch BVerfGE (Fn. 136) 79, 292 (303 f.).

[229] BVerfGE (Fn. 136) 79, 292 (304); im selben Urteil hat das BVerfG zum Eigentum an Mietwohnungen angemerkt, dass „eine Gesetzesauslegung, welche den Willen des Vermieters, seine Wohnung selbst zu nutzen, unberücksichtigt ließe, [...], mit Art. 14 I 1 GG nicht zu vereinbaren" wäre.

[230] Es handelt sich nicht um eine Einschränkung, weil dem Netzbetreiber nicht untersagt wird sein Netz selbst zu nutzen. Er hat nunmehr aber die anderen Netzbenutzer zu berücksichtigen und ihnen grundsätzlich den Zugang zu seinem Eigentum zu gewähren. Hierin ist die Einschränkung zu sehen.

[231] Vgl. oben 3. Teil B. I.

[232] So auch BKartA (Fn. 194), S. 17 f. Ablehnend zur Begründung des BKartA, *Büdenbender* (Fn. 204), Durchleitungen und Eigentumsschutz, S. 124 ff.

[233] So auch BKartA (Fn. 194), S. 17 f.

[234] Anders *Büdenbender* (Fn. 129), Rechtsfragen, S. 88.

ren[235] strikt angewendet werden. Dann würden die Durchleitungskapazitäten grundsätzlich nach der Reihenfolge des Eingangs der Durchleitungsbegehren vergeben. Das Windhundverfahren ist quasi eine Ausgestaltung des Prioritätsprinzips nach zeitlichen Gesichtspunkten. Der Netzbetreiber kann die Prioritäten aber auch anders setzen, z.B. indem er energiewirtschaftliche Kriterien für ausschlaggebend erklärt. Dies wäre z.B. dann der Fall, wenn langfristige Durchleitungen zu Lasten kurzfristiger ad hoc Durchleitungen bevorzugt würden.[236] Nachteilig an diesen Regelungen ist, dass sie dazu führen können, dass zu Lasten einer Durchleitung bzw. zu Lasten einiger weniger Durchleitungen andere Durchleitungswünsche überhaupt nicht mehr berücksichtigt werden, sei es, weil sie später eingegangen sind, oder sei es, weil sie das entsprechende energiewirtschaftliche Kriterium nicht oder nicht ausreichend erfüllen. Hinzu kommt, dass der Netzbetreiber so die Rolle des „ökonomischen Schiedsrichters“ über den Netzzugang einnimmt.[237] Gegen eine solche Stellung bestehen jedoch Bedenken. Der Netzbetreiber wird häufig marktbeherrschend sein.[238] Die Möglichkeit, nach gewissen Kriterien über den Netzzugang zu entscheiden, kann eine Intensivierung dieser Marktmacht bedeuten.[239] Neben diesen Verfahren gibt es noch das Ausschreibungs-, das Versteigerungs- sowie das Repartierungsverfahren. Die freie Kapazität, über die der Netzbetreiber noch verfügt, wird beim Ausschreibungsverfahren ausgeschrieben. Das Verfahren ist bekannt aus den Verdingungsordnungen für Bauleistungen (VOB) der Baubranche. Die VOB/A sieht in § 3 I die Öffentliche und in § 3 II die Beschränkte Ausschreibung vor. Sowohl bei der Öffentlichen als auch bei der Beschränkten Ausschreibung fordert der Ausschreibende – im Falle der Öffentlichen Ausschreibung eine unbestimmte Zahl, im Falle der Beschränkten Ausschreibung eine begrenzte Zahl von Bewerbern – auf, Angebote zu der von ihm in Aussicht gestellten Bauleistung abzugeben.[240] Die Ausschreibung stellt mithin eine „invitatio ad offerendum“ dar. Erst die auf die Ausschreibung eingehenden Angebote stellen Vertragsanträge im Sinne des § 145 BGB dar. Ein Vertragsschluss erfordert dann noch die Annahme des Ausschreibenden. Bezogen auf die Vergabe von Kapazität bedeutet dies: Der Netzbetreiber schreibt seine (Rest-) Kapazität aus. Die daraufhin bei ihm eingehenden Angebote zum „Erwerb“ der Kapazität stellten Vertragsanträge dar. Der „Kaufvertrag“ über die Kapazität käme aber erst zu Stande, wenn der Netzbetreiber das Angebot eines Petenten annimmt. Die Entscheidung über den Zugang zum Netz obliegt demzufolge dem Netzbetreiber, was zu den bereits angesprochenen Problemen führt.

Beim Versteigerungssystem wird die freie Kapazität unter den Interessenten versteigert, also letztlich an den Meistbietenden vergeben. Auch dieses System ist objektiv, transparent und nichtdiskriminierend. Im Gegensatz zu den übrigen bisher dargestellten Systemen hat es den Vorteil, dass der Netzbetreiber hier nicht über den Zugang entscheidet. Der Interessent, der das letzte Gebot abgibt, erhält den Zuschlag. Sonstige Kriterien muss er nicht erfüllen.[241] Bedenklich hierbei ist jedoch, dass die großen EVU gerade zu Beginn der Marktöffnung auf Grund ihrer Finanzstärke erhebliche Vorteile gegenüber kleineren Anbietern haben. Dadurch sind sie in der Lage, in der besonders wichtigen Startphase des Wettbewerbs ihre Durchleitungsinteressen zu Lasten der kleineren Anbieter durchzusetzen. Allerdings ist dabei zu beachten, dass der Gesetzgeber Wettbewerb will. Wettbewerb beinhaltet aber auch „Verdrängungswettbewerb“. Die Verdrängung von Wettbewerbern ist also nicht verboten, sondern sogar häufig die natürliche Folge des Wettbewerbs. Die angesproche-

---

[235] Vgl. Gabler's Wirtschaftslexikon (Fn. 221).

[236] Vgl. *Büdenbender* (Fn. 129), Rechtsfragen, S. 89.

[237] *Büdenbender* (Fn. 129), Rechtsfragen, S. 89.

[238] Vgl. zur Marktbeherrschung 4. Teil A. I. 1.

[239] Vgl. *Büdenbender* (Fn. 129), Rechtsfragen, S. 89.

[240] Vgl. *Heiermann/Riedl/Rusam*, Handkommentar zur VOB, 9. Auflage 2000, A § 26 Rn. 1.

[241] Selbstverständlich muss er die üblichen Bedingungen für eine Durchleitung erfüllen. Dies ist u.a. die Zahlung des Durchleitungsentgelts.

nen Bedenken sind also eher moralischer Natur. Das System, welches aber auch diese Bedenken ausschließt, ist die Repartierung. Danach wird die freie Kapazität ratierlich entsprechend der Netzkapazität im Verhältnis zu den angemeldeten Durchleitungswünschen gekürzt. Auf diese Weise partizipieren sämtliche Durchleitungsinteressenten. Voraussetzung für eine Repartierung ist allerdings, dass eine solche Versorgung sinnvoll ist.[242] Ist der Anteil, der für ein EVU übrig bleibt, derart gering, dass die angestrebte Versorgung des Abnehmers nur in extrem eingeschränkten Maße erfolgen kann, wird es an seiner Ration kein Interesse haben. Wie die übrigen Verfahrensweisen ist auch die Repartierung objektiv, transparent und nichtdiskriminierend. Die Anwendung dieses Systems vermeidet auch, dass dem Netzbetreiber die Rolle eines „Netzzugangs-Schiedsrichters" zukommt. Ferner verhindert sie, dass die großen EVU auf Grund ihrer wirtschaftlichen Stärke die Durchleitungskapazitäten aufkaufen. Die Repartierung stellt somit grundsätzlich das geeignete Verfahren zur Verteilung von Kapazität dar.[243] Teilweise muss dabei jedoch beachtet werden, dass eine anteilig gleichmäßige Aufteilung nicht sinnvoll ist. Insgesamt bleibt festzuhalten, dass das Gesetz hinsichtlich der Vorgehensweise nur vorgibt, dass das Verfahren objektiv, transparent und nichtdiskriminierend sein muss. Grundsätzlich erfüllen sämtliche vorgestellten Systeme diese Anforderungen. Welchem System der jeweilige Netzbetreiber den Vorzug gibt, bleibt ihm überlassen. Gem. 6 I S. 2 EnWG trägt er allerdings die Darlegungs- und Beweislast für die Akzeptanz der Auswahlkriterien.

b) Netzzugangsalternative des Alleinversorgerstatus, § 7 EnWG[244]

Gem. § 5 EnWG erfolgt der Netzzugang grundsätzlich nach dem Prinzip des verhandelten Netzzugangs nach § 6 EnWG. Ausnahmsweise kann die Energieaufsichtsbehörde nach § 7 I S. 1 EnWG einem EVU für die Versorgung von Letztverbrauchern eine Bewilligung erteilen, durch die die Anwendung des § 5 EnWG und darüber folglich die des verhandelten Netzzugangs nach § 6 EnWG ausgeschlossen wird.[245] Ist einem EVU ein Antrag auf Bewilligung des sog. Alleinversorgerstatus genehmigt worden, bedeutet dies, dass dieses EVU für das Gebiet, auf das sich die Bewilligung bezieht, die alleinige Versorgung von Letztverbrauchern vornimmt. Im Alleineinkäufersystem entfällt die Verpflichtung des Alleinversorgers (Single-buyer), die unmittelbare Versorgung der Letztabnehmer durch Dritte mittels Durchleitung gestatten zu müssen, § 7 I S. 1 EnWG. Der single-buyer bleibt einzig und allein für die Versorgung der Letztabnehmer in seinem Gebiet verantwortlich. Seine Stellung entspricht der eines „Quasi-Gebietsversorgers". Durchleitungswünsche anderer EVU kann er ablehnen. Darin besteht gerade der Sinn des Alleinversorgerstatus des § 7 EnWG. Daher kommt auch hier eine Abwägung mit sonstigen Interessen nicht in Betracht. Der Status als Alleinversorger stellt einen absoluten Verweigerungsgrund dar.

---

[242] *Büdenbender* (Fn. 129), Rechtsfragen, S. 88.

[243] Die Repartierung wendet auch das BKartA an. Vgl. BKartA (Fn. 194), S. 18 ff.; vgl. zur Repartierung auch *Büdenbender* (Fn. 129), Rechtsfragen, S. 88 f.

[244] Siehe zur Systematik des § 7 als Netzzugangsalternative 3. Teil C. I.

[245] Zu der Problematik, ob die vom deutschen Gesetzgeber gewählte Kombination von Netzzugang auf Vertragsbasis und Alleinabnehmersystem als richtlinienkonforme Umsetzung der Richtlinie angesehen werden kann vgl.: *Lukes* (Fn. 105), S. 26 ff.; *Säcker/Busche* (Fn. 105), S. 18 (20 ff.).

c) Reziprozitätsklausel, Art. 4 § 2 Neuregelungsgesetz

Art. 4 § 2 Neuregelungsgesetz „Schutzklausel“ :

„Bis zum 31. Dezember 2006 können Elektrizitätsunternehmen den Netzzugang für Elektrizität, die aus dem Ausland geliefert werden soll, ablehnen, soweit der zu beliefernde Abnehmer dort nicht ebenfalls durch Dritte beliefert werden könnte.“

aa) Tatbestand

Art. 4 § 2 Neuregelungsgesetz gibt einem inländischen EVU das absolute Recht, den Zugang zu seinem Netz zu verweigern, wenn der Abnehmer, der von einem ausländischen Unternehmen beliefert werden soll, dort nicht ebenfalls durch Dritte beliefert werden könnte.[246] Daraus folgt, dass eine Elektrizitätslieferung aus dem Ausland in das Gebiet der Bundesrepublik erfolgen muss. Als Durchleitungsverweigerungsrecht gegenüber einem inländischen EVU taugt Art. 4 § 2 Neuregelungsgesetz nicht.[247] Der Tatbestand nimmt dabei keinerlei Beschränkungen hinsichtlich des zu beachtenden Auslands vor.[248] Da das Neuregelungsgesetz der Umsetzung der RL 96/92/EG in nationales Recht dienen soll, stellt sich allerdings die Frage, ob die Reziprozitätsklausel auch auf Stromlieferungen von außerhalb der EU angewendet werden darf. Nach dem Wortlaut ist die Reziprozitätsklausel auf sämtliche Stromlieferungen aus dem Ausland, also auch für solche aus Nicht-EU-Ländern anwendbar. Dies entspricht auch Sinn und Zweck der Norm. Die Norm soll für Chancengleichheit zwischen deutschen EVU und solchen aus dem Ausland sorgen.[249] Die RL 96/92/EG gilt zwar bindend für sämtliche Mitgliedstaaten, so dass dort überall der Elektrizitätsmarkt geöffnet werden muss. Die RL 96/92/EG gibt den Mitgliedstaaten mit Art. 3 II RL 96/92/EG aber die Möglichkeit, den EVU gemeinwirtschaftliche Verpflichtungen aufzuerlegen und diesbezüglich das Wettbewerbsprinzip auszuschließen.[250] Darüber hinaus sieht die RL 96/92/EG die Möglichkeit der schrittweisen Öffnung der Elektrizitätsmärkte in Art. 19 RL 96/92/EG vor. Daraus können sich wettbewerbliche Ungleichgewichte zwischen den einzelnen Mitgliedstaaten ergeben. Dies ganz besonders deshalb, weil Deutschland auf eine stufenweise Öffnung seines Elektrizitätsmarktes verzichtet hat und stattdessen den Markt sofort vollständig geöffnet hat. Derzeit entsprechen innerhalb der EU nur die Elektrizitätsmärkte Finnlands und Schwedens der Öffnung des bundesdeutschen Markts. Außerhalb der EU, aber innerhalb Europas ist ansonsten nur noch der Strommarkt Norwegens vergleichbar. Wenn die Norm aber die deutschen EVU vor einer Benachteiligung schützen soll, die dadurch entstünde, dass ausländische EVU Abnehmer in Deutschland beliefern könnten, deutsche EVU aber im Gegenzug derartige Abnehmer nicht im jeweiligen Ausland, macht es keinen Unterschied, ob die Elektrizität aus EU-Ländern, für die EU assoziierten Staaten oder sonstigen Staaten stammt.[251] Die wettbewerbliche Chancenungleichheit hängt nicht von der EU-Mitgliedschaft ab. Die Schieflage zu nicht EU-Mitgliedsstaaten ist vielmehr noch extremer. Denn

---

[246] Zu der Frage, ob das Verweigerungsrecht dem Netzbetreiber oder dem Mitgliedsstaat zusteht vgl. *Britz* (Fn. 172), S. 98; *Kumkar,* Die deutsche Energierechtsnovelle aus ökonomischer Sicht – Über Alleinabnehmer, zugelassenen Kunden und Vorrangregelungen für einzelne Energieträger, ZNER 1998, S. 26 ff. (28); *ders./Neu,* (Fn. 21), Marktöffnung, S. 123 f.; *Tettinger,* Diskriminierung von Verteilerunternehmen durch den Geänderten Vorschlag für eine Richtlinie des Europäischen Parlaments und des Rates betreffend gemeinsame Vorschriften für den Elektrizitätsbinnenmarkt, Köln 1996, S. 58 f.

[247] Wird im Folgenden ausgeführt.

[248] *Scholz,* Stromimporte via Durchleitung – Die Reziprozitätsklausel des Artikel 4 § 2 NeuregelungsG –, RdE 1999, S. 209 (210).

[249] *Büdenbender* (Fn. 129), Rechtsfragen, S. 86; *Scholz* (Fn. 248), S. 209.

[250] *Büdenbender* (Fn. 129), Rechtsfragen, S. 87; vgl. auch 3. Teil VIII. 2.. d) bb).

[251] So auch *Scholz* (Fn. 248), S. 210.

innerhalb der EU muss der Elektrizitätsmarkt ja zumindest stufenweise geöffnet werden. Außerhalb der EU gilt dies dagegen nicht. Dann muss aber erst recht die Möglichkeit bestehen, Durchleitungen aus einem dem Wettbewerb verschlossenen Land zu verweigern.[252] Praktische Relevanz wird der Norm daher vor allem in Bezug auf Durchleitungswünsche aus der Schweiz und Osteuropa zukommen.[253] Die Reziprozitätsklausel beschränkt sich daher nicht auf innergemeinschaftliche Durchleitungen, sondern betrifft Durchleitungen aus dem Ausland generell.[254]

Art. 4 § 2 Neuregelungsgesetz stellt einen absoluten Ablehnungsgrund dar, der eine Interessenabwägung überflüssig macht. Liegt ein Fall mangelnder Reziprozität vor, kann jeder Netzbetreiber die Durchleitung mittels Art. 4 § 2 Neuregelungsgesetz verweigern. Dies bedeutet, dass ein Berufen auf die Klausel im Ermessen des entsprechenden EVU liegt. Einen Zwang, sich auf die Schutzklausel zu berufen, gibt es nicht, so dass Stromlieferungen aus nicht-reziproken Ländern zugelassen werden können.

Der Gesetzeswortlaut ermöglicht es jedem Elektrizitätsunternehmen, sich auf die Reziprozitätsklausel zu berufen. Dazu gehören nach der Legaldefinition des § 2 III EnWG grundsätzlich alle Unternehmen und Betriebe, die andere mit Elektrizität versorgen oder ein Netz für die allgemeine Versorgung betreiben. Unter den ersten Begriff fallen in der Regel auch Handelsunternehmen oder unabhängige Kraftwerksbetreiber, die kein eigenes Leitungsnetz betreiben. Dennoch können sie sich nicht auf Art. 4 § 2 NeuregelungsG berufen.[255] Aus diesem Grund können auch nur Leitungsbetreiber Durchleitungen auf Grund von Art. 4 § 2 NeuregelungsG verweigern. Für eine Verweigerung bedarf es keiner weiteren Abwägung.

Fraglich ist, ob sich nur der erste Netzbetreiber, also der, der die Lieferung als Erster aufnimmt, auf die Norm berufen kann. Entscheidende Bedeutung kommt dieser Frage im Rahmen der Kettengeschäfte zu. Es stellt sich dann das Problem, ob ein deutscher Netzbetreiber ein Durchleitungsbegehren eines anderen deutschen EVU mit der Begründung ablehnen kann, dass der durchzuleitende Strom aus einem nicht-reziproken Land stammt. Bereits aus dem Wortlaut der Norm ergibt sich jedoch, dass die Klausel in derlei Fällen nicht anwendbar ist. Eine Verweigerung ist nur möglich, wenn es sich um Stromlieferungen aus dem Ausland handelt. Gerade dies ist aber nicht mehr der Fall, wenn ein deutsches Unternehmen den Strom unter Anwendung des zugebilligten Ermessens in seinen Beschaffungspool aufgenommen hat. Dann „gehört“ der Strom dem inländischen Unternehmen. Wenn es sich entschließt, den Strom aus wettbewerblichen Gründen weiterzuliefern, hat dieser für das zweite Unternehmen nicht mehr den Charakter einer aus dem Ausland stammenden Lieferung, sondern den einer innerdeutschen Lieferung.[256]

Ob sich ein Netzbetreiber allerdings auf die Schutzklausel beruft, hängt nicht von ihm allein ab. Da reine Netzbetreiberunternehmen auf Grund der Entbündelungsvorschriften (§§ 4 und 9 EnWG) auf den Betrieb ihres Netzes beschränkt sind und daher im Ausland keine Versorgung offerieren können, werden sie an sich nicht durch die Reziprozitätsklausel geschützt. Sie sind es aber, die sich auf die Klausel berufen können. Der zur Verweigerung der Durchleitung Berechtigte gem. Art. 4 § 2 NeuregelungsG sowie der durch die Norm zu schützende fallen nicht in einer Person zusammen. Demzufolge verhält es sich bei Art. 4 § 2 Neuregelungsgesetz ähnlich wie bei

---

[252] Vgl. dagegen *Gersemann*, Schutzklausel – Ein Beitrag zu Art. 4 § 2 des Gesetzes zur Neuregelung des Energiewirtschaftsrechts, ZNER 1998, S. 15 (17).

[253] *Büdenbender* (Fn. 129), Rechtsfragen, S. 87.

[254] A.A. *Gersemann* (Fn. 252), S. 15. Zu der Frage, ob der weite Anwendungsbereich der Reziprozitätsklausel über den Anwendungsbereich des Art. 19 V RL 96/92/EG hinaus in Konflikt mit den im GATT- bzw. GATS-Übereinkommen der WTO getroffenen Regelungen gerät, vgl. *Gersemann*, aaO., S. 17 f.; *Scholz* (Fn. 248), S. 210.

[255] Vgl. *Scholz* (Fn. 248), S. 211.

[256] Im Ergebnis so auch *Büdenbender* (Fn. 126), Schwerpunkte, Rn. 166; wohl auch EnWG 1998, Erläuterungen-*Recknagel* (Fn. 163), Art. 4, § 2 Anm. 3.3; a.A. *Scholz* (Fn. 248), S. 212.

§ 6 III EnWG und Art. 4 § 3 Neuregelungsgesetz; der Netzbetreiber ist nicht selbst betroffen, sondern nimmt die Verweigerung des Netzzugangs im Interesse Dritter vor. Ob sich der Netzbetreiber auf Art. 4 § 2 Neuregelungsgesetz beruft, hängt von der Entscheidung des betroffenen EVU ab.[257]

Die Verweigerung des Netzzugangs zur Belieferung eines Kunden aus dem Ausland ist nach Art. 4 § 2 Neuregelungsgesetz nur dann zulässig, wenn der zu beliefernde Abnehmer dort nicht ebenfalls durch Dritte beliefert werden könnte. Dies bedeutet nicht, dass „der zu beliefernde Abnehmer" sowohl in Deutschland als auch in dem Land ansässig sein muss, aus dem geliefert werden soll. Betrachtet werden muss, ob ein Abnehmer wie derjenige, der beliefert werden soll in dem entsprechenden Ausland ebenfalls beliefert werden könnte, wenn er sich dort befände und es das EVU wünschte, welches sich dem ausländischen Durchleitungsinteresse gegenüber sieht.[258] Wenn beispielsweise ein Privatkunde mit einem Bedarf von 3500 kWh/a in Deutschland mit Elektrizität aus Frankreich versorgt werden soll, ein Netzzugang zur Belieferung eines Privatkunden mit gleichem Bedarf in Frankreich aber unmöglich ist, kann das Durchleitungsbegehren des französischen EVU abgelehnt werden.[259] Ist der Markt in Frankreich dagegen für Kunden mit einem Bedarf von 100 GWh und mehr eröffnet, so muss ein deutsches EVU grundsätzlich dem Durchleitungsbegehren eines französischen Unternehmens stattgeben, wenn es um die Belieferung eines Kunden mit einem Bedarf von 100 GWh und mehr geht. Es kommt also entscheidend auf die Betrachtung an, ob der Abnehmer, der vom ausländischen EVU beliefert werden soll, von dem EVU, das ihn bislang versorgt, beliefert werden könnte, wenn er im Gebiet des die Durchleitung begehrenden Unternehmens ansässig wäre.

Fraglich ist, ob ein deutsches EVU mittels der Reziprozitätsklausel eine Durchleitung aus dem Ausland verweigern kann, wenn die Belieferung de jure unmöglich, de facto aber möglich ist. Dies wäre dann der Fall, wenn der Abnehmer, der in Deutschland beliefert werden soll, z.B. wegen bisher noch nicht erfolgter Umsetzung der RL 96/92/EG de jure in dem Ursprungsland nicht beliefert werden kann, auf Grund der bisher geübten Praxis des betreffenden ausländischen EVU de facto aber beliefert werden kann. Wenn z.B. ein polnisches EVU einen Abnehmer in Deutschland beliefern will, dieser Abnehmer in Polen wegen der bislang nicht erfolgten Liberalisierung de jure nicht beliefert werden kann, ist grundsätzlich eine Verweigerung des Netzzugangs auf Grund der Reziprozitätsklausel möglich. Fraglich ist aber, ob dies auch dann gilt, wenn das betreffende EVU freiwillig Durchleitungen in sein Absatzgebiet zulässt. Der Wortlaut des Art. 4 § 2 Neuregelungsgesetz ist diesbezüglich offen. Die Reziprozitätsklausel verlangt lediglich, dass „der zu beliefernde Abnehmer dort nicht ebenfalls durch Dritte beliefert werden könnte." Ob es sich um eine Unmöglichkeit auf Grund rechtlicher Bestimmungen oder um eine Unmöglichkeit wegen des tatsächlichen Handelns des betreffenden ausländischen Unternehmens handeln muss, geht nicht eindeutig daraus hervor. Doch spricht die Tatsache, dass der Tatbestand diesbezüglich offen ist, nach hier vertretener Auffassung eher dafür, dass der Gesetzgeber auf die faktischen Gegebenheiten abstellt. Denn die Chancengleichheit zwischen inländischen und ausländischen EVU ist auch dann gewahrt, wenn das ausländische EVU de jure nicht verpflichtet ist, durchzuleiten, den Zugang zu seinem Netz auf Grund einer freiwilligen Entscheidung aber zulässt. Das deutsche EVU, welches sich einem derartigen Durchleitungsbegehren gegenüber sieht, kann dann – zumindest theoretisch – ebenfalls einen

257 A.A. *Scholz* (Fn. 248), S. 211, der annimmt, dass die Reziprozitätsklausel allein den Netzbetreiber berechtige, die Durchleitung zu verweigern. Sie sei aber keine Anspruchsgrundlage zu Gunsten eines Dritten gegen den Netzbetreiber auf Durchleitungsverweigerung. Ein Anspruch könne sich allerdings – beispielsweise als Nebenpflicht eines bestehenden Durchleitungsvertrags – aus einer vertraglichen Beziehung ergeben.

258 Im Fall des LG Berlin, Urt. vom 25. Juli 2000 - 16 O 749/99 - wurde die hypothetische Frage, ob das Stadtwerk, läge es in Österreich, zugelassener Kunde wäre, zu Gunsten des Durchleitungspetenten entschieden.

259 Frankreichs Marktöffnungsquote beträgt derzeit (Stand Juli 2000) 30 %. Seit Februar 2000 ist dort ein neues Energiegesetz in Kraft. Entsprechende Durchführungsverordnungen sind dagegen noch nicht in Kraft. Da die Umsetzungsfrist der RL 96/92/EG im Februar 1999 abgelaufen war, erwägte die EG-Kommission rechtliche Schritte einzuleiten. Vgl. hierzu NRZ v. 19. November 1999 „Strommarkt führt zu Spannungen in Europa".

Abnehmer des Durchleitungspetenten beliefern. Eine wettbewerbliche Schieflage liegt nicht vor. Dem Antrag auf Netzzugang ist stattzugeben. Entscheidend sind demnach die faktischen Verhältnisse.

Eine Verweigerung des Netzzugangs für ausländische Elektrizität mittels Art. 4 § 2 Neuregelungsgesetz ist nur möglich, wenn der Abnehmer „dort" nicht ebenfalls durch Dritte beliefert werden könnte. „Dort" steht im Zusammenhang mit dem Merkmal „Elektrizität, die aus dem Ausland geliefert werden soll". Mit „dort" ist infolgedessen das nicht-reziproke Ausland gemeint, aus dem heraus „geliefert" werden soll. Dieses kann als „Lieferungsherkunftsland" bezeichnet werden.

Der Wortlaut der Norm stellt also auf die Elektrizität ab, die aus dem Ausland „geliefert" werden soll. Daraus kann entnommen werden, dass Bezugspunkt der Betrachtung zunächst der Ort ist, dem die Lieferung zuzurechnen ist.[260] Getragen wird dieses Ergebnis auch von Sinn und Zweck der Norm. Neben einem Ausgleich von Ungleichgewichten bei der Elektrizitätserzeugung soll Art. 4 § 2 NeuregelungsG gerade auch Ungleichgewichte austarieren helfen, die dadurch entstehen, dass die nationalen Strommärkte graduell unterschiedlich geöffnet werden. Dieses Kriterium betrifft Lieferung und Verteilung der Elektrizität, mithin den Vertrieb von Elektrizität. Insofern ist der „Ursprungsort" der Lieferung, also der Ort, an dem der den Netzzugang in Deutschland begehrende Lieferant den Strom von einem Vorlieferanten oder einem Kraftwerksbetreiber übernommen hat, ein Anknüpfungspunkt.[261] Somit kann bereits jetzt festgehalten werden, dass Lieferungen aus einem nicht-reziproken Land grundsätzlich abgelehnt werden können. Dies gilt auch, wenn Strom im Rahmen eines „ausländischen Kettengeschäftes"[262] in einem reziproken Land erzeugt wurde, um in ein nicht-reziprokes Land geliefert zu werden, von wo aus ein Händler ihn nach Deutschland verkaufen will. Allein durch den zwischenzeitlichen Verkauf in das nicht-reziproke Land wird die Anwendbarkeit der Reziprozitätsklausel begründet. Denn in dem Land, aus dem „geliefert" werden soll, könnte ein Dritter nicht beliefert werden.

Auf Grund obiger Ausführungen könnte angenommen werden, dass allein der „Lieferungsherkunftsort" ausschlaggebend ist. Eine solche Betrachtung ist indes nicht zwingend. Zum einen schließt der Wortlaut der Norm nicht aus, dass auch auf die Verhältnisse des Erzeugungslands abzustellen ist. Zum anderen soll die Norm auch dazu dienen, Ungleichgewichte bei der Stromerzeugung auszutarieren. Dies folgt daraus, dass durch die Norm diejenigen Wettbewerber, die nach nationalem Recht grundsätzlich jedem den Marktzutritt zu gewähren haben, gegenüber denjenigen geschützt werden sollen, die auf Grund eines eingeschränkt geöffnetem nationalen Markts geschützt sind. Dadurch sollen gleiche Verhältnisse geschaffen werden. Ein ausländischer Wettbewerber soll nur insoweit Zutritt zum deutschen Markt gewährt bekommen, als er selber bereit oder in der Lage ist ihn zu gewähren. Unter den Begriff des Wettbewerbs fallen aber Erzeugung und Vertrieb. Insofern soll auch die Erzeugung geschützt werden. Insofern stellt sich die Frage, ob auf die Verhältnisse im Erzeugungsland oder auf die im „Lieferungsherkunftsland" abzustellen ist. Unproblematisch beantwortet werden kann die Frage dann, wenn es um eine Stromlieferung geht, die unmittelbar aus dem Erzeugungsland nach Deutschland durchgeleitet werden soll. In dieser Konstellation fallen Erzeugungsland und „Lieferungsherkunftsland" zusammen. Hier kommt es nur noch darauf an, ob es sich um ein reziprokes Land handelt oder nicht.

---

[260] *Scholz* (Fn. 248), S. 211.

[261] So Scholz (Fn. 248), S. 212, der für die Anwendbarkeit grundsätzlich den „Ursprungsort" der Lieferung ansieht. Als „Ursprungsort" definiert er den „Ort, an dem der jeweilige Lieferant den durchzuleitenden Strom – sei es von eigenen Kraftwerken, sei es von einem Vorlieferanten – übernimmt." Letztlich läuft diese Betrachtungsweise jedoch auch darauf hinaus, dass allein das Erzeugungsland entscheidet. Denn nach der o.g. Definition ist der „Ursprungsort" mit dem Erzeugungsort insoweit identisch als der Lieferant die Elektrizität aus Kraftwerken übernimmt. Ein Unterschied ergibt sich nur bei den „ausländischen Kettengeschäften".

[262] Wird im Folgenden ausgeführt.

Ist bei einer solchen Konstellation der Abnehmer in dem Land, in dem das die Durchleitung begehrende EVU ansässig ist, nicht als „Dritter“ zu beliefern, so handelt es sich um den klassischen Anwendungsbereich der Reziprozitätsklausel. Eine Durchleitung kann auf Grund der Klausel verweigert werden.

Kann ein deutsches Unternehmen, dass sich z.B. einem Durchleitungsbegehren eines schwedischen EVU gegenüber sieht, dagegen den Abnehmer als „Dritten“ in Schweden beliefern, scheidet die Reziprozitätsklausel als Verweigerungsrecht aus. Eine wettbewerbliche Schieflage läge wegen der beiderseitigen Marktzugangsmöglichkeit nicht vor.

An diesem Ergebnis ändert sich aber auch dann nichts, wenn der Strom aus Schweden u.a. durch ein nicht reziprokes Transitland, beispielsweise Polen, geleitet wird.[263] Denn durch das reine Weiterleiten des anderswo erzeugten Stroms treten die Netzbetreiber in den nicht reziproken Staaten nicht in Konkurrenz zu dem deutschen EVU, sondern treten lediglich als Erbringer von Netzdienstleistungen auf.[264]

Ebenfalls keine Anwendung findet die Reziprozitätsklausel dann, wenn deutsche Netzbetreiber nur zu reinen Transitzwecken in Anspruch genommen werden sollen, also eine Lieferung von Land A über deutsche Netze ins Land B stattfinden soll. Hier wird schon der nationale Wettbewerb im Verhältnis zum Ausland offensichtlich nicht tangiert. Es macht dabei keinen Unterschied, ob die Elektrizität aus einem reziproken Land stammt oder nicht.

Insofern kann bislang festgehalten werden, dass die Reziprozitätsklausel Anwendung finden kann, wenn Strom unmittelbar aus einem nicht-reziproken Land durchgeleitet werden soll. Eine Anwendung kommt dagegen nicht in Betracht, wenn der Strom unmittelbar aus einem reziproken Erzeugungsland durchgeleitet werden soll. Dasselbe gilt, wenn der im reziproken Ausland erzeugte Strom lediglich durch ein Transitland geleitet wird oder Deutschland als Transitland fungiert.

Damit sind jedoch noch nicht alle in Betracht kommenden Konstellationen berücksichtigt worden. Es verbleiben noch die Fälle, in denen die Stromlieferung im Wege eines Kettengeschäftes erfolgen soll und zwar dergestalt, dass der Strom in einem nicht-reziproken Land erzeugt wurde, und, bevor er nach Deutschland geleitet werden soll, zumindest in ein nicht-reziprokes Land geliefert worden ist.[265]

Bei derartigen „ausländischen Kettengeschäften“ ist auch auf die Verhältnisse im Erzeugungsland abzustellen. Wie bereits erläutert, ergibt sich dies nicht einwandfrei aus dem Wortlaut der Norm. Aus Sinn und Zweck der Norm kann jedoch gefolgert werden, dass es bei der Betrachtung der Reziprozität vor allem, wenn nicht sogar allein auf die Verhältnisse im Erzeugungsland ankommt. Die Schutzfunktion des Art. 4 § 2 NeuregelungsG würde unterlaufen, wenn die Norm nur deshalb nicht mehr anwendbar wäre, weil der in einem nicht-reziproken Land erzeugte Strom über ein reziprokes Land in die Bundesrepublik gelangen würde. Die Eigenschaft, aus einem nicht-reziproken Land zu stammen, verliert der Strom nicht allein dadurch, dass er zwischenzeitlich in ein reziprokes Land geliefert wurde. Art. 4 § 2 NeuregelungsG soll den nationalen Markt im Verhältnis zu weniger zugänglichen Märkten umfassend bezüglich Erzeugung und Verteilung schützen. Aus

---

[263] So wohl auch EnWG 1998, Erläuterungen-*Recknagel* (Fn. 163), Art. 4, § 2 Anm. 3.3.

[264] *Scholz* (Fn. 248), S. 213.

[265] Keine Frage des „Auslandsbezugs“ sondern der „Durchleitungsberechtigung“ ist es, ob sich ein Netzbetreiber innerhalb Deutschlands auf die Reziprozitätsklausel berufen kann,, wenn es um die Durchleitung von Strom geht, die der „erste“ deutsche Netzbetreiber aus einem nicht-reziproken Land übernommen hat. Missverständlich daher *Scholz* (Fn. 248), S. 212, der diese Frage im Zusammenhang mit dem Auslandsbezug erörtert.

diesem Grunde ist in den vorliegenden Konstellationen nicht allein auf das „Lieferungsherkunftsland" abzustellen, sondern auch auf die Verhältnisse im Erzeugungsland.[266]

bb) Beweisschwierigkeiten

Während sich Deutschland dazu entschlossen hat, seinen Strommarkt zu Gunsten aller Kunden zu 100 % zu öffnen, haben sich einige benachbarte EU-Mitgliedsstaaten nur für eine stufenweise Öffnung ihrer Märkte entschieden, wie es die RL 96/92/EG ermöglicht.[267] Die Möglichkeiten für grenzüberschreitende Stromlieferungen liegen in technischer und kapazitärer Hinsicht vor. Der deutsche Markt dürfte, nicht zuletzt wegen des insgesamt höheren Strompreisniveaus – verglichen mit den Nachbarländern – für ausländische EVU auch sehr reizvoll sein.[268] Infolgedessen ist ein weiter Anwendungsbereich für die Reziprozitätsklausel gegeben.[269]

Von besonderer praktischer Relevanz bei der Anwendung der Reziprozitätsklausel ist die Frage, von wem in den Fällen ausländischer Kettengeschäfte die Reziprozität bzw. ihr Fehlen zu beweisen ist. Relevanz erlangt diese Frage bei den Konstellationen, bei denen ein Händler in einem reziproken Land den Strom zuvor von einem ausländischen Dritten geliefert bekommen hat und diesen nun nach Deutschland liefern will. Ist für den deutschen Netzbetreiber nicht ersichtlich, woher der Strom ursprünglich stammt, stellt sich die Frage, ob er verpflichtet ist, nachzuweisen, dass der Strom aus einem nicht-reziproken Land stammt oder ob der Petent beweisen muss, dass der Strom aus einem reziproken Land stammt.

Nach der grundsätzlichen Beweislastverteilung kommt jeder Partei die Darlegungs- und Beweislast für das Vorliegen der für sie günstigen Rechtsnormen zu, soweit das Gesetz keine andere Regelung trifft oder aus praktischen Gründen speziellere Regeln (z.B. prima-facie-Beweis) gelten. Der Anspruchsteller ist danach grundsätzlich darlegungs- und beweisbelastet hinsichtlich der Umstände, die seinen Anspruch begründen, der Anspruchsgegner hinsichtlich der rechtshindernden, rechtsvernichtenden und rechtshemmenden Umstände.[270] Schwierigkeiten ergeben sich in der Praxis in der Klarstellung, ob es sich um eine rechtsbegründende negative Tatsache handelt oder um eine rechtshindernde.[271]

Gegen eine Qualifizierung der Reziprozität als rechtsbegründendes negatives Tatbestandsmerkmal, das dann vom Durchleitungspetenten zu beweisen wäre, spricht der Wortlaut der Norm. Danach können die Netzbetreiber eine Durchleitung ablehnen, wenn die Voraussetzungen des Art. 4 § 2 NeuregelungsG vorliegen. Abgestellt wird demzufolge auf die Person des Netzbetreibers. Bei entsprechenden Voraussetzungen kann er sich auf die Reziprozitätsklausel berufen, er kann das Netzzugangsbegehren ablehnen. Dies zeigt, dass die Norm dem Netzbetreiber ein ihm günstiges Recht gibt. Nach der allgemeinen Beweislastregel ist dann aber der Netzbetreiber verpflichtet, die Umstände für das Vorliegen der Umstände, die eine Verweigerung rechtfertigen, vorzutragen und zu beweisen.

---

[266] So auch *Scholz* (Fn. 248), S. 212; EnWG 1998, Erläuterungen-*Recknagel* (Fn. 163), Art. 4, § 2 Anm. 3.2 stellt dagegen nur auf die Verhältnisse im Ursprungsland ab.

[267] Vgl. zur Marktöffnung in anderen Staaten *Gersemann* (Fn. 252), S. 15 ff.; *Pfeifenberger/Lapuerta/Pfaffenberger*, Netzzugang in Deutschland – ein Ländervergleich, Wirtschaftswelt Energie, 1999, S. 9 ff.

[268] Vgl. *Thiele*, Stromhandel und Durchleitung in Deutschland und Europa, EW 1998, S. 26 (28 f.).

[269] *Horstmann* (Fn. 179), S. 713.

[270] BGH Urt. v. 20. März 1986 BGH NJW 1986, 2426; *Thomas/Putzo, ZPO, 23 Aufl.,2001*, vor § 284 Rn. 23.

[271] *Thomas/Putzo* (Fn. 270), Rn. 23.

Dieses Ergebnis wird auch vom Regel-Ausnahme-Prinzip des Gesetzes bezüglich des Netzzugangs getragen. Die Regel ist der Netzzugang, seine Verweigerung die Ausnahme. Aus diesem Grunde gibt § 6 I S. 1 EnWG dem Petenten einen grundsätzlichen Anspruch auf Abschluss eines Durchleitungsvertrages mit dem Netzbetreiber. Dieser grundsätzliche Anspruch kann nur zu Fall gebracht werden, wenn dem Netzbetreiber eine Einwendung in Gestalt eines Verweigerungsgrundes zusteht. Die Verweigerungsgründe sind vom Gesetzgeber nicht enumerativ aufgezählt worden. So sind in § 6 I S. 2 EnWG lediglich allgemein relative sowie absolute technische und sonstige Gründe angeführt. Hierbei handelt es sich um Blankettmerkmale, die ausgefüllt werden können und müssen. § 6 I S. 2 EnWG stellt mithin eine „Einfallklausel" für Verweigerungsgründe dar. Dabei gibt § 6 I S. 2 EnWG die grundsätzliche Beweislastverteilung zu Lasten des Netzbetreibers vor. Der Wortlaut „Dies gilt nicht, soweit ..." im Anschluss an den grundsätzlichen Anspruch auf Abschluss eines Durchleitungsvertrages in § 6 I S. 1 EnWG verdeutlicht, dass der Netzbetreiber das Vorliegen der Umstände darzulegen und zu beweisen hat, die den grundsätzlichen Anspruch des Petenten auf Netzzugang verhindern.[272] Die wenigen normierten Verweigerungsgründe befinden sich an unterschiedlichen Positionen im Gesetz. § 6 III EnWG regelt die Verweigerungsmöglichkeit zu Gunsten rationeller Elektrizitätserzeugung.[273] Außerhalb des EnWG aber innerhalb des NeuregelungsG befinden sich in dem mit „Übergangsvorschriften" überschriebenen Artikel 4 NeuregelungsG die §§ 2 und 3. Dies sind die Reziprozitäts- sowie die Braunkohleschutzklausel. Aus dieser Exklusivität kann jedoch nicht darauf geschlossen werden, dass hinsichtlich dieser Klauseln das vom Gesetzgeber gewollte Regel-Ausnahme-Prinzip umgekehrt werden soll. Eine Sonderregelung außerhalb des EnWG haben diese Normen – wie sich schon aus der Überschrift des Artikels 4 NeuregelungsG ergibt – nur deshalb erhalten, weil es sich um zeitlich begrenzte Übergangsregelungen handelt.

Auch aus dem Umstand, dass es sich bei der Reziprozitätsklausel um einen absoluten Abwägungsgrund handelt, bei dessen Vorliegen es einer Abwägung nicht mehr bedarf, kann nicht auf die Beweislastverteilung zu Gunsten des Netzbetreibers und zu Lasten des Petenten geschlossen werden.[274] Die Qualifizierung als absoluter Abwägungsgrund bedeutet, dass ein Netzbetreiber im Falle fehlender Reziprozität den Netzzugang verweigern darf, ohne dass die entgegenstehenden Interessen nochmals überprüft werden müssen. Sie besagt dagegen nicht, dass das zu Grunde liegende Regel-Ausnahme-Prinzip mit der daraus resultierenden Beweislastverteilung umgekehrt werden soll. Auch das Vorliegen eines absoluten Verweigerungsgrundes hat der Netzbetreiber darzulegen und zu beweisen. Gelingt ihm dies, kann er den Netzzugang ohne weiteres verweigern.

Daraus folgt, dass auch im Falle der Reziprozitätsklausel der Gesetzestext so zu lesen ist, dass auch für ausländische Lieferanten grundsätzlich ein Anspruch auf Netzzugang besteht. Dies gilt aber nicht, soweit ein Fall mangelnder Reziprozität vorliegt. Die Beweislast obliegt dem Netzbetreiber.[275]

Der Beweis fehlender Reziprozität wird in der Regel schwer bis gar nicht zu führen sein. Da der Strom keinerlei ortstypische Kennzeichen hat, kann er grundsätzlich von überall herkommen. So kann ein schwedischer Lieferant in Norwegen erzeugten Strom ohne weiteres als schwedischen Strom verkaufen. Ohne nähere Informationen bezüglich der Erzeugung des Stroms bzw. der Beschaffung durch den Lieferanten kann ein Netzbetreiber das Fehlen der Reziprozität kaum nachweisen. Aus diesem Grund ist dem Netzbetreiber ein Auskunftsanspruch gegen den Petenten zuzugestehen, dahingehend, dass der Petent dem Netzbetreiber die Auskünfte zu erteilen verpflichtet ist, die dieser braucht, um sich über die Herkunft der Elektrizität zu informieren.[276] Von der

---

[272] Vgl. zu den Formulierungen, die darauf hinweisen, dass es sich um rechtshindernde Tatsachen handelt *Thomas/Putzo* (Fn. 270), vor § 284 Rn. 23.

[273] Vgl. dazu 3. Teil B. 2. d).

[274] So aber *Scholz* (Fn. 248), S. 216.

[275] A.A. *Scholz* (Fn. 248), S. 216.

[276] So auch *Scholz* (Fn. 248), S. 216.

Rechtsprechung ist anerkannt, dass unter dem Gesichtspunkt von Treu und Glauben eine Auskunftspflicht besteht, wenn die zwischen den Parteien bestehenden Rechtsbeziehungen es mit sich bringen, dass der Auskunftsberechtigte in entschuldbarer Weise über Bestehen oder Umfang des Anspruchs im Ungewissen ist und der Verpflichtete die Auskunft unschwer erteilen kann.[277] Zusätzlich verlangt die Rechtsprechung hierfür, dass die Parteien in einer rechtlichen Sonderverbindung stehen. Dabei muss es sich nicht unbedingt um eine vertragliche Beziehung handeln.[278] Eine Sondervereinbarung kann auch durch die bloße Anbahnung einer Vertragsbeziehung entstehen.

Die von der Rechtsprechung geforderten Voraussetzungen sind im Falle eines Netzzugangsbegehrens erfüllt. Durch die konkrete Anfrage, Strom über das Netz des Netzbetreibers leiten zu wollen, was der Netzbetreiber nur ausnahmsweise ablehnen kann, wird zwischen den Parteien eine rechtliche Sonderverbindung begründet, die in den Anwendungsbereich des § 242 BGB fällt. Die Besonderheiten des Elektrizitätsmarkts bringen es mit sich, dass der Netzbetreiber regelmäßig keine Kenntnis haben wird, welche Herkunft der Strom hat und wie es um die Möglichkeit der Belieferung des jeweiligen Kunden steht. Dem Petenten ist es darüber hinaus in der Regel unschwer möglich und auch zumutbar, die Informationen mitzuteilen, die für den Netzbetreiber erforderlich sind, um die Herkunft nachzuvollziehen.[279] Gelingt dem Netzbetreiber der Nachweis trotz der Auskünfte des Petenten nicht, geht dies zu seinen Lasten, so dass er den Netzzugang zu gewähren hat.

Trotz Vorliegens aller Voraussetzungen ist es dennoch möglich, dass ein Petent die Auskunft verweigern darf. Grundsätzlich ist das unternehmerische Interesse schützenswert, die eigenen Bezugsquellen für sich zu behalten und anderen Unternehmen, insbesondere Wettbewerbern, vorzuenthalten.[280] Insoweit ist dieses Interesse gegen das Auskunftsinteresse des Netzbetreibers abzuwägen. Dabei ist auch zu berücksichtigen, dass das Interesse des Petenten an der Geheimhaltung nicht grundsätzlich überwiegen kann, da ansonsten der Schutz der Reziprozitätsklausel vollständig leer liefe. Das Abwägungsergebnis hängt vom jeweiligen Einzelfall ab.

cc) Vereinbarkeit mit der RL 96/92/EG

Die Reziprozitätsklausel muss mit der RL 96/92/EG vereinbar sein. Dies ist jedenfalls dann der Fall, wenn die Möglichkeit zum Erlass einer solchen Klausel von der RL 96/92/EG ausdrücklich vorgesehen wurde und die Umsetzung in deutsches Recht die Vorgaben dieser Ermächtigungsgrundlage hinreichend beachtet hat.

Nach Art. 19 V a) RL 96/92/EG sollen Ungleichgewichte bei der Öffnung der Elektrizitätsmärkte dadurch vermieden werden, dass Elektrizitätslieferverträge nach den Artikeln 17 und 18[281] mit einem zugelassenen Kunden aus dem System eines anderen Mitgliedstaats nicht untersagt werden dürfen, wenn der Kunde in beiden betreffenden Systemen als zugelassener Kunde betrachtet wird. Im Umkehrschluss bedeutet das, dass Elektrizitätslieferverträge nach den Artikeln 17 und 18 mit einem zugelassenen Kunden aus dem System eines anderen Mitgliedstaates untersagt werden können, wenn der Kunde im System des Durchleitungspetenten nicht als zugelassener Kunde betrachtet wird. Maßgeblich ist demnach, ob der im Inland zu beliefernde Kunde nach der Rechtslage in dem Mitgliedstaat, aus dem Strom importiert werden soll, ebenfalls umworben werden könnte.[282] Von

---

277 BGH Urt. v. 13. Juni 1985 BGHZ 95, 285 (288); BGH Urt. v. 11. Juni 1990 BGH NJW 1990, 3151 (3152).

278 BGH (Fn. 277), BGH NJW 1990, 3152.

279 Vgl. *Scholz* (Fn. 248), S. 217.

280 OLG Karlsruhe „Stromeinspeisung II“ Urt. v. 22. März 1995 RdE 1995, 206 (208).

281 Umgesetzt durch die §§ 6 und 7 EnWG.

282 BT-Drs. 13/7274, S. 34.

der Möglichkeit zum Erlass einer solchen Schutzklausel hat der deutsche Gesetzgeber mit Art. 4 § 2 Neuregelungsgesetz Gebrauch gemacht. Dabei hat er sich an die Vorgaben aus der RL 96/92/EG gehalten. Art. 4 § 2 Neuregelungsgesetz ist mit der RL 96/92/EG vereinbar.

d) Durchleitung zu Lasten vertraglich gebundenen Abnehmern

Von großer Bedeutung für die Praxis ist ferner die Frage, ob ein Netzzugangsbegehren auch mit der Begründung verweigert werden kann, dass der zu beliefernde Abnehmer auf Grund eines Liefervertrages mit dem Netzbetreiber, einem mit dem Netzbetreiber konzernmäßig verbundenen Unternehmen (z.B. der „Schwesterorganisationseinheit" Vertrieb[283]) oder einem dritten Anbieter zu einem Strombezug verpflichtet ist, der mit dem im Wege der Durchleitung abzuwickelnden Liefergeschäft kollidieren würde.[284] Dabei kann es sich bei dem zu beliefernden Abnehmer um einen Endabnehmer als auch um einen Weiterverteiler handeln. Bei der rechtlichen Beurteilung ist diesbezüglich zu trennen. Die Frage der Wirksamkeit kartellrechtlich relevanter Abreden in Verträgen mit Weiterverteilern ist von der Frage der Wirksamkeit kartellrechtlich relevanter Abreden in Verträgen mit Letztabnehmern zu differenzieren.

aa) Wirksamkeit wettbewerbsbeschränkender Nebenabreden nach dem GWB

(1) Gebundener Abnehmer ist weiterverteilendes Unternehmen

Fraglich ist zunächst, ob ein Netzbetreiber die Durchleitung zu einem Weiterverteiler verweigern kann, wenn die Durchleitung mit einem Liefervertrag kollidieren würde, der den Weiterverteiler bereits anderweitig verpflichtet.

Grundsätzlich ist hierzu festzuhalten, dass der Netzzugang verweigert werden kann. Den Netzbetreiber zu verpflichten, den Netzzugang zu gewähren, bedeutete, dass per Energie- und/oder Kartellrecht der Netzbetreiber gezwungen würde, Beihilfe zur Vertragsverletzung zu Lasten der Vertriebseinheit bzw. eines Dritten Lieferanten zu leisten.[285] Ein solcher Vorgang wäre aber wegen Verleitung zum Vertragsbruch gem. § 1 UWG unzulässig. Hinzu kommt der allgemeine Grundsatz „pacta sunt servanda". Dieser Grundsatz soll durch die Energierechtsreform nicht ausgehebelt werden. Liegt ein wirksamer und verbindlicher Liefervertrag vor, so braucht der Netzbetreiber ein Netzzugangsbegehren nicht zu dulden. Dieser Grundsatz bewirkt, dass bei Vorliegen eines wirksamen anderweitigen Liefervertrags eine Durchleitung verweigert werden kann, ohne dass eine Abwägung vorzunehmen ist. Gründe, die auf Grund einer Abwägung dazu führen könnten, gegen diesen Grundsatz zu verstoßen, sind nicht ersichtlich.

Ein Verleiten zum Vertragsbruch setzt aber ebenso wie der Grundsatz „pacta sunt servanda" das Vorliegen eines Vertrages voraus. Denn wo kein Vertrag vorliegt, kann nicht zum Vertragsbruch verleitet werden. Ebenso geht der Grundsatz, dass Verträge zu halten sind, nicht soweit, dass Ver-

[283] *Büdenbender*, Die kartellrechtliche Zulässigkeit von Gesamtbedarfsdeckungsklauseln, ET 2000, S. 359.

[284] Die Verweigerung eines Durchleitungsbegehrens allein mit der Begründung, es liege noch ein (wirksamer) Stromlieferungsvertrag vor, wurde für unzulässig erklärt vom BKartA Abmahnschreiben des BKartA vom 22. Dezember 1998 (B8-40 100-T-248/98). Vgl. auch LG Köln, Urt. vom 07. Juni 2000 – 28 O 559/99; LG Mannheim Urt. v. 16. April 1999 „Waldshut-Tiengen", NJWE-WettbR 1999, 244, wobei in den Entscheidungen der LGs ausdrücklich ein Verstoß gegen das nun geltende Kartellrecht angenommen wurde. Vgl. zu diesem Thema auch *Büdenbender* (Fn. 129), S. 91 ff.; *Horstmann* (Fn. 179), S. 729 ff.; *Markert*, Bestehende Lieferverträge als Grund für die Unzumutbarkeit von Stromdurchleitungen?, ZNER 1998, S. 3.

[285] *Büdenbender* (Fn. 283), Gesamtbedarfsdeckungsklauseln, S. 359.

träge immer zu halten sind. Dies widerspräche den Grundsätzen des Zivilrechts, die insoweit auch im Energierecht Geltung beanspruchen. Fehlt beispielsweise die Geschäftsgrundlage eines Vertrags, fällt sie nachträglich weg oder wird sie durch den Eintritt nicht vorhergesehener Tatsachen derartig verändert, dass ein Festhalten an dem ursprünglichen Vertrag eine missbräuchliche Rechtsausübung wäre, so gebietet der Grundsatz von Treu und Glauben, dass von dem Schuldner nicht eine nicht mehr zumutbare Leistung verlangt werden kann. Zur Geschäftsgrundlage gehören u.U. auch die Erwartungen der Parteien hinsichtlich des Gleichbleibens äußerer Umstände, die für den Vollzug des Vertrags von Bedeutung sind.[286] Ein nichtiger Vertrag ist als nicht vorhanden anzusehen. Entscheidend ist mithin, ob zwischen dem Lieferanten und dem Abnehmer, der jetzt von einem Dritten beliefert werden soll, ein wirksames Vertragsverhältnis besteht.

Die Elektrizitätsversorgung in Deutschland war auf Grund der §§ 103, 103 a GWB durch ein Geflecht von zum Teil horizontaler, zum Teil vertikaler Vereinbarungen zwischen Erzeugern und Weiterverteilern gekennzeichnet. Derartige Vereinbarungen waren nach damaliger, allgemein geübter Vertragspraxis integrale Bestandteile wohl fast jedes Liefervertrags zwischen EVU.[287]

Typische Vereinbarungen sind:

- Gesamtbedarfsdeckungsklauseln bzw. Ausschließlichkeitsbindungen:

  z.B.: „Der Abnehmer ist verpflichtet, seinen gesamten Bedarf an elektrischer Energie beim Lieferanten zu decken.“

  „Die Stadtwerke verpflichten sich, die im Versorgungsgebiet benötigte elektrische Energie ausschließlich vom Lieferanten zu beziehen“

- Klauseln über das Verbot des Drittbezugs:

  z.B.: „Der Strombezug von dritter Seite ist nicht gestattet.“

- Klauseln über das Verbot der Weiterleitung:

  z.B.: „Die Weiterleitung von Energie, die vom Lieferanten bezogen wurde, an Dritte außerhalb des Gebietes ist nicht gestattet.“

  „Die Stadtwerke verpflichten sich, die im Versorgungsgebiet benötigte elektrische Energie ausschließlich vom Lieferanten zu beziehen und diese Energie ohne Zustimmung des Lieferanten nicht außerhalb ihres Versorgungsgebietes abzugeben.“

- Klauseln über das Verbot der Eigenerzeugung:

  z.B.: „Die Stadtwerke verpflichten sich, den gesamten Bedarf an elektrischer Energie aus Anlagen des Lieferanten zu beziehen und die Erzeugung in eigenen Anlagen zu unterlassen.“

- Gebietsschutzklauseln:

  z.B.: „Der Abnehmer verpflichtet sich, keine Kunden außerhalb seines Gebiets zu beliefern.“

  „Die Stadtwerke verpflichten sich, ohne ausdrückliche Zustimmung des Lieferanten mit Ausnahme der ausdrücklich genannten, keine Kunden außerhalb ihres Versorgungsgebiets zu beliefern.“

---

[286] Palandt-*Heinrichs*, BGB-Kommentar, 58. Aufl. 1999, § 242 Rn. 143.

[287] Vgl. speziell zur Ausschließlichkeitsabrede: *Monopolkommission*, Hauptgutachten I 1973/75 „Mehr Wettbewerb ist möglich“, Ziffer 743; *Baur*, Die Gebietsschutzverträge der Energieversorgungswirtschaft, 1981, S. 14 f.; *ders.*, Schicksal der Lieferverträge nach Wegfall der Ausschließlichkeitsabrede, RdE 1997, S. 41 ff.

Die Beurteilung der Frage, ob der Netzbetreiber ein Durchleitungsbegehren des Durchleitungsinteressenten wegen Unzumutbarkeit ablehnen kann, hängt davon ab, ob der bestehende Vertrag weiterhin bzw. ein neu abzuschließender Vertrag wirksam ist. Denn ein Elektrizitätsliefervertrag steht einem Durchleitungsbegehren dann nicht im Wege, wenn der Vertrag insgesamt unwirksam ist. Die Wirksamkeit langfristiger Stromlieferverträge ist seit der Geltung des Neuregelungsgesetz in Frage gestellt. Mit der Energierechtsnovelle von 1998 ist nach den §§ 103 und 103a GWB der § 103 b GWB eingeführt worden. Danach sind die §§ 103 und 103 a GWB nicht mehr auf die Versorgung mit Elektrizität und Gas anzuwenden.[288] Dies hat zur Folge, dass die horizontalen und vertikalen Vereinbarungen der Elektrizitätswirtschaft kartellrechtlich nicht mehr freigestellt sind, sondern sich nach den §§ 1 bzw. 16 GWB beurteilen. Nach § 1 GWB sind Vereinbarungen zwischen miteinander im Wettbewerb stehender Unternehmen und aufeinander abgestimmte Verhaltensweisen, die eine Verhinderung, Einschränkung oder Verfälschung des Wettbewerbs bezwecken oder bewirken, verboten. Gem. § 16 GWB kann die Kartellbehörde vertikale Vereinbarungen zwischen Unternehmen für unwirksam erklären. Daraus folgt, dass derartige Vereinbarungen nicht per se unwirksam sind, sondern erst für unwirksam erklärt werden müssen. Solange dies nicht geschehen ist, sind die Vereinbarungen als wirksam anzusehen. Unstreitig ist zunächst einmal, dass gegenseitige selbstständige Demarkationen, also horizontale Gebietsabsprachen zwischen EVU, die außerhalb von Lieferverträgen von EVU untereinander getroffen werden, den Tatbestand des § 1 GWB erfüllen und damit unwirksam sind.[289] Gleiches gilt für horizontale Demarkationen zwischen EVU und Gebietskörperschaften.

Umstritten ist dagegen, ob die vertikalen Demarkationen, also wettbewerbsbeschränkende Nebenabreden zu Elektrizitätslieferverträgen, insbesondere Kundenschutzklauseln und Alleinbezugsverpflichtungen, ebenfalls nach § 1 GWB unwirksam sind oder ob es sich bei ihnen um Bindungen oder Verwendungsbeschränkungen i.S.d. § 16 GWB (§ 18 GWB a.F.) handelt.[290] Ferner sind die Verträge anhand des Gemeinschaftsrechts zu überprüfen. Es bedarf daher auch der Kontrolle nach den Art. 81, 82 EGV.

Insofern gilt es zunächst zu prüfen, welche Klauseln unter § 1 GWB fallen und damit unwirksam sind und welche Klauseln unter § 16 GWB fallen und damit grundsätzlich wirksam sind.[291] Im Falle der Unwirksamkeit der Klauseln ist anschließend zu erläutern, wie sich diese Unwirksamkeit auf den Gesamtvertrag auswirkt. Dies hängt maßgeblich davon ab, ob der betreffende Vertrag eine salvatorische Klausel enthält oder nicht. Im letzteren Fall gilt § 139 BGB.

---

[288] Art. 2 Neuregelungsgesetz. Vgl. zu den Auswirkungen des Wegfalls des § 103 GWB, VDEW (Hrsg.), Energierechtsnovelle und Stromlieferungsverträge, 1997.

[289] *Baur* (Fn. 287), Schicksal der Lieferverträge, S. 42; *Becker*, Rechtsfragen langfristiger Lieferverträge zwischen Energieversorgern im Wettbewerb, ZNER 1997, S. 12; *Büdenbender* (Fn. 126), Schwerpunkte, Rn. 419; *Ebel*, Abgegrenzte Versorgungsgebiete auch nach der Energierechtsreform?, VIK-Mitteilungen 4/1998, S. 75; *Kühne*, Schicksal langfristiger Lieferverträge zwischen Energieversorgungsunternehmen (EVU) bei Aufhebung der §§ 103, 103 a GWB, BB 1997 Beilage zu Heft 50, S. 1 (5); *Scholz*, Die Beurteilung von Bezugsbindungen in Elektrizitätslieferverträgen nach deutschem und EG-Kartellrecht, RdE 1998, S. 209; *Schwintowski*, Wettbewerb und Ordnung auf Energiemärkten nach Wegfall der §§ 103, 103 a GWB, WuW 1997, S. 769, 775.

[290] Es dürfte sich hierbei um einen der derzeit umstrittensten Punkte in der Energiewirtschaft handeln. Dies zeigt sich schon an der Fülle der Literatur zu diesem Thema.

[291] *Büdenbender* (Fn. 283), Gesamtbedarfsdeckungsklauseln, S. 363 ff. setzt früher an und fragt, ob vertikale Abreden überhaupt von kartellrechtlicher Bedeutung sind. Dabei kommt er zu dem Ergebnis, dass es in der Natur der Sache liege, „dass die Bindungswirkung zivilrechtlicher Verträge in ihrem gegenständlichen, zeitlichen und personellen Umfang wettbewerbsbeschränkend wirkt, ohne dadurch einem kartellrechtlichen Unwerturteil ausgesetzt zu sein." Die über den Grundsatz zivilrechtlicher Verbindlichkeit hinausgehende Wirkung von Gesamtbedarfsdeckungsklauseln für einen künftig neu zu kontrahierenden Energiebezug habe dagegen kartellrechtliche Relevanz. (S. 381).

(a) Abgrenzung von § 1 GWB und § 16 GWB

Zum Teil werden wettbewerbsbeschränkende Nebenabreden zu Stromlieferverträgen für wirksam gehalten. Die Abreden stellten typische Verwendungsbeschränkungen dar, die in den Anwendungsbereich des § 16 GWB fallen und somit nicht von vornherein unwirksam seien, sondern lediglich der Kartellaufsicht unterlägen. Die Abreden sollen dagegen nicht unter § 1 GWB fallen.[292]

Auf der anderen Seite wird die Rechtsfolge der Unwirksamkeit nach § 1 GWB nunmehr auch auf die vertikalen Demarkationen angewendet.[293] Nach dieser Ansicht fallen die vertikalen Demarkationen unter § 1 GWB und eben nicht unter § 16 GWB.

Im Kern geht es bei dem gegenwärtigen Meinungsstreit in der Literatur darum, wie die in den Urteilen des BGH „Druckgussteile",[294] „Bedside-Testkarten" [295] und „Sole"[296] aufgestellten Kriterien zur Einordnung von wettbewerbsbeschränkenden Nebenabreden auf die leitungsgebundene Energieversorgung anzuwenden sind. In den Urteilen vom 14.1.1997 hat der BGH festgestellt, dass

- die Vorschriften des § 1 GWB und des § 18 GWB a.F. (=§ 16 GWB n.F.) nicht im Verhältnis von lex specialis zu lex generalis stehen, sondern sich einander tatbestandlich ausschließen.[297]
- als Bestandteile von Austauschverträgen über Waren oder gewerbliche Leistungen oder von Rahmenvereinbarungen über derartige Austauschbeziehungen vereinbarte Ausschließlichkeitsbindungen als sonstige Verträge nach § 18 I Nr. 2 GWB a.F. (= § 16 I Nr. 2 GWB n.F.) grundsätzlich wirksam und lediglich der Missbrauchsaufsicht durch die Kartellbehörde unterstellt sind.
- bei Austauschverträgen über Waren oder gewerblich Leistungen Ausschließlichkeitsbindungen ausnahmsweise doch nach § 1 GWB unwirksam sein können, und zwar dann, wenn und soweit sie zu einem gemeinsamen Zweck im Sinne der Vorschrift geschlossen wurden.[298]
- bei Austauschverträgen mit wettbewerbsbeschränkendem Inhalt eine Vereinbarung zu einem gemeinsamen Zweck dann anzunehmen ist, wenn für die Wettbewerbsbeschränkung bei wertender Betrachtungsweise im Hinblick auf die Freiheit des Wettbewerbs ein anzuerkennendes Interesse nicht besteht.[299]
- als Nebenabreden in Austauschverträgen über Waren und gewerbliche Leistungen vereinbarte Wettbewerbsbeschränkungen in der Regel dem Leistungsaustausch dienen. Sind sie zur Erreichung eines kartellrechtsneutralen Hauptzwecks des Vertrags sachlich geboten, so können sie nicht als zu einem gemeinsamen Zweck vereinbart angesehen werden. (Immanenztheorie)

---

[292] *Scholz* (Fn. 289), S. 215; *Schwintowski* (Fn. 289), S. 775. So z.T. auch *Böwing/Rosin*, Neue juristische Probleme bei Stromlieferverträgen, ET 2000, S. 249 ff.; *Büdenbender* (Fn. 283), Gesamtbedarfsdeckungsklauseln, S. 363 ff.; *Salje* Stromlieferverträge nach Wegfall der kartellrechtlichen Freistellung, ET 1999, S. 768 ff. (769ff.).

[293] *Baur* (Fn. 287), Schicksal der Lieferverträge, S. 41ff.; *Ebel* (Fn. 289), S. 75ff.; *Lukes*, Stromlieferverträge im liberalisierten Strommarkt, BB 1999, Heft 21, S. 1 (8 f.); z.T. auch *Kühne* (Fn. 289), S. 7.

[294] BGH Urt. v. 14. Januar 1997 WuW/E BGH 3115 = NJW 1997, 2324

[295] BGH Urt. v. 14. Januar 1997 WuW/E BGH 3121 = NJWE-WettbR 1997, 211.

[296] BGH Urt. v. 6. Mai 1997 WuW/E BGH 3137 = NVwZ 1998, 320.

[297] BGH (Fn. 294) WuW/E BGH 3115 (3117) m.w.N.

[298] BGH (Fn. 296) WuW/E BGH 3137.

[299] BGH (Fn. 296) WuW/E BGH 3137 (3138).

Der Rechtsprechung des BGH folgend ist demnach zu prüfen, ob die in Frage stehenden Abreden in Stromlieferverträgen wirksam sind und lediglich der Aufsicht durch die Kartellbehörden unterliegen oder ob für sie bei wertender Betrachtung im Hinblick auf die Freiheit des Wettbewerbs ein anzuerkennendes Interesse nicht besteht, sie deshalb als zu einem gemeinsamen Zweck vereinbart anzusehen und damit gem. § 1 GWB verboten sind. Zu beachten ist dabei, dass das Tatbestandsmerkmal des „gemeinsamen Zwecks“ nach der Kartellrechtsnovelle nicht mehr als entscheidendes Abgrenzungskriterium in Frage kommen kann. Durch die 6. Kartellrechtsnovelle sind die Vorschriften über „Kartellvereinbarungen, Kartellbeschlüsse und abgestimmte Verhaltensweisen“ (§§ 1 – 13) und über „Vertikalvereinbarungen“ neu gefasst worden. Dabei ist in § 1 GWB das Tatbestandsmerkmal „zu einem gemeinsamen Zweck“ durch das Merkmal des „Miteinander-in-Wettbewerb-Stehens“ ersetzt worden. Das Merkmal des gemeinsamen Zwecks beruhte auf einem längst überholten, gesellschaftsrechtlichen Verständnis des Kartelltatbestands.[300] Allerdings ist auch das Merkmal des „Miteinander-in-Wettbewerb-Stehens“ nicht neu, sondern ist seit der „Spielkarten“-Entscheidung des BGH bekannt, in der es hieß, dass ein gemeinsamer Zweck bereits dann vorliege, wenn sich „die Vertragsbeteiligten als (aktuelle oder potentielle) Wettbewerber gegenüberstehen und durch die Vereinbarung den Wettbewerb untereinander beschränken“.[301]

Durch die Änderung des Tatbestands, insbesondere des Austausches des Merkmals des „gemeinsamen Zwecks“ durch das Merkmal des „Miteinander-in-Wettbewerb-Stehens“, ist sachlich grundsätzlich keine Änderung eingetreten. Die bisher beim Merkmal des „gemeinsamen Zwecks“ angesiedelte Abgrenzung zwischen § 1 und § 16 GWB findet nun lediglich beim Merkmal des „Miteinander-in-Wettbewerb-Stehens“ statt.[302] Allerdings kommt ein Gesichtspunkt bei der Prüfung hinzu: der durch die 6. Kartellrechtsnovelle neu eingeführte Freistellungstatbestand des § 7 I GWB, der im Wesentlichen dem Art. 81 III EGV entspricht. Es gilt demnach zu prüfen, ob die betreffende Abrede vom Wortlaut des § 1 GWB umfasst wird. Ist dies der Fall, ist weiter zu fragen, ob die Abrede mit Hilfe der Immanenztheorie zu rechtfertigen ist. Sollte die Abrede sachlich gerechtfertigt werden können, ist sie nicht nach § 1 GWB unwirksam, sondern unterliegt der Kontrolle des § 16 GWB. Kann sie indes nicht als sachlich gerechtfertigt angesehen werden, fällt sie unter das Kartellverbot des § 1 GWB, wenn nicht eine Freistellung gem. § 7 I GWB erfolgt.[303]

(b) Beurteilung der wettbewerbsbeschränkenden Abreden nach § 1 GWB und § 16 GWB

(aa) Gesamtbedarfsdeckungsklausel/Ausschließlichkeitsbindung

Mit einer Gesamtbedarfsdeckungsklausel wird ein weiterverteilendes EVU verpflichtet, seinen gesamten Bedarf an elektrischer Energie beim Lieferanten zu beziehen. Schon begrifflich keine Gesamtbedarfsdeckungsklauseln sind Klauseln, die einen Abnehmer zur Abnahme eines bestimmten Prozentsatzes (z.B. 70 %) ihres Bedarfs verpflichten.[304] Häufig werden derartige Klauseln noch

---

[300] *Köhler*, Zulässigkeit von Wettbewerbsbeschränkungen beim Eigenvertrieb, VEnergR 91 (1999), S. 51 (56).

[301] BGH Urteil v. 13. November 1990 WuW/E BGH 2285, 2287.

[302] LG Mannheim (Fn. 284). Zu diesem Urteil vgl. *Börner, A-R.*, Zur Nichtigkeit eines Stromliefervertrages zwischen Regionalversorger und Stadt, ET 1999, S. 405 ff.; *Salje* (Fn. 292), S. 768 ff.; Vgl. ferner *Lukes* (Fn. 293), S. 8 f.

[303] Vgl. hierzu *Köhler* (Fn. 300), S. 57.

[304] Auch diesen Klauseln kann indes kartellrechtliche Relevanz zukommen. Wann der zu beziehende Prozentsatz so hoch ist, dass die Klausel wie eine Gesamtbedarfsdeckungsklausel zu beurteilen ist, ist im jeweiligen Einzelfall zu prüfen und wird auch von der Laufzeit des Vertrags abhängen. Das LG Leipzig Urt. v. 04. August 2000 – 06 IIK O 10272/99 – S. 9 beurteilte eine 70 %-ige Bezugsverpflichtung mit einer Laufzeit von 20 Jahren nicht als Gesamtbedarfsdeckungsklausel.

durch sog. Kapazitätsklauseln sowie durch ein Verbot des Drittbezugs begleitet.[305] Dadurch wird anderen EVU die Möglichkeit verwehrt, den Weiterverteiler ganz oder zum Teil zu beliefern. Der Weiterverteiler wird gehindert, Elektrizität von Dritten zu kaufen und kann diese Elektrizität folglich auch nicht verkaufen.

Gem. § 16 Nr. 2 GWB kann die Kartellbehörde Vereinbarungen zwischen Unternehmen über Waren oder gewerbliche Leistungen für unwirksam erklären, soweit sie einen Beteiligten darin beschränken, andere Waren oder gewerbliche Leistungen von Dritten zu beziehen oder an Dritte abzugeben. Grundsätzlich handelt es sich daher bei Gesamtbedarfsdeckungsklauseln um einen klassischen Anwendungsfall des § 16 Nr. 2 GWB.[306] Eine Prüfung darf hier jedoch nicht stehen bleiben. Denn nach § 1 GWB ist eine Vereinbarung zwischen miteinander in Wettbewerb stehenden Unternehmen unwirksam, wenn sie eine Verhinderung des Wettbewerbs bewirken. Die beteiligten Unternehmen müssten demnach in aktuellem oder potentiellem Wettbewerb zueinander stehen, und die Alleinbezugsverpflichtung müsste eine Verhinderung des Wettbewerbs bewirken. Dies ist in aller Regel der Fall. Ohne die Gesamtbedarfsdeckungsklausel stünde dem gebundenen Weiterverteiler die Möglichkeit offen, Strom von Dritten zu kaufen und diesen Strom in Konkurrenz zu seinem jetzigen Lieferanten anzubieten. Die Unternehmen stehen daher in potentiellem Wettbewerb. Durch die Klausel wird auch eine Wettbewerbsverhinderung bewirkt. Durch die Verhinderung des Weiterverteilers, Elektrizität von Dritten zu beziehen, reduziert sich zwar nicht die Auswahlmöglichkeit der Letztabnehmer. Ihnen ist es unbenommen, den Vertrag mit dem Weiterverteiler zu kündigen und sich von einem Dritten beliefern zu lassen. Dadurch verringert sich dann nur der Gesamtbedarf des Weiterverteilers. Auf dem vorgelagerten Markt der Lieferanten kommt es dagegen zu einer Verringerung der Absatzmöglichkeiten, da der gebundene Weiterverteiler als Abnehmer von Elektrizität von Dritten ausscheidet. Gesamtbedarfsdeckungsklauseln bewirken letztlich eine „Abschottung" des Marktes. Daher erfüllt eine Gesamtbedarfsdeckungsverpflichtung regelmäßig auch § 1 GWB. An dieser Beurteilung ändert sich auch dann nichts, wenn Gesamtbedarfsdeckungsklauseln zwischen zwei Lieferanten oder zwei Weiterverteilern getroffen werden. Letztlich geht es bei derlei Abkommen immer darum, den Wettbewerb zwischen „miteinander im Wettbewerb stehenden Unternehmen" zumindest in bestimmten Gebieten auszuschließen.

(bb) Gebietsschutzklausel

Durch eine einseitige Gebietsschutzklausel verpflichtet sich ein EVU, keine Kunden außerhalb seines Gebiets zu beliefern. Dies ist beispielsweise der Fall, wenn ein Lieferant sich verpflichtet, keine Kunden im Gebiet seines Weiterverteilers zu beliefern oder umgekehrt. Versichern sich die Vertragspartner gegenseitig, keine Kunden im Gebiet des jeweils anderen EVU zu beliefern, handelt es sich um eine zweiseitige Gebietsschutzklausel. Ein solcher Fall liegt vor, wenn sich ein Weiterverteiler verpflichtet, keine Kunden im Gebiet des Lieferanten zu versorgen und der Lieferant zusagt, keine Kunden im Gebiet des Weiterverteilers zu versorgen. Durch die Klauseln soll der Wettbewerb zwischen diesen Unternehmen entweder nur auf dem vor- oder nachgelagerten Markt – im Falle der einseitigen Gebietsschutzklausel – oder sogar auf dem vor- und nachgelagerten Markt – im Falle der zweiseitigen Gebietsschutzklausel – verhindert werden. Da Weiterverteiler und Lieferant zumindest in potentiellem Wettbewerb miteinander stehen, ist hier der Verstoß gegen § 1 GWB offensichtlich.

---

[305] Vgl. *Würzberg/Bartsch*, Sicherung der Ausschließlichkeit, S. 9 ff.

[306] *Köhler* (Fn. 300), S. 61.

(cc) Kundenschutzzusage

Mit Kundenschutzklauseln sichert ein EVU einem anderen EVU zu, Kunden in dessen Absatzgebiet nicht zu versorgen. Die vertragsschließenden EVU können die Kundenschutzzusage auch gegenseitig erklären. Dabei kann sich die Zusage generell auf alle Kunden im Versorgungsgebiet des anderen EVU beziehen, kann jedoch auch auf einzelne (Sondervertrags-) Kunden beschränkt sein. Generelle Kundenschutzklauseln wirken wie Gebietsschutzabreden.[307] Sie bewirken, dass das zusichernde EVU im Gebiet des anderen EVU nicht als Konkurrent auftritt. Somit liegt eine Vereinbarung zwischen miteinander im Wettbewerb stehender Unternehmen vor, die eine Verhinderung des Wettbewerbs bewirkt. Generelle Kundenschutzklauseln fallen daher in den Anwendungsbereich des § 1 GWB.[308] Gleiches gilt grundsätzlich für individuelle Kundenschutzzusagen, da hier der Wettbewerb um diesen einen Kunden ebenfalls verhindert wird.

(dd) Drittbezugsklausel/Klausel über das Verbot der Weiterleitung

Mit Drittbezugsklauseln wird einem Weiterverteiler untersagt, Elektrizität von einem Dritten Lieferanten zu beziehen. Folge daraus ist, dass der Weiterverteiler – abgesehen von etwaiger Eigenerzeugung – seinen Bedarf vollständig bei seinem Lieferanten zu decken hat. Es handelt sich dabei also eigentlich um eine Gesamtbedarfsdeckungsklausel. Klauseln über das Verbot der Weiterleitung verbieten es einem Weiterverteiler, die von seinem Lieferanten erhaltene Elektrizität an Dritte außerhalb seines Gebiets weiterzuleiten. Die Wirkung dieser Klauseln entspricht der der vorerwähnten Klauseln. Daher stellen auch diese Klauseln Vereinbarungen zwischen miteinander im Wettbewerb stehender Unternehmen dar, die eine Verhinderung bzw. Einschränkung des Wettbewerbs bewirken.

(ee) Eigenerzeugungsverbote

Durch Eigenerzeugungsverbote wird weiterverteilenden Unternehmen bzw. dem Abnehmer untersagt, selbst Elektrizität zu erzeugen. Entweder bedeutet dies, dass der Abnehmer vorhandene Kraftwerke nicht einsetzt, sondern stilllegt oder, dass er sich verpflichtet keine Stromerzeugungsanlagen zu bauen. Durch derartige Klauseln wird es einem mit dem Lieferanten im Wettbewerb stehenden Unternehmen verwehrt, u.a. als dessen Konkurrent auf der Anbieterseite aufzutreten. Insoweit stellen Eigenerzeugungsverbote ebenfalls wettbewerbshindernde Abreden dar.

(c) Sachliche Rechtfertigung/Immanenztheorie

Mit Ausnahme der Kundenschutzklauseln – dies aber auch nicht immer – werden sämtliche Klauseln demnach vom Wortlaut des § 1 GWB erfasst.[309] Fraglich ist aber, ob die wettbewerbsbeschränkenden Nebenabreden im Sinne der Immanenztheorie sachlich gerechtfertigt sind und deshalb vom Kartellverbot ausgenommen werden müssen. Nach der Immanenztheorie werden wettbewerbsbeschränkende Vereinbarungen, die unverzichtbar notwendig sind, um einen Vertrag überhaupt abschließen zu können, vom Kartellverbot ausgenommen. Demnach muss es sich bei den

---

[307] *Köhler* (Fn. 300), S. 58.

[308] *Baur* (Fn. 287), Schicksal der Lieferverträge, S. 42.

[309] Vgl. hierzu auch *Baums*, GWB-Novelle und Kartellverbot, ZiP 1998, S. 233 (234).

geschilderten Klauseln um solche handeln, die zur Erreichung des vertraglichen Hauptzwecks sachlich geboten sind.

Sämtliche der oben aufgeführten Wettbewerbsbeschränkungen können nicht als zur Erreichung des kartellrechtsneutralen Hauptzwecks des Vertrages als sachlich geboten angesehen werden. In seinen Entscheidungen „Sole“ und „Druckgussteile“ hat der BGH Ausschließlichkeitszusagen von Lieferanten für zulässig gehalten. Zur Begründung führt der BGH aus, dass die Klauseln letztlich wettbewerbsbelebenden Charakter hätten. Im „Sole“-Fall wäre die Eröffnung eines Badehauses ohne die Ausschließlichkeitsklausel nicht zu erreichen gewesen. Daher habe die Klausel im Interesse einer Erweiterung des Angebots und damit der Begründung von Wettbewerb gelegen und sei deshalb für einen begrenzten Zeitraum hinzunehmen gewesen.

Im „Druckgussteile“-Fall hatten sich die Produzenten besagter Druckgussteile verpflichtet, nicht direkt an den Großabnehmer, sondern immer über das zwischengeschaltete Handelsunternehmen zu liefern. Es lag eine ähnliche Ausschließlichkeitsklausel wie im „Sole“-Fall seitens der Lieferanten vor. Der BGH führte aus, dass das Handelsunternehmen den Kontakt zu dem Großabnehmer unter großen finanziellen Anstrengungen hergestellt hatte. Dem Unternehmen käme es somit zu, aus der Akquisition für sich einen angemessenen Nutzen zu ziehen. Aus diesem Grund war nach Auffassung des BGH die Kundenschutzzusage zur Sicherung des Leistungsaustausches grundsätzlich geboten. Hinzu kam, dass die Klausel den Wettbewerb belebte, da zwischen dem Handelsunternehmen und den Druckgussteile-Herstellern ein Absatzmittlungsverhältnis bestand, in dem über den Warenaustausch hinaus weitere Leistungen erbracht wurden. Absatzmittler beleben den Wettbewerb im Allgemeinen dadurch, dass sie besondere Anstrengungen unternehmen, um die Marktchancen des Herstellers zu fördern. Nach Auffassung des BGH werde ein Absatzmittler die nötigen Investitionen, die dem Hersteller dienten, nur dann aufbringen wollen, wenn sie ihm letztlich zum eigenen Vorteil gereichen.

Im „Bedside-Testkarten“-Fall schließlich hat der BGH die Verpflichtung eines Händlers, sämtliche Vertragswaren ausnahmslos beim Produzenten zu beziehen und Konkurrenzprodukte nicht zu führen, als das Korrelat zur Verpflichtung des Herstellers zu ständiger Lieferbereitschaft angesehen. Der BGH hat hierzu ausgeführt, dass mit der Einstellung des Vertragshändlers dieser an Stelle des Produzenten den Wettbewerb übernehmen solle. Daher dürfe der Hersteller erwarten, dass der Händler kein in Konkurrenz zum Herstellerprodukt stehendes Produkt führe. Vertragliche Verpflichtungen diesbezüglich stünden im Interesse des Wettbewerbs.

Die aufgeführten Gesichtspunkte des BGH lassen sich auf die heutige Energiewirtschaft allerdings nicht (mehr) übertragen. Es kann dahingestellt werden, ob zu Beginn der energiewirtschaftlichen Erschließung Deutschlands einseitige Demarkationszusagen der Energielieferanten, nicht in das Versorgungsgebiet ihrer Abnehmer zu drängen, von Nutzen gewesen sind. Heute ist die Elektrizitätsversorgung in der Bundesrepublik aber flächendeckend gegeben, weshalb es keiner Anreize zur Erschließung von Märkten in diesem Bereich mehr bedarf.[310] Darüber hinaus hat der BGH im „Sole“-Urteil darauf hingewiesen, dass die Ausschließlichkeitsklausel des Lieferanten nur für einen begrenzten Zeitraum hingenommen werden könne. Die abgegrenzten Versorgungsgebiete für Elektrizität haben mittlerweile ein Jahrhundert bestanden. Ein Aufrechterhalten dieses Zustands käme einer unbegrenzten Wettbewerbsbeschränkung gleich und ist somit mit dem BGH abzulehnen. In der leitungsgebundenen Elektrizitätsversorgung ist es auch nicht erforderlich, einem weiterverteilendem Unternehmen als Absatzmittler durch Gebietsschutzabreden oder Kundenschutzklauseln einen Ausgleich dafür zu gewähren, dass sich der Lieferant die Absatzbemühungen des Absatzmittlers zu Nutze macht. Es ist nicht ersichtlich, welche Aufwendungen ein weiterverteilendes Unternehmen für verkaufs- und imagefördernde Maßnahmen haben soll, für die es die Möglichkeit erhalten soll, seine Investitionen ohne Behinderung des Lieferanten wieder zu erwirtschaften. Denn

[310] *Ebel* (Fn. 289), S. 77.

bei Strom handelt es sich um ein homogenes Massengut[311] und um ein Element der Daseinsvorsorge. Zwischen dem Strom des einen oder des anderen Erzeugers besteht in aller Regel hinsichtlich der Qualität oder des Images der Ware kein signifikanter Unterschied.[312] Dem Letztverbraucher, der nur rein theoretisch die Wahl hat, ob er überhaupt Strom beziehen will, ist es in den meisten Fällen letztlich gleich, von wem er den Strom bezieht.[313] Es ist daher – abgesehen vom Preis - nicht erforderlich, dass sich ein Stromhändler auf Strom eines bestimmten Lieferanten konzentriert.[314] Über den bloßen Warenaustausch hinausgehende zusätzliche Leistungen wird ein weiterverteilendes EVU im Gegensatz zu den üblichen Fällen ebenfalls nicht erbringen. Desgleichen dient die Einsetzung eines weiterverteilenden EVU nicht dazu – wie sonst in Fällen der Einsetzung eines Vertragshändlers für Markenartikel –, dem Letztverbraucher ein zusätzliches Angebot zu machen. Vielmehr verhält es sich in den meisten Fällen eher so, dass durch die wettbewerbsbeschränkenden Klauseln dem Letztverbraucher keine andere Wahl gelassen werden soll, von wem er seinen Strom bezieht. Von einer Belebung des Wettbewerbs kann daher nicht gesprochen werden. Das Gegenteil ist vielmehr der Fall. Durch die Aufteilung des Strommarktes nach sachlichen und räumlichen Kriterien werden Dritte daran gehindert, im Gebiet des weiterverteilenden EVU und damit mittelbar im Gebiet des liefernden EVU als Stromversorgungsunternehmen tätig zu werden. Ebenso verhält es sich mit Weiterlieferungsverboten und Gesamtbedarfsdeckungsverpflichtungen. Auch diese Klauseln dienen lediglich der Erschwerung des Marktzutritts für Dritte. Im Hinblick auf die Zielsetzung des GWB sind sie daher grundsätzlich nicht zu rechtfertigen.[315]

Etwas anderes kann jedoch für die individuellen Kundenschutzzusagen gelten. Hier ist es durchaus denkbar, dass ein EVU für die Gewinnung eines Kunden einen erheblichen Aufwand hatte. Dies kommt vor allem bei einem großen Sondervertragskunden in Betracht. In solchen Fällen kann durchaus ein „anzuerkennendes Interesse" bestehen, welches es rechtfertigt, sich durch eine Kundenschutzklausel vor dem Verlust des Kunden zu versichern. Allerdings ist dies vom jeweiligen Einzelfall abhängig. Dabei ist auch zu beachten, dass es auf Grund des eingeführten Wettbewerbs zu einem massiven Wechsel der Kunden zu anderen EVU kommen wird. Gerade große Sondervertragskunden werden versuchen, den für sie günstigsten Anbieter zu finden. Insofern sind an individuelle Kundenschutzklauseln strenge Voraussetzungen zu knüpfen. Dies gilt vor allem hinsichtlich der Laufzeit.[316]

Des Weiteren ergibt sich aus der EG-Richtlinie und ihrer Umsetzung in Form des deutschen Gesetzes zur Neuregelung des Energiewirtschaftsrechts, dass für die o.g. Wettbewerbsbeschränkungen bei wertender Betrachtungsweise im Hinblick auf die Freiheit des Wettbewerbs ein anzuerkennen-

---

[311] *Ebel* (Fn. 289), S. 78; *Köhler* (Fn. 300), S. 52.

[312] LG Mannheim (Fn. 284).

[313] LG Mannheim (Fn. 284).

[314] Hinsichtlich des Images des Stroms können allerdings signifikante Unterschiede auftreten. So ist es denkbar, dass Letztverbraucher Wert darauf legen, dass der Strom aus regenerativen Energieträgern oder aus KWK-Anlagen stammt. Spezialisiert sich ein Weiterverteiler auf den Verkauf derartig erzeugten Stroms, sind Aufwendungen zur Imageförderung denkbar. Eine Tendenz dahingehend kann derzeit durchaus festgestellt werden. So werben einige Anbieter mit Strom aus Wasserkraft (z.B. „Aquapower") oder damit, dass der Verbraucher sich seinen Energie-Mix selbst zusammenstellen kann (z.B. „Mix-Power").

[315] Im Ergebnis LG Mannheim (Fn. 284), *Baur* (Fn. 287), Schicksal der Lieferverträge, S. 41 ff.; *Ebel* (Fn. 289), S. 75 ff.; *Markert* (Fn. 284), S. 3 ff., Markert trennt aber ausdrücklich Gesamtbedarfsdeckungsklauseln einerseits und Vertikale Gebietsschutzabreden andererseits. Während er ausschließliche Bezugsverpflichtungen als Vertikalbeschränkungen in den Anwendungsbereich des § 16 Nr. 2 GWB einordnet, sie aber wegen ihrer Behinderungswirkung zu Wettbewerbern im Hinblick auf die §§ 19, 20 GWB für unwirksam hält, fallen seines Erachtens vertikale Gebietsschutzabreden dagegen unter § 1 GWB und sind demnach ebenfalls unwirksam.

[316] So das LG Düsseldorf Urt. v. 29.09.1999 – 12 O 412/99 -, das befand, dass eine Gesamtbedarfsdeckungsklausel zumindest dann eine unbillige Behinderung bedeutet, wenn die Festlaufzeit des Vertrages mehr als zwei Jahre beträgt. Vgl. darüber hinaus *Köhler* (Fn. 300), S. 59.

des Interesse nicht besteht. Sowohl die EG-Richtlinie (Art. 14) als auch das Neuregelungsgesetz sehen für die EVU ein sog. Unbundling, d.h. eine finanzielle und managementmäßige Trennung von Energieerzeugung oder –handel einerseits und Betrieb der Netze andererseits vor. Die Netze sind als Profit-Center zu führen. Dabei ist die Durchleitung von Strom als grundsätzliches Wettbewerbsmittel vorgesehen. Dem gesetzgeberischen Willen, den Stromwettbewerb um Letztverbraucher zu ermöglichen, würde die Anerkennung von Marktaufteilungen zwischen Erzeugern und Weiterverteilern zuwiderlaufen, denn dies hätte eine Prolongation der bislang praktizierten – kartellrechtlich durch die §§ 103, 103a GWB a.F. auch ausdrücklich anerkannten, nunmehr aber abgeschafften – Marktaufteilung zur Folge. Die gesetzlich erstrebte Liberalisierung des Strommarktes wäre in einem wesentlichen Punkt verhindert.[317]

(d) Freistellung nach § 7 I GWB

Nach § 7 I GWB können Vereinbarungen und Beschlüsse, die unter angemessener Beteiligung der Verbraucher an dem entstehenden Gewinn zu einer Verbesserung der Entwicklung, Erzeugung, Verteilung, Beschaffung, Rücknahme oder Entsorgung von Waren oder Dienstleistungen beitragen, vom Verbot des § 1 freigestellt werden, wenn die Verbesserung von den beteiligten Unternehmen auf andere Weise nicht erreicht werden kann, in einem angemessenen Verhältnis zu der damit verbundenen Wettbewerbsbeschränkung steht und die Wettbewerbsbeschränkung nicht zur Entstehung oder Verstärkung einer marktbeherrschenden Stellung führt.

Die Elektrizitätsversorgung in Deutschland ist flächendeckend und zuverlässig. Jeder Abnehmer kann mit ausreichend Elektrizität versorgt werden. Inwiefern es durch eine Freistellung vom Kartellverbot zu einer Verbesserung der Entwicklung, Erzeugung oder Verteilung der Elektrizität kommen soll, ist daher nicht zu sehen. Ferner hat die Vergangenheit gezeigt, dass es durch wettbewerbsbeschränkende Nebenabreden zu Elektrizitätslieferverträgen nicht zu einer angemessenen Beteiligung der Verbraucher an dem entstehenden Gewinn kommt. Sämtliche wettbewerbsbeschränkenden Nebenabreden zu Elektrizitätslieferverträgen haben bislang den Zweck verfolgt, Wettbewerb auszuschließen. Dies führte letztlich dazu, dass die Abnehmer mangels Auswahlmöglichkeit gezwungen waren, Elektrizität zu jedem Preis abzunehmen, der von dem sie versorgenden Unternehmen verlangt wurde. Seit Einführung des Wettbewerbs sind die Strompreise erheblich gesunken. Für die Zukunft wird mit weiter fallenden Strompreisen gerechnet.[318] Es ist daher schwer vorstellbar, dass durch die Freistellung einer der genannten Klauseln vom Kartellverbot eine angemessene Beteiligung der Verbraucher an den dadurch zu erwartenden Gewinnen erfolgt.

(2) Gebundener Abnehmer ist Letztabnehmer

Die Problematik eines der Durchleitung entgegenstehenden Liefervertrags kann sich auch dann ergeben, wenn der Liefervertrag zwischen einem Lieferanten oder Weiterverteiler und einem Letztabnehmer abgeschlossen wurde und nun der Letztabnehmer per Durchleitung von einem Dritten beliefert werden soll. Letztabnehmer kann ein Sondervertragskunde oder ein privater Tarifkunde sein. Relevant wird das Problem lediglich im Hinblick auf die Sondervertragskunden. Zum einen

---

[317] LG Düsseldorf (Fn. 316); LG Mannheim (Fn. 284).

[318] Vgl. „Strom-Preise fallen 2000 noch stärker", NRZ v. 4. November 1999. Danach rechnet der VIK mit einem Rückgang des Nettopreises je kWh für gewerbliche Kunden von derzeit 10 auf 6 Pf. Für einen privaten Durchschnittshaushalt wird mit einem Rückgang auf 20 Pf. gerechnet. Trotz zwischenzeitlicher Steuererhöhung bedeutete dies eine Reduzierung von 5 Pf. je kWh. Nach einer Mitteilung des VDEW war die Stromrechnung privater Haushalte im April 2000 verglichen mit April 1998 um 14 % niedriger.

werden mit Tarifkunden keine kartellrechtlichen Vereinbarungen, insbesondere keine Gesamtbedarfsdeckungsklauseln vereinbart. Da es dem Tarifkunden um eine stete und sichere Stromversorgung geht, schließt er regelmäßig einen Vertrag mit einem Lieferanten über seinen gesamten Bedarf. Überdies können diese Verträge auch nicht anhand der §§ 1 und 16 GWB überprüft werden, da dem Tarifkunden grundsätzlich die Unternehmenseigenschaft fehlt. Sondervertragskunden kommt dagegen regelmäßig eine Unternehmensqualität zu. Insofern stellt sich bezüglich von Lieferverträgen zwischen Lieferanten und letztabnehmenden Sondervertragskunden die Frage, ob auch hier die o.g. Klauseln zu einer Nichtigkeit des Vertrages führen. Dabei kommt zuletzt nur den Gesamtbedarfsdeckungsklauseln eine besondere Bedeutung zu. Gebietsschutz- und Kundenschutzklauseln werden mit Sondervertragskunden ebenso wie Weiterleitungsverbote regelmäßig nicht vereinbart, selbst wenn der Sonderkunde Eigenerzeugung betreibt.[319] Die rechtliche Überprüfung reduziert sich diesbezüglich auf die Frage, ob eine mit dem Sonderkunden vereinbarte Gesamtbedarfsdeckungsklausel ebenfalls unter § 1 GWB fällt oder lediglich unter § 16 GWB. Auch hier gilt, dass eine Gesamtbedarfsdeckungsklausel grundsätzlich in den Anwendungsbereich des § 16 Nr. 2 GWB fällt. Ebenso ist aber weiter zu prüfen, ob Gesamtbedarfsdeckungsklauseln nicht auch hier eine Verhinderung des Wettbewerbs im Sinne des § 1 GWB bewirken. Voraussetzung für die Anwendung des § 1 GWB ist zunächst, dass Lieferant und Sonderkunde miteinander im Wettbewerb stehen. Ein Wettbewerbsverhältnis und ein Verstoß gegen § 1 GWB auf Grund der Gesamtbedarfsdeckungsklausel wird zum Teil angenommen.[320] Sonderkunde und Lieferant stünden in potentiellem Wettbewerb zueinander. Die Gesamtbedarfsdeckungsklausel bezwecke bzw. bewirke, dass dieser Wettbewerb verhindert würde. Die Einschränkung durch die Gesamtbedarfsdeckungsklausel bewirke, dass der Sonderkunde – losgelöst von der Frage, ob ein Eigenerzeugungsverbot vereinbart wurde – sich nicht selbst ganz oder zumindest zum Teil versorgen kann. Ebenso wäre es ihm verwehrt, mit dem Lieferanten in Wettbewerb um die Abnahme von Strom von einem Dritten einzutreten. Potentieller Wettbewerb läge demnach einmal vor, wenn der Sonderkunde durch Eigenerzeugung als Wettbewerber des Lieferanten um die eigene Versorgung und zum anderen, wenn der Sonderkunde als Wettbewerber des Lieferanten um die Abnahme von Strom von einem Dritten auftreten könnte.

Hiergegen ist aber zunächst einzuwenden, dass der Sonderkunde auf Grund einer Gesamtbedarfsdeckungsklausel nicht gehindert wird, Eigenerzeugung aufzubauen oder zu erweitern. Eine Gesamtbedarfsdeckungsklausel zielt darauf ab, den gesamten Bedarf eines Kunden zu decken. Die Höhe des Bedarfs hängt vom Verhalten des Verbrauchers ab. Mittels Eigenerzeugung kann der Sonderkunde die Höhe seines Bedarfs bestimmen. Baut er seine Eigenerzeugung auf bzw. aus, so verringert sich sein Bedarf, Strom von Dritten beziehen zu müssen. Durch Selbstversorgung tritt der Sonderkunde aber nicht in Wettbewerb mit Dritten ein. Er tritt auf der Anbieterseite von Strom ersichtlich nicht auf.[321]

Überdies ist fraglich, ob Sonderkunde und Lieferant tatsächlich in Wettbewerb miteinander stehen. Dabei gilt, dass es zur Erfüllung dieses Tatbestandsmerkmals ausreicht, wenn zwischen den Unternehmen lediglich ein potentielles Wettbewerbsverhältnis besteht. Unter dem Begriff potentieller Wettbewerb ist jedoch nicht zu verstehen, dass Wettbewerb nur irgendwie denkbar sein muss. Potentieller Wettbewerb liegt vielmehr nur dann vor, wenn die Tätigkeit der Unternehmen auf demselben sachlich relevanten Markt kaufmännisch sinnvoll und möglich ist.[322] Dies wäre dann gegeben, wenn der Sonderkunde von der Ausrichtung seines Betriebs her in der Lage wäre, als

---

[319] Sollte dies dennoch einmal der Fall sein, beurteilt sich die Wirksamkeit dieser Klauseln nach denselben Grundsätzen wie sie im Folgenden für die Gesamtbedarfsdeckungsklausel erarbeitet werden.

[320] *Lukes* (Fn. 293), S. 9.

[321] *Böwing/Rosin* (Fn. 292), S. 250.

[322] BGH Urt. v. 13. Dezember 1993 BGH WuW/E BGH 2050 = BB 1984, 364; *Bechtold*, Kommentar zum GWB, 2. Aufl., 1999, Rn. 21.

Anbieter von Strom auf dem Markt aufzutreten. Ob eine solche Möglichkeit gegeben ist, muss im jeweiligen Einzelfall überprüft werden. Meist wird ein Eintritt in den Strommarkt jedoch nicht sinnvoll oder möglich sein, da die Sonderkunden in gänzlich anderen Sparten als der Energieversorgung arbeiten. In vielen Fällen werden sie überdies nicht in der Lage sein, Erzeugungsanlagen aufzubauen, die eine Teilnahme am Wettbewerb lohnend machten. Liegt die Voraussetzung des potentiellen Wettbewerbs nicht vor, so ist eine Gesamtbedarfsdeckungsklausel denknotwendigerweise auch nicht geeignet diesen (nicht gegebenen) Wettbewerb zu beschränken oder zu verhindern. Eine Nichtigkeit gem. § 1 GWB kommt dann nicht in Betracht. Liegen die Voraussetzungen für einen potentiellen Wettbewerb dagegen (ausnahmsweise) vor, so beurteilt sich die Wirksamkeit der Klausel nach den bereits dargestellten Grundsätzen. Denn dann dienen auch sie dazu, Wettbewerb zu verhindern, da der Letztabnehmer nicht als Nachfrager auf dem Markt auftreten kann. Insofern kann auf die Ausführungen hinsichtlich der Problematik, dass der Abnehmer Weiterverteiler ist, verwiesen werden. Grundsätzlich werden Gesamtbedarfsdeckungsklauseln in Verträgen mit Sonderkunden allerdings „nur" in den Anwendungsfall des § 16 Nr. 2 GWB fallen.[323]

bb) Beurteilung nach Gemeinschaftsrecht

Auch unter europarechtlichen Gesichtspunkten begegnen o.g. Wettbewerbsbeschränkungen Bedenken. Insbesondere kommen hier die Normen der Art. 81 und 82 des EG-Vertrages (EGV) in Betracht.[324]

(1) Elektrizitätslieferverträge und Kartellverbot gem. § 81 EGV

Nach Art. 81 I EGV sind alle Vereinbarungen zwischen Unternehmen, welche den Handel zwischen Mitgliedstaaten zu beeinträchtigen geeignet sind und eine Verhinderung des Wettbewerbs innerhalb des Gemeinsamen Markts bezwecken oder bewirken, mit dem Gemeinsamen Markt unvereinbar und verboten.

(a) Voraussetzungen des Verbots

Das Kartellverbot erfasst nur Unternehmen. Mit dem Tatbestandsmerkmal „Unternehmen" ist jede eine wirtschaftliche Tätigkeit ausübende Einheit gemeint.[325] Dabei kommt es weder darauf an, ob es sich um ein privates oder öffentliches Unternehmen handelt noch darauf, welche Rechtsform das Unternehmen hat. Daraus ergibt sich schon, dass insoweit Verträge mit Privatabnehmern, die eine Unternehmensqualität nicht aufweisen, nicht unter das Verbot des Art. 81 EGV fallen können. Die Vertragsbeteiligten an den hier interessierenden Elektrizitätslieferverträgen zwischen Lieferanten und Weiterverteilern dürften dagegen regelmäßig die Unternehmenseigenschaft erfüllen.

---

[323] *Böwing/Rosin* (Fn. 292), S. 250; für die „über den Grundsatz zivilrechtlicher Verbindlichkeit hinausgehende Wirkung von Gesamtbedarfsdeckungsklauseln" ebenso *Büdenbender* (Fn. 283), Gesamtbedarfsdeckungsklauseln, S. 369 ff.

[324] Die Nummerierung der Normen wurde durch den Amsterdamer Vertrag geändert. Art. 81, 82 EGV entsprechen den ehemaligen Art. 85 und 86 EGV.

[325] vgl. nur *Langen/Bunte*, Kommentar zum deutschen und europäischen Kartellrecht, Band 1, 9. Auflage,1998 Art. 81 Rn. 5.

Die Unternehmen müssen eine Vereinbarung getroffen haben. Der Vereinbarungsbegriff ist weit auszulegen.[326] Eine Vereinbarung ist jede Verständigung von Unternehmen über eine wettbewerbsbeschränkende Praxis.[327] Zur Erfüllung des Tatbestandsmerkmals genügt jede Willenseinigung. Elektrizitätslieferverträge sind demnach eindeutig Vereinbarungen.

Das Kartellverbot verlangt weiterhin, dass die Vereinbarung von Unternehmen eine Wettbewerbsbeschränkung bewirkt bzw. bezweckt. Was unter einer Wettbewerbsbeschränkung zu verstehen ist, wird vom EGV nicht beschrieben. Aus dem Begriff der Wettbewerbsbeschränkung ergibt sich jedoch, dass der Kernpunkt der Wettbewerbsbeschränkung in der Einschränkung der wirtschaftlichen Handlungsfreiheit der an einer Vereinbarung beteiligten Unternehmen besteht. Nicht jede Wettbewerbsbeschränkung wird vom Kartellverbot umfasst; sie muss vielmehr spürbar sein. Mit der „De-minimis-Bekanntmachung" in der Fassung vom Dezember 1997 hat die Kommission ihre Auffassung mitgeteilt, dass horizontale Vereinbarungen nicht unter das Kartellverbot fallen, wenn die von den beteiligten Vertragspartnern insgesamt gehaltenen Marktanteile auf keinem der betroffenen Märkte eine Schwelle von 5 % überschreitet. Eine Spürbarkeit nimmt die Kommission bei vertikalen Vereinbarungen erst bei einem Marktanteil von 10 % an. Es erscheint nicht ausgeschlossen, dass die Kommission auf Grund der Konstellation des Elektrizitätsmarkts ebenfalls von einer Schwelle von 5 % ausgehen wird. Dabei ist jedoch zu beachten, dass die „De-minimis-Bekanntmachung" keine Anwendung findet, „wenn der Wettbewerb auf dem relevanten Markt durch die kumulativen Auswirkungen nebeneinander bestehender Netze gleichartiger Vereinbarungen beschränkt wird, die von mehreren Herstellern oder Händlern errichtet worden sind."[328]

Als weitere Voraussetzung verlangt das Kartellverbot, dass die wettbewerbsbeschränkende Vereinbarung der Unternehmen geeignet ist, den Handel zwischen den Mitgliedstaaten zu beeinträchtigen. Zur Erfüllung der Zwischenstaatlichkeit reicht es aus, dass sich anhand einer Gesamtheit objektiver, rechtlicher oder tatsächlicher Umstände mit hinreichender Wahrscheinlichkeit voraussehen lässt, dass die Vereinbarung unmittelbar oder mittelbar, tatsächlich oder der Möglichkeit nach, den Handel zwischen Mitgliedstaaten beeinflussen kann.[329] Gemeinschaftsrechtliche Relevanz kommt den Wettbewerbsbeschränkungen jedoch nur dann zu, wenn sie geeignet sind, den Handel zwischen den Mitgliedstaaten spürbar zu beeinflussen. Durch dieses Erfordernis sollen Bagatellfälle ausgesondert werden.[330] Häufig wird nicht schon anhand eines einzelnen Vertrags eine spürbare Beeinträchtigung feststellbar sein. Eine spürbare Beeinträchtigung des zwischenstaatlichen Handels kann ein einzelner Vertrag aber auch dadurch bewirken, dass er Teil eines umfassenden Vertragskomplexes ist, der in seiner Gesamtheit geeignet ist, den Binnenmarkt spürbar zu beeinflussen (sog. Bündeltheorie[331]). Nach der Bündeltheorie kann die Spürbarkeit der hier untersuchten Klauseln auch dann gegeben sein, wenn der einzelne Vertrag zwar keine spürbare Beeinträchtigung zeitigt. Wenn aber – wie üblich - noch zahlreichen weiteren belieferten Weiterverteilern gleichartige Bedingungen auferlegt sind, kann eine spürbare Beeinträchtigung vorliegen.[332]

---

[326] *Geiger*, EG-Vertrag, 2. Auflage 1995, § 85 Rn. 18.

[327] vgl. zum Begriff der Vereinbarung nur *Langen/Bunte* (Fn. 325), Art. 81 Rn. 17 ff.

[328] Ziffer 18 der „De-minimis-Bekanntmachung" vom 09. Dezember 1997.

[329] EuGH „Maschinenbau Ulm", Urt. v. 30.6.1966, Slg. 1966, 281 (303).

[330] *Immenga/Mestmäcker*, EG-Wettbewerbsrecht, Bd. I, München 1997, S. 59 m.w.N.

[331] EuGH „de Haecht", Urt. v. 12.12.1967, Slg. 1967, 544 (555); EuGH „Delimitis", Urt. v. 28.2.1991; Slg. 1991 I, 935, Rn. 19-27; EuGH „Almelo", Urt. v. 27.4.1997, Slg. 1994 I, 1477 Rn. 37-39 = RdE 1994, 185.

[332] EuGH „Almelo" (Fn. 331), Rn. 37. Vgl. auch: BKartA WuW/E BKartA 2859 (2867); BKartA WuW/E BKartA 2648 (2654).

(b) Freistellung vom Verbot

Liegen die Tatbestandvoraussetzungen des Art. 81 EGV vor, handelt es sich also um eine Vereinbarung zwischen Unternehmen, die den Handel zwischen Mitgliedstaaten beeinträchtigt, ist die Vereinbarung mit dem Gemeinsamen Markt unvereinbar und daher verboten. Es bleibt aber zu fragen, ob nicht eine Freistellung vom Kartellverbot möglich ist. Über eine Freistellung kann allein die Kommission entscheiden. Entweder kann dies auf Antrag eines Unternehmens geschehen (sog. Einzelfreistellung) oder im Wege eine abstrakt-generellen Verordnung für gewisse Gruppen von Vereinbarungen (sog. Gruppenfreistellungsverordnungen). Allen Freistellungen ist gemein, dass das Kartell erstens der Verbesserung der Warenerzeugung oder –verteilung oder der Förderung des technischen oder wirtschaftlichen Fortschritts dienen muss. Zweitens müssen die Verbraucher angemessen an dem Gewinn beteiligt werden, den die an der wettbewerbsbeschränkenden Maßnahme beteiligten Unternehmen eben durch die Maßnahme erlangen. Dritte Voraussetzung ist, dass den beteiligten Unternehmen keine Beschränkungen auferlegt werden dürfen, die für die Erreichung des Ziels nicht zwingend erforderlich sind. Viertens und letztens darf den Beteiligten keine Möglichkeit gegeben werden, für einen wesentlichen Teil der betreffenden Waren den Wettbewerb auszuschalten.[333]

Auf Antrag eines Unternehmens kann die Kommission unter vorerwähnten allgemeinen Voraussetzungen eine Einzelfreistellung erteilen. Bezüglich von Ausschließlichkeitsbindungen in Elektrizitätslieferverträgen hat die Kommission von dieser Möglichkeit bereits Gebrauch gemacht.[334] Die bisher geübte Praxis der Kommission lässt erkennen, dass ausnahmsweise Verträge mit Laufzeiten von 10 bis 15 Jahren vom Kartellverbot des Art. 81 I EGV freigestellt werden können. So hat die Kommission, nachdem sie erwägt hatte, gegen eine vertragliche Absicherung einer 20 bis 30-jährigen Alleinversorgung durch den belgischen Stromproduzenten und –lieferanten „Electrabel" einzuschreiten, die Prüfung des Verfahrens ausgesetzt, als die Alleinversorgerklausel bis 2006 bzw. 2011 begrenzt wurde.[335] Darüber hinaus gibt es noch weitere Entscheidungen und Bekanntmachungen der Kommission zu Energielieferverträgen, in denen sie Ausschließlichkeitsklauseln mit einer Laufzeit bis zu 15 Jahren als mit Art. 81 I EGV konform angesehen hat.[336] Insgesamt sollten mit sämtlichen Ausnahmeentscheidungen der Kommission ein hoher Investitionsaufwand geschützt werden. Als Grundgedanke der Kommission kann daher festgehalten werden, dass Wettbewerbsbeschränkungen, die dem Unternehmen die Amortisation der Investitionskosten ermöglichen, desto eher vertretbar sind, je höher die zur Markterschließung erforderlichen Investitionen sind.

Die Anzahl von Einzelfreistellungen ist marginal. Mehrheitlich erfolgen Freistellungen vom Kartellverbot über die Gruppenfreistellungsverordnungen. Im hiesigen Zusammenhang kommen die Gruppenfreistellungsverordnung Nr. 1983/83 (GVO 1983/83), sog. Alleinvertriebsvereinbarung, und die GVO 1984/83, sog. Alleinbezugsvereinbarung, in Betracht. Nach der GVO 1983/83 sind den zwischenstaatlichen Handel beeinträchtigende Vereinbarungen von Unternehmen vom Kartellverbot freigestellt, wenn an der Vereinbarung lediglich zwei Unternehmen beteiligt sind, und in denen sich der eine Vertragspartner dem anderen gegenüber verpflichtet, zum Zwecke des Weiterverkaufs im Gesamtgebiet oder in einem abgegrenzten Teilgebiet der Gemeinschaft gewisse Waren nur an ihn zu liefern. Zu beachten ist dabei, dass gem. Art. 2 II c) GVO 1983/83 nur der aktive, nicht aber der passive Wettbewerb ausgeschlossen werden kann. D.h., dass das verpflichtete Unter-

---

[333] Zu den materiell-rechtlichen Voraussetzungen der Freistellungsfähigkeit vgl. im Einzelnen *Gleiss/Hirsch*, Kommentar zum EG-Kartellrecht, Band 1, 4. Auflage, § 85 (3) EGV Rn. 1851 ff.; *Langen/Bunte* (Fn. 325), Art. 81 Rn. 149 ff..

[334] Vgl. Kommission „Scottish Nuclear", Abl. Nr. L 178/31 vom 6.7.1991, S. 112 ff.

[335] Bis 2006 handelt es sich um eine 100 %-ige Alleinversorgung. Bis 2011 muss die Versorgung auf 75 % reduziert werden. Vgl. 27. Bericht über die Wettbewerbspolitik der Europäischen Kommission 1997, SEK (98) 636, S. 36 f.

[336] Scholz (Fn. 289), S. 210 f. m.w.N. in Fn. 12.

nehmen nicht von sich aus Kunden akquirieren darf. Geht die Geschäftsanbahnung dagegen von der Kundenseite aus, so kann es dem Abnehmer nicht verboten werden, den Kunden zu beliefern.

Die GVO 1984/83 gilt dagegen gem. Art. 1 GVO 1984/83 für Vereinbarungen, an denen nur zwei Unternehmen beteiligt sind und in denen sich ein Vertragspartner, der Weiterverkäufer, gegenüber dem anderen Vertragspartner, dem Lieferanten, verpflichtet, zum Zwecke des Weiterverkaufs bestimmte im Vertrag genannte Waren nur vom Lieferanten, von einem mit dem Lieferanten verbündeten Unternehmen oder von einem sonstigen Unternehmen zu beziehen, das der Lieferant mit dem Vertrieb seiner Waren betraut hat. Eine Gruppenfreistellung kommt zum einen derzeit nur bei Verträgen mit Weiterverkäufern in Betracht. Zum anderen darf gem. Art. 3 d) GVO 1984/83 die Laufzeit einer solchen Vereinbarung nicht mehr als 5 Jahre betragen. Sind daher Elektrizitätslieferverträge mit Letztverbrauchern abgeschlossen und/oder übersteigen sie eine Laufzeit von 5 Jahren, so kommt allenfalls eine Einzelfreistellung in Betracht.

Grundsätzlich ist die Anwendung der GVOs auf Elektrizitätslieferverträge umstritten. Nach ihrem Wortlaut beziehen sich beide GVOs auf Vereinbarungen über „Waren“. Dienstleistungen fallen nicht unter die Verordnungen. Die Anwendbarkeit der GVOs hängt damit entscheidend davon ab, ob Elektrizität als Ware im Sinne der GVOs qualifiziert werden kann. Eine Auseinandersetzung mit diesem umstrittenen Thema soll in dieser Arbeit nicht erfolgen. Festzuhalten bleibt daher, dass Freistellungen vom Kartellverbot auf Grund der GVO 1983/83 und der GVO 1984/83 nur möglich sind, wenn Elektrizität als „Ware“ angesehen wird. Selbst wenn dies angenommen wird, kann im Falle der GVO 1983/83 nur der aktive, nicht aber der passive Wettbewerb ausgeschlossen werden. Alleinbezugsvereinbarungen können gem. GVO 1984/83 nur freigestellt werden, wenn sie mit einem Weiterverteiler und nicht für einen längeren Zeitraum als 5 Jahre abgeschlossen worden sind.

(2) Elektrizitätslieferverträge und Missbrauchsverbot gem. Art. 82 EGV

Gem. Art. 82 EGV ist die missbräuchliche Ausnutzung einer beherrschenden Stellung auf dem Gemeinsamen Markt oder auf einem wesentlichen Teil desselben durch ein oder mehrere Unternehmen mit dem Gemeinsamen Markt unvereinbar und verboten, soweit dies dazu führen kann, den Handel zwischen den Mitgliedstaaten zu beeinträchtigen.

(a) Marktbeherrschung

Zunächst müsste ein Unternehmen auf dem sachlich und räumlich relevanten Markt beherrschend sein. Auch insoweit scheitert eine Überprüfung von Verträgen mit Privatkunden. Als räumlich relevanter Markt wurde unter Geltung des § 103 GWB das jeweilige Versorgungsgebiet eines Unternehmens angesehen. Nachdem die geschlossenen Versorgungsgebiete wegen der Energierechtsnovelle nicht mehr bestehen, ist fraglich, ob nicht ein bundesweiter Markt zu Grunde gelegt werden muss. Entscheidend ist nämlich der Wettbewerbsmarkt. Als sachlich relevanten Markt sieht die Europäische Kommission die jeweilige Stromverteilungsebene an. Insofern gibt es als sachlich relevanten Markt den Verteilermarkt für Großstromerzeuger, den Markt der Weiterverteiler und den Letztverbrauchermarkt.

Auf dem jeweils relevanten Markt muss ein Unternehmen über eine beherrschende Stellung verfügen. Eine marktbeherrschende Stellung wird an verschiedenen Kriterien festgemacht. Insbesondere ist die Marktstruktur sowie der Marktanteil des Unternehmens heranzuziehen. Eine marktbeherrschende Stellung liegt danach jedenfalls dann vor, wenn das Unternehmen einen Marktanteil von 100 % hat. In der Vergangenheit waren EVU in ihrem Versorgungsgebiet Alleinanbieter. Eine marktbeherrschende Stellung lag mithin grundsätzlich vor. Eine beherrschende Stellung auf dem Gemeinsamen Markt ergab sich daraus nicht zwangsläufig. Zumindest jedoch für die Verbundunternehmen und die größeren Regionalunternehmen kann auf Grund ihres Marktanteils eine marktbeherrschende Stellung auf einem wesentlichen Teil des Gemeinsamen Markts nicht von vornherein ausgeschlossen werden.

Mit Fortschreiten des Wettbewerbs und der Liberalisierung des europäischen Elektrizitätsmarkts wächst der räumlich relevante Markt. Hierdurch sinkt der Marktanteil der einzelnen Unternehmen. Eine Marktbeherrschung eines Unternehmens kann zukünftig daher nur durch eine genaue Betrachtung dieses Unternehmens eruiert werden.

(b) Missbrauch

Die marktbeherrschende Stellung müsste missbräuchlich ausgenutzt werden. Unter einer missbräuchlichen Ausnutzung werden Verhaltensweisen verstanden, welche die Struktur eines Marktes beeinflussen können, auf dem der Wettbewerb gerade wegen der Anwesenheit des fraglichen Unternehmens bereits geschwächt ist, und welche die Aufrechterhaltung des auf dem Markt noch bestehenden Wettbewerbs oder dessen Entwicklung durch die Verwendung von Mitteln behindern, die von Mitteln eines normalen Produkt- oder Dienstleistungswettbewerbs auf der Grundlage der Leistungen der Marktbürger abweichen. Von einem marktbeherrschenden Unternehmen auferlegte Ausschließlichkeitsbindungen hat der Europäische Gerichtshof[337] bislang ausnahmslos als missbräuchliche Ausnutzung qualifiziert. Daraus kann jedoch keine Allgemeingültigkeit abgeleitet werden. So hat der Gerichtshof beispielsweise in der „Electrabel"-Entscheidung keinen Verstoß gegen Art. 82 EGV angenommen.[338]

(3) Ausschluss der Anwendbarkeit der Art. 81, 82 EGV gem. Art. 86 II EGV

Nach Art. 86 II n.F. (Art. 90 II EGV a.F.) gelten u.a. die Art. 81 und 82 EGV für Unternehmen, die mit Dienstleistungen von allgemeinem wirtschaftlichem Interesse betraut sind, nur dann, soweit die Anwendung dieser Vorschriften nicht die Erfüllung der ihnen übertragenen besonderen Aufgabe rechtlich oder tatsächlich verhindert. Die Entwicklung des Handelsverkehrs darf nicht in einem Ausmaß beeinträchtigt werden, das dem Interesse der Gemeinschaft zuwiderläuft.

Art. 86 II EGV schließt die Anwendung der Art. 81, 82 EGV nicht aus. Dabei kann die Frage offen bleiben, ob die deutschen Stromversorger bei der Belieferung von Weiterverteilern und gewerblichen Großverbrauchern als mit einer Dienstleistung von allgemeinem wirtschaftlichen Interesse betraut anzusehen sind. Denn selbst wenn die deutschen Stromversorger als mit einer Dienstleistung von allgemeinem wirtschaftlichen Interesse betraut anzusehen wären, ist nicht ersichtlich, inwiefern eine Erforderlichkeit besteht, die Wettbewerbsregeln wegen dieser Aufgabe für diese Unternehmen auszuschließen. Denn nach der Zielsetzung der RL 96/92/EG soll die Versorgung nunmehr in einem liberalisierten Markt stattfinden, der den Ausschluss von Wettbewerb gerade vermeiden soll. Das „Interesse der Gemeinschaft" liegt in einer möglichst weit gehenden Öffnung des europäischen Elektrizitätsmarkts. Wettbewerbsbeschränkende Nebenabreden widersprechen diesem Interesse

[337] EuGH „Almelo" (Fn. 331), Rn. 44. Kritisch sowohl zum Vorliegen einer marktbeherrschenden Stellung als auch zur missbräuchlichen Ausnutzung derselben *Scholz* (Fn. 289), S. 211 ff.

[338] Vgl. 27. Bericht über die Wettbewerbspolitik der Europäischen Kommission 1997 (Fn. 335).

jedoch in schwer wiegender Weise.[339] Ein Ausschluss der Anwendbarkeit kommt mithin nicht in Betracht.

(4) Auswirkungen auf die wettbewerbsbeschränkenden Nebenabreden

Sämtliche wettbewerbsbeschränkenden Nebenabreden zu Elektrizitätslieferverträgen fallen unter das Kartellverbot des Art. 81 EGV. Hinsichtlich ihrer wettbewerbsbeschränkenden Wirkung kann auf die Ausführungen bei der Beurteilung nach dem deutschen Kartellrecht verwiesen werden. Dadurch wird auch der zwischenstaatliche Handel beeinträchtigt, da die Möglichkeit, Kunden zu beliefern, durch die Klauseln auch für ausländische Unternehmen verwehrt wird. Die Wettbewerbsbeschränkung ist in aller Regel auch spürbar, da üblicherweise noch zahlreichen anderen belieferten Weiterverteilern gleichartige Bedingungen auferlegt sind.[340] Ob eine Freistellung vom Verbot nach den GVO 1983/83 bzw. 1984/83 in Frage kommt hängt vor allem davon ab, ob Strom als Ware i.S.d. GVOs bezeichnet werden kann. Einzelfreistellungen auf Antrag eines Unternehmens sind unabhängig davon immer möglich. Die Klauseln werden regelmäßig auch unter das Missbrauchsverbot gem. Art. 82 EGV fallen. Dessen Anwendung wird nicht durch Art. 86 II EGV ausgeschlossen, da jedenfalls kein gemeinschaftliches Interesse an einer Abschottung von Versorgungsgebieten besteht. Hinsichtlich des Missbrauchsverbots gilt zu klären, ob die betreffenden Unternehmen marktbeherrschend sind. Diesbezüglich ist in jedem Einzelfall in Zukunft eine Bewertung durchzuführen. Wegen des sich vergrößernden Elektrizitätsmarkts auf Grund der Liberalisierung des europäischen Marktes erscheint es fraglich, dass weiterhin die Versorgungsgebiete der EVU als räumlich relevanter Markt angesehen werden. Auch nach dem Gemeinschaftsrecht dürften die wettbewerbsbeschränkenden Nebenabreden zu Elektrizitätslieferverträgen grundsätzlich unwirksam sein.

cc) Auswirkungen auf den Restvertrag

Trotz Unwirksamkeit der wettbewerbsbeschränkenden Klauseln, folgt daraus nicht zwingend auch die Unwirksamkeit des Gesamtvertrags. Die zivilrechtliche Sanktion bei einem Verstoß gegen das Kartellverbot ergibt sich aus den allgemeinen Vorschriften.[341] Insofern sind die Regelungen der §§ 134 und 139 BGB von Interesse. Nach § 134 BGB ist ein Vertrag nichtig, wenn er gegen ein gesetzliches Verbot verstößt. Kartellrechtlich nichtig ist ein Vertrag, hier ein Elektrizitätsliefervertrag, aber nur in dem Umfang, in dem er die Merkmale des § 1 GWB erfüllt. Alle übrigen Bestimmungen des Elektrizitätsvertrags werden von der Rechtsfolge der Nichtigkeit nicht erfasst.[342] Unwirksam gem. § 1 GWB ist daher nur der Teil der Vereinbarung, der gegen § 1 GWB verstößt.[343] Im hiesigen Zusammenhang bedeutet das, dass nur die wettbewerbsbeschränkenden Nebenabreden zu den Elektrizitätslieferverträgen nichtig sind. Der übrige Vertrag bleibt grundsätzlich wirksam. Es

[339] *Markert* (Fn. 284), S. 6.

[340] *Markert* (Fn. 284), S. 6.

[341] Vgl. BT-Drs. 13/9720, S. 46.

[342] *Immenga/Mestmäcker*, GWB, 2. Aufl. 1992, § 1 Rn. 397; *Kunth/Slabschi*; Zu den Folgen nichtiger Gebietsschutzabreden in Energielieferverträgen, S. 174 ff. (175); *Langen/Bunte* (Fn. 325), § 1 Rn. 129, alle bereits schon zur alten Rechtslage.

[343] *Pohlmann*, Energierechtsnovelle und Stromlieferungsverträge, 1997, S. 117 (134); *Recknagel/Pardemann*, Zu den Auswirkungen des Wegfalls des § 103 GWB auf Energielieferverträge zwischen EVU, S. 101 (108).

liegt ein Fall der Teilnichtigkeit vor.[344] Ob die Teilnichtigkeit letztlich zur Gesamtnichtigkeit des Vertrags führt, beurteilt sich anhand von zwei Kriterien. Zum einen ist der Vertrag darauf zu überprüfen, ob er salvatorische Klauseln oder Wirtschaftsklauseln enthält. Ist dies nicht der Fall, kommt die dispositive[345] Vorschrift des § 139 BGB zur Anwendung, wonach das ganze Rechtsgeschäft nichtig ist, wenn ein Teil desselben nichtig ist und nicht anzunehmen ist, dass es auch ohne diesen Teil vorgenommen sein würde.

(1) Regelung des § 139 BGB

Sind in dem Vertrag keine salvatorischen Klauseln und auch keine Wirtschaftsklauseln enthalten, ist die Auswirkung der Teilnichtigkeit auf den Gesamtvertrag anhand des § 139 BGB zu prüfen. In der Regel sieht § 139 BGB bei Teilnichtigkeit einer Regelung die Gesamtnichtigkeit des Vertrages als Folge vor. Als Bekenntnis zur Privatautonomie, also zur vorrangigen Anerkennung des Parteiwillens,[346] erfährt dieser Grundsatz aber dann eine Ausnahme, wenn anzunehmen ist, dass der Vertrag auch ohne den nichtigen Teil vorgenommen sein würde. Dies setzt gem. § 139 BGB zunächst voraus, dass der nichtige Teil des Vertrags vom Restvertrag getrennt werden kann, so dass noch ein aufrechterhaltungsfähiger Vertragsrest übrig bleibt.[347] Ein Vertrag kann grundsätzlich dann aufrechterhalten werden, wenn die Teilnichtigkeit nicht die essentialia negotii des Vertrags betrifft. Solange die Vertragspartner sowie Leistung und Gegenleistung hinreichend bestimmbar sind, kann der Restvertrag daher aufrechterhalten werden. Die essentialia negotii eines Elektrizitätsliefervertrags umfassen – neben den Vertragsschließenden – die hinreichend bestimmte Menge an zu liefernder Elektrizität und die Gegenleistung hierfür; der zu zahlende Preis. Gebietsschutzklauseln und Kundenklauseln sowie Weiterleitungs- und Eigenerzeugungsverbotsklauseln beziehen sich nicht unmittelbar auf Leistung und Gegenleistung eines Elektrizitätsliefervertrags. Ihre Nichtigkeit bewirkt daher in aller Regel nicht die Nichtigkeit des gesamten Vertrags. Sie sind abtrennbar. Anders verhält es sich dagegen bei Gesamtbedarfsdeckungsklauseln. Mit einer Gesamtbedarfsdeckungsklauseln wird die vom Lieferanten zu erbringende Leistung bestimmt. Denn die Verpflichtung des Weiterverteilers, seinen gesamten Strom bei seinem Lieferanten zu beziehen, bedeutet umgekehrt, dass der Lieferant den jeweils benötigten Bedarf seines Kunden liefern muss. Aus der Nichtigkeit von Gesamtbedarfsdeckungsklauseln folgt dann aber, dass die Leistung des Vertrags nicht mehr ausreichend bestimmt ist. Damit entfällt aber ein notwendiger Bestandteil des Elektrizitätsliefervertrags. Eine „geltungserhaltende Reduktion" des Umfangs der Leistung kommt ebenfalls nicht in Betracht, denn sie würde den Vertrag nicht aufrechterhalten, sondern im Ganzen ändern.[348] Daher folgt aus der Teilnichtigkeit der Gesamtbedarfsdeckungsklausel auch die Gesamtnichtigkeit des Elektrizitätsliefervertrags. Auf den „hypothetischen Parteiwillen" kommt es hierbei nicht an.

Die übrigen wettbewerbsbeschränkenden Nebenabreden berühren die essentialia negotii nicht unmittelbar. Dennoch führt ihre Nichtigkeit regelmäßig zur Gesamtnichtigkeit des Liefervertrags, es sei denn, es ist anzunehmen ist, dass die Parteien den Elektrizitätsliefervertrags auch ohne den

---

[344] *Baur* (Fn. 287), Schicksal der Lieferverträge, S. 42 f.; *Kunth/Slabschi* (Fn. 342), S. 175; *Schnorbus*, Die Konzessions- und Demarkationsverträge der Versorgungswirtschaft, DZWir 1998, S. 137 (146).

[345] Vgl. BGH Urt. v. 31. Januar 1997 = BB 1997, 646 (647) m.w.N.; *Kunth/Slabschi* (Fn. 342), S. 175.

[346] BGH Urt. v. 05. Juni 1989 BGHZ 107, 351 (355); *Flume*, AT, Bd. II, § 32, 5; Palandt-*Heinrichs* (Fn. 286), § 139 Rn. 1.

[347] Palandt-*Heinrichs* (Fn. 286), § 139 Rn. 10; *Larenz*, BGB AT, 1989, § 45 Rn. 13; *Roth* in Staudinger, Kommentar zum BGB, 13. Bearbeitung, § 139 Rn. 60; *Medicus*, BGB AT, 7. Aufl. 1997, § 35 Rn. 505 f.; *Kühne* (Fn. 289), S. 8.

[348] *Medicus* (Fn. 347), § 35 Rn. 505; Vgl. hierzu auch BGH (Fn. 346) BGHZ 107, 351 (358): „Es ist nicht Aufgabe des Richters, für die Parteien an Stelle des sittenwidrigen Rechtsgeschäfts eine Vertragsgestaltung zu finden, die den beiderseitigen Interessen gerecht wird und die Folgen der Sittenwidrigkeit vermeidet...".

nichtigen Teil abgeschlossen hätten. Hierzu ist der „hypothetische Parteiwille“[349] zu ermitteln. Der mutmaßliche Parteiwillen ist nach den gleichen Grundsätzen zu ermitteln, die für die ergänzende Vertragsauslegung gelten. Die entscheidende Frage ist daher, welche Entscheidung die Vertragsparteien in Kenntnis der Teilnichtigkeit nach Treu und Glauben und unter Berücksichtigung der Verkehrssitte getroffen hätten.[350] Regelmäßig ist somit das objektiv Vernünftige als Parteiwille anzunehmen.[351] In der Literatur ist insoweit strittig, ob der mutmaßliche Parteiwille bei Energielieferverträgen, die nichtige wettbewerbsbeschränkende Klauseln enthalten, eher darauf schließen lässt, dass der Vertrag dennoch vorgenommen sein würde[352] oder ob die nichtigen wettbewerbsbeschränkenden Klauseln für die Vertragsparteien derart wesentlich waren, dass sie ohne die Klauseln den Vertrag nicht vorgenommen hätten.[353]

Gegen eine Gesamtnichtigkeit des Elektrizitätsliefervertrags wird vorgebracht, dass zum Zeitpunkt des Abschlusses des Vertrages auf Grund der geschlossenen Versorgungsgebiete dem Weiterverteiler gar keine andere Möglichkeit gegeben war, als mit dem Lieferanten zu kontrahieren.[354] Ferner wird aufgeworfen, dass im Falle nachträglicher Gesetzesänderungen die Frage des Schicksals des Restvertrags zunächst einmal anhand von eventuell getroffenen Regelungen im ändernden Gesetz entschieden werden muss.[355] Der Parteiwille trete hinter die gesetzliche Regelung zurück.[356] Treffe das ändernde Gesetz selbst keine Regelung, so sei die Frage nach der Nichtigkeit anhand von Sinn und Zweck des Gesetzes zu beantworten.[357] Da das Neuregelungsgesetz – anders als bei den Konzessionsverträgen[358] - keine besondere gesetzliche Regelung vorsieht, beurteile sich die Frage nach der Gesamtnichtigkeit primär nach Sinn und Zweck des Neuregelungsgesetz. Sinn und Zweck des Gesetzes sei aber nicht, dass Elektrizitätslieferverträge insgesamt nichtig würden.[359] Die Einführung von mehr Wettbewerb solle nicht „alle Strukturen in der Energiewirtschaft zerschlagen“.[360] Darauf liefe es aber hinaus, wenn sämtliche Lieferverträge gänzlich nichtig wären. Insgesamt sei nur eine „graduelle Öffnung zu mehr Wettbewerb“ vorgesehen. Dafür sprächen die Sonderregelungen in Art. 4 § 1 und § 3 Neuregelungsgesetz.[361] Dieser Meinung zufolge führt die Nichtigkeit der wettbewerbsbeschränkenden Nebenabreden nicht zur Gesamtnichtigkeit des Liefervertrags.

Für eine Gesamtnichtigkeit wird dagegen vorgebracht, dass § 139 BGB ein „nachdrückliches Bekenntnis zur Privatautonomie, zur Maßgeblichkeit dessen, was die Parteien gewollt haben“ sei.[362] Vorrangig sei deshalb auch der hypothetische Parteiwillen zu betrachten. Demzufolge ist nach dieser Meinung zu eruieren, was die Parteien gewollt haben. Die wettbewerbsbeschränkenden

---

[349] Vgl. die Ausführungen von *Medicus* (Fn. 347), § 35 Rn. 508 unter Hinweis auf § 25, Rn. 25.

[350] BGH Urt. v. 25. April 1996 BGH NJW 1996, 2088; RG 01. Juni 1923 RGZ 107, 40.

[351] BGH Urt. v. 13. März 1986 BGH NJW 1986, 2576; Palandt-*Heinrichs* (Fn. 286), § 139, Rn. 14.

[352] In diesem Sinne *Kühne* (Fn. 289), S. 7 ff.; *Kunth/Slabschi* (Fn. 342), S 176; *Pohlmann* (Fn. 343), S. 134; *Recknagel/Pardemann* (Fn. 343), S. 106 f.; *Schwintowski* (Fn. 289), S. 778

[353] In diesem Sinne *Baur* (Fn. 287), Schicksal der Lieferverträge, S. 43; *Becker* (Fn. 289), S. 13; wohl auch *Markert* (Fn. 284), S. 8.

[354] *Pohlmann* (Fn. 343), S. 134.

[355] *Kühne* (Fn. 289), S. 9.

[356] *Kühne* (Fn. 289), S. 8.

[357] *Kühne* (Fn. 289), S. 8 f.

[358] vgl. Art. 4 § 1 Neuregelungsgesetz.

[359] *Kühne* (Fn. 289), S. 8; *Schwintowski* (Fn. 289), S. 779.

[360] *Kühne* (Fn. 289), S. 9.

[361] *Kühne* (Fn. 289), S. 9.

[362] *Baur* (Fn. 287), Schicksal der Lieferverträge, S. 43 m.w.N.

Abreden seien „integraler Bestandteil“[363] eines Liefervertrages, ob sie nun im Liefervertrag oder separat geregelt sind. Gebietsschutz- und Kapazitätsklauseln beeinflussten dabei die Preisregelung zumindest mittelbar, da sich beispielsweise ein Strombezieher nur deshalb 20 Jahre an seinen Lieferanten gebunden hätte, weil er damit rechnen müsste, dass sich innerhalb der Vertragslaufzeit keine günstigere Bezugsmöglichkeit auftäte.[364] Diese Meinung kommt daher zu dem Schluss, dass die Vertragspartner den Vertrag bei Kenntnis der Nichtigkeit der wettbewerbsbeschränkenden Abreden so nicht geschlossen hätten. Auf Grund dessen käme die grundsätzliche Vermutung der Gesamtnichtigkeit des § 139 BGB zum Tragen.[365] Enthielte der Vertrag keine salvatorischen Klauseln oder Wirtschaftsklauseln, sei er insgesamt nichtig.[366]

Nach hier vertretener Auffassung ist eine allgemein gültige Aussage zum „hypothetischen Parteiwillen“ kaum zu machen. Vielmehr ist in jedem Einzelfall der mutmaßliche Wille der Vertragsparteien zu ermitteln. Es spricht jedoch viel dafür, dass die Klauseln für die Vertragsparteien eine wesentliche Bedeutung hatten, da durch ihre Hilfe eine Abschottung der Gebiete möglich war. Der Ausschluss von Wettbewerb hatte erheblichen Einfluss auf die Preisgestaltung der EVU. Nach Wegfall der Freistellung der wettbewerbsbeschränkenden Klauseln und der damit verbundenen Nichtigkeit dieser Klauseln verschiebt sich in den meisten Fällen das Gleichgewicht von Leistung und Gegenleistung.[367] Das Äquivalenzverhältnis zwischen Leistung und Gegenleistung ist daher grundsätzlich in erheblichem Maße gestört.[368] Selbst wenn man – wie z.B. *Kühne*[369] –die Gesamtnichtigkeit nach Sinn und Zweck des Gesetzes beurteilt, deutet dies eher darauf, dass der Gesetzgeber eher eine Gesamtnichtigkeit der Verträge wünscht als einen Fortbestand. Unbestritten[370] ist das Hauptziel des Gesetzes: die Einführung von Wettbewerb auf dem Energiemarkt zur Stärkung des Wirtschaftsstandorts Deutschland durch günstigere Energiepreise. Dabei geht es nicht um eine „graduelle Öffnung“. Der deutsche Gesetzgeber hat auf die von Art. 19 RL 96/92/EG eingeräumte Möglichkeit, den Wettbewerb stufenweise zu öffnen, ausdrücklich verzichtet. Nach Ansicht sowohl des Bundestags als auch des Bundesrates stellte eine solche stufenweise Öffnung eine Wettbewerbsverzerrung dar.[371] Der vollständige Zugang zu fremden Netzen ist die grundsätzliche Regelung. Verweigerungen u.a. unter Berufung auf Art. 4 § 3 Neuregelungsgesetz sollen dagegen die Ausnahme bleiben. Als solche sind sie eng auszulegen. Die Ausgestaltung als Verweigerungsgrund, dessen Vorliegen vom Netzbetreiber bewiesen werden muss, selbst dem Gesetzgeber so wichtige Aspekte wie z.B. rationell erzeugte Energie sowie ostdeutsche Braunkohleverstromung, weist ebenfalls in diese Richtung. Die Sonderregelungen zur Durchleitungsverweigerung sprechen somit ebenfalls eher für eine umfassende Marktöffnung. Dieses Ziel zu erreichen, würde durch ein Aufrechterhalten der Lieferverträge trotz Nichtigkeit der Nebenabreden erschwert bzw. unmöglich gemacht. Wettbewerbsfreiheit besteht nur dann, wenn ein Abnehmer sich seinen Lieferanten wirklich frei auswählen kann und mit diesem über den Preis für die bezogene Leistung verhandeln kann. Die nichtigen wettbewerbsbeschränkenden Abreden hatten aber durchaus häufig einen erheblichen Einfluss auf die Preisgestaltung der EVU.[372] Auch die Existenz des Art. 4 § 1 Neuregelungsgesetz

---

[363] *Becker* (Fn. 289), S. 12.

[364] *Becker* (Fn. 289), S. 12.

[365] *Baur* (Fn. 287), Schicksal der Lieferverträge, S. 43; *Becker* (Fn. 289), S. 13.

[366] *Baur* (Fn. 287), Schicksal der Lieferverträge, S. 43; *Becker* (Fn. 289), S. 13.

[367] Vgl. *Baur* (Fn. 287), Schicksal der Lieferverträge, S. 43.

[368] *Horstmann* (Fn. 179), S. 660.

[369] *Kühne* (Fn. 289), S. 8 f.

[370] Auch *Kühne* (Fn. 289), S. 9 sieht den Zweck des Gesetzes in der Einführung von Wettbewerb.

[371] vgl. nur BT-Drs. 13/7274, S. 27.

[372] Vgl. die Rechtsprechung zu Wettbewerbsbeschränkungen im Energiebereich, OLG Düsseldorf Urt. v. 30. Dezember 1983 WuW/E OLG 3221 (3225); BGH Urt. v. 30. Oktober 1975 WuW/E BGH 1413 (1415). Vgl. ferner zum Einfluss

spricht für die Möglichkeit der Gesamtnichtigkeit der nichtigen Nebenabreden. Denn wenn der Gesetzgeber für Konzessionsverträge gesetzlich anordnet, dass diese trotz des Wegfalls der Ausschließlichkeit im Übrigen unberührt bleiben,[373] auf eine solch Regelung zu Gunsten von Energielieferverträgen ausdrücklich verzichtet und stattdessen darauf verweist, dass hierfür die allgemeinen zivil- und kartellrechtlichen Regelungen und Grundsätze ausreichen,[374] so deutet dies darauf hin, dass eine Gesamtnichtigkeit durchaus möglich sein soll. Durch diese Vorgehensweise werden auch nicht sämtliche Energielieferverträge der Gesamtnichtigkeit unterworfen. Vielmehr ermöglicht eine solche Methode eine Einzelfallbetrachtung, bei der das jeweilige Gewicht, welche die Abrede für die Parteien hatte, bestimmt werden kann. Eine Unterstellung der Lieferverträge unter die allgemeinen zivil- und kartellrechtlichen Bestimmungen berücksichtigt auch die in fast sämtlichen Energielieferverträgen vorhandenen salvatorischen Klauseln und Wirtschaftsklauseln.

Insgesamt kann somit eine nichtige wettbewerbsbeschränkende Nebenabrede nach § 139 BGB zur Gesamtnichtigkeit des Liefervertrags führen. Auf Grund des erheblichen Einflusses, den die Abreden auf die Gestaltung des Vertrags hatten, dürfte in der Regel auch anzunehmen sein, dass die Parteien, wenn sie von der Nichtigkeit der Abreden gewusst hätten, den Vertrag so nicht geschlossen hätten. Dann kommt die Grundvermutung des § 139 BGB zum Tragen, dass der gesamte Vertrag nichtig ist. Ob dies der Fall ist, kann nicht pauschal formuliert werden, sondern ist für jeden Einzelfall zu entscheiden.

(2) Salvatorische Klauseln und Wirtschaftsklauseln

(a) Erhaltungsklauseln

Die Gesamtnichtigkeit eines Liefervertrags wird indes auf jeden Fall dadurch vermieden, wenn der Vertrag eine salvatorische Klausel enthält. Die meisten Energielieferverträge erhalten sog. salvatorische Klauseln in Form einer sog. Erhaltungsklausel.[375] Häufig ist eine Erhaltungsklausel wie folgt formuliert:

> *„Sollte in diesem Vertrag irgendeine Bestimmung unwirksam sein oder werden, so wird die Wirksamkeit der übrigen Bestimmungen hierdurch nicht berührt."*[376]

Durch die Einfügung einer solchen Erhaltungsklausel haben die Vertragsparteien eindeutig die Grundvermutung des § 139 BGB abbedungen. Im Falle der Nichtigkeit eines Vertragsteils soll der Gesamtvertrag eben nicht nichtig werden, sondern soll erhalten bleiben. § 139 BGB kann auch abbedungen werden, da es sich hierbei um eine dispositive Vorschrift handelt.[377] Auch für die Anwendung einer Erhaltungsklausel ist konstitutive Voraussetzung, dass der nichtige Teil vom Gesamtvertrag getrennt werden kann und der Restvertrag einen Inhalt behält, der selbstständiger

---

von Gebietsschutzabreden auf den vereinbarten Preis, *Tegethoff/Büdenbender/Klinger* (Fn. 68), § 103 a Rn. 184 f.; *Ludwig/Cordt/Stech/Odenthal*, Recht der Elektrizitäts-, Gas- und Wasserversorgung, Bd. 2, GWB, § 103 Rn. 27; *Baur* (Fn. 287), Gebietsschutzverträge, S. 72.

[373] Vgl. BT-Drs. 13/7274, S. 24 f.

[374] Vgl. BT-Drs. 13/7274, S. 36.

[375] Vgl. zu Erhaltungsklauseln, *Baur*, Salvatorische Klauseln, Festschrift für Ralf Vieregge, 1995, S. 31 ff.; *Westermann*, Zur Problematik der „Salvatorischen Klauseln", Festschrift für Phillipp Möhring, 1986, S. 135 (138).

[376] Vgl. als Beispiel auch die Punkte 4.2 der VV I und 6.2 der VV II.

[377] Vgl. BGH (Fn. 345) BB 1997, 646 (647) m.w.N.; *Baur* (Fn. 375), Salvatorische Klauseln, S. 33; *Kunth/Slabschi* (Fn. 342), S. 175; *Mayer-Maly* in Münchner Kommentar zum BGB, Bd. 1, 3. Aufl. 1993, § 139 Rn. 4; Soergel, BGB, Bd. 2, 13. Aufl. 1999, § 139 Rn. 2, 34; *Westermann* (Fn. 375), S. 139.

Geltung fähig ist.[378] Eine Gesamtnichtigkeit kann trotz salvatorischer Klausel zum einen dann noch in Betracht kommen, wenn der Schutzzweck des gesetzlichen Verbots, also des Kartellverbots des § 1 GWB, eine solche erfordern würde. Zum anderen kann eine Gesamtnichtigkeit folgen, wenn die nichtigen Vertragsbestandteile für den Vertrag von grundlegender Bedeutung sind und nicht bloß Nebenpunkte.[379] So hat beispielsweise das LG Mannheim in seinem Urteil „Waldshut-Tiengen" entschieden, dass trotz Vorliegens einer salvatorischen Klausel und dem dadurch bedingten Ausschluss der Regelung des § 139 BGB der Vertrag insgesamt nichtig sei.[380] Nach Wegfall der wettbewerbsbeschränkenden Klauseln über Gebietsaufteilung, Kundenschutz und Gesamtbedarfsdeckung ergebe der Vertragsrest keinen sinnvollen Inhalt mehr. In den zu prüfenden Verträgen befanden sich allerdings keine Regelungen über Mengen und Strompreise. Diese wurden in Zusatzvereinbarungen geregelt. Insofern lässt sich das Urteil des LG Mannheim nicht auf alle Energielieferverträge verallgemeinern. Es ist durchaus denkbar, dass trotz Unwirksamkeit der wettbewerbsbeschränkenden Klauseln, dem Vertragsrest ein sinnvoller Inhalt zukommt. Mit Ausnahme von Gesamtbedarfsdeckungsklauseln[381] berührt die Nichtigkeit von wettbewerbsbeschränkenden Nebenabreden nicht die Geltungsfähigkeit des Gesamtvertrags. Die essentialia negotii eines Liefervertrags werden dadurch nicht unmittelbar beeinflusst. Liegen sie aber vor, dürfte der Vertrag in aller Regel noch einen der selbstständigen Geltung fähigen Inhalt innehaben.[382] Dies führt dazu, dass teilweise Verträge aufrechterhalten werden müssen, deren Laufzeit und Preis- und Mengenregelung ganz im Zeichen der nichtigen Nebenabrede stehen.[383] Auch wenn die Vertragsparteien – oder zumindest eine – den Vertrag wahrscheinlich nicht abgeschlossen hätte, wenn ihr die Nichtigkeit der Abrede bekannt gewesen wäre, erhält die Klausel den Restvertrag. Eine geltungserhaltende Reduktion dahingehend, die Anwendbarkeit der Erhaltungsklausel auszuschließen, kommt selbst dann nicht in Betracht, wenn es um die Unwirksamkeit wichtiger, wesentlicher, grundlegender oder auch schwer wiegender Vertragsbestimmungen geht.[384] § 139 BGB wird durch eine salvatorische Klausel verdrängt und nicht ersetzt.[385] Somit müssen jedenfalls Unternehmen im Geschäftsverkehr die Verantwortung für die von ihnen formulierten Klauseln tragen.[386] Auf Grund einer Erhaltungsklausel führt die Nichtigkeit der Abreden nicht zur Gesamtnichtigkeit des Liefervertrags. Dieser bleibt vielmehr bestehen. Bei nichtigen Gesamtbedarfsdeckungsklauseln vermag dagegen auch eine Erhaltungsklausel die Gesamtnichtigkeit des Liefervertrags nicht zu verhindern.

---

[378] *Baur* (Fn. 287), Schicksal der Lieferverträge, S. 44; *ders.* (Fn. 375), Salvatorische Klauseln, S. 38; *Mayer-Maly* (Fn. 377), Rn. 5.

[379] *Markert* (Fn. 284), S. 8.

[380] LG Mannheim (Fn. 284).

[381] 3. Teil B. VIII. 1. d) aa) (1) (b) (aa).

[382] So auch *Horstmann* (Fn. 179), S. 658.

[383] *Baur* (Fn. 287), Schicksal der Lieferverträge, S. 44; *Becker* (Fn. 289), S. 13.

[384] BGH „Pronuptia" Urt. v. 08. Februar 1994 WuW/E BGH 2909 (2913); *Baur* (Fn. 287), Schicksal der Lieferverträge, S. 44; *ders.* (Fn. 375), Salvatorische Klauseln, S. 34; *Kunth/Slabschi* (Fn. 342), S. 44. A.A. OLG Düsseldorf (Fn. 372), WuW/E 3225; OLG Frankfurt Beschl. v. 05. Februar 1985 WuW/E OLG 3427; OLG Hamm Urt. v. 18. September 1979 WuW/E OLG 2187 (2189); OLG Hamburg Urt. v. 21. August 1986 NJW RR 1987, 179 (181); OLG Stuttgart Urt. v. 28. Oktober 1988.

[385] *Baur* (Fn. 375), Salvatorische Klauseln, S. 33; *Soergel* (Fn. 377), § 139 Rn. 2, 34; *Mayer-Maly* (Fn. 377), § 139 Rn. 4; *Westermann* (Fn. 375), S. 139.

[386] *Becker* (Fn. 289), S. 13.

(b) Ersetzungsklauseln

Häufig enthalten Elektrizitätslieferverträge neben Erhaltungsklauseln auch salvatorische Klauseln in Form einer sog. Ersetzungsklausel. Eine solche Ersetzungsklausel lautet etwa:

> *Die Vertragsparteien verpflichten sich, die unwirksame Bestimmung durch eine im wirtschaftlichen Erfolg ihr nach Möglichkeit gleichkommende wirksame Bestimmung zu ersetzen.*"[387]

Vom Grundgedanken kann durch eine Ersetzungsklausel der Vertrag insofern gerettet werden, als die Vertragsparteien auf dem Verhandlungswege eine Klausel finden müssen, die der bisherigen, nichtigen möglichst nahe kommt. Dabei ist allerdings zu beachten, dass die ersetzende Klausel selbstverständlich nicht wiederum gegen das Kartellverbot verstoßen darf. Auch müssen die Grenzen des § 16 GWB eingehalten werden.[388] Es ist offensichtlich, dass es schwer fallen dürfte, eine den neuen kartellrechtlichen Rahmen beachtende Klausel zu finden, die z.B. einer bisherigen Gesamtbedarfsdeckungsklausel, die Einfluss auf Liefermenge, Preis und Laufzeit hatte, in ihrer Wirkung möglichst nahe kommt.[389] Die Fälle, in denen es gelingt, eine kartellrechtsneutrale „Ersatzklausel" zu finden, dürften daher die Ausnahme bilden.[390] Weitaus häufiger werden die Parteien Verhandlungen führen müssen, bei denen Laufzeit, Liefermenge und Preis neu verhandelt werden müssen. Dann handelt es sich aber nicht mehr um eine Ersetzung, sondern um eine komplette Neuverhandlung des Liefervertrages.[391] Als Zwischenfazit kann somit festgehalten werden, dass eine Erhaltungsklausel den Vertrag vor der Gesamtnichtigkeit schützt, wenn dies auch teilweise zu nicht sinnvollen Ergebnissen führt. Ersetzungsklauseln dürften dagegen meist leer laufen.

(c) Wirtschaftsklauseln

Eine weitere Möglichkeit, den Vertrag aufrechtzuerhalten, wäre eine Einzelfreistellung bei der Kartellbehörde zu beantragen.[392] Allerdings ist dieser Weg umständlich und die Erfolgsaussichten vage.[393] Das gestörte Äquivalenzverhältnis zwischen Leistung und Gegenleistung lässt sich aber wiederherstellen, wenn die Vertragsparteien über die essentialia negotii unter Beachtung des geänderten rechtlichen Rahmens neu verhandeln. Zum einen kann eine solche Neuverhandlung freiwillig geschehen. Zum anderen kann sich aber auch eine Pflicht zur Neuverhandlung aus dem Vertrag ergeben. Häufig beinhalten Energielieferverträge sog. Wirtschaftsklauseln, die den Vertrag aufrechterhalten sollen, wenn er auf Grund von Änderungen wirtschaftlicher oder rechtlicher Natur einer Partei nicht mehr zugemutet werden kann.[394]

---

[387] Vgl. *Kühne* (Fn. 289), S. 10.

[388] *Becker* (Fn. 289), S. 13.

[389] Vgl. *Horstmann* (Fn. 179), S. 664.

[390] *Baur* (Fn. 287), Schicksal der Lieferverträge, S. 45.

[391] *Horstmann* (Fn. 179), S. 664.

[392] Eine Möglichkeit hierfür bietet seit der 6. Kartellrechtsnovelle der § 7 GWB.

[393] *Baur* (Fn. 287), Schicksal der Lieferverträge, S. 45.

[394] Vgl. zu Wirtschaftsklauseln *Baur*, Wirtschaftsklausel, Festschrift für Ernst Steindorff, 1990, S. 509 ff.; *ders.* (Fn. 287), Schicksal der Lieferverträge, S. 45; Becker (Fn. 289), S. 13; *Rogge*, Auswirkungen des Wegfalls des Gebietsschutzes auf Preise/Preisänderungsklauseln in Stromlieferungsverträgen zwischen EVU und Kunden, 1997, S. 93 (94 ff.).

Eine Wirtschaftsklausel lautet in etwa:

> *„Wenn die technischen, wirtschaftlichen oder rechtlichen Voraussetzungen, unter denen die Vertragsbestimmungen (Preise und Bedingungen) vereinbart worden sind, eine grundlegende Änderung erfahren und wenn infolgedessen einer Partei die Beibehaltung der Vertragsbestimmungen nicht mehr zugemutet werden kann, weil die auf einen gerechten Ausgleich der beiderseitigen wirtschaftlichen Interessen abzielenden Absichten der Vertragsschließenden nicht mehr erfüllt werden, so kann diese Partei beanspruchen, dass die Vertragsbestimmungen den geänderten Verhältnissen entsprechend angepasst werden."*[395]

Als Voraussetzung für ein Eingreifen der Wirtschaftsklausel müssen die technischen, wirtschaftlichen oder rechtlichen Verhältnisse, die bei Vertragsschluss vorlagen, eine grundlegende Änderung erfahren haben. Durch § 103 b GWB gelten die §§ 103 und 103 a GWB nicht mehr für die Verträge der Gas- und Elektrizitätsversorgungswirtschaft. Nach jahrzehntelangem Bestand geschlossener Versorgungsgebiete und dem dadurch bedingten Ausschluss von Wettbewerb werden nun die geschlossenen Gebiete aufgebrochen, um gerade Wettbewerb zu ermöglichen. Die rechtlichen und wirtschaftlichen Voraussetzungen haben sich damit ins Gegenteil verkehrt. Diese Änderung der Voraussetzungen muss kausal dafür sein, dass einer Partei ein Festhalten an dem Vertrag nicht mehr zuzumuten ist. Nicht mehr zumutbar ist ein Festhalten laut der üblichen Wirtschaftsklausel, wenn „die auf einen gerechten Ausgleich der beiderseitigen wirtschaftlichen Interessen abzielenden Absichten der Vertragsschließenden nicht mehr erfüllt werden" können. Das wirtschaftliche Interesse eines Weiterverteilers liegt darin, Erlöse aus dem Verkauf der vom Lieferanten gekauften Elektrizität zu erzielen. Dies ist ihm im freien Wettbewerb nur möglich, wenn er „seine" Elektrizität zu wettbewerbsfähigen Preisen anbieten kann. Dann darf der von ihm zu zahlende Kaufpreis aber nicht zu hoch sein. Dies dürfte aber regelmäßig der Fall sein, wenn er weiterhin den zu Monopolzeiten ausgehandelten Preis an den Lieferanten zahlen muss. Wann die Abweichung jedoch derart hoch ist, dass sie dem Weiterverteiler nicht mehr zugemutet werden kann, muss im konkreten Einzelfall entschieden werden. Eine pauschale Aussage verbietet sich auch hier.[396] In vielen Fällen wird die Unzumutbarkeit jedoch erreicht sein.[397]

Rechtsfolge ist dann die Vertragsanpassung an die veränderten Verhältnisse. Die Vertragsparteien sind verpflichtet, eine Vertragsänderung durch seriöse, ernsthafte Verhandlung herbeizuführen.[398] Gelingt eine Vertragsänderung, so gilt der geänderte bzw. neu verhandelte Vertrag zwischen den Parteien. Liegt ein gültiger Vertrag vor, so sind die Verpflichtungen aus diesem Vertrag nach dem Rechtsgrundsatz „pacta sunt servanda" einzuhalten. Stehen diese Verpflichtungen einer Durchleitung entgegen, weil beispielsweise wegen des gültigen Vertrages keine Kapazität mehr vorhanden ist, kann die beantragte Durchleitung verweigert werden. Fraglich ist jedoch, was passiert, wenn sich die Vertragsparteien nicht einigen können. Hierfür bestehen zwei Möglichkeiten. Die wohl h.M.[399] nimmt an, dass die Parteien wechselseitig verpflichtet sind, den jeweils erforderlichen Anpassungen des Vertrages zuzustimmen, die erforderlich sind, den Vertrag aufrechtzuerhalten. Führt auch das zu keiner Einigung, soll das von den Parteien angerufene Gericht gemäß den vorgelegten Anträgen der Parteien nach § 315 BGB die Vertragsanpassung bewirken.[400] Problematisch hieran

---

[395] Vgl. *Kühne* (Fn. 289), S. 13.

[396] So auch *Horstmann* (Fn. 179), S. 666.

[397] *Baur* (Fn. 287), Schicksal der Lieferverträge, S. 45.

[398] *Baur* (Fn. 287), Schicksal der Lieferverträge, S. 45; *Horn*, Vertragsbindung unter veränderten Umständen, NJW 1985, S. 1118 (1123 f.); *Horstmann* (Fn. 179), S. 667; *Kuhnt/Slabschi* (Fn. 342), S. 180; *Nelle* in Steindorf/Horn/Nelle, Neuverhandlungspflichten, 1994.

[399] *Steindorf/Horn/Nelle* (Fn. 398); *Horn*, Neuverhandlungspflicht, AcP 181 (1981), S. 255 ff. (278, 285 ff.).

[400] *Baur* (Fn. 287), Schicksal der Lieferverträge, S. 45; *Becker* (Fn. 289), S. 13.

ist, dass dann die Gerichte zu Vertragsgestaltungen aufgerufen würden, die unmittelbaren Einfluss auf die Hauptleistungen des Vertrages hätten. Die Gerichte werden aber kaum in der Lage sein, Strompreise, Lieferkontingente und Laufzeiten festzulegen. Auch zeigt sich in der bisherigen Rechtsprechung des BGH eine Ablehnung der gerichtlichen Vertragsanpassung zumindest bei komplexen Sachverhalten.[401] Dann bleibt nur noch die Möglichkeit, dass jedem Vertragspartner nach endgültigem Scheitern der Vertragsverhandlungen das Recht auf außerordentliche Kündigung zukommt.[402] In diesem Fall wären die Verträge zwar nicht auf Grund der Nichtigkeit der wettbewerbsbeschränkenden Nebenabreden insgesamt nichtig, verlören ihre rechtliche Bindungswirkung aber auf Grund der Kündigung.

(3) Vertrag wirksam bzw. Wirksamkeit umstritten

Ist ein Elektrizitätsliefervertrag wirksam, sei es, weil der Vertrag eine Erhaltungsklausel enthielt, sei es, weil sich die Parteien im Wege der Verhandlung auf Grund einer Wirtschaftsklausel geeinigt haben oder sei es, dass der Vertrag ohnedem wirksam war, so gilt der Grundsatz „pacta sunt servanda". Dementsprechend müssen die Verpflichtungen aus diesem Vertrag eingehalten werden. Ist auf Grund dieser Verpflichtungen eine Durchleitung unzumutbar, kann sie verweigert werden. Aus diesem Grunde handelt es sich auch um einen absoluten Verweigerungsgrund. Der Grundsatz, dass wirksame Verträge einzuhalten sind, ist so stark, dass es auf eine Abwägung mit anderweitigen Interessen nicht mehr ankommt.[403]

Fraglich ist, ob ein Durchleitungsantrag auch dann abgelehnt werden kann, wenn über die Wirksamkeit des betreffenden Liefervertrags noch gestritten wird. Diesbezüglich ist auf die Beweislastregelung des § 6 I S. 2 EnWG zu verweisen. Der Netzbetreiber trägt die volle formelle und materielle Beweislast dafür, dass ihm die Durchleitung auf Grund eines entgegenstehenden Liefervertrages zwischen dem Abnehmer und ihm bzw. einem dritten Lieferanten nicht zumutbar ist. Zweifel, ob des Bestehens einer solchen Verpflichtung gehen zu Lasten des sich darauf berufenden Netzbetreibers.[404] Der Beweis gilt schon dann als nicht erbracht, wenn erhebliche, nicht sofort und abschließend ausräumbare Zweifel an der kartellrechtlichen Zulässigkeit des Vertrages ergeben.[405] Ferner muss ein Grund „um die Unzumutbarkeit der Durchleitung im Einzelfall zu rechtfertigen, ein derartiges Gewicht haben, dass ihnen trotz des besonderen Interesses an einer durch Wettbewerb erreichten preisgünstigen Versorgung Vorrang einzuräumen ist."[406] Kartellrechtlich umstrittene Lieferverträge dürften grundsätzlich kein derartiges Gewicht haben.[407]

---

[401] BGH Urt. v. 06. Oktober 1982 NJW 1983, S. 159 (162); BGH Urt. v. 11. November 1968 BGHZ 51, 55 (57).

[402] *Baur* (Fn. 287), Schicksal der Lieferverträge, S. 46; *ders.*, Vertragliche Anpassungsregelungen, S. 119 ff.; *ders.*, Preisänderungsklauseln, Vertragsanpassungsklauseln und Höhere-Gewalt-Klauseln in langfristigen Lieferverträgen; ZiP 1985, S. 905 (915); *Becker* (Fn. 289), S. 14.

[403] *Büdenbender* (Fn. 126), Schwerpunkte, Rn. 180,

[404] *Markert* (Fn. 284), S. 8.

[405] *Markert* (Fn. 284), S. 8.

[406] BT-Drs. 13/9211, S. 24.

[407] So auch *Horstmann* (Fn. 179), S. 735.

dd) Fazit

Unbestritten sind horizontale Demarkationen wegen des Verstoßes gegen das Kartellverbot unwirksam. Bei der Beurteilung der kartellrechtlichen Relevanz muss zwischen Verträgen zwischen Lieferanten und Weiterverteilern und Verträgen zwischen Lieferanten und Letztabnehmern unterschieden werden. Bei Verträgen zwischen Lieferanten und Weiterverteilern sind auch die vertikalen Demarkations- und Ausschließlichkeitsabreden grundsätzlich nach § 1 GWB nichtig, da sie geeignet sind, den aktuellen oder potentiellen Wettbewerb zwischen den Vertragsparteien und im Verhältnis zu Dritten beschränken oder ausschließen. Eine sachliche Rechtfertigung im Sinne der Immanenztheorie ist ebenso nur in Ausnahmefällen vorstellbar, wie eine Freistellung nach § 7 GWB. Auch nach den gemeinschaftsrechtlichen Regelungen der Art. 81, 82 EGV sind die Regelungen zumeist nichtig. Hierzu ist im Einzelfall zu prüfen, ob eine spürbare Wettbewerbsbeschränkung vorliegt bzw. ob eine Marktbeherrschung vorliegt. Die GVOs 1983/83 und 1984/83 kommen grundsätzlich nicht in Betracht. Einzelfreistellungen sind freilich möglich. Die Nichtigkeit der Abreden führt gem. § 139 BGB zur Gesamtnichtigkeit, es sei denn, die Vertragsparteien hätten den Liefervertrag auch bei Kenntnis der Nichtigkeit der Abreden so geschlossen. Dies ist in der Regel aber nicht anzunehmen, da die Nebenabreden entweder unmittelbar oder mittelbar auf die essentialia negotii des Vertrages Einfluss nehmen. Insofern folgt aus der Nichtigkeit der Abreden regelmäßig die Gesamtnichtigkeit des Liefervertrages. An dieser Rechtsfolge vermag nur die Erhaltungsklausel etwas zu ändern. Ist in einem Vertrag nur eine Erhaltungsklausel formuliert, so sind die vertragsschließenden Parteien an den Vertrag und seine Regelungen gebunden. Dies gilt allerdings nicht für Ausschließlichkeitsabreden, da diese unmittelbar eine Hauptleistungspflicht des Vertrages betreffen. Wenn – wie in den meisten Fällen – darüber hinaus die Erhaltungs- mit einer Ersetzungsklausel kombiniert wird, führt dies wiederum zur Gesamtnichtigkeit des Vertrages. Auch sog. Wirtschaftsklauseln vermögen gemeinhin an dieser Rechtsfolge nichts zu ändern. Kommt es trotz einer Wirtschaftsklausel zu keiner Einigung zwischen den Parteien, kann der Vertrag außerordentlich gekündigt werden. Eine Anpassung durch die Gerichte gem. § 315 BGB kommt gewöhnlich nicht in Betracht.

Überwiegend führt die Nichtigkeit der wettbewerbsbeschränkenden Abreden daher zur Gesamtnichtigkeit der Elektrizitätslieferverträge von Lieferanten und Weiterverteilern. Eine Verweigerung eines Durchleitungsantrags unter Berufung auf einen nichtigen Vertrag ist nicht möglich. Dies gilt für beide in der Praxis denkbaren Fälle. Handelt es sich um einen Liefervertrag, der zwischen dem Abnehmer und dem Netzbetreiber bzw. dem Unternehmen, dem der Netzbetreiber angehört, abgeschlossen wurde, ist offensichtlich, dass eine Verweigerung der Durchleitung bei Nichtigkeit des Vertrags nicht unter Berufung auf den Liefervertrag in Frage kommt. Handelt es sich dagegen um einen Vertrag zwischen dem Abnehmer und einem Dritten Lieferanten, kann sich eine Unzumutbarkeit für den Netzbetreiber nur aus seinem Verhältnis zum dritten Lieferanten ergeben. Unzumutbar wäre diesbezüglich, wenn sich der Netzbetreiber dem dritten Lieferanten gegenüber bei Gestattung der beantragten Durchleitung nach § 1 UWG schadenersatzpflichtig machte. Eine Schadensersatzpflicht kommt jedoch nur in Betracht, wenn der zu Grunde liegende Elektrizitätsliefervertrag wirksam wäre. Dies ist aber grundsätzlich nicht der Fall.

Gesamtbedarfsdeckungsklauseln in Verträgen mit endabnehmenden Sonderkunden führen in der Regel nicht zu einem Verbot gem. § 1 GWB. Sie unterliegen grundsätzlich nur der Missbrauchsaufsicht gem. § 16 Nr. 2 GWB. Ausnahmsweise fallen sie aber auch in den Anwendungsbereich des § 1 GWB. Die Rechtsfolgen sind dann dieselben wie bei nichtigen Verträgen zwischen Lieferanten und Weiterverteilern.

In Fällen, in denen um die kartellrechtliche Wirksamkeit gestritten wird, ist eine Verweigerung des Durchleitungsantrags auf Grund der Beweislast für den Netzbetreiber gem. § 6 I S. 2 EnWG nicht möglich. Bleibt ein Liefervertrag wirksam, muss er genauso wie ein gültiger, kartellrechtsneutraler Vertrag zwischen einem Lieferanten und einem Abnehmer behandelt werden. Macht eine aus einem gültigen Vertrag entstehende Verpflichtung die Durchleitung unzumutbar und gelingt dem Netzbetreiber der Beweis, so kann die Durchleitung verweigert werden. In der Praxis werden diese Fälle wohl eher die Ausnahme sein.

2. Relative Ablehnungsgründe

Außer den absoluten gibt es relative Ablehnungsgründe. Wie bereits dargelegt kommt den relativen Ablehnungsgründen keine unmittelbare Ausschlusswirkung zu. Vielmehr sind sie in einer umfassenden Interessenabwägung zu gewichten. Erst danach entscheidet sich, ob der vorgebrachte Grund ausreicht, den Netzzugang zu verweigern oder ob dem Netzbetreiber dennoch eine Durchleitung zugemutet werden kann.

a) Technische und wirtschaftliche Ablehnungsgründe

Relative technische Ablehnungsgründe betreffen die technischen Voraussetzungen für einen störungsfreien Netzbetrieb im Interesse der Versorgungssicherheit. Auf Grund der Relativität sind dies solche Mängel der technischen Sicherheit, die sich infolge der Art der Durchleitung ergeben können und die bei entsprechenden Maßnahmen ausgeräumt werden können. In Betracht kommen u.a. Probleme hinsichtlich der Kurzschlussleistung, Schutztechnik, Blindleistungskompensation, etc. Derartige technische Defizite sind ausräumbar. Dabei ist es möglich, dass auch der Durchleitungsinteressent verpflichtet sein kann, mit der Art der Durchleitung zusammenhängende Mängel zu beheben. Verfügt der Durchleitungspetent z.B. nicht über einen Netzanschluss an das Leitungsnetz des Betreibers, so ist es an ihm, eine Netzanbindung zu schaffen. Da solche Mängel überwunden werden können, schließt ein Berufen auf sie die Durchleitung nicht von vornherein aus. So hat es auch das Bundeskartellamt im Fall eines Durchleitungswunsches der Enron Energie GmbH (Enron), Frankfurt/Main, gegenüber der ELEKTROMARK Kommunales Elektrizitätswerk AG (ELEKTROMARK), Hagen, gesehen.[408] Enron begehrte die Durchleitung elektrischer Energie durch das ELEKTROMARK-Stromnetz zu den Stadtwerken Lüdenscheid. Dieses Begehren wurde abgelehnt. Die ELEKTROMARK berief sich bei der Ablehnung der Stromdurchleitung maßgeblich auf betriebstechnische Probleme, mit denen bei der Durchleitung von eingespeistem Strom zu rechnen sei. Insoweit konnte das Bundeskartellamt nicht erkennen, dass etwaige technische Probleme eine Durchleitung per se unmöglich machen. Es bezeichnete es als unhaltbar, „bei unklaren und möglicherweise im Streit befindlichen vertraglichen Bindungen des im Wege der Durchleitung zu beliefernden Kunden die Stellung als Inhaber der Elektrizitätsversorgungsnetze dazu zu nutzen, einem Kunden, der sich nicht für vertraglich gebunden hält, von vornherein einen Drittbezug zu versagen“.[409] Das Bundeskartellamt erwog daher, der ELEKTROMARK die Ablehnung der Stromdurchleitung zu untersagen. Bevor jedoch eine formelle Entscheidung des Bundeskartellamts erging, hatte die ELEKTROMARK der Stromdurchleitung stattgegeben und einen entsprechenden Vertrag mit der Enron abgeschlossen. Damit ist freilich der Rechtsauffassung des Bundeskartellamts entsprochen worden, dass betriebstechnische Probleme eine Durchleitung nicht per se unmöglich machen. In gleicher Weise wurde der KEVAG durch das LG Mainz untersagt, sich bezüglich eines Durchleitungsbegehrens der ewh Hammermühle auf einen existierenden Stromliefervertrag zu berufen.[410]

---

[408] BKartA (Fn. 284).

[409] BKartA (Fn. 284).

[410] LG Mainz Beschl. vom 28. Februar 2000 – 11 HKO 16/00 Kart.

Wirtschaftliche Gründe, die einer Durchleitung zunächst einmal entgegen stehen können, können sich aus der Zahlungsbereitschaft bzw. –fähigkeit ergeben.[411] Eine Verweigerung der Durchleitung kann sicherlich damit begründet werden, dass der Durchleitungsinteressent kein bzw. kein angemessenes Durchleitungsentgelt entrichten will oder kann bzw. die begründete Befürchtung besteht, dass er das Entgelt nicht zahlen kann. Wenn der Durchleitungspetent Schulden aus vorherigen Geschäftsbeziehungen beim Netzbetreiber angehäuft hat, so kann es diesem unzumutbar sein, weiteren Durchleitungswünschen zu entsprechen, solange die bisherigen Schulden nicht getilgt sind. Seine Außenstände würden sich damit weiter erhöhen, so dass er im Falle eines Konkurses des Petenten Gefahr liefe, beträchtliche Forderungen nicht erfüllt zu bekommen. Insofern wirken sich zivilrechtliche Befugnisse und Schutznormen auch im Energierecht aus. Dies gilt auch, wenn der Petent bei Dritten erheblich verschuldet ist. Etwas anderes gilt jedoch dann, wenn es sich nur um vorübergehende Zahlungsschwierigkeiten handelt und absehbar ist, dass die Ansprüche in überschaubarer Zeit befriedigt werden. Außerdem kann die Durchleitung nur dann verweigert werden, wenn die Schulden des Petenten unstreitig sind. Sind die Verbindlichkeiten dagegen streitig und kann der Durchleitungsinteressent bei objektiver Betrachtung nachvollziehbare Gründe für das Ausbleiben der Zahlungen vorbringen, muss der Leitungsnetzbetreiber versuchen, seine Forderungen auf dem Klagewege durchzusetzen. Er darf seine Machtstellung auf Grund der alleinigen Verfügungsbefugnis über das Leitungsnetz nicht dazu ausnutzen, um einseitig seine Forderungen durchzusetzen. Diese Rechtslage entspricht derjenigen für die Versorgungseinstellung nach § 33 II AVBEltV.[412]

Schon hier sei darauf hingewiesen, dass die wirtschaftlichen Auswirkungen einer Zulassung oder Ablehnung der Durchleitung für den Durchleitungspetenten bei dem Abwägungsvorgang eingehend berücksichtigt werden müssen.

b) Vertragswidriges Verhalten

Einen Ablehnungsgrund für eine Durchleitung stellt auch ein vertragswidriges Verhalten des Durchleitungspetenten oder seines Kunden dar. Haben entweder der Durchleitungspetent oder der Kunde eine Handlung vorgenommen, die z.B. gegen vertraglich normierte Sorgfaltspflichten zur Aufrechterhaltung eines sicheren Netzbetriebes verstoßen und dem Netzbetreiber zum Nachteil gereichen können, ist es dem Netzeigentümer u.U. nicht zuzumuten, die Einspeisung in sein Netz durch das konkurrierende Unternehmen und die gleichzeitige Entnahme durch dessen Kunden zuzulassen. Insgesamt kommen sämtliche Anwendungsfälle des allgemeinen Vertragsrechts in Betracht, wie beispielsweise mangelnde Vertragstreue oder eine Verletzung des Grundsatzes von Treu und Glauben. Dabei ist aber zu beachten, dass der Verstoß gegen den Durchleitungsvertrag von einigem Gewicht zu sein hat. Nicht jeder Verstoß begründet eine Durchleitungsverweigerung.

---

[411] EnWG 1998, Erläuterungen-*Recknagel* (Fn. 163), Art. 1, § 6 Anm. 12.1.

[412] Vgl. hierzu *Büdenbender* (Fn. 28), EnergieR, Rn. 798.

c) Braunkohlen-Schutzklausel, Art. 4 § 3 Neuregelungsgesetz

Art. 4 § 3 NeuregelungsG „Neue Länder":

(1) Bei der Beurteilung, ob die Ablehnung des Netzzugangs zur Belieferung von Abnehmern in den Ländern Berlin, Brandenburg, Mecklenburg-Vorpommern, Sachsen, Sachsen-Anhalt und Thüringen mit Elektrizität gemäß Art. 1 § 6 und 7 unzulässig oder im Sinne des § 19 IV Nr. 4 und des § 20 des Gesetzes gegen Wettbewerbsbeschränkungen missbräuchlich, diskriminierend oder unbillig behindernd ist, ist die Notwendigkeit einer ausreichend hohen Verstromung von Braunkohle aus diesen Ländern besonders zu berücksichtigen.

(2) Das Bundesministerium für Wirtschaft hat dem Deutschen Bundestag im Jahre 2002 über die Auswirkungen dieser Regelung auf Braunkohleverstromung und Strompreisentwicklung in den Ländern nach Absatz 1 zu berichten. Sofern auf der Grundlage dieses Berichts keine Verlängerung bis zum 31. Dezember 2005 vorgenommen wird, tritt diese Übergangsvorschrift am 31. Dezember 2003 außer Kraft.

(3) Absatz 1 gilt für die Verlegung von Elektrizitätsversorgungsleitungen gemäß Artikel 1 § 13 Abs. 1 entsprechend.

aa) Tatbestand

(1) Ablehnung des Netzzugangs „zur Belieferung von Abnehmern in den neuen Ländern"

Ein Durchleitungsbegehren kann mit der Braunkohleschutzklausel nur dann verweigert werden, wenn die beantragte Durchleitung zur Belieferung von Abnehmern in den neuen Ländern gedacht ist. Daraus folgt zunächst, dass eine Durchleitung, die einen Letztabnehmer in den alten Ländern zum Ziel hat, nicht mit der Braunkohleschutzklausel verweigert werden darf. Eindeutige Bedingung für die Zulässigkeit der Ablehnung des Netzzugangs mittels der Braunkohleschutzklausel ist mithin, dass die Durchleitung „zur Belieferung" von Abnehmern in den neuen Ländern dienen soll. Zur Belieferung eines in den neuen Ländern ansässigen Abnehmers dient nach dem Wortlaut der Norm zweifellos der Netzzugang zu einem ostdeutschen Netz, aus dem der Abnehmer seine Elektrizität bezieht. Fraglich ist jedoch, ob auch ein Netzbetreiber, dessen Netz vollständig in den alten Ländern belegen ist, den Zugang zu seinem Netz mittels der Braunkohleschutzklausel ablehnen kann, wenn sein Netz auf dem Weg vom Einspeisepunkt im Ausland oder in den alten Ländern zum Entnahmepunkt in den neuen Ländern in Anspruch genommen werden soll. Dies wäre beispielsweise dann der Fall, wenn Elektrizität der EdF aus Frankreich an einer Kuppelstelle in das vollständig in den alten Ländern belegene Netz der RWE Energie AG eingespeist würde, zeitgleich an einer entfernt liegenden Kuppelstelle von der PreussenElektra entnommen bzw. in deren Netz eingespeist würde, um letztlich über die weiteren Stationen des VEAG- und des Envia[413]-Netzes zu einem Abnehmer in Brandenburg geliefert werden soll. Kann sich in diesem Fall auch die RWE Energie AG auf die Braunkohleschutzklausel berufen? Fraglich ist, ob dies vom Wortlaut „zur Belieferung von Abnehmern in den Ländern" umfasst wird. Betrachtet man die „(Teil-) Durchleitung" durch das RWE-Netz, also vom Einspeisepunkt an der Kuppelstelle mit der EdF bis hin zur Entnahme an der Kuppelstelle mit der PreussenElektra,[414] als selbstständige Durchleitung, so könnte angenommen wer-

[413] Das Unternehmen Envia (Energie Sachsen Brandenburg AG) ist durch den Zusammenschluss von ESSAG, EVS AG und WESAG entstanden.

[414] Es sei nochmals darauf hingewiesen, dass es sich bei einer solchen Durchleitungsbeschreibung um eine Fiktion handelt. Da sich eingespeiste Elektrizität im Netz gemäß den jeweiligen Widerständen verteilt, kann diesem Strom

den, dass Zweck dieser Durchleitung allein der „Transport“ des Stroms bis zum Netz der PreussenElektra ist und damit nicht zur Belieferung eines Abnehmers in den neuen Ländern dient. Eine solche Sichtweise widerspräche aber dem Verständnis der Durchleitung bzw. des Netzzugangs. Allgemein wird unter Durchleitung (bzw. Netzzugang) die zeitgleiche Einspeisung an einem und die Entnahme an einem anderen räumlich entfernten Netzpunkt verstanden.[415] Dabei ist der Einspeisepunkt der Startort, der Entnahmepunkt das Ziel der Durchleitung. Im gewählten Beispiel ist der Einspeisepunkt der Ort, an dem die Elektrizität der EdF aus einem ihrer Kraftwerke in das Netz eingespeist wird. Diese Elektrizität soll zu dem Abnehmer in Brandenburg geleitet werden. Dies ist das Ziel, mithin der Entnahmepunkt. Die „Durchleitung“ beginnt also bei der EdF und endet beim Abnehmer in Brandenburg. Dies ist die Durchleitung wie sie sich auch aus Kundensicht darstellt. Für ihn wird der Strom aus Frankreich geliefert. Welche Teilstücke dafür in Anspruch genommen werden, ist unerheblich. Wenn Strom in das Netz der RWE Energie AG eingespeist wird und zeitgleich an einem räumlich entfernt liegenden Punkt entnommen wird, mag dies zwar eine Durchleitung darstellen. Da sie aber nur notwendiges Teilstück auf dem „Lieferweg“ ist, kann sie nicht als eigenständige Durchleitung angesehen werden, denn das Ziel dieser Durchleitung ist nicht die Kuppelstelle mit der PreussenElektra, sondern der Abnehmer in Brandenburg. Die Netze der westdeutschen Unternehmen sind lediglich notwendige Transportwege.

Aus der Notwendigkeit der westdeutschen Netze im gewählten Beispiel folgt jedoch, dass auch der Transit über diese Netze letztlich „zur Belieferung eines Abnehmers in den neuen Ländern“ dient. Daraus folgt wiederum, dass sich vom Wortlaut der Norm her auch die RWE Energie AG auf die Braunkohleschutzklausel berufen könnte. Verallgemeinert ist nach dem Wortlaut also jeder Netzbetreiber, dessen Netz in Deutschland belegen ist, berechtigt, den Zugang zu seinem Netz zu verweigern, wenn es um die Belieferung eines Abnehmers in den neuen Ländern geht und die restlichen Voraussetzungen gegeben sind.

Es stellt sich jedoch die Frage, ob tatsächlich jeder Netzbetreiber, dessen Netz in der BRD belegen ist und bei einer Durchleitung in die neuen Länder tangiert wird, sich auf die Braunkohleschutzklausel berufen können soll. Vor allem hinsichtlich der Netzbetreiber, deren Netze nicht in den neuen Ländern belegen sind und die auch keinerlei Verstromung ostdeutscher Braunkohle vornehmen, scheint ein solches Ergebnis fraglich. Denn, wenn es um die „spezifischen ostdeutschen Interessen“ geht, stellt sich die Frage, ob es Sinn und Zweck der Norm nicht widerspricht, wenn westdeutsche EVU unter Zuhilfenahme der Braunkohleschutzklausel Durchleitungen nach Ostdeutschland verweigern. Aber auch bezüglich der ostdeutschen Netzbetreiber stellt sich die Frage, ob jeder ostdeutsche Netzbetreiber den Zugang zu seinem Netz mittels Braunkohleschutzklausel verweigern kann oder ob der Tatbestand den Kreis der Verweigerungsberechtigten betreffend teleologisch reduziert werden muss.

Der grundsätzliche Zweck der Norm lässt sich schon ihrem Wortlaut entnehmen. Danach ist die Notwendigkeit einer ausreichenden Höhe der Verstromung ostdeutsche Braunkohle zu berücksichtigen. Die Braunkohleschutzklausel soll dafür Sorge tragen, dass ein ausreichend hoher Anteil ostdeutscher Braunkohle verstromt wird. Anhand der amtlichen Materialien und der parlamentarischen Beratungen lässt sich feststellen, dass die Norm einem doppelten Zweck dient. Zum einen soll die Norm dafür sorgen, die Versorgung mit heimischen Primärenergieträgern zu sichern. Das folgt vor allem aus der von der Bundesregierung zunächst gewählten Ermächtigungsgrundlage in der EG-Richtlinie. Die Bundesregierung stützte die Braunkohleschutzklausel ausdrücklich auf Art. 8 IV EG-Richtlinie.[416] Danach kann ein Mitgliedstaat bis zu einem Anteil von 15 % am kalen-

---

kein genauer Pfad zugeordnet werden. Physikalisch sind in einem solchen Fall sämtliche im westeuropäischen Verbund zusammengeschlossenen Netze betroffen.

[415] *Müller*, Handbuch der Elektrizitätswirtschaft, 1998, S. 82. Vgl. auch die Definition in den VV.

[416] BT-Drs. 13/7274, S. 35.

derjährlichen Gesamtstromverbrauch des Mitgliedstaates aus Gründen der Versorgungssicherheit Erzeugungsanlagen den Vorzug geben, die einheimische Primärenergieträger als Brennstoff einsetzen.[417] Auf den Zweck der Sicherung der Versorgung mit einheimischen Primärenergieträgern weist auch die Regierungsbegründung hin. Dort heißt es, dass der „Braunkohle, der für die sichere Energieversorgung in den neuen Ländern eine zentrale Bedeutung zukommt",[418] Rechnung getragen werden muss. Insgesamt verfolgte die damalige Bundesregierung den Weg, den sie mit ihrem energiepolitischen Gesamtkonzept für das vereinte Deutschland vom 11.12.1991 eingeschlagen hatte.[419] Schon damals hatte sich die Bundesregierung aus Gründen der Versorgungssicherheit für eine weitere Förderung und Verstromung der ostdeutschen Braunkohle entschieden.

Zum anderen folgt aus der Regierungsbegründung, dass zu „den spezifischen ostdeutschen Interessen", denen durch die Braunkohleschutzklausel Rechnung getragen werden soll, auch die „erheblichen Investitionen für Modernisierung und Neubau von Kraftwerken und Netzen" zählen.[420] Wie der Bundesrat in seiner Stellungnahme zum Regierungsentwurf verdeutlichte, haben die „in den neuen Ländern etablierten überregionalen, regionalen und kommunalen Versorgungsunternehmen [...] mit sehr hohen Investitionen in Stromerzeugungs- und Verteilungsanlagen in weit gehender Nutzung der ostdeutschen Braunkohle eine moderne, hohen Umweltstandards genügende Energieversorgung aufgebaut".[421] Dieser Auffassung folgte die Bundesregierung in ihrer Gegenäußerung zur Stellungnahme des Bundesrates.[422] Damit diese hohen Investitionen durch einen erneuten Strukturwandel und eine dadurch bedingte Abkehr von der Braunkohleverstromung nicht zu sog. „stranded investments" werden, soll mittels des Art. 4 § 3 NeuregelungsG die Förderung der Verstromung und damit ein Erhalt der Stromerzeugungs- und Verteilungsanlagen gesichert werden. Aber nicht nur die bereits getätigten, sondern auch die in Zukunft noch vorzunehmenden Investitionen werden durch die Braunkohleschutzklausel abgesichert. Denn dadurch, dass zumindest für eine gewisse Übergangsfrist – zunächst bis Ende 2003 – der ostdeutschen Braunkohle ein Sonderstatus eingeräumt wird, werden eventuelle Zweifel an der Fortführung der Braunkohleverstromung ausgeräumt. Bis zum Ablauf der Frist, die gem. Art. 4 § 3 II S. 2 NeuregelungsG bis zum 31.12.2005 verlängert werden kann, haben die ostdeutschen EVU die Möglichkeit, ihre Stromerzeugung und – verteilung wettbewerbsfähig auszugestalten, indem sie den Braunkohlekraftwerkpark ertüchtigen und erneuern und die bislang noch bestehenden Strompreisdisparitäten ausgleichen. Auch den Schutz der Investitionen in die ostdeutsche Braunkohleverstromung betreffend blieb die Bundesregierung ihrem energiepolitischen Gesamtkonzept von 1991 treu. Die Bundesregierung hatte damals auf die erheblichen Investitionen der VEAG in die Nachrüstung von acht 500 MW-Blöcken und den Neubau von vier 800 MW-Blöcken bis zum Jahr 2000 hingewiesen[423] und dies zum Anlass genommen, hinsichtlich der Einführung einer CO_2-Abgabe darauf Rücksicht zu nehmen. Sowohl der damalige als auch der jetzige Schutz der Investitionen in die Braunkohleförderung und – verstromung basiert nicht zuletzt darauf, dass die Investitionen auf Grund staatlicher Einflussnahme getätigt, sondern darüber hinaus sogar gefordert worden sind.

---

[417] Zur Frage, ob Art. 8 IV EG-Richtlinie als Ermächtigungsgrundlage für die vom Gesetzgeber gefasste Braunkohleschutzklausel herangezogen werden kann, vgl. 3. Teil B. VIII. 2. c) cc).

[418] BT-Drs. 13/7274, S. 35.

[419] Das energiepolitische Gesamtkonzept der Bundesregierung, Energiepolitik für das vereinte Deutschland, BT-Drs. 12/1799, Ziffer 28.

[420] BT-Drs. 13/7274, S. 35.

[421] BT-Drs. 13/7274, S. 28.

[422] BT-Drs. 13/7274, S. 35.

[423] Vgl. die Beiträge der *MdB Jung, Friedhoff und Müller* in der parlamentarischen Debatte, BT-Plenarprotokoll 13/208, S. 18973, 18979, 18989.

Der Schutz der Investitionen kommt auch arbeitsmarkt- und strukturpolitischen Interessen zugute. Die Investitionen bewirken ein Festhalten an der ostdeutschen Braunkohleverstromung. Dies garantiert darüber hinaus die Fortführung der ostdeutschen Braunkohleförderung. Die Braunkohleförderung ist seit der Wiedervereinigung vor allem wegen fehlender Nachfrage auf dem Wärme- und Elektrizitätsmarkt und wegen Umweltverträglichkeits- und Effizienzverbesserungsmaßnahmen an den Kraftwerken drastisch zurückgefahren worden.[424] Daraus resultierten enorme Probleme für die betroffenen Braunkohlegebiete hinsichtlich des Arbeitsmarktes.[425] Der Investitionsschutz ist letztlich der eigentliche Zweck der Norm. Ersichtlich wird dies daraus, dass die Bundesregierung in der Notifizierung der Braunkohleschutzklausel bei der EU-Kommission auf den Schutz der nach gesetzlichen und politischen Vorgaben errichteten neuen Braunkohlekraftwerke und die Ertüchtigung älterer Kraftwerke abgestellt hat. Vor allem jedoch innerhalb der parlamentarischen Debatte tritt deutlich hervor, dass die Schutzklausel hauptsächlich für den Schutz der Investitionen gedacht ist. In sämtlichen Redebeiträgen, die zur Braunkohleschutzklausel Stellung nehmen, wird nicht ein einziges Mal auf Belange der Versorgungssicherheit eingegangen.[426] Auf die „erheblichen Strukturinvestitionen"[427] der ostdeutschen Braunkohleunternehmen[428] und auf die Bedeutung, die diese Investitionen für den Wirtschaftsstandort Deutschland vor allem hinsichtlich des dortigen Arbeitsmarktes haben[429], wird dagegen häufig eingegangen. Schon allein daraus wird ersichtlich, dass die Übergangsklausel hauptsächlich dem Schutz der Investitionen dient.

Die Schutzklausel soll also eine ausreichende Verstromung von Braunkohle aus den genannten Ländern sichern, vorrangig um getätigte und noch zu tätigende Investitionen in Ertüchtigung und Ausbau des ostdeutschen Braunkohlekraftwerkparks zu schützen. Daraus folgt zweierlei: zum einen kann ein Durchleitungswunsch nur dann abgelehnt werden, wenn dadurch die als ausreichend anzusehende Menge an ostdeutschem Braunkohlestrom unterschritten wird. Dies setzt zwingend voraus, dass sich nur ein Unternehmen auf die Schutzklausel berufen kann, das ostdeutsche Braunkohle verstromt. Zum anderen folgt daraus, dass Investitionen, die im Vertrauen auf den Fortbestand der Braunkohleverstromung getätigt wurden, gefährdet sein müssen. Ist ein ostdeutsches EVU betroffen, das zwar ostdeutsche Braunkohle verstromt, aber keinerlei Investitionen getätigt hat, so kommt ihm der Schutzgedanke des Art. 4 § 3 NeuregelungsG nicht zugute. Sinn und Zweck der Norm ist es ja, über eine gewisse „Verstromungsgarantie" Investitionen zu schützen. Sind keine getätigt worden und hat sich das Unternehmen auch nicht für die Zukunft verbindlich verpflichtet, Investitionen zu tätigen, besteht kein Grund, das Unternehmen zu schützen. Anders herum ist es – zumindest im Rahmen der Braunkohleschutzklausel – uninteressant, ob ein Unternehmen Investitionen z.B. in eine GuD-Anlage getätigt hat, in der keine Braunkohle verstromt wird. Nach Sinn und Zweck der Norm sind die beiden Voraussetzungen, dass das Unternehmen ostdeutsche Braunkohle verstromt und Investitionen getätigt hat, kumulativ. Demnach fallen als mögliche Verweigerungsberechtigte auf jeden Fall sämtliche westdeutschen Netzbetreiber aus dem Anwendungsbereich der Norm heraus, da kein westdeutsches EVU ostdeutsche Braunkohle verstromt. Doch auch die meisten ostdeutschen Regional- und Kommunal-EVU können sich nach der hier vertretenen Auffassung

---

[424] *Büdenbender* (Fn. 129), Rechtsfragen, S. 92; Die Fördermenge sank im Lausitzer Revier seit 1989 um 69 %, im mitteldeutschen Revier um 84 %. Quelle: *Schiffer*, Energiemarkt Bundesrepublik Deutschland, 6. Aufl., 1997, S. 66.

[425] Allein im Braunkohletagebau sank die Zahl der Beschäftigten von 97.200 im Jahre 1991 auf 29.500 im Jahre 1997. Quelle: BMWi, Energiedaten 1997/1998; Statistisches Bundesamt.

[426] vgl. BT-Plenarprotokolle 13/169, S. 15216 – 15244 und 13/208, 13/208, S. 18966 – 18997.

[427] BT-Plenarprotokoll 13/169, S. 15217 (MdB Rexrodt).

[428] *MdB Jung* BT-Plenarprotokoll 13/169 („horrenden Investitionen"; „Investitionsruinen"); ders. BT-Plenarprotokoll 13/208, S. 18973 („beträchtliche Investitionen in den Braunkohletagebau und in die Kraftwerkssanierung"); *MdB Friedhoff* BT-Plenarprotokoll 13(208, S. 18979 („Investitionen zu sichern, die in erheblichem Umfang..."); *MdB Müller* BT-Plenarprotokoll 13/208, S. 18989f. („Investitionsprogramm"; „Kapitalvernichtung").

[429] *MdB Müller* (Fn. 423).

nicht auf die Schutzklausel berufen. Auf kommunaler Ebene verstromen nur sehr wenige EVU ostdeutsche Braunkohle.[430] Regionalversorger, die über Braunkohlekraftwerke verfügen, sind die ESAG mit einem Kraftwerk in Bautzen mit einer installierten Brutto-Leistung von 35 MW sowie die Envia mit einer aktuellen installierten Brutto-Leistung von 50 MW am Standort Guben.[431] Voraussichtlich kommen bei der Envia in den Jahren 1999 und 2000 noch zwei Kraftwerke mit einer installierten Brutto-Leistung von insgesamt 147 MW hinzu.[432] Ferner verstromt die Bewag ostdeutsche Braunkohle in ihrem Kraftwerk in Berlin-Klingenberg. Ob diese Unternehmen sich überhaupt auf die Braunkohleschutzklausel berufen können, hängt aber noch davon ab, ob sie Investitionen zur Ertüchtigung bzw. Erweiterung ihres Braunkohlekraftwerkparks getätigt haben. Unzweifelhaft hat dagegen die VEAG Investitionen in den Fortbestand der ostdeutschen Braunkohleverstromung vorgenommen. Zu nennen ist hier vor allem das 20-Mrd.-DM-Projekt der VEAG in die Nachrüstung von acht 500-MW-Blöcken und in den Neubau von vier 500-MW-Blöcken bis zum Jahr 2000. 1997 hatte die VEAG einen Verbrauch von 54 Mio. t ostdeutscher Braunkohle, die sie in ihren 5 Braunkohlekraftwerken verstromte. 2 ½ Braunkohlekraftwerke befinden sich noch im Bau. Die VEAG erfüllt somit grundsätzlich die Vorgaben, um sich auf die Braunkohleschutzklausel berufen zu können.

Zusammengefasst bedeutet dies, dass der weit gefasste Wortlaut, nach dem sich theoretisch jeder Netzbetreiber in Deutschland auf die Braunkohleschutzklausel berufen kann, nach Sinn und Zweck der Norm teleologisch reduziert werden muss. Auf die Braunkohleschutzklausel können sich nur ostdeutsche EVU berufen, die selbst ostdeutsche Braunkohle verstromen und die Investitionen in dem Vertrauen auf den Fortbestand der ostdeutschen Braunkohleverstromung in die Ertüchtigung bzw. Erweiterung ihres Braunkohlekraftwerkparks getätigt haben. Dies ist vor allem die VEAG.

Fraglich ist jedoch noch, ob die Braunkohleschutzklausel in Bezug auf die Frage, wer sich auf die Schutzklausel berufen kann, den Vorgaben der Richtlinie 96/92/EG entspricht. Es bedarf zusätzlich einer richtlinienkonformen Auslegung. Die Regelungen über den Netzzugang, die zu den zentralen Bestimmungen der Richtlinie gehören, sind in Kapitel VII der EG-Richtlinie normiert. Als einzigen Grund, den Netzzugang verweigern zu können, gibt die EG-Richtlinie in Art. 17 V den Kapazitätsmangel an. Eine spezielle Ermächtigung zum Erlass eines Verweigerungsgrundes zum Schutze einheimischer Primärenergieträger ist nicht vorgesehen. Gem. Art. 24 EG-Richtlinie kann jedoch eine Übergangsregelung beantragt werden, die Ausnahmeregelungen u.a. auch zu Kapitel VII der EG-Richtlinie enthalten kann. Die Bundesregierung hat in ihrer Notifizierung vom 12. Februar 1998 ausdrücklich eine Übergangsregelung gemäß Art. 24 EG-Richtlinie beantragt. Gem. Art. 24 der RL 96/92/EG können Mitgliedstaaten, in denen auf Grund der Bestimmungen dieser Richtlinie vor Inkrafttreten dieser Richtlinie auferlegte Verpflichtungen oder erteilte Betriebsgarantien möglicherweise nicht erfüllt werden, eine Übergangsregelung beantragen, die ihnen unter anderem unter Berücksichtigung der Dimension des betreffenden Systems, des Verbundgrads des Systems und der Struktur seiner Elektrizitätsindustrie gewährt werden kann.

Absolut zwingend für die Gewährung einer beantragten Übergangsregelung gem. Art. 24 I EG-Richtlinie ist, dass der beantragende Mitgliedstaat vor dem 20. Februar 1997 Verpflichtungen aufer-

---

[430] Beispielsweise die Stadtwerke Chemnitz (installierte Brutto-Leistung: 130 MW), Dessau (34 MW) und Frankfurt/Oder (76 MW). Quelle: Angaben der Unternehmen. DEBRIV.

[431] Unrichtig ist insoweit die Prämisse der EG-Kommission. Die Kommission meint, dass kein ostdeutscher Regionalversorger Braunkohle verstromt. Vgl. „Entscheidung der Kommission vom 08. Juli 1999 über den Antrag Deutschlands auf eine Übergangsregelung gemäß Artikel 24 der Richtlinie 96/92/EG des Europäischen Parlaments und des Rates betreffend gemeinsame Vorschriften für den Elektrizitätsbinnenmarkt" – K(1999) 1551 endg./4 – DE, S. 13, Rn, 52. Gemeint ist wohl, dass keine nennenswerte Verstromung stattfindet. Auf die Belange kommunaler Netzbetreiber geht die Kommission gar nicht ein.

[432] Das Kraftwerk in Cottbus mit einer installierten Brutto-Leistung von 110 MW befindet sich derzeit im Probebetrieb. Im Kraftwerk Guben sollen im Jahre 2000 weitere 37 MW Brutto-Leistung installiert sein. Quelle: Angaben des Unternehmens.

legt hat bzw. Betriebsgarantien abgegeben hat, die auf Grund von Bestimmungen der Richtlinie 96/92/EG u.U. nicht erfüllt werden können. Mit den Stromverträgen vom August 1990,[433] an denen der Staat zumindest mittelbar in Form der Treuhandanstalt beteiligt war, wurde der VEAG eine Investitionsverpflichtung auferlegt. Die VEAG hat nicht nur die Produktions- und Übertragungsanlagen übernommen, sondern hat auch die Verpflichtung auf sich genommen, ein Investitionsprogramm zur Modernisierung des Braunkohlesektors mit einem Volumen von 20 Mrd. DM durchzuführen. Hinsichtlich dieses Investitionsprogramms wurde von einer langfristig garantierten Mindestabnahme von Elektrizität ausgegangen, was zu einer Amortisierung der Investitionen führen sollte. Aus diesem Grunde wurden Stromlieferungsverträge mit den regionalen Verteilerunternehmen mit einer Laufzeit von 20 Jahren abgeschlossen, in denen sich diese verpflichten mussten, 70 % ihres Strombedarfs bei der VEAG zu beziehen. Daraus ergibt sich, dass die VEAG im Jahre 1990 die Investitionsverpflichtung mit einem Volumen von 20 Mrd. DM auf der Basis der Stromlieferverträge mit einer Laufzeit von 20 Jahren übernahm. Die Stromlieferverträge beruhten auf dem – vor Inkrafttreten der EG-Richtlinie – bestehenden System der Versorgung abhängiger Kunden durch einen Monopolisten. Insoweit ist festzuhalten, dass die Investitionsverpflichtung der VEAG eine Verpflichtung im Sinne des Art. 24 I EG-Richtlinie darstellt. Da die Verpflichtung in den Stromverträgen vom August 1990 bestimmt wurde, ist sie auch vor Inkrafttreten der EG-Richtlinie auferlegt worden. Das Inkrafttreten der Richtlinie muss zusätzlich aber noch ursächlich für die Nichterfüllbarkeit der Investitionsverpflichtung sein. Da aus ostdeutscher Braunkohle erzeugte Elektrizität – insbesondere wegen der Investitionsverpflichtung der VEAG, die wegen des Modernisierungsbedarfs von Nöten war – teurer sein wird als anderweitig erzeugter Strom, werden die regionalen Verteilerunternehmen, die auf Grund der Verträge von 1990 verpflichtet sind, 70 % ihres Strombedarfs bei der VEAG zu beziehen, weniger Strom abnehmen, weil viele zugelassene Kunden zu anderen, günstigeren Anbietern wechseln werden. Die von der VEAG abgesetzte Strommenge wird sich dadurch reduzieren. Die Investitionsverpflichtung der VEAG bleibt jedoch bestehen. Es besteht daher die Gefahr, dass eine Amortisierung der Investitionen bei einem Absatzrückgang nicht zu erreichen ist. Der durch die Richtlinie eingeführte liberalisierte Strommarkt gefährdet insoweit die der VEAG auferlegte Verpflichtung, da die VEAG durch die vollständige Liberalisierung möglicherweise nicht mehr in der Lage ist, ihrer Verpflichtung nachzukommen. Der erforderliche Kausalzusammenhang zwischen Inkrafttreten der Richtlinie und der Erfüllung der vor Inkrafttreten der Richtlinie auferlegten Verpflichtung ist demnach hinsichtlich der VEAG gegeben. Die Grundvoraussetzungen, die vorliegen müssen, um eine Übergangsregelung nach Art. 24 EG-Richtlinie beantragen zu können, liegen mithin bezüglich der VEAG vor. Anderen Unternehmen als der VEAG wurden keine Verpflichtungen auferlegt oder Betriebsgarantien gegeben. Zwar mögen auch andere Unternehmen in Ansehung ihrer maroden Kraftwerke Investitionen getätigt haben, die u.U. auch der Verstromung ostdeutscher Braunkohle zugute kommen. Investition, die auf Grund wirtschaftlicher Überlegungen von den Unternehmen auf letztlich freiwilliger Basis getätigt wurden, unterfallen nicht dem Schutz durch eine Übergangsregelung nach Art. 24 RL 96/92/EG. Geschützt werden können nur „auferlegte Verpflichtungen". Allein der VEAG wurden bezüglich zu machender Investitionen Verpflichtungen auferlegt.

Die richtlinienkonforme Auslegung ergibt mithin, dass sich andere ostdeutsche Unternehmen außer der VEAG nicht auf die Braunkohleschutzklausel berufen können. Insoweit mangelt es an auferlegten Verpflichtungen durch den Staat. Dies ist aber zwingendes Erfordernis, um eine Übergangsregel gem. Art. 24 RL 96/92/EG bewilligt zu bekommen. Im Zusammenhang mit Art. 4 § 3 NeuregelungsG ist die VEAG das einziges verweigerungsberechtigte Unternehmen. Sie ist das einzige Unternehmen, welches ostdeutsche Braunkohle verstromt und dem Investitionsverpflichtungen durch den Staat auferlegt wurden.

---

[433] Zur Geschichte und zum Inhalt der Stromverträge vgl. auch *Harms*, Zwischen Privatisierung, Wettbewerb und Kommunalisierung, Bd. 8, 1992, S. 42 ff.

Insofern muss das nach der teleologischen Auslegung gefundene Ergebnis, dass sich nur ostdeutsche Unternehmen, welche selbst ostdeutsche Braunkohle verstromen und Investitionen im Vertrauen auf den Fortbestand der ostdeutschen Braunkohleverstromung getätigt haben, in richtlinienkonformer Auslegung weiter eingeschränkt werden. Investitionen, die auf Grund der eigenen unternehmerischen Einschätzung als sinnvoll erachtet wurden und deshalb in die Braunkohleverstromung getätigt wurden, werden nicht berücksichtigt. Es muss sich vielmehr um Investitionen handeln, die auf Grund staatlicher Verpflichtungen gemacht wurden. Auf Grund staatlicher Verpflichtungen hat jedoch nur die VEAG in die Modernisierung und Erweiterung ihres Kraftwerksparks investiert. Nur sie kann sich daher auf die Braunkohleschutzklausel berufen.

(2) Abnehmer in den Ländern

(a) In Berlin, Brandenburg, Mecklenburg-Vorpommern, Sachsen, Sachsen-Anhalt und Thüringen

Eine Durchleitungsverweigerung kann durch die VEAG[434] nur auf Art. 4 § 3 NeuregelungsG gestützt werden, wenn das Ziel der Durchleitung ein Abnehmer in den Ländern „Berlin, Brandenburg, Mecklenburg-Vorpommern, Sachsen, Sachsen-Anhalt und Thüringen" ist. Der Entnahmepunkt muss also in einem der genannten Länder liegen.

Der Wortlaut der Norm ist hinsichtlich des räumlichen Anwendungsbereichs eindeutig. Liegt der Entnahmepunkt einer Durchleitung in einem der genannten Länder und sind die übrigen Voraussetzungen gegeben, so kann sich die VEAG auf die Braunkohleschutzklausel berufen. Andere Deutungen des Wortlauts scheiden aus.

Zweifel an einem derartig weiten Anwendungsbereich ergeben sich jedoch aus der Auslegung der Norm nach Sinn und Zweck. Insbesondere erscheint es fraglich, dass das Gebiet des ehemalige West-Berlins in den Anwendungsbereich der Norm fällt.[435] Die Schutzklausel dient vor allem der Sicherung einer ausreichenden Höhe der Verstromung ostdeutscher Braunkohle, um die Investitionen der VEAG in den Fortbestand dieser Stromerzeugung zu sichern. Dabei wählt der Gesetzgeber das Mittel einer räumlichen Abgrenzung. Der Schutz ist beschränkt auf Braunkohle aus und Abnehmer in den neuen Bundesländern und Berlin.[436] Hierbei handelt es sich um das bisherige geschlossene Versorgungsgebiet der VEAG als dem einzigen ostdeutschen Verbundunternehmen. Da der Schutz auch nur zu Gunsten der VEAG ausgestaltet ist, soll er auf das „Braunkohleverstromungsgebiet" der VEAG beschränkt bleiben. Gerade diesbezüglich bestehen aber Zweifel hinsichtlich der Mitberücksichtigung von West-Berlin. Fraglich ist mithin, ob der Anwendungsbereich der Norm nicht auf die neuen Bundesländer und das ehemalige Ost-Berlin beschränkt werden muss.

Für eine solche Auslegung spricht, dass in West-Berlin eine Braunkohleverstromung niemals stattgefunden hat. In der Nacht vom 4. auf den 5. März 1952 waren Ost- und Westnetz voneinander getrennt worden, wodurch das westberliner Netz zur Strominsel wurde, d.h., dass das Netz West-Berlins mit keinem anderen Netz mehr verbunden war, sodass die Erzeugung und Verteilung der Elektrizität mangels Möglichkeit eines Strombezugs von außerhalb ausnahmslos vom dortigen

[434] Nach der hier vertretenen Auffassung kann sich nur die VEAG auf Art. 4 § 3 NeuregelungsG berufen. Vgl. 3. Teil B. VIII 2. c) aa) (1).

[435] *Büdenbender* (Fn 126), Schwerpunkte, Rn. 201 ist der Auffassung, dass der Tatbestand auf Ost-Berlin beschränkt werden müsse, da in West-Berlin vor der Wiedervereinigung keine Braunkohle verstromt wurde.

[436] *Harms* (Fn. 164), S. 175.

EVU – der Berliner Kraft- und Licht-AG (Bewag) – vorgenommen werden musste.[437] In keinem der den Westen Berlins versorgenden Kraftwerke der Bewag wurde in der Zeit des Inselbetriebs Braunkohle verstromt. Dementsprechend wurden dort auch keine Investitionen in veraltete Braunkohlekraftwerke getätigt. Insofern könnte angenommen werden, dass in Bezug auf West-Berlin keine Notwendigkeit besteht, eine ausreichende Verstromung ostdeutscher Braunkohle aufrecht zu erhalten. Aus Gründen des Bestandsschutzes ostdeutscher Braunkohleverstromung besteht in West-Berlin, da nie existent, also keine Veranlassung zum Schutz ostdeutscher Braunkohleverstromung. Demzufolge käme eine Anwendung der Braunkohleschutzklausel nicht in Frage, wenn die Durchleitung zur Belieferung eines Abnehmers in West-Berlin begehrt würde.[438]

Dieses Ergebnis kann auch durch die Auswertung der Gesetzesmaterialien gestützt werden. In diesen wird in Bezug auf die Braunkohleschutzklausel immer nur von den neuen Ländern ohne besondere Erwähnung Berlins gesprochen.[439] Mit der Braunkohleschutzklausel soll den „besonderen Interessen der neuen Bundesländer Rechnung getragen werden".[440] Diese Vorgehensweise wird auch bei der Überschrift der Norm fortgesetzt. Die Übergangsregelung des Art. 4 § 3 NeuregelungsG ist überschrieben mit dem Titel „Neue Länder". Berlin – zumindest West-Berlin – gilt im Allgemeinen aber nicht als „neues" Land. Vielmehr ist „Neue Länder" die gängige Bezeichnung für die Länder des Beitrittsgebiets ohne Berlin.[441] Mit der Bezeichnung „Neue Länder" sind damit grundsätzlich nur die Länder Brandenburg, Mecklenburg-Vorpommern, Sachsen, Sachsen-Anhalt und Thüringen gemeint. Danach würde Berlin allerdings in toto nicht in den Anwendungsbereich fallen. Dem allgemeinen Verständnis nach gilt jedoch zumindest Ost-Berlin als „neu".

Gegen eine Qualifizierung Berlins als „neues" Land und damit gegen eine Einbeziehung in den Tatbestand könnte auch die politische Historie Berlins sprechen. Denn Berlin – zumindest West-Berlin – war ein Land der durch das GG organisierten Bundesrepublik, wenn es auch eine verfassungsrechtliche Sonderstellung innehatte.[442] Die verfassungsrechtliche Sonderstellung resultierte aus dem Genehmigungsschreiben der westlichen Militärgouverneure zum GG vom 12. Mai 1949, welches den Vorbehalt enthielt, dass Berlin keine abstimmungsberechtigte Mitgliedschaft im Bundestag und im Bundesrat erhält und auch nicht durch den Bund regiert wird. Daraus folgte, dass Berlin zwar Vertreter in die Bundesorgane entsandte; sie hatten aber kein Stimmrecht bei rechtsgestaltenden Abstimmungen oder solchen mit Außenwirkung. Ferner folgte aus dem Vorbehalt, dass vom Bundestag beschlossenen Gesetze, die für Berlin gelten sollten, mit einer „Berlinklausel" versehen wurden und erst durch die ausdrückliche Übernahme durch die gesetzgebende Körperschaft Berlins dort in Kraft traten. Wenn auch mit Einschränkungen, so zeigt sich doch, dass zumindest West-Berlin eine starke Verbindung zur Bundesrepublik hatte. Eine Verwaltung Berlins durch Bundesbehörden fand zwar nicht statt. Auch das BVerfG war grundsätzlich nicht für Berlin zuständig. Auch hier zeigte sich aber eine Verbindung zur Bundesrepublik, indem das BVerfG bei der Prüfung, ob eine in Berlin ergangene und nach Bundesrecht zu beurteilende Entscheidung mit diesem vereinbar war oder ein in Berlin ergangener Verwaltungsakt mit Bundesrecht übereinstimmte, durchaus entscheiden konnte.[443] So betrachtet wäre zumindest West-Berlin kein „neues" Land.

---

[437] Zur Geschichte der Stromversorgung Berlins von der Netztrennung bis heute, BEWAG (Hrsg.), Strom für Berlin – Von der Inselversorgung zum Verbund.

[438] So *Büdenbender* (Fn. 126), Schwerpunkte, Rn. 201.

[439] Vgl. BT-Drs. 13/7274, S. 28, 35, 38 sowie BT-Drs. 13/9211, S. 3 - 5.

[440] BT-Drs. 13/7274, S. 38.

[441] *Creifelds*, Rechtswörterbuch, 16. Auflage 2000, S. 860 „Neue Länder".

[442] Zur Sonderstellung Berlins vgl. *Stern*, Das Staatsrecht der Bundesrepublik Deutschland, 2. Aufl., Bd. 1, S. 241 ff.; Einen kurzen Überblick verschafft *Creifelds* Rechtswörterbuch (Fn. 441), S. 252, „Bundesrepublik Deutschland".

[443] Sog. „Berliner Sachen", vgl. BVerfG Entsch. v. 20. Januar 1966 BVerfGE 19, 377.

Demgegenüber ist festzuhalten, dass es bei dem Investitionsschutz durch die Braunkohleschutzklausel nicht allgemein um den Schutz von Braunkohleverstromung geht. Vielmehr soll die Braunkohleverstromung der VEAG geschützt werden.[444] Dabei muss eine „ausreichende Höhe" der Braunkohleverstromung durch die VEAG Gewähr leistet sein.[445] Bei der Betrachtung, ob die Verweigerung eines Zugangsbegehrens durch die VEAG auf Grund Art. 4 § 3 NeuregelungsG rechtmäßig war, ist eine „Gesamtbetrachtung [...] geboten, in die alle vereinbarten sowie die beantragten Durchleitungen einzubeziehen sind."[446] Das bedeutet, dass zu betrachten ist, wie hoch der „Level" der VEAG-Braunkohleverstromung ist. Auf Grund des Wettbewerbs innerhalb der Elektrizitätswirtschaft wird es zu Verschiebungen bei den von der VEAG belieferten Kunden kommen. Auf der einen Seite wird sie Kunden an andere Versorger verlieren. Dies bedingt ein Sinken des VEAG-Braunkohlestroms. Auf der anderen Seite kann die VEAG diese Verluste durch Akquisition neuer Kunden ausgleichen. Es ist gut möglich, dass unter den neuakquirierten Kunden sich auch welche befinden, die in West-Berlin ansässig sind. Die Wahrscheinlichkeit, gerade in West-Berlin Kunden zu erreichen, ist deshalb so groß, weil Berlin vom Gebiet der VEAG eingeschlossen wird. Dieses Gebiet umfasst die Länder Brandenburg, Mecklenburg-Vorpommern, Sachsen, Sachsen-Anhalt und Thüringen. Das Land Berlin liegt inmitten dieses Gebietes, nämlich in Brandenburg. Das Netz der Bewag ist von einem 220-kV-Doppelleitungsring der VEAG umgeben. Es wird durch das Netz der VEAG überlagert.[447] Das Netzkonzept für Ost-Berlin war insgesamt auf verstärkte Fremdeinspeisung aus dem umgebenden Verbundnetz des Kombinats Verbundnetze Energie, das später in der VEAG aufging, ausgerichtet.[448] Durch den Neugewinn von Kunden aus dem Westen Berlins würde der Anteil des VEAG-Braunkohlestroms wieder ansteigen. Durchleitungen in das Netz der Bewag, das Berlin versorgende EVU, sind zukünftig auf zwei Arten möglich: entweder wird die der Bewag gehörende 380-kV-Verbundnetzanbindung Wolmirstedt/Teufelsbruch/Reuter genutzt[449] oder die Einspeisung erfolgt über das VEAG-Netz in das Netz West-Berlins. Dies zeigt, dass zukünftig viele Durchleitungsbegehren zur Belieferung von Abnehmern in Berlin das Netz der VEAG beanspruchen werden. Haben diese Durchleitungsbegehren letztlich einen Abnehmer zum Ziel, der mit VEAG-Braunkohlestrom beliefert wird, hätte dies ein Absinken des Levels zur Folge. Aus diesem Grunde muss der Schutz des Art. 4 § 3 NeuregelungsG auch Durchleitungen umfassen, die die Belieferung von Abnehmern in Berlin bezwecken, gleich ob sie in West- oder in Ost-Berlin ansässig sind. Es kommt insoweit nicht darauf an, ob früher Braunkohle in West-Berlin verstromt wurde, sondern darauf, dass zukünftig VEAG-Braunkohlestrom auch in West-Berlin verdrängt werden kann.

Für die Ansicht, Berlin in toto als „neues Land" anzusehen und damit in den Anwendungsbereich der Norm fallen zu lassen, finden sich weitere Argumente. In politisch-historischer Hinsicht gab es auch durchaus Argumente, die gegen eine Zugehörigkeit selbst West-Berlins zur Bundesrepublik sprachen. So galt zwar seit dem 1. Oktober 1950 gem. § 1 III der Berliner Verfassung, dass Berlin ein Land der Bundesrepublik war. Bis zur neuen Verfassung, der die Bevölkerung von Berlin in der Volksabstimmung vom 22. Oktober 1995 zustimmte, galt diese Aussage allerdings nur dann, wenn der Anwendung des Grundgesetzes in Berlin keine Beschränkungen mehr entgegenstehen. Diese Voraussetzung wurde mit Kapitel II Art. 3 Einigungsvertrag erfüllt, wonach das GG u.a. in dem Teil des Landes Berlin gilt, in dem es bislang nicht galt. Erst seit dem Einigungsvertrag ist das vereinigte Berlin unstreitig ein Land der Bundesrepublik. Bis dahin war umstritten, ob West-Berlin

[444] Vgl. zur Problematik, wer sich auf die Klausel berufen kann 3. Teil B. VIII. 2. c) aa) (1).

[445] Vgl. zur „ausreichenden Höhe" 3. Teil B. VIII. 2. c) aa) (3).

[446] BT-Drs. 13/9211, S. 26.

[447] *Raskop/Starzynski*, Studien für das elektrische Verbundnetz der Bewag, EW 94 (1995), S. 418 (419).

[448] *Raskop/Starzynski* (Fn. 447). S. 418.

[449] Diese Verbindung wird aber von der Bewag „verteidigt", indem sie den Zugang aus Kapazitätsgründen verweigert. Vgl. BKartA (Fn. 194).

ein Land der Bundesrepublik war, vor allem nachdem die drei alliierten Westmächte im Berlin-Abkommen vom 03. September 1971 bestätigten, dass West-Berlin kein konstitutiver Teil der Bundesrepublik sei und nicht vom Bund regiert werden dürfe.[450] Ost-Berlin war durch die Teilung der Einflussnahme durch die Bundesrepublik entzogen und war Hauptstadt der DDR, die nach der Zweistaatentheorie neben der Bundesrepublik selbstständiger Staat auf dem Gebiet des ehemaligen Deutschen Reichs war.[451]

Über den politischen Status Berlins ist jahrzehntelang gestritten worden. Dieser Streit ist mittlerweile von der Geschichte eingeholt worden. Mit der Wiedervereinigung Deutschlands am 3. Oktober 1990 ist Berlin nunmehr eindeutig ein Land der Bundesrepublik Deutschland.[452] Der Blick auf die historische Sonderrolle Berlins zeigt, dass zumindest Ost-Berlin als „neues" Land bezeichnet werden kann. Aber auch das Berlin wie es sich heute darstellt kann durchaus als „neu" bezeichnet werden. Denn erst seit der Wiedervereinigung umfasst Berlin sämtliche 23 Bezirke und ist in dieser Gestalt ein Land der BRD. Da es dieses Land in dieser Form erst wieder seit der Wiedervereinigung gibt, ist Gesamt-Berlin durchaus als „neues" Land zu sehen.

Parallel mit der Wiedervereinigung wurde auch die seit März 1952 getrennte elektrische Versorgung der Stadt wieder vereinigt. Mit den Stromverträgen vom August 1990 wurde der Bewag die Umstrukturierung des ostdeutschen EVU – der EBAG – übertragen. Die EBAG war aus dem VEB Energiekombinat (EKB) hervorgegangen. Nach der Wiedervereinigung schloss die Bewag einen Kaufvertrag mit der Treuhandanstalt und übernahm die Aktien der EBAG. Für die Aktien war letztlich kein Kaufpreis zu entrichten, da die Rückübertragungsansprüche der Bewag nach dem Vermögensgesetz voll anerkannt wurden. Im Februar 1994 verschmolzen Bewag und EBAG mit Wirkung zum 1. Juli 1993. Aus technischen und wirtschaftlichen Gründen wurde der ehemalige Betrieb der EBAG unter der Bezeichnung Energieversorgung Berlin (EVB) vorübergehend als Zweigniederlassung der Bewag fortgeführt. Seit der Integration der EVB in den Stammbetrieb am 1. Januar 1996 ist wieder eine Bewag für die Strom- und Wärmeversorgung Berlins zuständig. Auch die Netze von Ost- und Westteil sind inzwischen wieder verbunden. Seit dem 1. September 1992 besteht eine 110 kV-Verbindung. Eine 380 kV-Ost-West-Diagonale durch die Lastschwerpunkte der Stadt im Jahr 2000 fertig gestellt sein. Eine Teilung Berlins liegt mittlerweile weder in elektrizitätswirtschaftlicher noch in politischer Hinsicht mehr vor. Daher wäre es auch unangebracht, in einem nach der Wiedervereinigung erlassenen Gesetz, einen Berlin erfassenden Anwendungsbereich nur auf den einen oder den anderen Teil zu beschränken. Dafür spricht auch, dass West-Berlin beispielsweise durch das Berlinförderungsgesetz[453] vom 2. Februar 1990 (ausgelaufen am 31. Dezember 1994) in die Förderung für die neuen Länder einbezogen wurde. Hieran zeigt sich, dass – betrifft ein Sachverhalt den Ost- oder den Westteil der Stadt – Berlin als Ganzes betroffen ist. Es erfolgt keine Trennung der Stadt durch einen gesetzlichen Tatbestand, die es realiter nicht mehr gibt. Daraus folgt, dass Berlin zu recht in den Anwendungsbereich der Norm fällt. Da das heutige Berlin als „neues" Land anzusehen ist und zwischen Ost- und West-Berlin weder in elektrizitätswirtschaftlicher noch in politischer Hinsicht mehr unterschieden wird und von der VEAG durch Braunkohleverbrennung erzeugter Strom in Berlin abgesetzt wird, fällt Berlin zu recht in Gänze in den Anwendungsbereich der Norm. Dieser Betrachtung steht die EG-Richtlinie nicht entgegen. Eine teleologische Reduktion auf die Länder Brandenburg, Mecklenburg-Vorpommern, Sachsen, Sachsen-Anhalt und Thüringen ist nicht sachgemäß.

---

[450] *Stern* (Fn. 442), S. 241; *Creifelds* (Fn. 441), S. 178 „Berlin".

[451] Vgl. zur Zweistaatentheorie *Rauschning*, Die Wiedervereinigung vor dem Hintergrund der Rechtslage Deutschlands, JuS 1991, S. 977 (978).

[452] Siehe S. 2 der Präambel zum GG.

[453] BGBl. I 173.

(b) Abnehmer

Auch hinsichtlich der Abnehmer, zu denen die Durchleitung stattfinden soll, beinhaltet der Tatbestand des Art. 4 § 3 NeuregelungsG keinerlei Einschränkungen. Nach dem Wortlaut der Norm muss es sich lediglich um die „Belieferung von Abnehmern in den Ländern..." handeln. Vom Wortlaut umfasst sind demnach sämtliche nur denkbare Bezieher. Ob es sich bei dem Abnehmer um einen Endverbraucher oder um einen in Ostdeutschland ansässigen Stromhändler handelt, der den durchzuleitenden Strom weiterverkaufen will, ist ohne Belang. Es macht auch keinen Unterschied, ob es sich bei dem Abnehmer um einen Privatkunden mit einem relativ geringen Verbrauch oder um einen Industriekunden mit einem Verbrauch im dreistelligen GWh-Bereich handelt. Es muss sich nur um einen Abnehmer in den aufgezählten Ländern handeln. Auch hinsichtlich des Abnehmerkreises ist die Norm sehr weit gefasst. Es stellt sich daher auch hier die Frage, ob die Norm diesbezüglich nicht nach Sinn und Zweck reduziert werden muss.

Art. 4 § 3 NeuregelungsG schützt die Investitionen der VEAG in die Braunkohleverstromung, indem der VEAG ein ausreichender Absatz ihres Braunkohlestroms zugesichert wird. Der Investitionsschutz ist umso eher Gewähr leistet, desto weiter die Verweigerungsberechtigung der VEAG geht. Aus diesem Grunde würde der Zweck der Norm am besten erfüllt, wenn der vom Wortlaut her weite Anwendungsbereich hinsichtlich des Abnehmerkreises nicht eingeschränkt würde. Diesbezüglich muss die Norm aber im Gesamtkontext des NeuregelungsG betrachtet werden. Das NeuregelungsG dient der Umsetzung der EG-Richtlinie. Durch das Gesetz soll Wettbewerb auch für den Energiemarkt, insbesondere für den Elektrizitätsmarkt eingeführt werden. Zu diesem Zweck führt das NeuregelungsG in Art. 1 § 6 einen Durchleitungstatbestand als zentrales Mittel zur Ermöglichung von Wettbewerb in der leitungsgebundenen Elektrizitätsversorgung ein. Durch Art. 2 des NeuregelungsG wird nach § 103 a GWB der § 103 b GWB eingeführt, wonach die §§ 103 und 103 a GWB auf die Versorgung mit Elektrizität und Gas nicht mehr anzuwenden sind. Die damit erreichte Abschaffung der gesetzlichen Freistellung für horizontale sowie vertikale Vereinbarungen ist ebenfalls ein Kernelement der Reform des Ordnungsrahmens für Strom und Gas. Neben Art. 1 § 6 III NeuregelungsG für KWK-Anlagen und solchen zur Nutzung erneuerbarer Energien enthält auch Art. 4 § 3 NeuregelungsG eine besondere Schutzklausel, die eine spezielle Art der Elektrizitätserzeugung vor den Auswirkungen des Wettbewerbs schützen soll. Wie bereits dargestellt ist der Zugang zu den Netzen des Betreibers die Regel und die Ablehnung soll nur ausnahmsweise zur Anwendung kommen. Dies gilt für alle Verweigerungsgründe gleichermaßen und somit auch für die Braunkohleschutzklausel.[454] Daher darf auch die Braunkohleschutzklausel nicht dahingehend missverstanden werden, dass sämtliche Durchleitungsbegehren, die an die VEAG gerichtet sind, um einen Abnehmer in Ostdeutschland zu beliefern, abgelehnt werden dürfen.[455] Mit Art. 4 § 3 NeuregelungsG soll der Wettbewerb zu Gunsten der Braunkohle beschränkt, aber nicht ausgeschlossen werden. Ausgeschlossen werden soll der Wettbewerb schon deshalb nicht, um die bestehenden Strompreisdifferenzen zwischen Ost und West möglichst schnell abzubauen.[456] Wird der VEAG auf Grund der Braunkohleschutzklausel ermöglicht, jeden Antrag auf Netzzugang systematisch abzulehnen, bestünde für sie kein Anlass, ihre Strompreise zu senken.[457] Mangels Marktdrucks würde sich Wettbewerb im Gebiet der VEAG kaum entwickeln. Die einzige Möglichkeit wären Einspeisungen, die direkt in das Mittel- oder Niederspannungsnetz regionaler EVU getätigt würden und somit nicht über das VEAG-Übertragungsnetz geleitet würden. Quantitativ dürften solche Durchleitungen jedoch eher eine untergeordnete Rolle spielen. Außerdem übten auch diese Durchleitungen kaum Druck auf die VEAG aus. Der Wettbewerbsdruck ist aber nötig, um die

---

[454] A.A. EnWG 1998, Erläuterungen-*Metzenthin* , Art. 4, § 3 Anm. 6.

[455] Das Netz der VEAG steht für Durchleitungen von Strom aber de facto nicht zur Verfügung.

[456] BT-Drs. 13/9211, S. 3-5.

[457] Vgl. auch EG-Kommission (Fn. 431), S. 15.

Strompreisdisparitäten zwischen Ost und West abzubauen. Dazu bedarf es dann aber einer gewissen Marktöffnung. Demnach müssen zumindest einige Abnehmer qua Durchleitung versorgt werden können. Da der Gesetzgeber hinsichtlich des Abnehmerkreises mit Ausnahme der regionalen Beschränkung keine Einschränkungen macht, kann einerseits die Durchleitung zu jedem Abnehmer in den aufgezählten Ländern verweigert werden. Andererseits folgt daraus aber auch, dass die VEAG den Zugang zu ihren Netzen zur Versorgung jedes erdenklichen Abnehmers zulassen muss. Mangels einer Qualifikation des Abnehmers, könnte eine Durchleitung zu einem Abnehmer verweigert werden, obwohl erst kurz vorher die Durchleitung zu einem Abnehmer gleicher Art von der VEAG zugelassen werden musste. Es käme lediglich darauf an, ob die entscheidende Behörde in ihrer Abwägung zu dem Ergebnis kommt, dass die ausreichende Höhe der Braunkohleverstromung gefährdet ist oder nicht. Ein solches Vorgehen verstieße aber gegen die Vorgaben der EG-Richtlinie. Nach Art. 16 S. 2 der EG-Richtlinie sind die Netzzugangssysteme des verhandelten Netzzugangs und des Alleinabnehmersystems nach objektiven, transparenten und nichtdiskriminierenden Kriterien zu handhaben. Für die Organisation des Netzzugangs sind solche Kriterien notwendig, um von vornherein klar unterscheiden zu können, in welchen Fällen Netzzugangsfragen stattzugeben und in welchen sie abzulehnen sind.[458] Fehlen derartige Kriterien, ist für den Kunden nicht genügend vorausschaubar, ob er Zugang zum Netz der VEAG erhalten wird. Notfalls müsste er das Prozessrisiko in Kauf nehmen, wobei der Ausgang völlig offen wäre. Objektive und transparente Kriterien helfen, derartige Ergebnisse zu vermeiden. Darüber hinaus vermeiden sie eine eventuell diskriminierende Anwendungsweise.[459]

Insofern müssen objektive, transparente und nichtdiskriminierende Kriterien gefunden werden, die einerseits dem Zweck der Braunkohleschutzklausel dienen, die Investitionen der VEAG zu schützen, andererseits aber auch die Zielsetzung des die EG-Richtlinie umsetzenden NeuregelungsG. Hinweise für solche Kriterien ergeben sich aus Art. 19 EG-Richtlinie. In Art. 19 I EG-Richtlinie ist geregelt, dass die Mitgliedstaaten die erforderlichen Maßnahmen zu treffen haben, um eine Öffnung ihrer Elektrizitätsmärkte sicherzustellen. Diesbezüglich ermöglicht die Richtlinie den Mitgliedstaaten, ihre Elektrizitätsmärkte stufenweise zu öffnen. Eingehalten werden muss nur eine sog. Mindestmarktöffnungsquote. Nach Art. 19 III EG-Richtlinie können die Mitgliedstaaten selbst darüber entscheiden, welche Verbraucher in ihrem Hoheitsgebiet die festgesetzten nationalen Marktquoten erbringen und somit die Rechts- und Geschäftsfähigkeit haben, um Elektrizitäts-Lieferverträge nach den Art. 17 und 18 EG-Richtlinie zu schließen. Dabei setzt Art. 19 III EG-Richtlinie jedoch fest, dass alle Endverbraucher mit einem Jahresverbrauch von mehr als 100 GWh (je Verbrauchsstätte und einschließlich der Eigenerzeugung) in die genannte Kategorie der zugelassenen Kunden einzubeziehen sind. Wenn sich auch Art. 19 III EG-Richtlinie an Mitgliedstaaten wendet, die ihren Elektrizitätsmarkt stufenweise öffnen und dabei vorgibt, dass genannte Kunden immer als zugelassene Kunden zu bewerten sind, zeigt sich hierin doch die Wertung, dass derartige Großkunden besonders zu bewerten sind. Gerade Kunden mit einem hohen Jahresverbrauch bedürfen des Zugangs zu wettbewerbsfähigen Strompreisen.[460] Dies gilt vor allem für die großen industriellen Endverbraucher in den neuen Ländern, da sie auf Grund des teureren ostdeutschen Braunkohlestroms höhere Strompreise als vergleichbare Kunden in den alten Bundesländern zahlen müssen. Insofern erscheint es als angemessen, die Braunkohleschutzklausel dahingehend zu beschränken, dass zumindest sämtlichen in den neuen Ländern ansässigen Endverbraucher mit einem Verbrauch von 100 GWh/a (je Verbrauchsstätte und inklusive der Eigenerzeugung) ein Netzzugang nicht mit der Braunkohleschutzklausel verweigert werden kann.[461] Will die VEAG diese Kunden nicht verlieren, muss sie ihnen wettbewerbsfähige Preise anbieten. Zumindest in dieser Sparte muss sich demzufol-

---

[458] EG-Kommission (Fn. 431), S. 15.

[459] EG-Kommission (Fn. 431), S. 16.

[460] Vgl. EG-Kommission (Fn. 431), S. 16.

[461] Insofern richtig, EG-Kommission (Fn. 431), S. 16, sowie in Art. 2 III der Entscheidung der EG-Kommission.

ge auch die VEAG dem Wettbewerb stellen. Eine Regelung, welche diese Endverbraucher aus dem Anwendungsbereich der Schutzklausel herausnimmt, ist überdies objektiv, transparent und vermeidet Diskriminierungen. Daher ist die Norm auch in Bezug auf den Abnehmerkreis einzuschränken.

Die Braunkohleschutzklausel kann nur dann zu einer Verweigerung des Netzzugangs führen, wenn es um die Belieferung eines Abnehmers in den neuen Ländern und Berlin über das Netz der VEAG geht und der Kunde einen geringeren Jahresverbrauch als 100 GWh (je Betriebsstätte und einschließlich der Eigenerzeugung) aufweist.

(3) Ausreichend hohe Verstromung ostdeutscher Braunkohle

Art. 4 § 3 NeuregelungsG gibt vor, dass bei einer Durchleitung in die Länder „Berlin, Brandenburg, Mecklenburg-Vorpommern, Sachsen, Sachsen-Anhalt und Thüringen die Notwendigkeit einer ausreichend hohen Verstromung von Braunkohle aus diesen Ländern besonders zu berücksichtigen" ist.

Die Formulierung „Verstromung von Braunkohle" umfasst sämtliche Stromerzeugungsarten, bei denen die in der Braunkohle enthaltene chemische Energie in Elektrizität umgewandelt wird. Dazu zählen neben der Rohbraunkohle auch die aus der Veredelung von Rohbraunkohle gewonnene Wirbelschichtkohle sowie der Braunkohlenstaub, die ebenfalls zur Befeuerung von Braunkohlekraftwerken genutzt werden. Verstromung von Braunkohle findet also in allen Kraftwerken statt, die Rohbraunkohle oder auf dieser basierende Produkte als Primärenergieträger zur Erzeugung von Strom verfeuern. Ausweislich Art. 4 § 3 NeuregelungsG muss die Braunkohle aber auch „aus diesen Ländern" stammen. Mit dieser Formulierung nimmt der Gesetzgeber Bezug auf die vorerwähnten „Abnehmer in den Ländern Berlin, Brandenburg, Mecklenburg-Vorpommern, Sachsen, Sachsen-Anhalt und Thüringen". Daraus folgt, dass die Braunkohle aus diesen sechs Ländern stammen muss. Insbesondere für in den alten Ländern gewonnene Braunkohle gilt Art. 4 § 3 NeuregelungsG nicht. Anzumerken ist ferner, dass – zumindest derzeit – weder in Berlin noch in Mecklenburg-Vorpommern und Thüringen Braunkohle abgebaut wird. Die Abbaugebiete der beiden großen Braunkohleförderunternehmen LAUBAG und MIBRAG befinden sich im Lausitzer Revier (Brandenburg und Sachsen) sowie im Mitteldeutschen Revier (Sachsen und Sachsen-Anhalt). „Verstromung von Braunkohle aus diesen Ländern" ist somit die Erzeugung von Elektrizität durch Verfeuerung von Braunkohle, die von der LAUBAG bzw. der MIBRAG in Brandenburg, Sachsen oder Sachsen-Anhalt abgebaut wurde. Darunter fällt auch die Verfeuerung von Braunkohleprodukten, die aus Braunkohle der LAUBAG bzw. MIBRAG hergestellt wurden. Sollte zukünftig auch Braunkohle in den übrigen erwähnten Ländern abgebaut werden, so fällt auch die Verstromung dieser Braunkohle unter die Norm.

Diese Verstromung ostdeutscher Braunkohle muss eine ausreichende Höhe erreichen. Die notwendige Höhe der ostdeutschen Braunkohleverstromung muss dem Wortlaut zufolge „ausreichend" sein. Der unbestimmte Begriff „ausreichend" wird selbst nicht näher konkretisiert, so dass anhand der Auslegungsmethoden herausgearbeitet werden muss, wann die Höhe der ostdeutschen Braunkohleverstromung als „ausreichend" anzusehen ist. Der Wortlaut der Norm gibt selbst nicht vor, wie viel Tonnen ostdeutscher Braunkohle beispielsweise verstromt worden sein müssen bzw. wie hoch der Anteil des Braunkohlestroms an der öffentlichen Stromversorgung sein muss, damit eine „ausreichende Höhe" erreicht ist. Mit dem Adjektiv „ausreichend" definiert der Gesetzgeber die Höhe der Verstromung ostdeutscher Braunkohle nur grob. Das Adjektiv „ausreichend" für sich allein ist nicht bestimmt. Es handelt sich um einen unbestimmten, sozusagen „offenen" Begriff. „Ausreichend" ist gleich bedeutend mit *angemessen*, *annehmbar*, *anständig*, *gebührend*, *genug*, *genügend*, *hinlänglich*, *hinreichend*, *zufrieden stellend*, *akzeptabel*, *auskömmlich*, *leidlich*, *reichlich*. Der Wortsinn beschreibt mithin, dass etwas den Mindestanforderungen genügen muss. Über diese braucht nicht hinausgegangen werden. Geht etwas über den „ausreichenden" Zustand hinaus, ist es als „gut" oder zumindest „befriedigend" zu bezeichnen. In diesem Sinne ist „ausreichend" auch als Bewertungsnote bekannt. Dort bezeichnet sie das gerade noch Genügende. Eine Prüfung, die mit „ausreichend" bewertet wurde, ist soeben noch bestanden worden. Sie ist aber schon nicht mehr „befriedigend". Da sie aber die Mindestvoraussetzungen erfüllt hat, ist sie annehmbar und bestanden. Sind noch nicht einmal die Mindestvoraussetzungen erfüllt, handelt es sich um ein „mangelhaft" oder „ungenügend". Bezogen auf die Braunkohleschutzklausel bedeutet die Analyse des Wortlauts, dass die vorgesehene Verstromung ostdeutscher Braunkohle die Vorgaben gerade eben noch erreichen muss.

Der Begriff „ausreichend" ist im Energierecht aber auch in einer anderen Bedeutung bekannt. Das Adjektiv kommt regelmäßig bei der Definition der Versorgungssicherheit zur Anwendung. In der Amtlichen Begründung zu § 1 EnWG heißt es z.B., dass Sicherheit zunächst[462] eine mengenmäßig „ausreichende" Versorgung der Abnehmer bedeutet.[463] Und *Büdenbender* versteht unter Versorgungssicherheit „die stets ausreichende und ununterbrochene Befriedigung der Nachfrage nach Energie".[464] Das bedeutet, dass immer so viel elektrische Energie erzeugt werden muss und zur Verfügung gestellt werden kann, dass alle Verbraucher zu jedem Zeitpunkt mit Strom versorgt werden können.[465] Da die Verbraucher die Höhe des Strombedarfs bestimmen und Elektrizität in großen Mengen nicht speicherbar ist, müssen die Kraftwerksbetreiber den zukünftigen Strombedarf möglichst exakt prognostizieren und dabei die Kraftwerksleistungen eher etwas höher auslegen als zu niedrig. Es muss praktisch noch eine Absicherung für den Fall höheren Bedarfs eingeplant werden. Zur Vermeidung wirtschaftlich nachteiliger Überkapazitäten sind die Kraftwerksbetreiber allerdings bemüht, das Sicherungspotential so gering wie möglich zu halten. Dennoch bedeutet in diesem Zusammenhang „ausreichend" etwas mehr als das so gerade noch notwendige. Danach würde „ausreichende Verstromung von Braunkohle aus diesen Ländern" auch ein gewisses Plus als das gerade noch Auskömmliche bezeichnen. Daraus folgt, dass aus dem Adjektiv „ausreichend" für sich allein genommen keine Bestimmung vorgenommen werden kann, wie hoch die Verstromung ostdeutscher Braunkohle sein muss. Die Frage, wann die Verstromung ostdeutscher Braunkohle eine ausreichende Höhe erreicht hat, ist so nicht zu beantworten. Es kann jedoch festgestellt werden, dass „ausreichend" immer nur eine Untergrenze beschreibt, die erfüllt sein muss. Durch seine Qualität als Adjektiv zeigt „ausreichend" ferner an, dass gewisse Vorgaben, Erwartungen oder Zwecke erreicht sein müssen, damit etwas als „ausreichend" bezeichnet werden kann. Eine Prüfung beispielsweise muss die Mindestanforderungen erfüllen, um mit „ausreichend" bewertet zu werden. Bei einem Barkauf muss der Käufer über „ausreichend" Geld verfügen, um die Ware erwerben zu können. Die Kraftwerksleistung in der Bundesrepublik muss ausreichend sein, um die Versorgungssicherheit zu Gewähr leisten. Dementsprechend muss auch die Verstromung ostdeutscher Braunkohle ausreichend hoch sein, um ihren Zweck zu erfüllen. Daher ist erst nach dem Ziel zu fragen, das erreicht werden soll, bzw. der Zweck zu erarbeiten, der erreicht werden soll, um in einem zweiten Schritt zu fragen, wann die Mindestvoraussetzungen des Ziels bzw. Zwecks gegeben sind. In Bezug auf die „ausreichende Höhe" der ostdeutschen Braunkohleverstromung ist daher zunächst zu klären, welches Ziel damit erreicht werden soll bzw. welchem Zweck die gesamte Norm dient. (a) Hiernach gilt es dann zu klären, wann die ostdeutsche Braunkohleverstromung einen Wert erreicht

[462] Ferner bedeutet „Sicherheit" im Zusammenhang mit § 1 EnWG auch noch die technische Sicherheit von Erzeugungs-, Transport- und Verteilungsanlagen. D.h., dass die Anlagen ungefährlich für Menschen und Sachen sein müssen. Vgl. dazu BT-Drs. 13/7274, S. 14;

[463] BT-Drs. 13/7274, S. 14; *Büdenbender* (Fn. 28), EnergieR, Rn. 70; ähnlich *Notthoff* (Fn. 138), S. 70; *Tegethoff* in: Tegethoff/Büdenbender/Klinger (Fn. 68), Rn. 2 f..

[464] *Büdenbender* (Fn. 28), EnergieR, Rn. 70; ähnlich *Notthoff* (Fn. 138), S. 70; *Tegethoff* in: Tegethoff/Büdenbender/Klinger (Fn. 68) Rn. 2 f.; EnWG 1998, Erläuterungen-*Schneider*, Art. 1, § 1 Anm. 4.2.

[465] Vgl. BT-Drs. 13/7274, S. 14; *Notthoff* (Fn. 138), S. 70.

hat, der als „ausreichend" zur Erfüllung des jeweiligen Zweck angesehen werden kann. (b) Die Höhe, mit der das Ziel bzw. der Zweck gerade erreicht ist, ist dann die „ausreichende Höhe".

(a) Zweck der Norm

(aa) Investitionsschutz

Die Norm erfüllt einen doppelten Zweck. Aus den Materialien ergibt sich, dass die Norm vornehmlich dem Schutz der Investitionen dienen soll. Die Bundesregierung zog als Ermächtigungsgrundlage für die Schutzklausel zwar zunächst Art. 8 IV EG-Richtlinie heran, wonach aus Gründen der Versorgungssicherheit einem einheimischen Primärenergieträger ein Vorrang eingeräumt werden kann und spricht der Braunkohle eine besondere Rolle zu, da ihr „für die sichere Energieversorgung in den neuen Ländern eine zentrale Bedeutung zukommt".[466] Gleichzeitig verlangt die Bundesregierung den Schutz der ostdeutschen Braunkohle, weil dieser eine besondere Rolle „wegen der erheblichen Investitionen für Modernisierungen und Neubau von Kraftwerken und Netzen"[467] zukommt. Das Überwiegen des Investitionschutzzweckes zeigt ein Blick in die Materialien einschließlich der parlamentarischen Debatte. Schon der Auslöser für den Erlass der Braunkohleschutzklausel, die Stellungnahme des Bundesrates, zielt in diese Richtung. Der Bundesrat verlangte die Einführung einer Braunkohleschutzklausel nicht aus Gründen der Versorgungssicherheit, sondern verlangte den Schutz der Braunkohleverstromung in den neuen Bundesländern vor Verdrängungswettbewerb zum Schutz der „in den letzen Jahren in den neuen Ländern etablierten überregionalen, regionalen und kommunalen Versorgungsunternehmen" aus Gründen des Investitionsschutzes. Der Bundesrat befürchtete, dass die genannten Versorgungsunternehmen, die „mit sehr hohen Investitionen in Stromerzeugungs- und Verteilungsanlagen bei weit gehender Nutzung der ostdeutschen Braunkohle eine moderne, hohen Umweltstandards genügende Energieversorgung aufgebaut" hätten, einen erneuten Strukturumbruch wie ihn die neue Gesetzeslage erwarten lasse, nicht verkraften könnten.[468] Aus der Sicht des Bundesrates sollte die Braunkohleschutzklausel demnach nur dem Schutz der Investitionen dienen. Auf Gründe der Versorgungssicherheit wurde erst gar nicht eingegangen.

Auch in der Entschließung des Deutschen Bundestages[469] wird auf Gründe der Versorgungssicherheit nicht eingegangen. Dagegen verweist die Entschließung auf „einen zeitlich begrenzten Schutz" der ostdeutschen Braunkohleverstromung wegen „der noch nicht abgeschlossenen Anpassung an die geänderten Verhältnisse mit fortdauernd hohem Investitionsbedarf".[470]

Vor allem jedoch innerhalb der parlamentarischen Debatte tritt deutlich hervor, dass die Schutzklausel hauptsächlich für einen Schutz der Investitionen gedacht ist. In sämtlichen Redebeiträgen, die zur Braunkohleschutzklausel Stellung nehmen, wird nicht ein einziges Mal auf Belange der Versorgungssicherheit eingegangen.[471] Auf die „erheblichen Strukturinvestitionen"[472] der ostdeutschen Braunkohleunternehmen[473] und auf die Bedeutung, die diese Investitionen für den Wirt-

---

[466] BT-Drs. 13/7274, S. 35.

[467] BT-Drs. 13/7274, S. 35.

[468] BT-Drs. 13/7274, S. 28.

[469] BT-Plenarprotokoll 13/208, S. 18997.

[470] BT-Plenarprotokoll (Fn. 469); BT-Drs. 13/9211, S. 4 f.

[471] vgl. BT-Plenarprotokolle 13/169, S. 15216 – 15244 und 13/208, 13/208, S. 18966 – 18997.

[472] BT-Plenarprotokoll 13/169, S. 15217 (MdB Rexrodt).

[473] MdB *Jung* BT-Plenarprotokoll 13/169 („horrenden Investitionen"; „Investitionsruinen"); ders. BT-Plenarprotokoll 13/208, S. 18973 („beträchtliche Investitionen in den Braunkohletagebau und in die Kraftwerkssanierung"); MdB

schaftsstandort Deutschland vor allem hinsichtlich des dortigen Arbeitsmarktes haben,[474] wird dagegen häufig eingegangen. Konkret wurde in der parlamentarischen Debatte das 20-Mrd.-DM-Projekt der VEAG in die Nachrüstung von acht 500-MW-Blöcken und in den Neubau von vier 500-MW-Blöcken bis zum Jahr 2000 hingewiesen.[475] Daraus wird ersichtlich, dass die Übergangsklausel hauptsächlich dem Schutz der Investitionen dient.

Doch auch der historische Hintergrund spricht für die Annahme, dass die Braunkohleschutzklausel überwiegend dem Schutz der Investitionen in Ertüchtigung und Neubau von Erzeugungs- und Verteilungsanlagen dienen soll. Der Schutz der ostdeutschen Braunkohle begann mit den Stromverträgen, an denen der Staat in Gestalt der Treuhandanstalt mitgewirkt hat. In den Stromverträgen wurde der „herausragenden Rolle der Braunkohleverstromung in der DDR"[476] besondere Beachtung geschenkt. In der energiepolitischen Entwicklung setzte sich diese herausragende Rolle der ostdeutschen Braunkohle und ihre besondere Förderung fort.[477] Die Braunkohleschutzklausel liegt mit dieser Vorgehensweise auf einer Linie und ist schließlich die Fortführung der Ziele der politischen Förderung der ostdeutschen Braunkohleverstromung bzw. des Investitionsschutzes, die mit den Stromverträgen begonnen wurden.

Nunmehr ist zwar festgestellt worden, dass die Braunkohleschutzklausel dem Investitionsschutz zu dienen bestimmt ist und welche Investitionen geschützt werden sollen, nicht jedoch wie weit der Schutz der Investitionen durch die Braunkohleschutzklausel gehen soll. Auch insoweit gibt der Wortlaut der Norm nichts her, so dass auch diese Frage anhand von Sinn und Zweck der Norm entschieden werden muss.

Definiert werden Investitionen als zielgerichtete, i.d.R. langfristige Kapitalbindungen zur Erwirtschaftung zukünftiger autonomer Erträge.[478] Investitionsschutz ist demzufolge der Schutz, dass das angestrebte Ziel erreicht werden kann und somit zukünftig autonome Erträge erwirtschaftet werden können. Die in die maroden Braunkohlekraftwerke bzw. in den Neubau von Braunkohlekraftwerken und damit letztlich in die VEAG getätigten Investitionen sollen aus der Sicht der Investoren dazu dienen, dass die VEAG rentabel arbeitet. Dies ist gegeben, wenn die Braunkohlekraftwerke der VEAG rentabel betrieben werden können. Der Schutz der Investitionen muss daher zumindest so weit gehen, dass ein Betrieb der Kraftwerke sinnvoller ist als ihre Schließung. Unter diesem Gesichtspunkt wäre der Zweck der Norm hinsichtlich des Investitionsschutzes bereits erreicht, wenn die VEAG kostendeckend arbeiten könnte und existenzfähig bliebe. Dies würde letztlich auch die Erzielung autonomer Gewinne ermöglichen.

Fraglich ist aber, ob der Schutz der Braunkohleschutzklausel nicht darüber hinausgehend die Investitionen so weit schützt, dass Durchleitungen auch dann noch verweigert werden dürfen, wenn der Fortbestand der VEAG bereits gesichert ist, nur noch kein Gewinn erzielt werden konnte. In diesem Fall wäre die Braunkohleschutzklausel zu Gunsten der VEAG extensiv auszulegen. Netzzugangsverweigerungen wären auf Grundlage der Braunkohleschutzklausel öfter möglich als im ersten Fall, bei dem die Norm aus Sicht der VEAG enger ausgelegt würde.

Für eine extensive Auslegung spricht, dass dadurch die Investitionen in die Braunkohle im größtmöglichen Umfang geschützt würden. Wenn Investitionen dahingehend geschützt werden, dass

---

Friedhoff BT-Plenarprotokoll 13(208, S. 18979 („Investitionen zu sichern, die in erheblichem Umfang..."); MdB *Müller* BT-Plenarprotokoll 13/208, S. 18989 f. („Investitionsprogramm"; „Kapitalvernichtung").

[474] MdB *Müller* (Fn. 473).

[475] MdB *Müller* (Fn. 473), S. 18989.

[476] Präambel Verbund-Stromvertrag.

[477] vgl. BT-Drs. 13/2472, Antwort des Wirtschaftsministeriums auf die Kleine Anfrage der PDS (BT-Drs. 13/2296).

[478] Gabler's Wirtschaftslexikon, Bd. 4, 13. Auflage 1993.

quasi auch eine „Gewinnerzielungsgarantie" gegeben wird, werden die gemachten Investitionen definitiv vor Verlust geschützt. Aber auch im Hinblick auf die noch zu tätigenden Investitionen, wäre eine solche Auslegung von Vorteil. Eine solche Auslegung wäre ein Anreiz für künftige Investoren bzw. für die jetzigen Investoren weitere Investitionen vorzunehmen. Ein Investor wird eher Kapital zur Verfügung stellen, wenn ihm garantiert wird, dass er mit dieser Investition Gewinn erwirtschaften kann. Für diese Auslegung könnte auch die oben dargelegte Definition sprechen. Dort heißt es, dass eine Investition i.d.R. eine langfristige Kapitalbindung ist, „die zur Erwirtschaftung autonomer Erträge" dienen soll. Investitionsschutz auf Grund der Braunkohleschutzklausel könnte daher bedeuten, gerade die „Erwirtschaftung autonomer Erträge" zu schützen. Ertrag heißt Einnahme und könnte in diesem Zusammenhang eben auch als Gewinn verstanden werden.

Einen derartig weiten Schutz der in die VEAG getätigten und zu tätigenden Investitionen soll die Braunkohleschutzklausel jedoch nicht geben. Hierfür spricht zunächst die Systematik des Gesetzes. Grundsätzlich soll auf dem Elektrizitätsmarkt Wettbewerb bestehen. Zentrales Instrument ist – wegen des wirtschaftlich wenig sinnvollen Baus von Doppelleitungen und wegen der Leitungsgebundenheit der Elektrizitätswirtschaft – der Zugang zu fremden Netzen. Hierdurch soll es ermöglicht werden, dass gebietsfremde Stromerzeuger oder Händler einen Kunden erreichen können, ohne über eine eigene Leitungsverbindung zu ihm zu verfügen. Aus diesem Grunde steht nach dem Wortlaut des Gesetzes jedem Unternehmen der Zugang zu den Netzen der Netzbetreiber zu. Da ein genereller Zugang außer Acht lassen würde, dass einem Netzbetreiber aus diversen Gründen es nicht zuzumuten oder gar unmöglich sein kann, sein Netz zur Verfügung zu stellen, hat der Gesetzgeber den Netzbetreibern die Möglichkeit eingeräumt, in Ausnahmefällen den Netzzugang zu verweigern. Der Netzzugang und seine Verweigerung stellen ein Regel-Ausnahme-Prinzip dar.

Die Verweigerung auf Grund Art. 4 § 3 Neuregelungsgesetz stellt einen der gesetzlich normierten Verweigerungsgründe dar, auf die sich ein Netzbetreiber ausnahmsweise berufen kann. Als Ausnahmevorschrift ist die Norm aber „im Zweifel" eng auszulegen.[479] Dies folgt aus dem Regel-Ausnahme-Prinzip, wonach die Regel einen weiten Anwendungsbereich beanspruchen kann, die Ausnahme dagegen nur einen engen. Soweit keine besonderen Hinweise auf eine extensive Ausnahmeregelung vorliegen, ist sie eng auszulegen. Ein derartiger Hinweis ist bezüglich der Braunkohleschutzklausel nicht ersichtlich, insbesondere ist die Formulierung „Notwendigkeit einer ausreichend hohen Verstromung" nicht geeignet, eine weite Auslegung zu rechtfertigen. Diese Formulierung gibt der Braunkohlenschutzklausel zwar einen besonderen Rang in der Abwägung zu Gunsten des Investitionsschutzes;[480] über die Reichweite des Investitionsschutzes an sich sagt das Tatbestandsmerkmal dagegen nichts aus. Schon allein dies spricht dafür, dass die Reichweite des Investitionsschutzes eng gefasst werden muss.

Dieser Befund wird auch von einer Auslegung anhand von Sinn und Zweck der Norm gedeckt. Letztlich sollen – vorbehaltlich der weiteren Analyse – die bereits in die VEAG getätigten Investitionen sowie die noch zu tätigenden Investitionen geschützt werden. Hintergrund dieses Investitionsschutzes ist der Schutz des Bestands der VEAG an sich. Es dürfte Einigkeit darüber bestehen, dass es sich bei der Braunkohleschutzklausel um ein „Lex VEAG" handelt.[481] Dies ergibt sich schon aus den oben genannten Materialien, in denen immer wieder auf den besonderen Schutz der VEAG hingewiesen wurde. Beispielsweise betrifft die einzige konkrete Benennung schützenswerter Investitionen solche in die VEAG.[482] Ferner folgt dieses Ergebnis daraus, dass auch die Europäische

---

[479] Vgl. dazu LG Berlin (Fn. 258), S. 27.

[480] Vgl. dazu unten 3. Teil B VIII 3 a).

[481] Vgl. LG Berlin Urt. v. 01. August 2000 – 16.O.9/00 – S. 28 (30); LG Berlin (Fn. 258), S. 27; *Blanke/Peilert* (Fn. 214), S. 125; *Kühne/Scholtka* (Fn. 74), S. 1902.

[482] Vgl. oben die Nennung des 20-Mrd.-DM-Projekts der VEAG in die Nachrüstung von acht 500-MW-Blöcken und in den Neubau von vier 500-MW-Blöcken bis zum Jahr 2000.

Kommission in ihrer Entscheidung zur Braunkohleschutzklausel die Anwendung der Norm allein auf die VEAG beschränkte. Kein anderes Unternehmen darf sich nach Ansicht der Europäischen Kommission auf die Braunkohleschutzklausel berufen.[483]

Hinzu kommt der gesetzgeberische Wille, der ostdeutschen Braunkohleverstromung lediglich in besonders wettbewerbsschonender Ausgestaltung einen Schutz zu gewähren.[484] Das Bestreben des Gesetzgebers geht dahin, auch die VEAG dem Wettbewerb auszusetzen. Sie kann den Wettbewerb mittels Durchleitungen nicht komplett zu ihren Gunsten ausschließen, indem sie den Zugang zu ihren Netzen mit der Braunkohleschutzklausel vollständig verweigert.. Schon mit den Stromverträgen wurde auch für den Osten Deutschlands ein Strompreisniveau angestrebt, das demjenigen in der Bundesrepublik Deutschland vergleichbar ist.[485] Die Erforderlichkeit des Abbaus von Strompreisdisparitäten zur Erlangung wettbewerbsfähiger Strompreise, die „für den weiteren Aufbau Ost von erheblicher Bedeutung“[486] sind, sieht der Gesetzgeber auch weiterhin. Daher darf die Braunkohleschutzklausel auch nicht als „Instrument zur Aufrechterhaltung eines bestimmten Preisniveaus missverstanden werden.“[487] Vielmehr hat die VEAG – wie sämtliche andere EVU auch – Potentiale zur Einsparung von Kosten zu nutzen. Die VEAG kann ebenso wenig wie die übrigen EVU die Strukturen beibehalten, die sich zu Zeiten der Monopolstellungen gebildet haben. Dass die Monopolstellungen zu erhöhten Strompreisen geführt haben, zeigt sich daran, dass fast sämtliche EVU ihre Strompreise nach Einführung des Wettbewerbs gesenkt haben. Diese Preisentwicklung führt bei allen Marktteilnehmern zu verschärftem Kostendruck. Um diesem zu begegnen, sind Kostensenkungsprogramme nötig. Die RWE AG setzt beispielsweise derzeit das „ehrgeizigste Kosteneinsparungsprogramm in der Unternehmensgeschichte“[488] in den Bereichen Energie sowie Bergbau und Rohstoffe um. Bis 2003/04 sollen die jährlichen Kosten zusätzlich zu den bisher geplanten 460 Mio. Euro um weitere 870 Mio. Euro gesenkt werden. Damit wären allein in den genannten Bereichen die Kosten seit 1992/93 um 2,4 Mrd. Euro reduziert worden.[489] Um eine bessere Position im Wettbewerb zu erlangen, befindet sich fast die gesamte Elektrizitätswirtschaft im Umbruch.[490] Neben einem starken Trend hin zu Fusionen, um im deutschen und europäischen Markt eine ausreichende Größe zu erlangen, ändern viele Unternehmen ihre Strukturen, nicht nur um die Unbundling-Vorgaben zu erfüllen, sondern auch um im Wettbewerb handlungsfähiger zu sein und somit schneller auf Änderungen reagieren zu können. Hiervon kann die VEAG nicht ausgenommen werden. Darüber hinaus gehen die Regelungen des freien Wettbewerbs nicht zwangsläufig nur gegen die VEAG. Sie können von der VEAG auch zu ihrem Nutzen verwendet werden. So ist es der VEAG durchaus möglich, neue Kunden für sich zu gewinnen, die sie mit Braunkohlestrom versorgt. Zum einen ist ihr dies über eine Kostensenkung möglich, zum anderen kann nicht ganz ausgeschlossen werden, dass einige „lokalpatriotisch“ gesinnte Abnehmer den Fortbestand der

---

[483] Vgl. „Entscheidung der Kommission vom 08. Juli 1999 über den Antrag Deutschlands auf eine Übergangsregelung gemäß Artikel 24 der Richtlinie 96/92/EG des Europäischen Parlaments und des Rates betreffend gemeinsame Vorschriften für den Elektrizitätsbinnenmarkt“ – K(1999) 1551 endg./4 – DE.

[484] *Cronenberg* (Fn 128), S. 85.

[485] § 12 II Verbund-Stromvertrag; vgl. auch Präambel Verbund-Stromvertrag.

[486] BT-Drs. 13/7274, S. 35. Siehe auch Beschlussempfehlung des Ausschusses für Wirtschaft, BT-Drs. 13/9211, S. 5: „Im Interesse des weiteren Aufbaus Ost gilt es, noch bestehende Preisdifferenzen zu den alten Bundesländern möglichst schnell abzubauen.“

[487] BT-Drs. 13/9211, S. 5.

[488] *Kuhnt*, Bilanzpressekonferenz, 5. Oktober 1999.

[489] *Kuhnt* (Fn. 488).

[490] vgl. nur die Fusion von VEBA und VIAG mit ihren Tochterunternehmen PreussenElektra und Bayernwerk zu „eon“, sowie die Fusion der RWE AG und VEW zu RWE Plus. Der RWE-Konzern hat sich auf Grund der Wettbewerbssituation neu ausgerichtet. Der Schwerpunkt liegt nun eindeutig bei Multi Energy/Multi Utility und energienahen Dienstleistungen. Organisatorische Konsequenz dieser Neuordnung ist u.a. die Verkleinerung des Vorstands.

ostdeutschen Braunkohleverstromung dadurch sichern wollen, dass sie auch bei höheren Preisen zur VEAG wechseln.[491] Die sich der VEAG bietenden Potentiale zur Kostensenkung muss sie nutzen.

Eine „Gewinnerzielungsgarantie" auf Grund der Braunkohleschutzklausel würde diesen gesetzgeberischen Willen aber konterkarieren. Denn dann würde der VEAG weit mehr zugestanden als ein besonderer Bestandsschutz. Die Braunkohleschutzklausel würde insoweit nicht mehr nur dem Nachteilsausgleich dienen, sondern die VEAG weitaus besser stellen als ihre Konkurrenten.[492] Während die VEAG auf Grund Art. 4 § 3 Neuregelungsgesetz Vollkostendeckung erreichen und Gewinne erwirtschaften würde, müssten die übrigen EVU auf Grund der Liberalisierung des Marktes und damit einhergehender Preiseinbrüche u.U. auf eine Vollkostendeckung zumindest zeitweise verzichten. Während die VEAG ihr Absatzgebiet „abschotten" könnte, wäre sie gleichzeitig in der Lage, neue Kunden in fremden Absatzgebieten zu akquirieren. Eine dermaßen weit gehende Protektion der VEAG hat der Gesetzgeber wie erläutert aber nicht vorgesehen und daher auch nicht besonders geregelt.

Im Gegensatz zu den übrigen EVU erhält die VEAG demnach nur den Bonus, dass die Nachteile auf Grund ihrer hohen Investitionskosten besonders berücksichtigt werden müssen und dass ihr für die hierdurch entstehenden Wettbewerbsnachteile ein Schutz gewährt wird. Dieser Schutz ist dann gegeben, wenn der Bestand der VEAG gesichert ist. Dies ist wiederum der Fall, wenn der Betrieb der VEAG-Braunkohlekraftwerke rentabel ist. Die laufenden Kosten müssen insofern gedeckt werden. Orientierungspunkt sind insoweit die Grenzkosten der VEAG. Danach greift der Investitionsschutz erst, wenn der Bestand von Kraftwerken der VEAG konkret in seiner Existenz gefährdet wäre, weil seine Abschaltung betriebswirtschaftlich sinnvoller wäre als sein Fortbestand. Kapitalkosten bleiben bei dieser Berechnung zunächst unberücksichtigt.[493] Zwar wird bei der VEAG die Kostenseite auf Grund der Investitionen von einem außerordentlich hohem Fixkostenanteil geprägt, der durch Umlegen auf eine hohe Anzahl von kWh heruntergefahren werden könnte, jedoch geht auch diesbezüglich der Investitionsschutz nicht so weit. Die Investitionen müssen sich mittel- bis langfristig amortisieren, allerdings nicht (ausschließlich) auf Grund der Braunkohleschutzklausel.

Dieser Befund wird auch durch einen Vergleich mit § 6 III EnWG gestützt. Die dort vorzunehmende Interessenabwägung verläuft grundsätzlich parallel zu der des Art. 4 § 3 NeuregelungsG.[494] Die dort als besonders schützenswert bezeichneten Stromerzeugungsanlagen erhalten den besonderen Schutz aber nur dann, wenn ihr Betrieb unwirtschaftlich ist oder zu werden droht. Der Betrieb einer solchen Anlage ist als unwirtschaftlich anzusehen, wenn die Abschaltung eines Kraftwerks sinnvoller ist als ihr (Weiter-) Betrieb. Erst wenn in der Summe so viele Kunden verloren gingen, dass das erste Kraftwerk eines Betreibers abgeschaltet werden müsste, kann von „Unwirtschaftlichkeit" gesprochen werden.[495] Sowohl der Schutz der in § 6 III EnWG aufgeführten rationellen Stromerzeugung als auch der durch die Braunkohleschutzklausel gewährte Schutz erhalten für die Interessenabwägung einen besonderen Rang. Bei beiden Normen handelt es sich um „eingeschränkte Bestandsschutzklauseln", die den Bestand bestimmter Stromerzeugungsanlagen sichern sollen. Auf Grund dieser Parallelität spricht vieles dafür, auch im Rahmen der Braunkohleschutzklausel an eine „Wirtschaftlichkeitsprüfung" anzuknüpfen.

Der Schutz der Investitionen durch die Braunkohleschutzklausel geht nur so weit, als er die spezifischen Nachteile ausgleicht, welche die VEAG auf Grund der Investitionen hat. Einen besonderen

[491] Der Wettbewerb hat bislang gezeigt, dass Abnehmer z.T. bereit sind, beispielsweise für Ökostrom höhere Preise zu zahlen.

[492] LG Berlin (Fn. 481), S. 31.

[493] LG Berlin (Fn. 481), S. 32.

[494] LG Berlin (Fn. 481), S. 39; LG Berlin (Fn. 258), S. 37.

[495] BVerfG Beschluss v. 27. April 2000 NVwZ 2000, 789 ff.

Schutz stellt dies deshalb dar, weil anderen Unternehmen eine Verweigerung des Netzzugangs mit der Begründung, ihre Investitionen würden sich im Falle einer Durchleitung nicht mehr rentieren, grundsätzlich verwehrt ist.[496] Dieser Ausgleich erfolgt dadurch, dass der Bestand der VEAG gesichert wird. Sollte auf Grund einer Durchleitung die Existenz der VEAG oder eines ihrer Kraftwerke konkret gefährdet werden, kann das Begehren mit Hilfe des Art. 4 § 3 Neuregelungsgesetz verweigert werden. Dies mag zunächst als sehr geringer Schutz erscheinen. Kein anderes EVU erhält jedoch vom Gesetzgeber eine Bestandsgarantie. Sollten andere EVU auf Grund der Liberalisierung des Strommarkts und den damit zusammenhängenden Preisverhalten unrentabel werden und auf Grund dessen in ihrer Existenz gefährdet werden, so gibt ihnen das dennoch kein Recht, den Netzzugang zu verweigern. Wettbewerb bedeutet eben auch, dass Wettbewerber, die keine konkurrenzfähigen Produkte oder Dienstleistungen anbieten können, vom Markt verdrängt werden.

(bb) Versorgungssicherheit

Art. 4 § 3 Neuregelungsgesetz soll auch der Versorgungssicherheit dienen.[497] Dies ergibt sich zum einen aus der Regierungsbegründung[498] und zum anderen aus der von der Bundesregierung zunächst gewählten Ermächtigungsgrundlage der RL 96/92/EG. Die Bundesregierung stützte die Übergangsregelung für die neuen Länder auf Art. 8 IV EG-Richtlinie.[499] Unter anderem bezüglich der Aufnahme einer auf Art. 8 IV EG-Richtlinie gestützten Braunkohleschutzklausel bat das Bundesministerium für Wirtschaft mit Schreiben vom 30. Juli 1997 die EG-Kommission um Stellungnahme. Mit Schreiben vom 22. September 1997 antwortete die EG-Kommission, dass ein als Verweigerungsrecht ausgestalteter Braunkohleschutz nicht auf Art. 8 IV EG-Richtlinie, sondern auf Art. 24 EG-Richtlinie gestützt werden müsse. Die Bundesregierung stellte daraufhin mit Schreiben vom 12. Februar 1998 den nach Art. 24 EG-Richtlinie notwendigen Antrag auf eine Übergangsregelung zum Schutz der ostdeutschen Braunkohle. Ihre Rechtsauffassung, dass die Klausel auch durch Art. 8 IV EG-Richtlinie gedeckt sei, behielt die Bundesregierung aber bei. Da Art. 8 IV RL 96/92/EG aber nicht als Ermächtigungsgrundlage für einen als Verweigerungsgrund ausgestalteten Schutz für die ostdeutsche Braunkohle herangezogen werden kann,[500] erübrigt es sich, auf die Voraussetzungen dieser Norm einzugehen.[501] Die Zweckbestimmung der Norm, auch der Versorgungssicherheit zu dienen, bleibt dessen ungeachtet jedoch zu berücksichtigen.

Unter Versorgungssicherheit ist die stets ausreichende und ununterbrochene Befriedigung der Nachfrage nach Energie zu verstehen.[502] Das bedeutet, dass eine mengenmäßig ausreichende Versorgung der Abnehmer Gewähr leistet sein muss. Es muss daher so viel Elektrizität bereitgestellt werden können, um auch den Spitzenbedarf jederzeit decken zu können. Die Elektrizität kann einerseits selbst erzeugt werden und andererseits von ausländischen Anbietern bezogen werden. Dabei sollte der Bezug von dritter Seite nicht zu groß sein, da ansonsten eine Abhängigkeit vom Willen und Können anderer eintritt. Eine autarke Versorgung ist anzustreben. Hierbei sollte jedoch nicht nur auf einen Primärenergieträger abgestellt werden, da auch dies eine zu große Abhängigkeit aufwirft, was zu Problemen führen kann, wenn aus sicherheitstechnischen und/oder (umwelt-) politischen

---

[496] Vgl. unten 3. Teil B. VIII. 2. g).

[497] Die Entscheidung des LG Berlin (Fn. 164) geht hingegen lediglich auf den Schutz der Investitionen ein.

[498] BT-Drs. 13/7274, S. 35.

[499] BT-Drs. 13/7274, S. 35.

[500] EG-Kommission (Fn. 431), S. 6 f. Rn. 21-25; vgl. unten 3. Teil B. VIII. 2. c) cc)

[501] A.A. EnWG 1998, Erläuterungen-*Metzenthin* (Fn. 454), Art. 4 § 3, Anm. 7.

[502] *Büdenbender* (Fn. 28), EnergieR, Rn. 70.

Gründen eine Abkehr von diesem Energieträger vorzunehmen ist[503] oder die Ressourcen dieses Primärenergieträgers zur Neige gehen. Daher ist es vernünftig aus Gründen der Versorgungssicherheit, die Stromerzeugung auf mehrere Primärenergieträger zu stützen, die auch in Zukunft in hinreichender Menge vorhanden sind. Einem Primärenergieträger, der in besonderem Maße vorhanden ist, kann und sollte dabei ein Vorrang eingeräumt werden. Für den ostdeutschen Raum bedeutet das, dass ein Primärenergieträger-Mix gefunden wird, der den Bedarf in Ostdeutschland zu jeder Zeit zu decken vermag und der die Verantwortung für die stete Befriedigung des Bedarfs an Elektrizität auf mehrere Energieträger verteilt. Die Braunkohle ist „der einzige heimische Energieträger, der ohne Subventionen in ausreichender Menge zur Verfügung steht."[504] Darum und wegen der elektrizitätswirtschaftlichen Entwicklung in der DDR und seit der Wiedervereinigung, die zu einer fast ausschließlich auf Braunkohleverstromung basierenden Elektrizitätserzeugung geführt hat, ist dem Primärenergieträger Braunkohle in Ostdeutschland eine vorrangige Stellung im Primärenergieträger-Mix einzuräumen. Diese Vorrangstellung soll der ostdeutschen Braunkohle mit der Braunkohleschutzklausel garantiert werden.

(b) Die „ausreichende Höhe" zum Erreichen des Normzwecks

Nachdem nunmehr der Normzweck bzw. die Normzwecke dargestellt wurden, ist jetzt festzustellen, wann die Verstromung zum Erreichen des jeweiligen Normzwecks als ausreichend hoch anzusehen ist. Da der Norm eine doppelte Zweckbestimmung zu Grunde liegt, muss die „ausreichende Höhe" zunächst für jeden Gesetzeszweck einzeln bestimmt werden. Sowohl hinsichtlich des Normzwecks der Versorgungssicherheit als auch hinsichtlich des Normzwecks des Investitionsschutzes ist die „abwägungsrelevante Menge",[505] mithin die „Zielmenge" zu konkretisieren.

Bezüglich beider Normzwecke gilt dabei, dass Kunden mit einem Jahresverbrauch von 100 GWh (je Betriebsstätte und einschließlich der Eigenerzeugung) und mehr von vornherein nicht in die abwägungsrelevante Menge einzubeziehen sind, da sie auf jeden Fall beliefert werden können.[506]

(aa) Ausreichende Höhe beim Investitionsschutz

Zweck der Norm hinsichtlich des Investitionsschutzes ist es, die in die VEAG getätigten und noch zu tätigenden Investitionen insoweit zu schützen, dass der Fortbestand des Unternehmens VEAG bzw. der einzelnen Kraftwerke gesichert ist. Es stellt sich die Frage, ob hierfür eine greifbare, belastbare Formel aufgestellt werden kann, an der ersehen werden kann, ob dieser Normzweck noch erreicht ist oder u.U. gefährdet ist.

Die Braunkohleschutzklausel soll die Investitionen der VEAG in die ostdeutsche Braunkohleverstromung sichern. Genauer: Durch die Braunkohleschutzklausel sollen die Investitionen, welche die VEAG in Kraftwerke etc. getätigt hat, geschützt werden. Sie führt damit den Investitionsschutz fort, der mit den Stromverträgen von 1990 eingeführt worden ist. Den Stromverträgen liegt das sog.

[503] Beispielsweise sei hier der Kernenergiekonsens genannt. Nach der „Vereinbarung zwischen der Bundesregierung und den Energieversorgungsunternehmen vom 14. Juni 2000" wird die künftige Nutzung der vorhandenen Kernkraftwerke befristet. Neugenehmigungen wird es nicht mehr geben.

[504] BT-Drs. 13/2472 Antwort des BMWi im Namen der Bundesregierung auf die Kleine Anfrage der Gruppe der PDS (BT-Drs. 13/2296).

[505] LG Berlin (Fn. 481), S. 31; LG Berlin (Fn. 258), S. 28.

[506] Vgl. dazu 3. Teil B. VIII. 2. c) aa) (2) (b).

70/30-Konzept zu Grunde. Das 70/30-Konzept ist das zentrale Instrument für den Investitionsschutz innerhalb der Stromverträge. Nach dem Konzept verpflichten sich die Regional-EVU, 70 % ihres Gesamtbedarfs an Elektrizität für eine Laufzeit von 20 Jahren bei der heutigen VEAG zu beziehen, § 12 IV der Stromverträge. Da zum Zeitpunkt des Vertragsschlusses der Stromverträge der betreffende Kraftwerkspark der VEAG komplett aus Braunkohlekraftwerken bestand, bedeutete das 70/30-Konzept, dass der Braunkohleverstromung ein Anteil von 70 % an der Stromerzeugung der öffentlichen Versorgung zugewiesen wurde. Der Sinn der Regelung war es, dass die erheblichen Investitionen, die für erforderlich gehalten wurden, um einerseits die maroden und umwelttechnisch veralteten Kraftwerke zu ertüchtigen und andererseits den Kraftwerkspark auszubauen,[507] abgesichert werden sollten. Die Kostenseite bei der Braunkohleverstromung wird auf Grund der Investitionen von einem außerordentlich hohem Fixkostenanteil geprägt. Um eine preisgünstige Versorgung zu erreichen, muss dieser hohe Fixkostenanteil auf eine möglichst große Absatzmenge, also auf eine möglichst große Anzahl von Kilowattstunden umgelegt werden. Dafür sorgte in den Stromverträgen das 70/30-Konzept, indem es der Braunkohle eine maximale Absatzmenge von 70 % an der Erzeugung der öffentlichen Versorgung in Ostdeutschland zusicherte. Durch die Zusicherung eines 70 %-igen Absatzes wurde sichergestellt, dass zumindest in der Laufzeit von 20 Jahren eine große Menge Braunkohlestroms abgesetzt werden konnte. Hinzu kam, dass die Stromverträge keinerlei Einschränkungen hinsichtlich des Preises, den die Regionalversorger zu zahlen hatten, vornahmen. Dadurch war es im Rahmen der kartellrechtlichen Möglichkeiten erreichbar, die hohen Investitionskosten auf den Strompreis zu übertragen. Auf diese Weise wurde es der VEAG ermöglicht, ihre durch die Investition bedingten außerordentlich hohen Kosten hinreichend zu decken. Dies wiederum ermöglichte einen wirtschaftlichen Betrieb der Braunkohlekraftwerke, wodurch ihr Bestand und damit auch der des Braunkohletagebaus in einem gewissen Umfang gesichert wurde. In der vorgegebenen Übergangszeit sind die Kraftwerksbetreiber gehalten, ihre Kraftwerke zu einem wirtschaftlichen Betrieb zu führen und somit die Braunkohleverstromung wettbewerbsfähig zu machen. Denn nach Beendigung der 20-jährigen Lieferverträge erfahren die Regionalversorger keinerlei Restriktionen mehr die Art und Weise ihres Bezugs betreffend. Aus wettbewerblichen Gründen werden sie sich dann für den für sie günstigsten Strom entscheiden. Um nicht durch anderweitig erzeugten Strom verdrängt zu werden, muss der Braunkohlestrom zu diesem Zeitpunkt wettbewerbsfähig, sprich preiswert sein. Dies gilt mehr denn je seit der Einführung des Wettbewerbs durch freien Leitungsbau und vor allem mittels Durchleitung.

Auch mit der Braunkohleschutzklausel verfolgt der Gesetzgeber den Zweck des Investitionsschutzes. Die Klausel soll – wie die bereits erwähnten amtlichen Materialien und die parlamentarischen Beratungen zeigen – den durch die Stromverträge in Gang gesetzten Investitionsprozess weiterhin schützen.[508] Konkret wurde in der parlamentarischen Debatte das 20-Mrd.-DM-Projekt der VEAG in die Nachrüstung von acht 500-MW-Blöcken und in den Neubau von vier 500-MW-Blöcken bis zum Jahr 2000 hingewiesen.[509] Ansonsten wurde allgemein auf die Investitionen hingewiesen.

Durch die Einführung von Wettbewerb durch die EG-Richtlinie sah sich der Gesetzgeber gezwungen, den Schutz für die ostdeutsche Braunkohle gesetzlich zu normieren, da er den spezifischen ostdeutschen Interessen ein „derartiges Gewicht" zumaß, dass er befürchtete, „dass der Hinweis in der Begründung auf die umfassende Interessenabwägung nach dem Missbrauchs- und Behinderungsverbot der §§ 22 und 26 GWB[510] bei der Durchleitung als zentralem Wettbewerbselement

[507] *Harms*, (Fn. 433), Privatisierung, S. 42.

[508] EnWG 1998, Erläuterungen-*Metzenthin* (Fn. 454), Anm. 7.

[509] MdB *Müller* (Fn. 423), S. 18989.

[510] Anmerkung des Verfassers: Zum Zeitpunkt der Gegenäußerung gab es noch keinen energierechtlichen Durchleitungstatbestand und die 6. Kartellrechtsnovelle war noch nicht verabschiedet. Daher der Verweis auf die §§ 22 und 26 GWB a.F.

möglicherweise nicht ausreichen würde, sondern nur eine Klarstellung im Gesetz selbst den Beteiligten die notwendige Sicherheit auch für weitere Investitionen verschafft."[511]

Die Braunkohleschutzklausel stellt nach alledem die Fortführung des mit den Stromverträgen begonnenen Konzepts des Investitionsschutzes dar. Wie bereits dargelegt war zentrales Element der Stromverträge das 70/30-Konzept. Da die Braunkohleschutzklausel den durch die Stromverträge eingeführten Investitionsschutz fortführt, könnte daran gedacht werden, das 70/30-Konzept zumindest als Ausgangspunkt zur Bestimmung der ausreichenden Höhe heranzuziehen.[512]

Übertragen auf die ausreichende Höhe der ostdeutschen Braunkohleverstromung bedeutete das, dass eine Durchleitungsverweigerung erst dann in Frage käme, wenn die Abnehmer in den genannten Ländern mehr als 30 % ihres Bedarfs mit nicht von der VEAG aus ostdeutscher Braunkohle erzeugtem Strom decken würden. Aus Sicht der VEAG hieße das, dass sie Durchleitungen verweigern könnte, solange der von ihr erzeugte Braunkohlestrom einen Anteil von weniger als 70 % der öffentlichen Versorgung ausmachte. Für die Anwendung des Konzepts spricht zunächst eine gewisse Kontinuität.[513] Wie erläutert ist das 70/30-Konzept bereits zentrales Element der Stromverträge gewesen, die ebenfalls dem Investitionsschutz der heutigen VEAG zu dienen bestimmt waren. Vorteil eines solchen Systems ist darüber hinaus seine einfache Anwendbarkeit. Bei einer Durchleitungsverweigerung seitens der VEAG müsste im Streitfall lediglich überprüft werden, ob durch die beantragte Durchleitung der Anteil des VEAG-Braunkohlestroms unter die 70 %-Marke fiele. Wenn dies bejaht würde, wäre eine Durchleitungsverweigerung von der Braunkohleschutzklausel gedeckt. Bei jedem anderen Ergebnis wäre dies nicht der Fall.[514]

Gegen das 70/30-Konzept an sich spricht jedoch, dass das Konzept vor ca. 10 Jahren unter gänzlich anderen Voraussetzungen eingeführt wurde. Nach der Hälfte der vorgesehenen Laufzeit der unter Anwendung des Konzepts abzuschließenden Verträge haben sich nicht nur die rechtlichen Rahmenbedingungen vollständig geändert. Die Strukturen innerhalb der ostdeutschen Elektrizitätswirtschaft hatten sich schon vor dem Neuregelungsgesetz geändert.

Das 70/30-Konzept des Verbund-Stromvertrags bezog sich ausschließlich auf die Braunkohleverstromung der VEAG. Nach den §§ 1 und 2 des Verbund-Stromvertrags waren die Blöcke 1-4 des KKW Greifswald sowie das KKW Rheinsberg von der Geschäftsbesorgung ausgenommen. Die Geschäftsbesorgung für den verbleibenden Geschäftsbereich der Energiewerke Nord AG vollzog sich nach anderen Maßgaben (§ 2 Verbund-Stromvertrag). Die Ursache für diese Trennung war der Zustand der ostdeutschen KKWs und die damit einhergehende sicherheitstechnische Fragwürdigkeit, die eine Genehmigung nach dem jetzt geltenden AtG unwahrscheinlich machten. Die eigentliche Geschäftsbesorgung bezog sich – was die Kraftwerke betrifft - daher ausschließlich auf die Braunkohlekraftwerke der Vereinigte Kraftwerke AG. Daraus folgte wiederum, dass dem VEAG-Braunkohlestrom ein Anteil von 70 % zugewiesen wurde. Mittlerweile erzeugt die VEAG ihren Strom aber nicht mehr ausschließlich in Braunkohlekraftwerken. Sie verfügt ferner über 2 Gasturbinen- sowie 9 Wasserkraftwerke.[515] Die Stromerzeugung netto basierte damit 1997 nur noch zu 93 % auf Braunkohle.[516] Die Strombezüge der Regional-EVU müssen daher nicht mehr zwangsläufig vollständig aus Braunkohlestrom bestehen. Somit sinkt der Anteil des VEAG-Braunkohlestroms

---

[511] Gegenäußerung der Bundesregierung, BT-Drs. 13/7274, S. 35.

[512] Auch *Büdenbender* (Fn. 126), Schwerpunkte, Rn. 200 und EnWG 1998, Erläuterungen-*Metzenthin* (Fn. 454), Art. 4, § 3 Anm. 7 ziehen zur Ermittlung der ausreichenden Höhe das 70/30-Konzept heran.

[513] So auch LG Berlin (Fn. 481), S. 33; LG Berlin (Fn. 258), S. 30.

[514] Für die Anwendung des 70/30-Konzepts *Büdenbender* (Fn. 126), Schwerpunkte, Rn. 200; *Harms* (Fn. 164), S. 175; EnWG 1998, Erläuterungen-*Metzenthin* (Fn. 454), Art. 4, § 3 Anm. 7.

[515] Angabe des Unternehmens. Vgl. ferner die Internet-Seiten des Unternehmens unter www.veag.de.

[516] VEAG-Geschäftsbericht 1997, S. 27.

unter 70 %. Der Anteil der Braunkohle ist zusätzlich in den letzten Jahren auf Grund des Trends, kommunale und industrielle Eigenerzeugeranlagen in Betrieb zu nehmen bzw. die bereits vorhandenen höher auszulasten, kontinuierlich gesunken.[517] Diese Eigenerzeugeranlagen basieren hauptsächlich auf Gasbasis.[518] So stieg der Anteil des Erdgases von 1,9 % (= 1.234 GWh) in 1991 auf 7,3 % (= 4.572 GWh) in 1995. Zum anderen wird Strom auch wieder durch die vermehrte Verwendung von Steinkohle erzeugt. 1991 wurden lediglich 15 GWh (≈ 0,02 %) aus Steinkohle gewonnen. 1995 beruhten immerhin schon 2.035 GWh (≈ 3,2 %) auf Steinkohle. Auch die Erzeugung aus Wasserkraft konnte leicht zulegen. Ihr Anteil stieg um 0,7 % von 2,3 % in 1991 auf 3,0 % in 1995. Dies entspricht einer Steigerung von 433 GWh auf 1.891 GWh in 1995.[519] Der Trend, die Braunkohle zu Gunsten anderer Energieträger zu verdrängen, ist bislang ungebrochen.

Hinzu kommt, dass das Konzept sich – was den Verbund-Stromvertrag betrifft – nur auf das Verhältnis zwischen der VEAG und den Regional-EVU bezog. Die Bewag als Verbundunternehmen wurde von den Regelungen des Verbund-Stromvertrags nicht unmittelbar betroffen. Innerhalb der Ermittlung der ausreichenden Höhe der ostdeutschen Braunkohle muss – wie die Auslegung der Norm ergeben hat – Berlin aber in Gänze mit einbezogen werden. Die Bruttostromerzeugung in Berlin betrug 1997 11.571 GWh. Dies entspricht einem Anteil von ca. 15 % an der Bruttostromerzeugung der öffentlichen Elektrizitätsversorgung in den neuen Ländern einschließlich Berlins. Die Gesamtsumme, auf die der Anteil des VEAG-Braunkohlestroms bezogen werden muss, hat sich also beträchtlich erhöht. Selbst bei gleich bleibender Braunkohleverstromung der VEAG[520], wäre in relativen Zahlen ein Absinken des VEAG-Braunkohlestroms zu verzeichnen. Während der Anteil des VEAG-Stroms (einschließlich der nicht auf Braunkohle beruhenden Erzeugung) an der Bruttostromerzeugung der öffentlichen Versorgung in den neuen Ländern ohne Berlin bei ca. 69,5 % liegt, nimmt der VEAG-Strom (einschließlich der nicht auf Braunkohle beruhenden Erzeugung) in den neuen Ländern mit Berlin nur einen Anteil von ca. 59 % ein. Der VEAG-Braunkohlestrom erreicht einen Anteil von ca. 65 % (ohne Berlin) bzw. von 55 % (mit Berlin). Diese Abweichung erklärt sich nicht zuletzt damit, dass die VEAG ihre Stromerzeugung mittlerweile auch auf andere Erzeugungsarten stützt. Dadurch ändert sich ebenso die Zusammensetzung der Bezüge der Regional-EVU und somit der Anteil des VEAG-Braunkohlestroms. Die Senkung des Braunkohleanteils hat die VEAG freiwillig vorgenommen, so dass angenommen werden kann, dass sie trotz dessen in der Lage ist, ihren Braunkohlestrom auf genügend GWh umzulegen. Ein solches Vorgehen ist von Beginn an auch vom 70/30-Konzept gedeckt, wenn nicht sogar vorgesehen worden. Denn das 70/30-Konzept aus den Stromverträgen weist nicht dem VEAG-Braunkohlestrom einen Anteil von 70 % zu, sondern dem VEAG-Strom. Den Stromverträgen ist an keiner Stelle zu entnehmen, dass die 70 %-igen Bezugsverpflichtungen der Regional-EVU vollständig aus Braunkohle bestehen müssen. Im August 1990 ergab sich lediglich aus dem Kraftwerkspark der VEAG, dass es sich nur um Braunkohle handeln konnte, da die VEAG zum damaligen Zeitpunkt nur über Braunkohlekraftwerke verfügte. Der VEAG wurde aber nicht untersagt, sich auch auf andere Stromerzeugung zu verlegen.

---

[517] So hat beispielsweise die Stadtwerke Leipzig GmbH eine GuD-Anlage in Betrieb genommen und dafür braunkohlegefeuerte Anlagen geschlossen.

[518] So hat die EVP seit dem 1. Oktober 1995 wieder die Stromversorgung Potsdams in ihrer Hand. 88,6% des Strombedarfs werden durch Eigenerzeugung gedeckt. Im Heizkraftwerk Süd wird der Strom aus Erdgas erzeugt. Ebenso verhält es sich bei der Stadtwerke Leipzig GmbH. Ihre installierte Leistung von 172,1 MW basiert komplett auf den Energieträgern Erdgas und Öl. Auch die Eigenerzeugung der Energieversorgung Sachsen Ost AG (ESAG) basiert nicht auf Braunkohle. Quellen: Angaben der jeweiligen Unternehmen.

[519] Quelle: Statistik der Kohlenwirtschaft „Der Braunkohlentagebau in der Energiewirtschaft der Bundesrepublik"; Statistisches Bundesamt.

[520] Im Gegensatz zu 1996 ist die Stromerzeugung der VEAG insgesamt, insbesondere aber auch die Erzeugung aus Braunkohle, leicht gesunken. Insgesamt sank die Stromerzeugung um 1059 GWh. Die Stromerzeugung aus Braunkohle sank um 213 GWh. Quelle: VEAG-Geschäftsbericht, S. 26.

Da die Berechnung der ausreichenden Höhe unter Berücksichtigung Berlins erfolgt, sinkt der prozentuale Anteil des VEAG-Braunkohlestroms reziprok proportional um die Höhe, um welche die Gesamtsumme der öffentlichen Versorgung steigt. Da die öffentliche Versorgung Berlins ca. 15 % der gesamten öffentlichen Versorgung der neuen Länder ausmacht, muss der Anteil des VEAG-Braunkohlestroms um diese 15 % auf ca. 55 % gesenkt werden. Diese Reduktion beinhaltet tatsächlich keinerlei Einschränkung für die VEAG. Andererseits aber würde man der VEAG ein Plus von 15 % zugestehen, wenn man den Anteil des VEAG-Braunkohlestroms nicht reduziert. Dies lässt sich am besten anhand eines Beispiels aufzeigen:

Die VEAG möge in den Jahren 1996 und 1997 im Durchschnitt 42.600 GWh Strom aus Braunkohle erzeugt haben. Die gesamte Bruttostromerzeugung der öffentlichen Elektrizitätsversorgung in den Neuen Ländern ohne Berlin möge in diesen Jahren durchschnittlich 65.700 GWh betragen haben. Dies würde einem Anteil von ca. 65 % entsprechen. Insgesamt möge damit eine Kostendeckung erreicht worden sein. Die Investitionen konnten also geschützt werden.

Für 1998 sollen nun dieselben Zahlen gelten. Nun muss aber auch Berlin einbezogen werden. Dadurch möge sich die gesamte Bruttostromerzeugung der öffentlichen Versorgung in den neuen Ländern mit Berlin um 11.500 GWh auf 77.200 GWh erhöhen. Der Anteil des VEAG-Braunkohlestroms betrüge damit nur noch ca. 55 %. Da die Kosten aber auf dieselbe Anzahl von GWh umgelegt werden können wie vorher, ist weiterhin eine Kostendeckung zu erreichen.[521] Der Investitionsschutz ist weiterhin gegeben. Es ändert sich ja nichts dadurch, dass sich durch das Einbeziehen Berlins die Gesamtsumme der Bruttostromerzeugung der öffentlichen Versorgung vergrößert hat. Ein Festhalten am 70/30-Konzept – wie es zum Teil gefordert wird[522] - würde es der VEAG erlauben, mehr Strom aus Braunkohle zu erzeugen. In Bezug auf die Braunkohleschutzklausel bedeutete dies, dass sie mehr Durchleitungen verweigern könnte, da sie ja weit davon entfernt wäre, mit ihrem Braunkohlestrom einen Anteil von 70 % zu erreichen. Dies ist zum Schutze der Investitionen aber gar nicht nötig. Außerdem würde sich ein derart hoher Prozentsatz prohibitiv auf den Wettbewerb und den Abbau der Strompreisdisparitäten auswirken. In Anbetracht dessen ist das 70/30-Konzept von vornherein auf ein 60/40-Konzept zu reduzieren. Der VEAG wären Durchleitungsverweigerungen danach auf Grund der Braunkohleschutzklausel nur möglich, wenn durch die Durchleitung der Anteil an nicht aus ostdeutscher Braunkohle gewonnener Elektrizität ein Wert von über 40 % an der öffentlichen Versorgung überschreiten würde.

Bedenken bestehen aber nicht nur gegen das 70/30-Konzept an sich, sondern auch gegen ein starres Prozent-Konzept überhaupt. Ein derartiges Konzept setzt Maßstäbe fest, die zu dem jeweiligen Zeitpunkt als angemessen angesehen werden. Hierbei ist eine gewisse auf die Zukunft gerichtete Prognose möglich, ein sicheres Vorausschauen und Bedenken zukünftiger Wandlungen ist aber gerade für einen sich in der (erstmaligen) Entwicklung befindlichen Markt kaum möglich. Die Wettbewerbsverhältnisse ändern sich permanent und in zeitlich kurzen Abständen. Die Liberalisierungen bisheriger Monopolmärkte wie beispielsweise der Telekommunikationsmarkt und eben auch des Strommarktes vor allem hinsichtlich der Privatkunden bestätigen dies. Wohl kaum jemand hat 1998 erwartet, dass der Wettbewerb um Privatkunden derartig schnell und umfassend stattfinden würde. Daher läuft ein Konzept mit starren Vorgaben sehr schnell Gefahr, von der Realität eingeholt zu werden. Ein derartig starres Konzepts und ein flexibler Wettbewerbsmarkt lassen sich nicht vereinbaren. Im Gegensatz zur jetzigen Situation gab es zum Zeitpunkt der Stromverträge noch Monopole und somit auch stabile Preise. Auf dem Wettbewerbsmarkt müssen die Teilnehmer dagegen flexibel sein. Gewinneinbrüche müssen durch Kostensenkung oder andere Maßnahmen, wie z.B. intensivere Neuakquisition aufgefangen werden. Insofern könnte ein starres Konzept auch ein falsches Zeichen setzen. Denn zumindest im Rahmen des Konzepts bräuchte die VEAG nichts zu

---

[521] Bei ansonsten gleich bleibenden Umständen.

[522] EnWG 1998, Erläuterungen-*Metzenthin* (Fn. 454), Art. 4, § 3 Anm. 7.

befürchten. Bei Anwendung eines „60/40-Konzept"könnte sie zumindest bis zur 60 %-Grenze wie ein Monopolist agieren, mit der Folge erhöhter Preise und der Gefahr, Gewinne zu erwirtschaften, die andere Unternehmen nicht erwirtschaften können. Die Anwendung eines starren Systems kann daher dazu führen, dass nicht nur die Investitionen geschützt werden, sondern darüber hinaus auch Gewinne erwirtschaftet werden. Dies soll mit der Braunkohleschutzklausel jedoch gerade nicht erreicht werden. Andererseits kann die Anwendung auch dazu führen das der Normzweck Investitionsschutz gerade nicht mehr erreicht wird. Dann nämlich, wenn das festgelegte Höchstmaß nicht mehr ausreicht, um die Investitionen ausreichend zu schützen.

Gegen die Anwendung eines starren Konzepts spricht auch, dass der Gesetzgeber sich bei der Bestimmung der „ausreichenden Höhe" mit „ausreichend" eines unbestimmten Begriffs bedient hat. Der Gesetzgeber wollte sich scheinbar selbst nicht festlegen, bei welchem Anteil die Braunkohleverstromung ausreichend berücksichtigt ist. Dagegen hat es der Gesetzgeber den Beteiligten des Durchleitungsmarktes einschließlich der Aufsichtsbehörde sowie Rechtsprechung und Literatur überlassen, diesen Begriff auszufüllen. Dabei war dem Gesetzgeber das 70/30-Konzept aus den Stromverträgen und dem Stromvergleich durchaus bekannt. Dass er es nicht – auch nicht in einer Abwandlung – in den Gesetzestext als Bestimmung der ausreichenden Höhe aufgenommen hat, spricht dafür, dass er keine starre Regelung zur Bestimmung der ausreichenden Höhe fixieren wollte. Vielmehr sollte diese gesetzgeberische Technik eine gewisse Flexibilität in der Anwendung der Norm schaffen. Gerade im Bereich des Energiewirtschaftsrechts, das mit dem Neuregelungsgesetz komplett neu geregelt wurde und nunmehr einen liberalisierten Strommarkt einführt, nachdem bislang rund 100 Jahre ein monopolartiges System geschlossener Versorgungsgebiete[523] bevorzugt wurde, war vorauszusehen, dass es zu gravierenden Veränderungen im Verhalten der Marktteilnehmer kommen würde, die bei Fertigung des Gesetzestextes kaum absehbar waren. Auch das Verhalten der ostdeutschen Stromabnehmer war nicht voraussehbar. Daher würde ein gesetzlich fixierter Anteil u.U. schon in nächster Zukunft den tatsächlichen Gegebenheiten am Markt nicht mehr gerecht. Aus diesem Grund hat sich der Gesetzgeber offenbar entschieden den Tatbestand hinsichtlich der ausreichenden Höhe offen zu gestalten und keine konkrete Höhe zu „zementieren".

Ein starres System entsprechend dem 70/30-Konzept ist mithin abzulehnen. Zumindest als erster Annäherungspunkt kann das Konzept jedoch dienen. Die an der Entwicklung der Stromverträge Beteiligten haben die 70 %-ige Zuweisung der VEAG für angemessen und ausreichend erachtet. An der Entwicklung der Stromverträge und des 70/30-Konzepts waren die damalige Bundesregierung, sowie Vertreter der Stromindustrie, insbesondere der Verbundunternehmen beteiligt. Insofern kann auch davon ausgegangen werden, dass es sich – zumindest vom damaligen Zeitpunkt aus – um eine realistische Einschätzung gehandelt hat. Auf Grund der veränderten Situation kann das Modell jedoch nur mit den oben dargelegten Einschränkungen bzw. Abzügen, so dass insoweit ein 60/40-Konzept herangezogen werden. Es soll nochmals darauf hingewiesen werden: Das Modell ist nicht als gegeben anzusehen. Vielmehr kann es – wenn überhaupt – nur als Anhaltspunkt dienen. Im jeweiligen Durchleitungsfall muss aber geklärt werden, ob der Bestand der VEAG gefährdet ist. Sollte dies ernsthaft erst der Fall sein, wenn der Anteil des VEAG-Braunkohlestroms weniger als 40 % der öffentlichen Versorgung ausmacht, ist allein dieser Wert entscheidend.

[523] Vgl. nur *Löwer*, Energieversorgung zwischen Staat, Gemeinde und Wirtschaft, RTW-Reihe, Band 53, 1989.

(bb) Ausreichende Höhe bei der Versorgungssicherheit

Um die Versorgungssicherheit zu Gewähr leisten muss ein Primärenergieträger-Mix gefunden werden, der einerseits die Erzeugung auf mehrere Primärenergieträger verteilt, um Abhängigkeiten zu vermeiden, andererseits aber auch reichlich vorhandene einheimische Primärenergieträger besonders berücksichtigt. In der Bundesrepublik Deutschland wird daher ein breitgestreuter Primärenergieträger-Mix bevorzugt. Die Elektrizitätserzeugung in Deutschland basiert zu 30,7 % auf Kernenergie,[524] zu 26,1 % auf Steinkohle, 24,4 % werden aus Braunkohle gewonnen. Zusätzlich wird Elektrizität zu 9,7 % aus Erdgas, zu 5,3 % aus Wind und Wasser und zu einem geringen Teil (0,8 %) auch aus Öl gewonnen. 3 % der Erzeugung machen sonstige Energieträger aus.

In den neuen Bundesländern sieht der Primärenergieträger-Mix dagegen anders aus. Hier nimmt die Braunkohle den größten Anteil ein. Die Bruttostromerzeugung der öffentlichen Elektrizitätsversorgung in den neuen Bundesländern belief sich im Kalenderjahr 1997 auf insgesamt 65.758 GWh. Im hiesigen Kontext muss die Bruttostromerzeugung Berlins addiert werden. 1997 belief sie sich auf 11.571 GWh. Die Summe der Bruttostromerzeugung in den in Art. 4 § 3 NeuregelungsG aufgezählten Ländern betrug demnach 77.329 GWh. Auf die Bruttostromerzeugung aus Braunkohle entfielen 46.765 GWh. Dies entspricht einem Anteil von ca. 60,5%.[525] Die restliche Erzeugung verteilt sich auf Erdgas, Steinkohle, Wasserkraft, Mineralöl und Übrige.[526] Dabei ist seit 1990 ein starker Rückgang der Erzeugung aus Braunkohle vor allem zu Gunsten der Erzeugung aus Erdgas zu verzeichnen. Während bei einer Gesamt-Bruttostromerzeugung von 64.137 GWh die Erzeugung aus Braunkohle in den neuen Ländern[527] 1991 noch bei 60.788 GWh (≈ 95 %) gelegen hat, ist sie seitdem kontinuierlich gesunken. 1995 erreicht die Braunkohle mit 53.778 GWh von insgesamt 62.893 GWh in den neuen Ländern[528] schon nur noch einen Anteil von 85,5%. Innerhalb von vier Jahren ging der Anteil also um ca. 10 % zurück. Die Ursache für den starken Rückgang des Braunkohleanteils ist mitunter der bereits erwähnte seit Jahren bestehende Trend, kommunale und industrielle Eigenerzeugeranlagen in Betrieb zu nehmen bzw. die bereits vorhandenen höher auszulasten.[529] Diese Eigenerzeugeranlagen basieren hauptsächlich auf Gasbasis.[530] Daraus folgt eine Erhöhung des Anteil des Erdgases von 1,9 % (= 1.234 GWh) in 1991 auf 7,3 % (= 4.572 GWh) in 1995. Auch wird Strom wieder durch die vermehrte Verwendung von Steinkohle erzeugt. 1991 wurden lediglich 15 GWh (≈ 0,02 %) aus der Steinkohle gewonnen. 1995 beruhten immerhin schon 2.035 GWh (≈ 3,2 %) auf der Steinkohle. Ebenso konnte die Erzeugung aus der Wasserkraft leicht zulegen. Ihr Anteil stieg um 0,7 % von 2,3 % in 1991 auf 3,0 % in 1995. Dies entspricht einer Steigerung von 433 GWh auf 1.891 GWh in 1995.[531] Der Trend, die Braunkohle zu Gunsten anderer Energieträger zu verdrängen, ist bislang ungebrochen, so dass die Braunkohle mittlerweile nur noch einen Anteil von besagten 60,5 % an der Bruttostromerzeugung in den östlichen Ländern hat. Dabei darf nicht übersehen werden, dass der rapide Abfall auch damit zusammenhängt, dass im hiesigen Kontext

---

[524] Der Anteil der Kernenergie wird freilich in den nächsten Jahren sukzessive durch andere Primärenergieträger ersetzt werden müssen, nachdem die Bundesregierung den Ausstieg aus der Atomenergie beschlossen hat.

[525] Quelle: LDS Brandenburg; BEWAG-Geschäftsbericht, S. 36.

[526] Seit 1996 gibt es nur noch bundesweite Statistiken. In 1995 stellte sich die Bruttostromerzeugung der öffentlichen Kraftwerke in den neuen Ländern inklusive Ost-Berlins wie folgt dar: Braunkohle 85,5 %, Erdgas 7,3 %, Steinkohle 3,2 %, Wasserkraft 3,0 % Mineralöl 0,9 % sowie Übrige mit 0,04 %. Quelle: Statistik der Kohlenwirtschaft „Der Braunkohlentagebau in der Energiewirtschaft der Bundesrepublik"; Statistisches Bundesamt.

[527] Ohne West-Berlin, aber einschließlich Ost-Berlins.

[528] Ohne West-Berlin, aber einschließlich Ost-Berlins.

[529] vgl. Fn. 517.

[530] vgl. Fn. 518.

[531] vgl. Fn. 519.

West-Berlin mit einbezogen werden muss. Da die West-Berliner Stromerzeugung ca. 2/3 der gesamten Berliner Erzeugung ausmacht und gänzlich ohne Braunkohleverstromung auskommt, wirkt sich das Einbeziehen West-Berlins erheblich zu Lasten der Braunkohle aus.[532] Hauptursache für den Rückgang der Braunkohleverstromung ist aber der Verzicht auf die Braunkohle zu Gunsten anderer Energieträger, vor allem zu Gunsten von Erdgas. Eine Umkehr dieses Trends ist kaum zu erwarten, allenfalls eine Stagnation. Erdgas muss aber zum größten Teil aus Russland importiert werden. Dies bedingt eine gewisse Abhängigkeit nicht nur von den Lieferanten, sondern auch von den Staaten über deren Gebiet die Versorgungspipelines führen. Die ostdeutsche Braunkohle ist dagegen ein heimischer Energieträger, „der ohne Subventionen in ausreichender Menge zur Verfügung steht."[533] Es ist daher sachgerecht, der Braunkohleverstromung einen großen Anteil am Primärenergieträger-Mix einzuräumen, zumal durch die Modernisierungsmaßnahmen die Umweltnachteile der Braunkohleverstromung reduziert werden konnten. Der Braunkohle wird auch im Energieträger-Mix der alten Bundesländer eine besondere Rolle zugeschrieben. Der Braunkohleanteil liegt hier allerdings nur bei ca. 20 %.[534] Dabei ist gleichwohl zu beachten, dass in den neuen Ländern keine KKW mehr vorhanden sind und auch die Erzeugung aus Steinkohle erst vor kurzem wieder aufgenommen wurde. In der derzeitigen politischen Situation ist nicht davon auszugehen, dass in den neuen Ländern zukünftig Elektrizität aus Kernenergie erzeugt wird. Der Anteil der Kernenergie beträgt in den alten Ländern aber rund 38 %.[535] Dieser Anteil kann in den neuen Ländern von der Braunkohle übernommen werden. Die Ressourcen sind ebenso vorhanden wie die Kapazitäten zur Verstromung. Um nicht allzu sehr in die Abhängigkeit der Braunkohle zu geraten, ist es aber sinnvoll, vor allem die Erzeugung aus Steinkohle und Wasserkraft, aber auch die übrigen Erzeugungsformen zu forcieren, so dass die Braunkohle letztlich einen Anteil zwischen 40 und 60 % der öffentlichen Versorgung in den neuen Ländern einschließlich Berlins ausmacht. Vom Gesetzeszweck der Versorgungssicherheit her, ist die „ausreichende Höhe" ostdeutscher Braunkohleverstromung zumindest dann gegeben, wenn sie einen Anteil von ca. 40 – 60 % an der Bruttostromerzeugung der öffentlichen Elektrizitätsversorgung erreicht.

(cc) Relation

Nachdem nun die ausreichende Höhe ostdeutscher Braunkohleverstromung nach den beiden Zielsetzungen des Gesetzes bestimmt wurde, stellt sich die Frage, wie die unterschiedlichen Ergebnisse ins Verhältnis zueinander gestellt werden können. Nach dem Gesetzeszweck des Investitionsschutzes ist eine ausreichende Höhe dann erreicht, wenn der Bestand des Unternehmens gesichert ist. Eine absolute Bezifferung der relevanten Menge ist nicht möglich. Nach dem Gesetzeszweck der Versorgungssicherheit kann dagegen die ausreichende Höhe absolut bestimmt werden. Eine ausreichende Höhe ist hier dann erreicht, wenn die VEAG-Braunkohle einen Anteil an der ostdeutschen öffentlichen Versorgung von 40-60 % einnimmt.

Zur Bestimmung der ausreichenden Höhe ostdeutscher Braunkohleverstromung bedarf es daher noch eines weiteren Schrittes. Dabei ist zu klären, ob beide Ansätze so miteinander verknüpft wer-

---

[532] Bezieht man Berlin nicht mit in die Berechnung ein, beträgt der Anteil der Bruttostromerzeugung aus Braunkohle in den übrigen fünf Ländern 69,6 %.Quelle: LDS Brandenburg.

[533] BT-Drs. 13/2472 Antwort des BMWi im Namen der Bundesregierung auf die Kleine Anfrage der Gruppe der PDS (BT-Drs. 13/2296).

[534] Quelle: Statistik der Kohlenwirtschaft „Der Braunkohletagebau in der Energiewirtschaft der Bundesrepublik"; Statistisches Bundesamt.

[535] Quelle: Statistik der Kohlenwirtschaft „Der Braunkohletagebau in der Energiewirtschaft der Bundesrepublik"; Statistisches Bundesamt.

den müssen, dass die ausreichende Höhe beiden Ermittlungsansätzen gerecht wird oder ob ein Ermittlungsgrundsatz im Zweifel den anderen überwiegt und daher verdrängt.

Es wurde ermittelt, dass aus Gründen der Versorgungssicherheit die ausreichende Höhe ostdeutscher Braunkohleverstromung bei ca. 40 - 60 % gegeben ist und dass das Normziel des Investitionsschutzes erreicht wird, wenn die Höhe ausreicht, die Existenz der VEAG aufrechtzuerhalten.. Eine genaue Festlegung kann und darf es hier der Flexibilität wegen nicht geben. Die Ausführungen zur Entwicklung des Primärenergieträger-Mixes in Ostdeutschland haben deutlich gezeigt, dass auf dem dortigen Markt seit 1991 ein Rückgang der Braunkohleverstromung vor allem zu Gunsten von Erdgas zu verzeichnen ist. Ob und wie weit sich dieser Trend noch fortsetzt ist derzeit nicht absehbar. Eine Fortsetzung dieses Trends würde aber einen weiteren Rückgang des Anteils der Braunkohle an der Stromerzeugung in Ostdeutschland mit sich bringen, so dass sich auch hier eine strikt starre Regelung verbietet, da sie letztlich „am Markt vorbei" ginge. Die ausreichende Höhe ist daher insgesamt flexibel anhand beider Ermittlungsansätze nach den Gesetzeszielen zu bestimmen. Wie der Bundesausschuss für Wirtschaft in seiner Beschlussempfehlung ausführt, „ist im Rahmen der Prüfung, ob ein Durchleitungsbegehren der Notwendigkeit einer ausreichend hohen Verstromung der ostdeutschen Braunkohle entgegensteht, eine Gesamtbetrachtung der Entwicklung der Braunkohleverstromung geboten, in die alle bereits vereinbarten sowie die beantragten Durchleitungen einzubeziehen sind."[536] In dieser Gesamtbetrachtung ist die ausreichende Höhe jeweils innerhalb des vorgegebenen Rahmens festzustellen. Dabei muss die Entwicklung der Braunkohleverstromung beachtet werden. Der flexible Anwendungsrahmen der Braunkohlen-schutzklausel durch den hier erarbeiteten Ermittlungsansatz ermöglicht es, die Gesetzesziele innerhalb eines vorgegebenen Rahmens den wechselhaften Umständen anzupassen. Ist die VEAG zukünftig in der Lage trotz eines Anteils der Braunkohle an der öffentlichen Versorgung in Ostdeutschland von „nur" 50 % rentabel zu arbeiten, können mehr Durchleitungen zugelassen werden. Aus Gründen des Investitionsschutzes können Durchleitungsbegehren aber auch restriktiv behandelt werden. Derzeit sollte diesbezüglich ein Anteil der Braunkohle von 60 % allerdings die Obergrenze sein. Darüber hinaus sollte unter keinen Umständen eine Durchleitung auf Grund der Braunkohlenschutzklausel verweigert werden können. Durch die Möglichkeit der flexiblen Anwendung wird auch der erforderliche Druck auf die ostdeutschen Strompreise aufrecht erhalten. Dadurch, dass der Schutz nicht starr ausgelegt ist, kann sich die VEAG nicht darauf verlassen, eine genau definierte Menge Stroms abzusetzen, so dass sie ihre Kosten auf möglichst viele kWh umlegen kann. Daher muss sie die geeigneten Maßnahmen einleiten, trotz u.U. verringerten Absatzes und einbrechender Preise wirtschaftlich vertretbare Ergebnisse erzielen zu können.

Innerhalb der vorgegebenen Spanne ist der ausschlaggebende Faktor zur Bestimmung der ausreichenden Höhe der Investitionsschutz. Dies folgt zum einen aus den Materialien und der parlamentarischen Debatte und zum anderen aus Sinn und Zweck der Norm. Ferner spricht die Historie des Schutzes ostdeutscher Braunkohle seit 1990 für einen Vorrang des Investitionsschutzes. Die Auswertung der Materialien[537] hat ergeben, dass der Gesetzgeber dem Investitionsschutz eine größere Bedeutung zukommen lässt als der Versorgungssicherheit. Darüber hinaus hat der Schutz ostdeutscher Braunkohle seit seiner Einführung mit den Stromverträgen von 1990 primär dem Schutz der in die Braunkohleverstromung gemachten Investitionen gedient.[538] Aber auch der Sinn und Zweck der Norm wäre verfehlt, wenn ausschlaggebendes Kriterium bei der Bemessung der ausreichenden Höhe die Versorgungssicherheit wäre. Ist aus Gründen der Versorgungssicherheit zukünftig z.B. ein Anteil der Braunkohle an der Verstromung in Ostdeutschland von 50 % ausreichend, wäre - bei Zugrundelegen dieses Wertes bei der Beurteilung eines Durchleitungsbegehrens - eine Verweigerung erst zulässig, wenn die Abnehmer in Ostdeutschland mehr als 50 % anderweitig erzeugten

---

[536] BT-Drs. 13/9211, S. 26.

[537] Vgl. 3. Teil B. VIII. 2. c) aa) (3).

[538] Vgl. BT-Drs. 13/9211, S. 26.

Stroms abnähmen. Ist in diesem Fall ein Schutz der Investitionen nur Gewähr leistet, wenn die Braunkohle einen Anteil von beispielsweise 60 % hat, so liefe bei vorrangiger Beachtung des Versorgungssicherheitsgedankens der Investitionsschutz leer. Dies hätte auf Dauer die Unrentabilität der Braunkohlekraftwerke zur Folge. Konsequenz daraus wäre ein weiterer Rückzug aus der Braunkohleverstromung, was dann zum Verlust von Arbeitsplätzen führen würde und letztlich auch die Versorgungssicherheit betreffen könnte. Auf der anderen Seite beeinträchtigte eine höhere Braunkohleverstromung zu Gunsten des Investitionsschutzes die Versorgungssicherheit nicht wesentlich.

Aus diesen Gründen kommt dem Schutz der Investitionen eine Vorrangstellung zu, die bei der Ermittlung der ausreichenden Höhe ein größeres Gewicht hat. Daher ist vorrangig zu prüfen, ob der Bestand der VEAG oder eines ihrer Braunkohlekraftwerke konkret durch die jeweils beantragte Durchleitung gefährdet würde. Ist dies der Fall, kann der Netzzugang verweigert werden. Liegt diese Voraussetzung dagegen nicht vor, ist eine Zugangsverweigerung zumindest auf Grund der Braunkohleschutzklausel grundsätzlich nicht möglich. Nur wenn in dieser Konstellation die Versorgungssicherheit nicht mehr gegeben sein sollte – was nur schwer vorstellbar ist – kommt eine Zugangsverweigerung gestützt auf Art. 4 § 3 Neuregelungsgesetz in Betracht.

(4) „Notwendigkeit" der ausreichend hohen Verstromung und „besondere Berücksichtigung"

Die Norm enthält darüber hinaus zwei weitere Merkmale. Zum einen gibt der Gesetzestext vor, dass eine „Notwendigkeit" hinsichtlich der ausreichenden Verstromung ostdeutscher Braunkohle besteht. Zum anderen verlangt die Norm, dass diese Notwendigkeit bei der Beurteilung, ob eine solche Durchleitung zuzulassen ist oder verweigert werden darf, „besonders zu berücksichtigen ist". Beide Merkmale betreffen den Stellenwert, den die Braunkohleschutzklausel in der Abwägung für und wider eine Durchleitung einnimmt. Daher werden beide Merkmale im Rahmen der Ausführungen zur Abwägung bearbeitet.[539]

bb) Relevante Durchleitungsbegehren

Aus dem bisher Erörterten ergibt sich, dass Durchleitungsbegehren nur solange mit der Braunkohleschutzklausel verweigert werden können, wie die vorrangig nach dem Investitionsschutz zu bestimmende abwägungsrelevante, ausreichende Menge nicht erreicht wird. Dabei ist grundsätzlich keine Einzelfallbetrachtung vorzunehmen. Es ist vielmehr „eine Gesamtbetrachtung der Entwicklung der Braunkohleverstromung geboten, in die alle bereits vereinbarten sowie die beantragten Durchleitungen einzubeziehen sind."[540] Dies bedeutet, dass letztlich eine Bilanzierung vorzunehmen ist.

Die abwägungsrelevante Menge wird dann nicht erreicht, wenn auf Grund von Durchleitungsbegehren der Bestand der VEAG gefährdet ist. Dies ist frühestens dann der Fall, wenn ein Braunkohlekraftwerk der VEAG wegen Unwirtschaftlichkeit geschlossen werden muss bzw. die konkrete Gefahr der Schließung besteht. Dies ist wiederum dann der Fall, wenn auf Grund der Durchführung von Durchleitungen die Stromerzeugung innerhalb eines Kraftwerks unter ein Maß fallen würde, dass noch als wirtschaftlicher Betrieb angesehen werden kann. Daraus folgt, dass zwischen Unwirtschaftlichkeit und beantragten Durchleitungsbegehren ein Ursachenzusammenhang bestehen muss. Bei der Prüfung, ob eine Durchleitung tatsächlich unzumutbar ist, weil sie die noch als ausreichend

---

[539] Vgl. 3. Teil B. VIII. 3.

[540] BT-Drs. 13/9211, S. 26.

anzusehende Verstromung von Braunkohle auf ein nicht ausreichendes Volumen reduzieren würde, ist daher zu untersuchen, ob die beantragten Durchleitungen kausal für das Abfallen der Höhe der Braunkohleverstromung ist.

Kausal für den Rückgang der Stromerzeugung aus ostdeutscher Braunkohle sind Durchleitungen dann, wenn die Erzeugungsleistung des Kraftwerks gerade auf Grund der beantragten Durchleitung zurückgefahren werden müsste. Der durchzuleitende Strom müsste den Braunkohlestrom verdrängen. Anders als bei § 6 III EnWG kommt es dabei jedoch nicht darauf an, dass durch die Verdrängung der Bestand eines konkreten Kraftwerks bedroht wird.[541] Auf Grund der Gesamtbetrachtung ist zu überprüfen, ob die Durchleitung so viel Braunkohle verdrängen würde, dass die ausreichende Höhe der VEAG-Braunkohleverstromung nicht mehr vorliegt. Nur wenn das Durchleitungsbegehren zu einer Reduzierung der VEAG-Braunkohlestromerzeugung führt, kann die ausreichende Höhe betroffen sein. Infolgedessen sind nur solche Durchleitungsbegehren relevant, auf Grund derer Braunkohlestrom der VEAG verdrängt würde.

Die VEAG kann sich dagegen nicht auf Art. 4 § 3 NeuregelungsG berufen, wenn der Strom zwar in ihr Netz eingespeist werden soll, aber zur Verdrängung von anderweitig erzeugtem Strom führt. Gleiches gilt, wenn der durchzuleitende Strom letztlich Strom eines anderen Erzeugers verdrängen würde. Eine Verweigerung kommt überdies dann nicht in Betracht, wenn es um von der VEAG erzeugten und verkauften Braunkohlestrom geht, der nur auf einem anderen Vertriebsweg durch einen anderen Lieferanten als bisher weiterverkauft wird.[542] Letztlich kommt eine Anwendung des Art. 4 § 3 NeuregelungsG auch dann nicht in Frage, wenn es um die Belieferung eines Abnehmers geht, der sich in den neuen Ländern neu angesiedelt hat und erstmalig beliefert versorgt werden soll. Auch eine solche Belieferung verdrängt keinen von der VEAG erzeugten Braunkohlestrom.

cc) Vereinbarkeit mit der RL 96/92/EG

Es gilt, die Vereinbarkeit der vom deutschen Gesetzgeber gewählten Schutzklausel mit der RL 96/92/EG zu überprüfen. Danach ist zu klären, ob die Braunkohleschutzklausel richtlinienkonform in nationales Recht umgesetzt worden ist. Eine richtlinienkonforme Umsetzung liegt dann vor, wenn die RL 96/92/EG eine Ermächtigungsgrundlage zum Erlass eines Verweigerungstatbestandes, wie ihn die Braunkohlenschutzklausel darstellt, beinhaltet. Existiert eine solche Ermächtigungsgrundlage, ist in einem zweiten Schritt zu prüfen, ob deren Tatbestandsvoraussetzungen erfüllt sind.

(1) Ermächtigungsgrundlage

Ausweislich der Materialien[543] hat der deutsche Gesetzgeber die Ermächtigungsgrundlage zum Erlass der Braunkohlenschutzklausel in Art. 8 IV RL 96/92/EG gesehen. Gem. Art. 8 IV der RL 96/92/EG, der sich in Kapitel IV der RL 96/92/EG befindet, welche den Betrieb des Übertragungsnetzes regelt, kann ein Mitgliedstaat aus Gründen der Versorgungssicherheit Anweisung geben, dass Elektrizität bis zu einer Menge, die 15 % der in einem Kalenderjahr zur Deckung des gesamten Elektrizitätsverbrauchs des betreffenden Mitgliedstaates notwendigen Energie nicht überschreitet, vorrangig aus Erzeugungsanlagen abgerufen wird, die einheimische Primärenergieträger als Brennstoffe einsetzen.

---

[541] So auch *Theobald/Zenke*, Braunkohleklausel: unzulässige Durchleitungsverweigerung und Schadensersatzansprüche, ET 2000, S. 530 (534).

[542] Vgl. hierzu *Theobald/Zenke* (Fn. 541), S. 533 f.

[543] BT-Drs. 13/7274, S. 35.

Nach dem Wortlaut der Norm kann ein Mitgliedstaat also bestimmen, dass Strom bis zu einer Menge, die 15 % des kalenderjährlichen Gesamtstrombedarfs des Mitgliedstaates nicht überschreiten darf, garantiert aus einheimische Primärenergieträger nutzenden Kraftwerken abgerufen werden muss. Die Norm sieht einen Vorrang bei der Inanspruchnahme von Erzeugungsanlagen vor. Wie dieser Vorrang ausgestaltet werden muss gibt die Norm nicht her. Demnach deckt der Wortlaut unter Umständen auch ein System, welches potentiell den Netzzugang verweigert, um einheimische Braunkohleproduktion zu schützen.[544] Insofern käme Art. 8 IV RL 96/92/EG als Ermächtigungsgrundlage in Betracht. Es ist jedoch die Stellung des Art. 8 IV RL 96/92/EG in der RL 96/92/EG zu berücksichtigen. Art. 8 RL 96/92/EG befindet sich in Kapitel IV der RL 96/92/EG, welches den Betrieb des Übertragungsnetzes regelt. Art. 8 II RL 96/92/EG beschreibt das Prinzip der Kraftwerkseinsatzplanung. Art. 8 II S. 2 RL 96/92/EG stellt bei der Inanspruchnahme der Kraftwerke den wirtschaftlichen Vorrang heraus. Die Absätze 2 und 3 erlauben es dagegen dem jeweiligen Gesetzgeber, dem Übertragungsnetzbetreiber zur Auflage zu machen, Erzeugungsanlagen, welche erneuerbare Energieträger oder Abfälle verwenden oder nach dem Prinzip der Kraft-Wärme-Kopplung arbeiten oder einheimische Primärenergieträger verwenden vorrangig einzusetzen. Im Zusammenspiel mit Art. 8 II RL 96/92/EG sind Art. 8 IV und III RL 96/92/EG somit als Sonderregelungen zu dem dort niedergelegten Prinzip zu verstehen. Durch Art. 8 IV RL 96/92/EG kann somit eine vorrangige Inanspruchnahmeverpflichtung ostdeutscher Braunkohle verstromender Kraftwerke gedeckt werden. Art. 4 § 3 Neuregelungsgesetz ist dagegen als Durchleitungsverweigerungsgrund ausgestaltet. Die Regelungen über den Netzzugang, die zu den zentralen Bestimmungen der Richtlinie gehören, sind in Kapitel VII der RL 96/92/EG geregelt. Einziger von der RL 96/92/EG explizit vorgesehener Grund, eine Durchleitung verweigern zu können, ist gem. Art. 17 V RL 96/92/EG der Kapazitätsmangel. Eine spezielle Ermächtigung zum Erlass eines Verweigerungsgrundes zum Schutze einheimischer Primärenergieträger ist dagegen nicht vorgesehen. Gem. Art. 24 RL 96/92/EG kann jedoch eine Übergangsregelung beantragt werden, die Ausnahmeregelungen u.a. auch zu Kapitel VII der RL 96/92/EG enthalten kann. In der deutschen Notifizierung vom 12. Februar 1998 wurde ausdrücklich eine Übergangsregelung gemäß Art. 24 RL 96/92/EG beantragt. Art. 24 RL 96/92/EG lautet: "Mitgliedstaaten, in denen auf Grund der Bestimmungen dieser Richtlinie vor Inkrafttreten dieser Richtlinie auferlegte Verpflichtungen oder erteilte Betriebsgarantien möglicherweise nicht erfüllt werde, können eine Übergangsregelung beantragen, die ihnen unter anderem unter Berücksichtigung der Dimension des betreffenden Systems, des Verbundgrads des Systems und der Struktur seiner Elektrizitätsindustrie gewährt werden kann. Vor einer entsprechenden Entscheidung unterrichtet die Kommission die Mitgliedstaaten unter Wahrung der Vertraulichkeit über diese Anträge. Die Entscheidung wird im Amtsblatt der Europäischen Gemeinschaften veröffentlicht." Nach Art. 24 II RL 96/92/EG ist diese Übergangsregelung zeitlich begrenzt und an das Auslaufen der in Absatz 1 genannten Verpflichtungen oder Garantien gebunden. Die Übergangsregelung kann Ausnahmeregelungen zu den Kapiteln IV, VI und VII enthalten. Die Anträge auf Anwendung einer Übergangsregelung müssen bei der Kommission spätestens ein Jahr nach Inkrafttreten dieser Richtlinie eingereicht werden.

Auf Grund dessen kommt als Ermächtigungsgrundlage Art. 24 RL 96/92/EG in Betracht.

---

[544] So auch *Papoutsis*, Die Stellungnahme der Kommission zum Netzzugang, zu lex VEAG und zur Kraft-Wärme-Kopplung, ZNER 3/1998, S. 66 ff. (67).

(2) Tatbestandsvoraussetzungen des Art. 24 RL 96/92/EG

Bei der Überprüfung der Vereinbarkeit der beantragten Übergangsregelung – hier also der Braunkohleschutzklausel – hat der beantragende Mitgliedstaat zunächst nachzuweisen, dass eine Verpflichtung bzw. Betriebsgarantie überhaupt besteht und dass die Verpflichtung oder Betriebsgarantie vor Erlass der RL 96/92/EG also vor dem 20. Februar 1997 auferlegt bzw. erteilt worden ist. Letztlich muss nachgewiesen werden, dass das Inkrafttreten der Richtlinie ursächlich für die Unmöglichkeit der Erfüllung der Verpflichtung ist. Gelingt dem Mitgliedstaat der Nachweis, liegen die Voraussetzungen für eine Übergangsregelung vor. In einem zweiten Schritt ist alsdann die Maßnahme zu überprüfen, die vorgeschlagen wurde, um die betreffenden Ziele zu verwirklichen. Hierzu muss es sich bei den Maßnahmen der Übergangsregelung um Ausnahmeregelungen zu den Kapiteln IV, VI und VII der Richtlinie handeln. Ferner ist die Übergangsregelung zeitlich zu begrenzen und an das Auslaufen der jeweiligen Verpflichtung bzw. Betriebsgarantie gebunden sein. Darüber hinaus muss die Übergangsregelung die am wenigsten restriktive Maßnahme anwenden, die zur Verwirklichung der jeweiligen Ziele, die auch an sich gerechtfertigt sein müssen, vernünftigerweise erforderlich sind. Dabei ist unter anderem die Dimension des betreffenden Systems, der Verbundgrad des Systems und die Struktur der Elektrizitätsindustrie des betreffenden Mitgliedstaates zu berücksichtigen.[545]

Das der VEAG mit den Stromverträgen vom August 1990 eine Investitionsverpflichtung auferlegt wurde, ist bereits im Zusammenhang mit der europarechtskonformen Auslegung der Frage, wer sich auf die Braunkohleschutzklausel berufen kann, bejaht worden.[546] Die VEAG hat die Verpflichtung auf sich genommen, ein Investitionsprogramm zur Modernisierung des Braunkohlesektors mit einem Volumen von 20 Mrd. DM zu realisieren. In diesem Zusammenhang ist auch bereits erklärt worden, dass die Parteien der Stromverträge, gleichsam als Geschäftsgrundlage, sich vorstellten, dass die Investitionen zukünftig durch die Stellung der VEAG als Monopolist gedeckt werden würden. Dies wurde mit dem den Verträgen zu Grunde liegenden 70/30-Konzept untermauert. Das Konzept sorgte dafür, dass mit den regionalen Verteilerunternehmen Stromlieferungsverträge mit einer Laufzeit von 20 Jahren abgeschlossen wurden, die die Regionalversorger verpflichteten, 70 % ihres Bedarfs bei der VEAG abzunehmen. Die VEAG hat die Investitionsverpflichtung mit einem Volumen von 20 Mrd. DM auf der Basis der Stromlieferverträge mit einer Laufzeit von 20 Jahren übernommen. Die Stromlieferverträge beruhten auf dem – vor Inkrafttreten der RL 96/92/EG – bestehenden System der Versorgung abhängiger Kunden durch einen Monopolisten. Die Investitionsverpflichtung der VEAG stellt eine Verpflichtung im Sinne des Art. 24 I RL 96/92/EG dar, die auch vor Inkrafttreten der RL 96/92/EG auferlegt worden ist. Zwischen Inkrafttreten der Richtlinie und Nichterfüllbarkeit der Investitionsverpflichtung muss ein Kausalzusammenhang bestehen. Da aus ostdeutscher Braunkohle erzeugte Elektrizität – insbesondere wegen der Investitionsverpflichtung der VEAG – teurer sein wird als auf anderen Primärenergieträgern beruhende Elektrizität, wird es zu einem Rückgang der Abnahme durch die regionalen Verteilerunternehmen kommen, weil zugelassene Kunden zu anderen, günstigeren Anbietern wechseln werden. Die von der VEAG abgesetzte Strommenge wird sich dadurch reduzieren. Die Investitionsverpflichtung der VEAG bleibt jedoch bestehen. Es besteht daher die Gefahr, dass eine Amortisierung der Investitionen bei einem Absatzrückgang nicht zu erreichen ist. Der durch die Richtlinie eingeführte liberalisierte Strommarkt gefährdet insoweit die der VEAG auferlegte Verpflichtung, da die VEAG durch die vollständige Liberalisierung möglicherweise nicht mehr in der Lage ist, ihrer Verpflichtung nachzukommen. Der erforderliche Kausalzusammenhang zwischen Inkrafttreten der Richtlinie und der Nichterfüllung der vor Inkrafttreten der Richtlinie auferlegten Verpflichtung ist demnach gegeben.

---

[545] Vgl. EG-Kommission (Fn. 431), S. 8 f.

[546] Vgl. oben 3. Teil B. VIII. 2. c) aa) (1).

Die Grundvoraussetzungen für den Erlass einer Übergangsregelung nach Art. 24 RL 96/92/EG liegen mithin vor.

Nunmehr ist die Braunkohlenschutzklausel selbst an den Voraussetzungen von Art. 24 I, II RL 96/92/EG zu beurteilen. Zunächst muss es sich dann bei der Braunkohleschutzklausel um eine Ausnahmeregelung zu den Kapiteln IV, VI und VII der RL 96/92/EG handeln. Die Braunkohleschutzklausel berechtigt die Übertragungsnetzbetreiber, im Einzelfall den Netzzugang zu verweigern, um eine ausreichende Höhe der Verstromung ostdeutscher Braunkohle zu Gewähr leisten. Die Organisation des Netzzugangs wird in Kapitel VII der RL 96/92/EG geregelt. Der dort platzierte Art. 17 nimmt in seinem Abs. 5 hinsichtlich der Netzzugangsverweigerung nur auf das Fehlen der erforderlichen Übertragungs- oder Verteilerkapazität Bezug sowie auf eine einschlägige Begründung in Bezug auf notifizierte gemeinwirtschaftliche Verpflichtungen im Sinne des Art. 3 RL 96/92/EG. Ein Verweigerungsgrund zu Gunsten einer hinreichenden Abnahme von Elektrizität aus braunkohlebefeuerten Kraftwerken wird von Art. 17 V RL 96/92/EG nicht erfasst. Die Braunkohlenschutzklausel stellt folglich eine Ausnahmeregelung von Art. 17 V innerhalb des VII. Kapitels der RL 96/92/EG dar. Sie fällt damit unter die in Art. 24 II erwähnten Maßnahmen.

Die Braunkohlenschutzklausel muss ferner zeitlich begrenzt sein und an des Auslaufen der betreffenden Verpflichtung gebunden sein. Gem. Art. 4 § 3 II S. 2, HS. 2 Neuregelungsgesetz ist der Schutz der ostdeutschen Braunkohle bis zum 31. Dezember 2003 befristet. Ergibt der in Art. 4 § 3 II S. 1 Neuregelungsgesetz vorgesehene Bericht über die Auswirkungen der Braunkohleschutzklausel auf Braunkohlenverstromung und Preisentwicklung in den ostdeutschen Ländern, der dem Deutschen Bundestag im Jahre 2002 vorgelegt werden muss, dass ein weiter gehender Schutz erforderlich ist, kann die Frist bis zum 31. Dezember 2005 verlängert werden. Das Investitionsprogramm der VEAG ist im Jahre 1990 auf 20 Jahre ausgelegt worden, läuft demnach im Jahre 2010 aus. Selbst bei Wahrnehmung der Option zur Verlängerung der Frist unterschreitet die Braunkohleschutzklausel die Laufzeit der Investitionsverpflichtung. Insofern könnte angenommen werden, dass das Kriterium der zeitlichen Gebundenheit nicht erfüllt wäre. Denn der Wortlaut des Art. 24 II RL 96/92/EG spricht nur davon, dass die Übergangsregelung an das Auslaufen der Verpflichtung gebunden ist. Eine Bindung würde aber verlangen, dass die Braunkohleschutzklausel bis 2010 läuft. Eine solche Betrachtung widerspräche aber dem Sinn und Zweck der RL 96/92/EG einschließlich des Art. 24 RL 96/92/EG. Die RL 96/92/EG dient der Errichtung eines liberalisierten europäischen Strommarktes. Der Zugang zu fremden Netzen soll ermöglicht werden. Daher ist im Rahmen des Netzzugangs auf Vertragsbasis gem. Art. 17 RL 96/92/EG der Zugang zu fremden Netzen als Regelfall ausgestaltet. Den Zugang zu seinem Netz soll ein Netzbetreiber nur ausnahmsweise verweigern dürfen. Um stranded investments zu vermeiden, erhalten die Mitgliedstaaten mit Art. 24 RL 96/92/EG die Möglichkeit Übergangsregelungen zu beantragen. Durch die Übergangsregelungen können diverse Sektoren der Elektrizitätswirtschaft vom Wettbewerb ausgenommen werden. Die Ausnahmeregelung darf hinsichtlich des Erreichens eines möglichst umfassenden liberalisierten Strommarktes aber nur solange gelten, wie die auferlegte Verpflichtung bzw. die erteilte Betriebsgarantie von vornherein vorgesehen war. Die zeitliche Bindung gibt also nur das Maximum vor. Unterschreitet die vorgesehene Befristung die Laufzeit der Verpflichtung bzw. Garantie, führt dies noch eher zum Freiwerden des geschützten Sektors. Dies dient wiederum dem zentralen Zweck der RL 96/92/EG. In diesem Lichte ist auch die zeitliche Bindung des Art. 24 II RL 96/92/EG zu sehen. Die Übergangsregelung darf demnach maximal so lang befristet sein wie die betreffende Verpflichtung läuft;[547] sie darf aber durchaus kürzer sein, ohne dass sie das Kriterium der zeitlichen Bindung an die Laufzeit der betreffenden Verpflichtung bzw. Garantie nicht erfüllt. Die Braunkohleschutzklausel ist somit an das Auslaufen der Investitionsverpflichtung gebunden.

---

[547] In einem gewissen Rahmen kann u.U. auch eine Übergangsregelung die Laufzeit der betreffenden Verpflichtung bzw. Betriebsgarantie übersteigen. Dabei sind aber in Anbetracht des Ziels des möglichst umfassend liberalisierten Marktes, enge Grenzen zu ziehen.

Des Weiteren muss die Braunkohlenschutzklausel die am wenigsten restriktiven, zur Verwirklichung der gerechtfertigten Ziele vernünftigerweise erforderlichen Maßnahmen anwenden. Das bedeutet, dass die beantragte Übergangsregelung zunächst gerechtfertigte Ziele verfolgen muss. Durch die Übergangsregelung soll es der VEAG ermöglicht werden, ihren Investitionsverpflichtungen zur Modernisierung des Braunkohlesektors nachzukommen. Die Modernisierung des Braunkohlesektors ist nicht nur für das Unternehmen der VEAG von großer Wichtigkeit; ihr kommt auch im Hinblick auf die arbeitsmarktpolitische und wirtschaftliche Situation in den neuen Ländern eine große Bedeutung zu. Abgesehen davon dient die Braunkohlenschutzklausel auch dem Ziele der Versorgungssicherheit, indem sie bei der Abwägung zwischen einer zunehmenden Abhängigkeit von importiertem Erdgas und den Umwelt- und Kostennachteilen der Verstromung einheimischer Braunkohle hilft. Auf Grund der enormen Bedeutung der Braunkohleverstromung auch für den Arbeitsmarkt in den neuen Ländern und auf Grund der Tatsache, dass letztlich die Braunkohle der einzige in Deutschland vorhandene einheimische Primärenergieträger ist, sind diese Ziele als gerechtfertigt anzusehen.

Die Braunkohlenschutzklausel muss darüber hinaus die am wenigsten restriktiven Maßnahmen beinhalten, wobei unter anderem die Dimension und der Verbundgrad des deutschen Systems sowie die Struktur der Elektrizitätsindustrie in Deutschland zu berücksichtigen sind. Der deutsche Gesetzgeber hat bei der Umsetzung auf die Möglichkeit verzichtet, den Markt schritt- bzw. stufenweise zu öffnen. Er hat vielmehr von Beginn festgelegt, dass alle zugelassenen Kunden, d.h. alle Letztverbraucher und alle Verteilerunternehmen, Lieferverträge mit EVU abschließen können. Daher es auch sämtlichen Letztverbrauchern und Verteilerunternehmen in den neuen Ländern prinzipiell der Bezug von Elektrizität von außerhalb des VEAG-Netzes gestattet. Die Braunkohlenschutzklausel dient dazu, den Bezug von außerhalb des VEAG-Netzes zu begrenzen, wenn ansonsten der weitere Betrieb braunkohlebefeuerter Kraftwerke des VEAG-Systems gefährdet wäre.

Die von der VEAG aus ostdeutscher Braunkohle produzierte Elektrizität ist im Vergleich mit anderweitig produziertem Strom teurer. Dies gilt selbst im Vergleich mit den Preisen, die in westdeutschen Bundesländern für Braunkohlestrom zu zahlen sind. Der höhere Preis beruht unter anderem auf den hohen Investitionskosten, welche die VEAG zur Modernisierung des Elektrizitätserzeugungs- und verteilungssystems aufbringen muss. Da auf dem liberalisierten Strommarkt nicht auszuschließen ist, dass in Ostdeutschland ansässige zugelassene Kunden günstigeren Strom von außerhalb des VEAG-Systems beziehen werden, würde der Verkauf von Elektrizität bei der VEAG zurückgehen. Auf Grund der Tatsache, dass es sich bei den Investitionen hauptsächlich um fixe Kosten handelt, bedeutete ein Verkaufsrückgang einen Anstieg der Strompreise für die verbleibenden Kunden. Es ist denkbar, dass durch den weiteren Anstieg der Preise, weitere Kunden „abspringen", wodurch sich die Preise weiter erhöhten. Je mehr zugelassene Kunden ihren Strom von außerhalb des VEAG-Systems beziehen, desto geringer wird die ostdeutsche Braunkohle von der VEAG verstromt und desto schwieriger wird es für die VEAG, ihren Investitionsverpflichtungen nachzukommen. Mittels der Braunkohleschutzklausel kann die VEAG Durchleitungen zu zugelassenen Kunden innerhalb ihres Netzes verweigern. Die zugelassenen Kunden sind dann verpflichtet, weiterhin die höheren Preise für den Braunkohlestrom der VEAG zu zahlen. Das würde der VEAG ermöglichen, die Verstromung der Braunkohle aufrechtzuerhalten und ihrer Investitionsverpflichtung nachzukommen. Die Braunkohleschutzklausel stellt mithin eine Möglichkeit zur Sicherstellung der gerechtfertigten Ziele dar.

Fraglich ist aber, ob die Braunkohleschutzklausel auch die am wenigsten restriktiven, zur Verwirklichung der gerechtfertigten Ziele vernünftigerweise erforderlichen Maßnahmen anwendet. Eine andere mögliche Variante, die betreffenden Ziele zu erreichen, wäre ein Quotenmodell wie es im deutschen Gesetzgebungsverfahren von SPD[548] und Bündnis 90/Die Grünen[549] gefordert wurde. Ein

[548] Vgl. den später zurückgezogenen Antrag des Saarlandes, BR-Drs. 556/97, sowie den Antrag Schleswig-Holsteins, BR-Drs. 1019/97.

solches Modell würde jedes Letztverbraucher versorgende oder zur eigenen Erzeugung versorgende EVU verpflichten, für jede bezogene oder aus eigener Erzeugung verbrauchte kWh Elektrizität eine gewisse Quote[550] aus der Elektrizitätserzeugung auf Basis der ostdeutschen Braunkohle zu beziehen. Ein solches Quotenmodell würde die Bestandssicherung der ostdeutschen Braunkohleverstromung auf alle deutschen Verbraucher gleichmäßig verteilen. Ihr Vorteil besteht darin, dass die Kriterien transparent, überprüfbar und nichtdiskriminierend sind. Nachteilig an der Quotenregelung ist dagegen, dass sie eine starre Quote vorgibt. Die Quote ist immer einzuhalten. Stellt sich nach Einführung des Wettbewerbs in der Praxis heraus, dass die ostdeutsche Braunkohle gar nicht oder zumindest nicht in einem der Quote entsprechenden Umfang gefördert werden muss, würde der Schutz der ostdeutschen Braunkohle zu weit gehen und die Betreiber ostdeutscher Braunkohlekraftwerke gegenüber anderen privilegieren. Die Braunkohlenschutzklausel in der jetzigen Fassung ist dagegen als relativer Verweigerungsgrund ausgestaltet. Demnach ist das Kriterium des Schutzes ostdeutscher Braunkohle in die Abwägung für und wider eine Durchleitung einzustellen. Das Bundeskartellamt muss bei der Auseinandersetzung mit einer Streitigkeit über eine Verweigerung des Netzzugangs daher gegebenenfalls das Interesse an der Verstromung ostdeutscher Braunkohle neben anderen Argumenten wie beispielsweise dem Kapazitätsengpass mit berücksichtigen. Der Schutz der ostdeutschen Braunkohle wird dadurch einzelfallbezogen betrachtet und nicht generell. Marktbegrenzungen können somit auf das unbedingt erforderliche und unumgängliche Maß beschränkt werden. Auf Grund der zeitlichen Beschränkung bis zunächst zum 31. Dezember 2003, der Begrenzung auf ein – im Verhältnis zum gesamtdeutschen Netz – begrenztes Netz und der Zweifelhaftigkeit, ob ein Schutz der ostdeutschen Braunkohle überhaupt von Nöten ist, kann die Regelung als vernünftiges Verfahren zur Erreichung der gerechtfertigten Ziele betrachtet werden.[551] Ob eine Quotenregelung zum Schutz der ostdeutschen Braunkohle eine weniger restriktive Maßnahme darstellt, ist nicht zu erkennen.[552] Insoweit muss dem nationalen Gesetzgeber eine Einschätzungsprärogative zuerkannt werden. Die Braunkohlenschutzklausel ist mithin mit Art. 24 RL 96/92/EG vereinbar.

Die Europäische Kommission hat die notifizierte Übergangsregelung der Braunkohleschutzklausel nach Art. 24 RL 96/92/EG am 8. Juli 1999 genehmigt.[553] Die Genehmigung gilt zunächst nur bis Ende 2003. Soll hiernach von der Verlängerungsoption des Art. 4 § 3 II S. 2 RL 96/92/EG Gebrauch gemacht werden, bedarf es erneut einer Kommissionsentscheidung.[554] Die Kommission folgt damit grundsätzlich ihrer Einschätzung hinsichtlich der Vereinbarkeit der Schutzklausel mit der RL 96/92/EG, welche sie bereits während des deutschen Gesetzgebungsverfahrens vertreten hatte.[555] Allerdings erfolgt die Genehmigung der Kommission mit Vorbehalten.[556] Die Kommission

---

549 BT-Drs. 13/9297.

550 Vorgeschlagen wurden 0,10 kWh bzw. 0,12 kWh pro bezogener oder aus Eigenerzeugung verbrauchter kWh.

551 *Blanke/Peilert* (Fn. 214), S. 125 ff. halten die Braunkohleschutzklausel dagegen für verfassungswidrig. Sie sehen in ihr einen nicht gerechtfertigten Eingriff in Art. 3 und 12 GG. Entsprechend der Bewertung des BVerfG der Steinkohleförderung (BVerfGE 91, 186) qualifizieren sie die Förderung des heimischen Energieträgers als Gemeinlast, die eine steuerliche Finanzierung erfordere. „Der Schutz dieses spezifisch ostdeutschen Energieträgers gehört demnach zu den allgemeinen Staatsaufgaben und darf im Zeichen der deutschen Einheit, die auch als Wirtschaftseinheit fungiert, nicht ausschließlich potentiellen Konkurrenten der Vereinigten Energiewerke aufgebürdet werden." Darüber hinaus bildeten die ostdeutschen Endverbraucher keine homogene Gruppe, deren Interessenlage auf eine bestimmte Art der Verstromung gerichtet sei. Zustimmend das LG Berlin (Fn. 164), S. 28 f.; LG Berlin (Fn. 258), S. 25 f.; LG Berlin (Fn. 481), S. 25.

552 *Becker*, Reform der Reform: Zur Struktur des EnWG und zu den Anforderungen an eine Novelle, ZNER 1998, S. 51 (59) hält die Braunkohleschutzklausel in der jetzigen Fassung ebenfalls für verfassungswidrig, weil er ein Quotenmodell für die weniger restriktive Maßnahme hält.

553 Vgl. EG-Kommission (Fn. 431), Art. 1.

554 Vgl. EG-Kommission (Fn. 431), Rn. 40.

555 Vgl. das Schreiben des EG-Kommissars Papoutsis (Fn. 544).

ist zwar der Ansicht, dass die Braunkohleschutzklausel den Anforderungen des Art. 24 RL 96/92/EG entspricht, insbesondere die am wenigsten restriktiven zur Verwirklichung der gerechtfertigten Ziele vernünftigerweise erforderlichen Maßnahmen anwendet.[557] Nach Auffassung der Kommission muss Deutschland jedoch dafür Sorge tragen, dass das Recht auf Netzzugang auch in den neuen Ländern die Regel und die Verweigerung des Netzzugangs die Ausnahme bleibt. Jede Netzzugangsverweigerung müsse darüber hinaus ordnungsgemäß begründet werden.[558] Da diese Vorgaben durch das EnWG bereits erfüllt sind, hat dieser Vorbehalt eine rein deklaratorische Erinnerungsfunktion. Nach Art. 2 II der Entscheidung dürfen Anträge auf Netzzugang nur dann mittels Art. 4 § 3 Neuregelungsgesetz verweigert werden, wenn sie das Übertragungsnetz der VEAG betreffen. Die Betreiber regionaler Übertragungs- und Verteilungsnetze dürfen sich nicht auf die Braunkohleschutzklausel berufen. Die Auflage ist spätestens zwei Jahre nach Veröffentlichung dieser Entscheidung anzuwenden. Mit der Veröffentlichung der Entscheidung ist im Oktober 1999 zu rechnen. Bis voraussichtlich Oktober 2001 dürfen sich demnach neben der VEAG auch ostdeutsche Regionalunternehmen auf die Braunkohleschutzklausel berufen, soweit es um die Belieferung von Abnehmern in den neuen Ländern geht. Als weiteren Vorbehalt verlangt die Kommission des Weiteren, dass ein „Mindestmarktöffnungsfenster“ auch in den neuen Ländern garantiert werden muss, damit sich die Praxis des Netzzugangsystems auch dort entwickeln kann, wenn auch mit der Besonderheit des Verweigerungsgrundes zu Gunsten der ostdeutschen Braunkohle. Die Genehmigung ergeht daher mit dem Vorbehalt, dass eine Durchleitung nach einer Frist von zwei Jahren nach Veröffentlichung der Entscheidung nicht mehr gegenüber Endverbrauchern, die einen Jahresverbrauch von mehr als 100 GWh (je Verbrauchsstätte und inklusive Eigenerzeugung) im Sinne des Art. 19 III RL 96/92/EG haben, verweigert werden darf.

Die Vorbehalte der Kommission beeinträchtigen nicht die Vereinbarkeit der Braunkohleschutzklausel mit der RL 96/92/EG. Insbesondere ist es nicht notwendig, eine Gesetzesänderung vorzunehmen. Die Vorbehalte können auch durch geeignete Durchführungsbestimmungen oder durch die Praktiken der Behörde, die für die Durchführung von Art. 4 § 3 Neuregelungsgesetz zuständig ist, erfüllt werden.[559]

Die Braunkohlenschutzklausel ist demnach vereinbar mit der RL 96/92/EG.

---

[556] Vgl. EG-Kommission (Fn. 431), Art. 2.

[557] Vgl. EG-Kommission (Fn. 431), Rn. 42 ff.

[558] Vgl. EG-Kommission (Fn. 431), Art. 2 I.

[559] Vgl. EG-Kommission (Fn. 431), Rn. 85.

d) Vorrang rationeller Energieerzeugung, § 6 III EnWG

§ 6 III EnWG:

„Bei der Beurteilung der Zumutbarkeit nach Absatz 1 Satz 2 ist besonders zu berücksichtigen, inwieweit dadurch Elektrizität aus fernwärmeorientierten, umwelt- und ressourcenschonenden sowie technisch-wirtschaftlich sinnvollen Kraft-Wärme-Kopplungsanlagen oder aus Anlagen zur Nutzung erneuerbarer Energien verdrängt und ein wirtschaftlicher Betrieb dieser Anlagen verhindert würde, wobei Möglichkeiten zum Verkauf dieser Elektrizität an Dritte zu nutzen sind."

aa) Tatbestand

(1) Geförderte Energieanlagen

Um in der Interessenabwägung besondere Berücksichtigung zu finden, muss die Elektrizität, die durch die Durchleitung verdrängt zu werden droht, entweder aus einer fernwärmeorientierten, umwelt- und ressourcenschonenden sowie technisch-wirtschaftlich sinnvollen KWK-Anlage oder aus einer regenerative Energieträger nutzenden Anlage stammen. Vom Tatbestand erfasst, werden demnach zwei Arten der Energieerzeugungsanlagen. Zum einen KWK-Anlagen, die darüber hinaus besonderen Ansprüchen genügen müssen, und zum anderen Anlagen zur Nutzung regenerativer Energien.

(a) Elektrizität aus KWK-Anlagen

Zunächst muss es sich um Elektrizität aus KWK-Anlagen handeln. Eine KWK-Anlage ist die Einrichtung, in welcher die Kraft-Wärme-Kopplung (KWK) stattfindet.[560] Die KWK ist die gleichzeitige Umwandlung von eingesetzter Energie in mechanische oder elektrische Energie und Wärme in einer technischen Anlage.[561] Der Wortlaut der Norm unterscheidet nicht, in wessen Eigentum die Anlage stehen muss. Insbesondere wird nicht gefordert, dass der Strom aus einer KWK-Anlage des Netzbetreibers stammen muss, der sich auf § 6 III EnWG beruft. Daraus folgt, dass auch fremdbezogener KWK-Strom vom Wortlaut der Norm eingeschlossen wird. Es ist daher gleich, ob der KWK-Strom in einer Anlage des EVU erzeugt wurde, dem der Netzbetreiber angehört oder ob es sich um einen KWK-Strombezug von einem fremden Unternehmen handelt.[562] Dies entspricht auch Sinn und Zweck der Norm. KWK-Anlagen sind im Vergleich vor allem mit Kondensationskraftwerken umweltfreundlicher, da sie den eingesetzten Brennstoff effizienter ausnutzen.[563] Die KWK stellt somit eine besonders umweltverträgliche Art der Energieerzeugung dar und entspricht damit dem in § 1 EnWG normierten Gesetzesziel, eine „möglichst umweltverträgliche Versorgung mit Elektrizität" zu Gewähr leisten. Indem § 6 III EnWG Strom aus KWK-Anlagen in besonderer Weise vor der Verdrängung schützt, dient die Norm dem Zweck der Umwelt- und Ressourcenscho-

---

[560] Begriffe der Versorgungswirtschaft, Heft 2, 7. Ausgabe, Stand 5/1999, Punkt 1.12.

[561] VDEW (Hrsg.), Begriffe der Versorgungswirtschaft, Heft 2, 7. Ausgabe, Stand 5/1999, Punkt 1.11. Vgl. auch die Definition des § 3 KWKG.

[562] *Büdenbender* (Fn. 129), Rechtsfragen, S. 94 f; *Harms* (Fn. 164), S. 169; EnWG 1998, Erläuterungen-*Recknagel* (Fn. 163), Art. 1, § 6 Anm. 17.4.

[563] Vgl. 1. Teil A. II. 3.

nung.[564] Für das Erreichen des Zwecks, umwelt- und ressourcenschonende Anlagen zu erhalten, ist es unumgänglich, diesen Anlagen einen umfassenden Schutz zu gewähren. Daher kann es nicht darauf ankommen, in wessen Eigentum sich eine solche Anlage befindet. Auch die Gesetzesmaterialien sprechen für diese Auslegung. Der Ausschuss für Wirtschaft führt zu § 6 III EnWG aus:

> *„Die Abwägungsklausel nach § 3 c Abs. 3*[565] *gilt zu Gunsten von Anlagen auf Basis Kraft-Wärme-Kopplung nur, wenn die genannten Voraussetzungen erfüllt sind. Dabei sind nur solche Kraft-Wärme-Kopplungsanlagen als fernwärmeorientiert, umwelt- und ressourcenschonend sowie technisch-wirtschaftlich sinnvoll anzusehen, die auf den Wärmebedarf ihres Versorgungsgebietes ausgelegt sind, bis auf kurzfristige Ausnahmen im Kraft-Wärme-Kopplungsprozess betrieben werden und einen ausreichend hohen Gesamtwirkungsgrad erreichen. Bei der Auslegung der Kraft-Wärme-Kopplungsanlage auf den Wärmebedarf eines Versorgungsgebietes sind branchenübliche Auslegungsprinzipien zu berücksichtigen."*[566]

Der Ausschuss für Wirtschaft knüpft offensichtlich ebenfalls nicht an das Eigentum oder den Besitz an, in dem die betroffenen Anlage steht. Entscheidend ist vielmehr, dass die Verdrängung in KWK-Anlagen stattfinden muss, die auf den Wärmebedarf ihres Versorgungsgebietes ausgelegt sind. Ist diese Voraussetzung gegeben, greift § 6 III EnWG unabhängig davon, ob die Verdrängung in einer KWK-Anlage des EVU stattfindet, dem der Netzbetreiber angehört, oder in der KWK-Anlage eines Dritten.

Nur für die KWK-Anlagen verlangt § 6 III EnWG die Erfüllung bestimmter qualitativer Anforderungen, die gegeben sein müssen, um Berücksichtigung zu finden. Die betreffende Anlage muss fernwärmeorientiert, umwelt- und ressourcenschonend sowie technisch-wirtschaftlich sinnvoll sein.

(b) Fernwärmeorientierte Anlage

Von § 6 III EnWG soll nicht jede KWK-Anlage erfasst werden. Der Tatbestand führt eine Reihe von Voraussetzungen auf, welche die in Betracht kommende KWK-Anlage erfüllen muss, um in der Interessenabwägung besondere Berücksichtigung zu finden. Hierzu muss die KWK-Anlage fernwärmeorientiert sein. „Fernwärmeorientiert" oder besser „wärmeorientiert" – so der übliche und technisch treffendere Begriff – ist eine KWK-Anlagen, wenn die Gewinnung von Wärme vorrangig ist und die Gewinnung von elektrischer Energie einen nachrangigen Einfluss auf die Hauptparameter der Anlage hat.[567] Verhielte es sich genau umgekehrt, so wäre die Anlage „stromorientiert".[568] Solche Anlagen werden von § 6 III EnWG nicht erfasst.

Der Begriff „Wärmeorientiert" muss von dem Begriff „Wärmegeführt" abgegrenzt werden. D.h., dass die Anlage nicht permanent gleichzeitig Wärme und Strom erzeugen muss. „Wärmeorientiert" ist eine Anlage auch dann, wenn ihre Konzeption darauf ausgerichtet ist, ihr Versorgungsgebiet mit Fernwärme zu versorgen, sie aber zu ihrer wirtschaftlichen Optimierung gelegentlich nur Strom erzeugt.[569] An der Wärme orientiert bedeutet, dass die Anlage hauptsächlich für den Wärmebedarf

---

[564] *Büdenbender* (Fn. 126), Rechtsfragen, S. 95; *Harms* (Fn. 164), Schutzklauseln, S. 169; EnWG 1998, Erläuterungen-*Gronau*,. Art. 1, § 6 Anm. 19.2.

[565] Der jetzige § 6 III EnWG.

[566] BT-Drs. 13/9211, S. 25.

[567] VDEW, Begriffe der Versorgungswirtschaft (Fn. 560), Punkt 1.13.2.

[568] VDEW, Begriffe der Versorgungswirtschaft (Fn. 560), Punkt 1.13.1.

[569] EnWG 1998, Erläuterungen-*Gronau* (Fn. 564), Art. 1, § 6 Anm. 19.1; Harms (Fn. 164), S. 169 f.

ihres Versorgungsgebietes ausgelegt sein muss. Die Versorgung der Abnehmer mit Wärme muss das Hauptziel sein. Gerade der Wärmebedarf unterliegt jedoch saisonal bedingten Schwankungen. In den Sommermonaten ist der Bedarf an Wärme marginal. Während der Wintermonate ist er dagegen ungleich höher. Eine Anlage kann daher nicht schon deshalb als nicht wärmeorientiert bezeichnet werden, weil sie während der Hochsommerphase keine bis wenig Wärme und dagegen nur Strom erzeugt. Auf der anderen Seite ist eine Anlage tatsächlich dann nicht wärmeorientiert, wenn sie lediglich während einiger kalter Wintermonate in Anspruch genommen wird und ansonsten nur Strom erzeugt.[570] Um als wärmeorientiert zu gelten, darf der Verzicht auf die Wärmeerzeugung aber nur kurzzeitig sein. Wärmebedarf besteht in der Bundesrepublik im Schnitt für 6 – 8 Monate. Eine Anlage, die dafür ausgelegt ist, in dieser Zeit vornehmlich den Wärmebedarf zu befriedigen und erst danach den Strombedarf, ist jedenfalls wärmeorientiert. Während der übrigen Zeit ist auch ein Überwiegen der Stromerzeugung bis hin zur alleinigen Stromerzeugung möglich, ohne dass die Anlage ihre Eigenschaft als wärmeorientiert verliert. Insofern dürfte es sich um eine kurzfristige Ausnahme vom Kraft-Wärme-Kopplungsprozess handeln, wie es auch vom Ausschuss für Wirtschaft gefordert wird. Je nach Versorgungsgebiet sind Unterschiede möglich. Es ist jeweils im Einzelfall zu prüfen, ob die entsprechende KWK-Anlage wärmeorientiert ist oder nicht.

(c) Umwelt- und ressourcenschonende Anlage

Als weiteres Kriterium muss die KWK-Anlage sowohl die Umwelt als auch die Ressourcen schonen. Der Begriff „Umwelt" wird selbst im deutsche Umweltrecht nicht einheitlich verwendet, obwohl es sich beim Umweltbegriff in diesem Rechtsbereich um einen der am häufigsten gebrauchten Begriffe überhaupt handelt. Folgende Sachgüter sind hinsichtlich des Begriffs Umwelt zu berücksichtigen: Mensch, Tiere, sonstige lebende Organismen, Pflanzen, Boden, Wasser, Luft, Natur und Landschaft, genetische Vielfalt, Kultur- und Sachgüter sowie die Wechselwirkungen zwischen den einzelnen Bestandteilen.[571] Geschont wird die Umwelt mit Sicherheit, wenn sie überhaupt nicht belastet wird. Dies kann in diesem Zusammenhang jedoch nicht gemeint sein. Bei der Elektrizitätserzeugung durch Verbrennung von Primärenergieträgern gleich welcher Art wird die Umwelt stets belastet. Dies gilt demnach auch für die KWK. Daher kann „schonen" nur meinen, dass die Umwelt weniger belastet wird.

Die Auswirkungen auf die Umwelt durch eine Anlage lassen sich am besten anhand ihrer Emissionswerte messen. Emissionen sind die von einer Anlage ausgehenden Luftverunreinigungen, Geräusche, Erschütterungen, Licht, Wärme, Strahlen und ähnliche Erscheinungen, § 3 III BImSchG. Sie sind „die im unmittelbaren Bereich der Anlage im Zeitpunkt des Austritts auftretenden" Umwelteinwirkungen.[572] Daher sind sie an der jeweiligen Austrittsquelle zu erfassen. § 6 III EnWG privilegiert KWK-Anlagen gegenüber der getrennten Erzeugung aus Gründen des Umweltschutzes. Daraus folgt, dass die Emissionswerte der KWK-Anlagen vergleichsweise geringer sein müssen als bei der getrennten Erzeugung von Elektrizität und Wärme. In Bezug auf den Umweltschutz sind allerdings fast sämtliche KWK-Anlagen im Vorteil gegenüber der getrennten Erzeugung. Dennoch hat der Gesetzgeber in § 6 III EnWG eine Reihe von Merkmalen aufgelistet, die KWK-Anlagen erfüllen müssen, um besonders berücksichtigt zu werden. Dies zeigt, dass nicht jede KWK-Anlage per se besondere Berücksichtigung findet. Eine KWK-Anlage muss auch im Vergleich mit anderen KWK-Anlagen als umweltschonend gelten, um das Privileg der besonderen Berücksichtigung zu

---

[570] vgl. *Harms* (Fn. 164), S. 170.

[571] Bundesministerium für Umwelt, Natur und Reaktorsicherheit (Hrsg.), Umweltgesetzbuch (UGB-KommE), Entwurfsbegründung zum Umweltgesetzbuch, S. 438. Vgl. ferner *Landmann/Rohmer*, Umweltrecht, Band 1, Bundes-Immissionsschutzgesetz, § 3 Rn. 3.

[572] BT-Drs. 7/179 zu § 3 BImSchG.

erhalten. Im Rahmen der Umweltschonung bedeutet das, dass die Emissionswerte der in Frage stehenden KWK-Anlage auch im Vergleich zu anderen KWK-Anlagen vergleichsweise gering sein muss. Dabei muss die betreffende Anlage nicht den Spitzenstand der Technik erreichen. Solches zu verlangen, hieße viele KWK-Anlagen, die einem hohen Stand der Technik entsprechen und umweltverträglich sowie wirtschaftlich arbeiten, vom Privileg der besonderen Berücksichtigung auszunehmen, nur weil u.U. eine modernere, noch effizientere Technik besteht. Dies widerspräche dem Sinn der Norm. Die Anlage darf dagegen auch nicht auffallend unter den branchenüblichen Standardwerten liegen. Dem Gebot der Umweltschonung genügt eine KWK-Anlage demnach dann, wenn ihre Emissionswerte in den Grenzen der branchenüblichen Emissionswerte liegen.

Zudem muss die Anlage die Ressourcen schonen. Mit Ressourcen sind die endlichen Primärenergieträger Kohle, Gas und Öl gemeint. Auch bei der KWK werden die endlichen Primärenergieträger durch Verbrennung verbraucht und gehen so unwiederbringlich verloren. Somit bedeutet „schonen" hier ebenfalls nicht, dass keinerlei Ressourcen verbraucht werden dürfen. Vielmehr ist gemeint, dass die Ressourcen in einem geringeren Maße als sonst verbraucht werden. Die KWK-Anlage muss demnach einen vergleichsweise höheren Grad an Primärenergieeinsparung gegenüber der getrennten Erzeugung von Elektrizität und Wärme aufweisen können.[573] Doch – ebenso wie bei der Umweltschonung – nicht nur gegenüber der getrennten Erzeugung muss die in Frage stehende KWK-Anlage eine bessere Primärenergieträgerausnutzung haben. Sie muss vielmehr auch eine innerhalb der KWK-Branche übliche Primärenergieträgerausnutzung erkennen lassen. Die Primärenergieträgerausnutzung wird über den Gesamtwirkungsgrad bestimmt. Der Wirkungsgrad eines Kraftwerks bezeichnet das Verhältnis von abgegebener und aufgenommener Leistung bei Energieumwandlungen. Beim Gesamtwirkungsgrad ist überdies vor allem der Eigenbedarf des Kraftwerks, beispielsweise für den Antrieb elektrischer Hilfsantriebe, mit berücksichtigt. Der Eigenbedarf führt zu Verlusten, so dass der Gesamtwirkungsgrad niedriger ist als der Wirkungsgrad. Auf den Gesamtwirkungsgrad abzustellen und nicht auf den Wirkungsgrad, ist unter Berücksichtigung des Ressourcenschutzes deshalb richtig, weil eine KWK-Anlage, die zwar einen hohen Wirkungsgrad erreicht, aber mit hohem Eigenbedarf arbeitet, die Ressourcen letztlich eben doch nicht schont. Im Vergleich mit der getrennten Erzeugung erzielen KWK-Anlagen grundsätzlich höhere Gesamtwirkungsgrade. Während moderne, fossil befeuerte Dampfkraftwerke heute Gesamtwirkungsgrade von 37 – 39 % erreichen, liegt der Gesamtwirkungs-grad einer KWK-Anlage ungefähr bei mindestens 60 %. KWK-Anlagen können aber auch Gesamtwirkungsgrade von bis zu 90 % verwirklichen. Als branchenüblich dürfte dabei ein Gesamtwirkungsgrad von 60 – 70 % im Jahresdurchschnitt sein.[574] Ressourcenschonend ist eine KWK-Anlage mithin, wenn sie einen Gesamtwirkungsgrad von 60 – 70 % im Jahresdurchschnitt erreicht.
Da die Anlage umwelt- *und* ressourcenschonend sein muss, ist erforderlich, dass beide Teilaspekte zugleich gegeben sein müssen. Es reicht daher nicht aus, wenn die Anlage zwar einen hohen Gesamtwirkungsgrad erreicht, aber zu hohe Emissionen aufweist. Im genau umgekehrten Fall, die Emissionswerte der Anlage bewegen sich im Standardbereich aber ihr Gesamtwirkungsgrad ist zu gering, gilt dasselbe.

Die Umwelt- und Ressourcenschonung kann unter dem gemeinsamen Oberbegriff der Umweltverträglichkeit zusammengefasst werden, der mit Einführung als Gesetzeszweck erstmalig Eingang in

[573] EnWG 1998, Erläuterungen-*Gronau* (Fn. 564), Art. 1, § 6 Anm. 19.2.

[574] Für einen branchenüblichen Jahresnutzungsgrad von 60 – 70 % sprechen auch die Äußerungen von VIK und VKU zum *Gesetz zum Einstieg in die ökologische Steuerreform* sowie das Gesetz selbst. Nach Art. 2 des Gesetzes wird § 25 III des Mineralölsteuergesetzes dahingehend geändert, dass Betreibern von bestimmten KWK-Anlagen mit einem Jahresnutzungsgrad von mindestens 70 % die Steuern erlassen, erstattet oder vergütet werden. Der VKU hatte sich dafür eingesetzt, eine Steuerbegünstigung schon bei einem Jahresnutzungsgrad von 60 bzw. 65 % eintreten zu lassen.

das EnWG gefunden hat.[575] Die Umweltverträglichkeit ist in § 2 IV S. 1 EnWG legaldefiniert. Danach bedeutet Umweltverträglichkeit, „dass die Energieversorgung den Erfordernissen eines rationellen und sparsamen Umgangs mit Energie genügt, eine schonende und dauerhafte Nutzung von Ressourcen Gewähr leistet ist und die Umwelt möglichst wenig belastet wird.

(d) Technisch-wirtschaftlich sinnvolle Anlage

Als weiteres Kriterium verlangt § 6 III EnWG, dass die betreffende KWK-Anlage technisch-wirtschaftlich sinnvoll sein muss. Sinnvoll hat die Bedeutung von *Sinn und Zweck habend*.[576] Daraus folgt zunächst, dass die betreffende KWK-Anlage technisch-wirtschaftlich zweckmäßig sein muss. Technisch-wirtschaftlich stellt dabei einen eigenständigen Begriff dar. Es geht nicht darum, dass die Anlage technisch *und* wirtschaftlich zweckmäßig sein muss. Durch die Zusammenziehung der beiden Begriffe macht der Gesetzgeber deutlich, dass die Anlage nicht nur am Stand der Technik bzw. nicht nur an ihrer Wirtschaftlichkeit gemessen werden darf.[577] Es muss vielmehr eine Kombination von technischer und wirtschaftlicher Zweckmäßigkeit vorliegen. Der Zweck der Norm besteht darin, Umwelt und Ressourcen zu schonen, indem die umweltfreundliche Elektrizitätserzeugung in KWK-Anlagen gegenüber der getrennten Erzeugung von Wärme und Strom im Wettbewerb privilegiert wird. Dabei darf nicht übersehen werden, dass § 6 III EnWG eine Ausnahmeregelung von § 6 I EnWG ist, der für die Einführung von umfassendem Wettbewerb sorgen soll. Insofern ist auch der Zweck des Gesetzes, Wettbewerb einzuführen, zu berücksichtigen. Dafür spricht auch, dass das Privileg des Wettbewerbsschutzes nicht allen KWK-Anlagen zukommen soll, sondern nur denjenigen, welche die vom Tatbestand aufgestellten Erfordernisse erfüllen. Um technisch-wirtschaftlich zweckmäßig zu sein, muss die betreffende KWK-Anlage daher einem Stand der Technik entsprechen, der es einerseits möglich macht, dem Zweck der Norm – dem Umwelt- und Ressourcenschutz – zu dienen, und der andererseits einen wirtschaftlichen Betrieb der Anlage ermöglicht. Nicht sinnvoll ist infolgedessen in der Regel der Betrieb veralteter, technisch überholter und daher auch nicht mehr wirtschaftlicher Anlagen.

Darüber hinaus sind ferner nur diejenigen KWK-Anlagen technisch-wirtschaftlich sinnvoll, die eine Technik einsetzen, die am jeweiligen Bedarf ausgerichtet ist und zu wirtschaftlich vertretbaren Ergebnissen führt. Bei der Betrachtung, ob die beantragte Durchleitung Strom aus einer technisch-wirtschaftlich sinnvollen Anlage verdrängen würde, ist daher zunächst zu prüfen, ob die Anlage am Bedarf des Versorgungsgebietes ausgerichtet ist. Bedarfsgerechte Auslegung bedeutet insoweit, dass die Fernwärmeerzeugung der Fernwärmenachfrage korrespondiert.[578] Zu berücksichtigen ist dabei indes, dass eine genaue Übereinstimmung von Erzeugung und Nachfrage nur in den Fällen sofort oder zumindest binnen kurzer Zeit gegeben ist, in denen es um die Versorgung geschlossener Versorgungsgebiete geht. Geschlossene Versorgungsgebiete liegen z.B. bei der Versorgung von Hochhäusern, Krankenhäusern oder Siedlungen vor. Meist wurde für das Versorgungsgebiet eigens eine Anlage errichtet. Häufig sind Versorgungsgebiet und Erzeugungsanlage genau aufeinander abgestimmt. D.h., dass weder auf der Erzeugungs- noch auf der Absatzseite eine Erweiterung möglich ist.

Anders verhält es sich bei den offenen Versorgungsgebieten. Hier wird die Erzeugungsanlage auf Grund einer Prognose hinsichtlich des zu erwartenden Absatzmarkts dimensioniert. Dies beinhaltet eine gewisse planerische Ungewissheit. Erzeugung und Bedarf sind zwangsläufig für einen gewis-

---

[575] Vgl. § 1 EnWG.

[576] *Müller* u.a., Bedeutungswörterbuch, 2. Aufl. 1986, S. 339.

[577] *Harms* (Fn. 164), S. 170.

[578] EnWG 1998, Erläuterungen-*Gronau* (Fn. 564), Art. 1, § 6 Anm. 19.3.1.

sen Zeitraum nicht kongruent. Daraus kann aber nicht umgehend auf eine nicht bedarfsgerechte Auslegung der Anlage und damit auf eine nicht technisch-wirtschaftlich sinnvolle Anlage geschlossen werden. Ist auf Grund einer fundierten unternehmerischen Planung zu erkennen, dass die Divergenz zwischen Erzeugung und Bedarf relativ geringer, temporärer Natur ist, handelt es sich auch hier um eine bedarfsgerechte Anlage.

Bezüglich der bedarfsgerechten Auslegung der Anlage kommt es gleichwohl nicht nur darauf an, ob die Anlage in der Lage ist, den Bedarf ihres Versorgungsgebiets der Höhe nach zu befriedigen. Eine bedarfsgerechte Auslegung der Anlage muss auch berücksichtigen, in welcher Art und Weise die Anlage in Anspruch genommen wird. Es ist dies u.a. die Frage, ob die Anlage über das gesamte Jahr hinweg relativ gleichmäßig Strom und Wärme erzeugen muss oder ob sie eher flexibel auf unterschiedlichen Bedarf an Strom und Wärme reagieren muss. KWK-Anlagen werden heute mit differierenden Systemen betrieben. Die unterschiedlichen Systeme führen zu verschiedenen Vor- und Nachteilen. In Heizkraftwerken kommen heutzutage folgende Systeme zum Einsatz: Motor-Kraftwerke (BHKW), Gasturbinen (GT), Dampfturbinen (DT), Gas- und Dampfturbinen (GuD) auf Erdgasbasis oder als Gas-Kohle-Verbundblöcke. Hinzu kommen zukünftig u.U. noch neue Systeme. Die neuen Systeme „Stirling-Motor-BHKW" und „Phosphorsäure Brennstoffzelle (PAFC-BZ)" befinden sich derzeit noch in der Demonstrationsphase. Als Brennstoffe kommen Erdgas, Diesel, Kohle, Biogase oder feste Biomasse in Frage. Auch ein Brennstoff-Mix ist möglich. Die DT-Anlagen sowie die GuD-Anlagen können im Gegendruck oder im Entnahme-Kondensations-Betrieb gefahren werden. Auf jedes System einzeln einzugehen, ist im Rahmen dieser Arbeit nicht möglich, aber auch nicht nötig.[579] Die Unterschiede, die sich auf Grund der eingesetzten Technik ergeben können, sollen nur kurz anhand der Betriebsarten der DT aufgezeigt werden. Dort wird grundsätzlich unterschieden zwischen dem Gegendruckbetrieb und dem Entnahme-Kondensations-Betrieb.

Beim Gegendruckbetrieb der DT wird das Temperaturgefälle im Kraftwerk vorzeitig abgebrochen. Dadurch wird auf eine weitere Stromerzeugung verzichtet. Der gesamte Dampf verlässt die Endstufe der Turbine mit einer für die Fernwärmeversorgung oder für industrielle Wärmeprozesse geeigneten Temperatur. DT mit Gegendruckturbine werden nach dem Heizleistungsbedarf gefahren. Wenn der Heizleistungsbedarf beispielsweise im Sommer sinkt und daher die Wärmeerzeugung gedrosselt wird, fällt auch die Stromerzeugung zurück. Wärme- und Elektrizitätserzeugung sind relativ starr aneinander gekoppelt. DT mit Gegendruckturbine erreichen Wirkungsgrade von 80 – 85 %.[580]

Demgegenüber ermöglicht es der Entnahme-Kondensations-Betrieb, in gewissen Grenzen die Wärme- von der Elektrizitätserzeugung zu trennen. Bei diesem System wird der für die Wärmelieferung benötigte Dampf an geeigneter Stelle einer Turbinenstufe entnommen, entsprechend der Menge und des Temperaturniveaus des jeweiligen Bedarfs. Hierfür gibt es regelbare Ventile an unterschiedlichen Turbinenstufen. Die Energie des weiterströmenden Dampfes wird noch bis zum Kondensationsteil zur Elektrizitätserzeugung genutzt. Die Entnahme von Dampf zur Wärmeerzeugung wirkt sich dabei negativ auf die Elektrizitätserzeugung aus. Je mehr Dampf vorher entnommen wird, desto weniger Elektrizität kann erzeugt werden. Die elektrische Nennleistung kann nur bei völligem Verzicht auf Wärmeauskopplung erreicht werden. Nachteilig gegenüber dem Gegendruckbetrieb ist, dass der Gesamtwirkungsgrad mit 60 – 70 % geringer ausfällt. Von Vorteil ist dagegen, die Flexibilität durch die eine ganzjährig gute Ausnutzung möglich ist.[581] Ein solches

---

[579] Insoweit wird verwiesen auf *Nitsch u.a.*, Wirtschaftliches und ausschöpfbares Potential der Kraft-Wärme-Kopplung in Baden-Württemberg, 1994; *Steinborn*, „BHKW-Plan" Benutzerhandbuch, 1999; *Suttor*, Praxis Kraft-Wärme-Kopplung, Handbuch Kraft-Wärme-Kopplung, 1991.

[580] RWE Energie AG (Fn. 12), S. 91 f.

[581] RWE Energie AG (Fn. 12), S. 92.

Kraftwerk ersetzt quasi ein Kondensationskraftwerk + Heizkraftwerk + eventuell den Spitzenkessel.[582]

Diese Differenzen sind bei der Beurteilung des technisch-wirtschaftlichen Sinns zu berücksichtigen. Dort wo das Versorgungsgebiet durch einen ganzjährig relativ gleich bleibenden Bedarf an Wärme und Strom gekennzeichnet ist, z.B. bei der Versorgung eines Industriebetriebs, der über das gesamte Jahr ein fast konstantes Bedürfnis an Wärme und Strom hat, kann eine KWK-Anlage mit Entnahme-Kondensations-Betrieb regelmäßig nicht sinnvoll sein. Bei der Betrachtung, ob die betreffende KWK-Anlage bedarfsgerecht ausgelegt ist, ist also nicht nur zu fragen, ob die Anlage nach dem Stand der Technik in der Lage ist, umweltverträglich und wirtschaftlich zu arbeiten. Hinzu kommen muss ferner die Frage, ob das gewählte System für die Versorgung des Gebietes geeignet ist.

Von der bedarfsgerechten Auslegung der Anlage hängt entscheidend auch ihre wirtschaftliche Zweckmäßigkeit ab. Die Rentabilität einer KWK-Anlage wird neben den Kosten in entscheidender Weise vom anlegbaren Wert für die erzeugte thermische und elektrische Energie beeinflusst. Im hiesigen Kontext kommen nur wärmeorientierte KWK-Anlagen in Betracht.[583] Diese Anlagen sind üblicherweise an der Wärmeverbrauchsstruktur der Nutzer ausgelegt, so dass sich der anlegbare Wert für die erzeugte Wärme aus den Kosten eines thermischen Konkurrenzsystems (Heizwerk) ergibt. Damit sich die KWK-Anlage gegenüber der Konkurrenzvariante rentiert, muss somit der Wert für die produzierte Elektrizität mindestens der Differenz aus den Kosten der Anlage abzüglich des anlegbaren Wertes für die Wärme entsprechen. Um zu ermitteln, ob die Mehrkosten einer KWK-Anlage gegenüber einem reinen Heizwerk über Stromgutschriften bzw. Erträge aus Stromerzeugung und –verkauf gedeckt werden können und insgesamt Kostendeckung erzielen,[584] bedarf es daher der Kenntnis der Kosten der Anlage sowie der Höhe der Stromvergütungen und –erlöse. Die Jahreskosten ergeben sich für ein BHKW nach der VDI-Richtlinie 2067 Blatt 7[585] aus der Summe der kapitalgebundenen, verbrauchsgebundenen und betriebsgebundenen Kosten. Die kapitalgebundenen Kosten leiten sich aus den erforderlichen Investitionen für die Anlage ab. Unter die verbrauchsgebundenen Kosten fallen vor allem die Brennstoffkosten. Betriebsgebundene Kosten umfassen hauptsächlich die Instandhaltungskosten und ggf. die Personalkosten. Je geringer die Kosten der betreffenden Anlage, desto eher ist ein wirtschaftlicher Betrieb möglich. Hinsichtlich der kapitalgebundenen Kosten erlangt die bedarfsgerechte Auslegung der Anlage besondere Bedeutung.[586] Im Interesse niedriger Kosten ist eine bedarfsgerechte Auslegung der Anlage nötig. Dabei ist zu beachten, dass es sinnvoll sein kann, die Anlage zeitweise nur Strom erzeugen zu lassen, um mit den höheren Stromerlösen die Rentabilität der Anlage zu optimieren. Die Wärmeerzeugung muss insgesamt aber die Stromerzeugung überwiegen. Ansonsten käme der Anlage nicht mehr das Attribut der „Wärmeorientierung" zu. Bezüglich der verbrauchsgebundenen Kosten ist im Rahmen der technisch-wirtschaftlichen Zweckmäßigkeitsprüfung die Wahl des Primärenergieträgers zu betrachten.[587] Hierbei ist zu überprüfen, ob der von der Anlage verwendete Primärenergieträger in ausreichenden Mengen zur Verfügung steht und ob er im Preisvergleich mit anderen Primärenergieträgern als wirtschaftlich angesehen werden kann. Inwiefern die Wahl des Primärenergieträgers bei Errichtung der Anlage sinnvoll war, ist für die Beurteilung ihrer technisch-wirtschaftlichen Zweckmäßigkeit innerhalb des § 6 III EnWG unerheblich. Die Norm verschafft keinen Bestands-

---

[582] *Nitsch* u.a. (Fn. 578).

[583] vgl. 3. Teil B. VIII. 2. d) aa) (1) (b).

[584] EnWG 1998, Erläuterungen-*Gronau* (Fn. 564), Art. 1, § 6 Anm. 19.3.

[585] VDI-Gesellschaft Technische Gebäudeausrüstung (Hrsg.), VDI-Richtlinie 2067 Blatt 7: Berechnung der Kosten von Wärmeversorgungsanlagen; Blockheizkraftwerke, 1988.

[586] EnWG 1998, Erläuterungen-*Gronau* (Fn. 564), Art. 1, § 6 Anm. 19.3.1; *Harms* (Fn. 164), S. 170 f.

[587] EnWG 1998, Erläuterungen-*Gronau* (Fn. 564), Art. 1, § 6 Anm. 19.3.3.

schutz.[588] Die technisch-wirtschaftliche Zweckmäßigkeit muss vielmehr zum entscheidungserheblichen Zeitpunkt vorliegen.[589] Insofern kommt auch in Frage, dass eine ehemals technisch-wirtschaftlich sinnvolle Anlage dieses Attribut verliert und nur durch Umrüstung wiedererlangen kann. Sollte sich der Anlagenbetreiber zur Umrüstung entscheiden, sind bei der Betrachtung der technisch-wirtschaftlichen Zweckmäßigkeit dann freilich die anfallenden Mehrkosten zu berücksichtigen.

Technisch-wirtschaftlich sinnvoll ist eine Anlage folglich, wenn sie dem branchenüblichen Stand der Technik entspricht, auf Grund der eingesetzten Technologie in der Lage ist, ihr Versorgungsgebiet sowohl der Höhe nach als auch der Art und Weise der Beanspruchung nach zu versorgen und dabei, trotz der höheren Kosten für eine KWK-Anlage, wirtschaftlich zu arbeiten vermag. Dies ist dann der Fall, wenn die im Vergleich zu einem reinen Heizwerk höheren Kosten durch den Verkauf von Elektrizität zumindest gedeckt werden können und auch insgesamt eine Kostendeckung erreicht wird.

(b) Anlagen zur Nutzung erneuerbarer Energien

Anlagen zur Nutzung erneuerbarer Energien sind solche, bei denen die Erzeugung von Strom durch den Einsatz erneuerbarer Energien erfolgt. Unter erneuerbaren Energien sind insbesondere die Wind- und Solarenergie, die Wasserkraft, die Erdwärme sowie das Bio- und Deponiegas gemeint. Erneuerbar sind diese Energien, weil sie nicht wie die fossilen Primärenergieträger bei der Erzeugung der Elektrizität unwiederbringlich verloren gehen, sondern sich ständig regenerieren. Der Wortlaut des § 6 III EnWG macht deutlich, dass die Qualifikationsmerkmale „fernwärmeorientiert", „umwelt- und ressourcenschonend" sowie „technisch-wirtschaftlich sinnvoll" von einer Anlage zur Nutzung erneuerbarer Energien nicht zu erfüllen sind, um in der Abwägung besondere Berücksichtigung zu erlangen. Zwangsläufig können die Fernwärmeorientierung und die Umwelt- und Ressourcenschonung nicht auf Anlagen zur Nutzung erneuerbarer Energien bezogen werden. Die Anlage muss aber auch nicht technisch-wirtschaftlich sinnvoll sein. D.h., dass auch Elektrizität aus Anlagen, die auf Grund der eingesetzten Technik nicht in der Lage sind, wirtschaftlich zu arbeiten, besonders berücksichtigt werden muss. Die Entscheidung, auch auf die Anforderung der technisch-wirtschaftlichen Zweckmäßigkeit zu verzichten, resultiert wohl daraus, dass das Gebiet der Gewinnung von Elektrizität aus regenerativen Energien lange Zeit vernachlässigt worden ist und sich daher in vielen Bereichen noch auf einer Experimentierstufe befindet. Viele Ansätze zur Erzeugung von Strom aus regenerativen Energien sind daher noch nicht zur Serienreife ausgewachsen und arbeiten deshalb auf Grund der Kostenintensität (noch) nicht kostendeckend. Dies gilt z.B. auch für die Photovoltaikanlagen, deren Förderung im Laufe des Gesetzgebungsverfahrens immer wieder gefordert wurde.[590] Von diesen Anlagen zu verlangen, technisch-wirtschaftlich sinnvoll zu sein, würde bedeuten, ihnen die besondere Berücksichtigung abzusprechen. Die Anlagen müssten sich dann wie jede andere dem Wettbewerb stellen. Auf Grund der hohen Kosten wäre sie aber nicht konkurrenzfähig. Verdrängung von Elektrizität aus erneuerbaren Energien wären die Folge. Mit jeder Verdrängung von Ökostrom mittels Durchleitung sinkt dann der Anreiz, Geld für die kostenintensive Entwicklung aufzubringen. Durch den Verzicht auf das Attribut technisch-wirtschaftlich sinnvoll im Zusammenhang mit Anlagen zur Nutzung erneuerbarer Energien wird ebenfalls das Ziel einer umweltverträglichen Energieversorgung verfolgt.

[588] EnWG 1998, Erläuterungen-*Gronau* (Fn. 564), Art. 1, § 6 Anm. 19.3.3.

[589] Vgl. 3. Teil B. VIII. d) aa) (4).

[590] Vgl. Änderungsantrag BÜNDNIS 90/DIE GRÜNEN, BT-Drs. 13/9295; Unterrichtung des Bundestages durch den Bundesrat, BT-Drs- 13/9545, Ziffer I.7; Empfehlungen der Ausschüsse, BR-Drs. 941/1/97, Ziffer 14.

Ebenso wie bei den KWK-Anlagen kommt es auch hier nicht darauf an, ob der aus regenerativen Energieträgern erzeugte Strom in Kraftwerken des EVU erzeugt wurde, dem der Netzbetreiber angehört, oder ob es sich um von Dritten in sein Gebiet gelieferten Strom handelt.

(2) Verdrängung

Ferner ist zu prüfen, ob die Elektrizität aus einer KWK-Anlage, der die genannten qualitativen Merkmale zukommen, oder einer Anlage zur Nutzung erneuerbarer Energien, ohne Verweigerung der Durchleitung verdrängt würde. Im Allgemeinen bedeutet verdrängen *beiseite schieben* oder *beiseite drängen*, *wegschieben* oder *wegdrängen*. Verdrängt wird etwas, wenn es durch etwas anderes teilweise oder vollständig ersetzt wird. Im Gegensatz zum *Drängen* kommt beim *Verdrängen* nicht lediglich etwas hinzu. Verdrängen heißt *ausbooten*. Wenn beispielsweise ein Produkt, das es in anderer Form bereits gibt, auf dem Markt drängt, bedeutet das zunächst nur, dass etwas neu hinzukommt. Wechseln die Käufer – aus welchen Gründen auch immer – nunmehr komplett vom alten zum neuen Produkt, wird das alte Produkte ersetzt bzw. verdrängt. Dabei muss sich die Verdrängung nicht auf den gesamten Markt beziehen. Betrachtet man nur einen Käufer, der vom alten zum neuen Produkt gewechselt hat, so ist das Produkt bei diesem Einzelnen verdrängt. Dies schließt freilich nicht aus, dass der Verkäufer das Produkt an anderer Stelle verkauft. Aus dem Wortsinn ergibt sich, dass etwas bereits vorhandenes durch etwas anderes beiseite gedrängt wird.[591]

Im Zusammenhang mit § 6 III EnWG und der Durchleitung von Elektrizität bedeutet verdrängen daher, dass bisher an einen Abnehmer abgesetzter KWK- bzw. Ökostrom auf Grund durchgeleiteten Stroms nicht mehr an diesen abgesetzt werden kann.[592] Dies wäre beispielsweise dann der Fall, wenn ein Letztabnehmer L sich seinen Strom nicht mehr von seinem Stadtwerk S liefern lässt, das Strom in einer KWK-Anlage erzeugt, sondern von einem EVU E, das Strom in einem mit Steinkohle befeuerten Kondensationskraftwerk erzeugt. Der KWK-Strom der S wäre in dem Umfang, den L bislang benötigte durch den Strom des E verdrängt. Ob S den KWK-Strom anderweitig absetzen kann, ist bei isolierter Betrachtung der Verdrängung ohne Belang. Verliert also ein EVU einen Kunden, der mit KWK- oder Ökostrom versorgt wurde auf Grund einer Durchleitung, liegt eine Verdrängung vor. Verdrängung in § 6 III EnWG bedeutet Verringerung des Absatzes auf Grund einer Durchleitung.[593]

Obwohl der Begriff „Verdrängen“ in § 6 III EnWG kaum Verständnisschwierigkeiten hervorruft, dürfte es in der Praxis diesbezüglich zu Problemen kommen. Die verdrängte Elektrizität muss aus einer fernwärmeorientierten, umwelt- und ressourcenschonenden sowie technisch-wirtschaftlich sinnvollen KWK-Anlage oder einer Anlage zur Nutzung erneuerbarer Energien stammen. Die Verdrängung muss also einer bestimmten Anlage zugeordnet werden können.[594] Es ist nicht ausreichend, dass die Möglichkeit besteht, eine solche Anlage könnte betroffen sein. Auch verlangt das Tatbestandsmerkmal „dadurch“, dass gerade die beantragte Durchleitung zu einer Verdrängung führen würde. Der verweigernde Netzbetreiber muss infolgedessen in der Lage sein, nachzuweisen, die beantragte Durchleitung verdränge Elektrizität aus einer KWK-Anlage oder einer Anlage zur Nutzung erneuerbarer Energien. Es stellt sich in der Praxis also die Frage, „ob“ überhaupt KWK- oder Ökostrom verdrängt werden würde. Hinsichtlich des „Ob“ einer Verdrängung ist zu beachten, dass im Rahmen dieser Arbeit nur grundsätzliche Überlegungen angestrengt werden können. „Ob“ eine Verdrängung vorliegt, ist in jedem Einzelfall zu überprüfen und muss jeweils vom Netzbetrei-

[591] Vgl. auch *Büdenbender* (Fn. 129), Rechtsfragen, S. 95.

[592] *Harms* (Fn. 164), S. 172.

[593] Ähnlich *Harms* (Fn. 164), S. 173.

[594] *Harms* (Fn. 164), S. 173.

ber nachgewiesen werden. Einfach zu handhaben sind diesbezüglich Konstellationen, bei denen die qua Durchleitung verdrängte Elektrizität entweder nur aus einem durch § 6 III EnWG privilegierten Kraftwerk stammen kann oder definitiv aus einem reinen Kondensationskraftwerk. Erster Fall wäre z.B. gegeben, wenn ein Stadtwerk seinen gesamten Bedarf in einer KWK-Anlage erzeugt und damit die Einwohner im Stadtgebiet versorgt. Wechselt ein Abnehmer nun zu einem anderen Lieferanten mit herkömmlich erzeugter Elektrizität, wird KWK-Strom der Stadtwerke verdrängt. Die Verdrängung lässt sich auch problemlos auf diese eine KWK-Anlage beziehen. Zweiter Fall wäre, wenn obiges Stadtwerk nur über herkömmliche Kraftwerke verfügen würde. Eine Verdrängung wäre in diesem Fall im Kontext mit § 6 III EnWG unbeachtlich, da Elektrizität aus herkömmlichen Kraftwerken von der Norm nicht geschützt wird. Schwieriger dürfte die Identifikation der betroffenen Anlage dagegen in den Fällen sein, in denen EVU neben KWK- und Ökostromanlagen zusätzlich konventionelle Kraftwerke betreiben oder sogar verschiedene EVU mit unterschiedlichen Kraftwerken ein Gebiet versorgen oder beliefern. Es dürfte dem Netzbetreiber schwer fallen, bei derlei Konstellationen den Beweis zu führen, dass die verdrängte Elektrizität aus einer bestimmten KWK-Anlage oder einer Anlage zur Nutzung erneuerbarer Energien stammt. Dennoch lassen sich auch hier Ansätze zur Identifizierung finden.

Zunächst ist von dem Grundsatz auszugehen, dass in den Fällen, in denen neben KWK- oder Ökostrom konventioneller Strom erzeugt wird, letzterer von der betreffenden Durchleitung verdrängt wird. Dies wird zwar nicht vom Wortlaut der Norm vorgegeben, der dahingehend keine Aussage macht, folgt aber aus Sinn und Zweck des Gesetzes. Vorrangiger Zweck ist die Einführung von Wettbewerb. Daher auch die grundsätzliche Eröffnung des Netzzugangs in § 6 I S. 1 EnWG. Nur ausnahmsweise sieht § 6 I S. 2 EnWG vor, dass die Durchleitung bei Unmöglichkeit oder Unzumutbarkeit verweigert werden kann. Ist die Durchleitung nicht schlichtweg undurchführbar, sondern nur unzumutbar, ist eine Abwägung zwischen den Interessen des Durchleitungspetenten und denen des verweigernden Netzbetreibers vorzunehmen. Bei der Abwägung erhalten die Interessen des Petenten quasi immer einen „Berücksichtigungsbonus" dahingehend, dass der Zugang zum Netz des Betreibers grundsätzlich möglich sein muss. Nur wenn es dem Betreiber gelingt darzutun, dass ihm die Durchleitung nicht zumutbar ist, kann er den Zugang verweigern. Bei der hier angesprochenen Konstellation wirkt sich der „Berücksichtigungsbonus" zu Gunsten des Netzbetreibers so aus, dass im Sinne einer weitestgehenden Öffnung des Strommarkts davon ausgegangen werden muss, dass der nicht weiter geschützte konventionell erzeugte Strom verdrängt wird. Erst wenn es dem Netzbetreiber gelingt, nachzuweisen, dass definitiv Elektrizität aus einer KWK-Anlage oder einer Anlage zur Nutzung erneuerbarer Energien verdrängt würde, kann er sich auf § 6 III EnWG berufen.[595]

Dieser Grundsatz hilft jedoch nur ansatzweise. Für die Ermittlung, ob durch die beantragte Durchleitung wirklich KWK- oder Ökostrom verdrängt würde, ist er nur der Ausgangspunkt der Überlegungen. Zur Beweisführung kann der Netzbetreiber z.B. den von der Durchleitung betroffenen Lastbereich anführen. Handelt es sich beispielsweise um eine Durchleitung, die den Grundlastbereich betrifft, und werden die in Frage stehenden KWK- oder Ökostromanlagen nur zur Deckung der Spitzenlast benötigt, dürfte regelmäßig keine Verdrängung vorliegen. Gleiches gilt beispielsweise für Nachtstrom. Betrifft die beantragte Durchleitung Nachtstrom und werden die privilegierten Anlagen nicht zur Nachtstromversorgung gefahren, liegt in der Regel ebenfalls keine Verdrängung vor.[596]

Die Betrachtung, ob eine Verdrängung von KWK- oder Ökostrom vorliegt, führt noch zu einem weiteren Problem. Es stellt sich die Frage, ob eine Verdrängung auch mittelbar stattfinden kann. Vordergründig scheint der Wortlaut deutlich, wenn er verlangt, dass durch die beantragte Durchlei-

---

[595] *Harms* (Fn. 164), S. 173.

[596] *Harms* (Fn. 164), S. 173.

tung Elektrizität aus einer KWK-Anlage verdrängt werden muss. Dies spricht zunächst dafür, dass die beantragte Durchleitung unmittelbar Elektrizität aus einer KWK-Anlage verdrängen müsste. Es sind jedoch auch Fälle denkbar, in denen eine mittelbare Verdrängung vorliegt. In der Praxis hat es als sinnvoll erwiesen, z.B. den teureren KWK-Strom dadurch preisgünstiger zu machen, dass nicht der gesamte Strombedarf aus KWK-Anlagen befriedigt wird. Neben dem Strom aus der KWK-Anlage wird der Bedarf stattdessen noch mittels Strombezug von Dritten oder Eigenerzeugung aus konventionellen Kraftwerken gedeckt. Da dieser Strom günstiger ist, kann das betreffende EVU durch Mischkalkulation die höheren Kosten der KWK subventionieren und seinen Strom insgesamt zu günstigeren Konditionen anbieten.[597] Daraus folgt, dass ein EVU bei einer solchen Konstellation darauf angewiesen ist, Konventionalstrom in ausreichender Menge absetzen zu können, um bei den Strompreisen mithalten zu können und somit einen wirtschaftlichen Betrieb der KWK-Anlage aufrecht zu erhalten. Wird qua Durchleitung der Konventionalstrom so weit verdrängt, dass das entsprechende EVU seinen KWK-Strom nicht mehr subventionieren kann, kann dies zu einem unwirtschaftlichen Betrieb und letztlich zum Verlust der Existenzfähigkeit der KWK-Anlage führen.[598] Die Einstellung des Betriebs der KWK-Anlage wäre eine denkbare Folge. KWK-Strom wäre dann mittelbar verdrängt worden. Fraglich ist, ob damit eine Verdrängung i.S.d. § 6 III EnWG vorliegt.

Die Formulierung „dadurch" zeigt zwar an, dass die Durchleitung für die Verdrängung von KWK- oder Ökostrom ursächlich sein muss. Weitere Hinweise bezüglich der Kausalität von Durchleitung und Verdrängung, insbesondere ob die Durchleitung unmittelbar die Verdrängung zur Folge haben muss oder ob eine mittelbare Kausalität ausreicht, gibt der Wortlaut der Norm nicht. Grundsätzlich ist Ursache jede Bedingung, die nicht hinweggedacht werden kann, ohne dass zugleich der Erfolg entfiele (conditio sine qua non; Äquivalenztheorie). Demzufolge wäre nach der Äquivalenztheorie auch eine Durchleitung, die unmittelbar nur Konventionalstrom verdrängt, letztlich auch für die Verdrängung des KWK-Stroms ursächlich. Diese im Strafrecht vorherrschende Theorie wird im Zivilrecht dadurch eingeschränkt, dass nicht alle Bedingungen gleichwertig sind, sondern dass nicht adäquate, völlig unvorhersehbare Kausalverläufe ausgeschieden werden (Adäquanztheorie). Sowohl die Äquivalenz- als auch die Adäquanztheorie umfassen damit, dass der mittelbare Erfolg erreicht wird. Die Adäquanztheorie scheidet nur nicht vorhersehbare Kausalverläufe aus. Da die oben geschilderte Praxis der KWK-Anlagenbetreiber jedoch bekannt ist, ist es nicht unvorhersehbar, dass auf Grund einer Durchleitung unmittelbar zwar nur Konventionalstrom verdrängt wird, mittelbar aber KWK-Strom. Sowohl nach der einen als auch nach der anderen Theorie ist eine mittelbare Verdrängung zu beachten. Auch Sinn und Zweck der Norm sprechen dafür, in begrenztem Rahmen die Verdrängung von Konventionalstrom zu verhindern, um damit letztlich KWK-Strom zu schützen. Durch die Norm sollen fernwärmeorientierte, umwelt- und ressourcenschonende sowie technisch-wirtschaftlich sinnvolle KWK-Anlagen geschützt werden, da diese das Gesetzesziel einer umweltverträglichen Energieversorgung in besonderem Maße fördern. Das die höheren Preise für KWK-Strom per Mischkalkulation mit Konventionalstrom verkäuflich gemacht werden, bedeutet nicht, dass die entsprechende KWK-Anlage unwirtschaftlich ist. Das Gegenteil ist der Fall. Eine bedarfsgerechte Leistungserstellung, bei der die KWK-Anlage mit anderen abgestimmt wird, kann sogar Voraussetzung für ihre Wirtschaftlichkeit sein. Ist der Bestand einer solchen Anlage aber gefährdet, weil der zum Zwecke der Wirtschaftlichkeit der Anlage gebrauchte Konventionalstrom verdrängt wird, muss § 6 III EnWG auch solche mittelbaren Verdrängungen umfassen. Dabei ist jedoch zu beachten, dass der Netzbetreiber einerseits nachweisen muss, dass er einer bestimmten Menge Konventionalstroms bedarf, um die KWK-Anlage wirtschaftlich betreiben zu können, und andererseits beweisen muss, dass gerade die beantragte Durchleitung den benötigten Anteil an

[597] Auch die Betreiber von Anlagen zur Nutzung erneuerbarer Energien gehen z.T. so vor. Der Einfachheit halber wird im Folgenden nur auf die KWK-Anlagen eingegangen. Die Ausführungen sind aber ohne weiteres auch auf Ökostrom zu übertragen.

[598] Ähnlich *Harms* (Fn. 164), S. 173, der sogar auf den Gesamtbetrieb des EVU abstellt.

Konventionalstrom unter das Minimum senken würde. Das zeigt, dass der Netzbetreiber Durchleitungen zulassen muss bis der zum Erhalt der KWK-Anlage erforderliche Anteil Konventionalstroms erreicht ist.

Offen ist ferner die Frage, ob § 6 III EnWG auch für die Fälle anwendbar ist, bei denen z.B. KWK-Strom durch KWK-Strom verdrängt werden soll. Auch diese Konstellation ist vom Wortlaut der Norm nicht umfasst, ihre Lösung ergibt sich aber wiederum aus dem Zweck der Norm. Der Gesetzgeber will mit § 6 III EnWG die besonders umweltfreundliche und ressourcenschonende Elektrizitätserzeugung vor der diese Kriterien nicht erfüllenden konventionellen Elektrizitätserzeugung schützen. Aus Gründen der Umweltverträglichkeit erhalten die in § 6 III EnWG genannten Anlagen unter den dort erwähnten Auflagen einen Schutz. Stehen sich zwei dieser Anlagen gegenüber, ist nicht ersichtlich, warum die eine aus Gründen des Umweltschutzes einen Vorrang vor der anderen haben soll. Der Aspekt der Umweltverträglichkeit kürzt sich in diesen Konstellationen gleichsam weg.[599] Fraglich ist, ob dies auch gilt, wenn der Strom, der durchgeleitet werden soll ebenfalls aus einer KWK-Anlage stammt, welche z.B. die Ressourcen besser schont. Liegt der Gesamtwirkungsgrad der Anlage des Durchleitungspetenten z.B. bei 80 % und der Gesamtwirkungsgrad der Anlage des Netzbetreibers bei 70 %, stellt sich die Frage, ob nicht der quantitativ höhere KWK-Strom einen Vorrang erhalten muss. Aus Interesse einer möglichst umwelt- und ressourcenschonenden Elektrizitätserzeugung könnte dies bejaht werden.[600] Der Gesetzgeber möchte einen möglichst hohen Grad der Umwelt- und Ressourcenschonung erreichen. Umso besser die in § 6 III EnWG genannten Anlagen die Ressourcen ausnutzen und umso weniger sie die Umwelt belasten, desto umfassender wird das angestrebte Ziel erreicht. Andererseits ist jedoch zu beachten, dass der Gesetzgeber Anlagen, die er trotz umweltverträglicherer Erzeugung als in Konventionalanlagen nicht für schützenswert hält, durch die Vorgabe mehrerer Qualifikationserfordernisse in § 6 III EnWG ausscheidet. Anlagen, die nicht fernwärmeorientiert, umwelt- und ressourcenschonend und technisch-wirtschaftlich sind, kommen schon gar nicht für eine besondere Berücksichtigung in Betracht. Erfüllen sie jedoch die branchenüblichen Qualifikationen und hätte eine Durchleitung die beschriebenen Auswirkungen der Verdrängung und Verhinderung, sind sie nach Ansicht des Gesetzgebers schützenswert. Eine unterschiedliche Wertigkeit der Schutzwürdigkeit sieht der Gesetzgeber dabei weder zwischen KWK-Anlagen und Anlagen zur Nutzung erneuerbarer Energien noch zwischen Anlagen derselben Erzeugungsart vor. Insofern verhält es sich auch in solchen Konstellationen, so dass sich die Umweltverträglichkeit gleichsam wegkürzt.

Ein Verdrängen liegt mithin immer dann vor, wenn auf Grund einer Durchleitung von Konventionalstrom der Absatz an KWK- bzw. Ökostrom reduziert wird. Dies kann auch mittelbar durch Verdrängung von Konventionalstrom geschehen, der für die Aufrechterhaltung der Wirtschaftlichkeit der KWK-Anlage benötigt wird. Dies erfordert jedoch den Beweis seitens des Netzbetreibers, dass ein bestimmter Anteil an Konventionalstrom benötigt wird und das dieser Anteil auf Grund der beantragten Durchleitung unterschritten würde. Die Beweisführung dürfte in der Praxis schwierig werden. Das gilt insgesamt für den Nachweis, dass die verdrängte Elektrizität aus einer in § 6 III EnWG genannten Anlage stammt.

---

[599] *Büdenbender* (Fn. 129), Rechtsfragen, S. 96.

[600] So auch *Büdenbender* (Fn. 129), Rechtsfragen, S. 96.

(3) Verhindern eines wirtschaftlichen Betriebs der Anlage unter Berücksichtigung der Möglichkeit des Verkaufs an Dritte

Selbst wenn trotz der beschriebenen Probleme die Verdrängung von Elektrizität aus den in § 6 III EnWG aufgeführten Anlagen nachgewiesen werden kann, reicht dies für eine besondere Berücksichtigung im Abwägungsprozess nicht aus. Eine besondere Berücksichtigung der Verdrängung kommt nur dann in Betracht, insoweit „dadurch [...] ein wirtschaftlicher Betrieb dieser Anlagen verhindert würde, wobei Möglichkeiten zum Verkauf dieser Elektrizität an Dritte zu nutzen sind." Die Verdrängung und die Verhinderung müssen kumulativ gegeben sein, wie sich aus dem Tatbestandsmerkmal „und" ergibt.[601] Daher bezieht sich auch das Kausalitätserfordernis, welches durch das Tatbestandsmerkmal „dadurch" angezeigt wird, sowohl auf die Verdrängung der Elektrizität als auch auf die Verhinderung des wirtschaftlichen Betriebs.[602]

(a) Verhinderung des wirtschaftlichen Betriebs

Durch die Verdrängung muss der wirtschaftliche Betrieb der Anlage verhindert werden. Ein wirtschaftlicher Betrieb der Anlage ist grundsätzlich dann gegeben, wenn die Erlöse aus dem Stromverkauf – im Falle einer Anlage zur Nutzung erneuerbarer Energien – bzw. aus dem Wärme- und Stromverkauf – im Falle einer KWK-Anlage – die Kosten der Anlage decken und einen angemessenen Gewinn ermöglichen. Dies hängt maßgeblich von der Auslastung der Anlage ab. Wann die Auslastung für einen wirtschaftlichen Betrieb ausreicht, ist im jeweiligen Einzelfall zu prüfen.

Der wirtschaftliche Betrieb der betreffenden Anlage müsste durch die beantragte Durchleitung verhindert werden. Mit dem Tatbestandsmerkmal „verhindern" wird einmal mehr verdeutlicht, dass sich auch die in § 6 III EnWG genannten Erzeugungsformen dem Wettbewerb stellen müssen. Ein Behindern ihrer Stromerzeugung und ihres Stromabsatzes reicht einwandfrei nicht aus. Verhindern bedeutet *vereiteln, etwas unmöglich machen*. Demzufolge müsste bei Stattgeben des Durchleitungsantrages, der wirtschaftliche Betrieb der betroffenen Anlage unmöglich sein. Selbst wenn Elektrizität aus einer der in § 6 III EnWG aufgeführten, besonders förderungswürdigen Anlage auf Grund der beantragten Durchleitung verdrängt würde und eine Umsatzeinbuße bewirken würde, reicht dies nicht aus, besonders berücksichtigt zu werden, solange die Anlage noch wirtschaftlich arbeiten kann. Zur Verdeutlichung möge folgendes Beispiel dienen:

Eine KWK-Anlage wird mit einer Auslastung von 5400 Nutzungsstunden/a gefahren. Ein wirtschaftlicher Betrieb der Anlage soll auch noch bei einer Auslastung von 4500 Nutzungsstunden/a möglich sein. Wenn sich nun auf Grund der beantragten Durchleitung die Auslastung um 500 Nutzungsstunden/a reduziert, kann die Anlage immer noch wirtschaftlich betrieben werden. Die Voraussetzungen zum Erhalt der besonderen Berücksichtigung in der Interessenabwägung wären mithin nicht gegeben. Aber nicht nur die Verringerung der Gewinne muss in Kauf genommen werden. Darin läge nur eine Beeinträchtigung, aber keine Beseitigung der Wirtschaftlichkeit.[603] Auch vorübergehende Verluste sind hinzunehmen. Die Betreiber der in § 6 III EnWG genannten Anlagen haben sich dem Wettbewerb zu stellen. Bisherige Beziehungen können nicht „statisch-bilateral"[604] betrachtet werden. Ein wettbewerblich ausgerichteter Markt verlangt von seinen Teilnehmern Fle-

---

[601] *Büdenbender* (Fn. 129), Rechtsfragen, S. 94.

[602] *Harms* (Fn. 164), S. 171.

[603] *Harms* (Fn. 164), S. 172.

[604] *Büdenbender* (Fn. 129), Rechtsfragen, S. 94.

xibilität und Anpassungsvermögen. Daher haben auch KWK-Anlagenbetreiber und Betreiber von Anlagen zur Nutzung erneuerbarer Energien alles zu versuchen, die Wirtschaftlichkeit ihrer Anlagen zu Gewähr leisten. In einem Wettbewerbsmarkt haben sie hierzu auch durchaus gute Aussichten. So können die Betreiber von KWK-Anlagen den Wettbewerb dazu nutzen, ihren Bedarf an Reservestrom günstiger zu decken, indem sie ihren Versorger wechseln oder mit ihrem jetzigen über Preissenkungen verhandeln.[605]

Auch die Verhinderung des wirtschaftlichen Betriebs ist auf „diese“ Anlage bezogen. Es muss also der wirtschaftliche Betrieb einer konkreten Anlage verhindert werden. Daraus folgen zum einen die schon bei der Verdrängung angesprochenen Identifizierungsprobleme. In der Praxis dürfte es schwer fallen, nachzuweisen, dass die beantragte Durchleitung den wirtschaftlichen Betrieb der betreffenden Anlage verhindern würde. Zum anderen folgt daraus, dass es nicht erforderlich ist, dass der wirtschaftliche Betrieb des gesamten EVU verhindert werden muss. Allerdings ist es auch nicht ausreichend, sich auf die Unwirtschaftlichkeit des gesamten EVU zu berufen.[606] Ferner ergibt sich aus dem Merkmal „dadurch“, dass sich durch die Verbindung durch das Merkmals „und“ auch auf die Verhinderung bezieht, dass die beantragte Durchleitung kausal für die Verhinderung sein muss. Daraus folgt, dass Anlagen, die schon von vornherein nicht wirtschaftlich arbeiteten, nicht von § 6 III EnWG erfasst werden. Ihre Unwirtschaftlichkeit beruht nicht auf der Durchleitung.

Die Existenz von KWK-Anlagen und solchen zur Nutzung erneuerbarer Energien wird nunmehr zusätzlich durch den befristeten Schutz des EEG sowie das KWKG[607] geschützt. Insofern dürfte es aber KWK-Anlagenbetreibern und Betreibern von Anlagen zur Nutzung erneuerbarer Energien auch schwerer fallen, eine Existenzbedrohung trotz Anschluss-, Abnahme- und Vergütungspflicht der Netzbetreiber auf Grund dieser Gesetze nachzuweisen.[608]

(b) Berücksichtigung der Möglichkeit des Verkaufs an Dritte

Eine Möglichkeit, die Verhinderung des wirtschaftlichen Betriebs zu vermeiden, gibt der Wortlaut der Norm selbst vor. Danach ist bei der Betrachtung, ob die beantragte Durchleitung den wirtschaftlichen Betrieb verhindert, zu prüfen, ob die verdrängte Elektrizität nicht an anderer Stelle abgesetzt werden kann. Nach dem Wortlaut ist zu betrachten, inwieweit durch die Durchleitung Elektrizität aus einer der genannten Anlagen verdrängt wird und ein wirtschaftlicher Betrieb dieser Anlagen verhindert würde, „wobei Möglichkeiten zum Verkauf dieser Elektrizität an Dritte zu nutzen ist.“ Grammatikalisch könnte die Nutzung der anderweitigen Verkaufsmöglichkeiten auch auf die Verdrängung bezogen werden.[609] Die Syntax spricht aber dafür, dass sich die Nutzung von Verkaufsmöglichkeiten auf den wirtschaftlichen Betrieb bezieht. Nur so ergibt sich ein Sinnzusammenhang. Auch wenn die Elektrizität an anderer Stelle verkauft werden kann, so bleibt sie doch von ihrem alten Absatzort verdrängt. Kann die verdrängte Elektrizität dagegen an anderer Stelle abgesetzt werden, kann dadurch die Verhinderung des wirtschaftlichen Betriebs abgewendet werden. Die Absatzmenge der Anlage bleibt gleich. Der Sinn dieser Regelung liegt auf der Hand. Wie bereits ausgeführt können sich auch die Betreiber von KWK-Anlagen und solchen zur Nutzung erneuerbarer Energien nicht darauf verlassen, dass ihr status quo unangetastet bleibt. Auch sie müssen sich dem Wettbewerb stellen. Die gesamte Stromwirtschaft muss sich neu ausrichten. Der

[605] Vgl. zu den Chancen der KWK im Wettbewerb, *Budde*, KWK – looser or winner des Wettbewerbs in der Energielandschaft?, VIK-Mitteilungen 1-1999, S. 2 ff.; VIK-Stellungnahme, Kraft-Wärme-Kopplung (KWK) im liberalisierten Markt, vom 8. Juni 1999.

[606] *Harms* (Fn. 164), S. 172.

[607] Vgl. zu EEG und KWKG 2. Teil B. IV.

[608] Vgl. dazu BVerfG Beschluss vom 27. April 2000 – 2 BvR 801/99 – .

[609] *Harms* (Fn. 164), S. 172.

dem Wettbewerb stellen. Die gesamte Stromwirtschaft muss sich neu ausrichten. Der Verlust von Abnehmern, die zu einem anderen Versorger wechseln, müssen durch die Gewinnung von Neukunden abgefangen werden, wenn das Unternehmen keine Absatz- und Umsatzeinbußen hinnehmen will. Übersteigt der Verlust an Kunden die Gewinnung von Neukunden in hohem Maße, droht ein submarginaler Zustand der betreffenden Anlage. Ist die Anlage auf Dauer unwirtschaftlich, ist ein Ausscheiden aus dem Wettbewerb wahrscheinlich. Es handelt sich dabei um einen gewollten Effekt eines liberalisierten Marktes. Daher sind auch die Betreiber der in § 6 III EnWG genannten Anlagen gehalten, alles ihnen Mögliche zu unternehmen, dass die wirtschaftliche Situation ihrer Anlage verbessern kann. Insbesondere haben sie Möglichkeiten zum Absatz an Dritte zu nutzen. Interessant ist hierbei die Formulierung des Gesetzes. Mit der Formulierung „wobei Möglichkeiten [...]zu nutzen sind" unterstellt der Gesetzgeber, dass Möglichkeiten zum Absatz an Dritte vorhanden sind. Ob dies tatsächlich der Fall ist, muss allerdings in jedem Einzelfall geklärt werden. Dabei stellt sich jedoch die Frage, bis zu welchem Preis noch von einer Verkaufsmöglichkeit gesprochen werden kann. Es ist dies die Frage nach dem Preis, den der KWK-Anlagenbetreiber oder der Betreiber einer Anlage zur Nutzung erneuerbarer Energien akzeptieren muss, wenn der Strom an Dritte verkauft werden soll. die Antwort ergibt sich nicht direkt aus der Norm, erschließt sich aber aus ihrem Sinn. Geschützt werden sollen von § 6 III EnWG nur wirtschaftlich arbeitende, umwelt- und ressourcenschonende Anlagen. Wird der wirtschaftliche Betrieb durch die beantragte Durchleitung verhindert, so muss der Anlagenbetreiber versuchen, ihn durch Verkauf seines verdrängten Stroms an Dritte wiederherzustellen. Das bedeutet jedoch nicht zwangsläufig, dass die Erlöse aus dem Verkauf an Dritte denen des vorherigen Absatzes entsprechen müssen. Reicht ein geringerer Erlös aus, die Anlage wirtschaftlich zu betreiben, muss der Anlagenbetreiber diesen Preis akzeptieren. Es kann schon ein niedriger Erlös ausreichend sein, wenn es z.B. darum geht von der Durchleitung aufgerissene Lasttäler aufzufüllen.[610] Regelmäßig werden nur Marktpreise die Wirtschaftlichkeit einer der in § 6 III EnWG genannten Anlage sicherstellen können.[611]

(4) Der relevante Zeitpunkt

Um in der Interessenabwägung besondere Berücksichtigung zu finden, muss der Netzbetreiber sämtliche Kriterien nachweisen. Handelt es sich um eine KWK-Anlage, erfordert dies zum einen den Beweis, dass die Anlage die qualifizierenden Merkmale der Fernwärmeorientierung, der Umwelt- und Ressourcenschonung sowie der technisch-wirtschaftlichen Zweckmäßigkeit erfüllt. Zum anderen muss er aber auch die Auswirkungen der Durchleitung beweisen. Dies sind die Verdrängung der Elektrizität aus einer in § 6 III EnWG erwähnten Anlage und die Verhinderung des wirtschaftlichen Betriebs dieser Anlage. Beim Nachweis der Verhinderung des wirtschaftlichen Betriebs muss der Netzbetreiber beweisen, dass die Möglichkeiten zum Verkauf der verdrängten Energie an Dritte zu nutzen versucht wurden, trotz dessen ein wirtschaftlicher Betrieb jedoch nicht möglich ist. Die Kriterien bezüglich der Auswirkungen der beantragten Durchleitung sind sowohl von KWK-Anlagenbetreibern als auch von Betreibern von Anlagen zur Nutzung erneuerbarer Energien zu beweisen. Sämtliche Kriterien müssen kumulativ erfüllt und nachgewiesen sein. Wird nur ein Kriterium nicht erfüllt, ist eine besondere Berücksichtigung innerhalb der Interessenabwägung nach § 6 III EnWG nicht möglich.

Der relevante Zeitpunkt, zu dem die Kriterien erfüllt und bewiesen sein müssen, ist die Abgabe der schriftlichen Ablehnungsbegründung gem. § 6 I S. 3 EnWG.[612] Die Norm stellt eine formelle Vor-

[610] *Harms* (Fn. 164), S. 172.

[611] *Harms* (Fn. 164), S. 172.

[612] *Harms* (Fn. 164), S. 169.

aussetzung zur Verweigerung des Netzzugangs dar.[613] Ausgestaltet ist die Norm als absolute Gültigkeitsvoraussetzung.[614] Eine Präklusionswirkung entfaltet § 6 I S. 3 EnWG indes nicht. Erfüllung und Beweis der geforderten Kriterien ist dem Netzbetreiber daher bis zum Termin der letzten mündlichen Tatsachenverhandlung in einem Zivilverfahren oder einem Beschwerdeverfahren gegen Missbrauchsverfügungen möglich.[615]

Andererseits ist es demnach gleichgültig, ob die Anlage die geforderten Kriterien allesamt früher einmal erfüllt hat. Selbst wenn sie zum Zeitpunkt der schriftlichen Ablehnungserklärung alle Kriterien erfüllt hat, ist dies unerheblich, wenn sie zum Zeitpunkt der letzten mündlichen Entscheidung nur ein Kriterium nicht mehr erfüllt bzw. nur ein Kriterium nicht bewiesen werden kann. War die Anlage z.B. zum Zeitpunkt der Ablehnungserklärung technisch-wirtschaftlich sinnvoll und ist sie es im Zeitpunkt der letzten mündlichen Tatsachenverhandlung nicht mehr, entfällt eine besondere Berücksichtigung nach § 6 III EnWG.[616]

(5) Besondere Berücksichtigung

Der Gesetzestext des § 6 III EnWG gibt vor, dass innerhalb der Interessenabwägung für und wider eine Durchleitung besonders zu berücksichtigen ist, inwiefern durch die beantragte Durchleitung Elektrizität aus einer der in § 6 III EnWG genannten Anlagen verdrängt Würden und welche Auswirkungen sie auf die jeweilige Anlage haben muss. Das Merkmal der ‚besonderen Berücksichtigung" beschreibt – ähnlich wie bei Art. 4 § 3 Neuregelungsgesetz – den Stellenwert in der Interessenabwägung. Daher soll dieses Merkmal im Rahmen der Ausführungen zur Abwägung behandelt werden.[617]

bb) Vereinbarkeit mit der RL 96/92/EG

Da in der RL 96/92/EG explizit auch kein Recht zur Verweigerung zur Verweigerung des Netzzugangs zu Gunsten von Elektrizität aus KWK-Anlagen oder Anlagen zur Nutzung erneuerbarer Energien normiert ist, ist fraglich, ob § 6 III EnWG mit der RL 96/92/EG vereinbar ist.[618]

(1) Ermächtigungsgrundlage

Als Ermächtigungsgrundlage könnte Art. 8 III RL 96/92/EG in Betracht kommen. Den Durchleitungsverweigerungsgrund der Braunkohleschutzklausel gem. Art. 4 § 3 Neuregelungsgesetz hat die Bundesregierung ausdrücklich auf Art. 8 IV RL 96/92/EG gestützt. In Abs. 3 ermöglicht es Art. 8 der RL 96/92/EG den Mitgliedstaaten, den Betreibern von Übertragungsnetzen zur Auflage zu machen, dass dieser bei der Inanspruchnahme von Erzeugungsanlagen solchen den Vorrang gibt, in denen erneuerbare Energieträger oder Abfälle eingesetzt werden oder die nach dem Prinzip der

---

[613] *Büdenbender* (Fn. 129), Rechtsfragen, S. 97.

[614] *Harms* (Fn. 164), S. 169; *Büdenbender* (Fn. 129), Rechtsfragen, S. 97.

[615] *Harms* (Fn. 164), S. 169.

[616] Insofern bedarf es aber des Nachweises, dass die Anlage nicht mehr sinnvoll ist.

[617] Vgl. 3. Teil B. VIII. 3.

[618] Vgl. zu den europa- und verfassungsrechtlichen Anforderungen an Vorrangregelungen *Apfelstedt*, Vorrangregelungen für Ökostrom unterm Damoklesschwert, ZNER 1997, S. 3 ff.

Kraft-Wärme-Kopplung arbeiten. § 6 III EnWG ist jedoch wie Art. 4 § 3 Neuregelungsgesetz als Verweigerungstatbestand ausgestaltet, indem aus Gründen des Umweltschutzes Elektrizität aus den in § 6 III EnWG aufgeführten Anlagen bei der Abwägung nach § 6 I S. 2 EnWG eine besondere Berücksichtigung erfahren soll. Art. 8 III RL 96/92/EG ermächtigt aber ebenso wenig wie Art. 8 IV RL 96/92/EG einen Mitgliedstaat zum Erlass eines Durchleitungsverweigerungsrechts. Insoweit kann auf die Ausführungen zur Ermächtigungsgrundlage bei der Braunkohleschutzklausel verwiesen werden.[619] Art. 8 III RL 96/92/EG kann nicht als Ermächtigungsgrundlage für § 6 III EnWG herangezogen werden.[620]

Auf Grund der Ähnlichkeit zu Art. 4 § 3 Neuregelungsgesetz könnte angenommen werden, dass auch im Falle von § 6 III EnWG eine Übergangsregelung nach Art. 24 RL 96/92/EG in Betracht kommt. Bezüglich der Voraussetzungen des Art. 24 RL 96/92/EG kann ebenfalls auf die Ausführungen bei der Braunkohleschutzklausel verwiesen werden.[621] Dabei fällt auf, dass Art. 24 RL 96/92/EG nicht als Ermächtigungsgrundlage in Frage kommt. Zum einen ist die nach Art. 24 II S. 3 RL 96/92/EG erforderliche Notifikation nicht vorgenommen worden. Die Notifikation hätte spätestens ein Jahr nach Inkrafttreten der RL 96/92/EG vorgenommen worden sein müssen. Somit hätte die Beantragung einer Übergangsregelung zu Gunsten von KWK-Strom und Strom aus erneuerbaren Energien bis spätestens zum 19. Februar 1998 bei der Kommission eingereicht werden müssen. Dies ist nicht geschehen. Doch auch materiell wären die Voraussetzungen für eine Übergangsregelung nicht gegeben. Im Gegensatz zur Braunkohleschutzklausel wurden staatlicherseits keinem Unternehmen Verpflichtungen auferlegt, Elektrizität verstärkt in KWK-Anlagen oder Anlagen zur Nutzung erneuerbarer Energien zu erzeugen. Auch wurden staatlicherseits keine Betriebsgarantien erteilt. Die Voraussetzungen des Art. 24 I S. 1 RL 96/92/EG sind somit schon nicht erfüllt. Auch Art. 24 RL 96/92/EG kann daher nicht als Ermächtigungsgrundlage herangezogen werden.

In Betracht kommt letztlich Art. 3 RL 96/92/EG. Gem. Art. 3 II RL 96/92/EG kann ein Mitgliedstaat „bei uneingeschränkter Beachtung der einschlägigen Bestimmungen des Vertrags, insbesondere des Artikels 90, den Elektrizitätsunternehmen gemeinwirtschaftliche Verpflichtungen im Allgemeininteresse auferlegen, die sich [...] auf den Umweltschutz beziehen können. Diese Verpflichtungen müssen klar definiert, transparent, nichtdiskriminierend und überprüfbar sein."

(2) Tatbestandsvoraussetzungen

Zunächst müsste § 6 III EnWG demnach eine Umweltschutzverpflichtung im Allgemeininteresse (environmental obligation) darstellen. Umweltschutz bedeutet in diesem Zusammenhang eine umweltverträglichere, weil die Umwelt weniger belastende, sowie eine ressourcenschonende, weil die Ressourcen besser ausnutzende bzw. gar nicht belastende Elektrizitätserzeugung. Eine solche Elektrizitätserzeugung ist im Interesse der Allgemeinheit. Ein besseres Ausnutzen der fossilen Brennträger in KWK-Anlagen führt dazu, dass die Vorräte an diesen Primärenergieträgern länger ausreichen. Dieses Ergebnis wird noch verbessert, wenn Strom in Anlagen erzeugt werden kann, die überhaupt nicht auf fossile Primärenergieträger angewiesen sind. Eine geringere Umweltbelastung dient dem ökologischen Gleichgewicht. Eine Umweltschutzverpflichtung ist somit im allgemeinen Interesse. Die Verpflichtung des § 6 III EnWG besteht darin, dass bei einem Antrag auf Netzzugang besonders berücksichtigt werden muss, inwieweit dadurch besonders umweltverträglich erzeugte Elektrizität verdrängt würde. Betreibern von Anlagen der in § 6 III EnWG genannten Art steht ein

---

[619] S.o. 3. Teil B. VIII. 2. c) cc) (1).

[620] So auch der damals für Wirtschaft zuständige EU-Kommissar *Papoutsis* (Fn. 544), S. 67.

[621] S.o. 3. Teil B VIII. 2. c) cc) (2).

zusätzlicher Verweigerungsgrund zu. Durchleitungspetenten haben dies bei einem Antrag auf Netzzugang zu beachten. Sie haben darüber hinaus zu akzeptieren, dass die Verdrängung umweltverträglich erzeugten Stroms besondere Berücksichtigung findet. Die Verpflichtung der EVU liegt mithin darin, umwelt- und ressourcenschonend erzeugter Elektrizität der in § 6 III EnWG erwähnten Art besonders zu berücksichtigen. Diese Verpflichtung ist auch im Allgemeininteresse.

Die Umweltschutzverpflichtung im Allgemeininteresse muss unter uneingeschränkter Beachtung der einschlägigen Bestimmungen des Vertrags, insbesondere des Artikels 90 auferlegt worden sein. Art. 90 I EGV bestimmt, dass Mitgliedstaaten in Bezug auf öffentliche Unternehmen und auf Unternehmen, denen sie besondere oder ausschließliche Rechte gewähren, keine diesem Vertrag und insbesondere dessen Artikeln 6 und 85 bis 94 widersprechende Maßnahmen treffen oder beibehalten werden. Dies sind auch die einschlägigen Bestimmungen des Vertrags. Aus ihnen folgt vor allem, dass § 6 III EnWG nicht dazu führen darf, dass der Handel zwischen Mitgliedstaaten durch Vereinbarungen zwischen Unternehmen beeinträchtigt wird und dadurch eine Verhinderung, Einschränkung oder Verfälschung des Wettbewerbs innerhalb des Gemeinsamen Markts bezweckt oder bewirkt wird (Art. 81 EGV). Ebenso darf es durch § 6 III EnWG nicht zu einer Ausnutzung einer marktbeherrschenden Stellung kommen (Art. 82 EGV). Ferner folgt daraus, dass die Wettbewerbsregeln des EGV auch für solche Unternehmen gelten, die mit Dienstleistungen von allgemeinem wirtschaftlichem Interesse betraut sind, allerdings mit der Maßgabe, dass dies nur insoweit gilt als die Anwendung dieser Vorschriften nicht die Erfüllung der ihnen übertragenen besonderen Aufgaben rechtlich oder tatsächlich verhindert. Zusätzlich müssen die Verpflichtungen klar definiert, transparent, nichtdiskriminierend und überprüfbar sein. Dabei muss vor allem beachtet werden, dass das Ziel der RL 96/92/EG – die Öffnung des Elektrizitätsmarkts für Wettbewerb – erreicht werden kann.

§ 6 III EnWG stellt eine Ausnahmeregelung vom allgemeinen Grundsatz des freien Netzzugangs dar. Durch die Merkmale fernwärmeorientiert, umwelt- und ressourcenschonend sowie technisch-wirtschaftlich sinnvoll werden die KWK-Anlagen ausreichend charakterisiert, um feststellen zu können, welche KWK-Anlagen dem Umweltschutz gerecht werden. Anlagen zur Nutzung erneuerbarer Energien werden dem Schutz insgesamt gerecht. Durch die Merkmale Verdrängung der in diesen Kraftwerken erzeugten Elektrizität und einer dadurch bedingten Verhinderung eines wirtschaftlichen Betriebs werden zusätzlich die Auswirkungen beschrieben, die eintreten müssen, damit die Elektrizität aus einem solchen Kraftwerk besonders berücksichtigt werden muss. Hinsichtlich der Verhinderung des wirtschaftlichen Betriebs einer solchen Anlage gibt die Norm mit der Verpflichtung der Nutzung des Verkaufs dieser Elektrizität an Dritte darüber hinaus ein weiteres Auslegungskriterium vor. Die Kriterien sind allesamt transparent und überprüfbar. Sie vermeiden auch jede Diskriminierung, da deutlich definiert ist, welche Anlagen besonders berücksichtigt werden sollen und welche Auswirkungen eine Durchleitung für sie haben muss, damit sie besonders berücksichtigt werden können. Auf Grund der Kriterien ist es möglich, festzustellen, in welchen Fällen Netzzugangsfragen stattzugeben und in welchen Fällen sie abzulehnen sind. Dem Ziel einer möglichst weit gehenden Einführung von Wettbewerb auf dem Elektrizitätsmarkt wird ebenfalls entsprochen. Art. 3 II RL 96/92/EG ermöglicht den Mitgliedstaaten, den EVU gemeinwirtschaftliche Verpflichtungen aufzuerlegen und insoweit das Wettbewerbsprinzip auszuschließen.[622] Aber selbst wenn alle Merkmale des § 6 III EnWG erfüllt sind, bleibt ein Netzzugang möglich. Denn die Norm gesteht der umweltverträglichen Elektrizitätserzeugung keinen absoluten, sondern nur einen relativen Vorrang zu. Überwiegen die Interessen des Durchleitungspetenten bzw. das Interesse des Abnehmers an günstigem Strom das Interesse an umweltverträglich erzeugtem Strom, kann einem Netzzugang stattgegeben werden. Ein vollständiger Ausschluss des Wettbewerbsprinzips wird so verhindert. Daher ist einer solchen Regelung auch der Vorrang gegenüber einer absoluten Vorrangregelung zu geben, wie es z.B. der Gesetzesantrag des Saarlandes vorsah. Nach § 17 I dieses Geset-

---

[622] Vgl. *Büdenbender* (Fn. 129), Rechtsfragen, S. 87.

zesantrags sollte Elektrizität aus erneuerbaren Energien und Kraft-Wärme-Kopplung Vorrang vor allen anderen Netzzugängen haben. Gem. § 17 II sollte dieser Netzzugang des Weiteren unentgeltlich erfolgen. Eine solche Regelung definiert nicht, welche Art von KWK schützenswert ist und macht die Belieferung von Kunden, die bereits mit KWK-Strom beliefert werden unmöglich. Ebenso wie bei der Braunkohleschutzklausel ist auch nicht ersichtlich, dass eine Quotenregelung zu Gunsten von Elektrizität aus Anlagen der KWK und solchen zur Nutzung erneuerbarer Energien zu besseren Ergebnissen führen würde. Der Nachteil einer Quotenregelung liegt in ihrer mangelnden Flexibilität. Eine zu niedrig festgelegte Quote würde dem Ziel des Umweltschutzes nicht hinreichend gerecht. Eine zu hoch vorgegebene Quote würde dagegen die KWK sowie die Erzeugung aus erneuerbaren Energien gegenüber anderen über die Maßen privilegieren und wäre somit diskriminierend. Ein Beurteilungsspielraum, wie ihn ein relativer Verweigerungsgrund erlaubt, ermöglicht dagegen eine jeweils an dem Begebenheiten angepasste Entscheidung. Die Norm erfüllt somit sämtliche vor Art. 3 II RL 96/92/EG aufgestellten Tatbestandsmerkmale und ist darüber hinaus die am wenigsten restriktive Maßnahme zum Schutz der KWK-Anlagen und Anlagen zur Nutzung erneuerbarer Energien. Sie ist daher mit der RL 96/92/EG vereinbar. Die wirtschaftliche Gefährdung rationeller Elektrizitätserzeugung vermag daher eine Netzzugangsverweigerung zu rechtfertigen.[623]

Dies gilt vorbehaltlich der Spruchpraxis des BKartA. Sollte es wider Erwarten zu einer Häufung von Netzzugangsverweigerungen auf Grund der Norm kommen, ist eine Nachprüfung möglich.[624]

f) Eintritt in die vereinbarten Vertragsbedingungen zwischen Kunden und Durchleitungsinteressenten

Im Fall der Verbundnetz Gas (VNG) gegen die Wintershall Erdgas Handelshaus GmbH (WIEH) hatte der BGH[625] die Zulässigkeit einer Durchleitungsverweigerung der Netzbetreiberin VNG zu Lasten der Durchleitungsinteressentin WIEH anerkannt. Eines der ausschlaggebenden Kriterien für diese Entscheidung war, dass sich die VNG letztlich bereit erklärt hatte, in die zwischen WIEH und dem Kunden vereinbarten Vertragsbedingungen einzutreten. Nach diesem Eintritt stellte nach BGH-Auffassung die Verweigerung der Durchleitung gegenüber WIEH sich nicht mehr als unbillige Behinderung dar. Das Versorgungsinteresse des Letztabnehmers wurde mit dieser Auffassung beachtet. Gänzlich unbeachtet blieb dagegen das Interesse des Durchleitungspetenten am Absatz seiner Energie. Dieses Interesse ist jedoch ebenso schutzwürdig.[626] Die Relevanz dieses Urteils für die Gegenwart bzw. Zukunft ist aber ohnehin fraglich. Denn die Entscheidung erging noch zur alten Rechtslage, als der Gesetzgeber sich noch für geschlossene Versorgungsgebiete aussprach und eine Durchleitung im Regelfall ausgeschlossen war. Nach der Änderung des Energiewirtschaftsrechts verhält es sich dagegen genau umgekehrt. Die Durchleitung ist der Regelfall, ihre Ablehnung die Ausnahme. Die Bereitschaft des Netzbetreibers, sein Preisniveau dem des Durchleitungspetenten anzupassen, ist für den Abwägungsvorgang für und wider einer Durchleitungsverweigerung mithin unerheblich.

---

[623] BT-Drs. 13/9211, S. 54; vgl. *Meinhold*, Nur Zuspruch statt Vorrang für KWK-Strom im neuen EnWG, ZNER 1998, S. 2 (8 f.).

[624] *Papoutsis* (Fn. 544), S. 67.

[625] BGH (Fn. 71), WuW/E BGH 2953.

[626] *Büdenbender* (Fn. 126), Schwerpunkte, Rn. 192; *Lukes*, Beseitigung der kartellrechtlichen Freistellung für die leitungsgebundene Energieversorgung und die Auswirkungen auf Netzbenutzungen, RdE 1998, S. 49 (52 f.).

g) Fehlende Amortisation der Investitionen

Auf Grund des Wettbewerbs wird es zum Wechsel von Abnehmern zu anderen EVU kommen, wodurch der Absatz des bisherigen Versorgers verringert wird. Es stellt sich insofern die Frage, ob der betroffene Netzbetreiber Durchleitungen mit der Begründung verweigern kann, dass die von ihm in Ansehung der geschlossenen Versorgungsgebiete gemachten Investitionen zu stranded investments würden und sich auf Grund des Verlustes nicht mehr amortisierten. Zum Teil wird angeführt, dass aus der Eigentumsgarantie zu Gunsten des eingerichteten und ausgeübten Gewerbebetriebs folge, dass Netzzugangsrechte durch Gesetz oder auf Grund Gesetzes nicht zur Existenzgefährdung oder gar –vernichtung des Netzbetreibers führen dürften.[627] Ein Abwerben lukrativer Kunden („Rosinenpicken")[628] dürfe die Abnehmerstruktur nicht derart verschlechtern, dass die Rentabilität oder Liquidität und damit letztlich die Existenz des EVU gefährdet wäre.[629] Die Existenz des Netzbetreibers müsse daher durch eine verfassungskonforme (einschränkende) Auslegung und Anwendung des Netzzugangstatbestands geschützt werden.[630] Diese Sichtweise führt zu einem umfangreichen Bestandsschutz der netzbetreibenden EVU. Eine umfassende Anerkennung als Verweigerungstatbestand stünde im Widerspruch zu dem gesetzgeberischen Ziel der Einführung eines effektiven Wettbewerbs.[631] Daraus folgt, dass der Aspekt nur ausnahmsweise zur Verweigerung von Durchleitungen herangezogen werden kann.[632]

Dabei ist zu beachten, dass Absatzverluste durch die unterschiedlichsten Schritte kompensiert werden können, die eine Existenzgefährdung des Unternehmens verhindern können.[633] Zunächst ist zu berücksichtigen, dass der Netzbetreiber sein Netz nicht unentgeltlich zur Verfügung zu stellen hat, sondern ein angemessenes Durchleitungsentgelt hierfür erhält. Die erhaltenen Entgelte stellen regelmäßig neue Einnahmen dar. Ein Anspruch auf vollen monetären Ausgleich der stranded investments über das Durchleitungsentgelt besteht dagegen nicht. Ferner kann das Unternehmen Kosten an anderen Stellen, z.B. durch Rationalisierungsmaßnahmen und Kostensenkungspotentiale, senken und damit die Einbußen durch Kundenverlust kompensieren. Vor allem aber bedeutet der Wettbewerbsmarkt für das Unternehmen nicht nur Risiken, sondern auch Chancen. Dem Unternehmen ist es ebenfalls möglich, Kunden qua Durchleitung an anderer Stelle neu zu akquirieren. Hierfür spricht auch der Rechtsgedanke des § 6 III EnWG.

Anders verhält es sich dagegen, wenn letztlich die Kunden des Netzbetreibers betroffen sind, weil die Durchleitung(en) zu einer nicht zu kompensierenden Verschlechterung der Versorgungsstruktur führen. Ausnahmsweise kann die fehlende Amortisation von Investitionen dann einem Durchleitungsbegehren entgegengehalten werden, wenn die sichere, preisgünstige und umweltverträgliche Versorgung der übrigen Kunden zu zumutbaren Bedingungen nachweislich unmöglich würde.[634] Die EVU können sich auf Interessen ihrer Kunden stützen. Dies ergibt sich aus den „Pflichtenbindungen für die EVU aus dem Energiewirtschaftsgesetz, insbesondere auch aus dessen § 10".[635] Die Interessen der Kunden können zu einer Verweigerung der Betriebsaufnahmegenehmigung gem. § 3 II Nr. 2 EnWG führen. Bei der Verweigerung der Betriebsaufnahmegenehmigung handelt

[627] *Papier* (Fn. 138), S. 35.

[628] Vgl. dazu *Bräuer/Egeln/Werner* (Fn. 17), S. 49.

[629] *Schmidt-Preuß* (Fn. 131), S. 5.

[630] *Papier* (Fn. 138), S. 35.

[631] *Büdenbender* (Fn. 126), Schwerpunkte, Rn. 195.

[632] Vgl. BT-Drs. 13/7274, S. 25.

[633] Vgl. *Schmidtchen/Bier*, Liberalisierte Strommärkte, 1997, S. 71 ff.

[634] BT-Drs. 13/7274, S. 25.

[635] *Büdenbender* (Fn. 126), Schwerpunkte, Rn. 197.

es sich um eine Beschränkung der Berufswahlfreiheit (des „Ob" der Berufsausübung) unter den Vorgaben des Art. 12 GG. Eine Durchleitung betrifft das „Wie" der Berufsausübung. Nach der Rechtsprechung des BVerfG sind an eine solche Beschränkung grundsätzlich geringere Anforderungen zu stellen.[636] Wenn demnach die Interessen der Kunden zu einer Beschränkung der Berufswahlfreiheit führen können, muss dies erst recht dann gelten, wenn es um die Beschränkung der Berufsausübungsfreiheit geht.[637] Nur in seltenen Ausnahmefällen kann der Netzbetreiber die Durchleitung durch konkurrierende EVU unter Verweis auf die dann vorliegende fehlende Amortisation seiner Investitionen verweigern.

h) Sonstige Verweigerungsgründe

Neben den bereits angesprochenen Verweigerungsgründen sind in der Praxis viele weitere Gründe gegen die Durchführung von Durchleitungen vorgebracht worden. Zum Teil handelt es sich dabei um Versuche, Durchleitungen auf Grund einer „Blockadepolitik" möglichst (lange) zu verhindern. Auf Grund des offenen Tatbestandsmerkmals „unzumutbar" ist der Fantasie hinsichtlich von Durchleitungsverweigerungsgründen kaum Grenzen gesetzt.

Allerdings wird dabei anscheinend einerseits übersehen, dass Netzbetreiber gegenüber Lieferanten zum Schadensersatz verpflichtet sind, wenn sie die Einigung über die Durchleitung elektrischer Energie schuldhaft verhindern bzw. verzögern.[638] Andererseits wird auch bewusst oder unbewusst vernachlässigt, dass der Netzbetreiber als Schuldner des Durchleitungsanspruchs eine Förder- bzw. Mitwirkungspflicht beim Vertragsschluss unterliegt.[639]

aa) Eigenes Verhalten des Durchleitungspetenten

Von Bedeutung für ein Durchleitungsbegehren ist auch das eigene Verhalten des Durchleitungspetenten in Durchleitungsfragen, soweit der Petent selbst ein Netz betreibt.[640] Verweigert ein netzbetreibender Durchleitungspetent dem Netzbetreiber, den er für seine Durchleitung in Anspruch nehmen will, den Zugang zu seinem Netz in einem vergleichbaren Fall zu Unrecht, so kann ihm der Zugang ebenfalls verweigert werden.[641] Auf der einen Seite den Anspruch auf Zugang zum eigenen Netz zu Unrecht zu verweigern und auf der anderen Seite diesen Anspruch selbst durchsetzen zu wollen, stellt ein widersprüchliches Verhalten und damit einen Verstoß gegen Treu und Glauben dar. In einem solchen Fall kann es dem in Anspruch genommenen Netzbetreiber nicht zugemutet werden, seinem Konkurrenten unmittelbaren Netzzugang zu gewähren, während er selbst seinen Anspruch erst gerichtlich durchsetzen muss. Neben den allgemeinen Grundsätzen von Treu und Glauben gem. § 242 BGB spricht hierfür der Rechtsgedanke des Art. 4 § 2 NeuregelungsG, der Ungleichgewichte bezüglich der Marktzutrittsmöglichkeiten auf internationaler Ebene ausgleichen hilft. Dieser Rechtsgedanke kann im Sinne einer „nationalen Reziprozitätsklausel" auch auf nationale Prozesse angewendet werden.[642] Verweigerungen sind mithin möglich, wenn der in Aussicht

---

[636] BVerfG Urt. v. 11. Juni 1958 BVerfGE 7, 377 „Apothekenurteil".

[637] Vgl. *Büdenbender* (Fn. 126), Schwerpunkte, Rn. 197.

[638] *Genten/Rosin* (Fn. 164), S. 608. Vgl. hierzu auch 5. Teil.

[639] Siehe hierzu beispielsweise *Kühne*, Der Netzzugang und seine Verweigerung im Spannungsfeld zwischen Zivilrecht, Energierecht und Kartellrecht, RdE 2000, S. 1 (2), ferner 5. Teil.

[640] Betreibt der Petent kein eigenes Netz, so scheitert daran nicht der Anspruch auf Zugang zu fremden Netzen.

[641] *Büdenbender* (Fn. 126), Schwerpunkte, Rn. 187 ff.

[642] Vgl. BT-Drs. 13/7274, S. 25.

genommene Abnehmer von dem in Anspruch genommenen Netzbetreiber im Gebiet des Durchleitungspetenten auf Grund einer unrechtmäßigen Durchleitungsverweigerung nicht beliefert werden kann.

bb) Fehlen der Voraussetzungen für die Umsetzung der VV II

Gelegentlich sind von Netzbetreibern Anträge von Wettbewerbern auf Netzzugang abgelehnt worden, weil die erforderlichen Voraussetzungen für eine Umsetzung der VV II noch nicht geschaffen worden seien. Das Fehlen dieser Voraussetzungen stellt jedoch keinen ausreichenden Netzzugangsverweigerungsgrund dar.[643] Dies folgt bereits aus der Unverbindlichkeit der VV II.[644] Die VV II gibt lediglich vor, wie ein Netzzugang ausgestaltet werden könnte.[645] Sie ist dagegen nicht geeignet, einen vom parlamentarischen Gesetzgeber normierten Anspruch eines EVU auf den Zugang zu fremden Stromnetzen einzuschränken, sofern sie eine von der gesetzlichen Regelung abweichende Lösung der Ausgestaltung der auf Stromdurchleitung gerichteten Verträge enthalte.[646] Verbindliche Regelungen enthält die VV II nicht, so dass in den Fällen, in denen die Voraussetzungen für eine Umsetzung der VV II noch nicht gegeben sind, alternative Ausgestaltungs-Konzepte angewendet werden können bzw. bei Zumutbarkeit für die Beteiligten angewendet werden müssen. Eine vertragliche Regelung der VV II vermag, wenn sie in Widerspruch zu der in § 6 EnWG normierten zwingenden Regelung steht, diese nicht zu verdrängen.[647] Etwas anderes ergibt sich auch dann nicht, wenn den in der VV II getroffenen Regelungen der Charakter von Handelsbräuchen zugestanden wird, da auch Handelsbräuche das zwingende Gesetzesrecht nicht aufheben können.[648] Dasselbe gilt für GridCode und Distribution Code.

Sind seitens des Netzbetreibers noch keine Netznutzungsentgelte nach VV II berechnet worden, so kann zwischen den Parteien beispielsweise die Zahlung von Abschlägen vereinbart werden. Wenn die Netznutzungsentgelte nach VV II vorliegen und die Abschlagszahlungen des Wettbewerbers zu hoch oder zu niedrig waren, können die Differenzen anschließend verrechnet bzw. erstattet werden. Hat der Netzbetreiber noch keine Vorstellung hinsichtlich der Ausgestaltung der von ihm zu verwendenden Verträge, bieten sich Interimsverträge an.[649]

Aus o.g. Gründen kann ein Netzzugangsbegehren ebenso wenig damit verweigert werden, dass sich der Netzbetreiber darauf beruft, die VV II räume ihm die Möglichkeit ein, den Zeitpunkt der Umsetzung der darin enthaltenen Regelungen innerhalb eines Jahres nach Inkrafttreten der VV II frei zu wählen[650] und er könne deshalb das Begehren aus formellen Gründen ablehnen.[651]

---

[643] OLG Dresden (Fn. 164); LG Kiel (Fn. 164).

[644] Zum Thema der Verbindlichkeit einer Verbändevereinbarung vgl. 6. Teil D. II-IV.

[645] So auch *Genten/Rosin* (Fn. 164), S. 607.

[646] LG Potsdam (Fn. 164), S. 11 f.a.U.

[647] LG Kiel (Fn. 164).

[648] LG Kiel (Fn. 164).

[649] LG Potsdam (Fn. 164), S. 11 f.a.U.; dieser Ansicht folgen auch *Genten/Rosin* (Fn. 164), S. 608.

[650] Vgl. Punkt 1.7 der VV II.

[651] Vgl. LG Chemnitz (Fn. 164).

cc) Verweigerung des Netzzugangs, wegen Uneinigkeit über die Leistungsmessung?

Zum Teil sind Netzzugangsbegehren zur Versorgung von Haushalts- und Kleinstgewerbekunden auch damit abgelehnt worden, dass der Netzbetreiber darauf verwiesen hat, innerhalb der Elektrizitätswirtschaft bestünde noch Uneinigkeit bezüglich der Leistungsmessung innerhalb dieses Bereichs. So haben sich beispielsweise die Stadtwerke München GmbH eine Zeit lang[652] geweigert, ihr Netz auf Basis standardisierter Lastprofile für Durchleitungen zu Tarifkunden zur Verfügung zu stellen.[653] Tatsächlich besteht derzeit innerhalb der Elektrizitätswirtschaft lediglich Einigkeit dahingehend, dass die im Großkundenbereich vorgenommene ¼-Stunden-Leistungsmessung für den Sektor der Haushaltskunden und des Kleinstgewerbe aus ökonomischen Gründen nicht in Frage kommt. Zur Leistungsmessung innerhalb dieses Sektors werden das analytische und das synthetische Lastprofil vorgeschlagen.[654] Einigkeit, welches dieser beiden Messsysteme heranzuziehen ist, besteht dagegen nicht. Die Begründung, dass eben noch keine Einigkeit darüber besteht, ob nun das analytische oder das synthetische[655] anzuwenden ist, reicht indes für eine Netzzugangsverweigerung nicht aus. Die Uneinigkeit innerhalb der Elektrizitätswirtschaft das Leistungsmessungssystem bei Haushalts- und Kleinstgewerbekunden betreffend macht es einem Netzbetreiber nicht unzumutbar, sein Netz einem Dritten zur Verfügung zu stellen. Auch hier können sich die an der entsprechenden Durchleitung beteiligten Parteien über die Anwendung des einen oder des anderen Modells oder gar einer dritten Möglichkeit einigen. Selbst wenn innerhalb der Elektrizitätswirtschaft Einigung über das anzuwendende Leistungsmessungssystem bestünde, wären die Parteien grundsätzlich frei, ein anderes System zu verwenden. Erst recht gilt dies, wenn eben noch keine Einigkeit besteht. Überdies macht die Uneinigkeit über das anzuwendende Lastprofil es dem einzelnen Netzbetreiber nicht unzumutbar, sein Netz Dritten zur Verfügung zu stellen. Zwar muss im Falle einer Durchleitung zwischen den Parteien auch die Leistungsmessung geregelt sein, so dass eine Durchleitung unzumutbar sein kann, wenn eine Leistungsmessung nicht oder doch zumindest nur in eingeschränktem Rahmen möglich ist. Dies könnte erhebliche Probleme hinsichtlich der Versorgungssicherheit haben. Ferner liefe dann der Netzbetreiber Gefahr, Leistungsdefizite auf Grund zu geringer Einspeisung durch den Wettbewerber auszugleichen, ohne hiervon (in vollem Umfang) zu erfahren. Diese Gefahr besteht in dem hier diskutierten Szenario jedoch nicht. Es stehen ja durchaus Systeme zur Leistungsmessung zur Verfügung. Uneinigkeit besteht nur dahingehend, welches das Bessere bzw. sinnvollere ist. Dem Netzbetreiber ist durchaus zuzumuten, eines dieser beiden Systeme anzuwenden. Meist wird sich der Wettbewerber sogar auf den vom Netzbetreiber gemachten Vorschlag zur Anwendung eines bestimmten Systems einlassen.

3. Abwägung

Liegt eine Durchleitungsverweigerung auf Grund eines relativen Verweigerungsgrundes vor, ist für jeden Einzelfall eine Abwägung zwischen dem Interesse an einer Durchleitung und dem Interesse an einer Durchleitungsverweigerung vorzunehmen. Dabei sind „alle relevanten Gesichtspunkte umfassend zu berücksichtigen, in ihren Auswirkungen zu gewichten und insgesamt im Rahmen einer Argumentationsbilanz einander gegenüberzustellen."[656] Gem. § 6 I S. 2 EnWG sind dabei die

---

[652] Seit dem 01. Mai 2000 haben die Stadtwerke München GmbH die Belieferung von Tarifkunden im Wege der Durchleitung ermöglicht. Vgl. BKartA Pressemitteilung vom 25. April 2000. Abrufbar unter www.bundeskartellamt.de.

[653] Vgl. die Pressemitteilung des BKartA vom 04. November 1999. Abrufbar unter www.bundeskartellamt.de.

[654] Vgl. zu den verschiedenen Lastprofilen *Bock/Nissen*, Standardisierte Lastprofile für Haushalte und Kleingewerbe, ET 1999, S. 606 ff.; *Hinz/Klafka*, Mit Lastprofilen den Wettbewerb gestalten, ET 1999, S. 611 ff.

[655] Es ist auch möglich, dass zukünftig dritte Möglichkeiten der Leistungsmessung diskutiert werden.

[656] *Büdenbender* (Fn. 129), Rechtsfragen, S. 96.

in § 1 EnWG niedergelegten Ziele des EnWG zu beachten. Darüber hinaus gilt es, den Zweck des § 6 I EnWG zu berücksichtigen. § 6 I EnWG dient der Einführung eines umfassenden brancheninternen Wettbewerbs. Dazu gestaltet er den Anspruch auf Zugang zu fremden Netzen als Regelanspruch, die Verweigerung des Netzzugangs dagegen als Ausnahme aus. Mithin bezweckt § 6 I EnWG die Freiheit des Wettbewerbs. Dieser Umstand ist bei der energierechtlichen Abwägung – in Anlehnung an die vom BGH entwickelte kartellrechtliche Interessenabwägung unter Berücksichtigung der auf die Freiheit des Wettbewerbs gerichteten Zielsetzung des GWB[657] – der grundsätzliche Anknüpfungspunkt.[658] Entscheidend ist demnach zunächst das Interesse des Durchleitungspetenten am Netzzugang. Grundsätzlich wiegt es schwerer als das Verweigerungsinteresse. Nur ausnahmsweise, und auch nur dann, wenn der Netzbetreiber die Gründe gegen eine Durchleitung nachweisen kann und er die Formvorschrift des § 6 I S. 3 EnWG beachtet hat,[659] kann das Interesse des Netzbetreibers, eine Mitbenutzung seines Netzes zu verhindern, schwerer wiegen. Da die Ablehnung eines Durchleitungsbegehrens dem Ziel der Freiheit des Wettbewerbs grundsätzlich widerspricht, kann das Interesse des Netzbetreibers hieran nur schwerer wiegen, wenn er Gründe nachweisen kann, die ein Durchbrechen des Regel-Ausnahme-Prinzips rechtfertigen. Dazu zählen neben den in § 1 EnWG formulierten Leitzielen des EnWG und im Einklang damit die besondere Berücksichtigung ressourcensparender Energieerzeugung gem. § 6 III EnWG auch die Braunkohlen-Schutzklausel des Art. 4 § 3 des Gesetzes zur Neuordnung des Energiewirtschaftsrechts, technische und wirtschaftliche Verweigerungsgründe sowie in seltenen Fällen auch das Bestehen eines Liefervertrages. Trotz dieser hinzutretenden Gesichtspunkte bleibt bestimmendes Kriterium jedoch die Freiheit des Wettbewerbs. Denn gerade auf die Ermöglichung des Wettbewerbs innerhalb der leitungsgebundenen Elektrizitätswirtschaft zielt § 6 I EnWG ab. Darum darf es auch nicht zu Gunsten der anderen nicht am Wettbewerb ausgelegten Aspekte vernachlässigt werden. Konkret bedeutet das, dass die Nachteile, die der Durchleitungsinteressent und sein Kunde bei Ablehnung der Durchleitung erleidet, den Vorteilen gegenübergestellt werden müssen, die der Netzbetreiber durch eben diese Ablehnung hat.[660]

a) Relevanz der Abwägungsgründe

Wie bereits erläutert kommt dem Gesichtspunkt der Freiheit des Wettbewerbs als grundsätzliche Vorgabe bei der Interessenabwägung ein besonderes Gewicht zu. Dieser Abwägungsgrund streitet für den Durchleitungspetenten. Auf Grund seiner besonderen Relevanz müssen die Gründe, die der Netzbetreiber gegen eine Durchleitung vorbringt, ebenfalls von erheblicher Bedeutung sein, die Freiheit des Wettbewerbs sogar überwiegen. Fraglich ist, ob die Gründe, die vom Netzbetreiber in die Abwägung eingebracht werden können, ein unterschiedliches Gewicht haben. Zu fragen ist daher nach dem Stellenwert der einzelnen Aspekte. Grundsätzlich lässt sich dem Gesetz nicht entnehmen, dass eine unterschiedliche Gewichtung der Gründe vorgesehen ist. § 6 I S. 2 EnWG bestimmt lediglich, dass ein Anspruch auf Netzzugang dann nicht gegeben ist, wenn der Netzbetreiber nachweisen kann, dass ihm die Durchleitung aus „betriebsbedingten oder sonstigen Gründen unter Berücksichtigung der Ziele des § 1 EnWG“ unzumutbar[661] ist. Die betriebsbedingten und die sonsti-

---

[657] BGH Urt. v. 16. Dezember 1986 BGH WUW/E 2351; BGH Urt. v 23. Februar 1988 BGH WuW/E 2479; BGH Urt. v. 12. März 1991 BGH WuW/E 2707; BGH Urt. v. 22. März 1994 BGH WuW/E 2919.

[658] So auch *Büdenbender* (Fn. 129), Rechtsfragen, S. 96.

[659] Vgl. dazu 3. Teil B. IX.

[660] Vgl. *Büdenbender* (Fn. 129), Rechtsfragen, S. 97.

[661] Betriebsbedingte bzw. sonstige Gründe können die Durchleitung auch unmöglich machen. Dann handelt es sich aber um sog. „absolute Verweigerungsgründe“. Liegt ein absoluter Verweigerungsgrund vor, bedarf es keiner Abwägung mehr. Vgl. hierzu 3. Teil B. .VIII. 1.

gen Gründe stehen gleichrangig nebeneinander. Auch sind die verschiedenen betriebsbedingten bzw. sonstigen Verweigerungsgründe untereinander gleichwertig. Die Ziele des § 1 EnWG müssen bei einer Interessenabwägung immer beachtet werden. Grundsätzlich ist daher keine unterschiedliche Gewichtung unter den Abwägungsgründen vorgesehen. Etwas anderes gilt jedoch für die Verweigerungsgründe des § 6 III EnWG und des Art. 4 § 3 Neuregelungsgesetz. Diesen Abwägungsinteressen wird eine besondere Gewichtung zuteil. Dies folgt zum einen schon aus dem Wortlaut der Normen. Beide Normen enthalten das Tatbestandsmerkmal der besonderen Berücksichtigung. Während nach Art. 4 § 3 Neuregelungsgesetz die Notwendigkeit einer ausreichend hohen Verstromung ostdeutscher Braunkohle „besonders zu berücksichtigen ist, ordnet § 6 II EnWG an, dass bei der Beurteilung der Zumutbarkeit „besonders zu berücksichtigen" ist, inwieweit bei Gestattung einer Durchleitung ansonsten Elektrizität aus einer der dort genannten Anlagen verdrängt würde und die tatbestandlich beschriebenen Folgen verursachen würde. Aus der Anordnung, diese Verweigerungsgründe „besonders" zu berücksichtigen, folgt, dass sie in der Interessenabwägung ein außerordentliches Gewicht haben sollen. Ansonsten machte das Tatbestandsmerkmal keinen Sinn. Zu berücksichtigen sind grundsätzlich alle Aspekte die für und wider eine Durchleitung sprechen. Wenn das Gesetz aber normiert, dass diese Aspekte „besonders" zu berücksichtigen sind, bedeutet dies, dass bei Vorliegen eines solchen Verweigerungsgrundes besonders sorgfältig geprüft werden muss, ob einer Durchleitung stattzugeben ist. Dieses Ergebnis folgt zum anderen auch daraus, dass diese Verweigerungsgründe ausdrücklich gesetzlich normiert worden sind, während die übrigen relativen Verweigerungsgründe unter das Tatbestandsmerkmal „sonstige Gründe" subsumiert werden müssen. Auch dies deutet auf ihre besondere Bedeutung hin. Die Entstehungsgeschichte spricht ebenfalls für eine solche Auslegung. Weder die eine noch die andere Norm waren im Gesetzesentwurf der Bundesregierung enthalten.[662] Die Materialien zeigen jedoch, dass der Bundesrat sowohl die Förderung rationaler Elektrizitätserzeugung als auch den Schutz der ostdeutschen Braunkohle für derart notwendig hielt, dass spezielle Verweigerungsgründe zu ihren Gunsten normiert werden sollten.[663] Für die Braunkohleschutzklausel entsprach die Bundesregierung dieser Forderung, indem sie in ihrer Gegenäußerung zur Stellungnahme des Bundesrates vorschlug, ihren Gesetzesentwurf um eine Regelung zu ergänzen, die weitestgehend der jetzigen Regelung entsprach.[664] § 6 III EnWG geht letztlich auf die Beschlussempfehlung und den Bericht des Ausschusses für Wirtschaft[665] zurück und wurde daraufhin in das EnWG übernommen. Dies zeigt ebenfalls, dass diese Aspekte von besonderer Bedeutung bei der Beurteilung der Zumutbarkeit einer Durchleitung sind. Beruft sich der Netzbetreiber zu Recht auf einen dieser beiden Verweigerungsgründe, so muss das Interesse des Petenten an der Durchleitung ebenfalls ein besonderes Gewicht haben. Es muss über das grundsätzlich geschützte Interesse am Zustandekommen der Durchleitung hinausgehen.

Metzenthin nimmt an, dass Art. 4 § 3 Neuregelungsgesetz selbst gegenüber § 6 III EnWG einen höheren Stellenwert besitzt.[666] Begründet wird das einerseits damit, dass § 6 III EnWG durch das Aufstellen einer „Fülle einschränkender Voraussetzungen für eine Durchleitungsverweigerung" im Gegensatz zum Art. 4 § 3 Neuregelungsgesetz die Ablehnung des Netzzugangs nicht in den Vordergrund stellt.[667] Andererseits käme der Braunkohleschutzklausel wegen des „Attributs der Notwendigkeit" ein – selbst im Vergleich mit § 6 III EnWG – höherer Stellenwert zu.[668] Wenn der Gesetzgeber sich dazu entschlösse, den Erhalt eines bestimmten status quo für notwendig zu erklären, verleihe er diesem Aspekt besondere Dringlichkeit und eine besonderen Rang. Letztlich folgert

[662] Vgl. BT-Drs. 13/7274.

[663] BT-Drs. 13/7274, S. 28 und 29.

[664] BT-Drs. 13/7274, S. 35.

[665] BT-Drs. 13/9211.

[666] EnWG 1998, Erläuterungen-*Metzenthin* (Fn. 454), Art. 4, § 3 Anm. 4 und 6.

[667] EnWG 1998, Erläuterungen-*Metzenthin* (Fn.454), Art. 4, § 3 Anm. 4.

[668] EnWG 1998, Erläuterungen-*Metzenthin* (Fn. 454) Art. 4, § 3 Anm. 4 und 6.

Metzenthin daraus sogar, dass die Übergangsregelung des Braunkohleschutzes die Verweigerung der Durchleitung zur Regel mache und die Durchleitung zur Ausnahme.[669]

Eine solche Betrachtung beachtet den Sinn und Zweck des Gesetzes nicht ausreichend. Die Freiheit des Wettbewerbs ist das oberste Gebot. Gründe, die eine Verweigerung rechtfertigen können „müssen ein derartiges Gewicht haben, dass ihnen trotz der besonderen Interessen an einer preiswürdigen Versorgung, Vorrang einzuräumen ist."[670] Auch die Braunkohleschutzklausel soll nicht zu einer generellen Ablehnung von Durchleitungen zu Gunsten der ostdeutschen Braunkohle führen können.[671] Wettbewerb hat auch im Osten Deutschlands stattzufinden.[672] Die Verstromung ostdeutscher Braunkohle wird nur bis zu einer gewissen Quote geschützt.[673] Insgesamt ordnet der Gesetzgeber aber auch hier an, dass die Notwendigkeit der ausreichend hohen Verstromung besonders zu „berücksichtigen" ist. D.h., dass dieser Aspekt außerordentliche Beachtung erfahren muss. Eine Rechtfertigung einer Durchleitungsverweigerung ergibt sich daraus nicht zwangsläufig. Auch der Hinweis auf das Attribut der „Notwendigkeit" vermag nicht zu überzeugen. Auch den Erhalt sinnvoller KWK-Anlagen bzw. von Anlagen zur Nutzung erneuerbarer Energien hat der Gesetzgeber für notwendig gehalten. Gerade aus diesem Grunde hat er § 6 III EnWG tatbestandlich ausgestaltet. Das Tatbestandsmerkmal der „Notwendigkeit" in Art. 4 § 3 Neuregelungsgesetz hat mithin nur deklaratorische Wirkung. Auch ohne das Merkmal müsste die „Notwendigkeit einer ausreichend hohen Verstromung" beachtet werden.

Die Fülle der einschränkenden Voraussetzungen für die Anwendung des § 6 III EnWG dient überdies nicht dazu klarzustellen, dass dieser Abwägungsgrund gegenüber Art. 4 § 3 Neuregelungsgesetz weniger relevant ist, sondern dazu, nicht jede KWK-Anlage bzw. erneuerbare Energien nutzende Anlage zu privilegieren. Vielmehr sollen nur wirklich ressourcenschonende Anlagen gefördert werden. Im Verhältnis zu anderen Verweigerungsgründen, insbesondere zur Braunkohleschutzklausel, hat die Fülle der einschränkenden Tatbestandsmerkmale keine Bewandtnis.

Auch für § 6 III EnWG gilt, dass bei Vorliegen eines solchen Verweigerungsgrundes das Interesse an einer Durchleitungsverweigerung das Interesse an einer Durchleitung nicht zwangsläufig und per se überwiegt. Aus der Erfüllung sämtlicher Tatbestandsmerkmale folgt lediglich, dass eine besondere Berücksichtigung des Aspektes zu erfolgen hat. Ist mindestens ein Tatbestandsmerkmal nicht erfüllt, folgt daraus andererseits nicht, dass der jeweilige Aspekt nicht in die Abwägung eingebracht werden kann. Lediglich die besondere Berücksichtigung entfällt. Liegen sämtliche Tatbestandsmerkmale vor, ist dann besonders sorgfältig zu prüfen, ob eine Durchleitung gestattet werden kann. Ergibt sich aber bei eingehender Überprüfung der gegenteiligen Interessen, dass u.U. unter dem Gesichtspunkt einer „möglichst günstigen" Versorgung das Interesse an einer Durchleitung überwiegt, ist dem Durchleitungswunsch auch dann zu entsprechen, wenn sämtliche Tatbestandsmerkmale des betreffenden Verweigerungsgrundes erfüllt sind. Auch § 6 III EnWG und Art. 4 § 3 Neuregelungsgesetz geben nur relativen und keinen absoluten Schutz vor Durchleitungswünschen.[674] Wenn dies für Verweigerungsgründe gilt, für die der Gesetzgeber eine besondere Berücksichtigung vorgibt, muss dies erst recht für die Gründe gelten, denen eine besondere Berücksichtigung nicht zukommt. Diesbezüglich bleibt festzuhalten, dass in der Abwägung nach § 6 I S. 2 EnWG der Aspekt der Freiheit des Wettbewerbs oberste Priorität besitzt. Grundsätzlich ist also davon auszugehen, dass das Interesse des Petenten an einer Durchleitung das des Netzbetreibers an der Durch-

---

[669] EnWG 1998, Erläuterungen-*Metzenthin* (Fn. 454), Art. 4, § 3 Anm. 4, 6 und 8.

[670] BT-Drs. 13/9211, S. 24.

[671] BT-Drs. 13/9211, S. 26; in diesem Sinne auch: *Cronenberg* (Fn. 128), S. 88.

[672] So auch die EG-Kommission (Fn. 431), Rn. 58 ff.

[673] vgl. dazu 3. Teil B. VIII. 2. c) aa) (3) (b).

[674] Vgl. für § 6 III EnWG EnWG 1998, Erläuterungen-*Recknagel* (Fn. 163), Art. 1, § 6 Anm. 17.3.

leitungsverweigerung überwiegt. Kein relativer Verweigerungsgrund kann zwangsläufig dazu führen, dass das Verweigerungsinteresse überwiegt. Dies gilt auch für die besonders zu berücksichtigenden Aspekte des Braunkohleschutzes und des Schutzes von Anlagen rationeller Elektrizitätserzeugung. Bei Geltendmachung des Vorliegens eines dieser Gründe ist allerdings außerordentlich sorgfältig zu prüfen, ob einem Durchleitungswunsch stattgegeben werden kann.

b) In der Abwägung zu berücksichtigende Interessen

Netzzugang kann ein Petent nach dem Gesetz nur verlangen, wenn er eine Unternehmenseigenschaft aufweist. Als Petenten kommen daher Stromhändler in Betracht, die selbst keine Elektrizität erzeugen, sondern Elektrizität an der einen Stelle kaufen und an anderer verkaufen. Ferner kommen Eigenerzeuger in Betracht, die Überschussstrom verkaufen wollen. Sofern die Unternehmensqualität gegeben ist, kommen auch Endverbraucher in Betracht. Regelmäßig wird es sich bei den Durchleitungspetenten aber um andere EVU handeln, die selbst erzeugte Elektrizität an Abnehmer in bislang fremden Gebieten verkaufen wollen.[675] Zur Durchleitung verpflichtet sind dagegen nur Netzbetreiber.[676] Ein Netzbetreiber kann eine Durchleitung verweigern, wenn sie „ihm" unzumutbar ist. Die Unzumutbarkeit hat er zu begründen und nachzuweisen. Bei der Abwägung sind mithin die Interessen des Petenten an einer Durchleitung denen des Netzbetreibers an einer Durchleitungsverweigerung gegenüberzustellen und unter Berücksichtigung des auf die Freiheit des Elektrizitätswettbewerbs zielenden Zwecks des § 6 I EnWG sowie des Zieltrias des § 1 EnWG gegeneinander abzuwägen. Auf Grund dessen können offensichtlich die unmittelbaren Interessen von Durchleitungspetent und Netzbetreiber in die Abwägung einbestellt werden.

aa) Vom Durchleitungspetenten einzustellende Interessen

Das Interesse des Petenten liegt darin, als Wettbewerber in bislang fremden Gebieten aufzutreten und in einem möglichst niedrigen Durchleitungsentgelt, um sein Angebot möglichst günstig zu halten. Für ihn kann der Netzzugang von elementarer Wichtigkeit sein, um sich am freien Strommarkt zu behaupten. Daher sind die wirtschaftlichen Auswirkungen einer Zulassung oder Ablehnung der Durchleitung für den Durchleitungspetenten bei dem Abwägungsvorgang eingehend zu berücksichtigen. Das Interesse des Petenten an der wettbewerbsbegründenden Durchleitung ist Ausfluss des gesetzgeberischen Willens, effektiven Wettbewerb einzuführen.

Fraglich ist, ob der Netzbetreiber neben dem grundsätzlich geschützten Interesse an einer wettbewerbsbegründenden Durchleitung, weitere Interessen in die Abwägung einbringen kann. Insbesondere stellt sich die Frage, ob der Durchleitungspetent seine Position innerhalb der Abwägung verbessern kann, dass der von ihm gelieferte Strom aus von der VEAG verstromter ostdeutscher Braunkohle oder aus Anlagen im Sinne des § 6 III EnWG stammt. Mit anderen Worten ist zu klären, ob die in § 6 III EnWG und Art. 4 § 3 NeuregelungsG normierten Tatbestände rein defensivdurchleitungsablehnend auszulegen sind oder auch offensiv-durchleitungsbegründend verstanden werden können.[677]

Eindeutig stellen Braunkohleschutzklausel und § 6 III EnWG Verweigerungsgründe dar. Sie streiten jedenfalls für die Interessen des Netzbetreibers an der Verweigerung des Zugangs zu seinem

---

[675] Vgl. 3. Teil B. VI.

[676] Vgl. 3. Teil B. V.

[677] Zu den Begriffen „defensiv-durchleitungsablehnend" und „offensiv-durchleitungsbegründend" vgl. *Büdenbender* (Fn. 126), Schwerpunkte, Rn. 208.

Netz. Sie stellen indes keine besonderen Zugangsbestimmungen dar. Ein Durchleitungspetent kann seinem Durchleitungswunsch nicht dadurch einen höheren Stellenwert geben, indem er sich darauf beruft, ostdeutschen Braunkohlestrom bzw. in Anlagen des § 6 III EnWG erzeugten Strom durchleiten zu wollen. Für Art. 4 § 3 NeuregelungsG folgt die Beurteilung, dass es sich um einen reinen Abwehrtatbestand handelt, bereits offenkundig aus dem Wortlaut der Norm. Es heißt dort, dass bei der Beurteilung, ob eine Ablehnung unzulässig ist, die Notwendigkeit der ausreichend hohen Verstromung von Braunkohle zu berücksichtigen ist. Nach dem Wortlaut knüpft die Überprüfung der Unzulässigkeit nur an die Ablehnung an. Eine besondere Berücksichtigung beim Antrag auf Zugang zu einem Netz ist nicht vorgesehen. Bei § 6 III EnWG ergibt sich dieser Rückschluss nicht unmittelbar aus dem Wortlaut der Norm. Der Wortlaut des § 6 III EnWG knüpft an die Zumutbarkeitsprüfung nach § 6 I S. 2 EnWG an. Danach hat ein Netzbetreiber sein Netz u.a. dann nicht zur Verfügung zu stellen, wenn er nachweist, dass es ihm aus sonstigen Gründen nicht zumutbar ist. Auch § 6 III EnWG knüpft mithin an die Person des Netzbetreibers an. § 6 III EnWG ist so zu lesen, dass § 6 I S. 1 EnWG nicht gilt, soweit der Netzbetreiber nachweist, dass ansonsten Strom aus Anlagen im Sinne des § 6 III EnWG verdrängt würde. Das der Rechtsgedanke der Norm auch zu Gunsten des Petenten streitet, ist vom Wortlaut der Norm nicht gedeckt. Auch § 6 III EnWG stellt daher einen reinen Verweigerungsgrund dar, sodass der Rechtsgedanke der rationellen Elektrizitätserzeugung ebenfalls nicht offensiv-durchleitungsbegründend herangezogen werden kann.[678]

Dieser Befund wird auch dadurch gestützt, dass ostdeutsche Braunkohle und rationell erzeugter Strom weder nach der Systematik des Gesetzes noch nach Sinn und Zweck einer besonderen Zugangsregelung bedürfen. Der Zugang zu fremden Netzen ist wegen des gesetzgeberischen Willens, effektiven Wettbewerb zu schaffen, ohnehin als Grundsatz ausgestaltet. Daraus erhellt sich, dass jedweder Strom – gleich welcher Erzeugungsart – grundsätzlich per Durchleitung an einen Abnehmer geleitet werden kann. Netzbetreiber haben jedem anderen Unternehmen, insbesondere jedem Erzeuger, grundsätzlich den Zugang diskriminierungsfrei zu ermöglichen. Aus dem Postulat der Diskriminierungsfreiheit ergibt sich aber auch, dass andere Erzeugungsarten nicht generell den durch Art. 4 § 3 NeuregelungsG und § 6 III EnWG geschützten Erzeugungsarten nachgehen. Den Schutz dieser Erzeugungsarten hat der Gesetzgeber durch die Möglichkeit erreicht, ihre Verdrängung durch Erhebung einer Einrede zu verhindern. Als Ausnahmetatbestände sind sie eng auszulegen. Auch aus diesem Grunde können sie nicht dahingehend ausgelegt werden, Durchleitungen zu begründen. Sowohl der Schutz der Braunkohle durch Art. 4 § 3 NeuregelungsG als auch der Schutz der rationellen Erzeugung durch § 6 III EnWG ist eingeschränkt. Eine Verweigerung gem. Art. 4 § 3 NeuregelungsG kommt nur in Betracht, wenn der Bestand der VEAG gefährdet ist. Bei der rationellen Elektrizitätserzeugung im Sinne des § 6 III EnWG muss eine Verdrängung stattfinden, die zu einem unwirtschaftlichen Betrieb der betroffenen Anlage führen muss, wobei die Möglichkeit des Verkaufs an Dritte berücksichtigt werden muss. Beide Ausnahmetatbestände geben nur einen relativen, nicht aber einen absoluten Schutz. Es wird in beiden Fällen verlangt, dass sich die geschützte Elektrizitätserzeugung im Wettbewerb behaupten kann. Eine Privilegierung anderen Erzeugungsarten gegenüber erfährt sie bereits durch den Schutz der Verweigerungsmöglichkeit. Eine darüber hinausgehende Privilegierung als zu berücksichtigendes durchleitungsbegründendes Interesse des Durchleitungspetenten ist mit dem Ziel eines umfassenden Wettbewerbs nicht in Einklang zu bringen.

bb) Vom Netzbetreiber einzustellende Interessen

Die Interessen des Netzbetreibers liegen in einem kostendeckenden Betrieb seines Netzes. Darüber hinaus ist der Netzbetreiber daran interessiert, dass sein Netz möglichst sicher betrieben werden kann. Zum sicheren Betrieb seines Netzes ist der Betreiber überdies auch gem. § 4 I EnWG verpflichtet. Als Interessen des Netzbetreibers können daher sämtliche den Zustand seines Netzes

---

[678] A.A. *Büdenbender* (Fn. 126), Schwerpunkte, Rn. 208.

betreffenden Aspekte bezeichnet werden. Aber auch wirtschaftliche Aspekte, die den Netzbetreiber unmittelbar betreffen, kommen in Betracht. Dies ist z.B. bei der Verweigerung der Zahlung eines angemessenen Durchleitungsentgelts der Fall. In einem solchen Fall erhielte der Netzbetreiber nicht die ihm zustehende Gegenleistung für die von ihm erbrachte Dienstleistung. Da er unmittelbar betroffen ist, ist „ihm" die Durchleitung unzumutbar.

Es sind jedoch Fälle denkbar, in denen die Voraussetzungen eines Verweigerungsgrundes zwar gegeben sind, der Netzbetreiber aber nicht unmittelbar hiervon betroffen ist.[679] Wenn beispielsweise eine beantragte Durchleitung Elektrizität aus einer Anlage zur Nutzung erneuerbarer Energien verdrängen würde, liegen die Voraussetzungen des § 6 III EnWG vor. Die Verdrängung der Elektrizität findet letztlich aber in dem betreffenden Kraftwerk statt. Hiervon ist der Netzbetreiber aber nicht unmittelbar betroffen. Auf Grund der Unbundling-Vorschriften des § 4 IV und des § 9 EnWG ist der Netzbetreiber auf den Betrieb seines Netzes beschränkt.[680] Insofern könnte angenommen werden, dass der Netzbetreiber sich auf Grund mangelnder Betroffenheit nicht auf § 6 III EnWG berufen kann. Dafür spricht, dass grundsätzlich niemand als Sachwalter fremder Interessen auftreten soll. So ist beispielsweise im Verwaltungsrecht nur derjenige zur Klage befugt, der geltend machen kann, durch einen Verwaltungsakt oder seine Ablehnung oder Unterlassung in seinen Rechten verletzt zu sein, § 42 II VwGO.[681] Ebenso verhält es sich bei der Einlegung einer Verfassungsbeschwerde gem. Art. 93 I Nr. 4a GG i.V.m. § 13 Nr. 8a BVerfGG. Auch hier ist die Klage nur dann zulässig, wenn der Beschwerdeführer glaubhaft machen kann, in eigenen Grundrechten verletzt zu sein. Bei der Auslegung des § 6 III EnWG ist jedoch zu beachten, dass das Schutzgut, auf welches sich die Norm bezieht im Einklang mit § 1 EnWG der Umweltschutz ist. Unter dem Gesichtspunkt der Umweltverträglichkeit besonders förderungswürdige Erzeugungsanlagen sollen geschützt werden. Eine die individuellen Interessen des Netzbetreibers schützende Norm stellt § 6 III EnWG demnach ohnehin nicht dar.[682] Der einzelne Netzbetreiber wird durch dieses Norm nur mittelbar betroffen. Durch die Förderung energiepolitisch förderungswürdiger Energieerzeugung wird das Allgemeininteresse an einer sauberen Umwelt und an der Schonung der Ressourcen der fossilen Primärenergieträger geschützt. Die Geltendmachung der Verdrängung der in § 6 III EnWG genannten Energie durch den Netzbetreiber erfolgt daher im Sinne und im Interesse der Allgemeinheit.[683] Könnte der Netzbetreiber das Interesse nicht für den Anlagenbetreiber geltend machen, liefe die Norm des § 6 III EnWG ansonsten praktisch leer. Im Rahmen einer Durchleitungsverweigerung auf Grund von § 6 III EnWG darf der Netzbetreiber den Aspekt des Schutzes der betreffenden Anlage in die Abwägung einbringen, obwohl er nicht unmittelbar betroffen ist.

Fraglich ist letztlich noch, ob die Interessen des Kunden des Durchleitungsinteressenten bei der Abwägung vernachlässigt werden dürfen bzw. ob sie überhaupt mit in die Abwägung einbezogen werden müssen. Der letztabnehmende Kunde ist nicht direkt beteiligt. Daher könnte man annehmen, dass der Kunde außen vor steht. Eine solche Sichtweise würde der Praxis aber nicht gerecht. So geht es im Falle einer Durchleitungsstreitigkeit um die Versorgung des Kunden. Er ist der Durchleitungsadressat. Durchleitung bedeutet die Einspeisung von Elektrizität in das Netz des Betreibers und die zeitgleiche Entnahme. Ein Durchleitungsvorgang ohne den Kunden als Durchleitungsadressaten ist somit schlichtweg undenkbar. Es kann daher nicht sein, dass im Abwägungsvorgang seine Interessen unberücksichtigt bleiben. Für diese Sichtweise spricht darüber hinaus das Gesetz selbst. Die Durchleitung elektrischer Energie wurde eingeführt, um das in § 1 EnWG aufge-

---

[679] Vgl. oben 3. Teil B. VIII. 1. c).

[680] Vgl. oben 3. Teil B. V.

[681] *Eyermann*, VwGO-Kommentar, 11. Aufl. 2000, § 42 Rn. 82ff. m.w.N.

[682] *Kühne* (Fn. 639), S. 4 spricht im Zusammenhang mit § 6 III EnWG und Art. 4 § 3 NeuregelungsG von *gemeinwohlorientierten Verweigerungsgründen*.

[683] So auch *Büdenbender* (Fn. 129), Rechtsfragen, S. 95.

führte Leitziel einer günstigen Stromversorgung trotz der Wettbewerbsschranke der Leitungsnetze zu erreichen. Durch den somit möglichen Konkurrenzdruck sollen die EVU gezwungen werden, ihre Strompreise so zu kalkulieren, dass sie wettbewerbsfähig sind. Gelingt es einem EVU nicht, wettbewerbsfähige Strompreise anzubieten, kann es seinem Absatzinteresse nicht genügen. Daher werden die EVU schon aus eigenem Interesse eine preisgünstige Stromversorgung anbieten. Insoweit decken sich die Interessen der Kunden und der EVU. Ferner zeigt § 7 I S. 2 EnWG, dass die Konsequenzen eines Durchleitungsvorgangs bezüglich des Adressaten berücksichtigt werden müssen. Dort wird nämlich verlangt, dass die Netzzugangsalternative zu gleichwertigen wirtschaftlichen Ergebnissen wie im Falle des verhandelten Netzzugangs führt. Im Ergebnis bedeutet dies, dass sowohl die Interessen des Durchleitungsinteressenten als auch die seines Kunden in die Abwägung mit einzubeziehen sind.[684]

IX. Schriftliche Begründung der Verweigerung

Gem. § 6 I S. 3 EnWG ist die Ablehnung des Netzzugangs seitens des Netzbetreibers schriftlich zu begründen. Dadurch ist klargestellt, dass der Netzbetreiber den Zugang zu seinen Netzen nicht ohne Angaben von Gründen verweigern kann. Er muss vielmehr die Durchleitungsverweigerung hinreichend bestimmen, da er bei nicht überzeugender Ausführung ansonsten Gefahr läuft, den Zugang zu seinem Netz dennoch zulassen zu müssen. Dadurch wird die Rechtsposition des Petenten gestärkt. Fehlte das Begründungserfordernis, könnte der Durchleitungsinteressent ohne Angaben von Gründen vom Wettbewerb ausgeschlossen werden. Da er der Umstände, die nach Meinung des Netzbetreibers die Durchleitung unmöglich machten, nicht Gewahr würde, wäre er auch nicht in der Lage die seinem Durchleitungswunsch entgegenstehenden Umstände aus der Welt zu schaffen. Der Netzbetreiber dagegen könnte sich fast nach Belieben auf die zur Verfügung stehenden Verweigerungsgründe berufen und zumindest für seinen Netzbereich Wettbewerb ausschließen. § 6 I S. 3 EnWG forciert damit den in § 6 I S. 1 EnWG normierten Grundsatz, dass der Zugang zu den Netzen der Netzbetreiber zu Wettbewerbszwecken ermöglicht werden muss. Der Ausnahmecharakter, der in § 6 I S. 2 EnWG niedergelegten Möglichkeit für den Netzbetreiber, den Zugang zu seinem Netz zu verweigern, wird durch § 6 I S. 3 EnWG unterstrichen. Besonders deutlich wird dies dadurch, dass der Netzbetreiber seine Ablehnung nicht nur begründen muss, sondern darüber hinaus die Begründung der Ablehnung auch schriftlich erfolgen muss. Diese Formvorschrift kommt dem Petenten insofern zu Gute, als er anhand des ihm vorliegenden Schriftstückes die Erfolgsaussichten einer Klage vor dem Zivilgericht prüfen kann. Kommt er nach Abschluss der Überprüfung zu dem Ergebnis, dass eine zivilrechtliche Klage Aussicht auf Erfolg hat, kann er die schriftliche Ablehnungsbegründung im Zivilprozess ferner zu Beweiszwecken verwenden.

[684] So auch *Büdenbender* (Fn. 129), Rechtsfragen, S. 97.

X. Bedingungen der Durchleitung

Grundsätzlich ist der Netzbetreiber verpflichtet, einem anderen EVU den Zugang zu seinem Netz zu verschaffen. Wenn die Durchleitungspflicht dem Grunde nach festgestellt ist, kommt es zur Frage nach den Bedingungen der Durchleitung, insbesondere nach dem Durchleitungsentgelt.

1. Allgemein

Hinsichtlich der Vereinbarung der „Bedingungen" herrscht, da der Anspruch in § 6 I EnWG nicht näher gesetzlich ausgestaltet worden ist, Vertragsfreiheit. Hiervon geht auch Art. 17 der EG-Richtlinie aus. Die „Gestaltung der Verträge" (§ 6 II EnWG) können die Vertragsparteien nach ihren Vorstellungen vornehmen. Beschränkt wird ihre Gestaltungsfreiheit nur durch die allgemeinen Beschränkungen der Vertragsfreiheit, wie z.B. §§ 242 und 826 BGB, und die durch § 6 I EnWG ermöglichten Verweigerungsgründe, wobei diese wiederum zumeist dispositiv[685] ausgestaltet sind und es somit in der Hand des Netzbetreibers liegt, ob er sich auf einen Verweigerungsgrund beruft oder nicht. Die allgemeinen gesetzlichen Vorschriften anderer Gesetzeswerke sind anwendbar.[686] Da der Wortlaut der Norm von „in Rechnung stellt" spricht, könnte angenommen werden, dass mit „Bedingungen" nur solche gemeint sind, die sich auf Kosten oder Entgelte beziehen.[687] Insoweit ist aber der Grundgedanke der Norm heranzuziehen, dass der Zugang zu den Netzen diskriminierungsfrei sein soll. Daher können die „Bedingungen" zum einen den technischen Teil des Durchleitungsvertrages betreffen. Hier geht es um die Fragen, die geklärt sein müssen, damit eine Durchleitung netztechnisch, im Sinne eines sicheren Netzbetriebs und nach den allgemein anerkannten Regeln der Technik durchgeführt werden kann. Diesbezüglich zu beachtende Kriterien sind z.B. die Anschlussleistung, Gestaltung von Schaltanlagen und die Anforderungen an die Versorgungszuverlässigkeit. Ferner können im technischen Teil Unklarheiten, wie die der Festlegung der anzubringenden Zähler, geklärt werden. Zum anderen betreffen die „Bedingungen" den kaufmännischen Teil eines Durchleitungsvertrags, beispielsweise die Ermittlung des Durchleitungsentgelts.

Die Vertragspartner müssen vertragliche Regelungen über alle technischen und wirtschaftlichen Fragen treffen.[688]

2. Durchleitungsentgelt

Nach § 6 I S. 1 EnWG kann der Netzbetreiber die Durchleitung von Bedingungen abhängig machen. Die wohl wichtigste Bedingung hierbei ist die Zahlung eines Durchleitungsentgelts. Bei der Bestimmung des Durchleitungsentgelts kommt es darauf an, die Kosten des Netzbetreibers zu erfassen, die vom Durchleitungsinteressenten anteilig als Kosten der Durchleitung zu zahlen sind.[689] Wie das Durchleitungsentgelt im Einzelfall zu kalkulieren ist, lässt der Gesetzgeber offen. Insbe-

---

[685] Vgl. die Ausführungen z.B. zur Braunkohlenschutzklausel oder zur KWK-Klausel.

[686] Vgl. 3. Teil B. IV.

[687] *Obernolte/Danner*, Engergiewirtschaftsrecht, Teil I B, EL 36, Stand März 2000, § 6 Rn. 8.

[688] *Börner, A-R.*, Stromdurchleitung: Anregung aus US-Regulierung?, S. 12 f., S. 32 f.; *Klopfer/Schulz*, Märkte für Strom, München 1993, 21 ff.

[689] Zur Berechnung von Durchleitungsentgelten vgl. *Hannes/Rottenbacher*, Ermittlung angemessener Durchleitungsentgelte, EW 18/1997, S. 931 ff.; *Bergmann*, Grundlagen für Durchleitungsentgelte aus elektrizitätswirtschaftlicher Sicht, EW 12/97 (1998), S. 9 ff.

sondere ist nicht geregelt, welche Kosten des Netzbetriebs in das Durchleitungsentgelt einzuberechnen sind. Insofern ist fraglich, ob der Netzbetreiber auch außerhalb der mit der Durchleitung zusammenhängenden Kosten anrechnen kann. Normiert ist hinsichtlich des Durchleitungsentgelts lediglich, dass das Entgelt nicht ungünstiger sein darf, als es der Netzbetreiber innerhalb seines Unternehmens oder gegenüber verbundenen oder assoziierten Unternehmen tatsächlich oder kalkulatorisch in Rechnung stellt. Der Wortlaut gibt somit keinen Aufschluss darüber, welche Kosten der Netzbetreiber veranschlagen kann. Einen Hinweis gibt jedoch der Wortlaut des § 7 III S. 1 EnWG. Dort ist die Vergütung für nach § 7 II EnWG abzunehmende Elektrizität geregelt. Dabei regelt § 7 III S. 1 EnWG, dass dieses Vergütung mindestens dem vom Letztverbraucher an das versorgende EVU zu zahlenden Preis, vermindert um den „Tarif für die Netznutzung" betragen muss. Dieser Tarif entspricht dem Durchleitungsentgelt beim verhandelten Netzzugang.[690] Hieraus ergibt sich, dass das Durchleitungsentgelt ebenfalls im Zusammenhang mit der Netznutzung steht. Daraus folgt wiederum, dass auch die Kosten anhand der Netznutzung bestimmt werden müssen. Die Kosten, die der Netzbetreiber bei der Berechnung seines Durchleitungsentgelts veranschlagen kann, müssen mithin durch die Nutzung des Netzes verursacht worden sein. Infolgedessen können Kosten des Vertriebs, beispielsweise Kosten der Bearbeitung und Bestätigung von Kündigungen, nicht beim Durchleitungsentgelt berücksichtigt werden.[691]

Der Anspruch auf ein Durchleitungsentgelt ist allseits anerkannt[692] und folgt aus der verfassungsrechtlichen Gewährleistung der Eigentumsgarantie des Art. 14 GG.[693] Die Netze stehen im Eigentum des jeweiligen Netzbetreibers. Gem. Art. 14 I S. 1 GG ist das Verfügungsrecht des Netzbetreibers geschützt, über Nutzung und Gebrauch seines Netzes zu entscheiden. Dem Netzbetreiber aufzuerlegen, das in seinem Eigentum stehende Netz unentgeltlich zur Verfügung zu stellen, verstieße demnach gegen die verfassungsrechtlich geschützte Eigentumsgarantie.[694] An den verfassungsrechtlichen Vorbehalten dürften auch die Systeme des „Pool-Modells"[695] und des „common-carriers"[696] scheitern.[697] Den Durchleitungsentgelten kommt bei der Eröffnung des Wettbewerbs eine besondere Bedeutung zu. Da der Direktleitungsbau in den meisten Fällen für den Versorger zu wirtschaftlich uninteressanten Ergebnissen führt und somit zur Eröffnung von Wettbewerb wenig geeignet ist, wird Wettbewerb hauptsächlich über den verhandelten Netzzugang eingeführt werden. Ob dieser Wettbewerb funktioniert, hängt maßgeblich von der Höhe der Durchleitungsentgelte ab.[698]

---

[690] Vgl. dazu 3. Teil C. I. 2. c) und d).

[691] In der Praxis erheben EVU immer wieder sog. „Wechselgebühren". Dies sind Gebühren, die aus Anlass des Wechsels eines Abnehmers zu einem anderen Lieferanten erhoben werden. Dadurch soll ein durch den Wechsel bedingter Mehraufwand des Vertriebs des bisherigen Lieferanten abgegolten werden.

[692] *Schmidt-Preuß* (Fn. 131), S. 4 ff.; *Papier* (Fn. 140), S. 1215; *ders.* (Fn. 138), S. 20.

[693] vgl. *Fehling*, Der finanzielle Ausgleich für die Mitbenutzung fremder Infrastruktur bei Schienenwegen, Energieversorgungs- und Telekommunikationsleitungen, VerwArch 86 (1995), S. 600 (606 ff.).

[694] *Papier* (Fn. 140), S. 1215; *Schmidt-Preuß* (Fn. 131), S. 4 ff.

[695] In einem Pool-Modell entfällt die Versorgungspflicht. Stattdessen konkurrieren die einzelnen EVU, indem sie um die zusammengefasste Nachfrage der Verbraucher konkurrieren. Die Verfassungsmäßigkeit eines Pool-Modells nach britischem Vorbild bezweifelt auch *Maas*, Für Wettbewerb und Umweltschutz in der deutschen Elektrizitätswirtschaft – Arbeitspapier zur Novellierung der Energierechtsnovelle - , ZNER 1999, S. 50.

[696] Im common-carrier-Modell führt ein Unternehmen sämtliche Systemdienstleistungen aus und stellt die Netzkapazität den einzelnen EVU zur Verfügung. Eigene Versorgungsaufgaben nimmt es nicht wahr.

[697] *Baur/Moraing* (Fn. 138), S. 24 ff.; *Brandt/Albrecht/Köster/Ristau*, Umwelt- und wettbewerbsorientierte Weiterentwicklung des Energierechts, 1996, 243 ff.

[698] *Büdenbender* (Fn. 129), Rechtsfragen, S. 98; *Klafka/Hinz/Zander/Ritzau/Held*, Netzzugangsverordnung für elektrische Netze ET 1998, S. 35.

Das EnWG gibt grundsätzlich zwei Möglichkeiten zur Regelung der Entgeltbemessung vor. Zum einen kann die Bemessung der Durchleitungsentgelte auf normativ-administrativem Wege geschehen. Zum anderen kann die Entgeltbemessung aber auch privatwirtschaftlich gem. § 6 I S. 1 EnWG geregelt werden.

a) Normativ-administrativer Ansatz

Gem. § 6 II EnWG ist der Bundeswirtschaftsminister mit Zustimmung des Bundesrats zum Erlass einer Verordnung ermächtigt, welche die Gestaltung der Durchleitungsverträge und die Kriterien zur Bestimmung der Durchleitungsentgelte regelt. Für den Bereich der Telekommunikation ist dieser Weg mit der „Verordnung über besondere Netzzugänge" (NZV) beschritten worden. Ein solches Vorgehen kommt in bestimmten Teilen der rechtlichen Situation gleich, die bei der tariflichen Preisaufsicht vorliegt. Wenn von der Ermächtigung des § 6 II EnWG Gebrauch gemacht würde, bedeutete dies eine Netzzugangsverordnung im Sinne einer „Bundestarifordnung Durchleitung".[699]

b) Privatwirtschaftlicher Ansatz

§ 6 I S. 1 EnWG lässt demgegenüber aber auch einen privatwirtschaftlichen Lösungsansatz offen. Vorgegeben wird dabei für die Verhandlung zwischen Netzbetreiber und Durchleitungsinteressenten, dass ersterer zweiterem den Zugang zum Netz zu Bedingungen ermöglicht, die nicht ungünstiger sind, als sie von ihm in vergleichbaren Fällen für Leistungen innerhalb seines Unternehmens oder gegenüber verbundenen oder assoziierten Unternehmen tatsächlich oder kalkulatorisch in Rechnung gestellt werden. Ansatzpunkt zur Bestimmung angemessener Entgelte bei dieser Regelung ist also das Verhalten, welches der Netzbetreiber in vergleichbaren Situationen gegen sich selbst vornimmt. Die Einräumung von Durchleitungsrechten zu Gunsten verbundener oder assoziierter Unternehmen wird dabei infolge einer wirtschaftlichen Betrachtungsweise gleich der Kalkulation für die eigene Netznutzung behandelt. In vielen Fällen werden tatsächlich keine Berechnungen vorgenommen. Um in diesen Fällen ein Leerlaufen der Norm zu verhindern, stellt § 6 I S. 1 EnWG zusätzlich auf kalkulatorische Berechnungen ab. Dazu ist anzumerken, dass eine solche Methode durchaus sinnvoll ist. Der Großteil der Unternehmen ist heutzutage dazu übergegangen, die Leistungen der einzelnen Unternehmenseinheiten intern genauso zu berechnen und zu bewerten, wie sie es gegenüber fremden Unternehmen tun. Dieses Vorgehen dient einer besseren Kostentransparenz und der Feststellung der Leistungsfähigkeit der einzelnen Unternehmenseinheiten. In einer Zeit, in der es darum geht, das Unternehmen „schlank" zu machen, um im Wettbewerb bestehen zu können, geht die Tendenz dahin, nicht nur für die einzelnen Unternehmenseinheiten, sondern möglichst für jeden Mitarbeiter eine eingehende und aussagekräftige Kosten-Nutzen-Berechnung aufzustellen. Denn je feingliedriger und kompletter eine solche Aufstellung ist, umso größer ist ihre Aussagekraft und Bedeutung für die interne Leistungsverrechnung. Begleitet wird der Ansatz dieser Vorgehensweise durch die Verpflichtung der Unternehmen zur Führung des Übertragungsnetzes als eigene Betriebsabteilung und zur getrennten Rechnungslegung hinsichtlich der Bereiche Erzeugung, Übertragung und Verteilung der elektrischen Energie und der übrigen Tätigkeiten gem. §§ 4 IV, 9 II EnWG.

Das Modell, dass Verhalten, das der Netzbetreiber gegen sich selbst handhabt, zum Ansatzpunkt der Bemessung der Durchleitungsentgelte zu machen, ist einmalig. Gänzlich anders wird die Sachgerechtigkeit von Strompreisen anhand des Diskriminierungsverbots gem. § 19 IV Nr. 4 GWB oder anhand der Preismissbrauchsaufsicht nach der BTOElt überprüft. Dabei geht das Kartellrecht von

[699] *Büdenbender* (Fn. 129), Rechtsfragen, S. 101.

den Preisen aus, die tatsächlich auf dem Markt erzielt werden. In Betracht kommen die Preise, die ein marktbeherrschendes bzw. marktstarkes Unternehmen auf vergleichbaren Märkten oder auf demselben Markt von vergleichbaren Kunden selbst fordert. Es wird auch auf Entgelte und Geschäftsbedingungen abgehoben, die sich bei wirksamem Wettbewerb ergeben würden. Die Preisaufsicht über die Tarifkunden nach der BTOElt basiert auf den Kosten des EVU, die sich bei elektrizitätswirtschaftlicher rationeller Betriebsführung ergeben, also auch auf einem unternehmensinternen Ermittlungsgrundsatz. Dabei wird aber das Preisverhalten anderer Unternehmen innerhalb der Elektrizitätswirtschaft mit betrachtet (§§ 1, 12 BTOElt). Auch hierzu ist die Regelung des § 6 I S. 1 EnWG daher nicht kongruent. Bei der unternehmensinternen Berechnung der Netzkosten spielt der Aufwand eine entscheidende Rolle. Im Rahmen des § 6 I S. 1 EnWG kommt dieser Aufwand aber nur dann zur Anwendung, wenn er bei der unternehmensinternen Berechnung tatsächlich zu Grunde gelegt wurde. Das hat zur Folge, dass ein Unternehmen, soweit es gegenüber verbundenen oder assoziierten Unternehmen oder unternehmensintern Preise veranschlagt, die unter den kalkulatorischen Kosten liegen, diese auch im Wettbewerb gegenüber Dritten anzuwenden haben.

Das zunächst befremdlich anmutende Konzept im Rahmen des § 6 I S. 1 EnWG auf das Verhalten, dass der Netzbetreiber gegen sich selbst praktiziert abzustellen, hat seinen guten Grund. Das Konzept des Kartellrechts, die Preise mit denen, die bereits auf dem Markt erzielt werden, zu vergleichen ist schlechterdings unmöglich, weil es Preise, die als Messlatte dienen könnten, derzeit auf dem Durchleitungsmarkt noch nicht gibt. Ein solcher Ansatz ginge somit völlig fehl. Bei einer reinen Kostenprüfung dagegen käme den Unternehmen, trotz der ständig verfeinerten betriebswirtschaftlichen Kostenprüfungsverfahren, ein großer Handlungsspielraum bei der Kostenzuordnung zu. Das beinhaltet die Gefahr, den Spielraum zu Lasten der Durchleitungsinteressenten auszunutzen. Um dies zu verhindern, gibt das Gesetz vor, dass externe Durchleitungsinteressenten gleich den internen Kunden bzw. den verbundenen oder assoziierten Unternehmen zu behandeln sind. Der Preisdruck, der dabei auf die einzelnen Unternehmenssegmente ausgeübt wird, soll auf diese Weise nach außen wirken und damit Durchleitungspetenten zugute kommen. Da es derzeit keinen Durchleitungsmarkt in Deutschland gibt und folglich keine aktuellen Marktpreise zum Vergleich herangezogen werden können, ist der Ansatz des § 6 I S. 1 EnWG für die privatrechtlich geregelte Entgeltbestimmung - mangels Alternative - der einzig mögliche.

§ 6 I S. 1 EnWG ist mithin einzigartig, indem dort das Entgelt unternehmensintern ermittelt wird, ohne äußere Kriterien zu berücksichtigen. Dabei darf nicht die Gefahr übersehen werden, dass trotz sublimierter Systeme der unternehmensinternen Bewertungen und Berechnungen, dem Netzbetreiber gewisse Spielräume verbleiben, um für sich ein höheres Entgelt bei externen Durchleitungen herauszuholen. Problematisch ist bei diesem Ansatz überdies auch die Kostenzuordnung.[700] Insofern ist fraglich, ob das Konzept des § 6 I S. 1 EnWG auch für die Zukunft gelten soll, insbesondere dann, wenn sich nach einer Anlaufphase Durchleitungsentgelte herausgebildet haben, die von den Parteien akzeptiert worden sind. Es stellt sich die Frage, ob tatsächlich ein unternehmensinterner Vergleichsmaßstab zur Ermittlung externer Durchleitungsentgelte herangezogen werden soll, wenn sich bereits externe Durchleitungsentgelte gebildet haben. Wenn nach einer Anfangsphase, in der Durchleitungsentgelte quasi innovativ ermittelt werden müssen, sich Durchleitungsentgelte etabliert haben, liegt die Situation vor, in der Entgelte auch anhand externer Daten beurteilt werden können, wie es beim kartellrechtlichen Vergleichsmarktprinzip geschieht. Die benötigten Vergleichsdaten liegen dann vor. Zu klären ist daher, ob der interne Berechnungsansatz des § 6 I S. 1 EnWG nicht nur für die Startphase gelten und anschließend auf eine auf externe Daten gestützte Bemessungsmethode angewendet werden soll. Auf Grund der Existenz der Parallelvorschrift des § 19 IV Nr. 4 GWB[701] böte sich hierfür das kartellrechtliche Prinzip des Vergleichsmarktes an. Insoweit handelt es sich hier um quasi um das spiegelbildliche Problem der Entgeltbemessung bei

---

[700] *Büdenbender* (Fn. 129), Rechtsfragen, S. 105.

[701] Vgl. dazu 4. Teil A.

§ 19 IV Nr. 4 GWB.[702] Während dort gefragt werden muss, ob die Entgeltbestimmung nach § 6 I S. 1 EnWG in der Anfangsphase zur Ermittlung des „angemessenen Entgelts" i.S. des § 19 IV Nr. 4 GWB herangezogen werden kann, stellt sich hier die Frage, ob nach der Anfangsphase im Rahmen der energierechtlichen Ermittlung des Durchleitungsentgelts der kartellrechtliche Ermittlungsgrundsatz herangezogen werden kann.

Dagegen spricht der Wortlaut des § 6 I S. 1 EnWG. Die Norm gibt eindeutig vor, wie das Durchleitungsentgelt energierechtlich ermittelt werden soll. Abgestellt wird auf das Verhalten des Netzbetreibers, das er gegenüber sich selbst anwendet. Dennoch ist zu fragen, ob es Sinn und Zweck der Norm mehr dient, wenn nach einer Anlaufzeit auf externe Daten abgestellt wird.[703] Die Norm des § 6 I S. 1 EnWG soll der Ermöglichung des Wettbewerbs auf dem Elektrizitätsmarkt dienen. Daher trägt sie den Netzbetreibern auf, den für Wettbewerb zwangsläufig notwendigen Zugang zu ihren Netzen grundsätzlich zuzulassen. Der Netzzugang kann allerdings von Bedingungen technischer und wirtschaftlicher Art abhängig gemacht werden. Die mit Abstand wichtigste Bedingung aus Sicht der Marktteilnehmer ist der Erhalt eines Durchleitungsentgelts. Von der Höhe der Durchleitungsentgelte hängt die Liberalisierung des Strommarktes ab. Kein Abnehmer wird den Anbieter wechseln wollen, wenn das Angebot des neuen Anbieters inklusive des Durchleitungsentgelts dem seines bisherigen Anbieters entspricht oder sogar darüber liegt. Und nur für eine kurze Dauer zur Positionierung am Markt werden EVU bereit sein, ihre Strompreise derart zu reduzieren, dass ihr Angebot zuzüglich der Durchleitungsentgelte unter den Angeboten der Mitbewerber liegen. Spätestens wenn die Wirtschaftlichkeitsgrenze erreicht ist, dürfte eine dauerhafte Reduzierung scheitern. Letztabnehmer und Netzbenutzer liegt daher an möglichst niedrigen Entgelten. Der Netzbetreiber ist wiederum an möglichst hohen Entgelten interessiert. Der Bestimmung der Entgelte kommt infolgedessen besondere Bewandtnis zu. Die Notwendigkeit die Bemessung der Durchleitungsentgelte zunächst an unternehmensinternen Kriterien vorzunehmen, ist bereits dargestellt worden.[704] Auch die Nachteile der dauerhaften Bemessung auf diese Art gegenüber dem kartellrechtlichen Ansatz sind bereits erläutert worden. Das Abstellen auf externe Daten bedeutet gegenüber dem energierechtlichen Ansatz ein höheres Maß an Transparenz, Objektivität und letztlich auch an Nichtdiskriminierung. Das Gesetzesziel, umfassenden Wettbewerb auf dem Elektrizitätsmarkt einzuführen und anschließend aufrechtzuerhalten, kann mithin am besten erreicht werden, wenn die Bemessung der Entgelte nach der Startphase anhand des kartellrechtlichen Systems vorgenommen wird. Ferner deuten zwei weitere Punkte darauf hin, dass dies so auch vom Gesetzgeber gewollt ist.

Zum einen forderte die Bundesregierung mit Nachdruck das Zustandekommen der - mittlerweile in Kraft getretenen - „Verbändevereinbarung über Kriterien zur Bestimmung von Durchleitungsentgelten" (VV I), mittels derer Durchleitungsentgelte zwischen Durchleitungspetenten und durchleitungsverpflichteten Netzbetreibern im Sinne eines vertraglichen Kompromisses ausgehandelt werden können.[705] Zum anderen weist § 6 IV EnWG darauf hin, dass sukzessive extern ermittelte Durchleitungsentgelte maßgeblich sein sollen. Hiernach sind die EVU verpflichtet, jährlich, erstmals im Jahr 2000, Richtwerte zur Spanne der Durchleitungsentgelte zu veröffentlichen. Sinn ergibt sich aus beidem nur dann, wenn die ausgehandelten Vertragsbedingungen inklusive der Durchlei-

[702] Vgl. 4. Teil A. II. 2.

[703] Ebenso *Büdenbender* (Fn. 129), Rechtsfragen, S. 105; a.A. *Horstmann* (Fn. 179), S. 696. *Horstmann* ist der Auffassung, dass es nicht möglich ist, eine Harmonisierung der Tatbestände des § 6 I S. 1 EnWG und des § 19 IV Nr. 4 GWB dadurch zu erreichen, dass in den eindeutigen Wortlaut des § 6 I S. 1 EnWG „die genannte kartellrechtliche Konzeption" hinein gelesen wird. Die Argumentation ist insofern widersprüchlich als *Horstmann* bei der Betrachtung der kartellrechtlichen Ermittlung aus Gründen der Einheit der Rechtsordnung, den energierechtlichen Ermittlungsansatz in die kartellrechtliche Regelung hinein liest. Warum das Kriterium der Einheit der Rechtsordnung einmal zu einer Analogie führen soll, im genau umgekehrten Fall diese aber ausgeschlossen sein soll, ist nicht ersichtlich.

[704] Vgl. 4. Teil A. II. 2.

[705] BT-Drs. 13/7274, S. 36.

tungsentgelte und deren Veröffentlichung zur Konkretisierung der Angemessenheit und Zumutbarkeit auch im Rahmen des § 6 I S. 1 EnWG dienen sollen. Die teleologische Auslegung des § 6 I S. 1 EnWG führt dazu, dass das Modell der unternehmensinternen Kalkulation nur zu Beginn als Maßstab anzusehen ist. Die Option, später an Marktpreise anzuknüpfen, wird dadurch nicht ausgeschlossen. Ganz im Gegenteil wird dazu durch jeden ausgehandelten Durchleitungspreis ein Marktpreis festgelegt, an dem sich im weiteren Verlauf orientiert werden kann. Dabei kommt jedem ausgehandeltem Durchleitungsentgelt eine enorme faktische Bindungswirkung zu. Denn ein einmal ausgehandelter und angenommener Preis für eine Durchleitung ist nicht mehr gestaltungsfähig.[706] Zumindest vorübergehend ist er als marktüblich anzusehen. Ferner muss ein EVU, welches in seiner Eigenschaft als durchleitungsverpflichteter Netzbetreiber, ein Durchleitungsentgelt berechnet und verlangt hat, diesen Preis auch gegen sich gelten lassen, wenn es in einer reziproken Konstellation als Durchleitungsinteressent auftritt. Die zwischen konkurrierenden EVU ausgehandelten Marktpreise sind denen, der unternehmensintern kalkulierten, wegen ihrer größeren Transparenz und besseren Nachvollziehbarkeit auch vorzuziehen. Mit jedem verhandelten Durchleitungsvorgang steigt automatisch die Anzahl der zur Verfügung stehenden Vergleichspreise. In letzter Konsequenz bedeutet dies, dass das Datengeflecht veröffentlichter Preise immer dichter wird, so dass schließlich auf die Anwendung der unternehmensinternen Kalkulation gänzlich verzichtet werden kann. Einer solchen Auslegung kommt darüber hinaus der positive Effekt zu, dass die Diskrepanz zwischen der energierechtlichen Regelung des § 6 I S. 1 EnWG und der kartellrechtlichen Regelung des § 19 IV Nr. 4 GWB, auf die später noch einzugehen ist, ausgeglichen wird.[707] Insofern spielt hier der Gedanke der Einheit der Rechtsordnung ebenfalls eine Rolle. Es wäre unbefriedigend, wenn ein verlangtes Durchleitungsentgelt energierechtlich als akzeptabel, kartellrechtlich aber als missbräuchlich eingestuft werden könnte. Zur Vermeidung derart widersprüchlicher Ergebnisse muss eine einheitliche Entgeltermittlung möglich sein.[708] Dabei ist jedoch anzumerken, dass der Gesetzgeber besser beraten gewesen wäre, den Tatbestand des § 6 I S. 1 EnWG so auszugestalten, dass für die Preisbestimmung Marktpreise als Anknüpfungspunkt gewählt worden wären und nur für eine u.U. befristete Übergangszeit die unternehmensinterne Kalkulation zur Grundlage gemacht worden wäre. Als Fazit ist festzuhalten, dass die energierechtliche Ermittlung der Durchleitungsentgelte praktisch nur als „Steigbügel" für die Startphase dienen soll, um anschließend von der kartellrechtlichen Methode abgelöst zu werden.[709]

XI. Zur Umsetzung des § 6 I S. 1 EnWG erforderliche Vertragsbeziehungen

Zum Vollzug einer Durchleitung nach den Vorgaben des § 6 I S. 1 EnWG bedarf es verschiedener vertraglicher Abreden. Ein großer Komplex unterschiedlichster Netzzugangsbedingungen muss vertraglich geregelt werden. Dieser Komplex muss sämtliche technischen und wirtschaftlichen Bedingungen einer Durchleitung umfassen.[710] Dabei kommt es zu diversen Verträgen mit unterschiedlichen Vertragspartnern. Es ist – wie bisher auch – , zunächst ein Liefervertrag zwischen Anbieter und Abnehmer zu schließen. Im Falle der Durchleitung muss dann noch ein sog. Durchlei-

---

[706] *Büdenbender* (Fn. 129), Rechtsfragen, S. 105 f.

[707] Vgl. 4. Teil A. II.

[708] Vgl. dazu unten 4. Teil A. II. 2.Während es dort aber um die Frage geht, ob in die kartellrechtliche Bewertung energierechtliche Kriterien eingeführt werden dürfen, geht es hier um den genau umgekehrten Fall, nämlich darum, ob in die energierechtliche Bewertung kartellrechtliche Maßstäbe eingeführt werden dürfen.

[709] Diesen Umstand hat die VV II schon berücksichtigt. Nach Punkt 2.1.1 der VV II sollen bei der Ermittlung der Netznutzungsentgelte zur Ermittlung der elektrizitätswirtschaftlich rationellen Betriebsführung die Konditionen von strukturell vergleichbaren Netzbetreibern herangezogen werden.

[710] *Börner, A.-R.*, (Fn. 688), Stromdurchleitung, S. 32 f.; *Bräuer/Egeln/Werner* (Fn. 17), S. 111; *Grawe/Müller*, Kriterien zur Bestimmung von Durchleitungsentgelten, EW 1996, S. 1 (5); *Perner/Riechmann/Schulz* (Fn. 33), S. 63.

tungsvertrag zwischen dem Lieferanten und dem Netzbetreiber ausgehandelt werden. Hinzu kommt der Netzanschlussvertrag.[711]

1. Elektrizitätsliefervertrag

Ausgangspunkt für jede Versorgung eines Kunden, ob nun mittels Durchleitung oder wie bislang direkt durch den Gebietsversorger, ist der Elektrizitätsliefervertrag eines Abnehmers mit einem Anbieter. Auf Grund des liberalisierten Strommarktes und des NTPA-Systems[712] kann nunmehr ein Abnehmer mit einem beliebigen Anbieter einen Elektrizitätsliefervertrag abschließen. Inhaltlich haben die Elektrizitätslieferverträge durch die Änderung der Rahmenbedingungen durch das Neuregelungsgesetz keine wesentliche Änderungen erfahren.[713] Es handelt sich grundsätzlich um einen normalen Elektrizitätsliefervertrag wie zu Zeiten des Monopolsystems.[714] Dem entsprechend können die für den Elektrizitätsliefervertrag entwickelten Regeln angewendet werden.[715] Die Rechtsprechung[716] und die h.M.[717] qualifizieren den Elektrizitätsliefervertrag als Kaufvertrag oder kaufähnlichen Vertrag mit der Eigenschaft eines Sukzessivlieferungsvertrages.[718] Allerdings ist zu beachten, dass es sich auf Grund des verhandelten Netzzugangs nicht mehr um eine permanente Vollversorgung des Abnehmers durch einen Anbieter handeln muss. Die Laufzeit eines Liefervertrages ist frei verhandelbar.[719] Auch die Höhe der Lieferung kann vertraglich bestimmt werden. Der Abnehmer kann rein theoretisch den einen Teil seines Bedarfs von EVU A, den anderen Teil von EVU B beziehen. Selbstverständlich sind auch die preislichen Konditionen verhandelbar. Ein Elektrizitätsliefervertrag muss dies alles berücksichtigen, so dass er zum einen die Leistung, also die Lieferung bestimmen muss. Dies verlangt vor allem die Regelung der Menge der zu liefernden Arbeit und Leistung und u.U. auch den Zeitverlauf. Zum anderen muss die Gegenleistung, der Preis, festgelegt werden. Ferner ist vor allem die Vertragsdauer zu niederzulegen.

2. Durchleitungsvertrag

Dem Energierecht völlig neu ist dagegen der sog. Durchleitungsvertrag. Der Durchleitungsvertrag wird von einem Netzbetreiber mit einem anderen Unternehmen zum Zwecke des Netzzugangs geschlossen. Hierfür werden von ihm die wesentlichen Fragen des Netzzugangs zwischen Lieferanten und Netzbetreiber geregelt.[720] Die Rechtsnatur des Durchleitungsvertrages ist umstritten. Wäh-

---

[711] Vgl. VDEW (Hrsg.), Hinweise zur Gestaltung von Durchleitungsverträgen, 1998, 1 ff.

[712] NTPA = Negotiated Third Party Access = Verhandelter Netzzugang.

[713] *Horstmann* (Fn. 179), S. 687.

[714] Vgl. *Salje* (Fn. 172), S. 169.

[715] *Büdenbender* (Fn. 126), Rechtsfragen, S. 107.

[716] BGH Urt. v. 02. Juli 1969 NJW 1969, 1903; RG Urt. v. 05. Februar 1904 RGZ 56, 403; RG Urt. v. 16. Dezember 1907 RGZ 67, 229.

[717] Palandt-*Putzo*, BGB-Kommentar, 59. Aufl. 2000, § 433 Rn. 4; *Hiddemann*, Die Rechtsprechung des Bundesgerichtshof zu den Energieversorgungsverträgen, WM 1976, S. 1294 (1296).

[718] A.A. insoweit *Büdenbender* (Fn. 28), Rn. 841 ff. und *Fischerhof*, Zur Rechtsnatur des Stromlieferungsvertrags, NJW 1954, S. 1874; *Reinholz*, Die rechtliche Einordnung des Energielieferungsvertrages, RdE 1999, S. 64 , die den Liefervertrag als Vertrag sui generis einordnen.

[719] Im Privatkundenbereich ist derzeit eine Tendenz zu kurzen Laufzeiten von 3 – 6 Monaten zu erkennen.

[720] Hiervon ging – entsprechend der Konzeption des Gesetzgebers in § 6 I S 1 EnWG – auch die VV I aus. Davon weicht die Vertragspraxis auf Grund der VV II mittlerweile ab. Vgl. dazu unten 6. Teil B.

rend zum Teil angenommen wird, dass es sich – wie beim Elektrizitätsliefervertrag – um einen Vertrag sui generis handelt,[721] sehen andere in ihm einen Werklieferungsvertrag.[722] Wieder andere qualifizieren ihn als Geschäftsbesorgungsvertrag.[723]

Durch den Durchleitungsvertrag[724] sind sämtliche mit dem Netzzugang verbundenen Fragen zu regeln. Das bedeutet, dass „die technischen Einzelheiten des durchzuleitenden Elektrizitätskontingents in sachlicher, räumlicher und zeitlicher Hinsicht" geregelt werden müssen.[725] Da der Netzbetreiber ein Anrecht auf ein angemessenes Durchleitungsentgelt hat,[726] muss auch dies auf dem Verhandlungswege geregelt werden. Bezüglich der Ausgestaltung der Verträge gilt, solange der Gesetzgeber von seiner Berechtigung zum Erlass einer Rechtsverordnung gem. § 6 II EnWG noch keinen Gebrauch gemacht hat,[727] der allgemeine Grundsatz der Vertragsfreiheit. Vertragsfreiheit bedeutet, dass sowohl der Abschluss des Vertrages als auch der Inhalt der freien Parteienbestimmung unterliegen. Hinsichtlich der Abschlussfreiheit erfährt die Vertragsfreiheit jedoch eine Einschränkung, als § 6 I S. 1 EnWG den Netzbetreiber verpflichtet, einem anderen Unternehmen den Zugang zu seinem Netz ohne jegliche Diskriminierung zu ermöglichen.[728] Insofern liegt ein Kontrahierungszwang vor, der nur abgewendet werden kann, wenn dem Netzbetreiber die Durchleitung unmöglich oder unzumutbar ist. Aber auch bezüglich der Inhaltsbestimmung des Vertrages ist der Netzbetreiber nicht gänzlich frei. Der Netzzugang muss bar jeglicher Diskriminierung sein. Aus Sicht des Durchleitungspetenten ist der grundsätzliche Anspruch auf Netzzugang insofern eingeschränkt, als er nur den Netzzugang insgesamt bzw. insoweit verlangen kann, als es dem Netzbetreiber möglich oder zumutbar ist. Ferner ist er natürlich verpflichtet ein angemessenes Durchleitungsentgelt zu zahlen. Eine Einschränkung ergibt sich auch aus dem Erfordernis einer sicheren Elektrizitätsversorgung. Neben Durchleitungsentgelt und Art und Umfang der durchzuleitenden Elektrizität müssen die Vertragspartner daher sämtliche für einen sicheren Betrieb erforderlichen Netz- und Systemdienstleistungen[729] regeln.[730]

In der Praxis wurde dies seinerzeit[731] zum Teil[732] so gelöst, dass über den eigentlichen Durchleitungsvertrag sog. „Allgemeine und technische Regelungen für die Durchleitung" (AtR Durchleitung), „Ergänzende Bestimmungen für die Einspeisung elektrischer Energie bei Durchleitungen zu Privatkunden" (EB Einspeisung") und eine „Preisregelung Durchleitung" einbezogen wurden. Der eigentliche Vertrag einschließlich Anlagen enthielt somit nur Angaben zu den Vertragspartnern, die

---

[721] *Büdenbender* (Fn. 129), Rechtsfragen, S. 108; EnWG 1998, Erläuterungen-*Recknagel* (Fn. 163), Art. 1 § 6 Rn. 2.2.

[722] *Börner, B.*, Probleme der 4. Novelle zum GWB, VEnergR 48 (1981), S. 77 (78).

[723] *Salje* (Fn. 172), S. 174.

[724] *Börner, A-R.*, Durchleitungsvertrag nach § 6 EnWG, RdE 1998, Heft 6 fordert die Anwendung von Musterverträgen.

[725] *Salje* (Fn. 172), S. 170.

[726] Vgl. 3. Teil B. X. 2.

[727] Vgl. zur Ermächtigungsgrundlage 3. Teil B. XII.

[728] Vgl. 3. Teil B. XIII.

[729] Unverbindliche Vorgaben zur Regelung der technischen und administrativen Abwicklung sowie der Bereitstellung von Systemdienstleistungen und Regelleistung bzw. –arbeit werden durch den GridCode bzw. DistributionCode gegeben. Der GridCode des DVG vom Juli 1998 enthält die Netz- und Systemregeln der deutschen Übertragungsnetzbetreiber. Der VDEW DistributionCode vom Mai 1999 stellt das analoge Regelwerk der Verteilungsnetzbetreiber dar und enthält die Netzregeln für den Zugang zu Verteilungsnetzen.

[730] *Berthold/Rottenbacher*, Ermittlung angemessener Durchleitungsentgelte, EW 1997, S. 931 f.; *Budde* (Fn. 605), S. 27 ff.; *Dennersmann* u.a., Systemdienstleistungen bei Durchleitungen, ET 1998, S. 550 ff.; *Horstmann* (Fn. 179), S. 689; *Perner/Riechmann/Schulz* (Fn. 33), S. 41 ff.

[731] Diese Praxis ist derzeit insofern überholt, dass zur Umsetzung der Vorgaben der VV II gänzlich andere Vertragsgestaltungen nötig sind.

[732] Es handelte sich im Folgenden um die Verfahrensweise der RWE Energie AG – Stand Juli 1999.

Basisdaten für die Durchleitung sowie die Regelung des Vertragsbeginns und der Laufzeit. Die AtR regelten die allgemeinen und technischen Fragen hinsichtlich einer Durchleitung. Insbesondere waren dies Regelungen bezüglich der Bereitstellung, der Messung, des Reservestroms, der Frequenz- und Spannungshaltung sowie der Betriebsführung. In Bezug auf die Betriebsführung beinhalteten die AtR Regelungen hinsichtlich sog. Durchleitungsfahrpläne. Ferner umfassten die AtR Regelungen zur Bestimmung der Durchleitungsentgelte, der Haftung sowie der Kündigungsmöglichkeiten. Die „EB Einspeisung" betraf die Besonderheiten, die bei der Belieferung von Privatverbrauchern auftraten.[733] Die Durchleitungsverträge der EVU unterschieden sich zum Teil deutlich.[734]

Erfordert die geplante Durchleitung eines Durchleitungsinteressenten mehrere Netze, ist mit jedem betroffenen Netzbetreiber ein Durchleitungsvertrag zu schließen.[735] Die VV I sah für einen solchen Fall vor, dass das Durchleitungsentgelt für jede Spannungsebene nur einmal in Ansatz gebracht werden durfte.[736] Die Zustimmung sämtlicher Netzbetreiber zur beantragten Durchleitung musste dennoch vorliegen. In der Praxis wurde die Organisation einer solchen Durchleitung häufig vom Entnahmenetzbetreiber koordiniert.[737]

3. Netzanschlussvertrag

Durchleitung ist die Einspeisung elektrischer Energie in das Netz und die damit verbundene zeitgleiche Entnahme an einem entfernt liegenden Ort.[738] Dies setzt zwangsläufig voraus, dass sowohl Einspeiser als auch Abnehmer einer Durchleitung an das Netz angeschlossen sein müssen. Hierzu schließen sie mit dem jeweiligen Netzbetreiber einen Netzanschlussvertrag. Der Netzanschluss des Abnehmers war früher regelmäßig als Bestandteil des Versorgungsvertrages geregelt. Auf Grund des liberalisierten Strommarktes und der Möglichkeit der Durchleitung erhält der Netzanschluss des Abnehmers eine eigenständige Bedeutung. Gegenstand des Netzanschlussvertrages ist u.a. die Regelung der Einspeise- und Entnahmepunkte sowie der Zutrittsrechte zu Messeinrichtungen.[739] Für den Anschluss an das Übertragungsnetz stellt § 4 II EnWG Mindestanforderungen auf.

XII. Ermächtigung zum Erlass einer Rechtsverordnung

Nach § 6 II EnWG hat der Bundesminister für Wirtschaft die Möglichkeit, mit Zustimmung des Bundesrates eine Rechtsverordnung zu erlassen, welche die Gestaltung der Durchleitungsverträge und die Kriterien zur Bestimmung von Durchleitungsentgelten regelt. Der Erlass einer Netzzugangsverordnung ist von Art. 17 IV RL 96/92/EG als zulässiges Netzzugangssystem vorgesehen worden. Eine Netzzugangsverordnung könnte umfassend und abschließend alle Regelungen bezüglich der Durchleitungsverträge als auch der Durchleitungsentgelte regeln. Andererseits wäre es auch möglich, lediglich Rahmenbedingungen vorzugeben, die privatwirtschaftlich ausgefüllt werden

---

[733] Bei Privatverbrauchern wird keine ¼-Stunden-Messung vorgenommen. Die Berechnung erfolgt hier über Lastprofile.

[734] Vgl. nur die Durchleitungsverträge von PreussenElektra und Bayernwerk. Stand September 1999.

[735] *Büdenbender* (Fn. 129), Rechtsfragen, S. 108; *Horstmann* (Fn. 179), S. 688.

[736] Vgl. VV I Ziff. 2.2.5 .

[737] Vgl. *Horstmann* (Fn. 179), S. 688.

[738] Vgl. dazu 3. Teil B. II. Vgl. ferner die Präambel der VV I.

[739] Zu beachten sind auch hier GridCode und DistributionCode.

können.[740] Von dieser Möglichkeit hat weder der alte noch der jetzige Bundeswirtschaftsminister Gebrauch gemacht. In der Amtlichen Begründung hatte sich die alte Bundesregierung dafür ausgesprochen, dass der Inhalt der Durchleitungsverträge und die Kriterien zur Bestimmung von Durchleitungsentgelten in einer privatwirtschaftlichen Regelung gefunden werden sollen.[741] Erst wenn die Anforderungen an die VV nicht erfüllt werden würden, sollte von der Ermächtigung zum Erlass einer Rechtsverordnung nur Gebrauch gemacht werden.[742] Am 22. Mai 1998 wurde die VV I vorgelegt und bislang akzeptiert. Kritisiert wird allerdings die entfernungsabhängige Komponente bei der Berechnung des Durchleitungsentgelts im Übertragungsbereich und ihre Ungeeignetheit für das Massengeschäft. Vereinzelt wurde daher der Erlass einer Netzzugangsverordnung nach § 6 II EnWG gefordert.[743] Bislang hat aber auch der neue Bundeswirtschaftsminister von seiner Ermächtigung keinen Gebrauch gemacht.

XIII. Diskriminierungsverbot gem. § 6 I S. 1, HS. 2 EnWG

Gem. § 6 I S. 1 EnWG haben Netzbetreiber anderen Unternehmen den Zugang zu ihren Netzen zu ermöglichen. Dabei dürfen die geforderten Bedingungen nicht ungünstiger sein, als sie der Netzbetreiber in einem vergleichbaren Fall innerhalb seines Unternehmens oder gegenüber einem verbundenen bzw. assoziierten Unternehmens tatsächlich oder kalkulatorisch in Rechnung stellen würde. § 6 I S. 1 EnWG verpflichtet die Netzbetreiber somit dazu, den Zugang zu ihren Netz diskriminierungsfrei zu gestatten. Damit setzt die Norm die Anforderungen der Art. 7 V, 11 II und 16 S. 2 RL 96/92/EG um.[744] § 6 I S. 1 EnWG führt somit eine im Elektrizitätsversorgungsrecht bislang unbekannte Diskriminierungsregel für Durchleitungsbedingungen ein.[745] Auf Grund dessen dürfen verbundene oder assoziierte Unternehmen nicht vom Netzbetreiber gegenüber anderen Unternehmen bevorzugt werden. Sie sind vielmehr genauso wie diese zu behandeln. Welche Unternehmen als mit dem Netzbetreiber verbunden oder assoziiert gelten regelt das EnWG nicht. Diesbezüglich kann ergänzend auf die allgemeinen Bestimmungen der §§ 271 II, 311 HGB und des § 15 AktG verwiesen werden.[746] Unter „Bedingungen" sind vornehmlich die geforderten Durchleitungsentgelte gemeint. Aber auch die sonstigen Bedingungen für einen Netzzugang sind von diesem Begriff erfasst. Der Netzbetreiber darf dritten Unternehmen daher keine höheren Netzzugangserfordernisse abverlangen, als er dies von verbundenen oder assoziierten Unternehmen tut.

---

[740] *Büdenbender* (Fn. 129), Rechtsfragen, S. 101.

[741] BT-Drs. 13/7274, S. 36.

[742] BT-Drs. 13/9211, S. 54.

[743] *Klafka/Hinz/Ritzau/Zander/Held* (Fn. 698), S. 35 ff.; dagegen *Meier*, Verordneter oder freier Netzzugang ET 1998, S. 41 ff. Vgl. ferner *Schröter*, Verordneter oder freier Netzzugang ET 1998, S. 196.

[744] *Horstmann* (Fn. 179), S. 677; EnWG 1998, Erläuterungen-*Recknagel* (Fn. 163), Art. 1, § 6 Anm. 8.2. Die Art. 7 V und 11 II RL 96/92/EG verlangen zum einen vom Übertragungsnetzbetreiber (Art. 7 V RL 96/92/EG) und zum anderen vom Verteilungsnetzbetreiber (Art. 11 II RL 96/92/EG), dass sie sich jeglicher Diskriminierung gegenüber den Netzbenutzern oder den Kategorien von Netzbenutzern, insbesondere zu Gunsten ihrer Tochterunternehmen oder Aktionäre enthalten. Nach Art. 16 S. 2 RL 96/92/EG ist die Organisation des Netzzugangs nach objektiven, transparenten und nichtdiskriminierenden Kriterien zu handhaben.

[745] *Markert* (Fn. 175), S. 252; EnWG 1998, Erläuterungen-*Recknagel* (Fn. 163), Art. 1, § 6 Anm. 8.2.

[746] *Büdenbender* (Fn. 195), Durchleitung elektrischer Energie, S. 2; *Horstmann* (Fn. 179), S. 677; EnWG 1998, Erläuterungen-*Recknagel* (Fn. 163), Art. 1, § 6 Anm. 8.2.

C. Netzzugangsalternative des Alleinabnehmersystems, § 7 EnWG

§ 7 EnWG:

(1) Die Behörde erteilt Elektrizitätsversorgungsunternehmen für die Versorgung von Letztverbrauchern eine Bewilligung, durch die die Anwendung des § 5 ausgeschlossen wird. Die Bewilligung setzt voraus, dass der Netzzugang nach den Absätzen 2 bis 5 erfolgt und zu erwarten ist, dass dieser Netzzugang zu gleichwertigen wirtschaftlichen Ergebnissen und daher zu einer direkt vergleichbaren Marktöffnung sowie einem direkt vergleichbaren Zugang zu den Elektrizitätsmärkten führt. Die Bewilligung darf nur einheitlich für das gesamte Gebiet, in dem das Elektrizitätsversorgungsunternehmen die allgemeine Versorgung durchführt, oder für alle von ihm versorgten Gebiete einer Gemeinde erteilt werden.

(2) In den Fällen des Absatzes 1 ist das Elektrizitätsversorgungsunternehmen verpflichtet, die Elektrizität abzunehmen, die ein Letztverbraucher, der im Gebiet, auf das sich die Bewilligung nach Absatz 1 bezieht, ansässig ist, bei einem anderen Elektrizitätsversorgungsunternehmen gekauft hat. § 6 Abs. 1 Satz 2 bis 4 und Abs. 3 findet entsprechende Anwendung.

(3) Die Vergütung für nach Absatz 2 abzunehmende Elektrizität muss mindestens dem vom Letztverbraucher an das versorgende Elektrizitätsversorgungsunternehmen zu zahlenden Preis, vermindert um den Tarif für die Nutzung des Versorgungsnetzes, entsprechen. § 6 Abs. 1 Satz 1 gilt dabei entsprechend. Dieser Tarif bedarf der Genehmigung durch die Behörde und ist durch das Elektrizitätsversorgungsunternehmen öffentlich bekannt zu machen.

(4) Die Tätigkeiten des Elektrizitätsversorgungsunternehmen nach den Absätzen 2 und 3 sind getrennt von der Erzeugungs- und Verteilungstätigkeit zu verwalten. Es dürfen keine Informationen zwischen den Tätigkeiten nach den Absätzen 2 und 3 und den Erzeugungs- und Verteilungsaktivitäten vermittelt werden, es sie denn, dass diese Informationen für die Erfüllung der Aufgaben nach den Absätzen 2 und 3 erforderlich sind.

(5) Das Bundesministerium für Wirtschaft kann, soweit dies zur Erreichung der Ziele des § 1 und zur Gewährleistung wirksamen Wettbewerbs erforderlich ist, materiellrechtliche Einzelheiten zu den in den Absätzen 1 bis 4 getroffenen Regelungen durch Rechtsverordnung mit Zustimmung des Bundesrates festlegen.

Bei § 7 EnWG handelt es sich - nach der vom Gesetz in § 5 EnWG und in der Normbezeichnung „Netzzugangs*alternative*" vorgenommenen Wertung - um eine Ausnahmevariante hinsichtlich des Zugangs zum Elektrizitätsversorgungsnetz.

Der ursprüngliche Entwurf der Bundesregierung sah die Regelung der Netzzugangsalternative nicht vor. Das Alleinabnehmersystem wurde in der Stellungnahme des Bundesrates zum Gesetzesentwurf der Bundesregierung gefordert.[747] Grund für die Einführung war die Befürchtung der Kommunen, in einem reinen NTPA-System dem Wettbewerb schutzlos ausgeliefert zu sein. Ein Alleinabnehmersystem würde dagegen den speziellen Kommunal- und Stadtwerksinteressen besser Rechnung tragen können. Vor allem der Verband kommunaler Unternehmen e.V. (VKU) forderte im Verlauf

[747] BT-Drs. 13/7274, S. 28.

des Gesetzgebungsverfahrens die Einführung des Alleinabnehmersystems.[748] Der VKU hob dabei die seines Erachtens nach mit dem Alleinabnehmersystem verbundenen Vorteilen auf der kommunalen Ebene für den Alleinabnehmer, sprich für die Stadtwerke hervor:[749]

- bessere Möglichkeiten und Chancen des Last-Managements
- bessere Verhandlungsposition des Alleinabnehmers
- Erhalt der Versorgungssicherheit
- Gewährleistung der Anschluss- und Versorgungspflicht
- Erhalt der umfassenden Versorgungszuständigkeit
- größere Flexibilität für den Alleinabnehmer
- keine Gefährdung des Konzessionsabgabeaufkommens
- unmittelbare und uneingeschränkte Weitergabe des Preisvorteils an den Kunden
- Gewährleistung von Preistransparenz[750]

Zunächst war die Bundesregierung dennoch nicht bereit, diesen Interessen durch die Einführung eines Alleinabnehmersystems beizutreten. In ihrer Gegenäußerung zur Stellungnahme des Bundesrates lehnte sie die Einführung eines von VKU vorgeschlagenen Wahlrechts zwischen verhandeltem Netzzugang und Alleinabnehmersystem ab.[751] Letztlich wurde in die Beschlussempfehlung des Wirtschaftsausschusses dennoch ein Wahlrecht zwischen den beiden Systemen normiert.[752] Auf die Frage, ob diese vom deutschen Gesetzgeber kodifizierte Variante eines Wahlrechtes zulässig ist, soll hier nicht weiter eingegangen werden.[753]

Das in § 7 EnWG normierte Alleinabnehmersystem entspricht dem in Art. 18 II RL 96/92/EG vorgesehenen Modell des Alleinabnehmersystems mit Abnahmeverpflichtung.[754] Dies folgt vor allem aus § 7 II und III EnWG.[755]

---

[748] Vgl. hierzu VKU-Nachrichtendienst, Alleinabnehmersystem, S. 1 ff.

[749] Vgl. BT-Drs. 13/9211, S. 24; VKU-Nachrichtendienst, VKU-Stellungnahme zur Novellierung des EnWG, S. 5; VKU-Nachrichtendienst, Alleinabnehmer- und Durchleitungssystem, S. 1 ff.; VKU-Nachrichtendienst, Das Alleinabnehmersystem in der Stromversorgung, S. 8; *Weigt*, Die Stellung der kommunalen Unternehmen im neuen Energiewirtschaftsgesetz – Eine Bilanz –, Anlage zum VKU-Nachrichtendienst, Folge 593, 1998, S. 1 ff. (5).

[750] Die vom VKU genannten Vorteile des Alleinabnehmersystems lassen sich jedoch auch im Durchleitungssystem erreichen. Vgl. hierzu *Horstmann* (Fn. 179), S. 746; *Kumkar* (Fn. 246), S. 35 ff.

[751] BT-Drs. 13/7274, S. 37.

[752] BT-Drs. 13/9211, S. 24.

[753] Vgl. zur Problematik des Kombinationsmodells *Baur*, Die Elektrizitätsbinnenmarktrichtlinie: Gestaltungsmöglichkeiten von Mitgliedstaaten; Auswirkungen auf Elektrizitätsunternehmen, VEnergR 84 (1998), S. 29; *Büdenbender*, Schwerpunkte (Fn. 126), Rn. 115 ff.; *Lukes* (Fn. 105), 26 ff.; *ders.* Richtlinienkonformität der Netzzugangsregelungen im Neuregelungsgesetz, ET 1999, S. 80 (81); *Säcker/Busche*, (Fn. 105), S. 20 ff.

[754] Näheres zum Alleinabnehmersystem vgl. 3. Teil C.

[755] So auch *Horstmann* (Fn. 179), S. 744; *Lukes* (Fn. 105), S. 31 f.

I. Tatbestand

Gem. § 7 I EnWG kann der Status eines Alleinabnehmers nur durch Bewilligung der Behörde erlangt werden. Die Erteilung der Bewilligung hängt von den in § 7 I EnWG aufgestellten Voraussetzungen ab. Die Voraussetzungen werden in Abs. 1 unterteilt in die Voraussetzung, dass der Zugang nach den Absätzen 2 bis 5 zu erfolgen hat und dass der Zugang zu gleichwertigen wirtschaftlichen Ergebnissen und daher zu einer direkt vergleichbaren Marktöffnung sowie einem direkt vergleichbaren Zugang zu den Elektrizitätsmärkten führt.

1. Antrag eines EVU

Formal ist die Bewilligung der Behörde zunächst von einem Antrag des den Alleinversorgerstatus anstrebenden EVU abhängig. Dies ergibt sich nicht unmittelbar aus dem Wortlaut der Norm, der insoweit kein Antragserfordernis aufstellt, sondern lediglich formuliert, dass die Behörde die Bewilligung erteilt. Mittelbar folgt jedoch aus dem Merkmal „Bewilligung", dass ein Antrag erforderlich ist. Denn bewilligt werden kann nur, was vorher beantragt wurde. Dieses Ergebnis ergibt sich auch aus Sinn und Zweck des Gesetzes. Sinn des Gesetzes ist die möglichst umfassende Einführung von Wettbewerb. Deshalb soll grundsätzlich jeder Abnehmer von jedem EVU beliefert werden können. Das System, das dieses Erfordernis umfassend umsetzt, ist das System des verhandelten Netzzugangs. Daher geht die gesetzgeberische Vorgabe auch dahin, dass prinzipiell der verhandelte Netzzugang das System des Wettbewerbs sein soll. Nur ausnahmsweise soll EVU, so sie die erforderlichen Voraussetzungen erfüllen, ein Alleinversorgerstatus gewährt werden. Dabei soll nicht die Behörde von sich aus tätig werden, da sie dann die gesetzgeberische Vorgabe, dass der verhandelte Netzzugang vorrangig sein soll, unterliefe. Von Amts wegen kann die Behörde demnach nicht tätig werden.[756]

Antragsberechtigt ist zunächst jedes EVU. Der Wortlaut enthält bezüglich der Antragsberechtigung keinerlei Einschränkungen. Den Status eines Alleinabnehmers kann somit jedes EVU beantragen, gleich ob es sich dabei um ein Verbund-, Regional, oder Kommunalunternehmen handelt.[757] Da es sich bei dem Alleinabnehmersystem jedoch um ein Netzzugangssystem handelt, ist offensichtlich, dass es sich um netzbetreibende EVU handeln muss.

2. Netzzugang nach den Absätzen 2 bis 5

Ist ein Antrag gestellt worden, hat die Energieaufsichtsbehörde zu prüfen, ob die Voraussetzungen für die Bewilligung des Alleinabnehmerstatus erfüllt sind. Zunächst muss dafür gesichert sein, dass der Netzzugang nach den Absätzen 2 bis 5 erfolgt. Dabei ist jedoch zu beachten, dass Absatz 5 selbst keine materiellen oder formellen Voraussetzungen für Bewilligung enthält. Insofern ist Absatz 5 nicht direkt mit in den Bewilligungsprozess einzubeziehen. Vielmehr korrespondiert § 7 V mit § 6 II EnWG. § 6 II EnWG gibt dem BMWi die Möglichkeit, eine Rechtsverordnung zur Regelung der Durchleitungsverträge und der Kriterien zur Bestimmung der Durchleitungsentgelte zu erlassen. § 7 V EnWG regelt eben diese Befugnis im Zusammenhang mit dem Alleinabnehmersystem. Mangels Justizibilität kann Absatz 5 nicht in den Bewilligungsprozess der Behörde eingehen.[758]

---

[756] So auch *Büdenbender*, Schwerpunkte (Fn. 126), Rn. 360.

[757] So auch *Horstmann* (Fn. 179), S. 748; *Mombauer*, Energiewirtschaft im Wettbewerb, DÖV 1997, S. 571 (575); *Cahn v. Seelen*, Energierechtsreform – gleiche Wettbewerbsbedingungen für alle, ET 1997, S. 600 (602).

[758] So auch *Horstmann* (Fn. 179), S. 749.

a) Das Alleinabnehmersystem

Zum besseren Verständnis der nachfolgenden Ausführungen zu den Voraussetzungen zur Bewilligung eines Alleinabnehmerstatus sollen die Grundzüge des Alleinabnehmersystem zunächst kurz beschrieben werden.

Am Alleinabnehmersystem sind Letztabnehmer, Alleinabnehmer und ein anderes EVU, der Wettbewerber, beteiligt, die über verschiedene Vertragsbeziehungen miteinander verbunden sind.[759] Der Alleinabnehmer ist für sein Versorgungsgebiet allein zuständig. Insofern handelt es sich genau genommen nicht um einen Alleinabnehmer, sondern um einen Alleinversorger.[760] Ein Stadtwerk behält bei Bewilligung eines Alleinabnehmerstatus somit grundsätzlich seine Monopolstellung. Es versorgt weiterhin alleine „seine" Letztabnehmer. Es behält die alleinige Versorgungs- und Lieferzuständigkeit für sein Gebiet.[761] Durchleitungsbegehren können unter Hinweis auf den Alleinversorgerstatus abgelehnt werden. Dennoch bleibt es beim Alleinabnehmersystem nicht bei einem gänzlichen Ausschluss des Wettbewerbs. Auch beim Alleinabnehmersystem soll Wettbewerb möglich sein. Daher ist es möglich, dass der Letztabnehmer Elektrizität bei einem Wettbewerber „seines" Versorgers kauft. Durch den Vertrag des Letztabnehmers mit dem Wettbewerber wird letztlich die Ankaufsverpflichtung des Alleinabnehmers[762] sowie die weiteren Folgen des § 7 EnWG ausgelöst, wodurch der Letztabnehmer Elektrizität zu den von ihm mit dem Wettbewerber ausgehandelten Konditionen erhält.

b) Die Abnahmeverpflichtung des Alleinabnehmers, § 7 II EnWG

§ 7 II S. 1 EnWG bestimmt, dass das den Alleinversorgerstatus beantragende EVU, für den Fall, dass die Bewilligung erteilt wird, verpflichtet ist, die Elektrizität abzunehmen, die ein Letztverbraucher, der im Gebiet, auf das sich die Bewilligung bezieht, ansässig ist, bei einem anderen EVU gekauft hat.

Zunächst wird durch diese Abnahmeverpflichtung das Dreiecksverhältnis des Alleinabnehmersystems aufgezeigt. In einem Alleinabnehmersystem sind Letztabnehmer (= Kunde), Alleinabnehmer (= Netzbetreiber) sowie das andere EVU (= Wettbewerber) involviert. Die in § 7 II S. 1 EnWG beschriebene Abnahmeverpflichtung für den Alleinabnehmer wirkt sich für ihn sowohl gegenüber dem Letztabnehmer als auch gegenüber dem Wettbewerber aus. Nach dem Wortlaut ist der Alleinabnehmer seinem „gefangenem" Letztabnehmer gegenüber zur Abnahme der Elektrizität verantwortlich, die dieser bei einem anderen EVU gekauft hat. Aus § 7 II S. 1 EnWG folgt für den Alleinabnehmer ein unmittelbarer gesetzlicher Kontrahierungszwang.[763] Damit korrespondiert ein unmittelbarer zivilrechtlicher Anspruch des Letztabnehmers, dass der Alleinabnehmer die beim Wettbewerber gekaufte Energie diesem auch abnimmt.[764]

Auf der anderen Seite wird der Alleinabnehmer auch gegenüber dem Wettbewerber verpflichtet. Ausgelöst durch den Elektrizitätsliefervertrag des Letztabnehmers mit dem Wettbewerber ist der

---

[759] Wird im Folgenden ausgeführt.

[760] Vgl. dazu auch *Büdenbender* (Fn. 126), Schwerpunkte, Rn. 370, der in diesem Zusammenhang von single-buyer und single-seller spricht.

[761] *Eickhoff/Kreikenbaum*, Die Liberalisierung der Märkte für leitungsgebundene Energien, WuW 1998, S. 666 (668); *Zinow* (Fn. 175), S. 32.

[762] Vgl. hierzu 3. Teil C. I. 2. b).

[763] EnWG 1998, Erläuterungen-*Recknagel* (Fn. 163), Art. 1, § 7 Anm. 6.1.1. In diesem Sinne *Büdenbender* (Fn. 126), Schwerpunkte, Rn. 389.

[764] BT-Drs. 13/9211, S. 55; *Horstmann* (Fn. 179), S. 754.

Alleinabnehmer verpflichtet, die dort vom Letztabnehmer bestellte Elektrizität vom Wettbewerber in sein Netz aufzunehmen und an den Letztabnehmer zu liefern. Daraus wird deutlich, dass es sich auch beim Alleinabnehmersystem um ein Netzzugangssystem handelt. Der Netzzugang ist vom Alleinabnehmer grundsätzlich zu gewähren. Dem Wettbewerber erwächst aus der Verpflichtung ein Anspruch auf Netzzugang. Ebenso wie der Durchleitungsanspruch kann auch der Netzzugangsanspruch gegen einen Alleinabnehmer gerichtlich durchgesetzt werden.[765]

Es handelt sich dabei jedoch nicht um zwei voneinander unterschiedliche Abnahmeverpflichtungen. Die Abnahmeverpflichtung des Alleinabnehmers resultiert aus dem Vertrag zwischen Letztabnehmer und Wettbewerber. Der Alleinabnehmer ist nur verpflichtet, die Elektrizität zu kaufen, die der Letztabnehmer beim Wettbewerber gekauft hat. Auswirkungen hat dies jedoch für Wettbewerber und Letztabnehmer: Durch die Abnahmeverpflichtung wird es dem Wettbewerber ermöglicht, Kunden im Gebiet des Alleinabnehmers zu erreichen und der Letztabnehmer kann am Wettbewerb, insbesondere von geringeren Preisen, partizipieren.

Die Verpflichtung zur Abnahme trifft den Alleinabnehmer zwar grundsätzlich, aber nicht ausschließlich. Gem. § 7 II S. 2 EnWG findet § 6 I S. 2 bis 4 und III EnWG entsprechende Anwendung. Damit gelten die Verweigerungsgründe des Systems des verhandelten Netzzugangs gem. § 6 EnWG bei der Netzzugangsalternative entsprechend. Beispielsweise muss demnach ein Alleinabnehmer keine Elektrizität zur Versorgung eines Letztabnehmers abnehmen, wenn dieser Letztabnehmer noch auf Grund eines gültigen Elektrizitätslieferungsvertrages an ihn gebunden ist. Ebenso kann der Alleinabnehmer die Abnahme von Elektrizität verweigern, wenn dadurch Elektrizität aus gem. § 6 III EnWG geförderten Anlagen verdrängt würde.[766] Dies ergibt sich überdies aus dem Kriterium „einer direkt vergleichbaren Marktöffnung", da bei einer Geltung der Verweigerungsgründe nur im Durchleitungssystem der netzbetreibende Alleinabnehmer schlechter gestellt wäre.

c) Die Vergütungsregelung, § 7 III S. 1 EnWG

In § 7 III S. 1 EnWG wird die Vergütung der vom Alleinabnehmer gem. § 7 II EnWG abzunehmenden Elektrizität geregelt. Um zu vermeiden, dass der Alleinabnehmer Interna der Vertragsbeziehung zwischen Wettbewerber und Letztabnehmer erfährt, werden Abnahmeverpflichtung und Vergütung in einem Dreiecksverhältnis zwischen den Beteiligten abgewickelt.[767]

§ 7 III S. 1 EnWG bestimmt, dass die Vergütung für die Elektrizität, die der Alleinabnehmer nach § 7 II S. 1 EnWG abzunehmen hat, mindestens dem vom Letztverbraucher an den Alleinabnehmer zu zahlenden Preis, vermindert um den Tarif für die Nutzung des Versorgungsnetz entsprechen muss.

Berechnet wird gem. § 7 III S. 1 EnWG die Vergütung, die der Alleinabnehmer dem Wettbewerber zu zahlen hat. Ausgangspunkt dieser Berechnung ist der vom Letztabnehmer an den Alleinabnehmer zu zahlende Preis. Verringert wird dieser Preis um den Tarif für die Nutzung des Versorgungsnetzes des Alleinabnehmers. Dieser Tarif ist gem. § 7 III S. 3 EnWG vom jeweiligen Alleinabnehmer zu veröffentlichen und Bedarf der Genehmigung der Energieaufsichtsbehörde. Der Tarif entspricht quasi dem Durchleitungsentgelt beim verhandelten Netzzugang gem. § 6 I S. 1 EnWG.

---

[765] BT-Drs. 13/9211, S. 55.

[766] Hinsichtlich der weiteren „Abnahmeverweigerungsgründe" wird auf die „Durchleitungsverweigerungsgründe" verwiesen. Vgl. oben 3. Teil B. VIII.

[767] *Baur* (Fn. 753), VEnergR 1984, S. 22; *Kühne/Scholtka* (Fn. 73), S. 1907; *Kumkar* (Fn. 246), S. 27; *ders./Neu* (Fn. 21), S. 102 ff.; *Schmidtchen/Bier* (Fn. 633), S. 28 f.

Daraus folgt, dass es bei der Berechnung zunächst auf das Verhältnis von Letztabnehmer und Wettbewerber ankommt. Der Letztabnehmer schließt zunächst mit dem Wettbewerber einen Liefervertrag und vereinbart mit diesem einen bestimmten Preis. Zu den vereinbarten Konditionen „kauft" der Letztabnehmer beim Wettbewerber die vereinbarte Menge Elektrizität. Sinnvoll ist der Ankauf bei einem Wettbewerber in der Regel nur dann, wenn dessen Preisniveau unter dem des Alleinversorgers liegt. [768] Trotz dieses Liefervertrages wird der Letztabnehmer nicht vom Wettbewerber beliefert. Auf Grund des Alleinabnehmerstatus des Gebietsversorgers kann es auch gar nicht zu einer Belieferung durch Dritte kommen. Dennoch handelt es sich nicht um einen Fall der anfänglichen Unmöglichkeit. Auch wenn es dem Wettbewerber unmöglich ist, den Letztabnehmer zu beliefern, ist das Rechtsgeschäft nicht unmöglich im Sinne des BGB. Denn ein Stromliefervertrag zwischen einem Wettbewerber und einem (wegen des Alleinabnehmerstatus nicht belieferbaren) Letztabnehmer ist gesetzliche Voraussetzung für das gesamte System der Netzzugangsalternative. Erst der Abschluss eines Vertrages zwischen Letztabnehmer und Wettbewerber vermag die Pflichten des Alleinabnehmers auszulösen. Hintergrund ist der, dass der Alleinabnehmer seine Stellung als monopolistischer Gebietsversorger nur verlieren können soll, wenn dem jeweiligen Letztabnehmer wirklich ein Angebot vorliegt. Setzt das Gesetz aber einen Vertrag voraus, der eine unmögliche Leistung zwangsläufig enthalten muss, kann den Wettbewerber als Verkäufer nicht die Garantiehaftung treffen. Es handelt sich daher um einen gültigen Vertrag. Dieser Vertrag bildet dann die Grundlage für den weiteren Ablauf des Alleinabnehmersystems.

Die Elektrizität, die der Letztabnehmer bei dem Wettbewerber gekauft hat, muss der Alleinabnehmer bei dem Wettbewerber abkaufen. Allerdings zu dem Preis, den der Alleinabnehmer vom Letztabnehmer verlangt, also meist zu einem höheren Preis. Bildlich[769] vorgestellt verbringt der Wettbewerber „seine" Elektrizität zu einem Einspeisepunkt des Alleinabnehmers. An diesem Einspeisepunkt findet die „Übergabe" statt. Der Alleinabnehmer übernimmt die Elektrizität und zahlt dafür den Preis, den er von dem Letztabnehmer verlangt. Da der Wettbewerber von dem Weitertransport zum Letztabnehmer befreit ist und der Alleinabnehmer den Transport über sein Netz übernimmt, ist letzterer berechtigt, von dem zu zahlenden Preis den Tarif für die Nutzung seines Netzes abzuziehen. Der Tarif für die Nutzung des Netzes entspricht dem Entgelt, das ein Wettbewerber im System des verhandelten Netzzugangs dem Netzbetreiber für die Nutzung dessen Netzes vergüten muss. Ähnlich wie beim gesetzlich vorgegebenen Kontrahierungszwang des Alleinabnehmers zur Abnahme der Elektrizität nach § 7 II EnWG besteht hinsichtlich des Netztarifs und dem zu zahlenden Preis eine gesetzlich vorgegebene Aufrechnung.[770]

Bislang sind damit in dem Dreiecksverhältnis die Beziehungen Letztabnehmer –Wettbewerber und Wettbewerber – Alleinabnehmer beleuchtet worden. Damit ist die Elektrizität jedoch noch nicht „beim Letztabnehmer angekommen." Darüber hinaus ist auch der Vorteil für den Letztabnehmer bei einem Versorgerwechsel nicht ersichtlich. Bis zu diesem Punkt hat der Letztabnehmer „seinem" Alleinabnehmer ja noch den von diesem verlangten höheren Preis bezahlt.

Die Belieferung des Letztabnehmers erfolgt weiterhin durch den Alleinabnehmer. Zwischen diesen beiden besteht weiterhin eine synallagmatische Vertragsbeziehung, auf Grund derer der Alleinab-

[768] Obschon es auch denkbar ist, dass Abnehmer z.B. aus ökologischen Gesichtspunkten ihren Versorger wechseln wollen. So versucht z.B. die Bayernwerk AG ihr Produkt „Aquapower" am Markt zu platzieren. Aber auch politische Gründe können einen Versorgerwechsel begründen. „Lichtblick" wirbt beispielsweise mit dem Slogan „Atomstrom, nein danke!".

[769] Es soll nochmals darauf hingewiesen werden, dass bildliche Vergleiche das Verständnis erleichtern können, dem tatsächlichen Gegebenheiten aber nicht gänzlich entsprechen. Auch bei dem oben verwandten Bild wird die Energielieferung und der Energietransport wie eine Warenlieferung betrachtet. Elektrizität kann jedoch aus den bereits dargelegten Gründen nicht wie z.B. Kohle transportiert werden. Dennoch ist dieses Bild gewählt worden, da auch hier – wie bei der Durchleitung – durch den Gesetzgeber eine Fiktion verwendet wird, die diesem Bild entspricht.

[770] So auch *Büdenbender* (Fn. 126), Schwerpunkte Rn. 389.

nehmer als Gebietsversorger verpflichtet ist, den Letztabnehmer zu beliefern und der Letztabnehmer verpflichtet ist, den vom Gebietsversorger (= Alleinabnehmer) verlangten Preis zu entrichten. Dieser Preis wird – wie bereits erläutert – zumeist höher sein als der des Wettbewerbers, da ansonsten nur wenig Anlass für den Letztabnehmer bestünde, zum Wettbewerber zu wechseln. Insoweit stellt sich die Frage, wo für den Letztabnehmer der Vorteil liegt, wenn er letztlich doch den Preis „seines" Gebietsversorgers (= Alleinabnehmer) zu zahlen hat. Um für den Letztabnehmer einen wirtschaftlichen Vorteil zu erreichen, bedarf es der Weiterleitung des Differenzbetrages des von ihm an den Alleinabnehmer gezahlten „Vollpreises" und dem mit dem Wettbewerber ausgehandelten, niedrigeren „Wettbewerbspreis". Aus dem Kriterium der wirtschaftlich gleichwertigen Ergebnisses folgt, dass ein solcher Ausgleich zu erfolgen hat. Denn wenn der Letztabnehmer per Durchleitung beliefert werden würde, so müsste er an den Wettbewerber nur den niedrigeren „Wettbewerbspreis" entrichten. Auch wäre die Norm für den Letztabnehmer letztlich sinnlos, wenn er wirtschaftlich keinen Vorteile erhielte. Wie die Weiterleitung des Differenzbetrages letztlich konkret realisiert wird, ist im Gesetz jedoch nicht geregelt. Grundsätzlich wird dem Letztabnehmer der wirtschaftliche Vorteil in Form des Differenzbetrages jedoch so zukommen, dass in der Vertragsbeziehung des Letztabnehmers mit dem Wettbewerber vereinbart wird, dass der Letztabnehmer die Vergütung vom Wettbewerber erhält. Diese Vergütung entspricht der Differenz zwischen dem Preisniveau des Alleinabnehmers und dem des Wettbewerbers.

Einer gesonderten Vereinbarung zwischen Letztabnehmer und Wettbewerber über die Vergütung des Differenzbetrages bedarf es an und für sich nicht. Denn der Differenzbetrag ist ohne weiteres ermittelbar. Die einzelnen Posten zur Ermittlung des Differenzbetrages liegen vor. Sowohl das zwischen Letztabnehmer und Wettbewerber ausgehandelte Entgelt sowie der vom Letztabnehmer an den Alleinabnehmer zu zahlende Preis als auch das Netznutzungsentgelt des Alleinabnehmers stehen fest. Aus Gründen der Rechtsklarheit erscheint es jedoch sinnvoll, eine Zusatzvereinbarung die Weiterleitung des Differenzbetrages betreffend zwischen Letztabnehmer und Wettbewerber zu vereinbaren. Dies kann bei Kenntnis des Alleinversorgerstatus schon im Vertrag zwischen Letztabnehmer und Wettbewerber geschehen. Erlangen Letztabnehmer und Wettbewerber erst später Kenntnis vom Alleinversorgerstatus so empfiehlt sich eine nachträgliche Zusatzvereinbarung.[771] Durch diese komplizierte Vorgehensweise wird sichergestellt, dass der Alleinabnehmer keinerlei Kenntnis von den Interna, insbesondere der Preisvereinbarung, zwischen Wettbewerber und Letztabnehmer erhält. Er übernimmt die Elektrizität zu seinem Preis abzüglich seines Netznutzungstarifs und verkauft sie an den Letztabnehmer zu seinem Preis weiter. Die Vergütung dessen, was dem Letztabnehmer auf Grund der Differenz zwischen Strompreisniveau des Wettbewerbes und dem des Alleinabnehmers zukommt, erfolgt durch den Wettbewerber. Vorteil dieses „Basismodells" ist demnach die Wahrung der Vertragsgestaltung zwischen Wettbewerber und Letztabnehmer. Nachteil ist dagegen das komplizierte Vertragsgeflecht und damit verbunden der Zahlungswege. Den Parteien ist es jedoch unbenommen, dass komplexe System durch ein simpleres auszuwechseln.

Dies kann beispielsweise[772] dadurch geschehen, dass der Wettbewerber dem Alleinabnehmer seinen Preis offen legt. Der Alleinabnehmer kann dann seinen Netznutzungstarif unmittelbar vom Wettbewerberpreis subtrahieren und dem Letztabnehmer die Elektrizität immediat zum Wettbewerberpreis liefern. Daraus wird jedoch ersichtlich, dass die Auflösung der Komplexität mit dem Verlust der Geheimhaltung verbunden ist. Außerdem ist zu sehen, dass sowohl der Letztabnehmer als auch der Wettbewerber ein Recht auf Geheimhaltung der Vertragsmodalitäten haben. Eine Vereinfachung des Basismodells ist mithin nur möglich, wenn alle Vertragsbeteiligten einverstanden sind.[773]

---

[771] Vgl. *Becker/Rosin*, Das Single-Buyer-System gem. Energiewirtschaftsgesetz, ET 2000, S. 385 (387).

[772] Weitere Abweichungsmöglichkeiten werden unten im 3. Teil C. I. 3. b) bb) vorgestellt.

[773] Vgl. *Büdenbender* (Fn. 126), Schwerpunkte, Rn. 393 ff., der noch das Modell eines Eintrittsrechts des Alleinabnehmers vorstellt.

d) Der Tarif für die Netznutzung, § 7 III S. 2 und 3 EnWG

Wie bereits bei der Erläuterung der Vergütungsregelung angesprochen, kann der Alleinabnehmer auf Grund einer gesetzlich verbindlich vorgegebenen Aufrechnung der Preisforderung des Wettbewerbers seinen Tarif für die Netznutzung entgegenhalten. Dieser Tarif ist vom Alleinabnehmer gem. § 7 III S. 3 EnWG festzulegen und zu veröffentlichen. Sinn der Veröffentlichungspflicht ist, dass potentielle und tatsächliche Wettbewerber in ihre Preisangebote den Netznutzungstarif einkalkulieren können. Durch diese Regelung wird Art. 18 I i RL 96/92/EG umgesetzt. Der vom Alleinabnehmer festgelegte Preis ist der Energieaufsichtsbehörde zugänglich zu machen und muss von dieser genehmigt werden. Nur bei erfolgter Genehmigung kann der Alleinabnehmerstatus bewilligt werden. Es handelt sich mithin um eine zwingend zu erfüllende Voraussetzung zum Erhalt des Alleinabnehmerstatus.

Gem. § 7 III S. 2 EnWG in Verbindung mit § 6 I S. 1 EnWG darf dieser Tarif nicht ungünstiger sein als die Preise, die vom Alleinabnehmer in vergleichbaren Fällen für Leistungen innerhalb seines Unternehmens oder gegenüber verbundenen oder assoziierten Unternehmen tatsächlich oder kalkulatorisch in Rechnung gestellt werden. Der Tarif für die Nutzung des Versorgungsnetzes des Alleinabnehmers gem. § 7 III S. 2 EnWG ist somit zunächst so zu ermitteln wie das Durchleitungsentgelt des § 6 I S. 1 EnWG.[774] Auf Grund dieser Tatsache wird in den VV auch vorgesehen, dass die dort vorgesehenen Grundsätze auch im Alleinabnehmersystem Anwendung finden sollen.[775] Allerdings besteht zum System des § 6 EnWG ein wesentlicher Unterschied. Wie sich schon aus dem Wortlaut des „Verhandelten Netzzugangs“ ergibt, wird das Durchleitungsentgelt dort zwischen den Vertragspartnern verhandelt, während es bei der Netzzugangsalternative einen fixen vom Netzbetreiber vorgegebenen Tarif gibt. Beim Tarif der Netzzugangsalternative handelt es sich auch nicht um einen Durchleitungstarif, da eine Durchleitung gerade nicht stattfindet.[776] Der Vorgang einer Durchleitung wie beim verhandelten Netzzugang wird vielmehr fingiert, damit der Drittanbieter bei der Netzzugangsalternative nicht besser steht als beim verhandelten Netzzugang.[777] Daneben muss der Netznutzungstarif des Alleinabnehmers ein weiteres Kriterium erfüllen: Es muss dem Kriterium der wirtschaftlichen Gleichwertigkeit der Netzzugangsalternative zum verhandelten Netzzugang genügen.[778] Daraus folgt, dass das Entgelt für die Netznutzung des Alleinabnehmernetzes nicht höher ausfallen darf, als wenn die Belieferung des Letztabnehmers im Wege der Durchleitung durchgeführt würde.

Die Berechnung des Netzzugangstarifs des Alleinabnehmers lehnt sich mithin an der Berechnung eines Durchleitungsentgeltes an. Besser: Denkt man den Alleinabnehmerstatus des Netzbetreibers hinweg und sieht ihn stattdessen als „einfachen“ Netzbetreiber an, so müsste ein Wettbewerber für die Nutzung des Netzes ebenfalls ein Entgelt, in diesem Fall ein Durchleitungsentgelt entrichten. Eben genau diese Netznutzungsgebühr muss der Wettbewerber entrichten, wenn er einen Letztabnehmer im Gebiet eines Alleinabnehmers beliefern möchte. Der Unterschied liegt darin, dass es sich nicht um eine Durchleitung handelt, sondern diese fingiert wird. Sinn ist, dass hinsichtlich der Netznutzungsgebühr der Wettbewerber nicht besser und der Netzbetreiber nicht schlechter gestellt werden soll als beim System des verhandelten Netzzugangs.

---

[774] BT-Drs. 13/9211, S. 25.

[775] Vgl. VV I Ziff. 4.4 und VV II Ziff. 6.3 .

[776] Anders dagegen *Horstmann* (Fn. 179), S. 755.

[777] *Büdenbender* (Fn. 126) Schwerpunkte, Rn. 371 ff.

[778] Vgl. insgesamt zu diesem Kriterium unten 3. Teil C. I. 3.

e) Die Entbündelung gem. § 7 IV EnWG

Gem. § 7 IV S. 1 EnWG müssen bei vertikal integrierten EVU die Tätigkeiten des Alleinabnehmers nach den Absätzen 2 und 3 getrennt von der Erzeugungs- und Verwaltungstätigkeit verwaltet werden.[779] Die Tätigkeit als Alleinabnehmer und die sonstigen Erzeugungs- und Verteilungsaktivitäten müssen getrennt werden. Um dieses Ziel zu erreichen, muss der Alleinabnehmer jedoch nicht zwingend eine gesellschaftsrechtliche Trennung des Unternehmens vornehmen. Es reicht aus, wenn diese Trennung verwaltungstechnisch und organisatorisch vorgenommen wird.[780] Ein Informationsfluss zwischen den Tätigkeiten als Alleinabnehmer, also der Abnahme gem. Abs. 2 und der Vergütung nach Abs. 3, und denen als Erzeuger und Verteiler darf nicht stattfinden, § 7 IV S. 2 EnWG. Dies gilt ebenso in umgekehrter Richtung. Es dürfen also auch keine Informationen aus der Erzeugungs- bzw. Verteilungsebene zur Alleinabnehmerebene fließen. Hinsichtlich der vertikal integrierten EVU, die einen Alleinabnehmerstatus innehaben, ist ein Informationstransfer aber dann zulässig, wenn die entsprechenden Informationen für die Ausübung der Alleinabnehmertätigkeit gem. § 7 II und/oder III EnWG erforderlich sind.[781]

f) Ermächtigung zum Erlass einer Rechtsverordnung, § 7 V EnWG

Ebenso wie bei § 6 II EnWG ist in § 7 V EnWG eine Ermächtigungsgrundlage zum Erlass einer Rechtsverordnung vorgesehen. Danach kann das Bundesministerium für Wirtschaft, soweit dies zur Erreichung der Ziele des § 1 EnWG und zur Gewährleistung wirksamen Wettbewerbs erforderlich ist, materiellrechtliche Einzelheiten zu den in § 7 I-IV EnWG getroffenen Regelungen durch Rechtsverordnung mit Zustimmung des Bundesrates regeln. Die Ermächtigungsgrundlage entspricht im Wesentlichen der parallelen Ermächtigungsgrundlage des § 6 II EnWG und passt deren Inhalt an die Vorgaben des Alleinabnehmersystems an.[782]

3. Gleichwertige wirtschaftliche Ergebnisse, direkt vergleichbare Marktöffnung sowie direkt vergleichbarer Zugang zu den Elektrizitätsmärkten

Gem. § 7 I S. 2 EnWG wird einem EVU der Alleinabnehmerstatus nur bewilligt, wenn zu erwarten ist, dass der Netzzugang zu gleichwertigen wirtschaftlichen Ergebnissen und daher zu einer direkt vergleichbaren Marktöffnung sowie einem direkt vergleichbaren Zugang zu den Elektrizitätsmärkten führt.[783] Aus dem Umstand, dass es sich beim Alleinabnehmersystem um die sog. Netzzugangsalternative handelt, folgt, dass Vergleichsmaßstab der grundsätzlich vorzugswürdige verhandelte Netzzugang gem. § 6 EnWG ist.[784] Die drei Begriffe „gleichwertige wirtschaftliche Ergebnisse", „vergleichbare Marktöffnung" und „vergleichbarer Marktzugang" können auch unter dem gemeinsamen Oberbegriff „vergleichbarer Wettbewerb" zusammengefasst werden. Aus den Vorgaben, die durch § 7 I S. 2 EnWG aufgestellt werden, ergibt sich, dass bei der Prognoseentscheidung, welche die Behörde bei ihrer Entscheidung über den Alleinabnehmerstatus trifft, geprüft werden muss, ob

---

[779] Hierdurch wird Erwägungsgrund 31 der RL 96/92/EG in deutsches Recht umgesetzt.

[780] Vgl. auch *Horstmann* (Fn. 179), S. 764.

[781] EnWG 1998, Erläuterungen-*Recknagel* (Fn. 163), Art. 1, § 7 Anm. 11. *Horstmann* (Fn. 179), S. 765.

[782] EnWG 1998, Erläuterungen-*Recknagel* (Fn. 163), Art. 1, § 7 Anm. 12.

[783] Dies entspricht der „Harmonisierungsklausel" des Art. 3 I S. 2 sowie dem 12. Erwägungsgrund der RL 96/92/EG.

[784] So auch *Becker/Rosin* (Fn. 771), S. 386; *Horstmann* (Fn. 179), S. 750; EnWG 1998, Erläuterungen-*Recknagel* (Fn. 163), Art. 1, § 7 Anm. 1.

in dem Fall, dass der Alleinabnehmerstatus bewilligt wird, Wettbewerb sich genauso intensiv einstellt wie beim System des verhandelten Netzzugangs. Die Merkmale der „gleichwertigen wirtschaftlichen Ergebnisse", der „direkt vergleichbaren Marktöffnung" sowie des „direkt vergleichbaren Marktzugangs" stellen dabei Indikatoren für einen mit dem verhandelten Netzzugang vergleichbaren Wettbewerb dar.

Bei der Entscheidung der Behörde über die Genehmigung des Alleinabnehmerstatus handelt es sich – wie bereits angedeutet – um eine Prognoseentscheidung. Dies beruht darauf, dass die Behörde bei ihren Überlegungen über die Genehmigung und auch bei Erteilung der Genehmigung letztlich nicht mit Sicherheit wissen kann, ob der Alleinabnehmerstatus zu vergleichbarem Wettbewerb führen wird. Grundsätzlich dürfte die Behörde jedoch dahingehend gebunden sein, dass die Netzzugangsalternative zu gleichwertigen Ergebnissen führt.[785] Es kann dabei dahin stehen, ob das Alleinabnehmersystem an sich oder aber das Nebeneinander zweier unterschiedlicher Netzzugangsmöglichkeiten zum deutschen Elektrizitätsmarkt praktikabel ist oder nicht. Jedenfalls ermöglicht auch das Alleinabnehmersystem den Zugang zu den Elektrizitätsmärkten. Den Beteiligten im Alleinabnehmermodell entsteht grundsätzlich kein Nachteil im Gegensatz zum Durchleitungsmodell.

Für den Letztabnehmer besteht ebenfalls die Möglichkeit des Netzzugangs. Beim Alleinabnehmersystem wird die Möglichkeit zum Netzzugang durch die Abnahmepflicht des Alleinabnehmers gesichert. Auch partizipiert der Letztabnehmer von geringeren Bezugspreisen durch den Wettbewerb. Auf Grund der – wenn auch komplizierten – Vergütungsregelung des § 7 III EnWG wird sichergestellt, dass der Wettbewerbspreis ungemindert beim Letztabnehmer ankommt.

Auch der Netzbetreiber – in diesem Fall der Alleinabnehmer – ist grundsätzlich nicht schlechter gestellt. Seine Verteidigungsmittel im Sinne von Verweigerungsgründen sind nahezu deckungsgleich mit denen im Durchleitungsmodell. Auf der anderen Seite ist es ihm unbenommen, aktiv am Wettbewerb teilzunehmen. Das Alleinabnehmermodell besagt ja nicht, dass der Alleinabnehmer selbst nicht als Wettbewerber in anderen Gebieten tätig werden kann. Überdies erhält auch er mit dem Netzzugangstarif genau das, was er auch im Durchleitungssystem mit dem Durchleitungsentgelt erhalten würde.

Letztlich ist der Wettbewerber in der Regel ebenfalls nicht schlechter gestellt. Ihm ist es unbenommen als Wettbewerber des Alleinabnehmers aufzutreten und Kunden im Gebiet des Alleinabnehmers zu akquirieren. Auch er erhält letztlich das, was er auch im Durchleitungsfall erhalten würde. Seinen Wettbewerbspreis abzüglich des Netznutzungstarifs. Ganz und gar unabhängig vom System des Netzzugangs und damit absolut gleichwertig ist die Vergabe von Wegerechten für den Direktleitungsbau gem. § 13 I EnWG.

Grundsätzlich ist also davon auszugehen, dass das Alleinabnehmersystem zu einer vergleichbaren Wettbewerbssituation wie das Durchleitungssystem führt. Prinzipiell ist die Behörde bei ihrer Prognoseentscheidung daher dahingehend gebunden, dass das Kriterium des gleichwertigen Wettbewerbs erfüllt ist. Dies gilt vor allem dann, wenn eine Berechnung der Zahlungsflüsse und der wirtschaftlichen Ergebnisse im Alleinabnehmermodell mit Nettozahlen erfolgt, also ohne Berücksichtigung der Umsatzsteuer. Dann stehen tatsächlich sämtliche Marktteilnehmer so dar wie beim Durchleitungssystem.

---

[785] *Horstmann* (Fn. 179), S. 750; *Kumkar* (Fn. 246), S. 35; *Lukes* (Fn. 105), S. 28; *Säcker/Busche* (Fn. 105), S. 20; *Schmidtchen/Bier* (Fn. 633), S. 29 ff.; *Weigt* (Fn. 749) S. 1 ff.; *Zinow* (Fn. 175), S. 32 f.

Beispiel:[786] Das Preisniveau des Alleinabnehmers möge ***100***, das des Wettbewerbers möge ***80*** betragen. Der genehmigte Netznutzungstarif des Alleinabnehmers möge ***10*** sein.

Auf Grund seiner Abnahmeverpflichtung muss der Alleinabnehmer dem Wettbewerber die Elektrizität abnehmen, die „sein" Letztabnehmer bei dem Wettbewerber gekauft hat. Hierfür muss er dem Wettbewerber den Preis zahlen, den er vom Letztabnehmer verlangt, also ***100***. Von diesem Preis subtrahiert er jedoch den Netznutzungstarif (***10***), so dass er an den Wettbewerber letztlich ***90*** zahlt. Der Netznutzungstarif von ***10*** verbleibt dem Alleinabnehmer. Der Letztabnehmer zahlt an den Alleinabnehmer ***100***. Da er mit dem Wettbewerber jedoch nur einen Preis von ***80*** ausgehandelt hat, erhält er von diesem eine Vergütung von ***20***, so dass er letztlich nur einen Gesamtpreis (= den Wettbewerbspreis) von ***80*** zahlt. Dem Wettbewerber, der vom Alleinabnehmer ja ***90*** (= ***100*** – ***10***) erhalten hat, verbleiben nach Weiterleitung der Vergütung von ***20*** an den Letztabnehmer somit letztlich ***70***.

Dies entspricht der Situation beim verhandelten Netzzugang. Ausgehend von denselben Zahlen würde der Letztabnehmer ebenfalls ***80*** zahlen müssen. Dies wäre der direkt mit dem Wettbewerber ausgehandelte Preis. Der Netzbetreiber würde sein Durchleitungsentgelt in Höhe von ***10*** erhalten. Der Wettbewerber schließlich würde den mit dem Letztabnehmer ausgehandelten Preis von ***80*** abzüglich des Durchleitungsentgelts von ***10***, also ***70*** erhalten.

a) Berücksichtigung der Umsatzsteuer (USt.)

Schwierigkeiten hinsichtlich des Kriteriums der wirtschaftlich gleichwertigen Ergebnisse können sich jedoch auf Grund steuerrechtlicher, insbesondere umsatzsteuerrechtlicher Probleme ergeben, also dann, wenn mit Bruttozahlen gerechnet wird. Dies resultiert daraus, dass es im Rahmen des Alleinabnehmersystems sowohl umsatzsteuerpflichtige, als auch umsatzsteuerfreie Vorgänge gibt.[787]

aa) Letztabnehmer vorsteuerabzugsberechtigt

Keine Probleme diesbezüglich bestehen, wenn alle Beteiligten am Alleinabnehmersystem, also Letztabnehmer, Alleinabnehmer und Wettbewerber vorsteuerabzugsberechtigt sind. Denn dann bleibt es praktisch bei der Berechnung mit Nettozahlen, da alle Beteiligten die geleistete Umsatzsteuer über das Finanzamt zurückerhalten.[788] In Fortführung des obigen Beispiels und einer Umsatzsteuer (USt.) von 16 % bedeutet dies im Alleinabnehmermodell, dass der Alleinabnehmer an den Wettbewerber ***90 (100 – 10)*** zzgl. USt., also ***104,4*** zahlt. Der Wettbewerber entrichtet an den Alleinabnehmer den Netznutzungstarif von ***10*** zzgl. USt., also ***11,6***. Der Letztabnehmer zahlt einmal ***100*** + USt. = ***116*** an den Alleinabnehmer. Rein rechnerisch zahlt er ferner ***80*** + USt. = ***92,8*** an den Wettbewerber. Wirtschaftlich hätte er jedoch als vorsteuerabzugsberechtigter Letztabnehmer die USt. von ***12,8*** vom Finanzamt zurückerstattet bekommen, so dass er wirtschaftlich nur ***80*** zu zahlen gehabt hätte. Somit erhält er vom Wettbewerber ***100 – 80 = 20*** vergütet. Da alle Beteiligten vorsteuerabzugsberechtigt sind, erhalten sie sämtliche gezahlte USt. vom Finanzamt zurück. Daraus ergibt sich, dass die Beteiligten letztlich so stehen wie im Ausgangsfall mit Nettozahlen.

---

[786] Nach *Becker/Rosin* (Fn. 771), S. 387.

[787] Vgl. die folgenden Ausführungen. Vgl. hierzu auch *Becker/Rosin* (Fn. 771), S. 387 ff.

[788] Vgl. *Becker/Rosin* (Fn. 771), S. 387 f.

Für den Durchleitungsfall gilt dies entsprechend. Der Kunde zahlt an den Wettbewerber ***80*** + USt. =***92,8*** und erhält ***12,8*** zurück, so dass er letztlich ***80*** zahlt. Der Wettbewerber zahlt an den Netzbetreiber ***11,6*** (***10*** + USt.). Da er ***1,6*** zurückerstattet bekommt zahlt er letztlich ***10***, so dass ihm ***70*** verbleiben (***80 – 10***).

bb) Letztabnehmer nicht vorsteuerabzugsberechtigt

Anders verhält es sich aber, wenn der Letztabnehmer nicht vorsteuerabzugsberechtigt ist. Dann verbleibt beim Finanzamt – verglichen mit dem Durchleitungsfall – mehr USt., da der Letztabnehmer nicht vorsteuerabzugsberechtigt ist. Dies allein spricht noch nicht gegen die gesetzgeberische Vorgabe des gleichwertigen wirtschaftlichen Ergebnisses.[789] Aus Wortlaut und Systematik ergibt sich – wie bereits erläutert -, dass das wirtschaftliche Ergebnis des Alleinabnehmermodells mit dem des Durchleitungsmodells äquivalent sein muss. Weder beim Durchleitungsmodell des § 6 EnWG noch beim Alleinabnehmermodell des § 7 EnWG ist das wirtschaftliche Ergebnis des Finanzamts berücksichtigt. Abgestellt wird nur auf das wirtschaftliche Ergebnis jedenfalls des Letztabnehmers, u.U. auch auf das der übrigen Beteiligten (Wettbewerber und Netzbetreiber).[790] Ob das Finanzamt mehr oder weniger Steuern einnimmt, ist dementsprechend so lange unerheblich, wie das wirtschaftliche Ergebnis beim Alleinabnehmersystem für die Beteiligten dem entspricht, das sie hätten, wenn sie mit dem Durchleitungssystem operiert hätten. Genau dies ist in dem Fall, dass der Letztabnehmer nicht vorsteuerabzugsberechtigt ist, aber gerade nicht gegeben. Den Teil, den das Finanzamt im Gegensatz zu der Situation, dass der Letztabnehmer vorsteuerabzugsberechtigt ist, mehr erhält muss der Wettbewerber übernehmen, um dem Letztabnehmer gegenüber den Preis halten zu können, den er mit diesem ausgehandelt hat.

Die Problematik soll mit nachfolgendem Beispielen[791] unter Beibehaltung obiger Werte erläutert werden:

[789] a.A. *Becker/Rosin* (Fn. 771), S. 392.

[790] Zu der Problematik, für wen das wirtschaftliche Ergebnis gleichwertig sein muss, vgl. unten 3. Teil C. I. 3. b) aa).

[791] Nach *Becker/Rosin* (Fn. 771), S. 388.

Durchleitung: Letztabnehmer zahlt an Wettbewerber	*92,8*
Dies sind die vereinbarten 80 + USt.	
Wettbewerber führt USt. in Höhe von	*12,8*
an das Finanzamt ab, wo sie verbleiben, da der Letztabnehmer nicht vorsteuerabzugsberechtigt ist.	
Beim Wettbewerber verbleiben somit vorerst	*80*
Wettbewerber zahlt an den Netzbetreiber	*11,6*
Dies ist das Durchleitungsentgelt in Höhe von 10 + USt. Die USt. erhält der Wettbewerber als Vorsteuerabzugsberechtigter zurück.	
Wirtschaftlich verbleiben dem Wettbewerber somit 80 – 10 =	*70*
Gesamtergebnis:	
Wettbewerber	*70*
Alleinabnehmer	*10*
Beim Finanzamt verbleibende USt.	*12,8*
Alleinabnehmer: Letztabnehmer an Alleinabnehmer	*116*
Dies sind 100 + USt.	
Alleinabnehmer führt USt. in Höhe von	*16*
an das Finanzamt ab, wo sie verbleiben, da der Letztabnehmer nicht vorsteuerabzugsberechtigt ist.	
Alleinabnehmer an Wettbewerber	*104,4*
Dies sind 100 – 10 (Netznutzungstarif) = 90 + USt.	
Da vorsteuerabzugsberechtigt erhält der Alleinabnehmer vom Finanzamt	*14,4*
Es verbleiben ihm	*10*
Wettbewerber führt an Finanzamt ab	*14,4*
Es verbleiben ihm zunächst	*90*
Der Wettbewerber muss dem Letztabnehmer die Differenz zwischen dem vom Letztabnehmer an den Alleinabnehmer gezahlten und dem vom Letztabnehmer mit dem Wettbewerber ausgehandelten Preis vergüten.	
Letztabnehmer hat an Alleinabnehmer gezahlt	*116*
Letztabnehmer hat mit Wettbewerber vereinbart	*92,8*
Die Differenz beträgt somit	*23,2*

Die Differenz erhält er vom Wettbewerber vergütet. Hinsichtlich der Vergütungszahlung ist der Wettbewerber nicht vorsteuerabzugsberechtigt. Hierbei handelt es sich um einen umsatzsteuerfreien Vorgang. Umsatzsteuerpflichtig sind nach dem Haupttatbestand des § 1 I Nr. 1 Umsatzsteuergesetz (UStG) Lieferungen oder sonstige Leistungen gegen Entgelt. Der Oberbegriff zu Lieferung und sonstiger Leistung ist die Leistung (vgl. § 3 IX UStG). Leistungen sind gem. § 1 I Nr. 1 UStG nur steuerbar, wenn ihnen eine Gegenleistung („gegen Entgelt“) gegenübersteht. Gerade hieran mangelt es aber in der Rechtsbeziehung von Letztabnehmer und Wettbewerber. Zwar schließen die beiden einen Stromlieferungsvertrag. Dieser ist aber wegen der Alleinabnehmerstellung des Netzbetreibers nicht erfüllbar. Durch den Vertrag wird die Abnahmepflicht des Alleinabnehmers ausgelöst. Die Belieferung des Letztabnehmers erfolgt tatsächlich durch den Alleinabnehmer. Mit der Vergütung des Differenzbetrages begleicht der Wettbewerber letztlich nur seine Schulden, die daraus resultieren, dass der Letztabnehmer einen höheren Preis (an den Alleinabnehmer) gezahlt hat, als (mit dem Wettbewerber) ausgehandelt worden ist. Damit handelt es sich bei der Vergütungszahlung um eine reine Zuwendung von Geld zum Zwecke der Bezahlung. Im Sinne des UStG, welches den Verbrauch von Gütern und Dienstleistungen besteuern will, ist die Geldzahlung selbst keine Leistung.[792] Daher muss der Wettbewerber die Vergütung von ***23,2*** vollständig entrichten.

Nach Vergütung verbleiben dem Wettbewerber somit	***66,8***
Dies sind die ihm zunächst verbliebenen 90 – 23,2 (= Vergütung)	
Gesamtergebnis:	
Wettbewerber	***66,8***
Alleinabnehmer	***10***
Beim Finanzamt verbleibende USt.	***16***

Aus dem Vergleich mit der Durchleitung wird deutlich, dass der Wettbewerber beim Alleinabnehmersystem für den Fall, dass der Letztabnehmer nicht vorsteuerabzugsberechtigt ist, schlechter gestellt ist. Ihm verbleiben wirtschaftlich letztlich ***66,8***, während ihm im Durchleitungsfall ***70*** verbleiben würden.

b) Lösungsansätze für die Umsatzsteuerproblematik

Nachdem festgestellt wurde, dass das Durchleitungs- und das Alleinabnehmermodell im Falle eines nicht vorsteuerabzugsberechtigten Letztabnehmers, zu unterschiedlichen Ergebnissen für den Wettbewerber führen, stellt sich zunächst die Frage, ob diese Abweichung nicht vom Gesetz umfasst wird.

aa) Adressat und Gleichwertigkeit

Der Wortlaut des § 7 I S. 2 EnWG verlangt, dass der Netzzugang zu gleichwertigen wirtschaftlichen Ergebnissen und daher zu einer direkt vergleichbaren Marktöffnung sowie einem direkt vergleichbaren Zugang zu den Elektrizitätsmärkten führt. Ausdrücklich regelt das Gesetz nicht, für wen das Alleinabnehmersystem zu gleichwertigen Ergebnissen führen muss. Fraglich ist daher zunächst, ob die Abweichung beim wirtschaftlichen Ergebnis des Wettbewerbers – bei allen übrigen bleibt das Ergebnis ja gleich – überhaupt gegen das Merkmal des „gleichwertigen wirtschaftlichen Ergebnisses“ verstößt. Dabei stellen sich wiederum zwei Fragen; zum einen die, ob das Kriterium des gleichwertigen wirtschaftlichen Ergebnisses überhaupt für den Wettbewerber gilt und zum anderen, wenn es gilt, ob nicht eine gewisse Abweichung beim wirtschaftlichen Ergebnis auch noch als gleichwertig anzusehen ist.

Zunächst soll der Frage nachgegangen werden, ob das Kriterium des gleichwertigen wirtschaftlichen Ergebnisses überhaupt für den Wettbewerber gilt. Der Wortlaut der Norm gibt keinen direkten

[792] *Sölch/Ringleb*, Umsatzsteuer, § 1 Rn. 6.

Hinweis darauf, für wen das Alleinabnehmersystem zu gleichwertigen Ergebnissen führen muss. Der Wortlaut der Norm regelt nicht ausdrücklich, dass das Alleinabnehmersystem für den Wettbewerber zu einem gleichwertigen Ergebnis führen muss. Geregelt wird lediglich, dass das Alleinabnehmersystem zu gleichwertigen wirtschaftlichen Ergebnissen und daher einer direkt vergleichbaren Marktöffnung sowie einem direkt vergleichbaren Zugang zu den Elektrizitätsmärkten führen muss. Wie sich aus den Tatbestandsmerkmalen „und" und „sowie" ergibt, sind die einzelnen Kriterien miteinander verbunden. Daraus folgt, dass das Kriterium des gleichwertigen wirtschaftlichen Ergebnisses mit der Marktöffnung und dem Marktzugang im Zusammenhang steht. Beim Vergleich sowohl der Marktöffnung als auch des Marktzugangs ist vor allem auf den Wettbewerber und den Abnehmer abzustellen. Denn nur für diese beiden kann sich der Markt öffnen bzw. kann ein Marktzugang von Interesse sein. Der Wettbewerber war bislang nicht in der Lage, in fremde Gebiete zu liefern, der Abnehmer konnte nur von „seinem" Gebietsversorger beziehen. Daraus folgt, dass sich diese Kriterien nur auf Wettbewerber und Abnehmer beziehen können. Aus der Kumulation der Kriterien ergibt sich wiederum, dass sich auch das Kriterium des gleichwertigen wirtschaftlichen Ergebnisses auf Abnehmer und Wettbewerber beziehen muss.

Wie bereits erläutert ist Vergleichsgrundlage für die in § 7 EnWG genannten Kriterien der § 6 EnWG. Gem. § 6 I S. 1 EnWG haben Netzbetreiber anderen EVU ihr Netz zur Verfügung zu stellen, wobei die vom Netzbetreiber verlangten Bedingungen für das Gewähren von Netzzugang nicht schlechter sein dürfen, als sie vom Netzbetreiber in vergleichbaren Fällen für Leistungen innerhalb seines Unternehmens oder gegenüber verbundenen oder assoziierten Unternehmen tatsächlich oder kalkulatorisch in Rechnung gestellt werden. Anknüpfungspunkt beim Durchleitungssystem sind mithin der Netzbetreiber und das andere EVU, sprich der Wettbewerber. Auch beim Durchleitungssystem wird folglich auf die wirtschaftliche Verhältnisse u.a. des Wettbewerbers abgestellt. Da § 6 EnWG der Vergleichsmaßstab für § 7 EnWG ist, muss das Kriterium des wirtschaftlich gleichwertigen Wettbewerbs auch für den Wettbewerber gelten.

Dieses Ergebnis folgt auch aus Sinn und Zweck des Gesetzes. Sinn des Gesetzes ist es vornehmlich, am Wirtschaftsstandort Deutschland günstigere Strompreise zu erreichen.[793] Das Interesse an günstigeren Strompreisen liegt letztlich allein auf der Abnehmerseite. Demnach soll das Gesetz vor allem den Abnehmern dienen. Das vom Gesetzgeber gewählte Mittel, um diese Ziel zu erreichen, ist der Zugang zu fremden Netzen. Grundsätzliches Netzzugangssystem soll das des verhandelten Netzzugangs, das Durchleitungssystem sein. Ausnahmsweise kann der Netzzugang auch über die Netzzugangsalternative des Alleinabnehmersystems erlangt werden. Aus Gründen von Sinn und Zweck müssen beide Systeme für den Abnehmer zu gleichwertigen wirtschaftlichen Ergebnissen führen. Wenn aber der Wettbewerber beim Alleinabnehmersystem auf Grund der umsatzsteuerrechtlichen Problematik schlechter steht, als er das im Durchleitungssystem täte, wird er entweder von einer Belieferung des Abnehmers im Gebiet des Alleinabnehmers absehen oder er wird seinen Wettbewerbspreis den Umständen anpassen, folglich erhöhen. Dies würde dazu führen, dass die Marktöffnung für den Abnehmer nicht dieselbe wäre wie beim Durchleitungssystem bzw. dass das wirtschaftliche Ergebnis auch für den Abnehmer nicht mehr gleichwertig wäre. Auch daraus ergibt sich somit, dass das Kriterium des gleichwertigen wirtschaftlichen Ergebnisses auch für den Wettbewerber gelten muss.

Es stellt sich nunmehr die Frage, ob eine geringe Abweichung vom Ergebnis des Wettbewerbers im Alleinabnehmersystem im Vergleich zum Durchleitungssystem nicht unerheblich ist, weil sie vom Wortlaut „gleichwertig" gedeckt wird. Dafür könnte sprechen, dass der Gesetzgeber sich für das Merkmal „gleichwertig" entschieden hat und nicht etwa für „identisch" oder „übereinstimmend". Bei letzteren Begriffen wäre eindeutig, dass die Ergebnisse absolut gleich sein müssten.

[793] BT-Drs. 13/7274, S. 1.

Dagegen spricht indes der Wortsinn von „gleichwertig". Gleichwertig ist synonym mit äquivalent, entsprechend, vollwertig oder dasselbe. Sinngemäß bedeutet es von gleichem Wert, d.h., dass 10 = 10 ist und nicht ≈ 10. Unterstützt wird diese Wertung dadurch, dass der Gesetzgeber das Kriterium nicht dadurch abgeschwächt hat, dass er von „annähernd" gleichwertigen Ergebnissen spricht. Gleichwertig bedeutet infolgedessen im obigen Beispiel, dass das Ergebnis des Wettbewerbers 70 sein muss, um gleichwertig zu sein. Schon eine geringe Abweichung kann nicht mehr als gleichwertig angesehen werden. Daraus ergibt sich, dass das Kriterium des gleichwertigen wirtschaftlichen Ergebnisses u.a. für den Wettbewerber gilt und dass auch schon eine geringe Abweichung des wirtschaftlichen Ergebnisses im Alleinabnehmersystem von dem des Durchleitungssystems gegen das Kriterium der Gleichwertigkeit verstößt.

bb) Lösungsmodelle

Wie dargestellt führt das Alleinabnehmersystem in den Fällen, in denen der Letztabnehmer nicht zum Abzug der Vorsteuer berechtigt ist, nicht zu gleichwertigen wirtschaftlichen Ergebnissen für die Wettbewerber. Dies verstößt aber gegen eben dieses in § 7 I S. 1 EnWG aufgestellte Erfordernis. Dies besagt jedoch nicht, dass in diesen Fällen das Alleinabnehmersystem immer scheitern muss. Denn § 7 EnWG gibt nicht vor, dass das dargestellte Grundmodell die einzige Gestaltungsmöglichkeit zur Umsetzung des Alleinabnehmersystems sein muss. Gem. § 7 EnWG muss lediglich sichergestellt sein, dass trotz des Alleinabnehmerstatus des Alleinabnehmers Letztabnehmer und Wettbewerber mit wirtschaftlich gleichwertigen Ergebnissen am Wettbewerb teilnehmen können müssen. Wie die Vertragsparteien dieses Ziel erreichen ist unterdessen nicht geregelt. Es stellt sich daher die Frage, ob es andere ebenfalls von § 7 EnWG gedeckte Lösungsmodelle gibt, die dem Kriterium des gleichwertigen wirtschaftlichen Ergebnisses auch unter umsatzsteuerlichen Gesichtspunkten gerecht werden.

(1) Übernahme des Wettbewerbspreises in den Vertrag zwischen Allein- und Letztabnehmer

Wie bereits angesprochen[794] ist es denkbar, dass in den Vertrag zwischen Letzt- und Alleinabnehmer der vom Letztabnehmer mit dem Wettbewerber ausgehandelte Preis übernommen wird. Da der Letztabnehmer bereits an den Alleinabnehmer den Wettbewerbspreis bezahlt hat, ist eine Ausgleichszahlung Wettbewerber – Letztabnehmer nicht mehr erforderlich. Hieraus ergibt sich auch der umsatzsteuerrechtliche Vorteil, denn der Letztabnehmer hat an den Alleinabnehmer bereits den Wettbewerbspreis zuzüglich USt. gezahlt. Hierdurch entfällt die Vergütungszahlung des Wettbewerbers, welche bei einem nicht vorsteuerabzugsberechtigtem Letztabnehmer dazu führt, dass der Wettbewerber schlechter steht als beim Durchleitungssystem. Bleibt es in dieser Konstruktion bei der Abnahmeverpflichtung des Alleinabnehmers gegenüber dem Wettbewerber, bestehen gegen diese Variante auch keine Bedenken auf Grund des § 7 EnWG.[795] Denn dann können Wettbewerber und Letztabnehmer zu gleichwertigen wirtschaftlichen Ergebnissen am Wettbewerb teilnehmen und der Alleinabnehmerstatus des Netzbetreibers bleibt ebenfalls in vollem Umfang erhalten. Diese Konstruktion setzt allerdings das Einverständnis aller Parteien zu einer solchen Konstruktion voraus. Vor allem der Wettbewerber wird zu prüfen haben, ob es in seinem Sinne ist, dass der Alleinabnehmer, der schließlich Konkurrent ist, seinen Wettbewerbspreis erfährt. Hinsichtlich dieses Offenlegens des Wettbewerbspreises durch den Wettbewerber besteht auch noch ein weiteres Problem: ein solches Vorgehen könnte mit dem Schutz des Geheimwettbewerbs aus § 1 GWB in Kon-

[794] Vgl. oben 3. Teil C. I. 3. b) bb) (1).

[795] Vgl. *Becker/Rosin* (Fn. 771), S. 388.

flikt geraten.[796] Der Geheimwettbewerb soll danach geschützt werden, da nur dann, wenn die Konkurrenz die gegenseitigen Angebotspreise nicht kennt, Wettbewerb entstehen kann.[797] Auf Grund der Preisgabe des Wettbewerbspreis wäre dieses Geheimnis nicht länger geschützt. Der Alleinabnehmer hat in solchen Fällen grundsätzlich die Möglichkeit auf den Wettbewerbspreis zu reagieren und in dieses Angebot einzusteigen. Es ist jedoch zu beachten, dass das Prinzip des Schutzes des Geheimwettbewerbs im Rahmen des § 7 EnWG ohnehin Einschränkungen erfährt. Das gesetzlich vorgesehene Grundmodell sieht nämlich vor, dass der Preis des Alleinabnehmers dem Wettbewerber bekannt wird. Ohne Kenntnis des Alleinabnehmerpreises wäre der Wettbewerber ansonsten nicht in der Lage, die von ihm an den Letztabnehmer zu zahlende Vergütung zu berechnen, da es sich hierbei um die Differenz von Alleinabnehmerpreis und Wettbewerbspreis handelt.

Ferner ist überhaupt schon fraglich, ob es zu einer Einschränkung des Wettbewerbs durch Preisgabe des Wettbewerbspreis kommt. Zum einen wird in einigen Fällen der Alleinabnehmer den Wettbewerbspreis bereits kennen, z.B. wenn es um die Versorgung eines Privatkunden geht. Bereits jetzt werben EVU öffentlich mit ihren Preisen.[798] Natürlich kann der Alleinabnehmer nicht wissen, ob mit dem fraglichen Kunden nicht ein vom Standard abweichender Vertrag geschlossen wurde. Er kann aber ahnen, auf welchem Niveau sich das Angebot des Wettbewerbers bewegen dürfte.

Zum anderen entstehen für den Letztabnehmer keine Nachteile. Geht der Alleinabnehmer auf den Preis ein oder unterbietet ihn sogar, steht er genau so gut oder sogar besser dar. Für ihn besteht dann sogar noch die Möglichkeit, mit dem Wettbewerber wiederum einen besseren Preis auszuhandeln. Andererseits braucht der Alleinabnehmer auf das Angebot des Wettbewerbers nicht einzugehen, um seinen Kunden nicht zu verlieren. Dieser bleibt ihm auf Grund des Alleinabnehmerstatus erhalten.

Die aufgezeigte Variante, dass der Alleinabnehmer den Wettbewerbspreis erfährt und dem Letztabnehmer dann auch nur diesen Wettbewerbspreis in Rechnung stellt, ist mithin unter sämtlichen Gesichtspunkten durchführbar. Darüber hinaus wird durch sie das oben dargestellte umsatzsteuerrechtliche Problem umgangen. Sie setzt allerdings voraus, dass alle Beteiligten dieser Vorgehensweise zustimmen. Auf Grund der genannten Vorteile und wegen der einfacheren Verrechnungsweise ist davon auszugehen, dass dieses Modell in der Praxis häufig zur Anwendung kommen wird.

Faktisch dasselbe Ergebnis kann mit einem Vertrag zu Gunsten Dritter gem. § 328 BGB erlangt werden.[799] Bei dieser Konstruktion verspräche der Alleinabnehmer als Versprechender dem Wettbewerber als Versprechensempfänger, den Letztabnehmer zu den Konditionen des Wettbewerbers zu beliefern. Wie im obigen Modell bedeutete dies, dass die Vertragsparteien übereinkommen, dass der Wettbewerbspreis dem Alleinabnehmer bekannt wird. Allerdings setzt diese Variante voraus, dass zwischen sämtlichen Parteien Verhandlungen hinsichtlich der Konditionen der Stromlieferungen stattfinden müssen, welche der schriftlichen Fixierung bedürfen.[800] Insgesamt dürfte diese Vorgehensweise komplizierter sein als die einfache Übernahme des Wettbewerberpreises in den Vertrag zwischen Letzt- und Alleinabnehmer. Auf Grund dieses Nachteils gegenüber der Übernahme der Konditionen durch den Alleinabnehmer dürfte die Konstruktion des Vertrags zu Gunsten Dritter nicht in Frage kommen.

---

[796] Vgl. *Becker/Rosin* (Fn. 771), S. 388 f.

[797] Vgl. zum Schutz des Geheimwettbewerbs *Immenga/Mestmäcker* (Fn. 342), § 1 Rn. 213 ff.; 497.

[798] z.B. Yello-Strom: 19 Pf/kWh; 19,-- DM Grundgebühr. Mittlerweile veröffentlichen fast alle EVU ihre Preise im Internet.

[799] Vgl. *Büdenbender* (Fn. 126), Schwerpunkte, Rn. 396; *Becker/Rosin* (Fn. 771), S. 390.

[800] *Becker/Rosin* (Fn. 771), S. 390.

(2) Sonstige Modelle

Bei dem oben dargestellten Modell handelt es sich praktisch um das einzige derzeit bekannte Modell, welches den energierechtlichen Vorgaben entspricht und gleichzeitig die umsatzsteuerliche Problematik berücksichtigt. Sämtliche anderen Modelle sind entweder nicht praktikabel, mit den Vorgaben des § 7 EnWG nicht vereinbar oder vermögen nichts an der Umsatzsteuerproblematik zu ändern. Daher soll im Folgenden auf die Modelle, welche bislang angedacht worden sind sowie auf ihre kritischen Punkte nur kurz eingegangen werden.[801]

(a) Eintritt des Alleinabnehmers in den Vertrag Letztabnehmer – Wettbewerber

Vorausgesetzt Wettbewerber und Dritter stimmen dem zu, könnte der Alleinabnehmer in den zwischen Letztabnehmer und Wettbewerber geschlossenen Vertrag eintreten.[802]

Eine Umsetzung dieses Modells in die Realität scheitert an den energierechtlichen Vorgaben.[803] Gem. § 7 EnWG soll der Alleinabnehmer seinen Status als alleiniger Versorger beibehalten dürfen. Allerdings darf dies nicht dazu führen, dass Abnehmer im gebiet des Alleinabnehmers und Wettbewerber nicht am Wettbewerb teilnehmen dürfen. Vielmehr verlangt § 7 EnWG, dass auch Abnehmer und Wettbewerber am Wettbewerb teilnehmen dürfen. Gem. § 7 II EnWG muss der Alleinabnehmer dem Wettbewerber die Elektrizität abnehmen, die ein Letztabnehmer aus seinem Versorgungsgebiet bei diesem „gekauft" hat. Diese Verpflichtung besteht sowohl gegenüber dem Letztabnehmer als auch dem Wettbewerber.[804] Bei einem Eintritt des Alleinabnehmers in den Vertrag zwischen Letztabnehmer und Wettbewerber wird letzterer aber völlig verdrängt. An seine Stelle tritt nämlich der Alleinabnehmer. Seine nach § 7 II EnWG grundsätzlich gegebene Möglichkeit zum Stromabsatz ist ihm damit genommen. Letztlich bewirkt ein Eintrittsrecht des Alleinabnehmers mithin eine unzulässige Umgehung des § 7 II EnWG.[805] Seiner Abnahmeverpflichtung kann der Alleinabnehmer folglich nicht dadurch entgehen, dass er in den Liefervertrag zwischen Wettbewerber und Letztabnehmer eintritt.[806]

(b) Rechnungsweiterleitung

Möglich ist auch, dass der Kunde die Rechnung, die er vom Alleinabnehmer erhalten hat, an den Dritten weiterleitet. In diesem Falle könnte der Alleinabnehmer – das Einverständnis des Letztabnehmers vorausgesetzt – direkt an den Wettbewerber übergeben. Dieser würde die Rechnung für den Letztabnehmer begleichen und dann dem Letztabnehmer seine Rechnung mit dem Wettbewerbspreis aushändigen.

Diese Modell ist zwar grundsätzlich mit den energierechtlichen Vorgaben vereinbar, es löst indes die umsatzsteuerliche Problematik nicht. Denn auch die diesem Modell erfolgt keine Leistung vom Wettbewerber an den Dritten, so dass der Wettbewerber dem Letztabnehmer keine USt. in Rech-

---

801 Vgl. eingehend zu den Lösungsansätzen *Becker/Rosin* (Fn. 771), S. 389 ff.

802 Vgl. *Büdenbender* (Fn. 126), Schwerpunkte, Rn. 395; *Becker/Rosin* (Fn. 771), S. 389.

803 Gegen ein Eintrittsrecht auch *Grawe*, Netzzugang und Vorrang-Regelungen, EW 1997, S. 1309; *Kumkar/Neu* (Fn. 21), S. 177 f.

804 Vgl. oben 3. Teil C. I. 2. b).

805 So auch *Becker/Rosin* (Fn. 771), S. 389.

806 *Horstmann* (Fn. 179), S. 756; *Kumkar* (Fn. 246), S. 36.

nung stellen kann. Der Wettbewerber zahlt allerdings hinsichtlich der Begleichung der Rechnung für den Kunden USt., die er nicht geltend machen kann, da es sich nicht um eine Leistung handelt.

(c) Wettbewerber als Weiterverteiler

Die Konstruktion, dass sich der Wettbewerber im Rahmen einer juristischen Fiktion als Händler oder Weiterverteiler an der Eigentumsgrenze des Letztabnehmers (Hausanschlusssicherung) ankuppelt und bis zu diesem Punkt vom Alleinabnehmer die Durchleitung an sich selbst beantragt, um dann an den Letztabnehmer zu liefern, scheidet von vornherein aus. Wie bereits dargestellt verleiht der einmal gewährte Alleinabnehmerstatus dem Alleinabnehmer ein absolutes Durchleitungsverweigerungsrecht. Würde die Konstruktion für zulässig erachtet, wäre die Netzzugangsalternative obsolet.

(d) Gesamtgläubigerschaft von Letztabnehmer und Wettbewerber

Zu denken wäre auch an die Möglichkeit, dass sich der Wettbewerber und der Letztabnehmer zusammenschließen, um beim Vertrag zwischen Letztabnehmer und Alleinabnehmer als Gesamtgläubiger gem. § 428 BGB aufzutreten. Bei diesem Modell bleibt es bei den Vertragskonstruktionen wie im Grundmodell. Der Letztabnehmer schließt einen Vertrag mit dem Wettbewerber zum Wettbewerbspreis, ferner mit dem Alleinabnehmer zum Alleinabnehmerpreis. Der Alleinabnehmer nimmt die Elektrizität vom Wettbewerber ab und zahlt hierfür den Preis, den der Letztabnehmer an ihn entrichtet abzüglich seines Netznutzungstarifs. Bei der Verabredung der einzelnen Modalitäten müssen die Parteien sich dann aber noch über weitere Punkte einigen.

Bei der Vertragsverhandlung zwischen Letzt- und Alleinabnehmer wird verabredet, dass sich der Wettbewerber und der Letztabnehmer auf der Abnehmerseite zu Gesamtgläubigern gem. § 428 BGB zusammenschließen. Als Gesamtgläubiger sind Letztabnehmer und Wettbewerber dann beide berechtigt, die vom Alleinabnehmer zu liefernde Elektrizität abzunehmen. Es ist nicht erforderlich, dass diese Vereinbarung schon bei den Vertragsverhandlungen vorgenommen wird. Denn eine Einzelforderung kann auch nachträglich in eine Gesamtforderung umgewandelt werden. Dies ist allerdings nur mit Zustimmung des Schuldners möglich.[807] Um eine erneute Aufnahme der Vertragsverhandlungen zu vermeiden, ist es daher dennoch sinnvoll, diese Vereinbarungen sofort zu treffen und nicht zunächst eine Einzelforderung des Letztabnehmers entstehen zu lassen.

Gem. § 428 BGB ist der Schuldner im Falle der Gesamtgläubigerschaft berechtigt, nach seinem Belieben an jeden der Gläubiger zu leisten. Grundsätzlich könnte der Alleinabnehmer somit an den Wettbewerber oder den Letztabnehmer leisten. Leistete er aber direkt an den Letztabnehmer, wäre nichts gewonnen, da dann die Leistungs- als auch die Zahlungsflüsse die gleichen blieben, wie im Grundmodell. Darum setzt diese Konstruktion voraus, dass sich die Parteien darauf einigen, dass der Alleinabnehmer an den Wettbewerber in dessen Eigenschaft als Kunde liefert. Hieran dürfte diese Konstruktion scheitern.[808] Faktisch ist damit dieselbe Situation erreicht wie bei der Konstruktion „Wettbewerber als Weiterverteiler". Der Alleinabnehmer liefert zwar an den Wettbewerber als Kunden. Doch dann ist – wenn auch nur in der juristischen Sekunde – eine Weiterlieferung an den Letztabnehmer erforderlich. Für die Versorgung von Letztabnehmern in seinem Versorgungsgebiet soll nach den energierechtlichen Vorgaben aber allein der Alleinabnehmer zuständig sein.[809] Ferner

[807] BGH Urt. v. 05. März 1975 BGHZ 64, 67.

[808] a.A. *Becker/Rosin* (Fn. 771), S. 391 f.

[809] Durchbrochen werden kann diese alleinige Versorgungs- und Lieferzuständigkeit höchstens, wenn es um die Belieferung von EVUs geht, die im Gebiet des Alleinabnehmers ansässig sind.

wird die Abnahmepflicht des Alleinabnehmers faktisch umgangen. Denn der Alleinabnehmer liefert die „abgenommene" Elektrizität unmittelbar wieder an den Wettbewerber zurück und dieser beliefert dann den Letztabnehmer. Tatsächlich liefert der Wettbewerber die Elektrizität damit unmittelbar an den Letztabnehmer. Hinzu kommt, dass der Wettbewerber bei diesem Modell im Gegensatz zum Modell „Wettbewerber als Weiterverteiler" nicht an der Klemme des Letztabnehmers sitzt. Das bedeutet, dass der Alleinabnehmer dem Wettbewerber die Elektrizität am Einspeisepunkt abnimmt, um sie ihm als Kunden wiederum dorthin zurückzuliefern. Zur Belieferung des Letztabnehmers in der juristischen Sekunde müsste das Netz des Alleinabnehmers erneut in Anspruch genommen werden.

(e) Vergütung der vom Alleinabnehmer abzunehmenden Elektrizität im Verhältnis Letztabnehmer - Alleinabnehmer

Es könnte auch daran gedacht werden, dass es grundsätzlich bei den in § 7 EnWG vorgesehenen rechtlichen Beziehungen bleibt, die Vergütung der gem. § 7 II EnWG vom Alleinabnehmer abzunehmenden Elektrizität vom Alleinabnehmer aber nicht gegenüber dem Wettbewerber, sondern gegenüber dem Letztabnehmer erfolgt. Dann würde der Letztabnehmer zunächst den Alleinabnehmerpreis an den Alleinabnehmer entrichten, von diesem aber die Vergütung gem. § 7 III S. 1 EnWG zurückerstattet bekommen. Danach bekäme der Letztabnehmer also den Alleinabnehmerpreis vermindert um das Netznutzungsentgelt erstattet. Zwischen Letzt- und Alleinabnehmer erfolgte also ein doppelter Zahlungsfluss. Dagegen erfolgte zwischen Alleinabnehmer und Wettbewerber keine Zahlung. Im Verhältnis Letztabnehmer und Wettbewerber würde der Kunde nur noch den Wettbewerbspreis abzüglich der dem Letztabnehmer bei dieser Konstruktion zuzüglich entstandenen Netznutzungskosten zahlen. Dieses Konzept begegnet schon Bedenken hinsichtlich der energierechtlichen Vorgaben. Gem. § 7 III EnWG wird hinsichtlich der Abnahmevergütung auf § 7 II EnWG verwiesen. § 7 II EnWG regelt die Abnahmeverpflichtung des Alleinabnehmers gegenüber dem Wettbewerber. Es wird also das Verhältnis Alleinabnehmer – Wettbewerber geregelt. Daher spricht viel dafür, dass auch die Abnahmevergütung in eben diesem Verhältnis vollzogen werden muss.[810] Darüber hinaus ist zweifelhaft, ob dieses System geeignet ist, die umsatzsteuerrechtliche Problematik zu lösen. Erneut findet nämlich zwischen Letztabnehmer und Wettbewerber keine Leistung statt.

cc) Zusammenfassung

Das Kriterium des wirtschaftlich gleichwertigen Ergebnisses gilt auch für den Wettbewerber. Dabei bedeutet wirtschaftlich gleichwertig, dass das Ergebnis bei einem Vorgehen gemäß der Netzzugangsalternative dasselbe wie bei einem Vorgehen gemäß dem verhandelten Netzzugang sein muss. Das Grundmodell des Alleinabnehmersystems erfüllt dieses Kriterium grundsätzlich auch. Allerdings weicht das Ergebnis für den Wettbewerber dann ungünstig ab, wenn der Letztabnehmer nicht vorsteuerabzugsberechtigt ist. Eine Lösung für diese Problematik ist praktisch nur zu erreichen, wenn der Alleinabnehmer die Konditionen des Wettbewerbers in das Verhältnis zum Letztabnehmer übernimmt oder die Alleinabnehmer und Wettbewerber einen Vertrag zu Gunsten Dritter schließen. Beides setzt freilich die Preisgabe des Wettbewerbspreises voraus. Ferner müssen alle Vertragsparteien einer solchen Vorgehensweise zustimmen.

---

[810] *Becker/Rosin* (Fn. 771), S. 390.

4. Einheitliche Bewilligung

Ist ein Antrag seitens eines Netzbetreibers gestellt worden, liegen die Voraussetzungen der Absätze 2-5 vor und ist zu erwarten, dass das Alleinabnehmersystem zu gleichwertigen wirtschaftliche Ergebnissen und daher zu einer direkt vergleichbaren Marktöffnung sowie einem direkt vergleichbaren Zugang zu den Elektrizitätsmärkten führt, erteilt die Behörde die entsprechende Bewilligung. Nach § 7 I S. 1 EnWG gilt die Bewilligung nur hinsichtlich der Versorgung von Letztverbrauchern. Letztverbraucher im Sinne von § 7 I S. 1 EnWG sind Personen – gleich ob Privatpersonen oder juristische Personen –, welche Elektrizität ausschließlich für eigene Zwecke erwerben, also nicht zur Weitergabe an Dritte.[811] Gem. § 7 I S. 3 EnWG darf die Bewilligung nur einheitlich für das gesamte Gebiet, in dem das den Alleinversorgerstatus beantragende EVU die allgemeine Versorgung[812] durchführt, oder für alle von ihm versorgten Gebiete einer Gemeinde erteilt werden.

Die Beschränkung des § 7 I S. 3 EnWG wirkt sich in zweierlei Hinsicht aus: zum einen wird hierdurch offensichtlich der Gestaltungsspielraum der Energieaufsichtsbehörde eingeschränkt. Eine nur teilweise Bewilligung für ein Teilgebiet der Gemeinde kommt für sie nicht in Betracht. Eben diese Folge ergibt sich zum anderen aber auch für den Alleinabnehmer. Ihm ist die Möglichkeit genommen, in gewissen Fällen auf seinen Alleinabnehmerstatus zu verzichten, obwohl ihm das in einigen Fällen gelegen sein könnte.[813] Da das Alleinabnehmersystem für den Gebietsversorger streitet, könnte angenommen werden, dass sich der Alleinabnehmer dieses Schutzes begeben kann. Dies wird jedoch durch § 7 I S. 3 EnWG verhindert, indem dort eine nur auf Teile des Gemeindegebietes begrenzte Bewilligung untersagt wird. Denn wenn eine solche Bewilligung gesetzlich vorgegeben nur für das gesamte Gebiet ausgesprochen werden darf, kann dieser Umstand nicht durch den Verzicht des Alleinabnehmers ausgeschlossen werden.[814] Insofern bedeutet dies für den Netzbetreiber, dass er den Alleinversorgerstatus ganz oder gar nicht erhält.[815] Hierüber muss er sich bei Beantragung des Alleinversorgerstatus im Klaren sein.

Lediglich in seiner 2. Alternative beinhaltet § 7 I S. 3 EnWG eine gewisse Gestaltungsmöglichkeit für den Alleinversorger. § 7 I S. 3, 2. Alt. EnWG regelt den Fall, dass ein Netzbetreiber nicht die gesamte Gemeinde versorgt, sondern nur bestimmte Teile einer Gemeinde. In einem solchen Fall darf die Bewilligung ebenfalls nur einheitlich für sämtliche vom Alleinabnehmer versorgte Gemeindeteile ergehen. Wie die Bewilligung zu ergehen hat, wenn der Netzbetreiber mehrere Gemeinden versorgt und den Alleinabnehmerstatus beantragt, ist in § 7 I S. 3 EnWG nicht ausdrücklich geregelt. Jedoch macht die Alternative nur dann einen Sinn, wenn sie dem Netzbetreiber in einem solchen Fall eine Wahlmöglichkeit einräumt. D.h., dass der Netzbetreiber sich hinsichtlich der Versorgung der einen Gemeinde für den verhandelten Netzzugang gem. § 6 EnWG und für die Versorgung der anderen Gemeinde für das Alleinabnehmersystem gem. § 7 EnWG entscheiden kann.[816] Hätte der Gesetzgeber eine solche Wahlmöglichkeit ausschließen wollen, so hätte er keine Alternativlösung formulieren müssen, sondern hätte die Bewilligung immer auf das gesamte Versorgungsgebiet des Netzbetreibers beschränken müssen.

---

[811] EnWG 1998, Erläuterungen-*Recknagel* (Fn. 163), Art. 1, § 7 Anm. 6.2.1.

[812] Vgl. zur Allgemeinen Versorgungspflicht § 10 EnWG

[813] So beispielsweise, wenn der Netzbetreiber in der Öffentlichkeit in die Kritik geraten ist, weil er an seiner Monopolstellung festhält und darum „Good-will"-Durchleitungen zulassen möchte. Vgl. hierzu *Büdenbender* (Fn. 126), Schwerpunkte, Rn. 384.

[814] Vgl. *Büdenbender* (Fn. 126), Schwerpunkte, Rn. 385.

[815] So auch *Büdenbender* (Fn. 126), Schwerpunkte, Rn. 385 „Alles-oder-Nichts-Prinzip".

[816] So auch *Büdenbender* (Fn. 126), Schwerpunkte, Rn. 386.

II. Zugangsverweigerung

Wie bereits mehrfach angesprochen gibt der einmal erlangte Status als Alleinabnehmer diesem das Recht, Durchleitungen zu verweigern. Fraglich ist jedoch, ab welchem Zeitpunkt der Netzzugang unter Hinweis auf den Alleinabnehmerstatus verweigert werden kann. Zum Teil wird angenommen, dass schon mit Stellen des Antrags auf Bewilligung des Alleinabnehmerstatus die Sperrwirkung des § 7 EnWG zu Lasten von Durchleitungsinteressen gilt.[817]

Aus dem Wortlaut des § 7 I S. 1 EnWG ergibt sich jedoch, dass die Sperrwirkung des § 7 EnWG erst mit der Bewilligung des Alleinabnehmerstatus gilt. Dort heißt es, dass die Behörde eine Bewilligung erteilt, „durch die die Anwendung des § 5 ausgeschlossen wird." Daraus folgt, dass durch die Bewilligung der Behörde die Anwendung des § 5 und damit des § 6 EnWG ausgeschlossen wird. Dies wiederum bedeutet, dass bis zum Zeitpunkt der Bewilligung Durchleitungsinteressen zu berücksichtigen sind.[818]

Ferner ordnet § 7 II S. 2 EnWG an, dass § 6 I S. 2-4 und III EnWG entsprechende Anwendung finden. Daraus folgt, dass sämtliche Verweigerungsgründe, welche für das Durchleitungssystem gelten, entsprechende Anwendung beim Alleinabnehmersystem finden. Dies gilt auch für die Verweigerungsgründe, die in Artikel 4 des Neuregelungsgesetz geregelt sind, also für die Reziprozitäts- sowie für die Braunkohleschutzklausel. Für Art. 4 § 3 Neuregelungsgesetz ergibt sich dies unmittelbar aus dem Wortlaut der Norm, wonach „bei der Beurteilung, ob die Ablehnung des Netzzugangs gemäß Art. 1 §§ 6 und 7 unzulässig" ist, die Notwendigkeit ausreichend hoher Verstromung ostdeutscher Braunkohle berücksichtigt werden muss. Für Art. 4 § 2 Neuregelungsgesetz folgt dies nicht unmittelbar, aber doch auch dem Wortlaut der Norm. Gem. Art. 4 § 2 Neuregelungsgesetz können EVU den Netzzugang für Elektrizität, die aus dem Ausland geliefert werden soll, ablehnen, soweit der zu beliefernde Abnehmer dort nicht ebenfalls durch Dritte beliefert werden könnte. Der Wortlaut der Norm spricht nur davon, dass der Netzzugang verweigert werden darf. Der Netzzugang ist in Deutschland auf zwei Arten zu erlangen. Entweder auf Grund des Durchleitungssystems oder auf Grund des Alleinabnehmersystem. Da in Art. 4 § 2 Neuregelungsgesetz lediglich von Netzzugang gesprochen wird und nicht von einem bestimmten Netzzugangssystem, muss die Reziprozitätsklausel mithin für beide Systeme gelten. Hinsichtlich der Verweigerungsgründe wird auf die Ausführungen beim Durchleitungssystem verwiesen.

D. Überprüfung der Netzzugangsregelung, § 8 EnWG

§ 8 EnWG ordnet an, dass das Bundesministerium für Wirtschaft dem Deutschen Bundestag im Jahre 2003 über die Erfahrungen mit den Wettbewerbswirkungen der Regelungen der §§ 6 und 7 EnWG Bericht zu erstatten hat, § 8 S. 1 EnWG. Nach Auswertung der bis dahin gemachten Erfahrungen und ergangenen Rechtsprechung soll dann entschieden werden, ob die derzeitigen rechtlichen Instrumentarien zur Einführung und zur Gewährleistung wirksamen Wettbewerbs ausreichen oder ob zur Erreichung dieses Ziels und der Ziele des § 1 EnWG Änderungen bezüglich des Netzzugangs vorgenommen werden müssen, damit gleichwertige wirtschaftliche Ergebnisse, insbesondere eine direkt vergleichbare Marktöffnung sowie ein direkt vergleichbarer Marktzugang erreicht werden, § 8 S. 2 EnWG.

Durch diese Anordnung wird sichergestellt, dass die vom Gesetzgeber gewählten Instrumentarien zur Marktöffnung und Gewährleistung von Wettbewerb umfassend überprüft werden. Die vom

---

[817] *Franke*, Zulassungsvoraussetzungen zum Alleinabnehmersystem, ET 1999, S. 273 (276).

[818] Im Ergebnis so auch *Büdenbender* (Fn. 126), Schwerpunkte, Rn. 398 f.

Gesetzgeber hierfür vorgesehen Frist bis zum Jahr 2003 ist relativ kurz bemessen.[819] Eine Überprüfung der Netzzugangsinstrumentarien ist durchaus sinnvoll. Bis zur Gesetzesnovelle von 1998 gab es auf dem Elektrizitätsmarkt in Deutschland keinen Wettbewerb. Insoweit erscheint es sinnvoll, die völlig neuartigen Instrumentarien zur Gewährleistung von Wettbewerb zu überprüfen, ob sie den gewünschten Erfolg gebracht haben. Die relativ kurz bemessene Frist verhindert ein zu langes Beibehalten der Instrumentarien, wenn diese erkennbar nicht funktionieren. In einem gemeinsamen europäischen Elektrizitätsmarkt könnte der Wirtschaftsstandort Deutschland dann ins Hintertreffen geraten.

Besondere Bedeutung im Rahmen des § 8 EnWG erlangt dessen Satz 3. Danach treten, soweit sich auf Grund des Berichts des Bundesministeriums für Wirtschaft und auf Grund der sich daran anschließenden Beratungen nichts anderes ergibt, sämtliche Bewilligungen nach § 7 I EnWG spätestens am 31. Dezember 2005 außer Kraft. Sollten Alleinabnehmerstatus-Bewilligungen nicht bereits vor dem 31. Dezember 2005 ausgelaufen sein, so ergibt sich aus § 8 S. 3 EnWG, dass sie spätestens dann auslaufen. Wenn bereits erteilte Bewilligungen am 31. Dezember 2005 auslaufen, dann folgt daraus erst recht, dass keine über den 31. Dezember 2005 hinauswirkende neue Bewilligungen erlassen werden können oder welche gar erst nach dem 31. Dezember 2005 erlassen werden.[820] Letztlich bedeutet dies, dass die Regelung der Netzzugangsalternative gem. § 7 EnWG zum 31. Dezember 2005 ausläuft. An dieser Bestimmung zeigt sich erneut das Regel-Ausnahme-Verhältnis von § 6 zu § 7 EnWG.

E. Praxisrelevante Fragen des Versorgerwechsels

Bislang wurde das rechtliche Instrumentarium dargestellt, welches der Gesetzgeber im Energiewirtschaftsgesetz von 1998 vorgesehen hat, um in der Elektrizitätswirtschaft umfassenden, wirksamen brancheninternen Wettbewerb einzuführen. Nach dem Willen des Gesetzgeber sollen sämtliche Abnehmer in der Bundesrepublik ihren Versorger selbst wählen dürfen. Sowohl Sonder- als auch Tarifkunden sind deshalb mittlerweile in der Lage sich von dem Lieferanten ihrer Wahl versorgen zu lassen. Hinsichtlich der Vorgehensweise bei einem Versorgerwechsel hat der Gesetzgeber keinerlei Regelungen aufgestellt. Auch in diesem Zusammenhang stellen sich allerdings einige Rechtsfragen.

Ein Kunde wird sich dann von einem neuen Lieferanten versorgen lassen wollen, wenn dieser ihm ein besseres Angebot unterbreitet. Besser ist das Angebot zumeist dann, wenn es für den Kunden preislich günstiger ist. Denkbar ist aber auch, dass der Kunde zu einem Anbieter wechselt, der ihm garantiert, dass der gelieferte Strom bestimmte Attribute erfüllt. So ist schon jetzt ein Trend ersichtlich, um Kunden für Strom aus regenerativen Energien besonders zu werben. Hat ein Kunde den Wechsel für sich vollzogen und sich für einen neuen Versorger entschieden, so muss er den Vertrag mit dem bisherigen Versorger beendigen (I). Ferner muss er einen Energieliefervertrag mit dem neuen Lieferanten abschließen. Diesbezüglich ergeben sich keinerlei Besonderheiten zur bisherigen Rechtslage. Probleme können aber auftreten, wenn der Kunde den Vertrag mit seinem bisherigen Versorger gekündigt hat und nun die Versorgung durch den neuen Lieferanten nicht erfolgt (II).

---

[819] EnWG 1998, Erläuterungen-*Recknagel* (Fn. 163), Art. 1, § 8.

[820] *Büdenbender* (Fn. 126), Schwerpunkte, Rn. 345.

I. Kündigung des bisherigen Stromliefervertrags

Die Beendigung des bisherigen Stromliefervertrags setzt eine wirksame Kündigung voraus. Zur Wirksamkeit bedarf es der richtigen Form und Frist. Die Voraussetzungen an die Wirksamkeit einer Kündigung differenzieren danach, ob es sich bei dem Kunden um einen Tarif- oder um einen Sonderkunden handelt.

1. Kündigung durch Tarifkunden

a) Kündigungsfrist

Bei einer Kündigung durch einen Tarifkunden sind die Kündigungsfristen des § 32 I AVBEltV zu beachten. Vorgesehen ist danach, dass der Tarifkunde den Tarifvertrag mit einer Frist von einem Monat auf das Ende des Kalendermonats kündigen kann. Werden durch das versorgende EVU die allgemeinen Bedingungen der Versorgung oder die allgemeinen Tarife geändert, kann der Tarifkunde gem. § 32 II AVBEltV das Vertragsverhältnis mit einer zweiwöchigen Frist auf das Ende des folgenden Monats, in dem die öffentliche Bekanntgabe erfolgte, kündigen.

Maßgeblich für den Beginn der Kündigungsfrist ist der Zeitpunkt des Eingangs der Kündigung beim Versorgungsunternehmen. Daraus folgt, dass eine am ersten Kalendertag des Monats eingegangene Kündigung erst zum Ende des darauf folgenden Monats wirksam wird. Wann die Kündigung als empfangsbedürftige Willenserklärung zugegangen ist, beurteilt sich nach § 130 I S. 1 BGB.

b) Form der Kündigung

Für die Kündigung des Stromliefervertrags durch den Tarifkunden gibt es ein gesetzliches Formerfordernis. Gem. § 32 VII der Verordnung über Allgemeine Bedingungen für die Elektrizitätsversorgung von Tarifkunden (AVBEltV) hat die Kündigung schriftlich zu erfolgen. Das gesetzliche Schriftformerfordernis führt zu § 126 I BGB. Danach muss, so ein Gesetz die schriftliche Form vorschreibt, die Urkunde von dem Aussteller eigenhändig durch Namensunterschrift oder mittels notariell beglaubigten Handzeichen unterzeichnet werden. Regelmäßig unproblematisch wird dies sein, wenn der Kunde selbst es ist, der das Kündigungsschreiben verfasst und seinem bisherigen Versorger zusendet. In diesem Fall wird er grundsätzlich auch die Unterschrift geleistet haben. Er hat jedoch zu beachten, dass es sich bei der Kündigung um eine empfangsbedürftige Willenserklärung handelt. Die formgerechte Kündigung wird daher nur wirksam, wenn sie dem Erklärungsempfänger zugeht. Daher genügt ein Telegramm oder ein Telefax dem Erfordernis der eigenhändigen Unterschrift nicht. Dies gilt, wie sich aus einem Umkehrschluss aus § 127 BGB ergibt, selbst dann nicht, wenn das Original eigenhändig unterschrieben worden ist.[821] Der Zugang regelt sich nach den allgemeinen Regelungen des BGB über den Zugang von Willenserklärungen, § 130 I S. 1 BGB. Demnach ist die Kündigung zugegangen, wenn sie derart in den Machtbereich des Empfängers gelangt ist, dass unter normalen Umständen nach der Verkehrsauffassung mit der Kenntnisnahme durch ihn gerechnet werden kann.

Probleme können jedoch bei der teilweise geübten Praxis einiger Lieferanten entstehen. Sie bieten ihren (zukünftigen) Kunden an, sämtliche mit dem Lieferantenwechsel zusammenhängenden Details zu regeln. Hierzu lassen sie sich von dem Kunden bevollmächtigen und treten als dessen Vertreter im Sinne des § 164 BGB auf. Dabei haben auch sie das Erfordernis der eigenhändigen Unterschrift zu berücksichtigen. Hieran sind strenge Anforderungen zu stellen, so dass die – im

[821] BGH Urt. v. 28. Januar 1993 BGHZ 121, 224.

Geschäftsverkehr verbreitete – Unterzeichnung durch Stempel, Faksimile oder sonstige mechanische Hilfsmittel unzulässig ist.[822] Auch hier genügen Telegramm und Telefax nicht dem Schriftformerfordernis. Darüber hinaus hat der Lieferant zu beachten, dass die Kündigung als einseitiges Rechtsgeschäft nach § 174 S. 1 BGB unwirksam ist, wenn er als Bevollmächtigter eine Vollmachtsurkunde nicht vorlegt und der bisherige Versorger des Kunden die Kündigung unverzüglich zurückweist. Daher hat der Lieferant seine Vollmachtsurkunde der Kündigung beizufügen. Hierbei muss es sich um das Original handeln. Eine Fotokopie oder eine beglaubigte Abschrift[823] reichen ebenso wenig aus wie die Vorlage einer Faxkopie[824] oder das Angebot, die Vollmacht beim Bevollmächtigten einzusehen.[825] Die Zurückweisung wegen nicht vorgelegter Vollmacht ist ihrerseits eine einseitige empfangsbedürftige Willenserklärung.[826] Die Zurückweisung hat unverzüglich, d.h. ohne schuldhaftes Zögern (§ 121 I S. 1 BGB), zu erfolgen. Ob ein schuldhaftes Zögern vorliegt oder nicht, ist vom jeweiligen Einzelfall abhängig. Gem. § 174 S. 2 BGB ist eine Zurückweisung jedoch dann ausgeschlossen, wenn der Vollmachtgeber den anderen von der Bevollmächtigung in Kenntnis gesetzt hat. Teilt der Kunde seinem bisherigen Versorger also mit, dass er den neuen Lieferanten bevollmächtigt habe, kann eine Kündigung nicht mehr wegen Nichtvorlage der Vollmachtsurkunde zurückgewiesen werden. Eine anderweitige Kenntniserlangung des bisherigen Versorgers von der Bevollmächtigung reicht grundsätzlich nicht aus. Anders verhält es sich dagegen, wenn der Vertreter in eine Stellung berufen wird, die grundsätzlich mit einer Vollmacht ausgestattet ist.[827] Insbesondere ist hier an die Prokura zu denken.

Wird eine Kündigung durch den bevollmächtigten Lieferanten nicht wirksam, insbesondere weil er die Vollmachtsurkunde nicht beigefügt hat und eine unverzügliche Zurückweisung erfolgt ist, und ist eine Kündigung zum in Rede stehenden Termin nicht mehr möglich, läuft der Vertrag zwischen Kunden und bisherigem Versorger zunächst weiter. Da dies durch das schuldhafte Verhalten des Lieferanten verursacht wurde, ist er dem Kunden zum Schadensersatz verpflichtet, wenn dieser – wie regelmäßig – höhere Preise an den bisherigen Versorger zahlen muss. Der Schaden des Kunden liegt in der Differenz zwischen dem (höheren) Preis des bisherigen Versorgers und dem des Lieferanten.[828]

c) Teilkündigung des Versorgungsvertrags

Tarifkunden, die ihren Versorger wechseln wollen, werden – zumindest derzeit noch – regelmäßig ihren jetzigen Stromliefervertrag noch vor der Energiewirtschaftsreform geschlossen haben. Diesen Verträgen ist regelmäßig zu Eigen, dass in ihnen nicht nur die Stromlieferung, sondern auch der Netzanschluss geregelt wird. Nachdem nunmehr für Kunden die Möglichkeit besteht, sich von anderen Lieferanten beliefern zu lassen, kommt es – macht der Kunde von der Möglichkeit Gebrauch – regelmäßig zu einem Auseinanderfallen von Elektrizitätsliefer- und Netzanschlussvertrag. Die Elektrizität wird von einem neuen Versorger geliefert, der Netzanschlussvertrag besteht aber weiter mit dem bisherigen Versorger, in dessen neuer Position als Netzbetreiber. Aus diesem Grunde müsste der Kunde, um von einem neuen Lieferanten versorgt werden zu können, den die Stromlieferung betreffenden Teil des Vertrags mit seinem bisherigen Versorger kündigen. Dies

---

[822] BGH Urt. v. 27. April 1999 BGH NJW-RR 1999, 1251 ff.; Palandt-*Heinrichs* (Fn. 286), § 126 Rn. 7.

[823] BGH Urt. v. 04. Februar 1981 BGH NJW 1981, 1210.

[824] OLG Hamm Urt. v. 26. Oktober 1990 OLG Hamm NJW 1991, 1185.

[825] Palandt-*Heinrichs* (Fn. 286), § 174 Rn. 2.

[826] Palandt-*Heinrichs* (Fn. 286), § 111 Rn. 5.

[827] BAG Urt. v. 22. Januar 1998 BAG ZiP 1998, 748.

[828] *Genten/Rosin*, Praktische Rechtsfragen beim Wechsel des Energielieferanten, ET 2000, S. 469 (470).

stellt eine Teilkündigung eines Vertrags dar. Teilkündigungen vor Verträgen sind grundsätzlich nicht zulässig. Ausnahmen bestehen nur dort, wo das Gesetz, wie beispielsweise in § 564 b II Nr. 4 BGB, eine solche vorsieht. Eine solche gesetzliche Ausnahmevorschrift liegt hinsichtlich der Stromlieferverträge nicht vor. Ausnahmsweise ist eine Teilkündigung auch möglich, wenn die Parteien dies vereinbart haben oder, wenn ein wichtiger Grund für eine Teilkündigung vorliegt.[829] In der Regel dürfte eine vertragliche Abrede nicht bestehen, da die Parteien zur alten Rechtslage nicht damit rechneten, dass es zu einem Auseinanderfallen von Netzanschluss und Stromlieferung kommen kann. Gerade auf Grund der Änderung innerhalb der Elektrizitätswirtschaft dürfte aber ein wichtiger Grund vorliegen. Die geschlossenen Versorgungsgebiete, in denen ein Abnehmer „gefangen" war, sind zu Gunsten von umfassendem Wettbewerb abgeschafft worden. Die Rechtslage hat sich fast vollständig umgekehrt. Im Gegensatz zur alten Rechtslage macht die Trennung von Netzanschluss- und Stromliefervertrag nunmehr Sinn. Keinen Sinn hingegen würde es ergeben, wenn der Kunde gezwungen würde, bei einem Versorgerwechsel den kompletten Vertrag mit seinem bisherigen Versorger kündigen zu müssen, um anschließend einen Stromliefervertrag mit dem neuen Versorger und einen Netzanschlussvertrag mit seinem bisherigen Versorger, in dessen Eigenschaft als Netzbetreiber schließen zu müssen.[830] Die grundlegende Änderung des Rechtsrahmens in der Elektrizitätswirtschaft bedeutet einen wichtigen Grund zur Teilkündigung des Stromliefervertrags.[831]

d) Kündigungsrecht des Kunden wegen Fusion seines Versorgers mit einem anderen Unternehmen?

Für den Fall, dass ein EVU den Stromnetz- und/oder Vertriebsbereich des bisherigen Versorgers des Kunden übernimmt und damit in die Rechte und Pflichten aus dem Vertrag mit dem bisherigen Versorger und dem Kunden eintritt, sieht § 32 VI S. 3 AVBEltV ein besonderes Kündigungsrecht vor. Der Kunde kann dann das Vertragsverhältnis mit zweiwöchiger Frist auf das Ende des der Bekanntmachung der Übernahme folgenden Monats kündigen. Aus gegebenem Anlass[832] besteht die Frage, ob die Regelung des § 32 VI S. 3 AVBEltV über ihren Wortlaut hinaus auch auf Fusionen anzuwenden ist.

Dem stehen aber die Regelungen der §§ 20, 22 des Umwandlungsgesetzes (UmwG) vom 28. Oktober 1994[833] entgegen, die grundsätzlich für Fusionen gelten. Danach gehen die Rechte und Pflichten des übertragenden auf das übernehmende Unternehmen über. Dieses wird dadurch neuer Vertragspartner. Die Regelungen des UmwG räumen für den Fall der Fusion aber gerade kein Sonderkündigungsrecht ein. Insoweit stehen § 32 VI S. 3 AVBEltV und §§ 20, 22 UmwG in einem Spannungsverhältnis zueinander. Dieses Spannungsverhältnis ist dahingehend zu lösen, dass § 32 VI S. 3 AVBEltV nicht auf Fusionen anzuwenden ist. Zum einen ist eine Anwendung auf Fusionen vom Wortlaut nicht umfasst. Zum anderen ist festzuhalten, dass Übernahme einerseits und Fusion andererseits nicht unbedingt vergleichbar sind. Während bei ersterem der ursprüngliche Vertragspartner ganz wegfällt und stattdessen ein völlig neuer Vertragspartner dem Kunden gegenübersteht, bringt sich bei einer Fusion der bisherige Vertragspartner in einem neuen Unternehmen ein. Zwar entsteht auch durch die Fusion ein neues Unternehmen, der Vertragspartner ist hieran aber in gewissem Umfang beteiligt. Gegen eine Anwendung des § 32 VI S. 3 AVBEltV auf Fusionen sprechen ferner die Grundsätze lex posterior derogat legi priori sowie lex specialis derogat legi

[829] BGH Urt. v. 21. November 1985 BGHZ 96, 275 ff.

[830] Es sei darauf hingewiesen, dass dem Kunden natürlich die Möglichkeit offen steht, genau so vorzugehen.

[831] *Genten/Rosin* (Fn. 828), S. 471.

[832] Vgl. nur die Fusionen von VEBA und VIAG und RWE und VEW.

[833] BGBl. I, 3210.

generali. Zum einen gehen die 1994 erlassenen Regelungen des UmwG den 1979 erlassenen Regelungen der AVBEltV vor. Darüber hinaus handelt es sich bei den Regelungen des UmwG im Vergleich mit denen der AVBEltV um die spezielleren. Auch der Umstand, dass der Gesetzgeber bei Fusionen gerade kein Sonderkündigungsrecht vorsieht, spricht dafür, dass dem auch in der Elektrizitätswirtschaft so sein soll.[834] Selbst wenn jedoch eine Anwendung des § 32 VI AVBEltV auch auf Fusionen angenommen würde, wären die praktischen Auswirkungen gering. Statt einer monatlichen käme dem Kunden eine zweiwöchige Kündigungsfrist zu.

2. Kündigung durch Sonderkunden

a) Kündigungsfrist

Gesetzlich sind für Verträge mit Sonderkunden keine Kündigungsfristen vorgesehen. Die AVBEltV gelten für diese Verträge nicht. Grundsätzlich sind die Kündigungsfristen frei verhandelbar. Deshalb differieren sie in der Praxis. Einschränkungen hinsichtlich der freien Verhandelbarkeit können sich allerdings aus dem Gesetz über die Allgemeinen Geschäftsbedingungen (AGBG) ergeben. Bezüglich des Zugangs der Kündigung ergeben sich keine Besonderheiten. Es gilt dasselbe wie bei den Tarifkunden,

b) Form der Kündigung

Hinsichtlich der Form der Kündigung ergeben sich allerdings Abweichungen. Da die AVBEltV nicht auf die Verträge mit Sonderkunden anwendbar sind, gilt auch nicht das Schriftformerfordernis des § 32 VII AVBEltV.[835] Daraus folgt wiederum, dass kein gesetzliches Schriftformerfordernis vorliegt. § 126 BGB findet daher grundsätzlich keine Anwendung. Es ist den Parteien jedoch unbenommen, ein Schriftformerfordernis zu vereinbaren. Dies kann einerseits so erfolgen, dass die Parteien eine vertragliche Regelung aufnehmen, dass die Kündigung der Schriftform bedarf oder andererseits dadurch, dass sie die entsprechende Anwendung der AVBEltV erklären. Es liegt dann eine sog. gewillkürte Schriftform vor. Diese wird in § 127 BGB geregelt. Im Zweifel gilt nach § 127 S. 1 BGB auch für die gewillkürte Schriftform die Vorschrift des § 126 BGB. Ist keine abweichende Regelung im Vertrag enthalten, so ist grundsätzlich § 126 BGB heranzuziehen. Gleichwohl werden durch § 127 S. 2 HS. 1 BGB Erleichterungen gewährt. So genügt auch eine telegraphische Übermittlung dem Schriftformerfordernis. Dem steht eine Übermittlung per Telefax oder einem schriftlichen Telegramm gleich.[836] Da das nicht eigenhändig unterschriebene Ankunftstelegramm den Anforderungen des § 127 BGB genügt, sind auch mechanisch hergestellte Unterschriften allgemein als zulässig anzusehen.[837] Diese Erleichterungen werden jedoch nur gewährt, wenn ein entgegenstehender Wille nicht anzunehmen ist. Ferner ist zu beachten, dass nach § 127 S. 2 HS. 2 BGB eine dem § 126 BGB entsprechende Beurkundung verlangt werden kann. Diese dient allerdings nur Beweiszwecken. Für die Gültigkeit des Rechtsgeschäfts – hier der Kündigung – ist dies ohne Bedeutung.[838]

---

[834] *Genten/Rosin* (Fn. 828), S. 472.

[835] Vgl. auch § 1 II AVBEltV.

[836] BGH Urt. v. 22. April 1996 BGH NJW-RR 1996, 866.

[837] Palandt-*Heinrichs* (Fn. 286), § 127 Rn. 2.

[838] Palandt-*Heinrichs* (Fn. 286), § 127 Rn. 3.

II. Interimsverträge

Möglich ist, dass der Kunde den Wechsel für sich vollzogen hat und, um ihn auch in die Praxis umzusetzen, den Stromliefervertrag mit seinem bisherigen Versorger gekündigt hat, der neue Lieferant – aus welchen Gründen auch immer – zum vereinbarten Termin die Versorgung jedoch nicht aufgenommen hat. Trotz Beendigung des Vertrags mit dem bisherigen Versorger bezieht der Kunde dann Strom von diesem. In einem solchen Fall ergeben sich Fragen hinsichtlich des Rechtsverhältnisses zwischen Kunden und dem bisher durch Vertrag verpflichteten, nunmehr nur tatsächlichen Versorger.

1. Tarifkunden

Zum einen kann eine solche Konstellation in der Weise entstehen, dass der Kunde seinen alten Stromvertrag gekündigt hat und sich der neue Lieferant bei der Organisationseinheit Netzbetrieb des bisherigen Versorgers gemeldet hat, um mit diesem einen Durchleitungsvertrag zu schließen. Bei dieser Konstellation ist dem Netzbetreiber daher bekannt, dass der Kunde durch einen neuen Lieferanten versorgt werden soll. Ausgangspunkt für die Betrachtung ist § 2 II AVBEltV, der regelt, dass ein Stromliefervertrag im Tarifkundenbereich auch durch die bloße Entnahme des Tarifkunden aus dem Netz entsteht. Nach § 32 I AVBEltV liefe dieser Vertrag 1 Jahr. § 2 II AVBEltV ist damit Ausfluss der sog. Lehre vom sozialtypischen Verhalten. Danach kommt in den Fällen, in denen Leistungen im Rahmen der Daseinsvorsorge zu festen Bedingungen bereitgestellt werden, der Vertrag nicht durch Abgabe von Willenserklärungen, sondern durch die tatsächliche Inanspruchnahme der Leistung zu Stande. Der Bezieher wird auf Grund der tatsächlichen Inanspruchnahme auch dann zur Gegenleistung verpflichtet, wenn er zum Ausdruck bringt, dass er dieses nicht will.[839] Nach dieser Lehre entstünde durch die Abnahme des Kunden erneut ein Stromliefervertrag mit dem bisherigen Versorger, unabhängig davon, ob der neue Lieferant sich rechtzeitig gemeldet hat oder nicht.

Die Lehre vom sozialtypischen Verhalten unterliegt jedoch Bedenken. Gegen sie ist einzuwenden, dass grundsätzlich keine Notwendigkeit besteht, einen Vertragsschluss durch sozialtypisches Verhalten anzunehmen, weil ohnehin in derartigen Fällen regelmäßig ein Vertrag durch konkludentes Angebot und konkludente Annahme zu Stande kommt. Das Bereitstellen ist als konkludentes Vertragsangebot zu verstehen und die Inanspruchnahme der Leistung ist die konkludente Annahme des Angebots. Ein dagegen erhobener Widerspruch des Beziehers, die Gegenleistung nicht erbringen zu wollen, ist als „protestatio facto contraria“ unerheblich.[840] Der BGH ist mittlerweile ebenfalls von der Lehre vom sozialtypischen Verhalten abgerückt und lässt sie – wenn überhaupt – nur noch für den Massenverkehr gelten.[841] Die Lehre vom sozialtypischen Verhalten und damit auch die Anwendung des § 2 II AVBEltV ist aus diesem Grunde abzulehnen, zumal der Lehre der Gedanke zu Grunde lag, dass in den Fällen der Massenversorgung im Rahmen der Daseinsvorsorge ohnehin keine Vertragsfreiheit bestünde und die Vertragsbedingungen nicht ausgehandelt werden könnten. Der Rahmen der Elektrizitätswirtschaft hat sich aber dahin geändert, dass genau diese Voraussetzungen nicht mehr vorliegen. Genau aus diesem Grunde kann aber auch die Lösung über konkludent erteilte Willenserklärungen bei den in Rede stehenden Konstellationen zumindest hinsichtlich der Vertragsannahme nicht greifen. Empfangsbedürftige Willenserklärungen sind so auszulegen, wie sie der Empfänger nach Treu und Glauben unter Berücksichtigung der Verkehrssitte verstehen

---

[839] BGH Urt. v. 14. Juli 1956 BGHZ 21, 319; BGH Urt. v. 29. Januar 1957 BGHZ 23, 175.

[840] *Larenz* (Fn. 347), § 28 II.

[841] BGH Urt. v. 07. Januar 1971 BGH FamRZ 1971, 247 ff.

musste.[842] Weiß der bisherige Versorger aber von dem Umstand, dass ein neuer Lieferant bereit steht, so kann er die Entnahme des Kunden nicht als konkludente Vertragsannahme verstehen. Auch auf diese Weise kann somit eigentlich nicht von einem erneuten Vertragsschluss ausgegangen werden. Selbst wenn hierin aber doch ein Vertragsschluss gesehen wird, so beurteilt sich die Laufzeit des Vertrags nicht nach § 32 I AVBEltV, der eine Laufzeit von einem Jahr vorsieht. In Ansehung des alten Rechtsrahmens sollte die Laufzeit von einem Jahr dem Versorger zur besseren Tarifkalkulation dienen.[843] Im neuen Rechtsrahmen, in dem Stromlieferverträge auch bezüglich der Laufzeit frei verhandelbar sind, kann ein solcher Grund keine Berücksichtigung mehr finden. Hinzu kommt, dass der Netzbetreiber in der hiesigen Konstellation die Kenntnis hat, dass der Bezug des Kunden nur solange dauern soll, bis die Durchleitung durch den neuen Lieferanten zu Stande gekommen ist. Daher ist – so ein Vertragsabschluss durch die Entnahme des Kunden gesehen wird – die Vertragslaufzeit auf die Zeit zu beschränken, bis die Versorgung durch den Dritten aufgenommen wird. Dies gilt sowohl für die Annahme, dass der Vertrag durch sozialtypisches Verhalten als auch für die Annahme, dass der Vertrag durch konkludente Willenserklärungen abgegeben wurde. Die Anwendung des § 32 I AVBEltV würde überdies in eklatanter Weise gegen das Ziel des Gesetzes, umfassenden Wettbewerb zu ermöglichen, verstoßen.[844]

Nun kann es aber auch vorkommen, dass ein Kunde seinen Stromvertrag gekündigt hat, eine Belieferung durch den neuen Lieferanten nicht stattfindet, so dass er weiterhin Strom von seinem bisherigen Versorger bezieht, und sich der neue Lieferant erst jetzt meldet oder es sogar ganz unterlässt. In diesem Fall, weiß der bisherige Versorger nicht, dass der Kunde wechseln will. Kenntnis besitzt er nur hinsichtlich der Kündigung. Zum Teil wird angenommen, dass in einem solchen Fall gem. § 2 II i.V.m. § 32 I AVBEltV ein neuer Jahresvertrag zwischen Kunde und bisherigem Versorger zu Stande kommt. Die Bedenken hinsichtlich § 2 II AVBEltV bleiben jedoch bestehen. Die Unkenntnis des bisherigen Versorgers vom Wechselwillen des Kunden ändert nichts an den Bedenken gegen die Lehre vom sozialtypischen Verhalten. Überdies vermag diese Unkenntnis auch nicht das Bedürfnis des bisherigen Versorgers an einer besseren Kalkulation und einer Vertragslaufzeit von einem Jahr zu begründen. Dieser Gedanke ist innerhalb des neuen Rechtsrahmens vollständig überholt. Zukünftig wird die Kalkulation der Tarifpreise sich nicht mehr auf längerfristige Verträge stützen können. Innerhalb eines wettbewerblich ausgerichteten Markts wird es eher zu kurzfristigen Verträgen kommen, da die Abnehmer zukünftig eventuell bessere Konditionen nicht verpassen wollen. Zwar ist dem bisherigen Versorger – im Gegensatz zur obigen Konstellation – nicht positiv bekannt, dass der Kunde wechseln will, regelmäßig kann er jedoch davon ausgehen, dass der Kunde auf Grund der ihm jetzt zustehenden Möglichkeit, Strom von einem Dritten (günstiger) zu beziehen, seinen Stromvertrag kündigt, um von eben dieser Möglichkeit Gebrauch zu machen. Vorzugeben, nichts von einer Wechselabsicht des Kunden zu wissen, wäre ein Rückzug auf eine formale Rechtsposition, die hinsichtlich des Grundsatzes von Treu und Glauben Bedenken unterliegt. Auch hier verstieße die automatisch eintretende einjährige Vertragslaufzeit gegen das Ziel effektiven Wettbewerbs. Der wechselwillige Kunden wäre auf Grund eines Verschuldens eines Dritten für ein weiteres Jahr vom Wettbewerb ausgeschlossen. Aus diesen Gründen muss auch hier die Laufzeitregelung des § 32 I AVBEltV mittels einer an Sinn und Zweck orientierten Interpretation angepasst werden. In Betracht käme hier, dass dem wechselwilligen Kunden eine Sonderkündigungsrecht zugestanden wird, dass der Vertrag nicht zwangsläufig ein weiteres Jahr läuft, sondern er den Vertrag mit einer Frist von einem Monat auf das Ende des Kalendermonats kündigen kann.

---

[842] BGH Urt. v. 05. Oktober 1961 BGHZ 36, 30 (33); BGH Urt. v. 24. Februar 1988 BGHZ 103, 275 (280); BGH Urt. v. 12. März 1992 BGH NJW 1992, 1446; st. Rspr.

[843] Amtliche Begründung des BMWi, abgedruckt in: Tegethoff/Büdenbender/Klinger (Fn. 68), § 32 AVBEltV IV A.

[844] *Genten/Rosin* (Fn. 828), S. 473.

2. Sonderkunden

Grundsätzlich ergeben sich hinsichtlich der Sonderkunden keine Unterschiede zu der Problematik bei den Tarifkunden. Insofern gelten die dort gemachten Aussagen sinngemäß. Zu beachten ist jedoch, dass die AVBEltV in Verträgen mit Sonderkunden nicht gelten, es sei denn, es ist vereinbart, was in der Regel aber nicht der Fall sein wird. Insofern kann hier ein Vertrag nur durch die Abgabe konkludenter Willenserklärungen erfolgen. Kommt ein solcher „Interimsvertrag“ zu Stande, so werden die im bisherigen Vertrag geltenden Bedingungen nicht uneingeschränkt übernommen. Den besonderen Gegebenheiten, der Ausgestaltung als „Lückenfüller“, ist bei der Vertragsgestaltung Rechnung zu tragen. Dies betrifft vor allem die Laufzeit.[845] Diesbezüglich gilt ebenfalls, dass der Interimsvertrag mit Beginn der Durchleitung endet.

---

[845] *Genten/Rosin* (Fn. 828), S. 473.

4. Teil: Kartellrechtliche Marktöffnungsregelungen

A. Durchleitungsregelung des § 19 I, IV Nr. 4 GWB

§ 19 I, IV Nr. 4 GWB:

(1) Die missbräuchliche Ausnutzung einer marktbeherrschenden Stellung durch ein oder mehrere Unternehmen ist verboten.

(4) Ein Missbrauch liegt insbesondere vor, wenn ein marktbeherrschendes Unternehmen als Anbieter oder Nachfrager einer bestimmten Art von Waren oder gewerblichen Leistungen

4. sich weigert, einem anderen Unternehmen gegen angemessenes Entgelt Zugang zu den eigenen Netzen oder anderen Infrastruktureinrichtungen zu gewähren, wenn es dem anderen Unternehmen aus rechtlichen oder tatsächlichen Gründen ohne die Mitbenutzung nicht möglich ist, auf dem vor- oder nachgelagerten Markt als Wettbewerber des marktbeherrschenden Unternehmens tätig zu werden; dies gilt nicht, wenn das marktbeherrschende Unternehmen nachweist, dass die Mitbenutzung aus betriebsbedingten oder sonstigen Gründen nicht möglich oder nicht zumutbar ist.

I. Missbrauch einer marktbeherrschenden Stellung

Mit § 19 IV Nr. 4 GWB hat der Gesetzgeber nunmehr im Rahmen der 6. Kartellrechtsnovelle eine eigene kartellrechtliche Durchleitungsregelung geschaffen. Angesiedelt wurde die kartellrechtliche Durchleitungsregelung innerhalb der Missbrauchsaufsicht über marktbeherrschende Unternehmen und wurde als Exempel für einen typischen Missbrauch einer marktbeherrschenden Stellung ausgestaltet. Aus dem Tatbestandsmerkmal „insbesondere" geht dabei hervor, dass die in § 19 IV GWB vorgenommene Aufzählung nicht abschließend ist. Nach § 19 IV Nr. 4 GWB liegt ein Missbrauch einer marktbeherrschenden Stellung insbesondere dann vor, wenn ein marktbeherrschendes Unternehmen als Anbieter oder Nachfrager einer bestimmten Art von Waren oder gewerblichen Leistungen sich weigert, einem anderen Unternehmen gegen angemessenes Entgelt Zugang zu den eigenen Netzen oder anderen Infrastruktureinrichtungen zu gewähren, wenn es dem anderen Unternehmen aus rechtlichen oder tatsächlichen Gründen ohne die Mitbenutzung nicht möglich ist, auf dem vor- oder nachgelagerten Markt als Wettbewerber des marktbeherrschenden Unternehmens tätig zu werden.

1. Marktbeherrschende Stellung

Grundvoraussetzung zur Vornahme einer Handlung im Rahmen der Missbrauchsaufsicht ist zunächst das Vorliegen einer marktbeherrschenden Stellung des den Zugang verweigernden netzbetreibenden Unternehmens. Die Prüfung einer marktbeherrschenden Stellung ist unter Berücksichtigung der Normierung in § 19 II GWB und unter Beachtung der Vermutungsregelung in § 19 III GWB vorzunehmen. Generell stellen die Regelungen des § 19 II und III GWB n.F. keine qualitativen Änderungen zu den Regelungen des § 22 I-III GWB a.F. dar. Daher kann bei der Prüfung eines Missbrauchs einer marktbeherrschenden Stellung auf die bislang geübte Praxis zurückgegriffen werden. Die allgemeine Meinung[846] ermittelt die Marktbeherrschung in einem Doppelschritt:

- zuerst wird der sachlich, räumlich und gegebenenfalls auch zeitlich relevante Markt bestimmt,

- sodann wird versucht, auf dem nunmehr abgegrenzten Markt den Beherrschungsgrad des Unternehmens festzustellen. Dabei wird eine Kombination von Marktstruktur- und Marktverhaltenstests (vgl. § 19 II Nr. 2 GWB) als Kriterium verwendet.

Die Feststellung einer marktbeherrschenden Stellung eines Netzbetreibers wird nach der Abschaffung der kartellrechtlichen Freistellung und der Liberalisierung des Strommarktes ungleich schwerer fallen als zu Zeiten des Monopolsystems.[847]

a) Marktabgrenzung

Die Marktbeherrschung eines Unternehmens lässt sich nicht generell, sondern nur für einen bestimmten Teilmarkt, den sog. „relevanten Markt", feststellen. Der relevante Markt ist in sachlicher, räumlicher und u.U. auch in zeitlicher Hinsicht von den anderen Teilmärkten abzugrenzen. Dabei ist die Überprüfung der Beherrschung eines relevanten Marktes durch ein Unternehmen immer aus der Sicht der oppositionellen Marktseite vorzunehmen. Die Marktabgrenzung ist ein juristischer Bewertungsvorgang.[848]

aa) Sachlich relevanter Markt

Die herrschende Meinung grenzt den sachlich relevanten Merkt mit dem sog. Bedarfsmarktkonzept ab.[849] Nach diesem Konzept gehören „sämtliche Erzeugnisse, die sich nach ihren Eigenschaften, ihrem wirtschaftlichen Verwendungszweck und ihrer Preislage so nahe stehen, dass der verständige Verbraucher sie als für die Deckung eines bestimmten Bedarfs geeignet in berechtigter Weise abwägend miteinander vergleicht und als gegeneinander austauschbar ansieht",[850] zu einem sachlich relevanten Markt. Zu fragen ist demnach, welche Güter und Leistungen aus der Perspektive der Marktgegenseite nachgefragt werden, und ob sie aus deren Sicht substituierbar sind.[851]

Im Falle eines Durchleitungsbegehrens stehen sich Netzbetreiber und Durchleitungspetent gegenüber. § 19 IV Nr. 4 GWB kommt dabei nur eine Rolle zu, wenn dem Durchleitungspetenten der Zugang zum Netz des Betreibers verweigert wird. Wird der Durchleitung stattgegeben, ist eine Missbrauchsprüfung obsolet. Daraus folgt, dass der Durchleitungspetent die Marktgegenseite darstellt, auf deren Sichtweise es ankommt. Die Leistung, die der Durchleitungsinteressent begehrt, ist der Zugang zum Netz des Betreibers, so dass er Elektrizität in dessen Netz einspeisen kann, um einen Kunden an einem entfernt liegenden Ort zu beliefern. Als sachlich relevanter Markt kommt

---

[846] *Emmerich*, Kartellrecht, 8. Aufl., 1999, S. 233; *Immenga/Mestmäcker* (Fn. 342), § 22 Rn. 18, 24 ff., 44 ff.; *Traugott*, Zur Abgrenzung von Märkten, WuW 1998, S. 929 ff.

[847] *Horstmann* (Fn. 179), S. 784; *Scholz* (Fn. 289), S. 211 f.

[848] *Bechtold* (Fn. 322), § 22 Rn. 4.

[849] *Emmerich* (Fn. 846), S. 234; *Immenga/Mestmäcker* (Fn. 342), Rn. 22 (24 ff.); *Langen/Bunte* (Fn. 325), § 22 Rn. 10; *Traugott* (Fn. 846), S. 929 f.

[850] KG Urt. v. 18. Februar 1969 WuW/E OLG 995 (996); BGH Urt. v. 03. Juli 1976 WuW/E BGH 1435 (1440); BGH Urt. v. 16. Dezember 1976 WuW/E BGH 1445 (1447); BGH Urt. v. 25. Juni 1985 WuW/E 2150 (2153).

[851] *Horstmann* (Fn. 179), S. 785; *Traugott* (Fn. 845), S. 935 ff.

hier somit ein „Markt für Durchleitungen“[852] in Betracht. Einen solchen Markt hat die Rechtsprechung des BGH[853] schon für die alte Rechtslage anerkannt. Dabei war der BGH zunächst von der allgemein praktizierten wirtschaftlichen Betrachtungsweise ausgegangen und stellte die Frage, ob es einen „Markt für Durchleitungen“ im wirtschaftlichen Sinne gibt. Problematisch bei dem vom BGH zu beurteilenden Fall war, dass das durchleitungsverweigernde Unternehmen, die VNG, in ihrem gesamten Versorgungsgebiet bis dato keine Durchleitung vorgenommen hatte und der Durchleitungspetent, die WIEH, mit seinem Durchleitungswunsch der einzige Nachfrager war. Zunächst stellte der BGH fest, dass ein Unternehmen kartellrechtlich auch dann als Teilnehmer auf einem Markt angesehen werden kann und dann u.U. auch als marktbeherrschend, wenn es bislang auf diesem Markt noch nicht aufgetreten ist und auch nicht auftreten will. Diese Auslegung orientierte sich an Sinn und Zweck des GWB, das auf die Freiheit des Wettbewerbs ausgerichtet ist. Denn gerade die totale Verweigerung des Marktzutritts durch ein Unternehmen stellt den gravierendsten Fall von einem die Freiheit des Wettbewerbs ausschließenden Missbrauch dar. Derlei Konstellationen könnten aber bei anderer Vorgehensweise nicht erfasst werden. Dennoch konnte ein Missbrauchsvorwurf nur dann begründet werden, wenn die Verweigerung trotz eines „gleichartigen Unternehmen üblicherweise zugänglichen Geschäftsverkehrs“[854] erging. Daher fragte der BGH weiter, was sich innerhalb der zu überprüfenden Branche in natürlicher Entwicklung als allgemein geübt und als angemessen empfunden herausgebildet hat. Einen solchen Geschäftsverkehr, wie er von der VNG verweigert wurde, konnte der BGH zum damaligen Zeitpunkt jedoch nicht erkennen. Dennoch kam der BGH zu dem Ergebnis, ein „Markt für Durchleitungen“ sei gesetzlich definiert, indem er feststellte, dass nach § 103 V S. 2 Nr. 4 i.V.m. VII GWB a.F. in der Verweigerung einer Durchleitung ein Missbrauch der durch die kartellrechtlichen Freistellung (§ 103 I GWB a.F.) erlangten Position bzw. ein Missbrauch einer sonstigen, tatsächlichen marktbeherrschenden Stellung (§ 22 IV GWB a.F.) liegen könne. Diese Argumentation hat in der Literatur Kritik erfahren.[855] Aufhänger der Kritik war, dass es keinen „Markt für Durchleitungen“ im wirtschaftlichen Sinne gab. Nunmehr hat der Gesetzgeber durch die Regelung des verhandelten Netzzugangs in § 6 EnWG und die Einfügung einer eigenständigen Durchleitungsregelung in § 19 IV Nr. 4 GWB n.F. einen „Markt für Durchleitungen“ geschaffen. Das Vorliegen eines solchen Marktes als sachlich relevanter Markt nach der neuen Rechtslage kann nicht bestritten werden und wird wohl auch von niemandem ernsthaft bestritten. Sachlich relevanter Markt ist mithin der Durchleitungsmarkt.[856] Daran ändert sich auch nichts dadurch, „dass die Durchleitung elektrischer Energie keiner eigenständigen und abschließenden Marktpositionierung des Durchleitungsinteressenten gilt, sondern nur ein Hilfsmittel für die letztlich angestrebte Versorgung anderer Unternehmen oder auch für eine effizientere Eigenversorgung ist“.[857] Märkte für Vorprodukte und unselbstständige Dienstleistungen zur Ermöglichung einer endgültigen Marktposition in einem anderen Bereich sind auch anderweitig bekannt.[858]

[852] So auch KG Berlin Beschl. v. 9. Juni 1993 RdE 1994, S. 20 (24); BGH Urt. v. 15. November 1994 WuW/E 2953 (2958) = RdE 1995, 123 (125); *Büdenbender* (Fn. 126), Rn. 268.

[853] BGH (Fn. 852) RdE 1995, 123 (125).

[854] Formulierung des § 26 II GWB a.F.

[855] *Langer*, Durchleitung von Energie gemäß § 103 Abs. 5 GWB, ET 1995, S. 395 ff.; sowie *Ebel*, Durchleitung von Strom und Gas nach § 103 GWB, WuW 1994, S. 731 ff. (734) und *Klaue*, Einige Bemerkungen zur Gasdurchleitungsentscheidung des Kammergerichts in Berlin, RdE 94, S. 88 ff. (89) zu der gleichen Argumentation der Vorinstanz: KG WuW/E OLG 5165.

[856] Vgl. *Britz* (Fn. 46), S. 120; *Pfeiffer* (Fn. 34), S. 52 ff., 80 f.; *Stewing*, Gasdurchleitung nach Europäischem Recht, S. 24 ff.

[857] *Büdenbender* (Fn. 129), Rechtsfragen, S. 122.

[858] *Büdenbender* (Fn. 129), Rechtsfragen, S. 122; *Markert*, Zur Frage der kartellrechtlichen Unbilligkeit der Verweigerung wettbewerbsbegründender Durchleitungen, BB 1993, S. 1023 ff.

bb) Räumlich relevanter Markt

Auch der räumlich relevante Markt ist nach dem Bedarfsmarktkonzept aus der Sicht der Marktgegenseite abzugrenzen.[859] Dabei kann der räumlich relevante Markt den gesamten Geltungsbereich des GWB umfassen, kann aber auch auf einzelne regionale oder lokale Teilmärkte beschränkt sein. Des Weiteren kann eine räumliche Marktabgrenzung auf Grund gesetzlicher Vorschriften[860] vorgenommen werden oder sich aus einem natürlichen Monopol ergeben.[861] In Durchleitungsfällen wird der relevante Markt in räumlicher Hinsicht durch das Gebiet bestimmt, das für die nachgefragte Durchleitung sinnvollerweise in Betracht kommt.[862] Bestimmend sind dabei der Punkt der Einspeisung, der Entnahmepunkt sowie die zwischen beiden liegende Verbindungsleitung. Grundsätzlich sind bei der Bestimmung des räumlich relevanten Marktes auch die alternativen Durchleitungswege heranzuziehen.[863] Durch das Kriterium des „sinnvollerweise in Betracht kommenden Marktes" werden aber hauptsächlich solche Alternativen ausgeschieden, die wirtschaftlich nicht sinnvoll sind.[864] In wirtschaftlicher Hinsicht wird der Sinn einer Durchleitung maßgeblich von der Höhe des Durchleitungsentgelts bestimmt. Ein alternativer Durchleitungsweg ist somit nicht mehr sinnvoll, wenn das Durchleitungsentgelt derart hoch ist, dass eine Durchleitung wirtschaftlich nicht mehr vernünftig wäre. Für die Bestimmung des räumlich relevanten Marktes bedeutet das, dass als räumlich relevant nur das Gebiet bezeichnet werden kann, das für die nachgefragte Durchleitung sinnvollerweise in Betracht kommt.[865] Es ist davon auszugehen, dass der durchleitungsverpflichtete Netzeigentümer in der Regel eine marktbeherrschende Stellung innehaben wird.[866]

b) Marktbeherrschung

Nach der Feststellung des relevanten Marktes ist die Beherrschung dieses Marktes durch das in Frage kommende Unternehmen zu eruieren. Die Marktbeherrschung ist anhand der gesetzlichen Normierung des § 19 II Nr. 1 und 2 GWB und anhand der Vermutungsregelung des § 19 III GWB vorzunehmen. Gem. § 19 II Nr. 1 GWB ist ein Unternehmen marktbeherrschend, wenn es als Anbieter oder Nachfrager ohne Wettbewerber ist oder keinem wesentlichen ausgesetzt ist. Eine Marktbeherrschung liegt gem. § 19 II Nr. 2 GWB aber auch dann vor, wenn das Unternehmen im Verhältnis zu seinen Wettbewerbern eine überragende Marktstellung hat.

Ist ein EVU auf dem relevanten Durchleitungsmarkt der einzige Netzbetreiber, dessen Leitungen für die betreffende Durchleitung in Frage kommen, so ist es als Anbieter ohne Wettbewerber. Damit sind die Voraussetzungen des § 19 II Nr. 1 Alt. 1 GWB erfüllt. Eine Marktbeherrschung liegt vor. Derartige Monopole können auf Grund rechtlicher oder tatsächlicher Gründe bestehen.[867]

---

[859] OLG Düsseldorf WuW/E OLG 3335ff. (3339) „Inter Mailand-Spiel".

[860] BKartA TB 75, 79 und 77, 76.

[861] BGH Urt. v. 22. Oktober 1973 WuW/E 1299ff. „Strombezugspreis"

[862] BGH (Fn. 71) WuW/E 2953ff. (2960); LG Düsseldorf (Fn. 316); *Stewing* (Fn. 856), S. 36.

[863] Die Versorgung eines Abnehmers mit elektrischer Energie kann u.U. auch über alternative Durchleitungswege verwirklicht werden. So mag es z.B. für die Versorgung die Versorgung des Abnehmers A für den Einspeiser E die einfachste Möglichkeit sein, das Netz des N in Anspruch zu nehmen. Alternativ könnte er A aber auch erreichen, wenn er die Netze von N2 und N3 in Anspruch nähme.

[864] *Immenga/Mestmäcker* (Fn. 342), § 22 Rn. 38.

[865] BGH (Fn. 852) 2953, 126.

[866] *Büdenbender* (Fn. 129), Rechtsfragen, S. 122.

[867] *Emmerich* (Fn. 846), S. 243, *Horstmann* (Fn. 179), S. 793; *Immenga/Mestmäcker* (Fn. 342), § 22 Rn. 45.

In der Vergangenheit bestanden derartige Leitungsmonopole wegen des Monopolsystems der leitungsgebundene Elektrizitätsversorgung. Die einzelnen EVU versicherten sich untereinander, auf Wettbewerb zu verzichten. Rechtlich abgesichert wurden diese Vereinbarungen durch ein Geflecht horizontaler und vertikaler Abreden, die durch die §§ 103, 103 a GWB gesetzlich geduldet wurden. Auf Grund dessen kam es in der Vergangenheit u.a. auch nicht zu einem Bau paralleler Leitungsnetze. Es bestand sozusagen ein rechtliches Leitungsmonopol. Aber auch nach der Aufgabe der Freistellung und der Einführung von Wettbewerb mit der daraus resultierenden Möglichkeit des Direktleitungsbaus als Wettbewerbsinstrument,[868] ist nicht davon auszugehen, dass den Netzbetreibern die Monopolstellungen verloren gehen. Der Bau paralleler Leitungsnetze ist in den meisten Fällen wirtschaftlich uninteressant. Teilweise kommt noch hinzu, dass rechtliche - insbesondere umweltrechtliche - Vorschriften entgegenstehen.[869] Nach der Aufgabe der kartellrechtlichen Freistellung handelt es sich zwar nicht mehr um „rechtliche Monopole". Die Netzbetreiber werden aber regelmäßig über eine „faktische Monopolstellung" verfügen.[870]

Wie bereits erwähnt, ist es aber auch möglich, das ein Letztabnehmer über verschiedene, in unterschiedlichen Eigentumsverhältnissen stehende Leitungsverbindungen erreicht werden kann. Eine Monopolstellung bei der Belieferung dieses Abnehmers läge dann weder in rechtlicher noch in tatsächlicher Form vor. Das Tatbestandsmerkmal, keinem Wettbewerber ausgesetzt zu sein, wäre nicht erfüllt. Gem. § 19 II Nr. 1 Alt. 2 reicht es aber für eine Qualifizierung als marktbeherrschend aus, wenn das EVU „keinem wesentlichen Wettbewerb ausgesetzt ist" oder gem. § 19 II Nr. 2 GWB „eine im Verhältnis zu seinen Wettbewerbern überragende Marktstellung hat". Ob ein EVU „keinem wesentlichen Wettbewerb ausgesetzt ist" oder „eine im Verhältnis zu seinen Wettbewerbern überragende Marktstellung hat", beurteilt sich jeweils vorrangig am Marktanteil des betreffenden EVU auf dem relevanten Durchleitungsmarkt.[871] Nach der Vermutungsregel des § 19 III S. 1 GWB liegt eine Marktbeherrschung dann vor, wenn das Unternehmen einen Marktanteil von mindestens einem Drittel hat. Als Bezugsgröße kommen in einem Durchleitungsfall sämtliche Leitungsverbindungen in Betracht, die sinnvollerweise zur Versorgung des betreffenden Abnehmers genutzt werden können. Die Summe der Leistungen aller in Frage kommenden Leitungen[872] ergibt das Volumen des relevanten Durchleitungsmarktes.[873] Hat das fragliche EVU einen Anteil von einem Drittel an diesem Volumen, spricht das Gesetz die Vermutung aus, dass es trotz der Existenz von Wettbewerbern marktbeherrschend ist.

Zum Teil wird angenommen, dass eine marktbeherrschende Stellung nur dann vorliegt, wenn der Netzbetreiber zusätzlich zu seiner Marktbeherrschung auf dem Durchleitungsmarkt auch noch auf dem vor- und nachgelagerten Markt marktbeherrschend ist. Der Zugang zu den Leitungsnetzen sei lediglich notwendiges Mittel, um auf dem vorgelagerten Markt der Erzeugung oder dem nachgelagerten Markt des Verkaufs tätig werden zu können. Insofern sei hinsichtlich der Marktbeherrschung auch der nachgelagerte Markt zu betrachten, wobei hierbei zwischen den Bedarfsmärkten für Wei-

[868] Vgl. BT-Drs. 13/7274, S. 36. Vgl. zum Bau von Direktleitungen als Wettbewerbsinstrument *Horstmann* (Fn. 179), S. 809 ff.

[869] vgl. Zehntes Hauptgutachten 1992/93 der Monopolkommission, BT-Drs. 12/8323, S. 355 „Verschwendung von Ressourcen".

[870] Oder „natürliche Monopole". Vgl. *Böwing* (Fn. 40), S. 32; *Fehling* (Fn. 147), S. 60, 85; *Klafka/Hinz/Zander/Ritzau/Held* (Fn. 698), S. 35; *Markert* (Fn. 175), S. 255; *Perner/Riechmann/Schulz* (Fn. 33), S. 26 ff., S. 66.

[871] *Emmerich* (Fn. 846), S. 244, 248; *Immenga/Mestmäcker* (Fn. 342), § 22 Rn. 50; *Langen/Bunte* (Fn. 325), § 22 Rn. 48.

[872] Entscheidend ist die gesamte Übertragungs- und Verteilungsleistungen. Es ist dagegen nicht nur auf das im Rahmen freier Kapazitäten verfügbare Durchleitungsvolumen abzustellen. Vgl. *Stewing* (Fn. 856), S. 47 f.

[873] *Immenga/Mestmäcker* (Fn. 342), § 22 Rn. 93; *Horstmann* (Fn. 179), S. 794; *Langen/Bunte* (Fn. 325), § 22 Rn. 65.

terverteiler, industrielle Sonderabnehmer und Tarifkunden unterschieden werden müsse.[874] Sachlich relevanter Markt sei der Markt der leitungsgebundenen Stromversorgung.[875]

Gegen eine solche Betrachtung spricht allerdings schon der Wortlaut des § 19 IV Nr. 4 GWB. Durch § 19 IV Nr. 4 GWB soll der Wettbewerb auf vor- oder nachgelagerten Märkten ermöglicht werden, indem er die für den Zugang zu diesen Märkten wesentlichen Einrichtungen freigibt. § 19 IV Nr. 4 GWB differenziert demnach deutlich zwischen dem sachlich relevanten Durchleitungsmarkt und dem sachlich relevanten vor- und nachgelagerten Markt. Diese Differenzierung geht aber nicht dahin, dass eine kumulative Marktbeherrschung erforderlich ist, sondern dahin, dass es nur auf die Marktbeherrschung auf dem Durchleitungsmarkt ankommt. Vom Wortlaut her soll § 19 IV Nr. 4 GWB den Wettbewerb auf den der wesentlichen Einrichtung vor- oder nachgelagerten Märkten ermöglichen, indem er den Wettbewerbern die Möglichkeit gibt, die wesentlichen Einrichtungen des Konkurrenten zu nutzen. Der Wortlaut gibt keinen Hinweis darauf, dass das die wesentliche Einrichtung innehabende Unternehmen auch auf dem vor- oder nachgelagerten Markt beherrschend sein muss.

Dieses Ergebnis wird auch von der Systematik des § 19 GWB getragen. In § 19 IV GWB sind Regelbeispiele enthalten, bei deren Vorliegen der Missbrauch einer marktbeherrschenden Stellung vorliegt. Dargestellt wird in den Regelbeispielen indes nur der Missbrauch. Das Vorliegen einer marktbeherrschenden Stellung wird von den Regelbeispielen bereits vorausgesetzt. Ob eine solche vorliegt, beurteilt sich nach den § 19 II und III GWB. Insofern wird deutlich, dass aus § 19 IV Nr. 4 GWB kein Erfordernis bezüglich einer marktbeherrschenden Stellung gewonnen werden kann. Hinsichtlich der Marktbeherrschung nimmt § 19 IV Nr. 4 GWB aber ausschließlich Bezug auf den Inhaber der wesentlichen Einrichtung.

Ebenfalls aus der Systematik folgt ein weiteres Argument gegen das Erfordernis einer doppelten Marktbeherrschung. Nach § 9 EnWG sind die Elektrizitätsversorgungsunternehmen gezwungen, getrennte Konten für die Bereiche Erzeugung, Übertragung und Verteilung sowie für außerhalb des Elektrizitätsbereichs liegende Aktivitäten zu führen. Die Unternehmen werden hierdurch entbündelt. Daraus folgt, dass die Unternehmen auf dem vor- und nachgelagerten Markt sowie auf dem Durchleitungsmarkt mit unterschiedlichen Organisationseinheiten vertreten sind. Denkbar ist dabei, dass die Einheiten rechtlich verselbstständigt werden. In diesem Fall wäre eine doppelte Marktbeherrschung für die Einheit Netzbetrieb gar nicht möglich, da sie auf dem vor- und nachgelagerten Markt gar nicht auftritt. Dieser Ausfluss aus dem Energierecht ist – im Falle des Zugangs zu einem elektrischen Versorgungsnetz[876] – auch im Kartellrecht zu berücksichtigen.[877]

Auch Sinn und Zweck des § 19 IV Nr. 4 GWB sprechen gegen die Erfordernis einer doppelten Marktbeherrschung. Anliegen der Norm ist es, Wettbewerb auf den vor- und nachgelagerten Märkten zu ermöglichen. Die bislang noch starken Marktbeherrschungen auf den Elektrizitätsversorgungsmärkten sollen gerade zurückgeführt werden. Dafür sollen die wesentlichen Einrichtungen für Dritte zugänglich gemacht werden. Bei optimalem Eintreffen des gesetzgeberischen Ziels gäbe es aber keine marktbeherrschende Stellung auf dem vor- oder nachgelagerten Markt mehr. Das Erfordernis einer doppelten Marktbeherrschung würde dazu führen, dass die Verweigerung des Zugangs zu der wesentlichen Einrichtung nicht mehr missbräuchlich wäre. Ein Missbrauch läge erst dann

---

[874] Vgl. *Ebel*, Energielieferungsverträge, 1992, S. 49 ff. m.w.N.

[875] *Birkenmaier*, Der europäische Stromverbund und das Missbrauchsverbot des EWG-Kartellrechts – ein Diskussionsbeitrag, WRP 1988, S. 518; *Kuhnt* (Fn. 31), S. 419 f.; *Speich*, Rechtsfragen eines Stromimports aus Frankreich, RdE 1984, S. 122 (125).

[876] § 19 IV Nr. 4 GWB regelt den Zugang zu wesentlichen Einrichtungen. Der Zugang zu elektrischen Versorgungsnetzen ist mithin nur ein Teilaspekt im Rahmen der Norm.

[877] Diese Erfordernis folgt aus dem Gebot der Einheit der Rechtsordnung. Zum Einbeziehen energierechtlicher Aspekte in eine kartellrechtliche Abwägung vgl. unten 4. Teil A. II.

wieder vor, wenn sich auf Grund von Zugangsverweigerungen auf dem vor- und nachgelagerten Markt wieder marktbeherrschende Stellungen gebildet haben. In der Zwischenzeit stagnierte der Wettbewerb.[878] Dies widerspricht aber dem gesetzgeberischen Ziel, umfassenden, effektiven Wettbewerb einzuführen.

Bei der Überprüfung, ob das Regelbeispiel des § 19 IV Nr. 4 GWB erfüllt ist, ist allein auf die marktbeherrschende Stellung des Unternehmens auf dem allein sachlich relevanten Durchleitungsmarkt abzustellen. Es ist nicht erforderlich, dass das Unternehmen kumulativ auf dem vor- und nachgelagerten Markt beherrschend ist.

2. Missbrauch

Nach § 19 I GWB ist die missbräuchliche Ausnutzung einer marktbeherrschenden Stellung verboten. Gem. § 19 IV Nr. 4 GWB liegt ein Missbrauch insbesondere dann vor, wenn ein marktbeherrschendes Unternehmen „sich weigert, einem anderen Unternehmen gegen angemessenes Entgelt Zugang zu den eigenen Netzen oder anderen Infrastruktureinrichtungen zu gewähren, wenn es dem anderen Unternehmen aus rechtlichen oder tatsächlichen Gründen ohne die Mitbenutzung nicht möglich ist, auf dem vor- oder nachgelagerten Markt als Wettbewerber des marktbeherrschenden Unternehmens tätig zu werden“.

a) Verweigerung des Zugangs zu den Netzen

Zunächst verlangt § 19 IV Nr. 4 GWB, dass das beherrschende Unternehmen einem Dritten den Zugang zu seinen Netzen verweigert. Dabei muss es sich aber um Netze handeln, die für das andere Unternehmen unweigerlich gebraucht werden, um auf dem vor- oder nachgelagerten Markt als Wettbewerber des marktbeherrschenden Unternehmens auftreten zu können. Das betreffende Netz muss sozusagen „wesentlich“ für den Wettbewerb sein. Im US-amerikanischen Kartellrecht („Antitrust-Recht“) sind derlei „wesentliche Einrichtungen“ unter dem Begriff „essential facilities“ bekannt. Die „essential facility doctrine“ wurde über die Rechtsprechung des EuGH[879] und die Praxis der Europäischen Kommission[880] in das europäische Kartellrecht übernommen.[881] Mit § 19 IV Nr. 4 GWB ist die „essential facility doctrine“ nunmehr auch in das deutsche Kartellrecht aufgenommen worden.

Demnach muss es sich um den Zugang zu „wesentlichen Einrichtungen“ handeln. „Wesentliche Einrichtungen“ sind Netze oder Infrastruktureinrichtungen, die als strategische Engpasseinrichtun-

---

[878] Vgl. *Horstmann* (Fn. 179), S. 789.

[879] Vgl. EuGH Urt. v. 6. März 1974 Slg. 1974, 223 = WuW/E EWG/MUV 315; EuGH Urt. v. 6. April 1995 Slg. 1995, 743 = EuZW 1995, 339.

[880] Vgl. EG-Kommission Entsch. v. 11. Juni 1992, 5 Common market law reports, S. 255; EG-Kommission Entsch. v. 21. Dezember 1993 ABl. Nr. L 15/8 v. 18. Januar 1994; EG-Kommission Entsch. v. 21. Dezember 1993 ABl. Nr. L 55/52 v. 26. Februar 1994.

[881] Vgl. *Bunte*, 6. GWB-Novelle und Missbrauch wegen Verweigerung des Zugangs zu einer „wesentlichen Einrichtung“, WuW 1997, S. 302 (308 ff.); *Deselaers*, Die „essential facilities“-Doktrin im Lichte des Magill-Urteils des EuGH, EuZW 1995, S. 563 ff.; *Klaue*, Zur Rezeption der amerikanischen „essential-facility-doctrine“ in das europäische und deutsche Kartellrecht, RdE 1996, S. 51 (52 ff.); *Mailänder*, Schranken für das Vertragsdiktat zu Lasten der Träger wesentlicher Einrichtungen, Festschrift für Ingo Schmidt, S. 271 (276 ff.); *Markert*, Die Verweigerung des Zugangs zu „wesentlichen Einrichtungen“ als Problem der kartellrechtlichen Missbrauchsaufsicht, WuW 1995, S. 560 ff. (661 ff.); *Montag*, Gewerbliche Schutzrechte, wesentliche Einrichtungen und Normungen im Spannungsfeld zu Art. 86 EGV, EuZW 1997, S. 71 ff.; *Müller*, Die „Essential Facilities“-Doktrin im Europäischen Kartellrecht, EuZW 1998, S. 232 ff.; *Pfeiffer* (Fn. 34), S. 143 ff.

gen den Charakter eines natürlichen Monopols haben. Es sind Einrichtungen, ohne deren Nutzung ein Wettbewerber seinen Kunden keine Dienste anbieten kann.[882] Das Regelbeispiel soll sich darauf beschränken, den Zugang zu Einrichtungen zu ermöglichen, die den Charakter eines natürlichen Monopols besitzen. Damit werden vor allem - aber nicht ausschließlich - physische Netze erfasst. Daraus folgt, dass nicht jede Infrastruktureinrichtung in Betracht kommt. Vor allem muss es sich um eine „wesentliche Einrichtung" handeln. Dabei sind an das Merkmal „wesentliche Einrichtung" hohe Anforderungen zu stellen, denn wesentlich ist hier in der Bedeutung „unumgänglich", „unerlässlich" oder „zwingend" zu verstehen. Dafür spricht auch, dass das Merkmal nach dem Willen des Gesetzgebers nur dann erfüllt sein soll, „wenn die folgenden Voraussetzungen vorliegen:[883]

- Den Wettbewerbern ist es bei objektiver Betrachtungsweise nicht möglich, eine vergleichbare Einrichtung selbst zu errichten bzw. auf dem vor- oder nachgelagerten Markt auch ohne Nutzung der Einrichtung des beherrschenden Unternehmens tätig zu werden.

- Die Gewährung des Zugangs ist objektiv notwendig, um auf dem vor- oder nachgelagerten Markt wirksamen Wettbewerb sicherzustellen."

Zunächst einmal muss die in Frage stehende Infrastruktureinrichtung also objektiv erforderlich sein, um auf dem vor- oder nachgelagerten Markt Wettbewerb einzurichten bzw. aufrechtzuerhalten. Es darf somit keine zumutbare Alternative geben, die dem Ziel des Wettbewerbs ebenfalls dient. Die Infrastruktureinrichtung muss mithin unerlässlich oder zwingend erforderlich sein, um wirksamen Wettbewerb zu Gewähr leisten. Die Elektrizitätsversorgung ist leitungsgebunden, d.h., ohne Leitungen ist die Versorgung von Abnehmern unmöglich. Mangels ausreichender Speicherbarkeit kann Elektrizität nicht erzeugt werden, um sodann mit einem „normalen" Transportmittel wie Lkw, Schiff oder Flugzeug transportiert zu werden. Eine Erzeugungsanlage zur Versorgung Dritter ohne Anschluss an ein Netz wäre daher sinnlos. Daraus ergibt sich, dass die Netze, und zwar sowohl die Übertragungs- als auch die Verteilungsnetze, zwingend erforderlich sind, um Wettbewerb sicherzustellen. Die Netze sind unabdingbare Voraussetzung, um Elektrizität von der Erzeugungsstufe zur Abnehmerstufe zu befördern.

Ferner ist für das Merkmal der Wesentlichkeit aber noch erforderlich, dass es einem anderen Unternehmen nicht möglich ist, eine vergleichbare Einrichtung zu errichten. Auch diese Betrachtung vollzieht sich nach objektiven Kriterien. Unmöglich kann einem Unternehmen die Errichtung vergleichbarer Einrichtungen aus faktischen oder rechtlichen Gründen sein.[884] Zu den faktischen Gründen der Unmöglichkeit gehören technische und wirtschaftliche Hindernisse.[885] Besonderer Bedeutung kommen hierbei den wirtschaftlichen Hindernissen zu. Oft wird es nämlich so sein, dass parallele Leitungsnetze durchaus gebaut werden können. Der wirtschaftliche Aufwand hierfür wird jedoch meist derart hoch sein, dass es betriebswirtschaftlich und/oder volkswirtschaftlich nicht sinnvoll ist, eine zweite, parallele Leitungsverbindung zu bauen. Lediglich in Ausnahmefällen – z.B. bei kurzen Stichleitungen – dürfte paralleler Leitungsbau in Frage kommen. Trotz der somit häufig gegebenen theoretischen Möglichkeit, als Wettbewerber auf dem vor- oder nachgelagerten Markt durch Errichtung eigener Einrichtungen aufzutreten, dürfte die Voraussetzung wegen des enormen Kostenaufwandes häufig erfüllt sein. Es handelt sich dann sozusagen um eine „wirtschaftliche Unmöglichkeit".[886] Die Konstruktion der „wirtschaftlichen Unmöglichkeit" ist aus dem Zivil-

---

[882] Vgl. Europäische Kommission, 12. Bericht über die Wettbewerbspolitik 1992, Tz. 219.

[883] BT-Drs. 13/9720, S. 73.

[884] BT-Drs. 13/9720, S. 51, 73. Vgl. zu den Gründen, die die Errichtung einer Direktleitung unmöglich machen, *Horstmann* (Fn. 179), S. 809 ff.

[885] BT-Drs. 13/9720, S. 51.

[886] *Horstmann* (Fn. 179), S. 797 kommt ebenfalls zu einer Einschränkung des Begriffs „unmöglich". Seines Erachtens nach ergibt sich dies aber aus einer Zusammenschau mit § 19 IV Nr. 4 HS. 2 GWB, wonach der grundsätzliche Anspruch auf Netzzugang nicht gilt, „wenn das marktbeherrschende Unternehmen nachweist, dass die Mitbenutzung aus

recht bekannt. Dort definiert sich die wirtschaftliche Unmöglichkeit so, dass der Leitungsgegenstand zwar erbracht werden könnte, aber aus wirtschaftlichen Gründen niemand die Übertragung vornehmen würde.[887] Einer solchen Restriktion bedarf es deshalb, weil ansonsten das Marktöffnungsziel des § 19 IV Nr. 4 GWB[888] häufig unterlaufen würde.[889]

Eine Unmöglichkeit kann sich aber auch aus rechtlichen Gründen ergeben. Insbesondere können Vorhaben, parallele Leitungen zu bauen, an entgegenstehenden öffentlich-rechtlichen Genehmigungserfordernissen scheitern.[890] Ist einem EVU trotz alledem möglich, parallele Leitungen zu bauen, stellt das bereits bestehende Netz dennoch solange eine wesentliche Einrichtung dar, bis die Parallelleitung errichtet worden ist.[891]

Wie bereits dargestellt, handelt es sich bei den Übertragungs- und Verteilungsnetzen der deutschen EVU grundsätzlich um faktische bzw. natürliche Monopole.[892] Parallelleitungen existieren in der Regel nicht. Auch in Zukunft wird der Bau paralleler Leitungen wegen technischer, wirtschaftlicher und/oder rechtlicher Gründe eher die Ausnahme bleiben. Gleichwertige Alternativen, um als Wettbewerber auf dem vor- oder nachgelagerten Märkten auftreten zu können, gibt es für nicht netzbetreibende EVU nicht. Fraglich ist, wie es sich in den Fällen verhält, in denen ein Abnehmer auf mehreren Wegen erreicht werden kann. Wenn beispielsweise der Abnehmer A vom Erzeuger E zwar am einfachsten über das Netz des N1 beliefert werden könnte, aber auch die Möglichkeit besteht, ihn über die Netze von N2 und N3 zu erreichen, stellt sich die Frage, ob das Netz des N1 eine wesentliche Einrichtung darstellt. Denn E könnte den nachgelagerten Markt ja auch auf andere Weise erreichen. Die Mitbenutzung des Netzes von N1 ist nicht zwingend erforderlich. Insoweit muss der Tatbestand des § 19 IV Nr. 4 GWB nach Sinn und Zweck aber restriktiv ausgelegt werden. Sinn und Zweck der Norm ist es, u.a. in der Energiewirtschaft einen wirksamen Wettbewerb herzustellen. Wirksamer Wettbewerb wird aber nicht nur dann ausgeschlossen, wenn hinsichtlich des vorhandenen Netzes ein Monopol besteht, sondern vielmehr auch dann, wenn die Anzahl der Netzbetreiber auf ein enges Oligopol reduziert ist.[893] Grundsätzlich ist daher davon auszugehen, dass die elektrischen Übertragungs- und Verteilungsnetze wesentliche Einrichtungen sind.[894] Ebenso grundsätzlich stellt daher die Verweigerung des Zugangs zu einem Netz ein missbräuchliches Verhalten dar.

---

betriebsbedingten oder sonstigen Gründen nicht möglich oder nicht zumutbar ist." *Horstmann* folgert daraus, dass auch die „Duplizierung der wesentlichen Einrichtung [...] unmöglich oder unzumutbar sein" muss. § 19 IV Nr. 4 HS. 2 GWB entspricht im Wesentlichen § 6 I S. 2 EnWG und ermöglicht dem Netzbetreiber, den grundsätzlichen Netzzugangsanspruch zu verweigern, wenn ihm die Durchleitung unmöglich oder unzumutbar ist. Es ist nicht ersichtlich, inwiefern diese Regelung, bei der Beurteilung, ob dem Petenten der Bau einer Parallelleitung möglich ist, Anwendung finden kann.

[887] Vgl. BGH Urt. v. 26. September 1990 NJW-RR 91, S. 204.; Palandt-*Heinrichs* (Fn. 286), § 275 Rn. 12; *Soergel* (Fn. 377), § 275 Rn. 38 ff.

[888] Vgl. BT-Drs. 13/9720, S. 74.

[889] Ebenso *Horstmann* (Fn. 179), S. 797.

[890] Vgl. BT-Drs. 13/9720, S. 74. Vgl. dazu auch *Horstmann* (Fn. 179), S. 809 ff.

[891] *Horstmann* (Fn. 179), S. 799.

[892] Vgl. oben 4. Teil A. I. 1. b).

[893] So auch *Horstmann* (Fn. 179), S. 798.

[894] so auch *Horstmann* (Fn. 179), S. 799; *Markert* (Fn. 175), S. 255.

b) Zugang zu angemessenen Preisen

Gem. § 19 IV Nr. 4 GWB liegt ein Missbrauch dann vor, wenn sich das marktbeherrschende Unternehmen weigert, einem anderen Unternehmen Zugang zu den eigenen Netzen zu einem „angemessenen Entgelt" zu gewähren. Einerseits ist hierin ein Anrecht des netzbetreibenden Unternehmens auf ein angemessenes Entgelt zu sehen. Andererseits ist dieses Tatbestandsmerkmal auch bei der Ermittlung eines Missbrauchs heranzuziehen. Ein Missbrauch kann nämlich nicht nur darin liegen, dass das netzbetreibende Unternehmen dem anderen Unternehmen den Zugang zu seinem Netz vollständig verweigert. Vielmehr kann es sich auch um einen Missbrauch handeln, wenn der Netzbetreiber kein „angemessenes", sondern ein überhöhtes Durchleitungsentgelt verlangt. Wann ein Durchleitungsentgelt als „angemessen" und wann es als missbräuchliche Ausnutzung einer marktbeherrschenden Stellung angesehen werden kann, lässt sich nur anhand eines Preisvergleichs der Durchleitungsentgelte ermitteln. Innerhalb der kartellrechtlichen Preismissbrauchsaufsicht[895] wird dieser Weg des Preisvergleiches unter Berücksichtigung des Marktverhaltens schon lange beschritten und ist überdies in § 19 IV Nr. 1-3 GWB gesetzlich normiert. In Ermangelung einer abweichenden Regelung gelten die in den Nr. 1-3 des § 19 IV GWB niedergelegten Prinzipien auch für die Bemessung des angemessenen Durchleitungsentgelts in § 19 IV Nr. 4 GWB.[896] Von besonderer Bedeutung ist hierbei die in § 19 IV Nr. 2 und 3 GWB dargelegte Preismissbrauchsaufsicht, da die Aufsicht über die Durchleitungsentgelte letztlich einen speziellen Anwendungsfall der Preismissbrauchsaufsicht darstellt. Insofern könnte man von einer „Durchleitungspreisaufsicht" sprechen.

aa) Ermittlung erhöhter Preise

Bei der Preisaufsicht bedient sich der Gesetzgeber zur Ermittlung erhöhter Preise weiterhin der bislang geübten Praxis des „Als-ob-Wettbewerbs" und dessen Ausgestaltung durch das Vergleichsmarktprinzip. Beide Konzepte sind seit langem in der Rechtspraxis des Bundeskartellamts und in der Rechtsprechung bekannt.[897] Die Konzepte wurden mit der 4. GWB-Novelle von 1980 trotz erheblicher Bedenken innerhalb der wirtschaftswissenschaftlichen[898] und rechtswissenschaftlichen[899] Literatur in das Gesetz übernommen. Im Zentrum der Kritik am Vergleichsmarktprinzip standen und stehen[900] Bedenken hinsichtlich der Funktionalität dieses Systems. Die Diskussion geht einher mit der Problematik, ein geeignetes System zur Ermittlung von Preismissbräuchen marktbeherrschender Unternehmen zu finden.

---

[895] Zur Preismissbrauchsaufsicht vgl. eingehend *Büdenbender* (Fn. 126), Schwerpunkte, Rn. 590 ff. (604 ff.).

[896] *Büdenbender* (Fn. 129), Rechtsfragen, S. 123.

[897] KG Beschl. v. 19. März 1975 WuW/E OLG 1599; KG Beschl. v. 05. Januar 1976 WuW/E OLG 1645; *Immenga/Mestmäcker* (Fn. 342), § 22 Rn. 151.

[898] *Gabriel*, Missbrauch wirtschaftlicher Macht: Kriterien, Verfahren, Mäßnahmen, WuW 1968, S. 581 ff. (595); *ders.*, „Wesentlicher" Wettbewerb und „missbräuchliche" Preise, BB 1974, S. 1405; *Hoppmann*, Preiskontrolle und Als-ob-Konzept, 1974; *ders.*, Marktbeherrschung und Preismissbrauch, 1983.

[899] *Baur*, Der Missbrauch im deutschen Kartellrecht, S. 43ff.; *Emmerich* (Fn. 29), S. 326 ff.; *Mestmäcker*, Über das Verhältnis des Rechts der Wettbewerbsbeschränkung zum Privatrecht, AcP 168, S. 235 ff. (245, 248 ff.); *Möschel*, Der Oligopolmissbrauch im Recht der Wettbewerbsbeschränkungen, 1974, S.160; *Raisch*, Methodische Bedenken gegen Generalklauseln im Kartellrecht am Beispiel der Missbrauchsaufsicht über marktbeherrschende Unternehmen, JZ 1965, S. 625 ff. (628 ff.); *Harms*, Preismissbrauch im Hinblick auf die Preishöhe, VEnergR Bd. 48, S. 191 ff. (S. 197 ff.); *Knöpfle*, Zulässigkeit und Eignung des Maßstabs des Als-ob-Wettbewerbs für die Missbrauchsaufsicht über Versorgungsunternehmen, S. 16 ff.; *ders.*, Zur Missbrauchsaufsicht über marktbeherrschende Unternehmen auf dem Preissektor, BB 1974, S. 862 ff.; *Willeke*, Marktbeherrschung und Missbrauch von Marktmacht, WuW 1975, S. F533 (537).

[900] *Büdenbender*, Die Kartellaufsicht über die Energiewirtschaft, S. 134.

(1) Entwicklung der Preismissbrauchsaufsicht

Seit Inkrafttreten des GWB haben die Kartellbehörden mit Billigung der Gerichte für sich das Recht zur Preiskontrolle gegenüber marktbeherrschenden Unternehmen auf Grund des § 22 IV GWB a.F. in Anspruch genommen. Besonders hinzuweisen ist in diesem Zusammenhang auf die Missbrauchsverfahren gegen die Mineralölkonzerne sowie gegen die Hersteller von Kfz und von Arzneimitteln, allesamt aus den siebziger Jahren.[901] Bei sämtlichen der genannten Verfahren wurde deutlich, dass die Ermittlung der Grenze, jenseits derer ein Preis als missbräuchlich überhöht anzusehen ist, ein nahezu unlösbares Problem darstellt. Gegründet ist das Problem darin, dass auf den Preis abzustellen ist, der sich bei wirksamen Wettbewerb mit hoher Wahrscheinlichkeit ergeben würde oder der auf vergleichbaren Märkten von gleichartigen Unternehmen gefordert wird. Schon die Formulierung des Gesetzes „mit hoher Wahrscheinlichkeit" und die Benutzung des Konjunktivs zeigen, dass es sich bei dem Maßstab um einen *hypothetischen Wettbewerbspreis*[902] handelt. Andererseits besteht das Problem, dass „vergleichbare Märkte" nur schwer zu finden sind. Meist unterscheiden sich die diversen Märkte in dem einen oder anderen Merkmal. Dennoch hatte sich zur Ermittlung eines Maßstabs bei der Preismissbrauchsaufsicht schon vor der 4. Kartellrechtsnovelle das sog. Vergleichsmarktprinzip etabliert. Die dargestellten Schwierigkeiten sollten damit umgangen werden, dass in die Abwägung die strukturellen Unterschiede der Märkte durch Zu- und Abschläge mit einbezogen werden sollten. Auch die unterschiedlichen Unternehmensstrukturen der zu vergleichenden Unternehmen sollten durch Zu- und Abschläge austariert werden. Zur Vermeidung eines ungerechten Ergebnisses sollte zudem noch ein sog. Sicherheitsaufschlag hinzugerechnet werden, so dass der zu überprüfende Preis nur dann missbräuchlich war, wenn er den Vergleichspreis deutlich bzw. erheblich überstieg. Letztlich musste der zum Vergleich herangezogene Markt eine aussagekräftige Vergleichsbasis hergeben. Dies hat der BGH[903] für extrem niedrige Preise eines notorischen Preisbrechers im Ausland mit geringen Umsätzen abgelehnt. Ein funktionierendes Verfahren zur Ermittlung sämtlicher Zu- und Abschläge, zur Diversifikation der unterschiedlichen Merkmale der Unternehmensstrukturen sowie zur Ermittlung aussagekräftiger Vergleichsmärkte konnte letztlich jedoch nicht gefunden werden. Daher kam die Preiskontrolle gegenüber marktbeherrschenden Unternehmen quasi zum Erliegen.[904] Trotz dieser Schwierigkeiten und der damit verbundenen Kritik am Vergleichsmarktprinzip hatte der Gesetzgeber sich entschlossen, das Verfahren im Rahmen der 4. Kartellrechtsnovelle gesetzlich im § 22 IV S. 2 Nr. 2 GWB a.F. festzuschreiben. Die weitere Entwicklung der Preisaufsicht zeigt indessen, dass die Skepsis gegenüber dem Vergleichsmarktprinzip berechtigt ist. Das BKartA selbst räumt mittlerweile ein, dass die Preiskontrolle über marktbeherrschende Unternehmen immer eine Notlösung in außerordentlichen Situationen bleiben muss, in denen anderweitig keine Abhilfe erreicht werden kann.[905] So ist auch zu erklären, dass das BKartA zum Teil vom Vergleichsmarktprinzip abweicht. Vor allem bei der Preiskontrolle bei Arzneimitteln wendet das BKartA mittlerweile das vom EuGH[906] entwickelte Konzept der Gewinnbegrenzung an, indem es auf die Kontrolle der Kosten- und Gewinnspanne abstellt.[907] Insofern überrascht es, dass der Gesetzgeber sich auch im Rahmen der 6. Kartellrechtsnovelle für die Fortführung dieses umstrittenen und unbefriedigenden Systems entschlossen hat.

---

[901] BKartA, WuW/E BKartA 1482; 1535; BKartA TB 1967, S. 11 (12f.); 1968, S. 2f.; 1974, S. 12 (43ff.); 1975, S. 16ff.; 1976, S. 24ff.; 1977, S. 24f. (56).

[902] *Emmerich* (Fn. 846), S. 207 f.

[903] BGH Beschl. v. 31. Mai 1972 BGHZ 59, 42 (47 ff.); Beschl. v. 03. Juli 1976 BGHZ 67, 104 (112); Beschl. v. 16. Dezember 1976 BGHZ 68, 23 (30 ff.); Beschl. v. 12. Februar 1980 BGHZ 76, 142.

[904] BKartA TB 1976, S. 24 ff.; 1977, S. 23 ff.; 1978, S. 27; 1979/80, S. 27.

[905] BKartA TB 1981/82, S. 25 ff.; 1983/84, S. 17 f.; 1985/86, S. 18 f; 1987/88, S. 17.

[906] EuGH Slg. 1978, 207 (305) EuGH WuW/E EWG 425 (438).

[907] BKartA TB 1981/82, S. 25 f. (58 f.); 1983/84, S. 17 f. (84); 1985/86, S. 67 f.

Der Grund hierfür wird aber ersichtlich, wenn man sich die verschiedenen bislang vorgebrachten Konzeptionen näher betrachtet und sie untereinander vergleicht.

(2) Vergleichsmarktkonzept

Nach § 19 IV Nr. 2 GWB n.F., der mit § 22 IV S. 2 Nr. 2 GWB a.F. identisch ist, ist ein Preismissbrauch dann anzunehmen, wenn ein marktbeherrschendes Unternehmen auf einem bestimmten Markt Entgelte fordert, die von denen abweichen, die sich bei wirksamen Wettbewerb mit hoher Wahrscheinlichkeit ergäben. M. a. W. bedeutet das, die Überprüfung der Preise marktbeherrschender Unternehmen mittels hypothetischer Wettbewerbspreise. Wie bereits erläutert werden zur Ermittlung der hypothetischen Wettbewerbspreise vor allem zwei Modelle vorgebracht. Neben dem Vergleichsmarktkonzept, welches in einer räumlichen und in einer zeitlichen Konstellation in der Praxis verwendet wird, existiert das Konzept der Gewinnbegrenzung. Wegen der Formulierung in § 19 IV Nr. 4 HS. 2 GWB n.F., dass „insbesondere die Verhaltensweisen von Unternehmen auf vergleichbaren Märkten mit wirksamem Wettbewerb zu berücksichtigen" sind, ist das räumliche Vergleichsmarktmodell das zentrale Konzept der gegenwärtigen Preismissbrauchsaufsicht.

(a) Räumliches Vergleichsmarktkonzept

Basis für das räumliche Vergleichsmarktkonzept ist die Annahme, dass ein Preis, der von einem Unternehmen auf einem wettbewerbsintensiven Markt verlangt wird als Maßstab für die Preisaufsicht bezüglich des Preises, welcher von einem „seinen" Markt beherrschenden Unternehmen gefordert wird, herangezogen werden kann. Anders ausgedrückt heißt das, dass Preise von wettbewerbsintensiven Märkten Anhaltspunkte für den hypothetischen Wettbewerbspreis geben. Diese Annahme mag einleuchtend sein; bewiesen ist sie indes nicht. Darüber hinaus ist es in den meisten Fällen schwer bis unmöglich, zwei Märkte zu finden, die in genügend Merkmalen kongruent sind, dass der auf dem einen Markt erzielte Preis analog auf den anderen übertragen werden kann. Regelmäßig werden die Märkte in derart vielen Merkmalen Unterschiede aufweisen, dass eine aussagekräftige Vergleichsbasis nicht vorliegt. In besonders gelagerten Fällen kommt aber ausnahmsweise der Vergleich mit den Preisen nur eines einzigen konkurrierenden Unternehmens in Betracht.[908] Zumeist differenzieren sich die unterschiedlichen Märkte jedoch hinsichtlich ihrer Strukturen. Die Unterschiede sind alsdann mittels Zu- und Abschlägen auszutarieren, damit der sog. analoge Wettbewerbspreis ermittelt werden kann. Dabei ist zu fragen, welche Strukturunterschiede Zu- und Abschläge rechtfertigen und in welcher Höhe sie mit einbezogen werden müssen. Bislang ist noch kein geeignetes und allgemein gültiges Verfahren entwickelt worden, das die zwangsläufig auftretenden Unsicherheiten bei der Ermittlung der Zu- und Abschläge ausräumt. Um auch diese Unsicherheit auszuräumen, wird auf den vermeintlich überhöhten Preis des marktbeherrschenden Unternehmens der sog. Sicherheitszuschlag hinzugerechnet, so dass ein missbräuchliche Überhöhung des Preises nur dann angenommen werden kann, wenn der Preis den des verglichenen Unternehmens erheblich übersteigt. Sollte trotz aller Imponderabilien ein geeigneter Vergleichsmarkt gefunden worden sein und der wettbewerbsanaloge Preis hinreichend bestimmt worden sein, ist weiter zu fragen, ob der überhöhte Preis des marktbeherrschenden Unternehmens nicht sachlich gerechtfertigt ist. Hierauf ist später noch einzugehen.

---

[908] BGH Beschl. v. 21. Oktober 1986 WuW/E BGH 2309; KG Beschl. v. 22. Dezember 1982 WuW/E OLG 2935 (2939 ff.).

(b) Zeitliches Vergleichsmarktkonzept

Das Vergleichsmarktprinzip in seiner zeitlichen Konstellation wird auch Sockeltheorie genannt. Dies beruht darauf, dass bei diesem Konzept die früheren Preise des marktbeherrschenden Unternehmens als Faktum angesehen werden. Von diesen Preisen als Basis ausgehend prüfen die Kartellbehörden anschließend nur noch, ob die erfolgten Preiserhöhungen auf Grund mittlerweile eingetretener Kostenerhöhungen gerechtfertigt sind oder nicht. Die Nachteile dieses Systems sind allerdings gravierend. Denn dadurch werden die Preise, die ein Monopolist festgelegt hat, ein für alle Mal festgeschrieben. Ein Anreiz für Rationalisierungen wird darüber hinaus nicht gegeben, da zusätzliche Kosten von dem entsprechenden Unternehmen immer als Grund für Preiserhöhungen herhalten können. Auf Grund dieser Nachteile hat das BKartA die Anwendung der Sockeltheorie wieder aufgegeben.[909]

(c) Kosten- und Gewinnkontrolle/ Konzept der Gewinnbegrenzung

Trotz der besonderen Hervorhebung des Vergleichsmarktkonzepts im GWB, steht es den Kartellbehörden frei, sich in besonders gelagerten Fällen anderer Methoden zur Bestimmung des hypothetischen Wettbewerbspreis zu bedienen. Dies folgt aus dem Wortlaut des § 19 IV Nr. 2 GWB n.F., der zur Ermittlung zwar „insbesondere", aber eben nicht ausschließlich auf das Vergleichsmarktprinzip verweist. Neben dem Vergleichsmarktprinzip sind das Konzept der Gewinnbegrenzung und die Kosten- und Gewinnkontrolle zu nennen, die sich in der Sache ähneln. Das vom EuGH[910] entwickelte Konzept der Gewinnbegrenzung nimmt - wie das zeitliche Vergleichsmarktkonzept - die Kosten des marktbeherrschenden Unternehmens als gegeben hin. Hieran schließt sich lediglich die Prüfung an, ob der über die Kostendeckung hinausgehende Preis noch als angemessener Gewinnaufschlag angesehen wird oder ob der verlangte Preis einen übermäßigen, als missbräuchlich anzusehenden, Gewinnaufschlag beinhaltet. Diese Konzeption wird vom BKartA zur Kontrolle von Arzneimittelpreisen[911] favorisiert. Die vornehmlich von *Knöpfle*[912] vertretene Kosten- und Gewinnkontrolle setzt nicht beim Preis des marktbeherrschenden Unternehmens als äußeres Datum an, sondern bewertet unternehmensinterne Daten. Sowohl die Konzeption der Gewinnbegrenzung als auch die Kosten- und Gewinnkontrolle stoßen auf erhebliche Bedenken. Bei der Kosten- und Gewinnkontrolle ist mangels gesetzlicher Fixierung völlig unklar, welche Kosten dem marktbeherrschenden Unternehmen angerechnet werden müssen und in welcher Höhe eine Verzinsung des investierten Kapitals als angemessen erscheint. Wegen des Fehlens einer gesetzlichen Normierung besteht die Gefahr einer intensiven Lenkung unternehmensinternen Verhaltens. Mit Ausnahme gesetzlich normierter Fälle wie z.B. § 12 BTOElt wird eine Kosten- und Gewinnkontrolle daher im Allgemeinen abgelehnt.[913] Gleiches gilt für die Konzeption der Gewinnbegrenzung. Hier mangelt es an gesetzlicher Fixierung hinsichtlich der Maßstäbe für die Festlegung zulässiger Gewinnspannen. Ebenfalls ungeklärt sind die Kriterien für eine angemessene Verzinsung.

---

[909] BKartA TB 1979/80, S. 27; zustimmend *Möschel*, Recht der Wettbewerbsbeschränkungen, 1983, Tz. 567 ff.

[910] EuGH (Fn. 906).

[911] BKartA TB 1981/82, S. 25 f. (58 f.); 1983/84, S. 17 f. (84); 1985/86, S. 67 f.; 1987/88, S. 70.

[912] *Knöpfle* (Fn. 899), S. 862 ff.; *ders.*, Zur Berücksichtigung der Kosten, insbesondere der Gemeinkosten, bei der kartellrechtlichen Missbrauchsaufsicht, BB 1975, S. 1607 ff.; *ders.*, Ist die Frage nach der Gewinnhöhe bei der Missbrauchsaufsicht über marktbeherrschende Unternehmen mit einem freiheitlichen Wirtschaftssystem vereinbar?, BB 1979, S. 1101 ff.; *ders.*, Wege und Irrwege der kartellrechtlichen Missbrauchsaufsicht, DB 1984, S. 1129 ff. (1184 ff.).

[913] *Büdenbender* (Fn. 900), Kartellaufsicht, S. 134 m.w.N.

(d) Stellungnahme

Der Gesetzgeber befand sich bei der Ausgestaltung der wettbewerbspolitisch eh umstrittenen Preisaufsicht der Kartellbehörden in einem Dilemma. Keine der bislang vorgebrachten Modelle zur Ermittlung des hypothetischen Wettbewerbspreises vermag zu überzeugen. Dabei ist aber zu sehen, dass gerade die Konzepte der Gewinnbegrenzung und der Kosten- und Gewinnkontrolle auf erhebliche Bedenken stoßen. Darüber hinaus bringen sie letztlich auch keine wesentlichen Verbesserungen, was die Beweisschwierigkeiten auf Seiten der Kartellbehörden verbesserte. Ferner ist fraglich, wer die Verantwortung übernehmen will, wenn die Unternehmen auf Grund der behördlich regulierten Preise nicht mehr kostendeckend arbeiten können und daher ihre Investitionen stoppen oder sogar wegen einer Kostenunterdeckung in den Konkurs getrieben würden. Daher spricht, trotz der aufgeführten Imponderabilien, alles dafür am „Als-ob-Konzept“ in seiner Ausgestaltung durch das Vergleichsmarktkonzept festzuhalten. Insofern ist die Entscheidung des Gesetzgebers, keine Veränderung in der Sache im Rahmen der 6. Kartellrechtsnovelle gemacht zu haben, zu begrüßen. Mit der Fortführung dieser Konzepte erteilt der Gesetzgeber anderen Konzepten wie der Kosten- und Gewinnkontrolle einerseits, als auch der Konzeption der Gewinnbegrenzung bzw. der Festlegung angemessener Gewinnspannen andererseits eine deutliche Absage. Das bedeutet, dass Durchleitungspreise innerhalb der kartellrechtlichen Preismissbrauchsaufsicht im Wege des Preisvergleiches mit Durchleitungspreisen anderer EVU unter Berücksichtigung des Marktverhaltens kontrolliert werden.

bb) Rechtfertigung eines erhöhten Preises

Wie bereits angedeutet, ist die Prüfung mit der Feststellung eines überhöhten Preises nicht abgeschlossen. Kann nämlich letztlich, trotz der beschriebenen Schwierigkeiten, ein ausreichend bestimmter wettbewerbsanaloger Preis ermittelt werden, darf dieser nicht rein schematisch mit dem des marktbeherrschenden Unternehmens verglichen werden. Verlangt zum Beispiel EVU A für eine Durchleitung ein höheres Entgelt als EVU B, muss dies nicht unbedingt eine missbräuchliche Ausnutzung seiner Marktstellung bedeuten, wenn es auch den Missrauchsverdacht erregt.

Nach § 103 V S. 2 Nr. 2 GWB waren EVU berechtigt, strukturbedingte Aspekte zur Rechtfertigung höherer Preise anzuführen. Jedoch musste es sich bei den Umständen, wie der BGH[914] zu § 103 V S. 2 Nr. 2 GWB a.F. festgestellt hat, um solche handeln, die dem jeweiligen EVU nicht zurechenbar waren. Nicht zurechenbar war dabei synonym mit „nicht beeinflussbar“ und „nicht änderbar“. Abzustellen war bei der Beurteilung, ob ein Umstand nicht zurechenbar war, darauf, ob ein anderes EVU, wenn es die Versorgung des entsprechenden Kunden in dem fraglichen Gebiet vornehmen würde, den entsprechenden Umstand ebenfalls in seine Durchleitungsentgeltkalkulation mit einbeziehen müsste. M. a. W. konnten den EVU Kosten, auf die sie keinen Einfluss hatten, angerechnet werden, so dass diese Kosten letzten Endes Rechtfertigungsgründe für höhere Durchleitungsentgelte darstellten. Im Gegensatz zu strukturbedingten Aspekten konnten unternehmensindividuelle Eigenarten nicht zur Rechtfertigung herangezogen werden.

Dies steht im Widerspruch zur generellen Rechtsprechung des BGH zur Preismissbrauchsaufsicht. Der BGH hat bereits in seiner Rechtsprechung zu § 22 IV Nr. 2 a. F. GWB, der vom Wortlaut her weitestgehend identisch mit § 19 IV Nr. 2 GWB ist, anerkannt, dass bei Unterschieden in den wesentlichen Rahmenbedingungen für die Belieferung eines Marktes und in seiner charakteristischen Beschaffenheit, der Preis durch Zu- und Abschläge austariert werden kann. Ferner hat er die Möglichkeit einer sachlichen Rechtfertigung für Preisabweichungen anerkannt.[915] Daraus ergibt sich für

[914] BGH Beschl. v. 31. Mai 1972 BGH WuW/E 1221.

[915] BGH (Fn. 850), WuW/E BGH 1445; BGH Beschl. v. 12. Februar 1980 BGH WuW/E 1678.

die Unternehmen die Möglichkeit, individuelle Besonderheiten als Rechtfertigungsgrund für einen höheren als den wettbewerbsanalogen Preis heranzuziehen. Das folgt aus dem Rechtsgedanken der § 19 IV Nr. 3 GWB, wonach Preisunterschiede sachlich gerechtfertigt sein können. Dieser grundsätzliche Rechtsgedanke durchzieht jedoch die gesamte Preismissbrauchsaufsicht und somit auch § 19 IV Nr. 2 GWB sowie § 19 IV Nr. 4 GWB. Eine Beschränkung der Preismissbrauchsaufsicht dahingehend, dass Rechtfertigungsgründe für höhere Preise zu berücksichtigen sind, ginge jedoch zu weit, wenn sämtliche unternehmensindividuellen Attribute herangezogen werden könnten. Insofern ist diesbezüglich ebenfalls eine Begrenzung vorzunehmen. Beachtung finden nur Gründe, die nicht gegen das Ziel der Freiheit des Wettbewerbs verstoßen.[916] Wirtschaftliche Auswirkungen unternehmerischer Fehlentscheidungen können daher nicht als Rechtfertigung herangezogen werden.[917]

Nachdem § 103 V S. 2 Nr. 2 a. F. GWB nicht mehr gilt, stellt sich die Frage, ob nunmehr diese generellen Grundsätze gelten. Dies ist zum Teil verneint und stattdessen angenommen worden, dass der Maßstab des § 103 V S. 2 Nr. 2 GWB für Elektrizitäts- und Gaswirtschaft innerhalb des § 19 IV Nr. 2 GWB weitergelte.[918] Argumentiert wird damit, dass den marktbeherrschenden Unternehmen sonst ermöglicht würde, beliebig Kosten aufzuwerfen und diese dann über die Preise an die Abnehmer weiterzugeben. Im Ergebnis bedeutete eine solche Sichtweise, dass § 19 IV Nr. 2 GWB bezüglich der leitungsgebundenen Energiewirtschaft einen anderen Inhalt hätte als bezüglich aller anderen Wirtschaftszweige.

Eine solche Ansicht ist schon mit dem Wortlaut der Norm nicht in Einklang zu bringen. Der Wortlaut macht keinen Unterschied zwischen leitungsgebundener Energiewirtschaft und übriger Wirtschaft. Schon allein aus diesem Grunde lässt sich obige Meinung nicht halten. Aber auch Sinn und Zweck der Abschaffung der §§ 103, 103 a a. F. GWB sprechen gegen die Annahme, die Grundsätze des § 103 V S. 2 Nr. 2 a. F. GWB gelten weiter und für die Annahme, dass nun die allgemeinen Grundsätze auch für die leitungsgebundene Energiewirtschaft gelten. Mit der Einführung von § 103 b GWB wurde die energiekartellrechtliche Missbrauchsaufsicht abgeschafft. Seit dem 29. April 1998 (Inkrafttreten des NeuregelungsG) gibt es kein Energiekartellrecht mehr.[919] Aus dem Umstand, dass der Gesetzgeber das Energiekartellrecht abgeschafft hat und der generellen kartellrechtlichen Überprüfung unterstellt hat, anstatt es in Richtung Wettbewerb zu reformieren, folgt, dass er die leitungsgebundene Energiewirtschaft anderen Wirtschaftszweigen gleichstellen wollte. In Zukunft soll sie nicht mehr besser gestellt sein. Eine Schlechterstellung gegenüber anderen Wirtschaftszweigen ist indes auch nicht gewollt.[920] Insofern ist zukünftig die für alle Wirtschaftszweige entwickelte BGH-Rechtsprechung zur Preismissbrauchsaufsicht auch für die Versorgungswirtschaft maßgebend.[921] Das bedeutet, dass im Rahmen einer Interessenabwägung festzustellen ist, ob die Preisforderung des marktbeherrschenden Unternehmens nicht sachlich gerechtfertigt ist.[922] Durchleitungsentgelte dürfen nicht ohne Berücksichtigung eventueller Rechtfertigungsgründe für eine höhere Veranschlagung beurteilt werden. Ansonsten bestünde die Gefahr, dass ein EVU nicht mehr kostendeckend arbeiten kann. Als Vergleichsmaßstab eignen sich im Falle der Elektrizitätswirtschaft nur andere EVU, da ein Vergleich mit völlig branchenfremden Unternehmen sinnlos ist.

---

916 BGH (Fn. 850), WuW/E 1445; BGH (Fn. 915) BGH WuW/E 1678.

917 *Büdenbender* (Fn. 126), Schwerpunkte, Rn. 631.

918 *Möschel*, Strompreis- und kartellrechtliche Kontrolle, WuW 1999, S. 5.

919 *Büdenbender* (Fn. 126), Schwerpunkte, Rn. 598.

920 *Büdenbender* (Fn. 126), Schwerpunkte, Rn. 630.

921 So auch *Büdenbender* (Fn. 126), Schwerpunkte, Rn. 630; *Emmerich* (Fn. 846), S. 382; *Hübschle*, Die kartellrechtliche Missbrauchsaufsicht über Strompreisdifferenzen nach der Energierechtsnovelle, WuW 1998, S. 146.

922 BGH Urt. v. 09. November 1982 WuW/E BGH 1965 = NJW 84, 1116; zustimmend *Büdenbender* (Fn. 195), Durchleitung elektrischer Energie, S. 9; *Möschel* (Fn. 909), Tz. 563.

Ganz allgemein kommen als Gegebenheiten, die Rechtfertigungsgründe für höhere Durchleitungsentgelte ergeben können, alle Umstände in Frage, die auf die Preisbildung Einfluss haben. Zu berücksichtigen sind grundsätzlich die notwendigen Netzkosten, die auch bei jedem anderen Unternehmen für den Aufbau und die Instandhaltung des gesamten Netzes zwangsläufig anfallen würden.[923] Grundsätzlich kann auf die vom BGH entwickelten Prinzipien[924] verwiesen werden. Der Grundsatz der BGH-Rechtsprechung bleibt bestehen, dass die Preismissbrauchsaufsicht leistungsorientiert und nicht schematisch preisvergleichend zu erfolgen hat.[925]

II. Konkurrenzfragen

In ihrem am 23. März 1997 in den Bundestag eingebrachten Gesetzesentwurf zur Neuregelung des Energiewirtschaftsrechts[926] hatte die Bundesregierung keinerlei Regelung für Durchleitungen vorgesehen. Fragen der Durchleitungen sollten vielmehr unter Zuhilfenahme des allgemeinen Kartellrechts gelöst werden.[927] Das Vorhaben, die Öffnung des Energiemarktes allein über die kartellrechtlichen Regelungen der §§ 22 und 26 II GWB a.F. (= §§ 19, 20 GWB n.F.) zu erreichen, stieß sowohl bei der parlamentarischen Opposition als auch im Schrifttum auf Kritik.[928] Mittlerweile hat sich die Situation entscheidend geändert. Zum einen sind im EnWG die §§ 6 und 7 EnWG aufgenommen worden, die zur Öffnung des Elektrizitätsmarkts[929] das System des verhandelten Netzzugangs bzw. das Alleinabnehmersystem einführen. Zum anderen ist mit der 6. Kartellrechtsnovelle der § 19 GWB n.F. eingeführt worden, der an die Stelle des bisherigen § 20 GWB a.F. getreten ist. In § 19 IV Nr. 4 GWB n.F. enthält die kartellrechtliche Missbrauchsaufsicht nunmehr ein spezialgesetzlich fixiertes Missbrauchsbeispiel. Danach liegt ein Missbrauch einer marktbeherrschenden Stellung insbesondere dann vor, wenn ein marktbeherrschendes Unternehmen als Anbieter oder Nachfrager einer bestimmten Art von Waren oder gewerblichen Leistungen sich weigert, einem anderen Unternehmen gegen angemessenes Entgelt Zugang zu den eigenen Netzen oder anderen Infrastruktureinrichtungen zu gewähren, wenn es dem anderen Unternehmen aus rechtlichen oder tatsächlichen Gründen ohne die Mitbenutzung nicht möglich ist, auf dem vor- oder nachgelagerten Markt als Wettbewerber des marktbeherrschenden Unternehmens tätig zu werden.

---

[923] BGH Entsch. v. 21. Oktober 1986 „Glockenheide", Az. KVR 7/85.

[924] Vgl. hierzu *Büdenbender* (Fn. 900), Kartellaufsicht, S. 128 ff. (136 ff.).

[925] Vgl. dazu: *Lukes*, Das Preisrecht als Instrument zur Angleichung des Energiepreisniveaus, BB 1980, S. 1593 ff.; *ders.* Energieaufsichtsrecht als Instrument zur Beseitigung von Preisdisparitäten, ET 1981, S. 757 ff.; *Harms* (Fn. 899), S. 213.

[926] BT-Drs. 13/7274.

[927] Vgl. BT-Drs. 13/7274, S. 11; BT-Drs. 13/9211, S. 25.

[928] Vgl. BT-Drs. 13/9211, S. 73; *Lindemann/Köster*, Energiewirtschaft auf dem Weg zu mehr Wettbewerb, DVBl. 1997, S. 527 (530); *Lukes* (Fn. 626), S. 53 f.; *Markert*, Durchleitung von Strom und Gas: Allgemeines Kartellrecht oder Sonderregelung?, BB 1997, S. 1421 (1422 ff.).

[929] Für die Gasversorgung beurteilt sich der Netzzugang zu fremden Netzen zumindest bis zur Umsetzung der EG-Gasrichtlinie allein nach den §§ 19 und 20 GWB.

Bereits ein textlicher Vergleich der Normen des § 6 I EnWG und des § 19 IV Nr. 4 GWB offenbart deutliche Übereinstimmungen.

§ 6 I EnWG	§ 19 IV Nr. 4 GWB
Adressat = Betreiber eines Elektrizitätsversorgungsnetzes	Adressat = marktbeherrschender Netzinhaber oder Inhaber anderer Infrastruktureinrichtungen
Entgelt = darf nicht ungünstiger sein, als es der Netzbetreiber in vergleichbaren Fällen für Leistungen innerhalb seines Unternehmens oder gegenüber verbundenen oder assoziierten Unternehmen tatsächlich oder kalkulatorisch in Rechnung stellt.	Entgelt = „angemessenes Entgelt"
Verweigerung zulässig, wenn Netzzugang aus betriebsbedingten oder sonstigen Gründen unter Berücksichtigung der Ziele des § 1 EnWG nicht möglich oder nicht zumutbar ist.	Verweigerung zulässig, wenn Netzzugang aus betriebsbedingten oder sonstigen Gründen nicht möglich oder nicht zumutbar ist.
Beweislast: Vorliegen eines Verweigerungsgrunds muss vom Netzbetreiber nachgewiesen werden.	Beweislast: Vorliegen eines Verweigerungsgrunds muss vom marktbeherrschenden Netzinhaber nachgewiesen werden.

Somit existiert eine Netzzugangsregelung nicht nur im Energierecht, sondern auch im Kartellrecht. Diese Anspruchsparallele kann im Bereich der Elektrizitätsversorgung zu Rechtsunsicherheiten im Nebeneinander der energiewirtschaftlichen Spezialregelung des § 6 I EnWG und dem kartellrechtlichen Missbrauchstatbestand des § 19 IV Nr. 4 GWB führen.[930] Dies gilt insbesondere hinsichtlich der Zuständigkeiten der betreffenden Behörden.

Das Verhältnis von § 6 I EnWG zu § 19 IV Nr. 4 GWB ist durch die Regelungen der § 6 I S. 4 und § 7 I S. 2 EnWG einerseits sowie des § 130 III GWB andererseits gekennzeichnet. Laut § 6 I S. 4 EnWG bleiben die §§ 19 IV und 20 I und II GWB unberührt.[931] Durch das EnWG wird somit keine abschließende kartellrechtliche Regelung getroffen. § 6 I S. 4 EnWG steht im Zusammenhang mit § 130 III GWB, wonach die Vorschriften des Energiewirtschaftsgesetzes der Anwendung der §§ 19 und 20 GWB nicht entgegenstehen. Danach stehen die §§ 19 und 20 GWB wie zur alten Rechtslage gleichrangig neben dem EnWG und sind neben dessen in Frage kommenden Normen parallel anzuwenden.[932] Eine Rangordnung bzw. ein Anwendungsvorrang zwischen EnWG und GWB besteht diesbezüglich nicht.[933]

[930] Vgl. hierzu *Büdenbender* (Fn. 129), Rechtsfragen, S. 120 ff.; *Horstmann* (Fn. 179), S. 766 ff.; EnWG 1998, Erläuterungen-*Recknagel* (Fn. 163), Art. 1, § 6 Anm. 14.1 f.

[931] In § 6 I S. 4 EnWG ist mit Wirkung ab 1.1.1999 die Angabe „§ 22 IV und § 26 II" durch die Angabe „§ 19 IV und § 20 I und II" gemäß Art. 2 VIII des 6. Gesetzes zur Änderung des Gesetzes gegen Wettbewerbsbeschränkungen ersetzt worden.

[932] *Markert* (Fn. 175), S. 253; *Pfletschinger/Günther*, Zugang zu wesentlichen Einrichtungen – aber zu welchen Bedingungen? (Teil 2), Wirtschaftswelt Energie, Juni 1998, S. 17 f.

[933] EnWG 1998, Erläuterungen-*Recknagel* (Fn. 163), Art. 1, § 6 Anm. 14.2.

Gem. § 18 I EnWG ist die nach dem jeweiligen Landesrecht zuständige Energieaufsichtsbehörde ermächtigt, die Einhaltung der Vorschriften des EnWG zu überwachen und die im Einzelfall zur Durchführung dieses Gesetzes erforderlichen Maßnahmen anzuordnen. Welche Behörde im jeweiligen Einzelfall nach § 18 I EnWG zuständig ist, beurteilt sich in Ermangelung einer bundesgesetzlichen Regelung nach dem jeweiligen Landesrecht.[934] Unter „Maßnahmen" sind im ordnungsrechtlichen Sinne einerseits Verwaltungsakte gem. § 35 VwVfG, andererseits aber auch Realakte zu verstehen.[935] Die von der Behörde erlassene Maßnahme muss „zur Durchführung des Gesetzes erforderlich" sein. D.h., die Maßnahme muss final dazu bestimmt sein, die gesetzlich übertragene Überwachungsaufgabe zu erfüllen.[936] Die Überwachungsaufgabe bezieht sich auf die „Vorschriften dieses Gesetzes." Nach dem eindeutigen Wortlaut der Norm überwacht die zuständige Energieaufsichtsbehörde somit auch den Netzzugang gem. § 6 I S. 1 EnWG. Demzufolge ist sie auch befugt Verwaltungs- oder Realakte zur Durchführung des verhandelten Netzzugangs erlassen.[937] Gemäß den Vorgaben des Energierechts hat sie bei ihrer Entscheidung die Interessen der Parteien sowie die Ziele des § 1 EnWG in einer umfassenden Interessenabwägung zu berücksichtigen. Grundsätzlich hat die Energieaufsichtsbehörde auf Grund der Wertung des EnWG davon auszugehen, dass die Durchleitung die Regel und ihre Ablehnung die Ausnahme ist.

Nach § 32 GWB kann die zuständige Kartellbehörde Unternehmen ein Verhalten untersagen, welches nach dem GWB verboten ist. Mit der 6. Kartellrechtsnovelle wurde § 19 GWB als Verbotsnorm ausgestaltet. Dies geschah in Anlehnung an Art. 86 EGV a.F. (Art. 82 EGV n.F.) und damit zur Harmonisierung des deutschen mit dem europäischen Kartellrecht.[938] Liegt in einer Netzzugangsverweigerung der Missbrauch einer marktbeherrschenden Stellung gem. § 19 IV Nr. 4 GWB, verfällt sie dem Verdikt des Verbots gem. § 19 I GWB. Daraus folgt, dass die Kartellbehörde gem. § 32 GWB i.V.m. § 19 IV Nr. 4 GWB i.V.m. § 19 I GWB einem Netzbetreiber das verbotene Verhalten – sprich die Netzzugangsverweigerung – untersagen kann.[939] Auch die Kartellbehörde hat bei einer Entscheidung über einen Netzzugangsanspruch eine umfassende Interessenabwägung vorzunehmen. Im Gegensatz zu § 6 I S. 2 EnWG verlangt das Kartellrecht vom Wortlaut her nicht die Berücksichtigung der Ziele des § 1 EnWG. Auch stellt der Zugang zu fremden Netzen nach dem Kartellrecht zumindest nicht in dem Umfang die Regel dar wie es im Energierecht der Fall ist. § 19 IV Nr. 4 GWB ist Part der Missbrauchsaufsicht. Die Missbrauchsaufsicht dient dem Zweck, besonders nachteiligen Auswirkungen einer bestehenden Marktmacht entgegenzutreten. Mangels Entflechtungsregelung ist die bestehende Marktmacht hinzunehmen.[940] Daraus folgt, dass die Ausnutzung der bestehenden Marktmacht durch ein marktbeherrschendes Unternehmen besonders nachteilige Folgen zeitigen muss, um als Missbrauch angesehen zu werden. Demzufolge muss die Verweigerung des Netzzugangs durch ein marktbeherrschendes Unternehmen besonders nachteilige Folgen haben. Daher kann argumentiert werden, dass der Durchleitungsanspruch hier – anders als im Energierecht – nicht der Regelfall, sondern die Ausnahme ist, so dass es besonderer Voraussetzungen bedarf, um den Anspruch zu gewähren. Diese besonderen Voraussetzungen sind die marktbeherrschende Stellung des verweigernden Unternehmens und die rechtliche oder tatsächliche Unmöglichkeit des Durchleitungspetenten ohne die beantragte Durchleitung als Wettbewerber des verweigernden Unternehmens auf dem vor- oder nachgelagerten Markt tätig zu werden. Die Markt-

---

[934] Vgl. Art. 83 und 84 GG.

[935] *Drews/Wacke/Vogel/Martens*, Gefahrenabwehr, 9. Aufl.1986, S. 406 ff.

[936] EnWG 1998, Erläuterungen-*Rutkowski*, Art. 1, § 18 Anm. 2.

[937] Ebenso *Horstmann* (Fn. 179), S. 769; a.A. EnWG 1998, Erläuterungen-*Rutkowski* (Fn. 936), Art. 1, § 18 Anm. 2. Vgl. ferner unten 5. Teil C.

[938] BT-Drs. 13/9720, S. 30, 35.

[939] So bereits geschehen im Fall Bewag ./. RWE Energie AG, BKartA (Fn. 194).

[940] Vgl. *Emmerich* (Fn. 846), § 17, Punkt 3, m.w.N.

beherrschung und die Unmöglichkeit auf dem Markt als Wettbewerber tätig zu werden, wenn die Durchleitung nicht gewährt wird, gehen miteinander einher. Die Netzbetreiber verfügen über die zwangsläufig zur Versorgung der Abnehmer nötigen Versorgungsnetze. Paralleler Leitungsbau ist in den meisten Fällen wirtschaftlich und teilweise auch rechtlich keine Alternative. Aus dieser Tatsache heraus ergibt sich sowohl die marktbeherrschende Stellung eines Netzbetreibers als auch die Unmöglichkeit als Wettbewerber aufzutreten, ohne die Leitungen des Netzbetreibers in Anspruch zu nehmen. Diese Voraussetzungen werden auch in Zukunft fortbestehen, weshalb die entsprechenden Tatbestandsvoraussetzungen des § 19 IV Nr. 4 GWB in der Regel erfüllt sein werden. Daraus folgt wiederum, dass das Regel-Ausnahme-Prinzip des § 19 IV Nr. 4 GWB nur scheinbar den Durchleitungsanspruch als Ausnahme und die Verweigerung als Regel ausgestaltet. Für die Sicht, dass bei der kartellrechtlichen Durchleitungsregelung der Durchleitungsanspruch ebenfalls die Regel sein soll und die Verweigerung die Ausnahme, spricht ferner der textliche Befund. Ähnlich wie bei § 6 I EnWG formuliert § 19 IV Nr. 4 GWB zunächst die Voraussetzungen, bei deren Vorliegen durch die Durchleitungsverweigerung ein Missbrauch regelmäßig anzunehmen ist. Wie bereits dargelegt werden diese Voraussetzungen bei einer Verweigerung des Netzzugangs zu Stromversorgungsnetzen regelmäßig erfüllt sein. Durch die Formulierung „dies gilt nicht, wenn..." verdeutlicht der Gesetzgeber, dass eine Verweigerung der Durchleitung nur ausnahmsweise in Betracht kommen kann.[941] Die Beweislast für das Vorliegen der Unmöglichkeit oder Unzumutbarkeit für die Durchleitung trägt ebenfalls der Netzbetreiber. Insofern stellt im Grunde die Verweigerung der Durchleitung im Kartellrecht grundsätzlich einen Missbrauch dar, wenn der Petent – trotz Bereitschaft zur Zahlung eines angemessenen Entgelts – ohne die Durchleitung nicht in der Lage ist, auf dem vor- oder nachgelagerten Markt als Wettbewerber des Marktbeherrschers aufzutreten. Das Regel-Ausnahme-Prinzip der kartellrechtlichen Durchleitungsregelung stimmt größtenteils mit der des Energierechts überein. Auch materiell sind die Übereinstimmungen signifikant.[942]

Aus der Zusammenschau der jeweiligen Befugnisse der Behörden und der Regelungen des § 6 I S. 4 EnWG und des § 19 IV Nr. 4 GWB folgt, dass die aufsichtsrechtlichen Befugnisse der Behörden nebeneinander stehen.[943] Ein Zurücktreten der Befugnisse einer Behörde zu Gunsten einer anderen scheidet aus. Insbesondere treten die energieaufsichtsbehördlichen Befugnisse nicht hinter die der Kartellbehörde zurück, weil die §§ 6 und 7 EnWG materielles Kartellrecht sind und daher für die Energieaufsicht kein Raum mehr ist.[944] Für die Qualifikation als materielles Kartellrecht ließe sich anführen, dass die §§ 6 und 7 EnWG eine an der Freiheit des Wettbewerbs orientierte Zielsetzung aufweisen. Dies folgt unter anderem daraus, dass im Rahmen der energierechtlichen Netzzugangsnormen auch nicht wettbewerbsrelevante, sondern auch energiepolitische Aspekte berücksichtigt werden müssen. Zu nennen sind in diesem Bezug vor allem der Schutz rationeller Elektrizitätserzeugung gem. § 6 III EnWG und die Braunkohleschutzklausel gem. Art. 4 § 3 NeuregelungsG. Hätte der Gesetzgeber gewollt, dass die Kompetenzen nach dem EnWG zu Gunsten derer nach dem GWB beschnitten werden sollten, so hätte er dies problemlos in § 6 I S. 4 EnWG, der das Verhältnis zum GWB beschreibt, normieren können. Das der Gesetzgeber eine solche Regelung aber gerade nicht wollte, zeigt auch die Regelung des § 130 III GWB. Dieser erklärt, dass die Vorschriften des EnWG der Anwendung der §§ 19 und 20 GWB nicht entgegenstehen. Die 6. Kartellrechtsnovelle, die u.a. eben auch den § 130 III GWB neu regelte, ging dem EnWG nach. Die Regelung des § 130 III GWB ergäbe aber keinen Sinn, wenn der Gesetzgeber in den §§ 6 und 7 EnWG Kartellrechtsvorschriften gesehen hätte.

[941] so auch *Büdenbender* (Fn. 129), Rechtsfragen, S. 121.

[942] *Büdenbender* (Fn. 129), Rechtsfragen, S. 121.

[943] So auch *Kühne* (Fn. 639), S. 1 ff.; *Obernolte/Danner* (Fn. 687), Teil I C, § 6 Rn. 12.

[944] So aber EnWG 1998, Erläuterungen-*Recknagel* (Fn. 163), Art. 1, § 6 Anm. 14.3 – 14.6, insbesondere 14.6.

Aus dem Nebeneinander der Energie- und der Kartellaufsicht ergibt sich, dass sowohl die jeweils zuständige Energieaufsichtsbehörde als auch die Kartellbehörde über den Zugang zu einem Elektrizitätsversorgungsnetz Verfügungen erlassen kann. Möglich ist dabei, dass in einem Durchleitungsfall beispielsweise ein Durchleitungspetent sowohl den Rechtsweg über das Energieaufsichtsverfahren als auch den über das Kartellaufsichtsverfahren einschlägt. Trotz der weitestgehenden Übereinstimmung der kartellrechtlichen und der energierechtlichen Netzzugangsnormen ist nicht auszuschließen, dass es zu widersprüchlichen Behörden- und Gerichtsentscheidungen kommt, die zu Rechtsunsicherheiten führen können.[945] Die Gefahr derartiger widersprüchlicher Entscheidungen wird umso deutlicher, wenn man sich vor Augen hält, welche Rechtswegemöglichkeiten dem Durchleitungspetenten zur Verfügung stehen.[946] Gem. § 6 I S. 1 EnWG hat der Durchleitungspetent einen zivilrechtlichen Rechtsanspruch auf Netzzugang.[947] Diesen vermag er mit einer zivilrechtlichen Leistungsklage (§ 253 ZPO) oder mit einer zivilrechtlichen Feststellungsklage (§ 256 ZPO) durchzusetzen versuchen. Daneben hat der Petent die Möglichkeit über § 18 i.V.m. § 6 I S. 1 EnWG den Verwaltungsrechtsweg zu beschreiten. Ferner besteht die Möglichkeit des einstweiligen Rechtsschutzes (§§ 935 ff. ZPO i.V.m. §§ 916 ff. ZPO). Auch das Kartellrecht gibt dem Petenten die Möglichkeit seinen Anspruch zivilgerichtlich durchzusetzen (§ 19 I, IV Nr. 4 i.V.m. § 33 S. 1 GWB).[948] Auch hierbei besteht die Möglichkeit einstweiligen Rechtsschutz zu erhalten (§§ 935, 940 ZPO). Darüber hinaus kann der Petent die Kartellbehörde anrufen und so ein Kartellverwaltungsverfahren einleiten. Gem. § 32 GWB kann er die Untersagung eines verbotenen Verhaltens beantragen.[949]

Aus diesem Grunde ist zu klären, inwieweit Divergenzen zwischen Energie- und Kartellrecht vermieden werden können. Wie aus obigen Schaubild zu entnehmen ist, weichen die Tatbestände hinsichtlich der Tatbestandsmerkmale des Normadressaten, des Durchleitungsentgelts und des Verweigerungsrechts voneinander ab. Dabei dürfte das Tatbestandsmerkmal des Adressaten in der Praxis kaum zu Divergenzen führen, da das im GWB zusätzlich geforderte Kriterium der Marktbeherrschung des Netzbetreibers regelmäßig erfüllt sein wird.[950]

1. Koordination der Normen hinsichtlich der energierechtlichen Abwägungsaspekte

Auch die materiellrechtlichen Anforderungen hinsichtlich der erforderlichen Interessenabwägung sind größtenteils deckungsgleich. Sowohl nach § 6 I EnWG als auch nach § 19 IV Nr. 4 GWB ist eine einzelfallbezogene Abwägung zwischen dem Interesse des Durchleitungspetenten, einen Netzzugang zu erhalten, und dem Netzbetreiber, eine Mitbenutzung seines Netzes zu verhindern, vorzunehmen. Dabei ist in beiden Fällen die angestrebte Schaffung des Wettbewerbs auf dem Elektrizitätsmarkt und das Ziel der Freiheit des Wettbewerbs zu beachten.[951] Für das Energierecht

---

[945] So auch *Horstmann* (Fn. 179), S. 781.

[946] Vgl. zu den Möglichkeiten der Durchsetzung von Netzzugangsansprüchen 5. Teil.

[947] BT-Drs. 13/9211, S. 54; *Büdenbender* (Fn. 129), Rechtsfragen, S. 80; *Cronenberg* (Fn. 128), S. 86; *Markert* (Fn. 175), S. 252; *Zinow* (Fn. 175), S. 32. Vgl. auch 3. Teil B IV.

[948] Vgl. hierzu BT-Drs. 13/9720, S. 35 f.

[949] vgl. zu den Verfahrensfragen *Ungemach/Weber*, Verfahrensfragen des Netzzugangs bei Elektrizität und Gas, Teil I, RdE 1999, S. 11 ff. und (Fn. 164), S. 131 ff.

[950] Vgl. oben 4. Teil A. I. 1.

[951] Grundsätzlich wird mit der „auf die Freiheit des Wettbewerbs gerichtete Zielsetzung" die des GWB umschrieben. Sie trifft aber auch auf § 6 I EnWG zu, da diese Norm bracheninternen Wettbewerb schaffen und Gewähr leisten soll. zum Teil wird § 6 I EnWG daher auch als Sonderkartellrecht qualifiziert. Vgl. dazu EnWG 1998, Erläuterungen-*Recknagel* (Fn. 163), Art. 1, § 6 Anm. 14.3 ff. Zur langjährigen Diskussion, ob eine Durchleitungsregelung im Energie- oder im Kartellrecht platziert werden müsse, vgl. *Büdenbender*, Energiekartellrecht, 1994, S. 37. Nach *Büden-*

gibt § 6 I S. 2 EnWG im Gegensatz zum GWB für die Interessenabwägung zusätzlich vor, dass die Ziele des § 1 EnWG zu berücksichtigen sind. Aus dieser Inkongruenz können sich Divergenzen insoweit ergeben, als sich das Erfordernis einer möglichst sicheren, preisgünstigen und umweltverträglichen Versorgung mit Energie wettbewerbsmindernd auswirkt. Die Berücksichtigung der Ziele des § 1 EnWG könnte die Energieaufsichtsbehörde dazu bewegen, einer Durchleitungsverweigerung stattzugeben. Wäre die Kartellbehörde in einem solchen Fall nicht verpflichtet, diese Ziele ebenfalls zu berücksichtigen, könnte sie u.U. zu dem Ergebnis kommen, dass eine Durchleitungsverweigerung untersagt werden muss. Insoweit erscheint es fraglich, ob die Wertungen des § 1 EnWG nicht auch bei der kartellrechtlichen Interessenabwägung mit berücksichtigt werden müssen, obwohl der Tatbestand eine solche Vorgehensweise nicht vorgibt. Ein solches Erfordernis kann sich nur aus Sinn und Zweck der Normen ableiten lassen. Grundsätzlich ist dabei zu beachten, dass das Kartellrecht ausschließlich wettbewerbsorientiert ausgerichtet ist. Aspekte nicht wettbewerblicher Art sind für das Kartellrecht grundsätzlich nicht relevant.[952] Fraglich ist dennoch, ob hier nicht doch eine Ausnahme gemacht werden muss.

Sowohl § 6 I S. 1 EnWG als auch § 19 IV Nr. 4 GWB geben dem Durchleitungspetenten einen Anspruch auf Zugang zu den Netzen der Betreiber.[953] Die Ermöglichung des Zugangs zu fremden Netzen ist im Kontext mit der Abschaffung der kartellrechtlichen Freistellung das Kernstück, um das gesetzgeberische Ziel der Einführung von brancheninternen Wettbewerb zu Gewähr leisten.[954] Materiellrechtlich sind die einschlägigen Normen fast identisch ausgeprägt worden. Ferner ist gesetzlich normiert, dass die beiden Normen nebeneinander im gleichen Rang stehen. Der Öffnung des Elektrizitätsmarktes würde es aber schaden, wenn identische Durchleitungswünsche unterschiedlich beschieden würden. Der Zugang zu fremden Netzen unterläge großen Rechtsunsicherheiten. Würden die zusätzlich vom Gesetzgeber für die Bewertung innerhalb des Energierechts geforderten Kriterien ausschließlich dort gelten, könnten Durchleitungswünsche, die an diesen zusätzlichen Kriterien nach Energierecht scheiterten, mit Hilfe des § 19 IV Nr. 4 GWB durchgesetzt werden.[955] Die Regelung des § 6 I EnWG könnte somit letztlich unterlaufen werden. Daher gebietet der Grundsatz der Einheit der Rechtsordnung sowie das Interesse der Rechtsklarheit, dass die für das Energierecht gebotenen Abwägungsaspekte auch im Kartellrecht Anwendung finden müssen. Dies entspricht auch dem eindeutigen Willen des Gesetzgebers. Danach sind die Zielsetzungen und energiewirtschaftlichen Besonderheiten bei der kartellrechtlichen Interessenabwägung zu beachten.[956] Es wird ausdrücklich darauf hingewiesen, dass bei der Anwendung der Vorschriften der §§ 22 IV, 26 II GWB a.F. (= §§ 19 IV, 20 I, II GWB n.F.) die Rechtslage nach den §§ 6 und 7 EnWG sowie hierauf gestützter Rechtsverordnungen zu berücksichtigen sind.[957] Auch der Wille des Gesetzgebers hinsichtlich der 6. Kartellrechtsnovelle deutet in diese Richtung. Danach soll ein Missbrauch gem. § 19 IV Nr. 4 GWB dann nicht vorliegen, wenn das zu untersuchende Verhalten nach spezialgesetzlichen Regelungen, also solchen des EnWG, zulässig ist.[958] Daraus ergibt sich,

---

bender (Fn. 129), Rechtsfragen, S. 120 handelt es sich bei § 6 EnWG „um eine kartellrechtliche Regelung im Gewande des Energierechts".

[952] *Büdenbender* (Fn. 129), Rechtsfragen, S. 125; *ders.* (Fn. 951) Energiekartellrecht, S. 77 ff.; *Immenga*, Politische Instrumentalisierung des Kartellrechts, 1976; *Immenga/Mestmäcker* (Fn. 342), § 26 Rn. 196; *Pohlmann*, Kartellrechtliche Aufsicht über die Stromabgabepreise der Energieversorgungsunternehmen nach der Energierechtsnovelle, RdE 1998, S. 570.

[953] Vgl. die Ausführungen zum 3. und 4. Teil.

[954] Vgl. 2. Teil B. III. 2.

[955] *Büdenbender* (Fn. 129), Rechtsfragen, S. 126.

[956] BT-Drs. 13/7274, S. 25, 31; *Hamacher*, Die neue kartellrechtliche Preismissbrauchsaufsicht in der leitungsgebundenen Energieversorgung, RdE 1998, S. 225 (231).

[957] BT-Drs. 13/9211, S. 55.

[958] BT-Drs. 13/9720, S. 36.

dass der Grundsatz, das Kartellrecht von nicht wettbewerblichen Abwägungsaspekten freizuhalten, insofern durchbrochen werden muss. Die energiewirtschaftlich gebotenen Abwägungsaspekte sind zur ganzheitlichen Entscheidungsfindung mithin auch bei der Abwägung nach § 19 IV Nr. 4 GWB zu berücksichtigen.[959]

2. Koordination der Normen hinsichtlich der Entgeltbestimmung

Die zweite erhebliche Divergenz der Tatbestände liegt in den unterschiedlichen Ansätzen zur Ermittlung des Durchleitungsentgelts. § 19 IV Nr. 4 GWB spricht bezüglich eines Durchleitungsentgelts nur von einem „angemessenen" Entgelt. Die Berechnung eines angemessenen Entgelts ist anhand der kartellrechtlichen Prüfungskriterien zu überprüfen. Entscheidende Bedeutung kommt hier dem „Als-ob-Konzept" und dem Vergleichsmarktkonzept zu.[960] Im Gegensatz zu § 6 I S. 1 EnWG ermittelt das Kartellrecht den Durchleitungspreis somit anhand eines externen Vergleichs. Entscheidend ist nicht das Verhalten des Netzbetreibers gegen sich selbst, sondern welchen Preis das marktbeherrschende Unternehmen unter Wettbewerbsbedingungen verlangt oder verlangen würde.

Nach § 6 I S. 1 EnWG hat ein Netzbetreiber sein Netz anderen Unternehmen zu Bedingungen zur Verfügung zu stellen, die nicht ungünstiger sein dürfen, als sie vom Netzbetreiber in vergleichbaren Fällen für Leistungen innerhalb seines Unternehmens oder gegenüber verbundenen oder assoziierten Unternehmen tatsächlich oder kalkulatorisch in Rechnung gestellt werden. Mit Bedingungen sind – nicht nur, aber vor allem – die Durchleitungsentgelte gemeint.[961] Maßstab der Bestimmung des Durchleitungsentgelts ist damit sozusagen ein interner Vergleich. Zu betrachten ist das Verhalten, dass der Netzbetreiber gegenüber sich selbst vornimmt.[962] Dem Verhalten gegenüber sich selbst ist das Verhalten gegenüber verbundenen oder assoziierten Unternehmen gleichgestellt worden. Für den Fall, dass es an einer tatsächlichen Berechnung mangelt, lässt das Gesetz auch eine kalkulatorische Berechnung zu. Damit sind die beiden in der Praxis vorkommenden Verfahren der Preisbildung gleichwertig als Messlatte für die externe Berechnung der Durchleitungsentgelte anerkannt.[963]

Das Modell, dass Verhalten, das der Netzbetreiber gegen sich selbst handhabt, zum Ansatzpunkt der Bemessung der Durchleitungsentgelte zu machen, ist einmalig. Gänzlich anders wird die Sachgerechtigkeit von Strompreisen anhand des Diskriminierungsverbots gem. § 19 GWB oder anhand der Preismissbrauchsaufsicht nach der BTOElt überprüft. Dabei geht das Kartellrecht von den Preisen aus, die tatsächlich auf dem Markt erzielt werden. In Betracht kommen die Preise, die ein marktbeherrschendes bzw. marktstarkes Unternehmen auf vergleichbaren Märkten oder auf demselben Markt von vergleichbaren Kunden selbst fordert. Es wird auch auf Entgelte und Geschäftsbedingungen abgehoben, die sich bei wirksamem Wettbewerb ergeben würden. Die Preisaufsicht über die Tarifkunden nach der BTOElt basiert auf den Kosten des EVU, die sich bei elektrizitätswirtschaftlicher rationeller Betriebsführung ergeben. Dabei wird aber das Preisverhalten anderer Unternehmen innerhalb der Elektrizitätswirtschaft mit betrachtet (§§ 1, 12 BTOElt). Doch auch hierzu ist die Regelung des § 6 I S. I EnWG nicht kongruent. Bei der unternehmensinternen Berechnung der Netzkosten spielt der Aufwand eine entscheidende Rolle. Im Rahmen des § 6 I S. I EnWG kommt dieser Aufwand aber nur dann zur Anwendung, wenn er bei der unternehmensinternen Berechnung tatsächlich zu Grunde gelegt wurde. Das hat zur Folge, dass ein

[959] Ebenso BKartA (Fn. 194), S. 13; *Büdenbender* (Fn. 129), Rechtsfragen, S. 126; *Horstmann* (Fn. 179), S. 782 f.; EnWG 1998, Erläuterungen-*Metzenthin* (Fn. 454), Art. 4, § 3 Anm. 8; *Walter/v. Keussler* (Fn. 161), S. 193.

[960] Vgl. zur Praxis der Ermittlung erhöhter Preise oben 4. Teil A. I. 2. b) aa).

[961] vgl. 3. Teil B. X.

[962] *Büdenbender* (Fn. 126), Rn. 226.

[963] EnWG 1998, Erläuterungen-*Recknagel* (Fn. 163), Art. 1, § 6 Anm. 10.2.

tatsächlich zu Grunde gelegt wurde. Das hat zur Folge, dass ein Unternehmen, soweit es gegenüber verbundenen oder assoziierten Unternehmen oder unternehmensintern Preise veranschlagt, die unter den kalkulatorischen Kosten liegen, diese auch im Wettbewerb gegenüber Dritten anzuwenden hat.[964]

Das zunächst befremdlich anmutende Konzept im Rahmen des § 6 I S. I EnWG auf das Verhalten, dass der Netzbetreiber gegen sich selbst praktiziert abzustellen, hat seinen guten Grund. Das Konzept des Kartellrechts, die Preise mit denen, die bereits auf dem Markt erzielt werden, zu vergleichen ist schlechterdings unmöglich, weil es Preise, die als Messlatte dienen könnten, derzeit auf dem Durchleitungsmarkt noch gar nicht gibt. Ein solcher Ansatz ginge somit völlig fehl. Bei einer reinen Kostenprüfung dagegen, käme den Unternehmen, trotz der ständig verfeinerten betriebswirtschaftlichen Kostenprüfungsverfahren, ein großer Handlungsspielraum bei der Kostenzuordnung zu. Das beinhaltet die Gefahr, den Spielraum zu Lasten der Durchleitungsinteressenten auszunutzen. Um dies zu verhindern, gibt das Gesetz vor, dass externe Durchleitungsinteressenten gleich den internen Kunden bzw. den verbundenen oder assoziierten Unternehmen zu behandeln sind. Da es derzeit noch keinen ausreichend umreißbaren Durchleitungsmarkt in Deutschland gibt und folglich keine aktuellen Marktpreise zum Vergleich herangezogen werden können, ist der Ansatz des § 6 I S. I EnWG für die privatrechtlich geregelte Entgeltbestimmung - mangels Alternative - der einzig mögliche. Zur Eröffnung des bracheninternen Wettbewerbs ist der interne Vergleichsmaßstab des § 6 I S. 1 EnWG, zumindest in der Übergangszeit bis sich vergleichbare Durchleitungspreise gebildet haben, analog für die kartellrechtliche Bestimmung des angemessenen Durchleitungsentgelts heranzuziehen.[965]

III. Verweigerung des Netzzugangs durch den marktbeherrschenden Netzbetreiber

Gem. § 19 IV Nr. 4 HS. 2 GWB liegt in der Verweigerung des Zugangs zu einer wesentlichen Einrichtung durch ein marktbeherrschendes Unternehmen kein Missbrauch, wenn das Unternehmen nachweisen kann, dass ihm die Gestattung der Mitbenutzung seiner Einrichtung nicht möglich oder nicht zumutbar ist. Die Beweislast für das Vorliegen eines Verweigerungsgrundes kommt – wie im Energierecht – dem netzbetreibenden Unternehmen zu. Hinsichtlich der in Frage kommenden Verweigerungsgründe enthält die Norm keinerlei Einschränkungen. In der nach §19 IV Nr. 4 GWB erforderlichen Interessenabwägung gibt es a priori keine Beschränkung auf bestimmte Aspekte. Wie im Energierecht führt diese Regelung zur Frage nach den Verweigerungsgründen. Insgesamt gelten die zum Energierecht getroffenen Aussagen auch hier. Gerade die in der Technik liegenden Verweigerungsgründe wie z.B. der Kapazitätsmangel, stellen auch hier absolute oder relative Verweigerungsgründe dar.[966] Fraglich ist aber, wie es sich mit den übrigen energierechtlichen Verweigerungsgründen verhält, die auf Grund strukturpolitischer, umweltpolitischer und ordnungspolitischer Interessen ins Gesetz aufgenommen wurden. Es sind dies die Verweigerungsgründe des Alleinversorgerstatus gem. § 7 EnWG, der Reziprozitätsklausel, der Braunkohlen-Schutzklausel und der Förderung rationeller Energieerzeugung gem. § 6 III EnWG. Im Detail handelt es sich um die Frage, ob innerhalb einer kartellrechtlichen Beurteilung außerkartellrechtliche Gesichtspunkte berücksichtigt werden dürfen. Keinerlei Probleme ergeben sich diesbezüglich aus der Betrachtung der Braunkohleschutzklausel gem. Art. 4 § 3 Neuregelungsgesetz. gem. Art. 4 § 3 I Neuregelungsgesetz beansprucht die Schutzklausel nicht nur bei der Interessenabwägung nach den §§ 6 und 7 EnWG Beachtung, sondern auch bei der kartellrechtlichen Interessenabwägung gem. § 19 IV Nr. 4 GWB. Die übrigen gesetzlich normierten Verweigerungsgründe enthalten dagegen

[964] *Büdenbender* (Fn. 129), S. 100.

[965] *Büdenbender* (Fn. 129), S. 100 ff.; *Horstmann* (Fn. 179), S. 696.

[966] Vgl. BKartA (Fn. 194), S. 10 ff.

keine ausdrückliche Erstreckung energierechtlicher Abwägungsaspekte auf das Kartellrecht. Fraglich ist, ob dieser Mangel auf gesetzgeberische Absicht schließen lässt, so dass angenommen werden muss, dass eben nur Art. 4 § 3 Neuregelungsgesetz kartellrechtlich beachtet werden muss, die anderen Aspekte dagegen aber gerade nicht oder ob die energierechtlichen Aspekte nicht analog im Kartellrecht Anwendung finden müssen.[967] Hierzu kann auf die Ausführungen zu den Konkurrenzfragen, insbesondere auf die Ausführungen zur Koordination der Tatbestände des § 6 I EnWG und des § 19 IV Nr. 4 GWB hingewiesen werden. Grundsätzlich ist das Kartellrecht von Aspekten, die nicht die Freiheit des Wettbewerbs betreffen, freizuhalten. Um jedoch divergierende Entscheidungen unter dem Energie- und dem Kartellrecht zu vermeiden, sind nach dem Prinzip der Einheit der Rechtsordnung energierechtliche Abwägungsaspekte auch in der Interessenabwägung des § 19 IV Nr. 4 GWB zu beachten. Dies gilt nicht nur – wie bereits oben erläutert – hinsichtlich der Berücksichtigung der nach dem Energierecht vorgegebenen Ziele des § 1 EnWG und der für die Anlaufzeit analogen Bestimmung der Durchleitungsentgelte, sondern muss auch für die übrigen Verweigerungsrechte gelten.[968] Ganz offensichtlich wird dies beim Alleinabnehmersystem des § 7 EnWG. Der Gesetzgeber hat sich bei der Marktöffnung für ein Alternativsystem entschieden. Wettbewerb soll vorrangig vermittels des verhandelten Netzzugangs ermöglicht werden. Ausnahmsweise kann aber auch ein Alleinabnehmersystem beantragt und gewährt werden. Kommt einem EVU ein durch die Behörde gebilligter Alleinversorgerstatus zu, hat er das Recht Durchleitungswünsche zu verweigern. Gerade dies ist das Prinzip des Alleinabnehmersystems. Der Alleinversorger versorgt „sein" Gebiet allein. Dem Kartellrecht ist eine solche Regelung nicht bekannt. Daraus kann jedoch nicht darauf geschlossen werden, dass dieser Verweigerungsgrund im Kartellrecht unbeachtlich ist. Denn dies könnte zu erheblichen Divergenzen führen. Der energierechtlich gebilligte Alleinabnehmerstaus könnte mit dem Kartellrecht unterlaufen werden. Da sich ein EVU dann aber, trotz dass ihm aus energierechtlichen Gründen ein Alleinversorgerstatus anerkannt wurde, sich dieses Status nicht sicher sein könnte, würde das Alleinabnehmersystem gem. § 7 EnWG seinen Sinn verfehlen. Insofern müssen auch hier die parallelen Gesetze insoweit koordiniert werden, dass auch eine kartellrechtliche Interessenabwägung den Alleinversorgerstatus eines EVU gem. § 7 EnWG beachten muss.[969] Zum selben Ergebnis kommt man hinsichtlich der übrigen energierechtlichen Verweigerungsgründe. Im Rahmen der kartellrechtlichen Interessenabwägung können alle Interessen eingebracht werden, die von der Rechtsordnung anerkannt sind.[970] Für § 6 III EnWG hat das BKartA dies auch schon ausdrücklich festgestellt.[971] Sämtliche energierechtlich anerkannten Verweigerungsgründe sind demnach auch in der kartellrechtlichen Interessenabwägung zu berücksichtigen.

---

[967] vgl. *Büdenbender* (Fn. 129), Rechtsfragen, S. 125.

[968] so auch *Büdenbender* (Fn. 129), Rechtsfragen, S. 124 ff.; *Horstmann* (Fn. 179), S. 803 ff.

[969] *Büdenbender* (Fn. 129), Rechtsfragen, S. 124 ff.

[970] vgl. BKartA (Fn. 194), S. 23.

[971] BKartA (Fn. 194), S. 24.

B. Netzzugang nach § 19 I, IV Nr. 1 GWB

Nach § 19 I, IV Nr. 1 GWB liegt ein Missbrauch insbesondere auch dann vor, wenn ein marktbeherrschendes Unternehmen als Anbieter oder Nachfrager einer bestimmten Art von Waren oder gewerblichen Leistungen die Wettbewerbsmöglichkeiten anderer Unternehmen in einer für den Wettbewerb auf dem Markt erheblichen Weise ohne sachlich gerechtfertigten Grund beeinträchtigt. Im Falle ungerechtfertigter Verweigerungen des Netzzugangs werden auch die Wettbewerbsmöglichkeiten anderer Unternehmen in einer für den Wettbewerb auf dem Markt erheblichen Weise ohne sachlichen Grund beeinträchtigt. § 19 IV Nr. 4 GWB ist insoweit aber spezieller und geht § 19 IV Nr. 1 GWB daher vor.

C. Diskriminierungsverbot gem. § 20 I GWB

§ 20 I GWB:

„Marktbeherrschende Unternehmen, Vereinigungen von Unternehmen im Sinne der §§ 2 bis 8, 28 I sowie § 29 und Unternehmen, die Preise nach den §§ 15, 28 II, § 29 II und § 30 I binden, dürfen ein anderes Unternehmen in einem Geschäftsverkehr, der gleichartigen Unternehmen üblicherweise zugänglich ist, weder unmittelbar noch mittelbar unbillig behindern oder gegenüber gleichartigen Unternehmen ohne sachlich gerechtfertigten Grund unmittelbar oder mittelbar unterschiedlich behandeln."

I. Marktbeherrschende Unternehmen

Ebenso wie bei § 19 GWB sind auch bei § 20 GWB marktbeherrschende Unternehmen Adressaten der Norm. Qualitativ handelt es sich hierbei um dasselbe Tatbestandsmerkmal wie in § 19 GWB, so dass auch die Ermittlung der marktbeherrschenden Stellung eines Unternehmens mit der bei § 19 GWB identisch ist. Insoweit kann auf die Ausführungen zur marktbeherrschenden Stellung bei § 19 GWB verwiesen werden.[972] Bei den Netzbetreibern wird es sich demnach in der Regel um marktbeherrschende Unternehmen handeln.

II. Marktstarke Unternehmen

Selbst wenn einem Netzbetreiber eine marktbeherrschende Stellung nicht zukommt, kann ein kartellrechtswidriges Verhalten vorliegen. Denn im Gegensatz zu §19 GWB gilt das Verbot der unbilligen Behinderung bzw. das Diskriminierungsverbot des §20 GWB auch für weitere Adressaten, insbesondere gem. § 20 II GWB aber für sog. marktstarke Unternehmen, soweit von ihnen kleine oder mittlere Unternehmen als Anbieter oder Nachfrager einer bestimmten Art von Waren oder gewerblichen Leistungen in der Weise abhängig sind, dass ausreichende und zumutbare Möglichkeiten, auf andere Unternehme auszuweichen, nicht bestehen. Kleinere und mittlere Unternehmen im Sinne des § 20 II GWB sind solche im Sinne der § 4 I Nr. 1 und 2 und § 22 II Nr. 2 GWB.[973] Diese kleinen oder mittleren Unternehmen müssen in einem Abhängigkeitsverhältnis zu dem

---

[972] Vgl. oben 4. Teil A. I. 1.

[973] *Bechtold* (Fn. 322), § 20 Rn. 17; Zur alten Rechtslage *Burkhardt*, Kartellrecht, 1995, Rn. 397; *Emmerich* (Fn. 846), § 19 Ziff. 4 c).

marktstarken Unternehmen stehen. Eine Abhängigkeit kann nur für bestimmte Waren oder Dienstleistungen im Hinblick auf einen bestimmten Markt bestehen.[974] Eine Abhängigkeit liegt vor, wenn das Unternehmen zur Aufrechterhaltung seiner Wettbewerbsfähigkeit auf das marktstarke Unternehmen angewiesen ist.[975] Ob es auf das marktstarke Unternehmen angewiesen ist, beurteilt sich danach, ob Alternativen in ausreichendem Maße bestehen und/oder zumutbar sind. Demnach ist zunächst danach zu fragen, ob (objektiv) überhaupt ausreichend Alternativen für das Unternehmen bestehen. Im Anschluss daran, ist weiter zu fragen, ob die vorliegende(n) Alternative(n) für das Unternehmen (subjektiv) zumutbar ist (sind).[976]

Ob ein Netzbetreiber als marktstarkes Unternehmen gilt, ist für den Einzelfall zu entscheiden. Dabei kommt es vor allem auf die Frage an, ob dem die Durchleitung begehrenden Unternehmen alternative Belieferungswege zur Verfügung stehen und wenn ja, ob ihm diese zuzumuten sind.

III. Gleichartigen Unternehmen üblicherweise zugänglicher Geschäftsverkehr.

Das Behinderungs- und Diskriminierungsverbot des § 20 GWB findet nur „in einem Geschäftsverkehr, der gleichartigen Unternehmen üblicherweise zugänglich ist" Anwendung. Das Merkmal der Branchenüblichkeit soll sicherstellen, dass das Behinderungs- und Diskriminierungsverbot nur in Märkten Anwendung findet, in denen auch andere Unternehmen tätig sind.[977] Dort wo – aus welchen Gründen auch immer – kein allgemeiner Marktzugang vorliegt, ist § 20 GWB mangels Branchenüblichkeit nicht anwendbar. Anknüpfungspunkt für die Beurteilung der Branchenüblichkeit ist nicht die Gepflogenheit des marktstarken Unternehmens, sondern „die allgemeine Marktsituation, also das, was sich innerhalb der in Betracht kommenden Kreise in natürlicher Entwicklung als allgemein geübt und als angemessen empfunden herausgebildet hat".[978]

Ob hinsichtlich des Durchleitungsmarkts schon davon gesprochen werden kann, dass sich ein allgemeiner Usus bezüglich der Netzzugangsgewährung herausgebildet hat, ist indes fraglich. Diese Frage kann jedoch dahinstehen. Denn aus der gesetzlichen Wertung des §6 I EnWG sowie aus der des § 19 I, IV Nr. 4 GWB folgt, dass der Zugang zu den Elektrizitätsversorgungsnetzen eines beliebigen Betreibers grundsätzlich ein Geschäftsverkehr ist, der Petenten üblicherweise zugänglich ist, wenn nicht ausnahmsweise ein Netzzugangsverweigerungsgrund vorliegt. Aus diesem Grunde kann ein Netzbetreiber den Behinderungs- bzw. Diskriminierungsvorwurf auch nicht damit ausräumen, dass er vorträgt, er habe bislang niemandem Zugang zu seinem Netz gestattet, so dass keine Üblichkeit vorliege.[979]

Auch hinsichtlich des Tatbestandsmerkmals der Gleichwertigkeit hilft eine gesetzliche Wertung weiter. Als gleichartige Unternehmen dürften zumindest sämtliche EVU im Sinne des § 2 III EnWG gelten.

---

[974] *Bechtold* (Fn. 322), § 20 Rn. 18.

[975] *Bechtold* (Fn. 322), § 20 Rn. 18.

[976] Für das Abhängigkeitsverhältnis sind von Rechtsprechung und Literatur verschiedene Ausgestaltungen und Fallgruppen entwickelt worden, auf die hier nicht weiter eingegangen werden kann. Vgl. zu den Fallgruppen u.a. *Bechtold* (Fn. 322), § 20 Rn. 19 ff.; *Emmerich* (Fn. 846), S. 294 ff.

[977] *Bechtold* (Fn. 322), § 20 Rn. 28.

[978] st. Rspr., vgl. u.a. BGH Urt. v. 06. Oktober 1992 WuW/E BGH 2805 (2807 f.).

[979] So auch BKartA (Fn. 194), S. 28.

IV. Unbillige Behinderung/Diskriminierung

Der Begriff der Behinderung wird im § 20 GWB äußerst weit verstanden. Er umfasst jede unmittelbare oder mittelbare tatsächliche Beeinträchtigung der Betätigungs- und Wettbewerbsmöglichkeiten anderer Unternehmen.[980] Bewertet ist die Maßnahme damit jedoch noch nicht. Eine Bewertung erfolgt erst im Rahmen der Prüfung der Unbilligkeit. Über die Unbilligkeit der jeweils in Rede stehenden Maßnahme kann nach Meinung der ständigen Rechtsprechung und der Literatur[981] immer nur im Einzelfall auf Grund einer Abwägung der Interessen der Beteiligten unter Berücksichtigung der auf die Freiheit des Wettbewerbs gerichteten Zielsetzung des GWB entschieden werden.[982]

Auf Grund der gesetzlichen Wertungen hinsichtlich des Netzzugangs dürfte eine Zugangsverweigerung regelmäßig eine unbillige Behinderung darstellen, wenn kein Netzzugangsverweigerungsgrund vorliegt.[983]

Eine Diskriminierung liegt dagegen vor, wenn das marktstarke Unternehmen gleichartige Unternehmen ungleich behandelt und hierfür kein sachlicher Grund vorliegt.[984]

Eine Diskriminierung dürfte mithin gegeben sein, wenn ein Netzbetreiber dem einen EVU den Netzzugang verweigert, obwohl es dem anderen EVU den Netzzugang in einem vergleichbaren Fall gestattet hat. Allerdings ist hierbei zu beachten, dass diverse tatsächliche und wirtschaftliche Gründe in Betracht kommen, warum eine Durchleitung in dem einen Fall gestattet werden konnte, in dem anderen dagegen nicht. Der offensichtlichste Grund ist der der mangelnden Kapazität. Konnte EVU A vor zwei Monaten noch die Belieferung des Abnehmers A1 mit der Menge x gestattet werden, so kann ein identisches Netzzugangsbegehren des EVU B zur Belieferung des Abnehmers A2 nunmehr wegen mangelnder Netzkapazität ausgeschlossen sein.

Insgesamt kommt jedoch durchaus auch ein Verstoß gegen § 20 GWB in Betracht.

---

[980] BGH Urt. v. 12. November 1991 BGHZ 116, 47 (56 f.) = NJW 1992, S. 1817.

[981] Zuletzt BKartA (Fn. 194), S. 28. Diese Sichtweise entspricht der der st. Rspr. und Lit. Vgl. dazu BGH Urt. v. 27. September 1962 BGHZ 38, 90 (102) = NJW 1963, 293; BGH Urt. v. 21. Juni 1971 BGHZ 56, 327 (336) = NJW 1971, 2027; BGH Urt. v. 07. Oktober 1980 BGHZ 78, 190 (196 ff.) = NJW 1981, 634; BGH Urt. v. 01. Dezember 1981 BGHZ 82, 238 (244 f.) = NJW 1982, 644; KG Urt. v. 23. Januar 1992 WuW/E OLG 4951 (4967 ff.); *Emmerich* (Fn. 846), S. 306 m.w.N.

[982] Das BKartA (Fn. 194), S. 28 berücksichtigt in dieser Interessenabwägung aber auch die gesetzlichen Wertungen des EnWG.

[983] In diesem Sinne BKartA (Fn. 194), S. 28.

[984] *Bechtold* (Fn. 322), § 20 Rn. 41 f.

5. Teil: Durchsetzung von Netzzugangsansprüchen

A. Einleitung

Der Zugang zu fremden Netzen ist das zentrale Anliegen der Gesetzes zur Neuregelung des Energiewirtschaftsrechts. Hierdurch soll der Wettbewerb auch auf dem Elektrizitätsmarkt ermöglicht werden. Die einzige Alternative – der Parallelleitungsbau – ist aus diversen Gründen nicht zu einer umfassenden Öffnung des Elektrizitätsmarktes geeignet. Materiellrechtlich sind aus diesem Grunde sowohl im Energiewirtschaftsrecht als auch im Kartellrecht Netzzugangstatbestände geschaffen worden. § 6 I EnWG verpflichtet netzbetreibende EVU anderen EVU ihre Netze zu Bedingungen zur Verfügung zu stellen, die nicht ungünstiger sind, als sie von ihnen in vergleichbaren Fällen für Leistungen innerhalb ihres Unternehmens oder gegenüber verbundenen oder assoziierten Unternehmen tatsächlich oder kalkulatorisch in Rechnung gestellt werden.[985]

Auch § 19 IV Nr. 4 GWB gibt einen umfassenden Anspruch auf Zugang zu fremden Netzen. Allerdings setzt § 19 IV Nr. 4 GWB voraus, dass das netzbetreibende EVU eine marktbeherrschende Stellung innehat, welche sie missbräuchlich ausnutzt.[986]

Materiellrechtlich ist der grundsätzliche Anspruch auf Netzzugang demnach normiert. Wirksamer Wettbewerb hängt wesentlich allerdings auch von der Durchsetzbarkeit des gegebenen Anspruches ab. Das bloße Innehaben des Anspruches bringt grundsätzlich nichts, wenn der Netzbetreiber die Durchsetzung des Anspruchs ganz oder doch zumindest für eine lange Zeit verhindern kann. Die Durchsetzbarkeit des Anspruchs ist mithin ebenso wichtig, wie der Anspruch selbst. Die Verfahrensfragen bei Durchleitungsbegehren stellen einen „wesentlichen Schlüssel zum Netzzugang" dar.[987]

Eine spezielle Regelung zur Durchsetzung eines (gegebenen) Netzzugangsanspruchs existiert nicht. Grundsätzlich hat der Durchleitungspetent nach der deutschen Rechtslage mehrere Möglichkeiten den Zugang zu einem fremden Netz zu erlangen.

Einmal kann er sich mit dem Netzbetreiber darauf einigen, die Streitigkeit von einem Schiedsgericht klären zu lassen. **(B)** Können sich die Parteien hierauf nicht verständigen, kann der Petent auf Grund einer energieaufsichtsbehördlichen Anordnung nach § 18 I EnWG Zugang zu einem fremden Netz erlangen. **(C)** Darüber hinaus besteht die Möglichkeit die Kartellbehörden anzurufen, um zu erreichen, dass dem Netzbetreiber die Verweigerung des Netzzugangs untersagt wird. **(D)** Hinsichtlich der energieaufsichtsbehördlichen- sowie der kartellbehördlichen Verfügung wird zu klären sein, welchen Inhalt die Verfügungen haben dürfen bzw. müssen. **(E)** Ferner kann der Durchleitungspetent seinen Durchleitungsanspruch in einem Hauptsacheverfahren vor einem Zivilgericht geltend machen. **(F)**

Besondere Bedeutung kommt bei der Frage nach der Durchsetzung von Netzzugangansprüchen der zeitlichen Komponente zu. Um effizienten Wettbewerb zu erlangen, muss nötigenfalls der Durchleitungsanspruch rasch durchgesetzt werden können. Es stellt sich somit die Frage nach der Möglichkeit des einstweiligen Rechtsschutzes, sowohl im Energieaufsichts- und Kartellverwaltungsverfahren als auch im Zivilprozess. **(G)**

---

[985] Vgl. zu den materiellrechtlichen Fragen des verhandelten Netzzugangs 3. Teil.

[986] Vgl. zu den materiellrechtlichen Fragen der kartellrechtlichen Durchleitungsregelung des § 19 IV Nr. 4 GWB 4. Teil A.

[987] *Ungemach/Weber* (Fn. 949), S. 12.

B. Schiedsgerichtliche Durchsetzung

Bevor auf die „regulären" Mittel zur Durchsetzung eines Durchleitungsanspruchs eingegangen wird, soll kurz auf die Möglichkeiten der Übertragung von Streitigkeiten auf Schiedsgerichte eingegangen werden. Grundsätzlich ist es den Parteien unbenommen, ihre Streitigkeit vor einem Schiedsgericht klären zu lassen. Schiedsgerichte können entweder sog. „ad-hoc-Schiedsgerichte", also solche, die eigens für den betreffenden Streit errichtet wurden, oder ständige Schiedsgerichte sein, die gegebenenfalls von Verbänden eingerichtet wurden.[988] Für Streitigkeiten, die den Netzzugang betreffen, schlagen die Verbändevereinbarungen deren Erledigung vor einer Clearingstelle vor.[989]

Die Beilegung einer Streitigkeit vor einem Schiedsgericht, insbesondere vor der Clearingstelle, bietet für die Beteiligten einige Vorteile. So können die Parteien gem. §§ 1034 ff. ZPO z.B. Einfluss auf die Auswahl der Schiedsrichter nehmen, bzw. im Falle der Clearingstelle die beteiligten Verbände. Dies ist besonders günstig, da dabei Schiedsrichter gewählt werden können, die sich mit der streitigen Materie bestens auskennen. Ferner ist mit der Streitbeilegung vor einem Schiedsgericht der Vorteil verbunden, die Meinungsverschiedenheit fast gänzlich unter Ausschluss der Öffentlichkeit zu verhandeln, so dass eventuell imageschädigende Veröffentlichungen hinsichtlich der Parteien unterbleiben. Größter Vorteil dürfte jedoch sein, dass Schiedsgerichtsverfahren im Allgemeinen effizienter und schneller durchgeführt werden.[990] Das schiedsgerichtliche Verfahren endet mit einem Schiedsspruch. Nach § 1055 ZPO hat der Schiedsspruch unter den Parteien die Wirkung eines rechtskräftigen gerichtlichen Urteils, aus welchem vollstreckt werden kann. Der Schiedsspruch ist gem. § 1059 und § 1060 ZPO aufhebbar. Hinsichtlich der Rechtskraftwirkung ist bezüglich der Verbändevereinbarungen allerdings zu beachten, dass die Entscheidung, die am Ende des Clearing-Verfahrens ergeht, nicht verbindlich ist, so dass es den Parteien möglich ist, den Rechtsweg in Anspruch zu nehmen oder andere Schritte einzuleiten. Auf Grund dieser Unverbindlichkeit ist dem Clearing-Verfahren bislang keine Bedeutung zugekommen. Auch in Zukunft ist davon auszugehen. Wenn nämlich die Parteien eine Verständigung hinsichtlich des Ob einer Durchleitung wollen, so benötigen sie die Clearingstelle nicht. Streiten die Parteien dagegen über das Ob und/oder Wie einer Durchleitung, wird sich die unterliegende Partei einer unverbindlichen Entscheidung kaum beugen. Das Verfahren vor der Clearingstelle bedeutete dann lediglich eine Verzögerung, weil danach der Rechtsweg eingeschlagen würde. Praktische Relevanz ist von der Clearingstelle nur dort zu erwarten, wo sich die Parteien über das Ob der Durchleitung einig sind, sich aber über einzelne Modalitäten nicht einigen können und insofern eine objektive Entscheidung wünschen.

C. Energieaufsichtsbehördliche Durchsetzung

Ebenso wie nach EnWG 1935 (§ 1) unterstehen die EVU auch nach dem EnWG 1998 der Aufsicht. Nach § 18 I S. 1 EnWG überwacht die Behörde die Einhaltung der Vorschriften dieses Gesetzes und kann gem. § 18 I S. 2 EnWG im Einzelfall die erforderlichen Maßnahmen zur Durchführung des Gesetzes anordnen. Eine Vorschrift, die es einzuhalten gilt, ist das grundsätzliche *Muss* eines Netzbetreibers, einem anderen EVU sein Netz zur Verfügung zu stellen. Nur ausnahmsweise kann der Zugang zum eigenen Netz verweigert werden. Verweigert ein Netzbetreiber den Zugang zu seinem Netz, ohne dass ein berechtigter Grund vorliegt, verstößt er gegen eine energierechtliche Vorschrift. Insofern ist die Energieaufsichtsbehörde berechtigt, eine Maßnahme anzuordnen, um die

---

988 Vgl. *Ungemach/Weber* (Fn. 164), S. 137.

989 Vgl. VV I Ziff. 3.6 und VV II Ziff. 5.6.

990 Vgl. *Ungemach/Weber* (Fn. 164), S. 137.

Einhaltung des § 6 EnWG zu Gewähr leisten.[991] Zu beachten ist jedoch, dass die Behörde Maßnahmen anordnen *kann*. Hinsichtlich des *Ob* des Einschreitens ist der Behörde demzufolge ein Ermessensspielraum gegeben. Grundsätzlich ist die Behörde ermächtigt einzugreifen; verpflichtet ist sie indes nicht.

D. Kartellbehördliche Durchsetzung

Auch das Kartellrecht gibt dem Durchleitungsinteressenten mit § 19 IV Nr. 4 GWB die Möglichkeit, Zugang zu einem fremden Netz zu erlangen.[992] Danach ist die Verweigerung des Zugangs zu seinem Netz durch ein marktbeherrschenden Unternehmens grundsätzlich missbräuchlich, wenn das Durchleitung begehrende Unternehmen bereit ist, ein angemessenes Entgelt zu zahlen und ansonsten auf dem vor- oder nachgelagerten Markt nicht als Wettbewerber des marktbeherrschenden Unternehmens tätig werden kann.

In dem Fall, dass ein marktbeherrschendes Unternehmen den Zugang zu seinem Netz missbräuchlich verweigert, kann die Kartellbehörde gem. § 32 i.V.m. § 19 IV Nr. 4 GWB dem Netzbetreiber das missbräuchliche Verhalten untersagen.[993] Eine solche Untersagung kommt im Hinblick auf ein Durchleitungsbegehren einer Durchleitungsverpflichtung des Netzbetreibers gleich. Dies resultiert daraus, dass eine Unterlassung der Netzzugangsverweigerung zwangsläufig zu einem Zulassen des Netzzugangs führt.[994] Ebenso kann die Kartellbehörde dem Netzbetreiber eine unbillige Behinderung gem. § 20 I GWB untersagen. Die Folge einer solchen Untersagung ist dieselbe wie bei § 32 i.V.m. § 19 IV Nr. 4 GWB.

Da es sich bei §§ 19 und 20 I GWB um Normen handelt, die u.a. den Schutz von Durchleitungspetenten bezwecken, kann der Durchleitungsinteressent darüber hinaus gem. § 33 i.V.m. § 19 IV Nr. 4 bzw. § 20 I GWB Unterlassung der Verweigerung und Schadensersatz verlangen. Ein besonderer Aspekt ist dabei, dass die Unterlassungspflicht aus § 33 GWB verschuldensunabhängig ist. D.h., dass ein Netzbetreiber sich nicht darauf berufen kann, er habe nicht gewusst und auch nicht wissen können, dass die Durchleitungsverweigerung missbräuchlich war. Auch der Anspruch auf Unterlassung der Netzzugangsverweigerung ergibt faktisch einen Anspruch auf Netzzugang. Hier gilt dasselbe wie bei der Anordnung der Untersagung des missbräuchlichen Verhaltens bzw. der unbilligen Behinderung. Ordnet die Kartellbehörde an, es zu unterlassen, den Netzzugang zu verweigern, bedeutet dies de facto ebenfalls die grundsätzliche Öffnung des Netzes.[995]

---

[991] So auch *Büdenbender*, Möglichkeiten zur Durchsetzung des Netzzugangs in der Elektrizität- und Gaswirtschaft, ZIP 1999, S. 1469, 1470; Die Energieaufsichtsbehörden der Länder und der BMWi sind in einer ersten Arbeitsbesprechung am 29.04.1998 zu dem Ergebnis gekommen, dass durch § 18 I EnWG die Energieaufsicht nicht ausgeweitet werden solle, so dass eine extensive Interpretation des § 18 EnWG abzulehnen sei. Hierzu, sowie zu den Argumenten, die gegen eine solche Sicht und dafür sprechen, dass die Energieaufsichtsbehörden über den Netzzugang gem. § 6 I EnWG entscheiden können vgl. *Büdenbender*, Die Energieaufsicht über Energieversorgungsunternehmen nach dem neuen Energiewirtschaftsrecht, DVBl. 1999, S. 7 (15 ff.).

[992] Vgl. oben 4. Teil A.

[993] Der Untersagungsverfügung der Kartellbehörde geht ein Kartellverwaltungsverfahren voraus. Das Kartellverwaltungsverfahren ist in den §§ 54 ff. GWB geregelt und entspricht mit Ausnahme der Bußgeldvorschriften den Regelungen der §§ 51 ff. GWB a.F.

[994] *Büdenbender* (Fn. 991), Möglichkeiten zur Durchsetzung, S. 1471.

[995] *Büdenbender* (Fn. 991), Möglichkeiten zur Durchsetzung, S. 1471.,

E. Inhalt der behördlichen Verfügung

Problematisch ist, wie die Energieaufsichtsbehörde vor allem aber die Kartellbehörde die entsprechenden Verfügungen auszugestalten haben bzw. welchen Inhalt die Verfügungen haben müssen bzw. dürfen. Bei ihren aufsichtsbehördlichen Verfügungen haben die Behörden zu beachten, dass es bei der Regelung des Netzzugangs zwischen den Parteien eines umfangreichen Vertragswerkes bedarf. Neben den grundsätzlich zu regelnden Punkten des Netzzugangs und der Zahlung eines Netznutzungsentgelts müssen weitere, zwingend notwendige Punkte bei den Vertragsverhandlungen zwischen den Parteien geklärt werden. So bedarf es der Regelung von Art und Umfang der Elektrizitätslieferung. Es muss geklärt sein, welche Systemdienstleistungen erforderlich sind und von wem sie erbracht werden (können). Auch die Leistungsmessung muss klargestellt sein.[996]

Es liegt auf der Hand, dass all diese Punkte in mannigfachen Variationen vereinbart werden können. So können beispielsweise die Systemdienstleistungen in Gänze vom Netzbetreiber erbracht werden, sie können aber zum Teil auch vom Petenten erbracht werden. *Die eine* Netzzugangsregelung gibt es grundsätzlich nicht. In der Regel sind verschiedene Ausgestaltungen möglich. Den Umstand, dass beim Netzzugang zwischen den Parteien mehrere Gesichtspunkte zu berücksichtigen sind und den Parteien zur Regelung dieser Aspekte mehrere Möglichkeiten zur Verfügung steht, müssen auch die Aufsichtsbehörden bei ihren Verfügungen beachten. Insbesondere ergibt sich dieses Ergebnis für die Kartellbehörde auch aus dem Wortlaut des § 32 GWB. Daraus folgt, dass „die klassische Verfügung des Kartellrechts [...] das Verbot eines bestimmten Verhaltens" ist.[997] Die Kartellbehörde kann infolgedessen einem marktbeherrschenden Netzbetreiber eine missbräuchliche Netzzugangsverweigerung nur verbieten. Wie der betroffene Netzbetreiber sein Verhalten danach kartellrechtlich zulässig ausgestaltet, bleibt ihm grundsätzlich selbst überlassen. Verbote der Kartellbehörde, die de facto ein Gebot bedeuten, sind kartellrechtlich prinzipiell nicht zulässig.[998] Eine Gebotsverfügung verstößt nach Auffassung des BGH grundsätzlich gegen das Verhältnismäßigkeitsprinzip.[999] Die Verfügung soll dem Betroffenen nicht ein bestimmtes Verhalten vorschrieben, sondern soll ihm – allein um den Eingriff besonders gering auszugestalten – die Wahl überlassen, um sein Verhalten kartellrechtskonform auszugestalten. Solange nicht Ausnahmsweise eine Ermessensreduzierung auf Null dahingehend vorliegt, dass nur einen einzige Möglichkeit des Netzzugangs besteht, dürfen die Behörden demnach grundsätzlich nicht einen bestimmten Netzzugang anordnen.[1000] Demgegenüber ist die Kartellbehörde in Fällen, in denen sich das missbräuchliche Verhalten oder die unbillige Behinderung quantitativ bestimmen lässt, nicht darauf beschränkt, das konkret missbräuchliche oder behindernde Verhalten isoliert zu betrachten und insoweit zu untersagen.[1001] Ist beispielsweise das vom marktbeherrschenden Netzbetreiber verlangte Netznutzungsentgelt missbräuchlich, ist die Kartellbehörde nicht darauf beschränkt, dem betroffenen Netzbetreiber das Verlangen dieses konkreten Entgelts zu untersagen. Denn dies ermöglichte es dem betroffenen Netzbetreiber, ein darunter liegendes Entgelt zu verlangen, welches aber dennoch als missbräuch-

---

[996] Dies gilt vor allem im Haushaltskunden- und Kleingewerbebereich. Es besteht Einigkeit, dass die im Großkundenbereich durchgeführte ¼-h-Leistungsmessung im Haushaltskunden- und Kleingewerbebereich hinsichtlich der Datenerfassung, -auswertung und –verwaltung unökonomisch ist. Derzeit werden in Deutschland zur Leistungsmessung in diesem Bereich das analytische Lastprofil oder Restkurvenverfahren bzw. das synthetische Lastprofil oder standardisiertes Verfahren diskutiert. Vgl. zu den verschiedenen Lastprofilen *Bock/Nissen* (Fn. 654), S. 606 ff.; *Hinz/Klafka* (Fn. 654), S. 611 ff.

[997] *Büdenbender* (Fn. 991), Möglichkeiten zur Durchsetzung, S. 1471.

[998] BGH Urt. v. Beschl. v. 03. April 1975 BGH NJW 1975, 282; BGH Urt. v. Beschl. v. 03. Juli 1976 BGH NJW 1976, 2259 (2260); *Büdenbender* (Fn. 991), Möglichkeiten zur Durchsetzung, S. 1471; *Ungemach/Weber* (Fn. 949), S. 14.

[999] BGH Urt. v. 03. April 1975 BGH WuW/E 1345.

[1000] Zu dem Fall, dass nur eine einzige kartellrechtskonforme Variante besteht vgl. BGH Urt. v. 08. Februar 1994 BGH WuW/E 2906; BGH Urt. v. 15. November 1994 BGH WuW/E 2951.

[1001] *Büdenbender* (Fn. 991), Möglichkeiten zur Durchsetzung, S. 1471.

lich anzusehen wäre. Zur Klärung dieser Tatsache wäre erneut ein Kartellverfahren anzustrengen. Darum ist anerkannt, dass es der Behörde möglich ist, eine Mindestgrenze festzulegen, ab deren Überschreiten ein Missbrauch vorliegt.[1002] Praktisch handelt es sich dabei um in das „Kleid eines Verbots gekleideten Gebotsverfügungen".[1003] Faktisch wird einem betroffenen Unternehmen mit dem „negativen" Ausspruch, den Netzzugang zu einem Preis, der über der von der Behörde gezogenen Grenze liegt, zu unterlassen, „positiv" aufgegeben, den Netzzugang zu einem innerhalb dieser Grenze liegenden Preis zu ermöglichen. Beseitigungspflicht hinsichtlich einer Lieferverweigerung bedeutet positive Lieferpflicht.[1004]

Dies gilt nicht nur hinsichtlich kartellrechtswidriger Entgelte. Das Prinzip ist auch auf andere bestimmbare Verhaltensweisen übertragbar.[1005] Im „Bewag-Fall"[1006] hat das BKartA Folgendes entschieden:„ [...] in den Zeiten, in denen der Beteiligten zu 1. (= Bewag)[1007] Nutzungsbegehren für die 380-kV-Verbundnetzanbindung Wolmirstedt/Teufelsbruch/Reuter vorliegen, die unter Einschluss ihrer eigenen beabsichtigten Nutzung die im Hinblick auf die Verfügung der Energieaufsichtsbehörde des Landes Berlin vom 24. Juni 1999 bereitstehenden Einleitungskapazitäten ihres West-Berliner Teilnetzes (maximal 400 MW) übersteigen, wird der Beteiligten zu 1. untersagt, der Beteiligten zu 2. (= RWE Energie AG)[1008] für die Strombelieferung der KM Europe Metal AG den Zugang zu ihrem Elektrizitätsversorgungsnetz in Höhe von 20,3 % der von der KM Europe Metal AG jeweils benötigten Strommenge (Leistung in MW) gegen Zahlung eines Entgeltes, das sich höchstens auf einen Betrag beläuft, der sich aus den von der Beteiligten zu 1. veröffentlichten Durchleitungsentgelten ergibt, zu verweigern."

Auch diese Verbotsverfügung beinhaltet von der Bewag zu berücksichtigende Gebote. Zum einen hat das BKartA eine Mindestgrenze hinsichtlich des Durchleitungsentgelts bestimmt. Die Bewag darf für die von der RWE Energie AG begehrte Durchleitung nur ein Entgelt verlangen, dass sich aus den von ihr veröffentlichten Durchleitungsentgelten ergibt.[1009] Zum anderen hat das BKartA eine Missbrauchsgrenze hinsichtlich der Verweigerung auf Grund eines Kapazitätsengpasses bestimmt. Der Bewag ist es untersagt, der RWE Energie AG die Durchleitung zur Versorgung der KM Europe Metal AG zu verweigern, wenn die einzuspeisende Elektrizität 20,3 % der von der KM Europe Metal AG benötigten Strommenge nicht übersteigt. Faktisch bedeutet dies, dass die Bewag der RWE Energie AG die Belieferung der KM Europe Metal AG bis zu einer Strommenge von 20,3 % der von der KM Europe Metal AG benötigten Strommenge und zu einem Preis, der den von der Bewag veröffentlichten Höchstpreis für Durchleitungen nicht übersteigt, zu gestatten hat.

Auf alle Vertragsbedingungen lässt sich das Prinzip freilich nicht ohne weiteres übertragen. Solche, die nicht quantifizierbar sind, können nicht durch das Aufstellen einer Mindestgrenze geregelt werden. Allerdings zeigt die Praxis des BKartA und die Rechtsprechung des BGH, dass auch nicht

---

[1002] BGH (Fn. 998), NJW 1976, 2260.

[1003] *Langen/Bunte* (Fn. 325), § 37 a Rn. 10 m.w.N.

[1004] vgl. BGH Urt. v. 26. Oktober 1972 WuW/E 1238 ff (1245); BGH Urt. v. 12. Mai 1998 BB 1998, 2332 (2333).

[1005] Im Gasdurchleitungsbeschluss, BGH (Fn. 71) BGH WuW/E 2953, wurde dem Netzbetreiber untersagt, sich zu weigern, in Verhandlungen über den Abschluss eines Durchleitungsvertrags einzutreten und die Bedingungen hierfür oder aber die Verweigerungsgründe anzugeben bzw. einen Durchleitungsvertrag zu einem bestimmten Höchstentgelt abzuschließen.

[1006] BKartA (Fn. 194).

[1007] Anm. des Verfassers.

[1008] Anm. des Verfasser.

[1009] Hieran zeigt sich, dass den von den Netzbetreibern veröffentlichten Durchleitungsentgelten, die zu einem großen Teil auf den von den Verbändevereinbarungen gefundenen Kriterien basieren, eine enorme Bedeutung zukommt. Dies dürfte ebenfalls für die von den Verbändevereinbarungen gefundenen Kriterien an sich gelten. So auch *Büdenbender* (Fn. 991), Möglichkeiten zur Durchsetzung, S. 1471 f.

quantifizierbare Vertragsbedingungen, die einen Verstoß gegen das Kartellrecht bedeuten, in einer Unterlassungsverfügung konkret untersagt werden können.[1010] Ist die Kartellbehörde aufgerufen, in einem Durchleitungsstreit zu entscheiden, so hat sie zu differenzieren. In Fällen, in denen sie in der Lage ist, Grenzen zu ziehen, bei deren Überschreitung ein kartellrechtswidriges Verhalten vorliegt, ist sie angehalten, diese Grenzen eindeutig und klar zu ziehen. Vor allem bei Vertragsbedingungen, die sich als marktüblich herausgestellt haben, dürfte eine Grenzziehung möglich sein. Andererseits hat die Kartellbehörde in den Fällen, in denen es nicht um Aspekte geht, deren Regelung bereits ein marktüblicher Usus zu Grunde liegt, sondern um solche, die noch nicht hinreichend diskutiert worden sind und für die es mehrere Umsetzungsmöglichkeiten gibt, die Regelung den Verhandlungen der Parteien anheim zu stellen.[1011]

Der Wortlaut des § 18 I S.2 EnWG umfasst Verfügungen jedweder Art. Im Gegensatz zu § 32 GWB spricht er nicht von „untersagen". Fraglich ist daher, ob das für die Kartellbehörde gefundene Ergebnis auch für die Energieaufsichtsbehörde gilt, oder ob diese grundsätzlich auch Gebote aussprechen kann. Der Wortlaut des § 18 I EnWG enthält – wie bereits gesagt – keinerlei Einschränkungen welche Maßnahmen die Energieaufsichtsbehörde ergreifen kann, um ihrer Überwachungsaufgabe nach § 18 I S. 1 EnWG nachzukommen. Als Maßnahmen sind Verwaltungsakte gem. § 35 VwVfG als auch Realakte zu verstehen.[1012] In der Regel wird die Energieaufsichtsbehörde durch Verwaltungsakt handeln. Verwaltungsakte können „negativ" als Verbote oder „positiv" als Gebote formuliert werden. Aus dem Wortlaut des § 18 I S. 2 EnWG ergibt sich mithin, dass die Energieaufsichtsbehörde grundsätzlich auch Gebote erlassen kann. Allerdings verstießen solche Gebotsverfügungen, den Netzzugang in einer von der Behörde vorformulierten Art und Weise vorzunehmen, gegen das Verhältnismäßigkeitsprinzip.[1013] Auch die Energieaufsichtsbehörde kann sich nicht darüber hinwegsetzen, dass es zur praktischen Durchführung eines Netzzugangs mehrere rechtskonforme Möglichkeiten gibt. Aus Gründen der Verhältnismäßigkeit ist es daher auch der Energieaufsichtsbehörde grundsätzlich verwehrt, konkrete Gebotsverfügungen auszusprechen. Ansonsten gilt für sie das oben zur Kartellbehörde Gesagte.

[1010] BKartA WuW/E 2543; BGH Urt. v. 21. Februar 1995 BGH WuW/E 2990 (2992).

[1011] *Büdenbender* (Fn. 991), Möglichkeiten zur Durchsetzung, S. 1472.

[1012] *Drews/Wacke/Vogel/Martens* (Fn. 935), S. 406 ff.

[1013] *Büdenbender* (Fn. 991), Möglichkeiten zur Durchsetzung, S. 1472.

F. Zivilrechtlicher Anspruch im Hauptsacheverfahren

Aus § 6 I S. 1 EnWG ergibt sich ein unmittelbarer Anspruch auf Zugang zu fremden Netzen, der auch zivilgerichtlich durchgesetzt werden kann. Aber auch wegen einer missbräuchlichen Durchleitungsverweigerung durch einen marktbeherrschenden Netzbetreiber gem. §19 IV Nr. 4 GWB bzw. einer unbilligen Behinderung gem. § 20 GWB kann Zivilklage erhoben werden. Unabhängig von einem Anspruch aus § 826 BGB kann eine solche Zivilklage auf § 33 GWB gestützt werden.

I. Allgemeines Vorgehen im Hauptsacheverfahren

Wird einem Durchleitungspetenten die Durchleitung vom Netzbetreiber verweigert, so steht ihm die Möglichkeit zu, Klage vor dem Zivilgericht zu erheben. Für die Klageerhebung ist erforderlich, dass der Kläger einen bestimmten Klageantrag bei Gericht einreicht, § 253 II ZPO. Hinsichtlich der Klage auf Netzzugang hat der Durchleitungspetent dabei eine Besonderheit zu beachten. Das Wesen des Netzzugangs sowohl nach Energie- als auch nach Kartellrecht ist, dass die Parteien über den Netzzugang zu verhandeln haben. Dabei haben sie unterschiedliche Aspekte wie Preis, Systemdienstleistung, Messung etc. zu beachten und sich hierüber insgesamt zu einigen. Besondere Betonung liegt dabei darauf, dass sich die Parteien hierüber zu verständigen haben. Hat der Durchleitungspetent Klage erhoben und sind zwischen den Parteien bestimmte Punkte streitig, hat das Gericht den Anspruch des Klägers zu prüfen und zu entscheiden. Eine Formulierung des Durchleitungsvertrages im Wege der richterlichen Vertragshilfe hat es aber grundsätzlich zu unterlassen. Eine Ausnahme könnte sich aus § 315 BGB ergeben. Insoweit gilt für das Zivilgericht prinzipiell dasselbe, wie für die Aufsichtsbehörden.

Den Umstand, dass es sich um einen auszuhandelnden Netzzugang handelt, hat der Kläger auch hinsichtlich seines Klageantrags zu berücksichtigen. So kann er nicht im Wege der Leistungsklage Antrag auf Gewährung des Netzzugangs stellen.[1014] Der klagende Petent hat dagegen den beklagten Netzbetreiber auf Zustimmung zu einem vom Petenten unterbreiteten Netzzugangsangebot zu verklagen. Obsiegt der Kläger und wird der Beklagte zur Abgabe der Willenerklärung verurteilt, so gilt diese als abgegeben, sobald das Urteil rechtskräftig geworden ist, § 894 I S. 1 ZPO.[1015] Im Falle des Obsiegens des Klägers ist damit erst ein Durchleitungsvertrag zu Stande gekommen. Verweigert der Netzbetreiber den Netzzugang hiernach weiterhin, müsste der Durchleitungspetent an und für sich erneut klagen. Nunmehr müsste er seinen jetzt vertraglichen Anspruch einklagen.[1016] Es ist offensichtlich, dass diese Vorgehensweise eine für den Petenten und u.U. auch für den Adressaten der Elektrizitätslieferung unzumutbare zeitliche Verzögerung bedeutete. Eine andere Art der prozessualen Vorgehensweise besteht für den Petenten jedoch grundsätzlich nicht. Eine objektive Klagehäufung gem. § 260 ZPO scheidet ebenso aus, wie eine Stufenklage gem. § 254 ZPO. Eine Anspruchshäufung gem. § 260 ZPO setzt voraus, dass der Kläger gegen denselben Beklagten mehrere Ansprüche hat. Zu Beginn des ersten Prozesses hat der Petent jedoch nicht mehrere Ansprüche, sondern – wenn überhaupt – nur einen, nämlich den auf Zustimmung zu seinem Angebot. Bei Klageerhebung ist dagegen noch ungewiss, ob er einen weiteren Anspruch, nämlich den aus dem gem. § 894 ZPO zu Stande gekommenen Vertrag, überhaupt erhält. Eine Stufenklage

[1014] So aber LG Potsdam (Fn. 164) mit dem Tenor: „Der Verfügungsbeklagten wird geboten, der Verfügungsklägerin per sofort und bis zu einer Entscheidung in der Hauptsache die Durchleitung elektrischer Energie [es folgen Details der Durchleitung] zu gestatten ..."; LG Chemnitz (Fn. 164).

[1015] Das LG Berlin (Fn. 164), S. 21 hat einen solchen Antrag auf Abschluss eines vorgelegten Vertrages ausdrücklich gemäß §§ 253 II Nr. 2, 894 ZPO für zulässig erklärt.

[1016] Korrekt muss der Petent auf Gewährung der Durchleitung, Zug um Zug gegen Zahlung des Durchleitungsentgelts klagen.

gem. § 254 ZPO kommt ebenfalls nicht in Betracht. Die Stufenklage stellt einen Sonderfall der objektiven Klagehäufung dar. Die Besonderheit liegt darin, dass bei einem Obsiegen des Klägers über die Anträge nicht gleichzeitig, sondern sukzessive, also stufenweise entschieden wird. Diese Eigenheit resultiert daraus, dass das vom Kläger verfolgte Leistungsbegehren erst im Anschluss an die vorhergehende Auskunftserteilung des Beklagten präzise bestimmt werden kann. Daher soll der Kläger Auskunftserteilung verlangen können und diesen Antrag zugleich mit einem Leistungsanspruch verbinden können, über den im Anschluss an die erteilte Auskunft entschieden wird. Im Falle der Verweigerung des Netzzugangs will der Petent jedoch zunächst die Zustimmung des Betreibers zum Vertragsangebot des Petenten einklagen und hiernach den Anspruch aus dem dann vorliegenden Durchleitungsvertrag durchsetzen. Dies ist mit der Stufenklage ersichtlich nicht möglich. Eine Stufenklage käme im Fall der Auseinandersetzung um einen Netzzugang nur in folgender Konstellation in Betracht:

Endziel des Durchleitungspetenten ist der Netzzugang zum Netz des Netzbetreibers zur Belieferung eines Abnehmers. Dies stellt das letztlich verfolgte Leistungsbegehren dar. Im Falle der vorgerichtlichen Verweigerung des Netzzugangs durch den Netzbetreiber könnte der Petent mittels Stufenklage vorgehen, indem er zunächst vom Netzbetreiber Auskunftserteilung dahingehend verlangt, unter welchen Bedingungen dieser Zugang zu seinem Netzen gewährt, um dann Zugang unter diesen Bedingungen zu erhalten.

Der klagende Petent müsste beantragen, den Beklagten zu verurteilen,

- über die Bedingungen, die er an einen Zugang zu seinem Netz knüpft, Auskunft zu erteilen,
- hilfsweise an Eides statt zu versichern, dass er die Bedingungen nach bestem Wissen und Gewissen so vollständig abgegeben hat, als er hierzu im Stande sei,
- dem Kläger unter den sich anhand der Ziffer 1 ergebenden Bedingungen den Zugang zum Netz des Beklagten zu gewähren.

Es ist schon fraglich, ob dem Petenten überhaupt ein Anspruch auf Auskunftserteilung zukommt. Zumindest einer der spezialgesetzlich geregelten Fälle einer zulässigen Stufenklage liegt nicht vor. Auch ein Anspruch auf Auskunftserteilung aus § 242 BGB ist fragwürdig. Vor allem aber hilft ein solches Vorgehen dem Petenten nicht unbedingt weiter. Denn die vom Betreiber genannten Bedingungen können von den Vorstellungen des Petenten erheblich abweichen, so dass er einen Zugang zu diesen Bedingungen aus wirtschaftlichen Gründen gar nicht will. Prozessual steht dem Durchleitungspetenten somit grundsätzlich nur die Vorgehensweise zur Verfügung, dass er mit einer ersten Klage beantragt, den Beklagten zur Zustimmung des vom Petenten vorgelegten Vertragsangebotes zu verurteilen und anschließend – falls nötig – mit einer zweiten Klage seinen Anspruch aus dem dann vorliegenden Vertrag geltend zu machen. Diese Vorgehensweise wird den schutzwürdigen Belangen des Durchleitungspetenten ebenso wenig gerecht wie der Prozessökonomie.[1017]

Die vorliegende Situation ist vergleichbar mit der der Durchsetzung des Wandlungs- oder Minderungsanspruchs gem. § 465 BGB. Vom Wortlaut dieser Norm her ist die Wandelung oder die Minderung vollzogen, wenn sich der Verkäufer auf Verlangen des Käufers damit einverstanden erklärt. Für diesen Bereich ist seit langem anerkannt, dass der Käufer nicht zunächst auf Zustimmung des Verkäufers zur Zustimmung der Wandelung oder Minderung klagen muss, um dann in einem zweiten Schritt auf Wandelung oder Minderung zu klagen.[1018] Vielmehr ist anerkannt, dass der Kläger direkt auf die dem Wandlungs- oder Minderungsrecht entsprechende Rechtsfolge klagen kann.[1019] Auf Grund der vergleichbaren Konstellation bestehen keine Bedenken,

[1017] *Büdenbender* (Fn. 991), Möglichkeiten der Durchsetzung, S. 1473.

[1018] Diese Vorgehensweise liegt indes der Vertragstheorie zu Grunde. Vgl. hierzu: Palandt-*Putzo* (Fn. 717), § 465 Rn. 3.

[1019] Vgl. hierzu Palandt-*Putzo* (Fn. 717), § 465 Rn. 1 ff.

Auf Grund der vergleichbaren Konstellation bestehen keine Bedenken, diese für das Kaufrecht anerkannte Problemlösung zu übertragen,[1020] zumal sie den schutzwürdigen Interessen des Petenten entgegenkommt und der Prozessökonomie dient. Allerdings setzt dies voraus, dass der Durchleitungspetent tatsächlich ein bestimmtes Vertragsangebot darbieten muss, dem der Betreiber zustimmen soll. Denn anders als im Kaufrecht geht es bei der Durchsetzung des Netzzugangsanspruchs nicht um die Rückabwicklung eines konkret fixierten Vertrages, sondern um die erstmalige Regelung des Netzzugangs.

Legt der Durchleitungspetent ein konkretes Vertragsangebot vor und verweigert der Netzbetreiber den Netzzugang, so kann der Petent unmittelbar auf Gewährung von Netzzugang klagen. Hierbei wirkt sich die in § 6 I EnWG und § 19 IV S. 4 GWB normierte Beweislastumkehr im Prozess so aus, dass der Netzbetreiber im Prozess darzulegen und zu beweisen hat, dass ihm die Gewährung von Netzzugang unzumutbar oder unmöglich ist.

II. Möglichkeiten zum Forcieren des Verfahrens

Trotz der o.g. Möglichkeit, unmittelbar auf Gewährung von Netzzugang zu klagen, bedeutet ein streitiges gerichtliches Verfahren erheblichen Zeitaufwand. Im Wettbewerb um die Versorgung von Kunden bedeutet eine zeitliche Verzögerung für den Wettbewerber einen erheblichen Nachteil, für den Netzbetreiber, der in vielen Fällen auch der bisherige bzw. aktuelle Versorger des umworbenen Kunden ist, dagegen einen Vorteil. Aber auch für den Abnehmer bedeutet die Verzögerung einen Nachteil, da er auf seine – in der Regel – günstigere Versorgung länger warten muss bzw. im Ungewissen ist, ob das vom Durchleitungspetenten gemachte Angebot überhaupt realisierbar ist. Fraglich ist daher, ob dem Durchleitungspetenten Möglichkeiten zur Verfügung stehen, den Fortgang des streitigen Verfahrens zu forcieren.

Eine solche Möglichkeit besteht für den Durchleitungspetenten dann nicht, wenn zwischen ihm und dem Netzbetreiber eine Durchleitungspflicht bereits dem Grunde nach streitig ist. Dann muss das streitige Verfahren vollständig durchgeführt und über den Netzzugang entschieden werden. Anders liegt es dagegen, wenn sich die Parteien zum Grunde einig sind und es nur noch um die Höhe des Durchleitungsentgelts geht. In dieser Situation können sich die Parteien darauf einigen, einen Durchleitungsvertrag zu vereinbaren und als Bestandteil dessen die Vereinbarung treffen, dass dem Netzbetreiber oder einem Dritten das Leistungsbestimmungsrecht nach billigem Ermessen bezüglich des Durchleitungsentgelts zukommen soll. Mittels dieser Vorgehensweise umgehen die Parteien das Problem des Dissenses gem. § 154 I BGB. Der Vertrag kommt zunächst unter den vereinbarten Bedingungen und zu dem vom Netzbetreiber oder dem Dritten bestimmten Entgelt zu Stande. Dabei ist der Durchleitungspetent nicht an das vom Netzbetreiber oder dem Dritten bestimmte Entgelt gebunden. Sowohl die Leistungsbestimmung durch den Netzbetreiber gem. § 315 I BGB als auch die eines Dritten gem. § 317 I BGB können gem. § 315 III BGB bzw. § 319 BGB gerichtlich nachgeprüft werden, ob sie dem billigen Ermessen entsprechen.[1021] Ein solches Vorgehen lohnt sich für den Petenten jedoch nur dann, wenn der vom Netzbetreiber bestimmte Preis für ihn von vornherein akzeptabel, da wirtschaftlich ist. Bleibt es dann letztlich bei diesem Entgelt besteht der Vorteil für den Petenten in dem forcierten Abschluss der (Gerichts-) Verhandlung. Erreicht er im Wege der gerichtlichen Überprüfung des billigen Ermessens darüber hinaus eine Verringerung des Entgelts, so liegen die Vorteile klar auf der Hand. Neben dem Errei-

[1020] *Büdenbender* (Fn. 991), Möglichkeiten der Durchsetzung, S. 1473.

[1021] Eine Ersetzung der Bestimmung durch Urteil kommt nur in Frage, wenn die Bestimmung nach billigem Ermessen vereinbart ist. Vgl. Palandt-*Heinrichs* (Fn. 286), § 315 Rn. 15 und § 319 Rn. 1. Eine Bemessung nach billigem Ermessen ist nach dem Gesetzeswortlaut „im Zweifel anzunehmen".

chen eines raschen Netzzugangs steht ein noch wirtschaftlicheres Durchleitungsentgelt als zu Beginn.

Es ist durchaus denkbar, dass der Netzbetreiber sich aber nicht damit einverstanden erklärt, das Durchleitungsentgelt im Sinne des § 315 I BGB zu bestimmen bzw. von einem Dritten gem. § 317 I BGB bestimmen zu lassen, weil es ihm z.B. darauf ankommt, auf Grund eines durch Urteil festgesetzten Entgelts Rechtssicherheit zu erlangen bzw. konkret kalkulieren zu können. Vorstellbar ist aber auch, dass ein Netzbetreiber, der einen Netzzugang dem Grunde nach nicht verhindern kann, die Gewährung von Netzzugang so lange wie möglich verzögern will. Dann stellt sich die Frage, ob den Netzbetreiber die Verpflichtung trifft, ein vom Durchleitungspetenten angebotenes Leistungsbestimmungsrecht auszuüben.

Aus § 6 I EnWG ergibt sich, dass der Netzbetreiber einem anderen EVU, Zugang zu seinem Netz unter bestimmten Bedingungen zu gewähren hat. Im System des verhandelten Netzzugangs bedeutet das zunächst, dass der Netzbetreiber in Verhandlungen mit dem Durchleitungspetenten zu treten hat. Da der Netzzugang die Regel und die Verweigerung die Ausnahme sein soll, besteht für den Netzbetreiber die grundsätzliche Pflicht, den Vertragsschluss zu fördern. Diese Förderpflicht ist als „Minus" in der Verpflichtung zur Gewährung von Netzzugang enthalten.[1022] Insgesamt wird durch die gesetzliche Wertung des § 6 I EnWG das Prinzip der Vertragsfreiheit hinsichtlich der Abschlussfreiheit beschränkt. Liegen keine Verweigerungsgründe vor, steht eine Verpflichtung des Netzbetreibers zur Gewährung von Netzzugang dem Grunde nach fest. Aber auch hinsichtlich des Inhalts des Vertrags ist die Vertragsfreiheit eingeschränkt. § 6 I S. 1 EnWG gibt dem Netzbetreiber vor, wie er das Entgelt zu berechnen hat und welches Entgelt er dem Petenten berechnen darf. Diese Einschränkung der Vertragsfreiheit gilt auch über § 19 IV Nr. 4 GWB. Auch dort wird von einem verhandelten Netzzugang ausgegangen. Zumindest vorerst, solange sich noch kein für ein ausreichendes Vergleichskonzept ausreichender Durchleitungsmarkt gebildet hat, ist auch das „angemessene" Entgelt analog der Regelung des § 6 I S. 1 EnWG zu bilden. Grundsätzlich verbietet das Prinzip der Vertragsfreiheit die Annahme einer Leistungsbestimmungsverpflichtung. Ist einer der potentiellen Vertragspartner nicht zum Abschluss bereit, weil er sich mit dem anderen Partner nicht über die Höhe des Entgelts einigen kann, so kann er grundsätzlich nicht dazu verpflichtet werden, über § 315 BGB eine Leistung zu bestimmen. Anders verhält es sich aber im System des verhandelten Netzzugangs, welches die Vertragsfreiheit in gewissem Umfang einschränkt. Wie bereits erläutert ist der Netzbetreiber grundsätzlich verpflichtet, dem Durchleitungspetenten auf dem Verhandlungswege, Zugang zu seinem Netz zu gewähren. Wenn der Netzbetreiber aber dazu verpflichtet ist, Netzzugang zu gewähren, so ist er erst recht dazu verpflichtet, den Vertragsabschluss zu fördern. Das bedeutet nicht, dass der Netzbetreiber seine eigenen Interessen gänzlich negieren muss, um zum Vertragsschluss zu kommen. Es bleibt ihm unbenommen, seine Interessen zu vertreten und den Netzzugang zu für ihn möglichst wirtschaftlichen Konditionen zu „verkaufen". Herrscht aber Streit über die Höhe des Nutzungsentgelts, so hat er konstruktiv am Vertragsschluss mitzuwirken. Eine Verweigerung der Bestimmung der Leistung gem. § 315 BGB, obwohl der Durchleitungspetent ihm ein solches Recht anbietet, verstößt gegen seine Mitwirkungs- bzw. Vertragsförderungspflicht.

Eine Verweigerung zur Leistungsbestimmung durch den Netzbetreiber bedeutet grundsätzlich auch einen Verstoß gegen das Schikaneverbot aus § 226 BGB und § 242 i.V.m. § 826 BGB.[1023] Dies zeigt eine Untersuchung der Interessenlage, wenn der Netzbetreiber das Leistungsbestimmungsrecht ausübt. Der Netzbetreiber erhält in diesem Fall zunächst das von ihm bestimmte Entgelt in vollem Umfang. Der Vorbehalt gerichtlicher Nachprüfung ist dem Netzbetreiber zumutbar. Kommt das Gericht zu dem Entschluss, dass der vom Netzbetreiber verlangte Preis dem billigen Ermessen

---

[1022] *Büdenbender* (Fn. 991), Möglichkeiten der Durchsetzung, S. 1475.

[1023] Vgl. zu den von der Rechtsprechung entwickelten Grundsätzen zur gegen Treu und Glauben verstoßenden Rechtsausübung Palandt-*Heinrichs* (Fn. 286), § 242 Rn. 38 ff.

entsprach, so hat er das Entgelt erhalten, welches er aus wirtschaftlichen Erwägungen als angemessen angesehen hat. Eine Rückzahlungsverpflichtung besteht dann nicht. Eine solche Verpflichtung ergibt sich für den Netzbetreiber aber dann, wenn das Gericht zu dem Ergebnis kommt, das vom Netzbetreiber bestimmte Entgelt entspräche nicht dem billigen Ermessen, sondern sei indes überhöht. Auch dies ist dem Netzbetreiber aber zumutbar. Denn auch nach Durchführung eines streitigen Verfahrens hinsichtlich der Höhe der Leistung, wäre für den Netzbetreiber dasselbe Ergebnis herausgekommen. Nachteilig ist für den Netzbetreiber nur die Ungewissheit, ob der von ihm bestimmte Preis „hält" oder ob er einen Teilbetrag zurückzahlen muss. Die wirtschaftliche Kalkulation wird für ihn hierdurch erschwert. Diesen Nachteil hat der Netzbetreiber aber hinzunehmen, weil insoweit das Rechtsschutzinteresse des Durchleitungspetenten, insbesondere auf Grund der gesetzlichen Wertung, das Interesse des Netzbetreibers überwiegt. Verweigert der Netzbetreiber dennoch die Bestimmung eines Netznutzungsentgelts, dient dieses Verhalten nur der Verzögerung des Netzzugangs. Ein berechtigtes Verteidigen schutzwürdiger Interessen kann hierin nicht gesehen werden. Es kann somit festgehalten werden, dass den Netzbetreiber eine Verpflichtung zu einer Leistungsbestimmung trifft.

Eine gerichtliche Überprüfung der Leistungsbestimmung ist nur möglich, wenn die Parteien vereinbart haben, dass die Bestimmung nach billigem Ermessen erfolgen soll.[1024] Von einiger Relevanz für Durchleitungspetenten ist daher die Frage, ob sie, ohne sich der Möglichkeit der nachherigen gerichtlichen Kontrolle zu begeben, dennoch einen Vertrag mit Netzbetreibern eingehen können, ohne dass eine Leistungsbestimmung nach billigem Ermessen vereinbart wird. Denkbar ist eine solcher Vertragsschluss, wenn es für den Petenten um die Belieferung eines für ihn bedeutenden Kunden geht, den er unbedingt beliefern will und der Netzbetreiber den Petenten daher zu einem Vertragsschluss ohne Leistungsbestimmung nach billigem Ermessen zwingen kann. Die Relevanz wird ersichtlich, wenn man sich verdeutlicht, welche rechtlichen Folgen es hat, wenn die Parteien kein Leistungsbestimmungsrecht nach billigem Ermessen vereinbart haben. Hat der Netzbetreiber in einem solchen Fall ein zu hohes Entgelt bestimmt, so kann der Durchleitungspetent den überschießenden Teil nach dem Bereicherungsrecht (§§ 812 ff. BGB) herausverlangen. Das ergibt sich daraus, dass sowohl § 6 I EnWG als auch die §§ 19, 20 GWB das gesetzliche Verbot (§ 134 BGB) für den Netzbetreiber enthalten, einen über einem bestimmten Niveau liegenden Preis zu verlangen.[1025] Ist der Preis nicht – wie § 19 IV Nr. 4 GWB verlangt – „angemessen" bzw. liegt er über dem Preisniveau, welches der Netzbetreiber unternehmensintern zu berechnen pflegt, kann der Petent das zu viel bezahlte zurück verlangen. Diesem Rückforderungsanspruch könnte indes § 814 BGB entgegenstehen, wonach das Geleistete nicht zurückgefordert werden kann, wenn der Leistende gewusst hat, dass er zur Leistung nicht verpflichtet war. Willigt der Durchleitungspetent in einen Vertragsschluss mit einem zu hohen Durchleitungsentgelt ein, so könnte die Norm des § 814 BGB einer Rückforderung entgegenstehen. Wie sich aus dem Tatbestandsmerkmal „gewusst" ergibt, muss der Leistende positive Kenntnis der Rechtslage im Zeitpunkt der Leistung haben.[1026] Ein „Kennen müssen", selbst wenn es auf grober Fahrlässigkeit beruht, oder bloße Zweifel an der Richtigkeit der Leistung stehen der positiven Kenntnis nicht gleich.[1027] In der Regel wird der Durchleitungspetent über eine positive Kenntnis der Rechtslage aber gerade nicht verfügen. Dies gilt zumindest für die Anfangsphase des Wettbewerbs. schon allein aus diesem Grund steht § 814 BGB einer Rückforderung eines „überbezahlten" Durchleitungsentgelts nicht entgegen. Darüber hinaus kann der Leistende nach überwiegender Meinung die Wirkung des § 814 BGB ausschließen, indem er den Leistungsempfänger bei Erfüllung darauf hinweist, dass er sich den

---

[1024] § 315 III BGB. Vgl. hierzu Palandt-*Heinrichs* (Fn. 286),§ 315 Rn. 15 ff.

[1025] *Büdenbender* (Fn. 991), Möglichkeiten der Durchsetzung, S. 1476.

[1026] Palandt-*Thomas*, BGB-Kommentar, 59. Aufl. 2000, § 814 Rn. 3.

[1027] BGH Urt. v. 09. Dezember 1971 BGHZ WM 1972, 283 zum „Kennen müssen"; Palandt-*Thomas* (Fn. 1026), § 814 Rn. 3.

Anspruch aus § 812 BGB vorbehalten will.[1028] Eine unter einer solchen Bedingung erbrachte Leistung ist eine ordnungsgemäße Erfüllung.[1029] Anders liegt es, wenn der Schuldner unter der Bedingung des Bestehens der Forderung leistet und dem Gläubiger auch weiter die Beweislast für die Existenz der Forderung auferlegt.[1030] Dann ist der Gläubiger zur Zurückweisung der Leistung berechtigt.[1031]

G. Einstweiliger Rechtsschutz

Die Durchsetzung der Netzzugangsangsansprüche kann sowohl in einem Zivilverfahren als auch in einem aufsichtsbehördlichen Verfahren erheblichen Zeitaufwand bedeuten. In einem freien Wettbewerb tendiert die Länge von Elektrizitätslieferverträgen aber eher zu einer kurzen bis mittleren Laufzeit.[1032] Übersteigt die Dauer eines Verfahrens die Dauer des Liefervertrages, so wäre ein stattgebendes Urteil für den Durchleitungspetenten dennoch sinnlos, wenn er in der Zwischenzeit nicht liefern könnte und sich der Beistellung bedienen müsste. Von Interesse für Durchleitungspetenten und Adressaten ist daher die Frage, ob hinsichtlich einer Streitigkeit die Möglichkeit des Eil-Rechtsschutzes im Sinne des einstweiligen Rechtsschutzes besteht.

I. Einstweiliger Rechtsschutz im Zivilprozess

Einstweiliger Rechtsschutz ist für den Durchleitungspetenten nur dann von Interesse, wenn er auf diesem Weg ein Urteil erreichen kann, welches dem Netzbetreiber eine bestimmte Leistung auferlegt, nämlich die (zumindest teilweise) Gewährung von Netzzugang bzw. die Zustimmung zu dem vom Petenten vorgelegten Durchleitungsvertrag.[1033] Aus diesem Grunde dienen weder die Regelungs- noch die Sicherungsverfügung den Interessen des Petenten. Dem Durchleitungspetenten hilft nur die sog. Leistungsverfügung weiter.[1034] Eine Leistungsverfügung führt zu einer zumindest vorläufigen Befriedigung des geltend gemachten Anspruchs und damit zu einer Vorwegnahme der Hauptsache. Diese Wirkung soll im Rahmen des einstweiligen Rechtsschutzes aber gerade nicht eintreten. Daher wird teilweise angenommen, dass die die Hauptsache (zum Teil) vorwegnehmende Leistungsverfügungen generell unzulässig sind.[1035]

Die Rechtsprechung lässt dagegen neben der Sicherungs- und der Regelungsverfügung eine Befriedigung des Antragsstellers auf Grund einer Leistungsverfügung in Ausnahmefällen zu.[1036] Grund-

---

[1028] BGH Urt. v. 17. Februar 1982 BGHZ 83, 278 (282) m.w.N.; *Büdenbender*, (Fn. 991), Möglichkeiten der Durchsetzung, S. 1477; Palandt-*Heinrichs* (Fn. 286), § 362 Rn. 11; *Soergel*, BGB-Kommentar, 12. Aufl. 1990, § 362 Rn. 15..

[1029] Palandt-*Heinrichs* (Fn. 286), § 362 Rn. 11.

[1030] OLG Hamm Urt. v. 09. Januar 1987 NJW-RR 1987, 985.

[1031] BGH Urt. v. 19. Januar 1983 BGHZ 1986, 267 (269).

[1032] Vgl. *Haedicke*, Energiehandel in Europa, ET 1997, S. 276 ff.

[1033] Wie bereits dargelegt, muss der Petent auf Zustimmung zu einem von ihm vorgelegten Vertragsentwurf klagen. Wird der Netzbetreiber daraufhin zur Zustimmung verklagt, gilt die Zustimmung als durch das Urteil erklärt. Wegen schutzwürdiger Interessen des Petenten und aus Gründen der Prozessökonomie kann – quasi als richterlicher Gestaltungsakt – das Urteil so gefasst werden, dass der Petent aus dem nun bestehenden Vertrag den Netzzugang verlangen kann. Vgl. oben 5. Teil F.

[1034] Vgl. zu diesem Themenkomplex *Brox/Walker*, Zwangsvollstreckungsrecht, 6. Aufl. 1999, Rn. 1579 ff.

[1035] Vgl. zum Streitstand *Brox/Walker* (Fn. 1034), Rn. 1612 ff. die Möglichkeit des einstweiligen Rechtsschutzes hinsichtlich des Netzzugangs wird pauschal abgelehnt von LG Stuttgart Urt. v. 17. November 1998, ET 1999, S. 200.

[1036] *Thomas/Putzo* (Fn. 270), § 940 Rn. 6.

sätzlich soll das Hauptverfahren dem Gläubiger dauerhaft zu seinem Recht verhelfen. Da aber auch Situationen vorliegen können, in denen eine Hauptsacheentscheidung für den Gläubiger zu spät käme, „das Kind schon in den Brunnen gefallen wäre", und ihm hieraus irreparable Schäden entstehen können, lässt die Rechtsprechung aus Gründen effizienten Rechtsschutzes Leistungsverfügungen zu. Auf Grund des Ausnahmecharakters der Leistungsverfügung sind an ihre Zulässigkeit jedoch hohe Anforderungen zu stellen. Eine Leistungsverfügung ist beispielsweise dann zulässig, wenn der Antragsteller auf die unmittelbare Erfüllung so dringend angewiesen ist, dass er ein ordentliches Verfahren nicht abwarten kann, ohne unverhältnismäßig großen, gar irreparablen Schaden zu erleiden.[1037] Dies kann dann der Fall sein, wenn die vom Antragsgegner zu erbringende Leistung so kurzfristig zu erbringen ist, dass die Erwirkung eines Titels im ordentlichen Verfahren nicht ausreicht.[1038] Ein Verfügungsgrund für eine Leistungsverfügung kann dann vorliegen, wenn der Verfügungskläger glaubhaft machen kann, dass er auf die sofortige Erfüllung angewiesen ist und bei einer Zurückweisung erhebliche wirtschaftliche Nachteile drohen, welche ein Zuwarten bis zum Ergehen einer Hauptsacheentscheidung oder eine Verweisung auf die spätere Geltendmachung von Schadensersatzansprüchen als unzumutbar erscheinen lassen.[1039] In der Interessenabwägung ist auch zu berücksichtigen, dass nicht nur die Gefahr besteht, dass die mittels der streitigen Durchleitung zu beliefernden Kunden nicht beliefert werden können, sondern darüber hinaus auch die Gefahr besteht, dass das netzbetreibende Unternehmen auch weiterhin den betreffenden Markt beherrscht und so wechselwillige Abnehmer gezwungen sind, den Strom auch weiterhin dort zu beziehen.[1040]

Letztlich ergeht die Entscheidung des Gerichts über eine Leistungsverfügung auf Grund einer Interessenabwägung.[1041] Insgesamt verlangen die strengen Anforderungen der Leistungsverfügung, dass die Interessen des Petenten an einer vorläufigen Durchleitungsregelung den Interessen des Netzbetreibers, während des Streits über den Netzzugang nicht in Anspruch genommen zu werden, deutlich überwiegen.[1042] Ob dies der Fall ist, hängt vom jeweiligen Einzelfall ab. Jedoch können zu Gunsten des Antragsstellers und des Durchleitungsadressaten einige Aspekte sprechen.[1043] Vor allem kann für den Durchleitungspetenten ein gesamtwirtschaftlicher Aspekt sprechen. So hat das OLG Düsseldorf[1044] in einer Interessenabwägung über eine Leistungsverfügung zu Gunsten des Antragstellers berücksichtigt, dass es dem vom Gesetzgeber mit der Einführung des § 103 a IV GWB intendierten Zwecks widersprechen würde, dass bei Versagung der auf Netzübertragung gerichteten Leistungsverfügung letzten Endes der Übertragungsanspruch unterginge oder doch zumindest erheblich verzögert würde. Übertragen auf einen Durchleitungsfall könnte für den Durchleitungspetenten der Aspekt sprechen, dass sowohl die RL 96/92/EG als auch das Neuregelungsgesetz Wettbewerb auf dem Strommarkt initiieren wollen und hierfür den Netzzugang zu fremden Netzen als das zentrale Mittel zur Erreichung dieses Zwecks einführen. Sowohl Mittel als

[1037] *Thomas/Putzo* (Fn. 270), Rn. 6; ähnlich OLG Köln Urt. v. 08. August 1994 NJW-RR 1995; 546 , OLG Köln Beschl. v. 11. Januar 1995 NJW-RR 1995, 1088; OLG Düsseldorf Urt. v. 13. Juni 1995 NJW-RR 1996, 123; vgl. auch *Giefers*, Durchleitung und einstweilige Verfügung, ET 1999, S. 481 (482).

[1038] *Thomas/Putzo* (Fn. 270), Rn. 15; *Grunsky* in Stein-Jonas, Kommentar zur ZPO, 21. Aufl. seit 1993, Rn. 55 vor § 935; *Vollkommer* in Zöller, Kommentar zur ZPO, 21. Aufl. 1999, § 940 Rn. 6.

[1039] LG Chemnitz (Fn. 164), S. 11.

[1040] LG Chemnitz (Fn. 164), S. 11; LG Hamburg Urt. v. 03. Februar 2000 – 406 O 17/00 –.

[1041] *Ungemach/Weber* (Fn. 164), S. 137.

[1042] *Büdenbender*, (Fn. 991), Möglichkeiten der Durchsetzung, S. 1478.

[1043] Vgl. die von *Büdenbender* (Fn. 991), Möglichkeiten zur Durchsetzung, S. 1478 aufgeführten Aspekte.

[1044] OLG Düsseldorf Urt. v. 28. Januar 1997 zum Teil abgedruckt in ET 1997, 373 ff.

auch Zweck würden aber konterkariert, wenn es Netzbetreibern nicht möglich wäre, Wettbewerb mittels Netzzugang zu fremden Netzen im Wege einer Leistungsverfügung rasch durchzusetzen.[1045]

Wichtigster Aspekt, der für das Interesse des Netzbetreibers spricht, dürfte eine schlüssige bzw. nicht ohne weiteres zu widerlegende Darstellung eines Durchleitungsverweigerungsgrundes sein.[1046]

II. Einstweiliger Rechtsschutz im Energieaufsichts- und Kartellverwaltungsrecht

Auch die Durchsetzung eines Netzzugangsanspruchs entweder im Energieaufsichts- oder im Kartellverwaltungsrecht[1047] kann einen langen Zeitraum beanspruchen. Insoweit kommt es bei der Durchsetzung von Netzzugangsansprüchen im Energieaufsichts- bzw. Kartellverwaltungsverfahren ebenfalls darauf an, ob der Durchleitungspetent seinen Anspruch im einstweiligen Rechtsschutz verfolgen kann.

1. Einstweiliger Rechtsschutz im Energierecht

Die Energieaufsichtsbehörde kann auf Grund § 18 I S. 2 EnWG eine Netzzugangsverweigerung verbieten, was einer Netzzugangsverfügung gleichkommt.[1048] Erhebt der Netzbetreiber hiergegen Widerspruch oder Anfechtungsklage, so haben diese Rechtsmittel gem. § 80 I S. 1 VwGO aufschiebende Wirkung. Die Energieaufsichtsbehörde kann den Suspensiveffekt jedoch verhindern, indem sie die sofortige Vollziehung anordnet. Gem. § 80 II Nr. 4 VwGO ist dies möglich, wenn die sofortige Vollziehung im öffentlichen Interesse oder im überwiegenden Interesse eines Beteiligten liegt. Ein öffentliches Interesse am Sofortvollzug kann dann bestehen, wenn auf Grund der Durchleitungsverweigerung die Entstehung von Wettbewerb zu großen Teilen verhindert wird.[1049] Ein überwiegendes Interesse des Durchleitungspetenten kann dann angenommen werden, wenn ihm ansonsten der Verlust eines Kunden auf Grund der zu langen Verfahrensdauer droht.[1050] Ob das Vollzugsinteresse das Aussetzungsinteresse übersteigt, ist für jeden Einzelfall zu entscheiden.

2. Kartellverwaltungsverfahren

a) Einstweilige Anordnung gem. § 60 GWB

Bis zur endgültigen Entscheidung ist die Kartellbehörde berechtigt, einstweilige Anordnungen zum Zwecke der Regelung eines einstweiligen Zustands zu treffen, § 60 Nr. 3 GWB. Da auch durch eine einstweilige Anordnung der Kartellbehörde das Ergebnis des Kartellverwaltungsverfahrens zumindest teilweise vorweggenommen wird, sind an eine Anordnung gem. § 60 Nr. 3 GWB strenge An-

---

1045 *Ungemach/Weber* (Fn. 164), S. 137; a.A. *Büdenbender* (Fn. 991), Möglichkeiten zur Durchsetzung, S. 1479.

1046 Vgl. *Büdenbender* (Fn. 991), Möglichkeiten zur Durchsetzung, S. 1479 mit weiteren Aspekten.

1047 Der „Gasdurchleitungsfall" beanspruchte von der Einleitung des Verfahrens durch das BKartA bis hin zur Entscheidung des BGH etwa drei Jahre.

1048 Vgl. oben 5. Teil C.

1049 Vgl. dazu oben 5. Teil G I.

1050 Vgl. zu den Interessen des Durchleitungspetenten an einem einstweiligen Rechtsschutz oben 5. Teil G I.

forderungen zu stellen.[1051] Eine einstweilige Anordnung dürfte daher nur in krassen Fällen in Betracht kommen.[1052]

b) Anordnung der sofortigen Vollziehung gem. § 65 I GWB

Gegen eine Durchleitungsverfügung kann der Netzbetreiber Beschwerde gem. § 63 I S. 1 GWB einlegen. Diese hat gem. § 64 I GWB aufschiebende Wirkung. Die Kartellbehörde ist gem. § 65 I GWB berechtigt, die sofortige Vollziehung anzuordnen. Wie im Energierecht ist auch hier erforderlich, dass der Sofortvollzug im öffentlichen Interesse oder im überwiegenden Interesse eines Beteiligten liegt. Insoweit kann auf die bereits erläuterten Aspekte verwiesen werden.

1051 *Ungemach/Weber* (Fn. 949), S. 16

1052 *Büdenbender* (Fn. 991), Möglichkeiten zur Durchsetzung, S. 1479.

6. Teil: Verbändevereinbarungen

A. Verbändevereinbarung über Kriterien zur Bestimmung von Durchleitungsentgelten vom 22. Mai 1998 (VV I)

Nach § 6 II EnWG kann der Bundesminister für Wirtschaft, soweit dies zur Erreichung der Ziele des § 1 EnWG und zur Gewährleistung wirksamen Wettbewerbs erforderlich ist, durch Rechtsverordnung mit Zustimmung des Bundesrats die Gestaltung der Verträge nach § 6 I EnWG regeln und Kriterien zur Bestimmung von Durchleitungsentgelten festlegen. Bislang ist von dieser Ermächtigung kein Gebrauch gemacht worden. Bis dato ist vielmehr der sog. „Verbände-vereinbarung über Kriterien zur Bestimmung von Durchleitungsentgelten" (VV I) der Vorzug gegeben worden.[1053]

Im Bericht des Ausschusses für Wirtschaft heißt es diesbezüglich:

> *„Nach Auffassung der Koalitionsfraktionen kann die Durchsetzung des Durchleitungsanspruchs nach § 3c I [jetzt § 6 I]*[1054] *im Einzelfall wesentlich erleichtert werden, wenn zwischen den Beteiligten Einvernehmen über die Struktur und die wesentlichen Elemente derartiger Verträge besteht und dafür ein entsprechender Rahmen zur Verfügung steht. Die Koalitionsfraktionen erwarten daher, dass die laufenden Verhandlungen zum Abschluss einer 'Verbändevereinbarung über Kriterien zur Bestimmung von Durchleitungsentgelten' rasch erfolgreich abgeschlossen werden. Die Vereinbarung muss die Effizienz des Wettbewerbsinstruments Durchleitung zu angemessenen Preisen Gewähr leisten und allgemein angewendet werden, wobei das Recht unberührt bleibt, im Einzelfall unmittelbar unter Berufung auf § 3c I [jetzt § 6 I]*[1055] *günstigere Konditionen durchzusetzen. Von der Rechtsverordnungsermächtigung nach § 3c II [§ 6 II] soll nach Auffassung der Koalitionsfraktionen nur Gebrauch gemacht werden, falls die genannten Anforderungen an die Verbändevereinbarung nicht erfüllt werden."*[1056]

I. Entstehungsgeschichte der VV I

Der Entwurf der Verbändevereinbarung Durchleitung (VV I) basiert auf Vorgaben der EG-Richtlinie Elektrizität vom 19. Dezember 1996, welche am 19. Februar 1997 in Kraft getreten ist, und dem Entwurf der Bundesregierung für ein neues Energiewirtschaftsgesetz (Stand: 23.03.1997).[1057] Im Frühjahr 1997 nahmen der Bundesverband der Deutschen Industrie (BDI), der Verband der Industriellen Energie- und Kraftwirtschaft (VIK) und die Vereinigung Deutscher Elektrizitätswerke (VDEW) die gemeinsamen Gespräche zum Abschluss einer „Verbändevereinbarung über Kriterien zur Bestimmung von Durchleitungsentgelten" auf. Am 12.08.1997 einigten sich BDI, VIK und VDEW im sog. „High-level-Gespräch" vorbehaltlich der Zustimmung ihrer Füh-

---

[1053] vgl. oben 3. Teil B XII.

[1054] Einfügung durch den Autor.

[1055] Einfügung durch den Autor.

[1056] BT-Drs. 13/9211 vom 25.11.1997.

[1057] *Grawe/Müller* (Fn. 710), S. 1081.

rungsgremien auf einen Entwurf der VV I, welche zu diesem Zeitpunkt noch um Definitionen einiger Begriffe und um einige Beispielsrechnungen erweitert werden musste. Ende August 1997 wurde der nunmehr um Beispielsrechnungen für einige Durchleitungsfälle ergänzte Text durch die Geschäftsführer der Verbände paraphiert und dem Wirtschaftsausschuss des Deutschen Bundestages am 08.09.1997 vorgelegt. Seitens der VDEW wurde der mittlerweile auch um die noch offenen Begriffsdefinitionen komplettierte Text am 25.09.1997 dem Fachausschuss „Stromwirtschaft" und am 02.10.1997 dem Präsidium und Vorstandsrat der VDEW zur Billigung vorgelegt. Aus Sicht der VDEW erhoffte man sich eine Unterzeichnung im Oktober/November 1997.[1058] Es bestanden jedoch in einigen gravierenden Punkten noch erhebliche Meinungsverschiedenheiten. Der Dissens wurde vor allem in folgenden Punkten offenbar: Erstens gab es unterschiedliche Auffassungen hinsichtlich der Entfernungspauschale von 0,2 DM/kW x km. Zweitens divergierten die Auffassungen zu den Gleichzeitigkeitsfaktoren. Ferner war man sich uneinig die Messperiode zur Erfassung der zeitgleichen Einspeisung und Entnahme von Strom betreffend. So forderte die VDEW eine viertelstündliche Abrechnung, während der VIK für einen Abrechnungszeitraum von einer Stunde plädierte. Die Divergenzen konnten jedoch ausgeräumt werden, so dass am 16.01.1998 die endgültige Fassung der VV I inklusive der Begriffsbestimmungen und der Beispielsrechnungen präsentiert werden konnte. Am 02.04.1998 wurde diese Fassung von den Präsidenten bzw. dem Hauptgeschäftsführer der beteiligten Verbände unterzeichnet. Sie trat am 22. Mai 1998 in Kraft.

Die VV I ist nicht die erste Verbändevereinbarung. Vielmehr knüpft die VV I an eine bereits erfolgreiche Tradition an. Schon 1979 haben BDI, VIK einerseits und VDEW andererseits die Verbändevereinbarung über stromwirtschaftliche Zusammenarbeit (sog. „Einspeisevergütung") beschlossen. Diese regelt vor allem die Einspeisungen Dritter in das Netz der öffentlichen Versorgung. Im Gegensatz zu der hier im Mittelpunkt stehenden VV I betrifft die „Einspeisevergütung" Vorgänge mit zwei Beteiligten, nämlich dem Netzbetreiber und dem einspeisenden Stromerzeuger. Die VV I regelt dagegen Vorgänge mit drei Beteiligten. Zu den bereits Genannten tritt noch der Endverbraucher. Die „Einspeisevergütung" wurde am 01.08.1979 veröffentlicht und am 01.07.1985 bestätigt. Sie wurde am 27.06.1988 ergänzt und zuletzt am 27.09.1994[1059] weiterentwickelt. In der Vergangenheit hat sie sich außerordentlich bewährt, wenn sie auch zum Teil durch das Stromeinspeisungsgesetz überlagert wird.

II. Inhalt der Verbändevereinbarung Durchleitung 1998

Bevor auf die rechtlichen Fragestellungen hinsichtlich der VV I eingegangen wird, soll deren Inhalt vorgestellt werden. Die VV I an sich ist in vier Oberpunkte unterteilt, wobei sich die Punkte 2 und 3 mit den Kriterien zur Bestimmung von Durchleitungsentgelten befassen.

1. Präambel

Zunächst ist der VV I eine Präambel vorangestellt. Die Präambel enthält zum einen eine Definition der Durchleitung und zum anderen die Zielsetzung der VV I. Als Durchleitung verstehen die beteiligten Verbände demnach „... die Einspeisung von elektrischer Energie (Leistung und Arbeit), gleich welcher Herkunft, in definierte Einspeisepunkte des Netzsystems und die damit verbundene zeitgleiche Entnahme der eingespeisten elektrischen Energie an räumlich davon entfernt liegenden Entnahmepunkten der Netzsysteme (Durchleitung)...".

[1058] *Grawe/Müller* (Fn. 710), S. 1081.

[1059] Die Einspeisevergütung in der Fassung von 1994 ist abgedruckt in: VIK-Mitteilungen 1994, S. 119 ff.

Zeitgleiche Entnahme ist die Übereinstimmung von eingespeister und entnommener Leistung in der zu vereinbarenden Messperiode.[1060]

Der Zusatz „gleich welcher Herkunft" stellt klar, dass die VV I nicht zwischen Einspeisungen aus Kondensationskraftwerken, regenerativen Energiequellen und der Kraft-Wärme-Kopplung differenziert.[1061]

Vorrangiges Ziel der VV I ist die Realisierung von Zugang und Nutzung der Elektrizitätsnetze nach objektiven, transparenten und diskriminierungsfreien Regeln. Dieses Ziel soll dadurch erreicht werden, dass die VV I als Grundlage eine Verhandlungsbasis für frei auszuhandelnde Vereinbarungen zwischen EVU und Elektrizitätskunden über den Netzzugang auf Vertragsbasis (NTPA) und die entsprechenden Netznutzungsentgelte schafft. Dadurch soll der Wettbewerb der EVU um die Belieferung von Endabnehmern eröffnet werden und somit zur Erzielung wettbewerbsgerechter Preise für Elektrizität führen. Diesem Wettbewerb wollen sich die deutschen EVU nicht verschließen, sondern in Vertragsverhandlungen mit Durchleitungsinteressenten treten und Durchleitungsverträge schließen. Als Voraussetzung müssen aber alle netztechnischen Fragen Einspeisung und Entnahme betreffend zwischen den an einer Durchleitung beteiligten Parteien geklärt sein.

Netztechnische Fragen betreffen im Wesentlichen die Handhabung zu: Spannungsebene, Anschlussleistung, Kurzschlussleistung, Netzrückwirkungen, Anforderungen an Versorgungszuverlässigkeit, Anzuschließende Anlagentechnik, Gestaltung von Schaltanlagen, Eigentumsgrenzen, Schaltberechtigung, Schutztechnik, Netzanschluss, Rundsteuerung, Blindleistungskompensation, Zählung und Messung.

2. Allgemeine Kriterien für Durchleitungen

In ihrem ersten Abschnitt setzt die VV I die allgemeinen Kriterien für Durchleitungen fest. Danach werden alle Netzbenutzer gleichgestellt, d.h., dass die Kalkulation der Durchleitungsentgelte diskriminierungsfrei nach den gleichen Kriterien erfolgt, unabhängig davon, ob ein EVU einen Kunden aus einem eigenen Kraftwerk versorgt oder ob ein dritter, unabhängiger Stromversorger das Netz zur Belieferung eines Endabnehmers benutzt. Ferner sollen Durchleitungen nicht dadurch behindert werden, dass sich die Netze auf dem Weg von Einspeisepunkt zum Entnahmepunkt in der Hand verschiedener Eigentümer befinden. Voraussetzung hierfür ist, dass sich sämtliche deutschen EVU, wenigstens jedoch die Verbund- und Regionalunternehmen der VV I anschließen. In punkto Netznutzung werden mit dem jeweiligen Netzbetreiber vertragliche Beziehungen am Einspeise- und Entnahmepunkt einer Durchleitung eingegangen. Das setzt voraus, dass eine Durchleitung netztechnisch und im Sinne eines sicheren Netzbetriebes möglich ist bzw. nach den anerkannten Regeln der Technik ermöglicht werden kann. Die entsprechenden technischen Rahmenbedingungen sollen durch die Netzbetreiber ausgearbeitet und in geeigneter Form bekannt gegeben werden. Abweichungen zwischen Einspeisung und Entnahme, bzw. von einem vereinbarten Sollwert der Durchleitung müssen in geeigneter Weise technisch und vertraglich geregelt sein.

Sicherer Netzbetrieb ist die Fähigkeit des jeweiligen Netzes, die Übertragungs- bzw. Verteilungsaufgaben unter Aufrechterhaltung stabiler, normgerechter und vereinbarungsgemäßer Versorgungsverhältnisse zu erfüllen.

[1060] Die hier hervorgehobenen Definitionen entsprechen denen, der Definitionen in Anlage 1 zur VV I. Der besseren Übersicht halber werden sie hier immer im Anschluss an die dargestellte Textstelle angeführt.

[1061] *Grawe/Müller*, (Fn. 710), S.1082.

Technische Rahmenbedingungen sind die auf der Basis der jeweiligen anerkannten Regeln der Technik (z.B. DIN, VDE, ISO, TAB) vom jeweiligen Netzbetreiber bekannt zu gebenden Einspeisebedingungen.

Abweichungen zwischen Einspeisung und Entnahme liegen vor, wenn in den vereinbarten Messperioden der Mittelwert der Einspeiseleistung vom Mittelwert der Entnahmeleistung bzw. von einem vereinbarten Sollwert um mehr als einen, nach technisch-wirtschaftlichen Kriterien im Einzelfall zu vereinbarenden, Toleranzwert abweicht.

Die dem Netzbetreiber für die Erstellung des unmittelbaren Netzanschlusses für Einspeisung bzw. Entnahme als Erstanschluss oder Erweiterung an einem geeigneten Netzpunkt entstehenden Kosten gehen zu Lasten des Verursachers.

Unmittelbarer Netzanschluss ist die Verbindung der elektrischen Anlagen des Einspeisers bzw. des Abnehmers mit dem jeweiligen Netz einschließlich aller in diesem Zusammenhang für den sicheren Netzbetrieb erforderlichen, direkt anrechenbaren Einrichtungen. Zusätzlich zu den Investitionen gemäß Ziffer 1.6 erstattet der Einspeiser alle durch den Netzanschluss im Einspeisenetz verursachten, zurechenbaren Kosten für die diesbezüglich notwendigen technischen und betrieblichen Maßnahmen, z.B. Anlagenverstärkung (Erhöhung der Kurzschlussfestigkeit bzw. der Übertraggungsfähigkeit), Schaltzustandsänderungen, Schutzanpassungen. Soweit hierfür Zahlungen erfolgen, ist dies bei der Netzkostenermittlung zu berücksichtigen, um Doppelzahlungen zu vermeiden.

Geeigneter Netzpunkt ist der im Sinne eines sicheren Netzbetriebes und netztechnisch vorgegebene kostengünstigste Einspeise- und Entnahmepunkt.

Der Einspeiser hat darüber hinaus dem entsprechenden Netzbetreiber alle durch die Einspeisung zusätzlich entstehenden Kosten zu ersetzen, soweit es sich hierbei um Unterhalts-, Erneuerungs- und Betriebskosten in Verbindung mit dem unmittelbaren Netzanschluss handelt.

3. Kriterien für die Bestimmung von Durchleitungsentgelten

Im zweiten Abschnitt befasst sich die VV I mit den Kriterien für die Bestimmung von Durchleitungsentgelten. Insoweit handelt es sich um das Kernstück der VV I. Dabei geht es um die Lösung des Problems, „die Kosten der benötigten Netzbereiche und Umspannungen zu bestimmen und sie nach einem geeigneten Umlageverfahren auf die verschiedenen Kostenträger zu verteilen.“[1062] Zunächst werden daher in Punkt 2.1 die Kosten zur Bestimmung der Entgelte ermittelt, bevor die eigentliche Berechnung der Entgelte in den Punkten 2.2 bis 2.7 erfolgt.

a) Kostenermittlung zur Bestimmung der Entgelte (Punkt 2.1 der VV I)

Bei der Ermittlung der Netzkosten sollen die Arbeitsanleitungen der Preisaufsichtsbehörden der Länder im Rahmen der Preisgenehmigungsverfahren für die Allgemeinen Tarifpreise maßgeblich sein. Das bedeutet, die kalkulatorischen Kosten der Netze auf Neuwertbasis mit linearen Abschreibungen über die betriebsübliche Nutzungsdauer der einzelnen Anlagegüter zu verwenden.

Für jedes einzelne EVU werden dabei die Kosten der verschiedenen Netzebenen (Übertragungs- und Verteilungsnetze) ermittelt. Bei EVU mit stark unterschiedlich strukturierten Verteilungsnetzen soll, soweit sachgerecht, eine regionale Differenzierung nach Netzbereichen vorgenommen werden. Regionale Differenzierung nach Netzbereichen bedeutet dabei, die Zusammenfassung von im Ei-

[1062] *Grawe/Müller* (Fn. 710), S. 1082.

gentum eines Netzbetreiber befindlichen Netzbereichen gleicher Spannungsebene zu Gebieten mit vergleichbaren Strukturmerkmalen (z.B. Stadt oder Land) auf der Grundlage separater Kostenträgerrechnungen.

Die Kosten für die jeweiligen Umspannungen sowie die für Betrieb und Wartung auftretenden Kosten werden separat verrechnet.

Nachdem die Kosten für die einzelnen Kostenstellen in einer Netzebene ermittelt sind, werden sie auf die jeweilige Jahreshöchstlast im jeweiligen Netzbereich bezogen. Daraus ergeben sich dann spezifische Kosten in DM/kW · a.

Zu den Kosten für die Netze und die Schaltanlagen treten noch die Kosten für die Systemdienstleistungen hinzu. Diese werden beim jeweiligen Netzbetreiber ebenfalls separat erfasst nach Frequenzhaltung, Spannungshaltung, Versorgungswiederaufbau und Betriebsführung (einschließlich Messung und Verrechnung). Als Systemdienstleistungen werden die für die Funktionstüchtigkeit des Systems unvermeidlichen Dienstleistungen bezeichnet, die zur Übertragung und Verteilung elektrischer Energie notwendig sind und die Qualität der Stromversorgung bestimmen. Zu den Systemdienstleistungen gehört insbesondere nicht die Dauerreserve. Entgelte für Systemdienstleistungen werden nach Art und für die einzelnen Spannungsebenen differenziert ausgewiesen. Der Gleichzeitigkeitsgrad des Entnehmernetzes wird berücksichtigt.

Frequenzhaltung ist die Ausregelung von Frequenzabweichungen infolge von Ungleichgewichten zwischen Erzeugung und Entnahme (Wirkleistungsregelung) und erfolgt durch die Primär- und Sekundärregelung sowie unter Nutzung von Minutenreserven in den Kraftwerken.

Spannungshaltung ist die Aufrechterhaltung eines akzeptablen Spannungsprofils im Netz. Dies wird durch eine ausgeglichene Blindleistungsbilanz in Abhängigkeit vom jeweiligen Blindleistungsbedarf des Netzes und der Kunden erreicht.

Als Versorgungswiederaufbau werden diejenigen technischen und organisatorischen Maßnahmen bezeichnet, die zur Störungseingrenzung und nach dem Störungseintritt zur Aufrechterhaltung bzw. Wiederherstellung der Versorgungsqualität durchgeführt werden. Auch Maßnahmen zur Ausrüstung der Kraftwerks- und Netzanlagen im Hinblick auf eventuelle Großstörungen (Wiederaufbaukonzepte) sind der Versorgungswiederaufnahme zuzurechnen.

Die Betriebsführung beinhaltet neben dem bedarfsgerechten Einsatz der Kraftwerke und der Netzführung – in Abstimmung/Koordinierung mit dem nationalen/internationalen Verbundsystem – auch die Schaffung und den Unterhalt der notwendigen Voraussetzungen für Zählung und kaufmännische Abrechnung aller erbrachten Leistungen. Soweit die o.g. Betriebsführungsaufgaben bereits in den Netzkosten enthalten sind, werden sie nicht als Systemdienstleistungen in Rechnung gestellt.

b) Allgemeine Grundsätze für die Berechnung der Entgelte (Punkt 2.2 der VV I)

Die auf diese Weise ermittelten Kosten müssen dann nur noch in ein geeignetes Umlageverfahren eingesetzt werden. Beim Umlageverfahren entschied sich die VV I für ein vereinfachtes Modell. Auf komplexe Verfahren wie Lastflussrechnungen am belasteten oder unbelasteten Netz oder Pfadmodelle, bei denen existierende Netzverbindungen für den Transport zu Grunde gelegt werden, wurde zu Gunsten der Praktikabilität verzichtet.

Im Abnehmermodell ist ein Durchleitungsentgelt grundsätzlich dann zu zahlen, wenn der Lastfluss vom Einspeiser zum Abnehmer mit dem normalen Lastfluss verläuft, also eine Verstärkung verursacht. Dabei werden für jede einzelne Netzebene maximale Entfernungen vorgegeben, die mit der Luftlinienentfernung zwischen Einspeise- und Entnahmepunkt verglichen werden, so dass die

Durchleitungsentgelte von den modellhaft in Anspruch genommenen Netzbereichen im Übertragungsnetz und in den Verteilungsnetzen, von den dazwischen erforderlichen Umspannungen sowie von den Systemdienstleistungen abhängig sind. Das ermittelte Durchleitungsentgelt ist grundsätzlich als Jahresleistungspreis für eine bestellte Durchleitungleistung zu entrichten.

Bestellte Durchleitungsleistung ist die vertraglich für einen bestimmten Zeitraum vereinbarte, maximale Durchleitungsleistung (in der Regel Wirkleistung) als Mittelwert innerhalb der vereinbarten Messperiode.

Der Durchmischung der Inanspruchnahme der Netzbereiche wird dadurch Rechnung getragen, dass die Jahresleistungspreise für Übertragungsnetze, Verteilungsnetze und Umspannungen jeweils je Spannungsebene sowie für Systemdienstleistungen mit Gleichzeitigkeitsgraden korrigiert werden und in Arbeits- und Leistungspreise umgewandelt werden können.

Gleichzeitigkeitsgrad berücksichtigt die Durchmischung der Inanspruchnahme der Netzbereiche, abhängig von der Benutzungsdauer der Durchleitungsleistung. Hinweise zur Ermittlung gibt Anlage 2 der Verbändevereinbarung.

Abweichungen vom Prinzip des Jahresleistungspreises können vorgenommen werden, wenn es sich um kurzzeitige Durchleitungen, wie z.B. um Spotmengen oder Sonderlieferungen oder um Reservelieferungen handelt.

Die Vorteile des Umlageverfahrens der VV I liegen darin, dass dieses Modell - aus der Sicht des Abnehmers einer Durchleitung - im Wesentlichen nur die Kosten der Netzebenen und Umspannungen, die für die Belieferung des Abnehmers benötigt werden, berücksichtigt. Damit entspricht das Modell in seiner Kostensystematik der heute gängigen Kostenträgerrechnung der EVU.[1063] Dadurch wird erreicht, dass Durchleitungskunden und EVU-Kunden diskriminierungsfrei an den Netzkosten beteiligt werden.

Hält der Einspeiser die netztechnischen Kriterien ein, so muss er nur die Kosten tragen, die durch seine Einspeisung zusätzlich entstehen. Die Kosten für das Netz, in das er einspeist, bleiben für ihn außer Betracht. Dadurch wird die von allen Beteiligten geforderte Grundbedingung erfüllt, dass jede Spannungsebene nur einmal kostenmäßig in Ansatz gebracht wird.

Weiterhin wird dadurch sichergestellt, dass einem verteilenden EVU die Netz- und Betriebskosten auch dann noch entgolten werden, wenn es einen Kunden an einen externe Stromerzeuger verliert.

Letztlich wird durch dieses vereinfachte „Abnehmermodell“ gesichert, dass das Netzentgelt für den Netzbetreiber des Abnehmers wie für diesen selbst auch bei einem Wechsel des Stromerzeugers gleich bleibt. Voraussetzung hierfür ist natürlich, dass die Spannungsebene und die Entfernung der Einspeisung gleich sind.

c) Ermittlung der Durchleitungsentgelte im Übertragungsnetz (Punkt 2.3 der VV I)

Ein Durchleitungsentgelt für die Nutzung der Übertragungsnetze (380 kV und 220 kV) ist immer dann fällig, wenn die Einspeisung bzw. die Entnahme direkt in das oder aus dem Übertragungsnetz erfolgt oder aber der Grenzwert für die Übertragungsentfernung des 110 kV-Verteilungsnetzes auf der Entnahmeseite überschritten ist.[1064] Das Durchleitungsentgelt (ohne Systemdienstleistungen) setzt sich hier aus zwei Elementen zusammen. Grundsätzlich wird für eine Durchleitung im Übertragungsnetz der Mittelwert der Strukturjahresleistungspreise in Rechnung gestellt. Der Strukturjah-

---

[1063] *Grawe/Müller* (Fn. 710), S. 1082

[1064] Zu den Grenzwerten im Verteilungsnetz siehe 6. Teil A. II. 3. d).

resleistungspreis ergibt sich aus der Division der spezifischen Jahreskosten des Netzbereiches in DM/kW ·a abzüglich der Einnahmen für die Substanzüberwindung durch die Jahreshöchstlast des entsprechenden Netzbereiches ergibt. Dabei wird für die Strukturkomponente im Übertragungsnetz ein Mittelwert der Strukturjahresleistungspreise gebildet, da im Übertragungsnetz kein natürlicher Lastfluss wie zwischen den anderen Spannungsebenen gegeben sein muss.[1065]

Mittelwert der Strukturjahresleistungspreise – Erfolgen Einspeisung und Entnahme in Regelbereichen verschiedener Netzbetreiber, so ist der arithmetische Mittelwert der Strukturjahresleistungspreise der beiden Netzbetreiber, in deren Regelbereich die Einspeisung bzw. Entnahme erfolgt, zu verwenden.

Damit wird verhindert, dass in solchen Fällen jeder Netzbetreiber seinen Strukturjahresleistungspreis in die Rechnung einfließen lässt, so dass sich die Übertragungsentgelte mit der Anzahl der überschrittenen Regelbereichsgrenzen vervielfachen würden. Dieses Problem ist bei Briefmarkenentgeltsystemen als „Pancaking“ bekannt.[1066]

Bei Durchleitungen bis zu Entfernungen von 100 km wird nur dieser Mittelwert der Strukturjahresleistungspreise Rechnung gestellt. Für darüber hinaus gehende Entfernungen tritt zur Strukturkomponente noch der Entfernungsjahresleistungspreis hinzu, welcher für alle Bereiche im Übertragungsnetz bundeseinheitlich auf 0,125 DM/kV · km · a entsprechend 12,50 DM/kW 100 km ·a festgelegt worden ist. Der Entfernungsjahresleistungspreis wird jährlich in dem Verhältnis angepasst, wie sich der arithmetische Mittelwert der Strukturjahresleistungspreise der Übertragungsnetzbetreiber ändert.

d) Ermittlung der Durchleitungsentgelte im Verteilungsbereich (Punkt 2.4 der VV I)

Im Gegensatz zum Übertragungsnetz ist das Durchleitungsentgelt in den Verteilungsnetzen eingliedrig. Das Durchleitungsentgelt (ohne Systemdienstleistungen) wird für jede Spannungsebene im Verteilungsbereich (Hochspannung, Mittelspannung, Niederspannung) als Pauschalpreis (DM/kV ·a) oder „Briefmarke“ entsprechend den spezifischen Jahreskosten der einzelnen Spannungsebenen 110/20/10/0,4 kV errechnet. Umspannungen aus höhergelegenen Ebenen bleiben dabei außer Betracht.

Die „Briefmarke“ gilt in jeder Spannungsebene nur bis zu einem praxisorientierten Grenzwert für die Übertragungsentfernungen. Die Grenzwerte für die Übertragungsentfernung je Spannungsebene im Verteilungsbereich wird von jedem Netzbetreiber ermittelt, wobei je nach Struktur, die Grenzwerte regional unterschieden werden können, falls dies sachgerecht erscheint.

[1065] *Grawe/Müller* (Fn. 710), S. 1084.

[1066] *Dennersmann/Gerecht/Hartenstein/Hüppe/Reeh/Staschus*, Durchleitungsentgelte in Übertragungsnetzen gemäß Verbändevereinbarung, EW 96 (1997), S. 1542 (1546).

Praxisorientierte Grenzwerte für die Übertragungsentfernung

Mittlere Luftlinienentfernung zwischen jeweiliger Einspeisestelle und zugehörigen Abnahmestellen in einem Netzbereich (spannungsebenenbezogen). Eine wissenschaftliche Untersuchung 'Bestimmung praxisorientierter Grenzentfernungen für Durchleitungen', durchgeführt von Univ.-Prof. Dr.-Ing. Hans-Jürgen Haubrich, Aachen, Januar 1998, liefert bei einer Wahrscheinlichkeit von 0,9 folgende Werte:

Spannungsebene	Grenzentfernung Stadt	Grenzentfernung Land
Hochspannung	11,6 km	33,4 km
Mittelspannung:		
20 kV	4,4 km	14,4 km
10 kV	2,6 km	9,4 km
Niederspannung	0,4 km	2,0 km

Anhand der praxisorientierten Grenzwerte werden für den jeweiligen Durchleitungsfall die in Anspruch genommenen Netzbereiche aus der Luftlinienentfernung vom Entnahmepunkt zum Einspeisepunkt ermittelt. Die Entnahmeseite ist dabei Ausgangspunkt der Betrachtung bei der Ermittlung der Entgelte. Sollte bei einer Durchleitung die Luftlinienentfernung zwischen Entnahmestelle und Einspeisestelle den vorgegebenen Grenzwert eines Netzbereiches überschreiten, so ist zuzüglich zu diesem Netzbereich noch der höhergelegene Netzbereich sowie die dazugehörige Umspannung bei der Berechnung des Durchleitungsentgelts hinzuzuziehen. Wird auch noch der Grenzwert der darüber liegenden Spannungsebene überschritten, werden auch die Entgelte für diesen Netzbereich einschließlich der erforderlichen Umspannung veranschlagt. So kann es dazu kommen, dass ein Durchleitungsentgelt auch für die Höchstspannungsebene zu zahlen ist, obwohl die Einspeisung oder Entnahme nicht direkt in das bzw. aus dem Höchstspannungsnetz erfolgt.

Die niederste bei der Berechnung anzusetzende Spannungsebene ist die jeweilige tatsächliche Übergabestelle auf der Entnahmeseite. Der Einspeisenetzbereich wird für die Berechnung im Prinzip nicht herangezogen. Nur wenn der Einspeisepunkt in einer höheren Ebene als der Entnahmepunkt liegt, ist – unabhängig von den Grenzwerten für Übertragungsentfernungen – auch der höhergelegene Netzbereich mit zu veranschlagen.

Die VV I sieht zur Vermeidung von Härtefällen eine Klausel vor, wonach die an einer Durchleitung beteiligten Vertragspartner bei Überschreitung der Grenzwerte über die Berücksichtigung der höheren Spannungsebene in das Durchleitungsentgelt verhandeln können. Sprünge beim Durchleitungsentgelt sollen dadurch vermieden werden.

Auch das Problem der stranded investments wird von der VV I behandelt. Um diese möglichst zu vermeiden, sollen die vorhandenen Netze genutzt werden und soll auf den Neubau von Leitungen möglichst verzichtet werden. Um dieses Ziel zu erreichen, kann ein Netzbetreiber von der pauschalierten Berechnung abweichen und z.B. für einen Netzbereich in einem Gewerbe-/Industriegebiet auf eine entfernungsabhängige Berechnung umsteigen.[1067]

[1067] *Grawe/Müller* (Fn. 710), S. 1084.

e) Kosten der Umspannung (Punkt 2.5 der VV I)

Die Kosten der Umspannung werden von den Netzbetreibern aus den kalkulatorischen Jahreskosten und der Höchstlast ermittelt und in geeigneter Form bekannt gegeben.

Umspannungen – Bei der Ermittlung der Jahreskosten für Umspannungen sind der Transformator, die Transformatorschaltfelder und die zu diesen Anlagen zugehörige Sekundärtechnik, Gebäude und Grundstücke zu berücksichtigen.

Leitungsschaltfelder und zu diesen Anlagenteilen zugehörige Sekundärtechnik, Gebäude und Grundstücke sind der ober- bzw. unterspannungsseitigen Netzebene zuzuordnen.

Entsprechend der o.g. Trennung ist ggf. eine geeignete Schlüsselung vorzunehmen. Sollten Transformator- und Leitungsschaltfelder nur gemeinsam erfasst sein, so ist eine Schlüsselung der Kostenpositionen im Verhältnis der Anzahl Transformatorschaltfelder zu Leitungsschaltfeldern anzuwenden.

Bei der Umspannung MS/NS werden Ortsnetzstationen abweichend von der o.g. Schlüsselung in Gesamtheit der Umspannung zugeordnet.

Das Entgelt für die Umspannung wird immer nur auf der Entnahmeseite berechnet.

f) Systemdienstleistungen[1068] (Punkt 2.6 der VV I)

Ein weiteres Entgelt ist für die Systemdienstleistungen zu zahlen. Die Systemdienstleistungen sind, getrennt nach Art und Anfall der Kosten, auf der Einspeise- bzw. Entnahmeseite als Jahresentgelt, Jahresleistungspreis und Arbeitspreis zu vergüten. Regelmäßig werden die Systemdienstleistungen von den Netzbetreibern erbracht. Sie können im Einzelfall aber auch von Einspeiser oder Entnehmer selbst erbracht werden oder von einem Dritten beigestellt werden, so dass der Umfang des Entgelts für die Systemdienstleistungen variabel ist. Die Netzbetreiber werden die Entgelte für die von ihnen zwingend beizustellenden Systemdienstleistungen ermitteln und nennen.

Zwingend beizustellende Systemdienstleistungen sind solche, die für einen Durchleitungsfall nicht individualisierbar und vom Netzbetreiber beizustellen sind. Dies betrifft die Betriebsführung (einschließlich Koordinierung von Frequenz- und Spannungshaltung) und Versorgungswiederaufnahme.

Die übrigen Systemdienstleistungen sind entweder selbst zu erbringen, von Dritten beistellen zu lassen oder dem Netzbetreiber zu vergüten.

[1068] Zum Begriff der Systemdienstleistungen vgl. 6. Teil A. II. 3. a).

g) Verluste (Punkt 2.7 der VV I)

Bei der Übertragung elektrischer Energie entstehen Verluste.[1069] Die in einem Durchleitungsfall entstehenden Verluste sind dem Netzbetreiber zu vergüten. Der Berechnung der Verluste sollen die durchschnittlichen Verluste je Spannungsebene und Umspannungen zu Grunde gelegt, die in dem entsprechenden Durchleitungsfall in Anspruch genommen werden. Die Höhe der durchschnittlichen Verluste wird vom Netzbetreiber bekannt gegeben. Der Einspeiser kann statt der Vergütung am Einspeisepunkt jedoch auch eine zeitgleiche Mehreinspeisung vornehmen.

Zeitgleiche Mehreinspeisung – Erhöhung der Einspeisung zum Ausgleich der ermittelten Verluste nach Ziffer 2.7.

4. Clearingstelle und Überprüfung der Grundsätze und Kriterien/Anhang

a) Clearingstelle

Die VV I beschränkt sich, obwohl sie von Durchleitungsverträgen spricht, hauptsächlich darauf, Kriterien zur Bestimmung von Durchleitungsverträgen zu liefern. Dabei gibt sie einen Rahmen vor, der für mannigfache Durchleitungsfälle anwendbar sein muss. Mit Hilfe des durch die VV I vorgegebenen Modells soll es möglich werden, ein Kostenvolumen von jährlich mehr als 30 Mrd. DM den Endabnehmern der EVU bzw. den Abnehmern von Durchleitungen zuzuordnen.[1070] Der Tatsache, dass ein vorgegebenes Modell bei stark diversifizierten Durchleitungsfällen zu Ungleichheiten in Grenzfällen führen kann, wurde schon dadurch Rechnung getragen, dass in Härtefällen von den pauschalierten Berechnungen abgewichen werden kann. Allein diese Flexibilität wird in der Praxis nicht ausreichen. Vielmehr ist zu erwarten, dass gerade über die Grenzwerte der Durchleitungsentfernungen, aber auch über die Angemessenheit der kalkulatorischen Kosten der Netzbetreiber Streitigkeiten entstehen. Zur einverständlichen Einigung in solchen Fällen sieht die VV I die Einrichtung einer Clearingstelle durch die Verbände vor. Die Clearingstelle kann von jedem Vertragspartner eines Durchleitungsvertrages angerufen werden. Sollte sich der Vertragspartner dem anschließen, findet ein Clearingverfahren statt, in dem jede Partei die zur Klärung unablässigen Informationen zur Verfügung stellen soll. Ist es in einem Clearingverfahren der Clearingstelle dennoch nicht möglich, die Meinungsverschiedenheit zu beheben, kann sie mit dem Einverständnis der Vertragspartner zwei neutrale Sachkenner zu den weiteren Verhandlungen hinzuziehen, die den Parteien anschließend eine angemessene Lösung unterbreiten sollen. Zur Entlastung der Gerichte sollen die Verbände zunächst darauf hinarbeiten, dass möglichst von den Schlichtungsmöglichkeiten der Clearingstelle Gebrauch gemacht wird. Es ist den Parteien allerdings unbenommen, zu jeder Zeit den Rechtsweg einzuschlagen oder andere ihr angemessen erscheinende Schritte vorzunehmen.

b) Überprüfung der Grundsätze und Kriterien

Die VV I ist Hilfsmittel bei der Regelung der gerade erst eingeführten Liberalisierung des Energiemarktes in Deutschland. Wie sich dieser Markt entwickeln wird und welche Schwierigkeiten es bei der Regelung von Durchleitungen bzw. bei der Bestimmung der Durchleitungsentgelte ergeben werden, ist kaum vorhersagbar. Zunächst soll die VV I daher bis zum 30. September 1999 gelten. Die Verbände sind sich jetzt schon einig, dass die in der VV I festgelegten Grundsätze prinzipiell

---

[1069] Vgl. 1. Teil B.

[1070] *Grawe/Müller* (Fn. 710), S. 1086.

auch danach weitergelten sollen. Auf Grund der ungewissen Entwicklung sollen die Grundsätze anhand der Erfahrungswerte überprüft und gegebenenfalls angepasst werden. Diese Praxis entspricht der, der erfolgreich erprobten „Einspeisevergütung".

Letztlich wird empfohlen, dass die Grundsätze der VV I auch bei der Kalkulation und Beantragung der Tarife für die Nutzung des Versorgungsnetzes im Alleinabnehmersystem angewendet werden.

c) Anhang

Der Anhang der VV I enthält über die hier bereits in den Text eingefügten Definitionen (Anhang 1) Erklärungen und Berechnungen hinsichtlich des Gleichzeitigkeitsgrades (Anhang 2) und der Ermittlung der mittleren Übertragungsentfernungen (Anhang 3), sowie einige Beispielsrechnungen (Anhang 4).

III. Kritische Würdigung der VV I

Die VV I ist nunmehr seit etwas über einem Jahr das Instrument zur Bestimmung des kommerziellen Verhältnisses zwischen Netzbetreiber und Netzbenutzer. Im Folgenden sollen sowohl die positiven als auch die negativen Auswirkungen der VV I auf den Wettbewerb dargestellt werden.

1. Positive Auswirkungen der VV I

Der Preiswettbewerb innerhalb der Elektrizitätswirtschaft entfaltet eine beachtliche Dynamik.[1071] Die VV I hat in entscheidendem Maße dazu beigetragen, dass der deutsche Strommarkt sich in relativ kurzer Zeit recht umfangreich geöffnet hat.[1072] Sie hatte einen erfolgreichen „Anzündereffekt".[1073]

Darüber hinaus ist die VV I als wettbewerbsfördernd anzusehen. Auf dem deutschen Elektrizitätsmarkt sind zahlreiche Versorgerwechsel zu beobachten. Ferner ist ein starker Preiswettbewerb zu verzeichnen. Die Auswirkungen dieses Wettbewerbs ist für jedermann anhand der aggressiven Werbestrategien der EVU zu erkennen. Sowohl im Bereich der Print-Medien als auch im Rundfunk und Fernsehen und sogar im Internet werben vor allem die großen EVU für ihr „Produkt". Dabei verläuft die Entwicklung rasanter als von den meisten angenommen. Von kaum jemanden war beispielsweise vermutet worden, dass der Wettbewerb um Privathaushalte so früh einsetzen würde. Vor allem wurde eine derartige Vehemenz nicht erwartet. Zunächst war erwartet worden, dass lediglich Unternehmen von der Einführung von Wettbewerb profitieren würden. Für die Vielzahl der privaten Stromverbraucher wurde keine Versorgungsalternative erwartet.[1074] Nachdem anfänglich vornehmlich Industriebetriebe von sinkenden Strompreisen auf Grund der Liberalisierung profitierten, ist im Laufe des Jahres 1999 auch der Preiskampf um die Haushaltskunden entbrannt. Im Zuge der bundesweiten Einführung von Stromangeboten wie z.B. ARES, Yello oder RWE Privatstrom („AVANZA") sahen sich auch zahlreiche Stadtwerke und Regionalversorger gezwun-

[1071] So auch *Jung*, Eckpunkte einer Novellierung des Energiewirtschaftsgesetzes vom 24. April 1998 (25. 03. 1999), ZNER 1999, S. 31.

[1072] *Zinow*, Tagungsunterlagen 'Spannungsfeld Energierecht'.

[1073] vgl. Fn. 1072.

[1074] Vgl. als Beispiel einer solchen „Fehl-" Einschätzung *Klaue*, Einige Bemerkungen zur Verbändevereinbarung über Durchleitungsentgelte für Strom, ZNER 1998, S. 22 (23).

gen, ihre Strompreise zu senken, um Kunden halten zu können. Möglich sind diese Entwicklungen auf Grund der VV I. Dies liegt mit Sicherheit unter anderem daran, dass die Regeln über den Netzzugang in der VV I von den Know-How-Trägern der Elektrizitätsbranche selbst aufgestellt wurden. Daher hat die VV I eine breite Akzeptanz innerhalb der Strombranche erfahren.[1075] Viele Stromversorger beziehen sich in ihren Durchleitungsverträgen hinsichtlich der Berechnung der Durchleitungsentgelte und der technischen Voraussetzungen für eine Durchleitung auf die VV I.[1076] Insoweit stellt sie eine optimale Lösung dar.

Ferner ist positiv anzumerken, dass die VV I den Zugang zu den Netzen diskriminierungsfrei regelt. Die Netzkunden werden auch bei der Berechnung der Durchleitungsentgelte gleichbehandelt, da die VV I eine streng verursachungsgerechte Kostenzuordnung vornimmt.

Entgelte bei Durchleitungen über eine Entfernung von mehr als 100 km setzen sich nach der VV I aus einer Struktur- und einer Entfernungskomponente zusammen. Dadurch, dass Durchleitungen über große Entfernungen somit grundsätzlich teurer werden als solche über kurze Entfernungen, wird der status quo der geographisch differierenden Übertragungskapazitäten des deutschen Stromnetzes Rechnung getragen. Die VV I hat somit eine Lenkungsfunktion dahingehend, Elektrizität möglichst verbrauchernah zu erzeugen. Dies ist aus umweltpolitischen und energiewirtschaftlichen Gründen zu begrüßen, da auf diese Weise weniger Transportverluste auftreten.[1077]

2. Verbesserungsbedürftige Regelungen der VV I

Es ist jedoch auch nicht zu übersehen, dass die VV I zum Teil hinter den Erwartungen des Gesetzgebers und der Teilnehmer am Stromwettbewerb bezüglich ihrer Handhabbarkeit zurückbleibt.[1078] Die Liberalisierung des Wettbewerbs kann mit der VV I nicht umfassend und somit lediglich suboptimal erreicht werden.

Die VV I folgt der Strompfad-Methode und beinhaltet ein Transaktionsmodell.[1079] Aus der Transaktionsbezogenheit resultiert ein relativ hoher administrativer Aufwand. Dies bedingt wiederum Kosten und zum Teil inakzeptable Bearbeitungszeiten bei der Abwicklung von Durchleitungen bis zum endgültigen Vertragsschluss. Bei Durchleitungen, welche die Netze mehrerer Netzbetreiber in Anspruch nehmen, kann erst durchgeleitet werden, wenn die Zustimmung aller betroffener Netzbetreiber vorliegt. Dies bedingt teilweise langwierige Anfrage- und Genehmigungsprozesse, die einer effektiven Geschäftsabwicklung entgegenstehen.[1080] Die oben bereits angesprochene Rasanz der Entwicklung in der Elektrizitätswirtschaft zeigt sich auch daran, dass die VV I auf die Vollversorgung von Einzelkunden ausgerichtet ist. Für kurzfristige Lieferungen wie Spotgeschäfte ist sie ebenso wenig ausgelegt wie für eine Strombörse, da ihr typisierte und einfach zu handhabende Regelungen fehlen. Auch die Ermittlung der Durchleitungsentgelte wird zum Teil für zu kompliziert und für nicht transparent gehalten. Zu diesem Kritikpunkt gehört u.a., dass zur Kalkulation

---

[1075] Vgl. dazu *Büdenbender* (Fn. 126), Schwerpunkte, Rn. 236 ff.; *Geiß*, Verbändevereinbarung: Ein klares politisches Signal, Wirtschaftswelt Energie 1997, S. 13 ff.; *Meier* (Fn. 743), S. 41 ff.

[1076] Vgl. RWE Energie AG, Durchleitungsentgelte für den Transport elektrischer Energie über das Netz der RWE Energie, VEAG, Bayernwerk etc. Internetseiten.

[1077] So auch *Büdenbender* (Fn. 126), Schwerpunkte, Rn. 237; *Meier* (Fn. 743), S. 42.

[1078] Zur Unzulänglichkeit der VV I bereits VIK-Mitteilungen Juni 1997, S. 145 ff. Ferner *Apfelstedt*, Energiegesetz und Verbändevereinbarung: Stellen sie wettbewerbsfördernde Netzbenutzungsregelungen dar?, ZNER 1998, S. 26 ff.; *Lapuerta/Pfeifenberger/Weiss/Pfaffenberger*, Netzzugang in Deutschland im internationalen Vergleich, ET 1999, S. 446 (448 ff.).

[1079] D.h., dass für jede Durchleitung ein Entgelt berechnet wird.

[1080] Vgl. *Lapuerta/Pfeifenberger/Weiss/Pfaffenberger* (Fn. 1078), S. 448.

einer Durchleitung im Übertragungsnetzbereich die Bekanntgabe des genauen Einspeise- und des Entnahmepunktes[1081] erforderlich ist, um beurteilen zu können, ob die Entfernungskomponente in dem bestimmten Einzelfall veranschlagt wird oder nicht. Ein Kalkulationsrisiko ergibt sich ferner aus der Korrektur der Jahresleistungspreise durch Gleichzeitigkeitsfaktoren. In der Energiewirtschaft werden die Kosten für eine Regelabweichung zum Teil für schwer ermittelbar gehalten.

Kritisiert wird des Weiteren, dass die VV I zwar Kriterien zur Ermittlung der Durchleitungsentgelte enthält, die Regelungen über die technische und administrative Abwicklung sowie die Bereitstellung von Systemdienstleistungen und Regelleistungen bzw. –arbeit aber nicht beinhaltet. Diese Fragen werden vielmehr durch den DVG GridCode,[1082] den VDEW DistributionCode[1083] bzw. durch die veröffentlichten Regelungen der betroffenen Netzbetreiber geregelt. Zum einen ergeben sich aus dieser Parallelität der Regelwerke Anwendungsprobleme und zum anderen sehen einige Netzkunden viele in den Codes niedergelegte Regelungen als wettbewerbshindernd und kompliziert an.

Hauptkritikpunkt an der VV I war aber von Anfang an vor allem die Entfernungskomponente bei der Entgeltberechnung. Seit Beginn der Diskussion um die VV I wurde die Entfernungsabhängigkeit kritisiert.[1084] Der umweltpolitische Vorteil, verbrauchsnahe Erzeugung zu bevorzugen, wirkt sich zum Teil wettbewerbshindernd aus. Denn weiträumige Durchleitungen rechnen sich auf Grund der Entfernungskomponente nicht so wie Durchleitungen über kürzere Distanzen. Dies bedeutet eine Einschränkung des Wettbewerbs dahingehend, dass Lieferanten ohne eigene verbrauchsnahe Erzeugung häufig nicht als Wettbewerber des ortsansässigen Lieferanten auftreten können oder wollen. Ferner behindert die Entfernungsabhängigkeit grenzüberschreitende Durchleitungen.

3. Netzzugangsverordnung oder Verbändevereinbarung?

Auf Grund der dargelegten Kritikpunkte der VV I stellt sich die Frage, ob es der richtige Weg ist, Fragen des Netzzugangs insbesondere Regelungen zur Bestimmung der Durchleitungsentgelte durch eine privatwirtschaftliche Lösung wie die VV zu regeln. Eine andere Möglichkeit wäre die, von der Ermächtigung zum Erlass einer Verordnung gem. § 6 II EnWG Gebrauch zu machen und eine sog. Netzzugangsverordnung zu erlassen. Der Vorschlag, den Netzzugang mit Hilfe einer Netzzugangsverordnung zu regeln, wurde schon im Gesetzgebungsverfahren seitens der SPD favorisiert.[1085] Auch in der Literatur war und ist umstritten, ob nun ein privatwirtschaftlicher oder ein normativ-administrativer Ansatz zu sinnvolleren Ergebnissen führt.[1086] Insgesamt geht es dabei um

---

[1081] Vgl. *Lapuerta/Pfeifenberger/Weiss/Pfaffenberger* (Fn. 1078), S. 448.

[1082] Hierbei handelt es sich um Netz- und Systemregeln für die deutschen Übertragungsnetzbetreiber. Der GridCode wurde erstmalig im Juli 1998 veröffentlicht. Mittlerweile liegt der GridCode 2000 vor. Er aktualisiert die technischen Netzzugangsbedingungen und soll sie der VV II anpassen.

[1083] „Netzregeln für den Zugang zu Verteilungsnetzen 'Distribution Code'" der VDEW. Es handelt sich quasi um das parallele Regelwerk der Verteilungsnetzbetreiber zum GridCode.

[1084] *Bergmann* (Fn. 689), S. 9 f.; *DIHT*, DIHT für einfachen und preiswerten Netzzugang auf den Strommärkten, DIHT Informationen für Presse, Funk & Fernsehen v. 11. November 1997; *Hinz/Klafka*, Entfernungsabhängige Durchleitungsentgelte und Wettbewerb, VIK-Mitteilungen April 1997; *Klafka/Hinz/Zander/Ritzau/Held.* (Fn. 698), S. 37; *Klafka/Ritzau/Zander/Held*, Durchleitungsmodell des Energieforum Berlin e.V., 1997, S. 9 ff.; *Meller*, Neue Verbändevereinbarung erleichtert den Marktzugang, ET 1999, S. 736 (738).

[1085] BR-Drs. 1019/97; vgl. auch § 5 IV des zurückgezogenen Gesetzesantrag des Saarlandes, BR-Drs. 556/97

[1086] *Apfelstedt*, Eine Argumentationsalternative zur Notwendigkeit einer Novellierung des Energiewirtschaftsrechts vom 24. April 1998, ZNER 1999, S. 39 (42); *Büdenbender* (Fn. 126), Schwerpunkte, Rn. 226 ff.; *Jung* (Fn. 1074), S. 42; *Klafka/Hinz/Zander/Ritzau/Held* (Fn. 698), S. 35 ff.; *Klafka/Ritzau/Zander/Held/Riedel/Zenke*, Nutzung elektrischer Netze durch Dritte auf Basis einer wettbewerbsgerechten Tarifierung, Gutachten im Auftrag der Bundesländer Schleswig-Holstein, Berlin, Brandenburg, Bremen, Hessen, Saarland, 1997; *Maas* (Fn. 695), S. 53; *Meier* (Fn. 743), S. 41 ff.

den Streit, ob die Liberalisierung des Elektrizitätsmarkts besser mit dem System des verhandelten Netzzugangs oder des geregelten Netzzugangs erreicht werden kann.[1087] Zumindest zur jetzigen Rechtslage ist dazu jedoch festzuhalten, dass die Verordnungsermächtigung des § 6 II EnWG nur so weit reicht, als mit der Verordnung nur die „Gestaltung der Verträge nach Absatz 1" geregelt werden kann und die „Kriterien zur Bestimmung von Durchleitungsentgelten" festgelegt werden können. Die gesetzliche Vorgabe, dass die Bedingungen des Netzzugangs zwischen den Parteien frei verhandelbar sind, ist dabei zu beachten.[1088] Mit diesen Formulierungen werden – wie von Art. 80 GG gefordert – Inhalt, Zweck und Ausmaß der erteilten Ermächtigung bestimmt. Zumindest eine Netzzugangsverordnung wie sie in der BR-Drs. 1019/97 vorgestellt wurde, dürfte daher an einer fehlenden Ermächtigungsgrundlage scheitern. Diese Netzverordnung würde praktisch wie eine Bundestarifordnung Durchleitung wirken und feste Tarife vorgeben. Für Verhandlungen zwischen den Teilnehmern einer Durchleitung wäre dann kein Platz mehr. Abgesehen davon, dass für eine Netzzugangsverordnung, welche den Netzzugang umfassend regelt, keine Ermächtigungsgrundlage besteht, sprechen weitere gewichtige Gründe dafür, das System des verhandelten Netzzugangs und seiner Ausgestaltung durch eine privatwirtschaftliche VV beizubehalten.

Hierfür spricht vor allem der Wortlaut des § 6 II EnWG, der den BMWi zum Erlass einer Rechtsverordnung ermächtigt. Denn die Ermächtigungsgrundlage steht unter einem Vorbehalt. In § 6 II EnWG heißt es, dass die Kriterien zur Gestaltung von Durchleitungsverträgen und zur Bestimmung von Durchleitungsentgelten vom BMWi erlassen wird, „soweit dies erforderlich ist". Schon daraus ergibt sich eindeutig, dass der Erlass einer Verordnung ein nachrangiges Instrument zur Regulierung sein soll. Erst bei einem Scheitern einer anderweitigen Regelung – dies kann nur ein privatwirtschaftliches Regelwerk sein – soll von der Ermächtigung Gebrauch gemacht werden. Voraussetzung für den Erlass einer Verordnung wäre demnach, dass die Entstehung von Wettbewerb auf dem Strommarkt durch die VV nicht bzw. nicht ausreichend unterstützt wird. Hiervon kann derzeit aber nicht ausgegangen werden. Der Wettbewerb ist auf dem Strommarkt in geradezu überraschender Weise in Fahrt gekommen. Vor allem die großen Verbundunternehmen versuchen sich unter enormen Aufwand am Wettbewerbsmarkt zu positionieren. Bislang sind die Auswirkungen des Wettbewerbs, insbesondere niedrigere Preise, vornehmlich den großen Sonderkunden zugute gekommen. Aber auch Tarifkunden sind bereits in den Genuss des Wettbewerbs gekommen. Wegen der Mangelhaftigkeit der VV I das Massengeschäft betreffend jedoch in weit geringerem Ausmaß als die Sonderkunden. Die Regelungen der VV II geben aber zu der Hoffnung Anlass, dass auch hier Wettbewerb demnächst in größerem Umfang möglich sein wird. Auch die Einrichtung einer Strombörse wird möglich sein.[1089] All dies wird innerhalb von wenigen Jahren nach Erlass des EnWG von 1998 und der damit verbundenen erstmaligen Einführung von Wettbewerb möglich. Ein derart schnelles Voranschreiten des Wettbewerbs ist in Staaten, bei denen der Netzzugang beispielsweise staatlich reguliert wird, kaum zu verzeichnen. Der Vorbehalt der Notwendigkeit einer Rechtsverordnung mangels Effektivität der VV ist mithin schon nicht gegeben.

Der Verweis auf den Telekommunikationssektor, auf dem der Gesetzgeber nicht auf eine Regulierungsbehörde verzichtet hat, vermag – abgesehen davon, dass die Sektoren insgesamt nur höchst abstrakt zu vergleichen sind[1090] – nicht zu überzeugen. Die Einführung einer Regulierungsbehörde zur Gestaltung des Wettbewerbs auf dem Telekommunikationssektor ist im Gegensatz zum Strommarkt sinnvoll. Auf dem Telekommunikationsmarkt beherrscht ein Unternehmen – die deutsche Telekom – das gesamte deutsche Netz. Ganz Deutschland wird insofern von einem netzbetreibenden Monopolisten abgedeckt. Diesem Monopolisten stehen dagegen viele Wettbewerber gegenüber,

---

[1087] vgl. Fn. 1086.

[1088] So auch EnWG 1998, Erläuterungen-*Recknagel* (Fn. 163), Art. 1, § 6 Anm. 15.

[1089] Vgl. unten die Darstellung der VV II, 6. Teil B. II.

[1090] Vgl. schon oben 1. Teil C.

die zwangsläufig dessen Netz in Anspruch nehmen müssen. Bis hierhin gleichen die Bereiche sich noch. Der Unterschied besteht aber in der Rolle des bzw. der Monopolisten. Während auf dem Telekommunikationssektor der einzige Verteidiger des Netzes auf Grund seiner Sonderstellung keinen Bedarf, ja nicht einmal die Möglichkeit hat, ein anderes nationales Telekommunikationsnetz in Anspruch zu nehmen, sind die Gebietsmonopolisten auf dem Strommarkt Angreifer und Verteidiger in einer Person. Im Wettbewerb sind die EVU auch interessiert, bislang nicht erreichbare Kunden zu beliefern. Dies aber bedeutet, dass derjenige, der Zugang zu einem fremden Netz beansprucht, auch bereit sein muss, Zugang zu seinem Netz zu gewähren. Hieraus resultiert eine vollkommen andere Wettbewerbssituation. Während im Telekommunikationsbereich die Telekom gar keinen eigenen Anreiz hat, Netzzugang zu gewähren und somit nur darauf bedacht sein wird, den Netzzugang zu ihrem Netz zu verhindern, sind die unterschiedlichen Netzbetreiber im Strombereich eben auch am Netzzugang zu anderen Netzen interessiert. Ein abgestimmtes oder schlicht paralleles Stillhalten im Sinne eines „Tust Du mir nichts, dann tu ich Dir auch nichts" trotz der vom Gesetzgeber eingeräumten Möglichkeit, Kunden zu werben, war von vornherein nicht zu befürchten. Mittlerweile ist dieser Erwartung Recht gegeben worden. Auch aus diesem Grunde konnte und kann auf eine Durchleitungsverordnung verzichtet werden.

Dieses Ergebnis wird auch vom Subsidiaritätsprinzip getragen. Das Subsidiaritätsprinzip ist ein Rangfolgeprinzip, das die Zuständigkeiten von unten nach oben, von der untersten zur obersten Einheit mit der Maßgabe des Vorrangs der kleineren Einheit verteilt.[1091] Es ist der Grundsatz, dass eine größere gesellschaftliche Einheit nur dann zur Erfüllung einer gesellschaftlichen Funktion herangezogen werden soll, wenn diese von der kleineren Einheit nicht erfüllt werden kann. Als Maxime statuiert das Subsidiaritätsprinzip, das in der Regel als Satz des Naturrechts angesehen wird, dass alle gesellschaftlichen Gebilde zum mindesten auch suplementärer Natur und somit in ihrer Kompetenz begrenzt seien . Es entspricht dem englischen Axiom: „ In all that the people can individually do, government ought not to interfere" und dem französischen Postulat: „Laissez nous faire. Laissez faire!" Das Subsidiaritätsprinzip ist Ausfluss des Prinzips der sozialen Marktwirtschaft, dem die Wirtschaftspolitik der Bundesrepublik zuzurechnen ist. Danach hat der Staat die Aufgabe, die institutionellen Rahmenbedingungen des Wirtschaftsprozesses so festzusetzen, dass sich eine funktionsfähige (soziale) Wettbewerbswirtschaft entfalten kann. Direkte Eingriffe im Sinne der Wirtschaftslenkung sind der sozialen Marktwirtschaft grundsätzlich fremd. Innerhalb der staatlichen Rahmensetzung sollen in der Regel die Wettbewerbsteilnehmer die Regelungen zum Funktionieren des Wettbewerbs selbst aufstellen. Dem entspricht es, wenn die Teilnehmer der Elektrizitätswirtschaft in dem vom Gesetzgeber mit dem EnWG 1998 vorgegebenen Rahmen, insbesondere dem § 6 I EnWG, die Regelungen zum Funktionieren des Durchleitungsmarkts selber aufstellen.

Überdies spricht die Überlegenheit der VV gegenüber einer Rechtsverordnung für ein weiteres Vorgehen mit ihr. Der größte Vorteil einer privatwirtschaftlichen Lösung liegt in ihrer marktwirtschaftlichen Flexibilität. Die zu beachtende Materie bei der Regelung des Netzzugangs ist außerordentlich komplex. Für den Rechtsverordnungsgeber dürfte es äußerst diffizil sein, die komplexe Materie umfassend zu regeln. Dies umso mehr als es sich hier um ein „neues Regulierungsfeld" handelt, für das wenige bis gar keine Vergleichsmaßstäbe vorliegen. Denn der so oft gemachte Vergleich mit dem Ausland,[1092] in dem die Liberalisierung per Verordnung durchgesetzt wird,[1093] lässt sich wegen der Besonderheiten der deutschen Elektrizitätswirtschaft nicht ohne weiteres auf deutsche Verhältnisse beziehen. Die Gefahr, dass eine Rechtsverordnung schon alsbald am Markt scheitert, weil sie nicht praktikabel ist oder bestimmte Entwicklungen nicht absehen konnte, ist also

[1091] *Stern* in Bonner Kommentar zum Grundgesetz, Art. 28 Rn. 2, 13. Lieferung, zweite Bearbeitung von Art. 28, Stand Dezember 1964.

[1092] Zur Einführung von Wettbewerb auf ausländischen Strommärkten vgl. 7. Teil.

[1093] *Maas* (Fn. 695), S. 53.

nicht von der Hand zu weisen. Selbstverständlich trifft dies auch für eine privatwirtschaftliche Lösung zu. Die oben aufgeführten Kritikpunkte an der VV I zeigen dieses Problem auf. Und dennoch zeigt sich daran, dass das Vorgehen mittels einer VV sinnvoller ist. Die VV I war von Beginn an befristet bis zum 30. September 1999 mit der Möglichkeit ihrer Fortsetzung unter Berücksichtigung der bis dahin gewonnenen Erkenntnisse. Bereits wenige Monate nach Inkrafttreten der VV I begannen die Diskussion über ihre Anpassung. Diese Diskussion führte dazu, dass die oben aufgeführten Kritikpunkte analysiert wurden und die VV I durch die Marktteilnehmer an die Erkenntnisse angepasst wurde. Die Weiterentwicklung der VV I zielt in die Richtung der gegenwärtig erkennbaren Praxisanforderungen an einen funktionierenden Wettbewerbsmarkt. Eine derart schnelle Reaktion auf sich ändernde Anforderungen bzw. an bislang nicht erkannte Anforderungen ist von einem Verordnungsgeber kaum zu erwarten. Zum einen ist der Verordnungsgeber Außenstehender, im Gegensatz zu den „vor Ort" wirkenden Marktteilnehmern, die auf Grund ihrer Nähe die Anforderungen viel besser erkennen können. Zum anderen ist zu berücksichtigen, dass auch der Erlass von Rechtsverordnungen zumeist einen längeren Entscheidungsprozess benötigt, bei dem u.U. auf Meinungen und Belange von Koalitionspartnern Rücksicht genommen werden muss. Teilweise verlängert sich dieser Prozess ganz erheblich, wenn um interkoalitionären Konsens gerungen wird. Außerdem ist zu beachten, dass auch auf den anderen Märkten grundsätzlich die Marktteilnehmer untereinander die „Spielregeln" festlegen und sich dabei auf einen gewissen Rahmen einigen.[1094] Bei Regelung des Wettbewerbs durch eine Verordnung, läge das Paradoxon einer „Deregulierung durch Regulierung" vor.

Sowohl die extreme Flexibilität einer VV als auch der bisheriger Erfolg der VV I sprechen für ein Festhalten an diesem Konzept.[1095] „Die Selbstregulierung des Marktes über die Verbändevereinbarung Gewähr leistet Dynamik, Flexibilität und faire Marktzutrittsbedingungen für alle Akteure."[1096] Diese Auffassung wird auch von der neuen Bundesregierung geteilt. Dies zeigt sich zum einen darin, dass auch der neue BMWi von seiner Rechtsverordnungsermächtigung keinen Gebrauch gemacht hat. Dies umso mehr, als mit Zeitablauf der VV I ein günstiger Zeitpunkt gekommen war, nunmehr die Regelung per Verordnung vorzunehmen. Stattdessen wird die Regelung durch die VV II bevorzugt.[1097] Zum anderen ist im Beisein von BMWi Müller am 04. Juli 2000 die „Verbändevereinbarung zum Netzzugang bei Erdgas" (VV Gas I) unterzeichnet worden. Auch dies demonstriert, dass die gesetzgeberische Einschätzung weiterhin dahin geht, dass der Erlass einer Rechtsverordnung zur Erreichung der Ziele des § 1 EnWG und zur Gewährleistung wirksamen Wettbewerbs nicht erforderlich ist.

[1094] So auch *Meier* (Fn. 743), S. 41.

[1095] In diesem Sinne auch *Büdenbender* (Fn. 126), Schwerpunkte, Rn. 239.

[1096] *Meller* (Fn. 1084), S. 741.

[1097] BMWi Müller anlässlich einer gemeinsamen Presseerklärung mit den Verbänden: „Sollte sich unser erster Eindruck bestätigen, dass die Verbände sich hier auf Spielregeln verständigt haben, die einen fairen und effektiven Netzzugang für alle Kunden möglich machen, dann haben die Verhandlungspartner die in sie gesetzten Erwartungen erfüllt. Der freiwilligen 'staatsfreien' Lösung ist dann gegenüber einer Regulierung durch den Verordnungsgeber klar der Vorzug zu geben."

B. Verbändevereinbarung über Kriterien zur Bestimmung von Netznutzungsentgelten für elektrische Energie (VV II)[1098]

I. Entstehungsgeschichte der VV II

Bereits wenige Monate nach Inkrafttreten der VV I begannen die ersten Überlegungen zu ihrer Weiterentwicklung. Seit Anfang des Jahres 1999 verhandelten die Verbände konkret über die Weiterentwicklung der VV I.[1099] Bei einem Ministergespräch am 28. September 2000 wurden die Eckpunkte der VV II festgelegt und paraphiert. Die mit der Aufbereitung des Textes befasste Arbeitsgruppe stellte den Text nach einer Sitzung im Juni nach nur drei weiteren Sitzungen im November fertig. Am 18. November 1999 war der Text erstmalig mit allen Anlagen – Stand 15. November 1999 – verfügbar. Bis zur Unterzeichnung der VV II durch die Verbände am 13. Dezember 1999 wurden diverse Formulierungen laufend per e-mail abgestimmt.[1100] Grundsätzliche Einigkeit bestand bei den Beteiligten dahingehend, dass die VV II auf Grund der erheblichen Umstellungen, die sie für die einzelnen Unternehmen mit sich bringt, nicht ad hoc in Kraft treten würde, sondern vielmehr gleitend. Abgesichert wird das gleitende Inkrafttreten durch den Wortlaut der Präambel, der bestimmt, dass „Voraussetzung für die Anwendung der Verbändevereinbarung im Einzelfall ist, dass alle netztechnischen, organisatorischen und vertraglichen Fragen zwischen den an der Netznutzung beteiligten Parteien geklärt sind."

Die VV II sieht vor, dass die Bekanntgabe der Netznutzungsentgelte und ihrer Bestandteile innerhalb eines halben Jahres „nach Inkrafttreten" erfolgt.[1101]

II. Inhalt der VV II bzw. Änderungen gegenüber der VV I

1. Wesentliche Ziele der VV II

Nach der Präambel der VV II dient sie der Anpassung und Konkretisierung der VV I an die Marktentwicklung. Bereits daraus ergibt sich, dass die Regelungen der VV I durch die VV II nicht vollständig ersetzt werden sollen. In großen Teilen bleiben Regelungen der VV I unberührt und finden sich dem entsprechend in der VV II wieder. Dies resultiert daraus, dass der Regelungsansatz der VV I in der Energiewirtschaft grundsätzlich als positiv bewertet wurde.[1102] Wie bereits dargestellt beinhaltete die VV I jedoch auch einige Schwachstellen. Wesentliches Ziel der VV II ist es, diese Schwachstellen auszubessern, um taugliche „Basis für die Vereinbarungen zwischen Netzbetreibern und den Netznutzern (Kunden, Kraftwerke, Händler)[1103] über die Netznutzung auf Vertragsbasis und die entsprechenden Entgelte"[1104] sein zu können. In Anbetracht der o.g. Kritikpunkte und um den Wettbewerb zwischen Unternehmen der Elektrizitätswirtschaft um die Belieferung von Elektrizitätskunden zu fördern und zur Erzielung wettbewerbsgerechter Preise für

---

[1098] Abgedruckt bei *Obernolte/Danner* (Fn. 687), Teil I C 30-39.

[1099] *Büdenbender* (Fn. 126), Schwerpunkte, Rn. 238.

[1100] Vgl. *Ohlms*, Die Verbändevereinbarung II Strom ist unterschrieben – was nun?, Anlage zum VKU-Nachrichtendienst 613 vom Januar 2000, S. 2.

[1101] Bereits am 1. Februar 2000 veröffentlichte die RWE Energie AG als erster Netzbetreiber die neuen Preise und Bedingungen.

[1102] Vgl. oben 6. Teil A. III. 1.

[1103] Anm. des Verfassers.

[1104] Vgl. Präambel VV II.

tätskunden zu fördern und zur Erzielung wettbewerbsgerechter Preise für den Produktionsfaktor Elektrizität am Standort Deutschland beizutragen, sind die wesentlichen Ziele der VV II:

- Ermöglichen der Börsenfähigkeit und des Massengeschäfts
- Vereinfachen des Entgeltsystems
- Vereinfachen der Abwicklungs- und Abrechnungsmodi
- Vollständige Beschreibung der Netznutzung

2. Merkmale und Änderungen

Bevor die Unterschiede der VV II bzw. deren Neuregelungen intensiver beleuchtet werden, sollen vorab stichwortartig die wesentlichen Merkmale und Änderungen der VV II dargestellt werden:

- Keine transaktionsbezogene Betrachtung einer Durchleitung mehr.
- Die Entfernungskomponente entfällt grundsätzlich.
- Es muss nur noch ein pauschales Netzzugangsentgelt entrichtet werden.
- Der deutsche Elektrizitätsmarkt wird in 2 Handelszonen eingeteilt.
- Neben das Kostendeckungsprinzip kann das Vergleichsmarktprinzip treten.
- Grundsätzlich ist die Netznutzung unabhängig von einer Genehmigung möglich.
- Es werden Bilanzkreise eingeführt. Der Ausgleich von Differenzen von Einspeisung und Entnahme erfolgt saldiert.

3. Ausgestaltung der Netzanbindung und der Berechnung der Netzzugangsentgelte

a) Preisfindungsprinzipien und Kostenwälzung

Die Berechnung der Netznutzungsentgelte erfolgt grundsätzlich wie bisher die der Durchleitungsentgelte, also leistungsbezogen. Die Bezugsleistung wird dabei um einen Gleichzeitigkeitsfaktor korrigiert. Der einzelne Abnehmer zahlt diesen Jahresleistungspreis multipliziert mit seiner individuellen Jahreshöchstlast und dem Gleichzeitigkeitsgrad.[1105]

Nach der VV II erfolgt die Ermittlung der Netznutzungsentgelte auf Basis der kalkulatorischen Kosten, getrennt für Netze und Umspannungen.[1106] Die Preisfindung hinsichtlich der spezifischen Jahreskosten erfolgt zunächst nach den gleichen Grundsätzen wie nach der VV I. Sowohl nach VV I als auch nach VV II erfolgt die Ermittlung der spezifischen Jahreskosten (in DM/kW) für die vorhandenen Netze und Umspannungen je Netzbetreiber und Netzbereich durch Division der Kosten des jeweiligen Netzbereichs durch die Jahreshöchstlast, verursacht durch die zugehörigen Entnahmen. Nach der VV I beruhte das Kostendeckungsprinzip auf der Basis der Kostenermittlung der Preisbehörden der Bundesländer im Rahmen der Preisgenehmigungsverfahren für die Allgemeinen Tarifpreise (K-Bogen). Demgegenüber legt die VV II ein bundeseinheitliches Schema zu Grunde.

[1105] *Ahlemeyer/Nissen/Lehmköster,* VV II – Ermittlung der Netznutzungsentgelte, ET 2000, S. 223.

[1106] In Anlage 3 der VV II „Preisfindungsprinzipien" wird dies näher ausgeführt.

Die kalkulatorischen Abschreibungen, das Eigenkapital und die Eigenkapitalverzinsung sind in Anlage 3 der VV II einheitlich dargestellt und fixiert. Die Kosten sind vom jeweiligen Netzbetreiber zu ermitteln. Das Durchleitungsentgelt enthält die Übertragungsverluste nach einem pauschalen Ansatz.

Gem. Punkt 2.1.3 der VV II sind die Kosten für die Netznutzung (Systemdienstleistungen) mit Ausnahme der Kosten für optionale Inanspruchnahme erweiterter Toleranzbänder durch die Bilanzkreisverantwortlichen im Netznutzungsentgelt enthalten.

Der deutlichste Unterschied zur VV I hinsichtlich der Preisfindung ist die Einführung des Vergleichsmarktkonzepts, welches neben die Kostenorientierung tritt. Mit Hilfe des Vergleichsmarktkonzepts sollen Hinweise auf eine elektrizitätswirtschaftlich rationelle Betriebsführung gewonnen werden.[1107] Das Vergleichsmarktkonzept beinhaltet den Vergleich der Netzkosten – zunächst auf nationaler Ebene – und damit die Festlegung eines unter Effizienzgesichtspunkten vom Markt akzeptierten Preisstandards. Derzeit werden noch Maßstäbe ermittelt, um die doch sehr unterschiedlichen Gegebenheiten der Netzsituationen vergleichbar zu machen.[1108] Die Preisbildung auf Grund der VV II erfolgt daher auf der Basis der drei Elemente kalkulatorische Kosten- und Erlösrechnung, handelsrechtlicher Jahresabschluss gegebenenfalls bezogen auf die entbündelten Bereiche Übertragung und Verteilung sowie der Übertragungs- und Verteilungspreise strukturell vergleichbarer Netzbetreiber.

Eine weitere bedeutende Änderung bedeutet die Kostenwälzung. Durch die VV II werden Netznutzer und nachgeordnete Spannungsebenen gleich behandelt. Das bedeutet, dass das für die Netznutzung eines unterlagerten Netzes in der überlagerten Spannungsebene zu zahlende Entgelt „nach unten weitergewälzt" wird.[1109] Zur Ermittlung der jährlichen Netznutzungsentgelte werden die Netzkosten vorgelagerter Netzebenen kostenverursachungsorientiert auf die nachgeordneten Netzebenen weitergewälzt. Die Kostenwälzung wird in der Anlage 5 der VV II anhand von Beispielen beschrieben. Für Netze wird ein vereinfachtes zeitgleiches Höchstleistungsverfahren und für Umspannungen ein zeitungleiches Höchstleistungsverfahren verwendet. Basis des vereinfachten zeitgleichen Höchstleistungsverfahren sind die gemessenen Höchstleistungen. Anhand der Benutzungsdauer und den zu Grunde gelegten Gleichzeitigkeitsgraden werden dann zeitgleiche Anteile an der Gesamthöchstleistung berechnet. Zwingend ist, dass die Summe der Einzelhöchstleistungen multipliziert mit dem Gleichzeitigkeitsgrad jedes Einzelkunden die Summe der Höchstleistung der Netzebene ergeben muss. Dabei werden endverbrauchende Netzkunden und nachgeschaltete Netzebenen gleich behandelt. Die Rechnung wird für jede Netzebene gesondert durchgeführt.

Folglich beinhaltet der Netzanschlusstarif für die Netzebene, an die der jeweilige Abnehmer angeschlossen ist, Kostenelemente aller vor- bzw. überlagerten Netze. Mit der Zahlung des Netznutzungsentgelt erhält der Netznutzer die Möglichkeit, sein und alle überlagerten Netze für seinen Strombezug zu nutzen. Hierdurch wird eine Trennung von Netznutzung und Strombezug erreicht. Dies hat seinen Vorteil vor allem darin, dass kurzzeitige Lieferungen sowie Spot- und Börsengeschäfte möglich sind.

[1107] *Müller-Kirchenbauer/Ritzau,* VV II – Anforderungen und Chancen in der Praxis, ET 2000, S. 213.

[1108] Vgl. zu dem Problem auch schon oben 4. Teil A. I. 2. b) aa).

[1109] *Ahlemeyer/Nissen/Lehmköster* (Fn. 1105), S. 223.

b) Punktmodell

Der VV I lag ein Transaktionsmodell zu Grunde. D.h., nach dem Modell der VV I musste zur Beurteilung einer Durchleitung sowohl der Einspeise- als auch der Entnahmepunkt angegeben werden. Das Durchleitungsentgelt wurde transaktionsbezogen entrichtet. Abhängig von der Luftlinienentfernung wurden die tatsächlich genutzten Spannungsebene in Rechnung gestellt, zumindest aber die tatsächlich in Anspruch genommenen Spannungsebenen. Hinzu kam das Entgelt für Systemdienstleistungen und Verluste. Bei Durchleitungen mit einer Übertragungsdistanz von mehr als 100 km im Übertragungsnetz kam obligatorisch eine Entfernungskomponente hinzu. Problematisch war dies vor allem dann, wenn bei einer Belieferung vom Kraftwerk bis zum Letztabnehmer mehrere Netze betroffen waren. Dann mussten nach der VV I mehrere Durchleitungsverträge, jeweils mit Angabe des Einspeise- und Entnahmepunktes, abgeschlossen werden. Es lagen dann praktisch mehrere (Ketten-) Durchleitungen vor, die eine (Gesamt-) Durchleitung ergaben. Es liegt auf der Hand, dass ein Vorgehen anhand mehrerer verhandelter Netzzugänge zu erheblichen zeitlichen Verzögerungen führen konnte. Um dieses Manko zu umgehen, führt die VV II ein sog. Punktmodell ein. Besonders deutlich wird die Abkehr vom Strompfadmodell an der Präambel der VV II, die nunmehr eine Definition der Netznutzung enthält und die Definition der Durchleitung aufgibt. Dabei fällt auf das die Definition der Netznutzung in der VV II der der Durchleitung der VV I entspricht und nur das Wort „Durchleitung" durch „Netznutzung" ersetzt wurde. Wesen des Anschluss-Punktmodells mit zwei Handelszonen nach der VV II ist es, dass der Kunde für seine gesamte Netznutzung ein pauschales Netznutzungsentgelt entrichtet. Hierdurch wird eine Reduzierung des administrativen Aufwands erreicht, vor allem gegenüber den "Kettendurchleitungen". Darüber hinaus richtet sich das Netznutzungsentgelt nach der VV II nur nach der Spannungsebene, in welcher der Kunde angeschlossen ist. Die darüber liegenden Spannungsebenen werden vom Netznutzungsentgelt ebenso umfasst wie die Kosten für Systemdienstleistungen und eventuell auftretende Verluste. Ist ein Kunde beispielsweise in der Niederspannungsebene angeschlossen, erhält er mit Zahlung seines Netznutzungsentgelt nicht nur die Berechtigung zum Zugang zum Niederspannungsnetz, sondern auch zu den überlagerten Netzen bis hin zur Höchstspannungsebene. Weiterhin braucht er kein zusätzliches Entgelt für zu erbringende Systemdienstleistungen oder wegen Übertragungsverlusten zu entrichten. Die Bemessung des Entgelts erfolgt wie bereits in der VV I festgelegt. Bemessungsgrundlage ist die Jahreshöchstleistung unter Berücksichtigung des von der Jahresbenutzungsdauer abhängigen Gleichzeitigkeitsgrades.[1110]

Auf Grund der allgemeinen Situation innerhalb der EU müssen Kraftwerke derzeit kein Netzzugangsentgelt entrichten.

c) Handelszonen

Ein wesentlicher, wenn nicht sogar der größte Kritikpunkt an der VV I war die Entfernungskomponente bei der Berechnung von Durchleitungsentgelten.[1111] Schon bei der Diskussion um die Ausgestaltung der VV I bestand Streit darüber, ob bei der Berechnung des Durchleitungsentgelts eine Entfernungskomponente berücksichtigt werden solle oder nicht. Während auf der einen Seite die Auffassung vertreten wurde, eine Entfernungskomponente dürfe nicht berücksichtigt werden, weil Elektrizität nicht wie über eine Strompfad geleitet werde, sondern lediglich ins Netz eingespeist werde, wurde auf der anderen Seite die Ansicht vertreten, dem Lieferanten müsse ein „Allokationssignal zu Gunsten einer verbrauchsnahen Erzeugung"[1112] gegeben werden. Bei der Entwicklung der

---

[1110] *Ahlemeyer/Nissen/Lehmköster* (Fn. 1105), S. 221.

[1111] Vgl. oben 6. Teil A. III. 2.

[1112] *Ahlemeyer/Nissen/Lehmköster* (Fn 1105), S. 221.

VV I war zunächst sogar in Betracht gezogen worden, dass bei der Berechnung der Durchleitungsentgelte immer eine Entfernungskomponente berücksichtigt werden solle. Im Zuge der Diskussion um die Kriterien von Durchleitungsentgelten wurde dann jedoch ein Kompromiss gefunden, indem lediglich für den Bereich von Durchleitungen im Übertragungsnetzbereich eine Entfernungskomponente anfiel und auch nur dann, wenn die in Aussicht genommene Durchleitung eine Entfernung von 100 km überstieg.[1113]

Die VV II verzichtet dagegen grundsätzlich auf eine Entfernungskomponente. Mit der Zahlung des Netzzugangsentgelts erlangt der Abnehmer Zugang zu seiner Spannungsebene und zu den überlagerten Spannungsebenen. Somit ist es gleichgültig, ob bei seiner Versorgung durch den von ihm gewählten Versorger auch das Übertragungsnetz in Anspruch genommen wird. Eine Ausnahme besteht nur dann, wenn der Versorger des Abnehmers in einer anderen Handelszone bzw. im Ausland ansässig ist. Nach der VV II wird der Elektrizitätsmarkt Deutschland in zwei Handelszonen unterteilt. Dabei wurden die Eigentumsverhältnisse an den Übertragungsnetzen berücksichtigt. Die Übertragungsnetze der acht Übertragungsnetzbetreiber wurden auf diese zwei Handelszonen aufgeteilt. Die Handelszone Nord umfasst die Übertragungsnetze der VEAG, der PreussenElektraNetz GmbH & Co. KG, der VEW Energie AG, der HEW AG und der Bewag. Die Handelszone Süd umfasst dem entsprechend die Übertragungsnetze der EnBW Transportnetze AG, der RWE Energie AG und der Bayernwerk Netz GmbH. Netzkunden werden entsprechend ihren Anschlusspunkten entweder der Zone Nord oder Süd zugeordnet. Innerhalb der jeweiligen Handelszone ist jedwede Netznutzung mit dem Netznutzungsentgelt gezahlt. Wird aber Elektrizität zwischen den Handelszonen ausgetauscht, ist für einen eventuellen Saldo ein fixes Transportentgelt von 0,25 Pf/kWh vom sog. Bilanzkreisverantwortlichen[1114] an den Übertragungsnetzbetreiber zu zahlen, bei dem ein Saldo auf Grund des Imports der elektrischen Energie auftritt. Für Im- und Exporte ins bzw. aus dem benachbarten Ausland wird derzeit nur ein Transportentgelt in Höhe von 0,125 Pf/kWh berechnet.

d) Bilanzkreise

Innerhalb der Regelzonen sieht die VV II die Einrichtung sog. Bilanzkreise durch Marktteilnehmer vor. In einem Bilanzkreis bündelt ein sog. Bilanzkreisverantwortlicher, beispielsweise ein Händler,[1115] einerseits sämtliche einspeisenden Kraftwerke und andererseits sämtliche entnehmenden Verbraucher. Die Aufgabe des Bilanzkreisverantwortlichen ist es, dafür zu sorgen, dass innerhalb jeder ¼-h-Abrechnungsperiode eine ausgeglichene Bilanz zwischen Erzeugung und Verbrauch vorliegt. Hierbei hat er den Austausch von Elektrizität mit anderen Bilanzkreisen zu berücksichtigen. Er ist dem Übertragungsnetzbetreiber gegenüber für eine ausgeglichene Bilanz verantwortlich. Der Übertragungsnetzbetreiber wiederum übernimmt den Ausgleich von Bilanzabweichungen, die für den Bilanzkreisverantwortlichen nicht zu vermeiden sind.

Die Bilanzkreise sind mithin grob mit den alten geschlossenen Versorgungsgebieten vergleichbar, als auch dort Einspeiser und Entnehmer eines EVU zusammengefasst waren. Bei den Bilanzkreisen handelt es sich indes nicht um geographische, sondern vielmehr um virtuelle Gebilde, da die vom Bilanzkreisverantwortlichen gebündelten Kraftwerke und Verbraucher nicht in einem bestimmten Gebiet liegen müssen, sondern ihren Standpunkt an einem beliebigen Punkt innerhalb der Regelzone haben können. Es handelt sich bei den Bilanzkreisen um „Kontierungssysteme".[1116]

[1113] Vgl. oben Teil 6. Teil A. II. 3. c); *Grawe/Müller* (Fn. 710), S. 1084.

[1114] Dazu unten 6. Teil B. II. 3. d).

[1115] Bilanzkreisverantwortlicher können neben unabhängigen Händlern aber auch die Handels- und Vertriebsabteilungen bestehender EVU sein.

[1116] *Müller-Kirchenbauer/Ritzau* (Fn. 1107), S. 214.

Der Vorteil der Abrechnung von Bilanzkreisen liegt in der Kompensation der einzelnen Durchleitungen. Während bei der Vorgehensweise nach der VV I für jede einzelne Durchleitung die Abweichung berechnet und ausgeglichen werden musste, saldiert der Bilanzkreisverantwortliche nach der VV II sämtliche Durchleitungen seines Bilanzkreises. Erst der Saldo zwischen sämtlichen Einspeisungen und Entnahme seines Bilanzkreises ergibt schließlich die Gesamtabweichung. Bei dieser Saldierung wird es oft zu einer Kompensation der Einzelabweichungen kommen.[1117] Denn bei dieser Vorgehensweise kann beispielsweise die Mehreinspeisung eines Kraftwerks durch eine Mehrentnahme eines oder mehrerer Verbraucher aufgewogen werden. Überdies ist es möglich, einen Bilanzkreis zu unterteilen, indem ein sog. Sub-Bilanzkreis als Teilmenge des übergeordneten Bilanzkreises gebildet wird. So kann ein einzelner Verbraucher ebenso wie ein kommunales EVU, das wiederum einzelne Verbraucher versorgt, von einem oder mehreren zusätzlichen Lieferanten versorgt werden. Ein Sub-Bilanzkreis funktioniert auf die gleiche Weise wie ein Bilanzkreis. Der Sub-Bilanzkreis tauscht mit anderen Bilanzkreisen Elektrizität aus. Im Gegensatz zum Bilanzkreis erhält der Sub-Bilanzkreis Abweichungen von Entnahme und Einspeisung jedoch nicht vom Übertragungsnetzbetreiber bereitgestellt. Dieser Ausgleich erfolgt durch den übergeordnete Bilanzkreis auf Grund eines sog. offenen Stromlieferungsvertrages. Die Abweichung hat der Bilanzkreisverantwortliche bei seiner Saldierung gegenüber dem Übertragungsnetzbetreiber zu berücksichtigen.

Fahrpläne für einzelne Durchleitungen werden von der VV II in der Regel nicht mehr vorgesehen. Bei Elektrizitätslieferungen über Regelzonen hinweg sowie für den Austausch zwischen Bilanzkreisen sind Fahrpläne dagegen einzureichen. Ferner haben Kraftwerke mit einer Leistung von über 100 MW Einspeisefahrpläne vorzulegen. Die Mitteilung der Fahrpläne hat bis 14.30 Uhr für den Folgetag zu erfolgen. Fahrplanwerte können nachträglich geändert werden. Für Ausfälle von Einspeiseleistungen über 5 MW gilt eine Frist von einer ¼-Stunde, bei Entnahmestörungen bei einer Stunde.

Die Bilanzabweichungen lassen sich schließlich anhand der gemessenen Ist-Werte der Entnahmen und Einspeisungen innerhalb des Bilanzkreises bzw. der Regelzone und aus den Werten der Austauschfahrpläne zwischen Bilanzkreisen oder über Regelzonen ablesen. Liegt eine Bilanzabweichung vor, besteht in gewissem Umfang die Möglichkeit des Naturalausgleichs. Ein Bilanzkreis kann ein Toleranzband von ± 5 % der kumulierten zeitgleichen ¼-Stunden-Höchstlast eines Monats aller Entnahmestellen des Bilanzkreises in Anspruch nehmen. Getrennt nach Hoch- und Niedrigtarifzeiten werden die Bilanzabweichungen über den Zeitraum von einer Woche saldiert und können in natura ausgeglichen werden. Am Ende der jeweiligen Woche können maximal 6 Volllaststunden der Hochtarifzeit und 4 Volllaststunden der Niedrigtarifzeit auf die nächste Woche überschrieben werden. Darüber hinausgehende Kontobestände an Abweichungen werden mit asymmetrischen Arbeitspreisen zwischen Bilanzkreis und Regelzonenbetreiber abgerechnet. Bezieht der jeweilige Bilanzkreis Elektrizität über das Toleranzband hinaus, wird zusätzlich zum Arbeits- auch ein Leistungspreis in Rechnung gestellt. Im Gegensatz zu der Leistungsvorhaltung, die bei einem Bezug innerhalb des Toleranzbandes vonnöten ist, ist die Leistungsvorhaltung bei einem über das Toleranzband hinausgehenden Bezugs nicht im Netznutzungsentgelt enthalten. Für kleinere Bilanzkreise besteht gegen entsprechende Zahlung die Möglichkeit, erweiterte Toleranzbänder in Höhe von ± 10 % bzw. ± 20 % zu bekommen.

[1117] *Ahlemeyer/Nissen/Lehmköster* (Fn. 1105), S. 222.

f) Reservenetzkapazität und Eigenerzeugung

Netzkunden mit Stromerzeugung können beim Netzbetreiber Netzkapazität bestellen. Dabei berücksichtigen sie die benötigte Reservevorhaltung. Eine Bestellung von Netzkapazität ist maximal in Höhe der Eigenerzeugung für eine zeitliche Inanspruchnahme von bis zu 600 h/a möglich. Die bestellte Reservekapazität kann auch Null betragen. Für die Bestellung hat der eigenerzeugende Netzkunde den relevanten „Jahresleistungspreis zu zahlen. Dieser Jahresleistungspreis wird mit einem festgelegten und von der Dauer der Inanspruchnahme abhängigen Reduktionsfaktor multipliziert. Die VV II sieht als Reduktionsfaktor für die Inanspruchnahme von 0 – 200 h einen Reduktionsfaktor von 0,25, für die Inanspruchnahme von 200 – 400 h einen Reduktionsfaktor von 0,30 und für eine Inanspruchnahme von 400 – 600 h einen solchen von 0,35 vor. Der Netzkunde mit Eigenerzeugung muss dem Netzbetreiber Beginn, voraussichtliche Dauer und Ende der Reserveinanspruchnahme unverzüglich melden und gegebenenfalls auf Verlangen nachweisen. Wird nicht nur die über die Jahreshöchstleistung des Normalbezugs hinausgehende Leistung überschritten, sondern darüber hinaus auch noch die Reservenetzkapazität um mehr als 10 %, kann für die überschreitende Leistung der volle Jahresleistungspreis berechnet werden. Es besteht jedoch die Möglichkeit, dass sich Netzkunden und Netzbetreiber in begründeten Einzelfällen (z.B. Inanspruchnahme in lastschwachen Zeiten) über abweichende Regelungen einigen.

Der Netzbetreiber ist indes nicht gezwungen, für den Kunden eine größere als die bestellte Reserveleistung vorzuhalten. Ist es für den sicheren Netzbetrieb erforderlich, kann der Netzbetreiber vielmehr Abschaltungen bei den Netzkunden vornehmen, die mehr Reservekapazität in Anspruch nehmen als bestellt.

g) Dezentrale Kraftwerke

Für dezentrale KWK-Anlagen mit einem Jahresnutzungsgrad entsprechend Art. 2 Nr. 6 b des Gesetzes zum Einstieg in die ökologische Steuerreform sowie für dezentrale regenerative Energien nutzende Erzeugungsanlage sieht die VV II vor, dass sie eine Gutschrift erhalten. Die Gutschrift entspricht den durch die jeweilige Einspeisung eingesparten Netzkosten in den vorgelagerten Netzebenen.

h) Vertragsverhältnisse

Die Umsetzung der Vorgaben der VV II setzt mehrere Vertragsabschlüsse voraus. Zunächst setzt das Netznutzungssystem der VV II voraus, dass der Netzbetreiber mit sämtlichen Netzkunden, seien es Einspeiser oder Entnehmer, Netzanschluss- und Netznutzungsverträge abschließt.[1118] Abweichend von der Konzeption des Gesetzgebers in § 6 I S. 1 EnWG, wonach (ausschließlich) jedes „andere Unternehmen" einen Anspruch auf Abschluss eines „Netzzugangsvertrags" hat,[1119] geht die VV II davon aus, dass der für die Nutzung des Netzes maßgebliche Vertrag regelmäßig zwischen dem Netzbetreiber und dem Endabnehmer abzuschließen ist.[1120] Im Netznutzungsvertrag ist vor allem die Höhe des Netznutzungsentgelts geregelt. Zusätzlich zu diesem Vertrag muss der Endab-

[1118] Zum Vertragsinhalt eines mit dem Endkunden abzuschließenden Netznutzungsvertrages vgl. *Rosin*, Vertragsgestaltung bei der Stromdurchleitung – Gegenwart und Zukunft, ET 2001, S. 390 (396 f.). Zu den Problemen im Zusammenhang mit dem Netznutzungsvertrag nach den Vorgaben der VV II vgl. unten 6. Teil B. III.

[1119] So auch das Konzept der VV I, welches Durchleitungsverträge vorsah.

[1120] *Genten/Rosin* (FN. 164), S. 608.

nehmer einen Stromlieferungsvertrag mit seinem Lieferanten abschließen. Diesbezüglich besteht keine Besonderheit zu den bisherigen Stromlieferungsverträgen.

Die bisherigen Strombezugsverträge zwischen Weiterverteilern und Lieferanten sind zukünftig zu splitten. In Zukunft muss ein Netznutzungsvertrag u.U. verbunden mit einem Netzanschlussvertrag und ein Stromlieferungsvertrag abgeschlossen werden, da es dem Netzbetreiber sonst nicht möglich ist, die Netznutzungsentgelte zu berechnen.

Des Weiteren sind zwischen Händlern bzw. Lieferanten und dem jeweiligen Verteilungsnetzbetreiber sog. Rahmenverträge nötig. Inhalt dieser Verträge ist vor allem die Regelung der Belieferung der einzelnen Kunden des Händlers ihrem Verbrauch entsprechend und der Deckung dieses Bedarfs. Ferner regeln sie die Modalitäten von Datenerfassung und Abrechnung. Bei Tarifkunden ist ferner zu regeln, welches Verfahren für die Datenerfassung und Abrechnung angewendet werden soll.

Ferner sind Netzanschluss- bzw. Netznutzungsverträge zwischen den Bilanzkoordinatoren, dies sind zumindest vorerst die Übertragungsnetzbetreibern, und den Bilanzkreisverantwortlichen nötig, sog. Bilanzkreisverträge. Diese Verträge umfassen u.a. Abreden beispielsweise hinsichtlich des Datenaustausches für die Abrechnung der Bilanzkreise.[1121] Der Übertragungsnetzbetreiber verpflichtet sich, in seiner Regelzone für den Bilanzkreisverantwortlichen zur Bildung, Abwicklung und Abrechnung eines Bilanzkreises.[1122] Sub-Bilanzkreise müssen mit „ihrem“ Bilanzkreis einen offenen Liefervertrag abschließen.

Schließlich sind Verträge zwischen Netzbetreibern und Kraftwerksbetreibern erforderlich, in denen die Reservevorhaltung, die Bereitstellung der Systemdienstleistungen und eventuell die Bereitstellung der Netzverluste[1123] geregelt werden.

In der Praxis wird von einigen EVU zur Umsetzung der VV II eine Kombination von Händler-Rahmenvertrag und Netznutzungsvertrag verwendet. Der Händler-Rahmenvertrag umfasst die Beziehungen des Lieferanten zum Netzbetreiber, der Netznutzungsvertrag die zwischen Endkunde und Netzbetreiber. Dieses Konzept sieht vor, dass das Netznutzungsentgelt von Endabnehmer an den Netzbetreiber gezahlt wird. Daraus folgt, dass jeder Endabnehmer den Preis des von ihm benötigten Strom bei seinem Lieferanten begleicht. Sollte zwischen Lieferant und Endabnehmer vereinbart sein, dass der Lieferant das Netznutzungsentgelt zu tragen hat, ist zum Teil ein vertraglicher Schuldbeitritt vereinbart, in dem Sinne, dass der Netzbetreiber neben dem Endabnehmer mit dem Lieferanten einen weiteren Schuldner erhält. Zum Teil ist vertraglich geregelt, dass der Lieferant berechtigt ist, die auf den Namen des Endabnehmers lautende Rechnung über die Netznutzung zu entrichten.[1124]

i) Umsetzung der Vorgaben der VV II

Die Netzbetreiber müssen die Kalkulation der „Briefmarken“ – die Kosten der jeweiligen Netzebenen und Umspannungen – entsprechend dem von der VV II vorgesehenen Kalkulationsfaden anpassen. Dabei haben sie vor allem das neue Kostenwälzungsprinzip zu beachten. Hinzu kommt, dass der Netzbetreiber die Erfordernisse der Datenerfassung – und weitergabe umzusetzen hat. Gerade

---

[1121] *Ahlemeyer/Nissen/Lehmköster* (Fn. 1105), S. 224.

[1122] Vgl. zum Bilanzkreisvertrag *Schröder/Stelzner*, Der Bilanzkreisvertrag unter besonderer Berücksichtigung der Strombörsen, ET 2000, S. 683 ff.

[1123] Die Netzverluste können auch von einem Händler beigebracht werden.

[1124] Vgl. hierzu sowie zu den sich aus dieser Konzeption ergebenden steuerrechtlichen Problemen, *Genten/Rosin* (Fn. 164), S. 608.

diesbezüglich besteht noch erheblicher Entwicklungs- und Implementierungsbedarf.[1125] Der Wettbewerb um Kleinkunden bedingt, dass einzelne Kleinkunden von mehreren Lieferanten versorgt werden. Der Verbrauch der Kleinkunden wird jedoch nicht mit der ¼-h-Leistungsmessung, sondern mittels Messung der verbrauchten kWh gemessen. Diese Messung erfolgt auf der Basis von analytischen oder synthetischen Lastprofilen. Für die vollständige Umsetzung der Berechnung auf der Grundlage dieser Lastprofile fehlen bislang noch die technischen Voraussetzungen.

Auf Grund dieser Umsetzungsprobleme sieht die VV II vor, dass Voraussetzung für die Anwendung der VV im Einzelfall ist, dass alle netztechnischen, organisatorischen und vertraglichen Fragen zwischen den an der jeweiligen Netznutzung beteiligten Parteien geklärt sind. Dies bedeutet einen gleitenden Übergang zu den Vorgaben der VV II. Die Anwendung der VV II folgt dabei der Umsetzung der technischen Voraussetzungen.

III. Kritische Würdigung der VV II

Mit der VV II ist die VV I erfolgreich an die Erfordernisse des Wettbewerb auf dem Elektrizitätsmarkt angepasst worden. Durch die Neuerungen der VV II wird die Handhabung für die Anwender wesentlich vereinfacht. Damit schafft sie ebenso die Voraussetzungen für die Bewältigung des Massengeschäftes wie für die Einführung einer Strombörse. Positiv anzumerken ist darüber hinaus, dass auf Grund des einfach zu handhabenden Preissystems eine hohe Transparenz für die Marktteilnehmer erreicht wird. Hierzu trägt die Verpflichtung der Netzbetreiber, ihre Netznutzungspreise innerhalb eines halben Jahres zu veröffentlichen ebenso bei wie die Einführung des Vergleichmarktprinzips.

Positiv zu bewerten ist die Aufgabe des von jeher verwirrenden und elektrizitätswirtschaftlich unzutreffenden Begriffs der Durchleitung und seiner Ersetzung durch den Begriff Netznutzung. Der Begriff der Netznutzung assoziiert nicht das falsche Bild einer „Punkt-zu-Punkt-Lieferung" von Elektrizität.[1126]

Grundsätzlich sind die Kritikpunkte, die an der VV I bestanden, durch die VV II erfolgreich ausgeräumt worden. Durch die Abkehr vom Strompfad-Modell der VV I hin zu einem point-of-connection-tariff-System ist der administrative Aufwand im Zusammenhang mit einer Elektrizitätsbelieferung wesentlich reduziert worden. Das Entgeltssystem ist um einiges vereinfacht worden und somit nachvollziehbarer geworden. Der Transparenz dient ferner die Einführung des Vergleichsmarktprinzips. Das Vergleichsmarktprinzip wird darüber hinaus auch den Druck auf die Unternehmen erhöhen, Einsparungspotentiale zu nutzen. Auf Grund des Vergleichsmarktprinzips sind von den Netzbetreibern Preise zu bilden, die in Anbetracht der Kosten- und Erlöslage bei elektrizitätswirtschaftlich rationeller Betriebsführung erforderlich sind.[1127] Aus der Vereinfachung des Entgeltsystems folgt auch, dass Abwicklung und Abrechnung einfacher erfolgen können.

Ebenso positiv ist ferner anzumerken, dass die VV II für das Massengeschäft ebenso tauglich ist wie für die Einführung einer Strombörse.

Von Vorteil ist auch die grundsätzliche Aufgabe einer Entfernungskomponente. Während die VV I bei Durchleitungen im Übertragungsnetzbereich von mehr als 100 km eine Entfernungskomponente vorsah, verzichtet die VV II auf eine solche Komponente grundsätzlich. Allerdings kommt eine

[1125] *Ohlms* (Fn. 1100), S. 7.

[1126] Vgl. hierzu bereits 1. Teil C. IV.

[1127] *Meller* (Fn. 1084), S. 738.

Entfernungskomponente zum Tragen, wenn eine Elektrizitätslieferung über eine Handelszone hinweg erfolgt oder wenn Elektrizität von außerhalb der Bundesrepublik eingespeist wird.

Hierin liegt, obschon die Reaktionen auf die Regelungen der VV II aus der Elektrizitätswirtschaft grundsätzlich positiv sind,[1128] ein Ansatzpunkt für Kritik an der VV II. Die Erhebung der sog. T-Komponente bei Lieferungen über die Handelszonen bzw. die Grenzen der Bundesrepublik hinweg führt letztlich zu einer Diskriminierung von Versorgern, die zur Versorgung die Grenze der Handelszonen bzw. die der Bundesrepublik durchqueren müssen. Auch das Modell der T-Komponente führt nicht zu einer fairen und angemessenen Allokation der Kosten nach dem Verursachungsprinzip.[1129] Sowohl das Bundeskartellamt[1130] als auch die EU-Kommission[1131] haben die VV II diesbezüglich kritisiert. Die EU-Kommission, Generaldirektion Wettbewerb, hat den vertragsschließenden Verbänden gegenüber mitgeteilt, dass sie die VV II für mit den Wettbewerbsregeln der Europäischen Gemeinschaft, insbesondere mit Art. 82 EGV, nicht vereinbar hält, da die Erhebung der T-Komponente einen Missbrauch der marktbeherrschenden Stellung der deutschen Übertragungsnetzbetreiber darstelle.

Darüber hinaus sieht die EU-Kommission in der ¼-stündlichen Saldierung der grenz- und zonenüberschreitenden Lieferungen eine unangemessene Bevorzugung großer gegenüber kleiner Lieferanten. Vor die Einleitung eines förmlichen Verfahrens gegen die Beteiligten hat die EU-Kommission die Abgabe einer Stellungnahme der Verbände gesetzt. Diese steht bislang noch aus.

Aber nicht nur hinsichtlich der T-Komponente bestehen Zweifel an der VV II. Bedenken bestehen auch hinsichtlich des Netznutzungssystems als solchem. Zur Verdeutlichung der Problematik sei das Wesen des Netznutzungssystems der VV II noch einmal kurz skizziert: Netzbetreiber schließen mit all ihren Netzkunden, seien es Einspeiser oder Entnehmer, Netznutzungsverträge. Ein Entnehmer erhält mit Abschluss des Netzanschlussvertrages die Berechtigung die Spannungsebene, in der er angeschlossen ist, sowie alle vorgelagerten Netzebenen zum Strombezug zu nutzen. Hierin könnte eine Abweichung von den Vorgaben des § 6 I EnWG gesehen werden, insoweit der dortige Wortlaut von Durchleitung spricht, die VV II nunmehr aber den Begriff der Durchleitung durch den der Netznutzung ersetzt hat. Wie bereits erläutert ist mit dieser – begrüßenswerten –Maßnahme nur der verwirrende Begriff der Durchleitung abgeschafft worden. Qualitativ ist keine Änderung vorgenommen worden. Denn in der Präambel der VV II ist nunmehr die Netznutzung als „Einspeisung von elektrischer Energie (Leistung und Arbeit), gleich welcher Herkunft, in definierte Einspeisepunkte des Netzsystems und die damit verbundene zeitgleiche Entnahme der eingespeisten elektrischen Energie an räumlich davon entfernt liegenden Entnahmepunkten des Netzsystems“ definiert. Exakt dieselbe Definition galt laut VV I für die Durchleitung. Somit ist mit der Netznutzung gem. VV II dasselbe gemeint wie mit der Durchleitung gem. VV I bzw. gem. § 6 I EnWG. Insoweit bestehen mithin keine Bedenken gegen die VV II.

Problematischer ist dagegen, dass die VV II über die Netznutzungsverträge jedem Einspeiser oder Entnehmer den Zugang zu den Netzen gewährt. Schwierigkeiten macht vor allem, dass sämtlichen Entnehmern, also auch Privaten der Netzzugang ermöglicht wird. Nach den Vorgaben des § 6 I EnWG haben Netzbetreiber „anderen Unternehmen“ den Zugang zu ihren Netzen zu gewähren. Das Gesetz sieht demnach nur den Zugang zu den Netzen für andere Unternehmen vor. Insoweit geht der Ansatz der VV II in Ziff. 1 weiter als es das Gesetz vorsieht, indem es dort heißt: „Das

---

[1128] So wird die VV II u.a. als „Meilenstein für Wettbewerb“ bezeichnet. VDEW-Pressegespräch vom 24. Februar 2000, Statement von Dr. Eberhard Meller, Hauptgeschäftsführer der VDEW. Positiv bewertet wird die VV II auch von *Ahlemeyer/Nissen/Lehmköster* (Fn. 1108), S. 224; *Cahn von Seelen*, Wettbewerb als Chance, ET 1999, S. 438 ff; *Meller* (Fn. 1084), S. 736 ff.; *Müller-Kirchenbauer/Ritzau* (Fn. 1107), S. 218.

[1129] Vgl. VKU-Nachrichtendienst Nr. 614, S. 5 „EU-Kommission kritisiert Verbändevereinbarung II“.

[1130] vgl. FAZ v. 2. September 1999 „Die Überarbeitung der Verbändevereinbarung stößt auf Probleme“.

[1131] Vgl. VKU-Nachrichtendienst (Fn. 1129), S. 5.

Gebot der Transparenz erfordert – getrennt vom Stromlieferungsvertrag – grundsätzlich den Abschluss von Netzanschlussverträgen und Netznutzungsverträgen mit jedem Kunden." Es stellt sich zunächst die Frage, ob diese Abweichung von den gesetzlichen Vorgaben vertretbar ist, da die VV II an Stelle einer Rechtsverordnung die Kriterien zur Bestimmung von Entgelten regelt.

Hierzu ist zunächst festzuhalten, dass die VV II als privatwirtschaftliche Regelung nicht in dem Maße an die gesetzlichen Vorschriften gebunden ist, wie dies bei einer Rechtsverordnung der Fall wäre. Bei einer Rechtsverordnung müsste zunächst überprüft werden, ob sie eine Ermächtigungsgrundlage hat, um im Anschluss daran zu prüfen, ob sie den Vorgaben dieser Ermächtigungsgrundlage formell und materiell-rechtlich entspricht. Ermächtigungsgrundlage für eine Rechtsverordnung wäre § 6 II i.V.m. § 6 I. S. 1 EnWG. Aus diesem Grunde wäre es ohne Gesetzesnovelle nicht möglich, die Regelungen der VV II in einer Rechtsverordnung gem. § 6 II EnWG aufzunehmen, da eine solche einer gesetzlichen Grundlage insoweit entbehrte,[1132] als sie über die Vorgaben der Ermächtigungsgrundlage hinausginge. Auf Grund ihres rechtlich unverbindlichen Charakters kommt eine Nichtigkeit der VV II nicht schon allein deshalb in Frage, weil sie den Vorgaben des § 6 I EnWG nicht entspricht. Eine Nichtigkeit bzw. Unwirksamkeit der VV II bzw. einer ihrer Regelungen käme bei einem Verstoß gegen allgemeine zivilrechtliche Verbote (z.B. §§ 134, 138 BGB) oder gegen kartellrechtliche Verbotsregelungen (z.B. § 1 GWB) in Betracht.[1133]

Andererseits darf nicht übersehen werden, dass die VV II unter staatlicher Befürwortung als das Regelwerk anzusehen ist, mit dem die gesetzlichen Vorgaben und Ziele des § 6 I EnWG in die Praxis umgesetzt werden sollen. Abgesehen davon, dass sich schon allein deshalb auch die privatwirtschaftliche Lösung der VV II weitestgehend an die gesetzlichen Vorgaben zu halten hat, folgt dies auch aus einer ganz pragmatischen Überlegung: das Gesetz ermöglicht durch § 6 II EnWG die administrative Regelung der Materie. Aus Gründen der Flexibilität und besseren Sachkenntnis wurde in Deutschland – bislang einmalig auf der Welt – einer privatwirtschaftlichen Lösung der Vorzug gegeben. Wenn sich diese privatwirtschaftliche Lösung aber nicht mehr an die vom Gesetzgeber gemachten Vorgaben hält bzw. nicht mehr die vom Gesetzgeber gewollten Ziele verfolgt, wird die VV II nicht lange Bestand haben. Der Gesetzgeber wird dann von seiner Ermächtigung zum Erlass einer Netzverordnung Gebrauch machen.

Es stellt sich daher weiterhin die Frage, ob die Regelung der VV II, den Netzzugang nicht nur Unternehmen, sondern auch anderen zu gewähren, nicht mehr mit den Vorgaben und Intentionen des Gesetzgebers übereinstimmt.

Wie bereits erläutert, geht die VV II weiter als es der Gesetzgeber im EnWG von 1998 vorgesehen hat. Ein Verstoß gegen die Intentionen des Gesetzgebers liegt darin aber nicht zwangsläufig. Der Gesetzgeber wollte mit dem EnWG den Wettbewerb auf dem Elektrizitätsmarkt umfassend einführen. Zum Erreichen dieses Ziels ordnete er an, dass die Gebietsmonopole der EVU nicht länger rechtlich abgesichert sein sollten. Da trotz dieser Maßnahme die Netze der jeweiligen Betreiber faktisch weiterhin Monopole darstellen, schuf der Gesetzgeber u.a. mit § 6 I EnWG eine Regelung, mittels derer es anderen Unternehmen ermöglicht werden sollte, auf die im Eigentum Dritter stehenden Netze zuzugreifen. Eine Unvereinbarkeit der VV II mit dieser Regelung käme nur dann in Betracht, wenn es dem Gesetzgeber gerade darauf ankommt, dass nur andere Unternehmen Zugang zu den Netzen erlangen sollen. Dies ist jedoch nicht unbedingt der Fall. Ziel des Gesetzgebers bzw. der Energierechtsreform „ist eine Verbesserung der Versorgungssituation für **alle**[1134] Verbraucher".[1135] Nicht nur andere Unternehmen, sondern sämtliche Verbraucher sollen nach der gesetzge-

[1132] So auch *Ohlms* (Fn. 1100), S. 2.

[1133] Vgl. hierzu unten 6. Teil D. IV.

[1134] Hervorhebung durch den Autor.

[1135] BT-Drs. 13/9211, S. 3.

berischen Intention also an der verbesserten Versorgungssituation teilhaben können. Zum Zeitpunkt des Erlasses des EnWG ging nicht nur der Gesetzgeber, sondern auch die Fachwelt davon aus, dass sich Wettbewerb erst allmählich und zunächst nur für Sonderkunden positiv auswirken würde bzw. überhaupt erst in Betracht käme. Mit einer derart geradezu explosionsartigen Ausprägung von Wettbewerb, insbesondere was die Versorgung von Privatkunden angeht, hatte wohl kaum jemand gerechnet. Insoweit lässt sich der Wortlaut des § 6 I EnWG schon damit erklären, dass der Gesetzgeber zum damaligen Zeitpunkt sich nicht vorgestellt hat und vorstellen konnte, dass sich der Wettbewerb gerade um Privatkunden dermaßen rasch entwickelt und Netzzugangsregelungen „massengeschäftskompatibel“ sein müssen. Das vom Gesetzgeber gewählte System, nur Unternehmen den Zugang zu fremden Netzen zu ermöglichen, dürfte daher eher auf der Einschätzung beruhen, dass nur für diese sich Wettbewerb einstellen wird. Die Regelung der VV II steht der Intention des Gesetzgebers, Wettbewerb für alle Verbraucher einzuführen, somit grundsätzlich nicht entgegen. Eher setzt die VV II das vom Gesetzgeber gesetzte Ziel umfassender und intensiver in die Praxis um. Auf Grund ihrer rechtlichen Unverbindlichkeit gibt die VV II aber einem privaten Abnehmer keinen Rechtsanspruch auf Zugang zum Netz.

Umgekehrt ist festzuhalten, dass die Forderung eines Netzbetreibers, nach dem ausnahmslosen Abschluss eines Netznutzungsvertrages mit dem Endkunden nicht nur eine Divergenz vom Wortlaut des § 6 EnWG, sondern überdies auch einen Verstoß gegen die §§ 19, 20 GWB darstellt. Zunächst stellt die Weigerung eines Netzbetreibers, einem Lieferanten sein Netz zur Verfügung zu stellen, um die Erfüllung eines All-inclusive-Vertrages dieses Lieferanten einem Kunden gegenüber zu ermöglichen, eine Weigerung eines Monopolisten ohne sachlichen Grund und somit einen Missbrauch i.S.d. § 19 IV Nr. 4 GWB dar.[1136] Ferner stellt die Einschränkung des Lieferanten, keine „Netznutzung“, sondern nur Energielieferung anbieten zu können, eine erhebliche Beeinträchtigung der Wettbewerbsmöglichkeiten des Lieferanten i.S.d. § 19 IV Nr. 1 GWB dar. Im Gegensatz zum Netzbetreiber könnte der Lieferant zumindest in dem großen Bereich der Tarifkunden diesen keine All-inclusive-Verträge anbieten. Ihm verbliebe nur die Möglichkeit, ein Teilangebot, nämlich die reine Energielieferung, anzubieten. Daraus folgte eine Aufspaltung der Vertragsverhältnisse, so dass der Kunde zwei Verträge mit zwei unterschiedlichen Vertragspartnern abschließen müsste und überdies zwei Rechnungen zu begleichen hätte. Eine solche „vertragliche Differenzierung zwischen Stromlieferungsvertrag (Kunde/neuer Lieferant) und Netznutzungsvertrag (Kunde/Netzbetreiber) ... [ist aber] grundsätzlich geeignet, potenziell wechselwillige Stromkunden, die von ihrem bisherigen örtlichen Versorger eine einheitliche Lösung gewöhnt sind, vom Vertragsschluss abzuhalten“.[1137] Eine Forderung des Netzbetreibers, Netznutzungsverträge ausnahmslos mit dem Endkunden abzuschließen, bedeutete ferner eine unbillige Behinderung i.S.d. § 20 I GWB sowie einen Verstoß gegen das Diskriminierungsverbot des § 20 I GWB.[1138]

Von größerer Bedeutung als dieses Problem hat allerdings die Frage erlangt, ob auf Grund der o.g. Regelung der VV II Lieferanten die Leistung „Netznutzung“ nicht mehr in eigenem Namen auf eigene Rechnung an den Endkunden verkaufen können, nachdem sie diese vom Netzbetreiber erworben haben. Ziff. 1.1. der VV II ist zum Teil so ausgelegt worden, dass der Vertrag betreffend die Netznutzung unausbleiblich zwischen Netzbetreiber und Endkunden abzuschließen sei. Dies sei „eine tragende Säule der VV II“, die nicht „zu Fall“ gebracht werden dürfe, da dies „an die Grundfeste der VV II und mit ihr auch an die gesetzlich vorgesehene Selbstregulierung“ gehe.[1139] Da insoweit die Leistung „Netznutzung“ immer im Vertrag zwischen diesen beiden Vertragspartnern

---

[1136] *Rosin* (Fn. 1118), S. 393.

[1137] „Bericht der Arbeitsgruppe Netznutzung Strom der Kartellbehörden des Bundes und der Länder vom 19. April 2001“, s. unter www.bundeskartellamt.de unter „Weiterführende Informationen“.

[1138] vgl. hierzu *Rosin* (Fn. 1118), S. 393.

[1139] *Theobald/de Wyl*, Über Sinn und Unsinn des Netznutzungsvertrages, Energie & Management vom 15. April 2001, S. 24; *Theobald/de Wyl/Deschler*, Der Netznutzungsvertrag, ZNER 2001, S. 24 (27).

geregelt würde, könnte ein Lieferant diese Leistung eben nicht mehr anbieten; er müsste sich auf eine reine Energielieferung beschränken.[1140] Das Anbieten sog. All-inclusive-Verträge wäre ihm verwehrt.[1141] Zum Teil wurde Ziff. 1.1. der VV II aber auch dahingehend interpretiert, dass der Abschluss von All-inclusive-Verträgen nicht ausgeschlossen sei. Zunächst sei der Abschluss eines Netznutzungsvertrages zwischen Netzbetreiber und Endkunde von der Regelung nicht zwingend vorgeschrieben. So sei nach dem Wortlaut der Regelung „grundsätzlich“ ein solcher Vertrag abzuschließen. Dies impliziere jedoch auch Ausnahmen von diesem Grundsatz. Aber selbst wenn ein Netznutzungsvertrag zwischen diesen Vertragspartnern geschlossen worden sei, schließe dies die Möglichkeit des Lieferanten, All-inclusive-Verträge anzubieten, nicht gänzlich aus. Einigkeit bestand jedoch von vorneherein dahingehend, dass dem Wunsch des Kunden, nicht zwei Rechnungen zweier verschiedener Vertragspartner zahlen zu müssen, Rechnung getragen werden müsse.[1142] Darum wurde versucht, dieses Ziel dadurch zu erreichen, dass der Lieferant zu der aus dem Netznutzungsvertrag zwischen Endkunden und Netzbetreiber resultierenden Schuld beitritt. Häufig wurde ein solches Konstrukt jedoch von den Lieferanten abgelehnt, da durch den Schuldbeitritt keine Vorsteuerabzugsberechtigung des Lieferanten i.S.d. § 15 I UStG erreicht werden kann.[1143] Im Bereich der nicht vorsteuerabzugsberechtigten Kunden erleidet der Lieferant mithin einen wirtschaftlichen Nachteil in Höhe des auf das Netznutzungsentgelt anfallenden Umsatzsteueranteils.[1144]

Im Rahmen des Clearingverfahrens Stadtwerke Münster/VKU ./. RWE Energie sind nunmehr zwei Modelle zur Lösung des Problems vorgeschlagen worden:

Auf der einen Seite ist das sog. Doppelvertragsmodell vorgeschlagen worden. Wie der Name schon sagt, kommt es hier faktisch zum Abschluss zweier Verträge bezüglich die Netznutzung. Dies ist zum einen der Netznutzungsvertrag in Gemäßheit der Ziff. 1.1. der VV II zwischen Netzbetreiber und Endkunden. Darüber hinaus wird im Händler-Rahmenvertrag zwischen Lieferant und Netzbetreiber vereinbart, dass die für die Belieferung eines Kunden, mit dem der Lieferant einen All-inclusive-Vertrag abgeschlossen hat, erforderliche Netznutzung durch den Lieferanten erfolgt. Insoweit ruhen die die Netznutzung betreffenden Vereinbarungen zwischen Netzbetreiber und Endkunden. Im Übrigen bleiben die Regelungen (z.B. Haftungsregelungen) jedoch bestehen.[1145]

Zum anderen ist das sog. Inkassomodell vorgeschlagen worden. Bei diesem Modell bleibt es grundsätzlich bei der Aufspaltung der Verträge, denn der Lieferant verkauft dem Kunden tatsächlich nur die reine Energielieferung, während die Leistung „Netznutzung“ vom Netzbetreiber erbracht wird. Um das unerwünschte Ergebnis zu vermeiden, dass der Endkunde zwei Rechnungen zahlen muss, wird im Verhältnis Netzbetreiber/Lieferant ein Inkasso-Auftrag vereinbart. Folge ist, dass der Endkunde nur eine Rechnung zu begleichen hat. Der Ausgleich erfolgt quasi „intern“ zwischen Lieferant und Netzbetreiber. Das Entgelt für die Netznutzung wird entweder vom Lieferanten Namens und für Rechnung des Netzbetreibers abgerechnet oder er leitet die Rechnung des Netzbetreibers an den Kunden weiter. Die Zahlung erfolgt ausschließlich an den Lieferanten, der das Netznutzungsentgelt sodann an den Netzbetreiber weiterleitet. Die Einziehung und die Weiterleitung des Netznutzungsentgelts sind für den Lieferanten umsatzsteuerneutral, so dass ihm hierdurch keinerlei Nachteile entstehen.

[1140] *Rosin* (Fn. 1118), S. 392.

[1141] vgl. hierzu auch *de Wyl/Deschler* in: Becker/Held/Riedel/Theobald (Hrsg.), Energiewirtschaft im Aufbruch, 2001, S. 179 (190).

[1142] vgl. *Rosin* (Fn. 1118), S. 393.

[1143] vgl. zu der verwandten Problematik bei Alleinabnehmersystem 3. Teil C. I. 3.

[1144] *Rosin* (Fn. 1118), S. 393.

[1145] vgl. hierzu *Rosin* (Fn. 1118), S. 394.

Die Empfehlung im Clearingverfahren ging dahin, dass die Systeme sukzessiv angewendet werden sollten, indem zunächst das Doppelvertragssystem und anschließend das Inkassomodell angewendet werden sollte. Wohl aus praktischen Gründen ist das Inkassomodell jedoch bislang nur wenig zur Anwendung gekommen.[1146]

Neben den beiden bereits erwähnten Modellen wurden noch weitere Modelle entwickelt. Zunächst ist hier das sog. Doppelgläubigermodell zu nennen. Bei diesem System schließen Lieferant und Endkunde zunächst einen All-inclusive-Vertrag ab. Bestandteil dieses Vertrages ist die Verpflichtung des Netzbetreibers, nicht den Endkunden, sondern den Lieferanten zur Zahlung des Netznutzungsentgelts heranzuziehen. Durch die Verpflichtung des Lieferanten, das Netznutzungsentgelt an den Netzbetreiber zu zahlen, wird der Lieferant zum Gläubiger des Anspruchs auf Netznutzung gegenüber dem Netzbetreiber gekürt. Problematisch an diesem System ist, dass es keinerlei Aussage zu der ebenso vereinbarten Leistungsbeziehung zwischen dem Netzbetreiber und dem Kunden für den Fall der Zahlung des Netznutzungsentgelts durch den Lieferanten enthält. Aus umsatzsteuerrechtlicher Sicht müssen aber vertraglich eindeutig geregelte Leistungsbeziehungen im Vordergrund stehen. Die Zahlungswege können dabei grundsätzlich nachrangig beurteilt werden.[1147]

Ferner sei hier das sog. Doppelverpflichtungsmodell erwähnt. Die doppelte Verpflichtung ergeht hier durch den Netzbetreiber. Dieser verpflichtet sich nämlich zum einem dem Lieferanten gegenüber, dessen Strom an dem von diesem bezeichneten Kunden zu transportieren; zum anderen verpflichtet er sich gegenüber dem Kunden, Strom eines von ihm bezeichneten Lieferanten an den Kunden zu transportieren. Dabei stellt die Verpflichtung des Netzbetreibers gegenüber dem Lieferanten nicht den Transport der Elektrizität an sich dar, sondern eine nicht speziell im UStG geregelte sonstige Leistung dar.[1148] Im Leistungsaustauschverhältnis zwischen Endkunden und Netzbetreiber berechnet letzterer nichts.

In der Praxis sind derzeit drei Grundvarianten zur Ausgestaltung der Durchleitung gängig: Einmal werden Durchleitungsverträge so abgeschlossen wie sie der Wortlaut des § 6 EnWG vorsieht, also zwischen Lieferunternehmen und Netzbetreibern. Ferner wird eine Aufspaltung der Verträge vorgenommen, d.h. die Netznutzung wird zwischen Netzbetreiber und Endkunden, die Elektrizitätslieferung zwischen Lieferant und Endkunden geregelt. Letztlich werden die soeben dargestellten Kompromisslösungen angewendet, wobei insbesondere Doppelvertrags- und Doppelgläubigermodell erwähnenswert sind.[1149] Welche Variante angewendet wird, hängt von den Wünschen des jeweiligen Endkunden ab. Insgesamt dürfte es jedoch am Praktikabelsten und damit auch empfehlenswert sein, auf den Abschluss einer Kompromisslösung und dort auf den Abschluss eines Doppelvertragsmodells hinzuwirken. Dieses Modell birgt für alle Beteiligten Vorteile. Der zusätzliche Abschluss eines Netznutzungsvertrages bringt für den Endkunden den Vorteil, dass er sein Rechtsverhältnis mit dem Netzbetreiber für die Dauer des Netznutzungsvertrages „eindeutig und klar geregelt hat".[1150] Der Netzbetreiber wiederum hat seine Haftungsregelungen etc. mit dem Endkunden direkt geregelt. Der Lieferant hat den Vorteil, dass es nicht nötig ist, z.B. die Zutrittsrechte des Netzbetreibers zur Durchführung von Wartungsarbeiten in seinem Liefervertrag zu regeln.[1151]

[1146] vgl. hierzu *Rosin* (Fn. 1118), S. 394.

[1147] vgl. hierzu *Rosin* (Fn. 1118), S. 395.

[1148] vgl. hierzu *Rosin* (Fn. 1118), S. 395.

[1149] vgl. hierzu *Rosin* (Fn. 1118), S. 395.

[1150] *Rosin* (Fn. 1118), S. 395.

[1151] *Rosin* (Fn. 1118), S. 395.

C. Synopse der Verbändevereinbarungen

	VV I: Verbändevereinbarung über Kriterien zur Bestimmung von Durchleitungsentgelten	**VV II:** Verbändevereinbarung über Kriterien zur Bestimmung von *Netznutzungsentgelten für elektrische Energie*	
P R Ä A M B E L	Um die Organisation des Netzzugangs auf Vertragsbasis nach Maßgabe des NeuregelungsG zu konkretisieren, schließen die Verbände - BDI - VIK - VDEW über die Einspeisungen von elektrischer Energie (Leistung und Arbeit), gleich welcher Herkunft, in definierte Einspeisepunkte des Netzsystems und die damit verbundene zeitgleiche Entnahme der eingespeisten elektrischen Energie an räumlich davon entfernt liegenden Entnahmepunkten der Netzsysteme (Durchleitung) die nachstehende Vereinbarung. Sie wollen damit eine Grundlage als Verhandlungsbasis schaffen für frei auszuhandelnde Vereinbarungen zwischen Unternehmen der Elektrizitätswirtschaft und Elektrizitätskunden über den Netzzugang auf Vertragsbasis und die entsprechenden Netznutzungsentgelte zur Ausfüllung der Richtlinie Elektrizität 96/96/EG und ihrer Umsetzung in deutsches Recht. Die Vereinbarung soll den Wettbewerb zwischen Unternehmen der Elektrizitätswirtschaft um die Belieferung von Elektrizitätskunden fördern und zur Erzielung wettbewerbsgerechter Preise für den Produktionsfaktor Elektrizität am Standort Deutschland beitragen.	[...] *für* die Einspeisungen von elektrischer Energie (Leistung und Arbeit), gleich welcher Herkunft, in definiete Einspeisepunkte des Netzsystems und die damit verbundene zeitgleiche Entnahme der eingespeisten elektrischen Energie an räumlich davon entfernt liegenden Entnahmepunkten des Netzsystems (*Netznutzung*) die nachstehende Vereinbarung. *Damit wird die Verbändevereinbarung über Kriterien zur Bestimmung von Durchleitungsentgelten vom 22. Mai 1998 im Lichte der zwischenzeitlich gewonnenen Erfahrungen an die Marktentwicklung angepasst und konkretisiert.* Sie wollen damit eine Basis schaffen für Vereinbarungen zwischen Netzbetreibern und Netznutzern über die Netznutzung auf Vertragsbasis und die entsprechenden Entgelte zur Ausfüllung des Energiewirtschaftsgesetzes als Umsetzung der Richtlinie 96/92/EG in deutsches Recht. Die Vereinbarung soll *in Erfüllung der europäischen und nationalen Vorgaben* den Wettbewerb zwischen Unternehmen der Elektrizitätswirtschaft um die Belieferung von Elektrizitätskunden fördern und zur Erzielung wettbewerbsgerechter Preise für den Produktionsfaktor Elektrizität am Standort Deutschland beitragen.	P R Ä A M B E L

	Die Unternehmen der Elektrizitätswirtschaft werden, soweit sie in der Bundesrepublik Deutschland Übertragungs- und Verteilungsnetze betreiben, in Vertragsverhandlungen mit Durchleitungsinteressenten eintreten und Durchleitungsverträge abschließen. Voraussetzung für die Anwendung der Verbändevereinbarung im Einzelfall ist, dass alle netztechnischen Fragen betreffend Einspeisung und Entnahme zwischen den an der jeweiligen Durchleitung beteiligten Parteien geklärt sind. Für die Gestaltung individueller Durchleitungsverträge und für die Bestimmung von Durchleitungsentgelten haben sich die beteiligten Verbände auf folgende Kriterien verständigt:	→ *fehlt* Voraussetzung für die Anwendung der Verbändevereinbarung im Einzelfall ist, dass alle netztechnischen, *organisatorischen und vertraglichen* Fragen zwischen den an der jeweiligen *Netznutzung* beteiligten Parteien geklärt sind. Für die Gestaltung von *Netznutzungsverträgen* und für die *Ermittlung von Netznutzungsentgelten* haben sich die beteiligten Verbände auf folgende Kriterien verständigt:	
1.	Allgemeine Kriterien	Allgemeine Kriterien	**1.**
1.1	Durchleitungen und die damit verbundenen Entgelte sind für alle Netzbenutzer diskriminierungsfrei zu gestalten	*Netznutzungen* und die damit verbundenen Entgelte sind für alle *Netznutzer* diskriminierungsfrei zu gestalten. Das Gebot der Transparenz erfordert – getrennt vom Stromlieferungsvertrag – grundsätzlich den Abschluss von Netzanschlussverträgen und Netznutzungsverträgen mit jedem Einzelkunden.	1.1
1.2	Die Eigentumsverhältnisse an den Netzen dürfen keine Behinderung für Durchleitungen darstellen.	Die Eigentumsverhältnisse an den Netzen dürfen keine Behinderung für *Netznutzungen* darstellen.	1.2
1.3	Bezüglich der Netznutzung werden mit dem jeweiligen Netzbetreiber vertragliche Beziehungen am Einspeise- und Entnahmepunkt einer Durchleitung eingegangen. Voraussetzung für eine Durchleitung ist, dass diese netztechnisch und im Sinne eines sicheren Netzbetriebes möglich ist oder nach den anerkannten Regeln der Technik ermöglicht werden kann. Die Netzbetreiber werden die entsprechenden technischen Rahmenbedingungen für Einspeisungen	Bezüglich der Netznutzung werden mit dem jeweiligen Netzbetreiber vertragliche Beziehungen am Einspeise- und Entnahmepunkt *[es fehlt: einer Durchleitung]* eingegangen. Voraussetzung für eine *Netznutzung* ist, dass diese netztechnisch und im Sinne eines sicheren Netzbetriebes möglich ist oder nach den anerkannten Regeln der Technik ermöglicht werden kann. Die Netzbetreiber werden die technischen Rahmenbedingungen für die *Netznutzung wider-*	1.3

	ausgestalten und in geeigneter Form bekannt geben.	*spruchsfrei zu dieser Vereinbarung fortentwickeln* und in geeigneter Form bekannt geben.	
1.4	Sofern nach Leistungsgröße und technischen Möglichkeiten sachdienlich, sollte ein Durchleitungs-Fahrplan vereinbart werden.	*→ Fahrplan i.d.R. nicht genehmigungspflichtig. (vgl. Ziff. 3.3).*	
1.5	Durchleitungsverträge setzen voraus, dass Abweichungen zwischen Einspeisung und Entnahme bzw. von einem vereinbarten Sollwert einer Durchleitung in geeigneter Weise technisch und vertraglich geregelt sind.	Netznutzungsverträge setzen voraus, dass Abweichungen zwischen Einspeisung und Entnahme bzw. von einem vereinbarten Sollwert in geeigneter Weise technisch und vertraglich geregelt sind (vgl. Anlage 2 „Bilanzausgleich").	1.4
1.6	Die Kosten für die Erstellung des unmittelbaren Netz-Anschlusses für Einspeisung bzw. Entnahme als Erstanschluss oder Erweiterung an einem geeigneten Netzpunkt gehen zu Lasten des Verursachers.	Die Kosten für die Erstellung des unmittelbaren Netzanschlusses für Einspeisung bzw. Entnahme (Erstanschluss oder Erweiterung) an einem geeigneten Netzpunkt gehen zu Lasten des Verursachers.	1.5
1.7	Der Einspeiser hat dem betreffenden Netzbetreiber alle durch die Einspeisung zusätzlich entstehenden Kosten zu ersetzen, soweit es sich hierbei um Unterhalts-, Erneuerungs- und Betriebskosten in Verbindung mit dem unmittelbaren Netzanschluss handelt.	Der Einspeiser hat dem betreffenden Netzbetreiber alle durch die Einspeisung *bzw. Entnahme* zusätzlich entstehenden *individuell zurechenbaren* Kosten zu ersetzen, soweit es sich hierbei um Unterhalts-, Erneuerungs- und Betriebskosten in Verbindung mit dem unmittelbaren Netzanschluss handelt.	1.6
1.8	Die Netzbetreiber werden die zur Ermittlung der Durchleitungsentgelte erforderlichen Bestimmungen, Größen und Preise in geeigneter Form bekannt geben.	Die Netzbetreiber werden die zur Ermittlung der *Netznutzungsentgelte* erforderlichen Bestimmungen, Größen und Preise *sobald wie möglich, spätestens innerhalb eines halben Jahres nach Inkrafttreten dieser Vereinbarung* in geeigneter Form *öffentlich* bekannt geben. *Kosten für Messung und Abrechnung an den Entnahme- und Einspeisestellen werden vom Netzbetreiber separat in Rechnung gestellt.*	1.7
		Im Interesse niedriger Netznutzungsentgelte für alle Netznutzer sollen für Einspeisung und Entnahme das vorhandene Netz genutzt und der Bau von zusätzlichen Leitungen möglichst vermieden werden. Zu diesem Zweck kann der Netzbetreiber von der pauschalierten Berechnung des Netznutzungsentgelts abweichen.	1.8

2.	Kriterien für die Bestimmung von Durchleitungsentgelten	Preisfindungsprinzipien zur Bestimmung von Netznutzungsentgelten	**2.**
2.1	Kostenermittlung zur Bestimmung der Entgelte	Kostenermittlung zur Bestimmung der Entgelte	**2.1**
2.1.1	Das Entgelt für Durchleitungen wird auf der Basis der Kosten des vorhandenen Netzes jedes Netzeigentümers, erfasst nach Kostenstellen, ermittelt und zwar für Netzbereiche folgender Spannungsebenen: - Übertragungsnetze (380/220 kV) – ohne Umspannung in das Hochspannungsnetz - Verteilungsnetze (Hoch-, Mittel- und Niederspannung) – ohne Umspannungen	*Die Ermittlung der Netznutzungsentgelte erfolgt auf Basis der kalkulatorischen Kosten, getrennt für Netze und Umspannungen (vgl. Anlage 3 „Preisfindungsprinzipien"). Dabei sollen zur Beurteilung der elektrizitätswirtschaftlich rationellen Betriebsführung die Konditionen von strukturell vergleichbaren Netzbetreibern herangezogen werden.* *Baukostenzuschüsse werden bei der Kostenermittlung pauschal berücksichtigt. Vom Kunden darüber hinaus bezahlte Anschlusskosten oder sonstige finanzielle Vorleistungen sind individuell angemessen zu berücksichtigen.* *Entgelte für Umspannungen werden bei Bedarf getrennt ausgewiesen und in Rechnung gestellt.* *Bei der Kostenermittlung kann, soweit sachgerecht, eine regionale Differenzierung nach Netzbereichen vorgenommen werden.*	2.1.1
2.1.2	Für die vorhandenen Netze und Umspannungen werden je Netzbetreiber und Netzbereich die spezifischen Jahreskosten (Jahresleistungspreis) in DM/kW durch Division der Kosten des jeweiligen Netzbereichs durch die Jahreshöchstlast, verursacht durch die zugehörigen Entnahmen, ermittelt.	Für die vorhandenen Netze und Umspannungen werden je Netzbetreiber und Netzbereich die spezifischen Jahreskosten *(in DM/kW)* durch Division der Kosten des jeweiligen Netzbereichs durch die Jahreshöchstlast, verursacht durch die zugehörigen Entnahmen, ermittelt. Die jeweiligen Entgelte werden vom Netzbetereiber ermittelt. Bei Änderung der spezifischen Kosten kann das Entgelt in jährlichem Abstand angepasst werden.	2.1.2
2.1.3	Die Anleitungen für die Kostenermittlung der Preisbehörden der Bundesländer im Rahmen der Preisgenehmigungsverfahren für die Allgemeinen Tarifpreise und die entsprechenden Kostenträgerrechnungen sind für die Kostenermittlung maßgeblich. Bei wesentlichen Ände-		

	rungen gegenüber dem Stand zum Abschluss der Verbändevereinbarungen muss die Kalkulationsbasis neu verhandelt werden.		
2.1.4	Die Kosten der für die Durchleitung erforderlichen Systemdienstleistungen - Frequenzhaltung - Spannungshaltung - Versorgungswiederaufbau - Betriebsführung (einschl. Messung und Verrechnung) Die Kosten werden einzeln ermittelt und können entweder pauschaliert als Jahresdurchschnittskosten der Systemdienstleistungen zusammengefasst werden oder einzeln in entsprechende Entgelte einfließen.	Die Kosten der für die Netznutzung erforderlichen Systemdienstleistungen - *Frequenzhaltung (Primär-, Sekundärregelung)* - *Spannungshaltung* - *Versorgungswiederaufbau* - *Betriebsführung (einschl. Messung und Verrechnung zwischen Netzbetreibern)* *sind mit Ausnahme der Kosten für optionale Inanspruchnahme erweiterter Toleranzbänder durch die Bilanzkreisverantwortlichen (vgl. Anlage 2 „Bilanzausgleich") im Netznutzungsentgelt enthalten. Die Kosten für die Frequenzhaltung werden der Höchstspannungsebene zugeordnet und die Kosten der übrigen Systemdienstleistungen der netzeben, in der sie anfallen.*	2.1.3
2.2	Allgemeine Grundsätze für die Berechnung der Entgelte	Allgemeine Grundsätze für die Berechnung der Entgelte	**2.2**
2.2.1	Durchleitungsentgelte werden berechnet für die in Anspruch genommenen Netzbereiche im Übertragungsnetz und in den Verteilungsnetzen, für die jeweils zwischenliegenden Umspannungen sowie Systemdienstleistungen.	Grundlage des Systems der Entgeltfindung für die Netznutzung ist ein transaktionsunabhängiges Punktmodell. Alle Netznutzer werden über ein jährliches Netznutzungsentgelt an den Netzkosten beteiligt. Mit dem Netznutzungsentgelt und ggf. dem Transportentgelt nach Ziff. 2.2.4 werden beim jeweiligen Netzbetreiber die Nutzung der Spannungsebene, an die der Netznutzer angeschlossen ist, und aller überlagerten Spannungsebenen abgegolten. Damit erhalten alle Netznutzer Zugang zum gesamten Netz. *Das Netznutzungsentgelt für Kraftwerke wird zunächst im Einklang mit den z.Z. diskutierten europäischen Regelungen auf Null gesetzt.*	2.2.1
2.2.2	Entsprechend der überwiegenden Festkostenstruktur werden Jahresleistungspreise je Netzbereich und Umspannung ermittelt und berechnet. Das Entgelt für jeden Durchleitungsfall wird als Leistungspreis auf der Grundlage der bestellten Durchleitungsleis-	*Kurzzeitige Lieferungen sowie Spot- und Börsengeschäfte sind möglich.*	2.2.2

	tung und ggf. der die Bestelleistung überschreitenden durchgeleiteten Leistung berechnet.		
2.2.3	Die Jahresleistungspreise für Übertragungsnetze, Verteilungsnetze und Umspannungen jeweils je Spannungsebene sowie für Systemdienstleistungen werden entsprechend der Durchmischung aller Durchleitungen in den Netzen mit Gleichzeitigkeitsgraden korrigiert und können in Arbeits- und Leistungspreise umgewandelt werden.	*Zur Ermittlung der jährlichen Netznutzungsentgelte der Kunden werden die spezifischen Jahreskosten gemäß 2.1.2 entsprechend der Durchmischung aller Netznutzungen in den Netzen mit Gleichzeitigkeitsgraden korrigiert und können in Arbeits- und Leistungspreise umgewandelt werden (vgl. Anlage 4 „Gleichzeitigkeitsgrad").*	2.2.3
2.2.4	Abweichende Regelungen können für kurzzeitige Durchleitungen, wie z.B. Spotmengen oder Sonderlieferungen, sowie bei Reservelieferungen getroffen werden, wann immer nachweislich andere Verhältnisse vorliegen.	In Deutschland werden zwei Handelszonen gebildet. Zone „Nord" umfasst die Übertragungsnetze von VEAG, PreussenElektra Netz GmbH & Co. KG, VEW ENERGIE AG, HEW AG und Bewag AG, Zone „Süd" die Gebiete von EnBW Transportnetze AG, RWE Energie AG und Bayernwerk Netz GmbH. Alle Netzkunden sind entsprechend ihrem Netzanschlusspunkt einer der beiden Handelszonen zugeordnet. Bei einem Energieaustausch zwischen Handelszonen ist für den ¼-h-Saldo der ausgetauschten Energiemengen ein Transportentgelt von 0,25 Pf/kWh zu zahlen; der relevante Saldo wird je Bilanzkreis (vgl. Ziff. 3.2) ermittelt. Analoge Entgelte werden an den Kuppelstellen des deutschen Netzes von und zum Ausland verrechnet. Für eigene Abnahmestellen einzelner Unternehmen oder Abnahmestellen verbundener Unternehmen kann ein eigener Bilanzkreis gebildet werden. Auf Wunsch saldiert der Netzbetreiber den für das Transportentgelt relevanten Energieaustausch für den einzelnen Bilanzkreis, ggf. mit dem Energieaustausch anderer gleichartiger Bilanzkreise. Die Vereinbarungen zum Transportentgelt gelten bis zu einer europaeinheitlichen Regelung für Ferntransporte elektrischer Energie.	2.2.4

2.2.5	Für jede in Anspruch genommene Spannungsebene und zugehörige Umspannung wird das Durchleitungsentgelt nur einmal in Rechnung gestellt. Dies ist unabhängig davon, ob bei Einspeisung, Transport und Entnahme mehrere Netzbereiche und Eigentumsverhältnisse betroffen sind.		
2.2.6	Für die Bestimmung der Entgelte ist die Luftlinienentfernung zwischen Einspeis- und Entnahmepunkt maßgeblich. Bei mehreren Einspeise- und/oder Entnahmepunkten wird die mittlere Übertragungsentfernung zu Grunde gelegt.		
2.2.7	In den Verteilungsnetzen und zugehörigen Umspannungen ist für die Entgeltberechnung nur der jeweilige Entnahmenetzbereich heranzuziehen. Für das Übertragungsnetz gilt eine gesonderte Berechnung.		
2.3	Ermittlung der Durchleitungsentgelt im Übertragungsnetz	Kostenwälzung	**2.3**
2.3.1	Ein Durchleitungsentgelt für die Nutzung des Übertragungsnetzes wird dann berechnet, wenn die Einspeisung bzw. Entnahme des Abnehmers direkt in das oder aus dem Übertragungsnetz erfolgt bzw. der Grenzwert für die Übertragungsentfernung des 110 kV-Verteilungsnetzes nach Ziffer 2.4.3 auf der Entnahmeseite überschritten wird.	Zur Ermittlung der Netznutzungsentgelte werden die Kosten vorgelagerter Netze und Umspannungen verursachungsorientiert auf die nachgeordneten Netzebenen anteilig weitergewälzt, soweit sie nicht den Netznutzern der vorgelagerten Netzebene zuzuordnen sind. Die Kosten werden entsprechend der von der vorgelagerten Netzebene zeitgleich bezogenen Leistung unter Berücksichtigung eines Gleichzeitigkeitsgrades für vorgelagerte Netze und ggf. einer bestellten Netzkapazität für Reservelieferungen bei dezentralen Erzeugungsanlagen verteilt. Für Umspannungen wird ein Gleichzeitigkeitsgrad von g = 1 verwendet. Netznutzer und nachgeordnete Netzebenen werden gleichbehandelt.	2.3.1
2.3.2	Das Durchleitungsentgelt (ohne Systemdienstleistungen) für das Übertragungsnetz ist zweigliedrig, wobei - bis zu einer Entfernung von 100 km der Mittelwert der Strukturjahresleistungspreise (DM/kWa)	Netznutzer mit Stromerzeugung bestellen separat zur vorzuhaltenden Netzkapazität beim Netzbetreiber Reservenetzkapazität definierter Maximalleistung mit einer zeitlichen Inanspruchnahme von bis zu 600 Stunden p.a.. Die Höhe der bestellten	2.3.2

	der Übertragungsnetzbetreiber an der Einspeise- und Entnahmestelle und - für darüber hinausgehende Entfernungen zusätzlich der bundesweit einheitliche Entfernungsjahresleistungspreis (DM/kW · km · a) in Rechnung gestellt werden.	Reservenetzkapazität bestimmt der Netznutzer; sie kann auch Null betragen. Die bestellte Reservenetzkapazität muss unabhängig von ihrer Inanspruchnahme bezahlt werden. *Für die Inanspruchnahme der Reservenetzkapazität wird ein separater Reduktionsfaktor festgelegt. Er beträgt bei einer Inanspruchnahme von Null bis zu 200 Stunden 0,25, über 200 Stunden bis 400 Stunden 0,30, über 400 Stunden bis 600 Stunden 0,35.* *Beginn, voraussichtliche Dauer und Ende der Reserveinanspruchnahme müssen dem Netzbetreiber unverzüglich gemeldet und auf Verlangen nachgewiesen werden. Für die Zeit der Reserveinanspruchnahme ist die über die Jahreshöchstleistung des Normalbezugs hinausgehende Leistung maximal bis zur Höhe der bestellten Reservenetzkapazität maßgeblich. Bei einer Inanspruchnahme der bestellten Reservenetzkapazität von mehr als 600 Stunden kommt stattdessen die allgemeine Gleichzeitigkeitskurve des betroffenen Netzbetreibers für den Gesamtbezug zur Anwendung; der Gleichzeitigkeitsgrad beträgt jedoch mindestens 0,35.* *Wird die bestellte Reservenetzkapazität um bis zu 10 % überschritten, kommt für die Leistungsüberschreitung der gleiche Preis wie für die bestellte Reservenetzkapazität zur Anwendung. Wird der Bestellwert um mehr als 10 % überschritten, kann für die darüber hinausgehende Überschreitungsleistung der volle Jahres-Leistungspreis (Gleichzeitigkeitsgrad 1,0) erhoben werden.*	
2.3.3	Der Strukturjahresleistungspreis wird von jedem Netzbetreiber ermittelt aus den spezifischen Jahreskosten des Netzbereichs nach Ziffer 2.1.2 in DM/kW · a abzüglich der Gesamterlöse auf Grund des gemäß Ziffer 2.3.2 in Rechnung gestellten Entfernungsjahresleistungspreises (Ziffer 2.3.4), dividiert durch die Jahreshöchstlast des betroffenen	Dezentrale Kraft-Wärme-Kopplungsanlagen mit einem Jahresnutzungsgrad entsprechend Art. 2 Nr. 6 b des Gesetzes zum Einstieg in die ökologische Steuerreform und dezentrale „regenerative" Erzeugungsanlagen erhalten vom Netzbetreiber, in dessen Netz eingespeist wird, ein Entgelt. Dieses Entgelt entspricht den durch die jeweilige	2.3.3

	Ziffer 2.1.2). hierin ist die Umspannung in das unterlagerte Verteilungsnetz nicht enthalten.	Einspeisung eingesparten Netznutzungsentgelten in den vorgelagerten netzebenen. Für die Dauer dieser Vereinbarung wird diese Vorgehensweise auch auf bestehende, nicht unter die genannten Konditionen fallende Kraftwerke angewendet, die in unterlagerte Netze einspeisen. Die entsprechenden Einrichtungen werden zum Stichtag des Inkrafttretens der Verbändevereinbarung aufgelistet und bei einer von Netzbetreiber und Kraftwerk einvernehmlich vereinbarten neutralen Stelle (z.B. Wirtschaftsprüfer) angemeldet.	
2.3.4	Die Höhe des Entgeltes für den Entfernungsjahresleistungspreis ist für alle Netzbereiche in der Übertragungsebene einheitlich. Es beträgt bei Abschluss der Verbändevereinbarung 0,125 DM/kW · km · a entsprechend 12,50 DM/kW · 100 km · a. es wird jährlich angepasst im gleichen Verhältnis, wie sich der arithmetische Mittelwert der Strukturjahresleistungspreise der Übertragungsnetzbetreiber ändert.		
2.4	Ermittlung der Durchleitungsentgelte im Verteilungsbereich		
2.4.1	Für die Verteilungsnetze wird das Durchleitungsentgelt (ohne Systemdienstleistungen) für jede Spannungsebene [Hochspannung (110 kV), Mittelspannung, Niederspannung] eingliedrig als Pauschalpreis [DM/kW · a] entsprechend der spezifischen Jahreskosten der in Anspruch genommenen Netzbereiche nach Spannungsebenen nach Ziffern 2.1.2 und 2.1.3 ermittelt. Hierin ist die Umspannung aus der höherliegenden Spannungsebene je Netzbereich nicht eingeschlossen.		
2.4.2	Die jeweiligen Entgelte werden vom Netzbetreiber ermittelt. Bei Änderungen der spezifischen Kosten kann das Entgelt in jährlichem Abstand angepasst werden.		
2.4.3	In den jeweiligen Spannungsebenen gelten praxisorientierte Grenzwerte		

	für die Übertragungsentfernungen. Jeder Netzbetreiber wird die Grenzwerte für die Übertragungsentfernungen je Spannungsebene im Verteilungsbereich ermitteln. Je nach Struktur können, soweit sachgerecht, die Grenzwerte regional unterschieden werden.		
2.4.4	Ausgehend von der Entnahmeseite werden für den jeweiligen Durchleitungsfall die in Anspruch genommenen Netzbereiche ermittelt aus der Luftlinienentfernung vom Entnahmepunkt zum Einspeisepunkt. Dies erfolgt in Abhängigkeit von den praxisorientierten Grenzwerten der Übertragungsentfernung. Liegt die Luftlinienentfernung oberhalb des jeweiligen Grenzwertes für die Übertragungsentfernung eines Netzbereiches, so ist bei der Bestimmung des Durchleitungsentgelts die jeweils nächsthöhere Spannungsebene einschließlich Entgelt für die zugehörige Umspannung einzubeziehen. Wird auch der Grenzwert der nächsthöheren Spannungsebene überschritten, so werden auch die Entgelte der jeweils höheren Spannungsebene bei der Entgeltermittlung berücksichtigt.		
2.4.5	Maßgeblich für die dem jeweiligen Entgelt zu Grunde liegenden Kosten sind die spezifischen Netzkosten der auf der Entnahmeseite tangierten Netzbereiche.		
2.4.6	Ausgangspunkt für die niederste anzusetzende Spannungsebene ist die jeweilige tatsächliche Übergabestelle auf der Entnahmeseite. Der Einspeisenetzbereich wird für die Entgeltberechnung nicht herangezogen. Liegt der Einspeisepunkt in einer höheren Spannungsebene als der Entnahmepunkt, so ist in jedem Fall, unabhängig von den Grenzwerten, der höherliegende Netzbereich mit entsprechender Umspannung auf der Entnahmeseite in das Durchleitungsentgelt einzubeziehen.		
2.4.7	Um Härtefälle bei der Überschreitung der Grenzwerte zu vermeiden, werden die an einer Durchleitung beteiligten		

	Vertragspartner, insbesondere dann, wenn die tatsächlichen Verhältnisse es gerechtfertigt erscheinen lassen, über die Berücksichtigung der höheren Spannungsebene in das Durchleitungsentgelt verhandeln.		
2.4.8	Im Interesse niedriger Durchleitungsentgelte für alle Netznutzer sollen für Einspeisung und Entnahme das vorhandene Netz genutzt und der Bau von zusätzlichen Leitungen möglichst vermieden werden. Zu diesem Zweck kann der Netzbetreiber von der pauschalierten Berechnung des Durchleitungsentgeltes abweichen. (vgl. Ziff. 1.8 VV II)		
2.5	Kosten der Umspannung		
2.5.1	Das jeweilige Entgelt wird von den Netzbetreibern aus den Jahresdurchschnittskosten der jeweiligen Umspannung, getrennt nach Umspannungsebenen unter Berücksichtigung der Ziffer 2.1.2, ermittelt und in geeigneter Form bekannt gegeben.		
2.5.2	Das Umspannungsentgelt wird nur auf der Entnahmeseite berechnet.		
2.5.3	Für die Berücksichtigung der Umspannungen sind fallweise die zugehörigen Verteilungsebenen maßgeblich, die auch für die Berechnung des Durchleitungsentgeltes herangezogen werden.		
2.6	Systemdienstleistungen		
2.6.1	Systemdienstleistungen sind, getrennt nach Art und Anfall der Kosten, auf der Einspeise- und Entnahmeseite als Jahresentgelt, Jahresleistungspreis und Arbeitspreis zu vergüten.		
2.6.2	Sofern sachlich möglich, kann der Einspeiser bzw. Abnehmer der Durchleitung Systemdienstleistungen selbst erbringen oder durch Dritte beistellen lassen.		
2.6.3	Die Netzbetreiber werden angemessene Entgelte für die von ihnen zwingend beizustellenden		

	Systemdienstleistungen ermitteln und nennen.		
2.7	Verluste	Verluste	**2.4**
2.7.1	Die mit einer Durchleitung verbundenen elektrischen Verluste werden zusätzlich in Rechnung gestellt.	Im jährlichen Netznutzungsentgelt der Netzkunden sind die Netzverluste nach einem pauschalen Ansatz enthalten.	2.4.1
2.7.2	Die Höhe der zu berücksichtigenden Verluste richtet sich nach den durchschnittlichen Verlusten, die beim jeweiligen Netzbetreiber in den für den jeweiligen Durchleitungsfall maßgeblichen Spannungsebenen und bei den Umspannungen entstehen. Das Entgelt dafür richtet sich nach den üblichen Strombeschaffungskosten beim Netzbetreiber.	Die Höhe der zu berücksichtigenden Verluste richtet sich nach den durchschnittlichen Verlusten, die beim jeweiligen Netzbetreiber in den einzelnen Spannungsebenen und bei den Umspannungen entstehen. Das Entgelt dafür richtet sich nach den Kosten marktüblicher Strombeschaffung des Netzbetreibers.	2.4.2
2.7.3	Die Höhe der Durchschnittsverluste je Spannungsebene wird vom Netzbetreiber in geeigneter Form bekannt gegeben.	Die Höhe der Durchschnittsverluste je Spannungsebene wird vom Netzbetreiber in geeigneter Form bekannt gegeben.	2.4.3
2.7.4	Der Einspeiser kann am Einspeisepunkt die Verluste durch zeitgleiche Mehreinspeisung selbst ausgleichen. Die Vertragspartner können über die Modalitäten abweichende Regelungen treffen.		
		Bildung, Abwicklung und Abrechnung von Bilanzkreisen	**3**
		Für den sicheren Betrieb der Übertragungsnetze bleiben aus technischen Gründen bis auf weiteres die Regelzonen der acht Übertragungsnetzbetreiber maßgeblich.	3.1
		Netznutzer haben das Recht, innerhalb einer Regelzone so genannte Bilanzkreise zu bilden, innerhalb derer Einspeisungen und Entnahmen jeweils saldiert werden. Die Modalitäten der Ausgleichsmechanismen incl. Toleranzbänder sind in Anlage 2 „Bilanzausgleich“ dargestellt.	3.2
		Fahrpläne sind in aller Regel nicht genehmigungspflichtig. Ausnahmen gelten für vom Netzbetreiber veröffentlichte Engpässe.	3.3

		Die den Netzbetreibern durch die Bildung, Abwicklung und Abrechnung von Bilanzkreisen entstehenden und ggf. nachzuweisenden Kosten können den Verursachern (Anlage 2 „Bilanzausgleich") in Rechnung gestellt werden. Gleiches gilt für die Kosten des Kundenwechsels.	3.4
		Sonderregelungen	**4**
		Für die Abwicklung der Stromlieferung an bestimmte Gruppen von Kleinkunden werden vereinfachte Methoden (Lastprofile) vorgesehen, die einen aufwendigen Austausch und Umbau der Messeinrichtung beim Netznutzer entbehrlich machen. Der jeweilige Netzbetreiber gibt das Verfahren zur Handhabung der in seinem Netz verwendeten Lastprofile vor (synthetisches oder analytisches Verfahren).	4.1
		Es besteht einvernehmen, dass die Belieferung von Kleinkunden durch den allgemeinen Versorger auf Basis von § 10 EnWG auch künftig Gewähr leistet ist.	4.2
		Zur Umsetzung der Braunkohleschutzklausel gem. Art. 4 § 3 des Gesetzes zur Neuregelung des Energiewirtschaftsrechts sind in der Regelzone der VEAG bei der Bilanzkreisanmeldung zusätzlich Art und Herkunft der in dem Bilanzkreis gelieferten Energie sowie die durch diese Lieferung versorgten Kunden anzugeben.	4.3
3.	Clearingstelle	Schlichtung	**5**
3.1	Zur einverständlichen Beilegung von Meinungsverschiedenheiten im Zusammenhang mit Durchleitungsverträgen und der Bestimmung von Durchleitungsentgelten richten die Verbände eine Clearingstelle ein. (vgl. Ziff. 5.1 VV II)	*Zur einverständlichen Beilegung von Meinungsverschiedenheiten, die die Auslegung dieser Vereinbarung betreffen, richten die Verbände bei Bedarf im Einzelfall eine Clearingstelle ein.*	5.1
3.2	Jeder Vertragspartner im Sinne einer Durchleitungs-Vereinbarung hat das Recht, die Clearingstelle anzurufen. Schließt sich der andere Vertragspartner dem an, findet ein Clearing-	Jeder Vertragspartner im Sinne einer Netznutzungsvereinbarung hat das Recht, die Clearingstelle anzurufen. Schließt sich der andere Vertragspartner dem an, findet ein Clearing-	5.2

	Verfahren statt. Die Inanspruchnahme des Rechtsweges oder die Einleitung anderer Schritte bleiben unberührt.	Verfahren statt. *(es fehlt: Die Inanspruchnahme des Rechtsweges oder die Einleitung anderer Schritte bleiben unberührt. Vgl. aber Ziff. 5.8)*	
3.3	Jeder Vertragspartner stellt der Clearingstelle die zur Klärung der Meinungsverschiedenheiten erforderlichen Informationen zur Verfügung.	Jeder Vertragspartner stellt der Clearingstelle die zur Klärung der Meinungsverschiedenheiten erforderlichen Informationen zur Verfügung.	5.3
3.4	Können die Meinungsverschiedenheiten von der Clearingstelle nicht ausgeräumt werden, kann diese im Einverständnis mit den Vertragspartnern zwei neutrale Sachkenner benennen, die zu den weiteren Verhandlungen hinzugezogen werden. Diese Sachkenner dürfen den beteiligten und den mit ihnen verbundenen Unternehmen nicht angehören.	Können die Meinungsverschiedenheiten von der Clearingstelle nicht ausgeräumt werden, kann diese im Einverständnis mit den Vertragspartnern zwei neutrale Sachkenner benennen, die zu den weiteren Verhandlungen hinzugezogen werden. Diese Sachkenner dürfen den beteiligten und den mit ihnen verbundenen Unternehmen nicht angehören.	5.4
3.5	Die Sachkenner sollen den Parteien eine angemessene Regelung vorschlagen. Kommt keine Einigung zu Stande, bleibt es jeder Partei unbenommen, die ihr zweckmäßig erscheinenden Schritte zu unternehmen.	Die Sachkenner sollen den Parteien eine angemessene Regelung vorschlagen. Kommt keine Einigung zu Stande, bleibt es jeder Partei unbenommen, die ihr zweckmäßig erscheinenden Schritte zu unternehmen.	5.5
3.6	Die Verbände wirken darauf hin, dass bei Meinungsverschiedenheiten zunächst möglichst von den Schlichtungsmöglichkeiten der Clearingstelle Gebrauch gemacht wird.	Die Verbände wirken darauf hin, dass bei Meinungsverschiedenheiten zunächst möglichst von den Schlichtungsmöglichkeiten der Clearingstelle Gebrauch gemacht wird.	5.6
		Zur Schlichtung sonstiger Meinungsverschiedenheiten, z.B. über die Angemessenheit von Netznutzungsentgelten, einigen sich die Beteiligten jeweils auf eine von den Verbänden unabhängige Schiedsstelle.	5.7
		Die Inanspruchnahme des Rechtsweges oder die Einleitung anderer Schritte bleiben unberührt. (vgl. Ziff. 3.2 VV 98)	5.8
4	Überprüfung der Grundsätze und Kriterien	Überprüfung der Grundsätze und Kriterien	**6**
4.1	Diese Vereinbarung gilt zunächst bis zum 30. September 1999. Die beteiligten Verbände sind sich darin einig, dass Durchleitungen auch in der	Diese Vereinbarung gilt zunächst bis zum *31. Dezember 2001*. Die beteiligten Verbände sind sich darin einig, dass *Netznutzungen* auch in der Fol-	6.1

	Folgezeit auf der Grundlage der zwischen ihnen vereinbarten Grundsätze für Durchleitungsverträge und Kriterien für die Bestimmung angemessener Durchleitungsentgelte stattfinden sollen. Sie werden sich rechtzeitig vor Ablauf der Vereinbarung auf etwa notwendige Änderungen im Lichte der zwischenzeitlich gemachten Erfahrungen verständigen.	gezeit auf der Grundlage von zwischen ihnen vereinbarten Grundsätze für *Netznutzungsverträge* und Kriterien für die Bestimmung angemessener *Netznutzungsentgelte* stattfinden sollen. Sie werden sich rechtzeitig vor Ablauf der Vereinbarung auf etwa notwendige Änderungen im Lichte der zwischenzeitlich gemachten Erfahrungen verständigen.	
4.2	Sollten einzelne Bestimmungen dieser Vereinbarung unwirksam sein oder werden, so bleibt die Wirksamkeit der übrigen Bestimmungen hiervon unberührt. Die Verbände werden sich aber unverzüglich über die Notwendigkeit und Gestaltung einer angemessenen Ersatzregelung verständigen.	Sollten einzelne Bestimmungen dieser Vereinbarung unwirksam sein oder werden, so bleibt die Wirksamkeit der übrigen Bestimmungen hiervon unberührt. Die Verbände werden sich aber unverzüglich über die Notwendigkeit und Gestaltung einer angemessenen Ersatzregelung verständigen. *Das Gleiche gilt, wenn sich die gesetzlichen Grundlagen, die bei Abschluss dieser Vereinbarung relevant waren, ändern.*	6.2
4.3	Bei Erlass normativer Regelungen für Durchleitungen werden die Verbände über die Anwendung dieser Vereinbarung neu verhandeln.		
4.4	Die Verbände empfehlen, die Grundsätze der Verbändevereinbarung auch bei der Kalkulation und Beantragung der Tarife für die Nutzung des Versorgungsnetzes im Alleinabnehmersystem anzuwenden.	Die Verbände empfehlen, die Grundsätze der Verbändevereinbarung auch bei der Kalkulation und Beantragung der Tarife für die Nutzung des Versorgungsnetzes im Alleinabnehmersystem anzuwenden, *soweit dies mit § 7 EnWG vereinbar ist.*	6.3
5	Zusätzliche Bestandteile der Vereinbarung	Zusätzliche Bestandteile der Vereinbarung	**7**
5.1	Definitionen (Anlage 1)	Definitionen (Anlage 1)	7.1
5.2	Gleichzeitigkeitsgrad (Anlage 2)	Bilanzausgleich (Anlage 2)	7.2
5.3	*Ermittlung der mittleren Übertragungsentfernung (Anlage 3)*	*Preisfindungsprinzipien (Anlage 3)*	7.3
5.4	Beispielsrechnungen	Gleichzeitigkeitsgrad (Anlage 4)	7.4
		Beispielsrechnungen	7.5

D. Rechtsnatur und Bindungswirkung der Verbändevereinbarung

Nachdem der Inhalt der VV dargestellt wurde, soll nunmehr auf die Frage eingegangen werden, wie die VV rechtlich einzuordnen ist. Dabei soll zunächst die VV einem juristischen Typus zugeordnet werden und anschließend auf die Frage eingegangen werden, welche Rechtsfolgen die VV auslöst bzw. wen sie auf welche Weise bindet. Ferner ist ihre Vereinbarkeit mit geltendem Recht – vor allem mit dem GWB – zu überprüfen.

I. Rechtsnatur

Recht unproblematisch ist die Einordnung der VV als Vertrag. Die Verbände BDI, VIK und VDEW haben sich über die Kriterien zur Bestimmung von Durchleitungsentgelten geeinigt. Darüber hinaus haben sie Regelungen zur Errichtung einer Clearingstelle und zur Vorgehensweise bei Meinungsverschiedenheiten über die Anwendung der Kriterien zur Bestimmung von Durchleitungsentgelten getroffen. Zu guter letzt haben sie sich über die Überprüfung der niedergelegten Grundsätze geeinigt. Insoweit kann schon festgestellt werden, dass die VV als Verbandsvertrag[1152] die vertragsschließenden Verbände bindet. Diese Feststellung erlangt in der Praxis aber keinerlei Bedeutung. Denn die in der VV normierten Grundsätze sollen von den einzelnen Unternehmen in frei verhandelbaren Durchleitungsverträgen angewendet werden. Die vertragsschließenden Verbände selbst wollen nicht in Vertragsverhandlungen über Durchleitungen treten. BDI und VIK sind keine Stromverbraucher und der VDEW ist kein Netzbetreiber. Der Vertragsinhalt der VV bezieht sich also gar nicht auf die Vertragsparteien. Vielmehr betrifft er die den Verbänden angeschlossenen Unternehmen.

Eine solche Vertragskonstellation ist typisch für sog. Normenverträge.[1153] Als Normenverträge werden Verträge angesehen, in denen Normen vereinbart werden, die für schuldrechtliche Einzelverträge maßgebend sein sollen.[1154] Sie liegen danach immer dann vor, wenn die Vertragsbestimmungen nicht in dem Vertrag niedergelegt sind, für den sie gelten sollen, sondern in einem besonderen Vertrag niedergelegt werden, wo sie nicht nur für einen, sondern für eine Reihe von Verträgen Geltung erhalten sollen. Das wohl bekannteste Beispiel hierfür ist der Tarifvertrag. Arbeitgeber- und Arbeitnehmerverbände handeln in einem Tarifvertrag die Grundsätze aus, die anschließend für die einzelnen zwischen Arbeitgebern mit ihrer Arbeitnehmerschaft abzuschließenden Einzelarbeitsverträge maßgebend sein sollen. Daran lässt sich ein weiteres Wesensmerkmal des Normenvertrages ausmachen. Er erlangt erst durch die noch abzuschließenden Einzelverträge eine Wirkung. Werden keine Einzelverträge abgeschlossen, so ist der Normenvertrag bedeutungslos. Dies unterscheidet ihn vom Vorvertrag. Denn unter letzterem wird ein Vertrag verstanden, der zum Abschluss eines weiteren, des Hauptvertrages verpflichtet.[1155] Gerade hierzu verpflichtet der Normenvertrag nicht. Geltung beansprucht er nur, wenn Einzelverträge geschlossen werden. Über das Ob des Einzelvertragsschlusses enthält er keinerlei Regelungen.

Nach den am Normenvertrag beteiligten Parteien und ihrer Stellung zueinander beim Abschluss der Einzelverträge lassen sich zwei Hauptformen des Normenvertrages unterscheiden.

[1152] *Baur*, Vergütungen für Strom aus Eigenerzeugungsanlagen, S. 27.

[1153] Der Begriff wurde erstmals eingeführt für das Arbeitsrecht von *Sinzheimer*, Der korporative Arbeitsnormenvertrag, 1907/08. Später wurde er von *Hueck*, Normenverträge, Jherings Jahrbücher 73 (1923), 33 ff. auch allgemein verwendet. Kritisch zu diesem Begriff: *Raiser*, Das Recht der allgemeinen Geschäftsbedingungen, S. 119 ff.

[1154] *Hueck* (Fn. 1153), S. 36; *Soergel* (Fn. 1028), Rn. 99 vor § 145; *Kramer* in. Münchner Kommentar, Bd. I, AT, 4. Aufl. 2001, Vor § 145 Rn. 29.

[1155] BGHZ 102, 388; Palandt-*Heinrichs* (Fn. 286), Rn. 19 vor § 145.

1) Wenn die Parteien des Normenvertrages bei den Einzelverträgen die gleiche Parteistellung einnehmen, also gleichfalls „auf einer Seite“ stehen handelt es sich um einen einseitigen Normenvertrag. Das bekannteste Beispiel hierzu ist der Koalitionsvertrag im Arbeitsrecht, gleichgültig, ob er nun auf Arbeitgeber- oder Arbeitnehmerseite geschlossen wurde.[1156]

2) Ein zweiseitiger Normenvertrag liegt dann vor, wenn sich oppositionelle Parteien gegenüberstehen und gemeinsam Normen festlegen. So verhält es sich zum Beispiel beim Tarifvertrag.[1157]

Die zweiseitigen Normenverträge können ihrerseits anhand der beteiligten Personen in zwei Gruppen unterschieden werden. Sind auf beiden Seiten Einzelpersonen beteiligt, die als solche auch die Einzelverträge abschließen, handelt es sich um nicht korporative Normenverträge.[1158] Schließen sich auf zumindest einer Seite mehrere Einzelpersonen zu einem, ihre Interessen vertretenden Verband zusammen, der alsdann als Normenvertragspartei handelt, liegt ein korporativer Normenvertrag vor. Ein doppelseitig korporativer Normenvertrag liegt vor, wenn beide Normenvertragsparteien Verbände sind.[1159] Dies ist zum Beispiel bei dem von Arbeitgeber- und Arbeitnehmerverbänden ausgehandelten Tarifvertrag der Fall.

Es ergaben sich demnach folgende Hauptformen des Normenvertrages:[1160]

1) Der einseitige Normenvertrag

2) Der zweiseitige Normenvertrag

  a) nicht korporativ

  b) korporativ

    aa) auf einer Seite korporativ

    bb) doppelseitig korporativ.

Die VV setzen die Kriterien zur Bestimmung der Durchleitungsentgelte bzw. Netznutzungsentgelte fest. Die Berechnungsarten und die daraus ermittelten Preise sollen bei den frei verhandelbaren Durchleitungsverträgen zwischen den Unternehmen der Energiewirtschaft und ihren Kunden angewendet werden. Insofern werden Normen festgelegt, die für schuldrechtliche Einzelverträge Geltung erhalten sollen. Als Vertragsparteien haben sich die Verbände BDI und VIK einerseits und der VDEW andererseits darüber geeinigt. Auf beiden Seiten des Vertrages handeln also Verbände, deren angeschlossenen Unternehmen sich beim Abschluss der Einzelverträge gegenüberstehen. Bei den VV handelt es sich daher um zweiseitige, doppelseitig korporative Normenverträge.

1156 *Hueck* (Fn. 1153), S. 40 f.

1157 *Hueck* (Fn. 1153), S. 40.

1158 *Hueck* (Fn. 1153), S. 41.

1159 *Hueck* (Fn. 1153), S. 41 f.

1160 *Hueck* (Fn. 1153), S. 44.

II. Rechtliche Bindung

Hauptfrage bei den Normenverträgen – und damit auch bei der VV – ist die nach der Wirkung der vereinbarten Normen auf die Einzelverträge. Anders ausgedrückt: Wie, wenn überhaupt, werden die im Normenvertrag festgelegten Regelungen Bestandteile der Einzelverträge. Hierbei geht es also darum, festzustellen, ob die Kriterien von der Verbandsebene auf die Unternehmensebene transformiert werden können und ob sie in diesem Fall für die Unternehmen verbindlich sind.

Bezüglich ihrer Bindungswirkung für die Unternehmen können die Normenverträge wie folgt differenziert werden:[1161]

1. Rechtsverbindliche Normenverträge

Bei rechtsverbindlichen Normenverträgen bestimmen die vereinbarten Regelungen unmittelbar den Inhalt der betroffenen Verträge.[1162] Dies kann entweder gleichsam den dispositiven Regelungen im BGB geschehen, so dass die im Normenvertrag gemachten Regelungen immer dann gelten, wenn die Vertragspartner auf Unternehmensseite nichts anderes vereinbaren („Automatische Wirkung") oder derart, dass eine unbedingte Anwendung der Normen verlangt wird („Unabdingbarkeit").[1163] Ganz offensichtlich greifen die rechtsverbindlichen Normenverträge in den Rechtskreis Dritter ein. Damit verstoßen sie gegen die Privatautonomie und gegen den Grundsatz, dass Verträge zu Lasten Dritter nicht begründet werden dürfen.[1164] Eine unmittelbare rechtliche Bindungswirkung können Normenverträge nur dann entfalten, wenn sie diese Rechtsverbindlichkeit von einer besonderen gesetzlichen Regelung herleiten können.[1165] Derzeit gibt es nur zwei Fälle, für die gesetzliche Ermächtigungen bestehen, den Tarifvertrag (§§ 1, 4 TVG) und die Betriebsvereinbarung (§ 77 IV BetrVG).

2. Richtlinienverträge

Im Gegensatz zu den rechtsverbindlichen Normenverträgen binden die Richtlinienverträge die Unternehmen rechtlich überhaupt nicht. Sie geben den Unternehmen lediglich Richtlinien vor, die diese anwenden können. Schließen zwei den Verbänden angehörige Unternehmen einen Einzelvertrag ab, in dem von den vorgegebenen Richtlinien abgewichen wird, so bleibt das für die Unternehmen ohne rechtliche Folgen hinsichtlich des Normenvertrages. Die vereinbarten Normen werden in diesen Fällen immer nur dann Bestandteile der Einzelverträge, wenn die Einzelvertragsparteien dies auch wollen. Die Einhaltung bzw. Anwendung der vorgegebenen Normen ist nicht einklagbar.

[1161] *Hueck* (Fn. 1153), S. 47.

[1162] *Soergel* (Fn. 1028), Rn. 99 vor § 145.

[1163] *Hueck* (Fn. 1153), S. 82.

[1164] BGH Urt. v. 09. April 1970 BGHZ 54, 145 (156); Urt. v. 09. März 1972 BGHZ 58, 216 (220); Urt. v. 08. November 1973 BGHZ 61, 359 (361); Palandt-*Heinrichs* (Fn. 286), Rn 10 vor § 328; *Baur* (Fn. 1152), Vergütungen für Strom, S. 28; *Martens*, Rechtsgeschäft und Drittinteressen, AcP 177 (1977), S. 139; *Medicus*, SchuldR I, 12. Aufl. 2000, Rn. 759.

[1165] *Soergel* (Fn. 1028); *Hueck* (Fn. 1153), S. 89.

3. Schuldrechtliche Normenverträge

Die Parteien des Normenvertrages werden häufig wollen, dass die von ihnen ausgehandelten Normen generell zur Anwendung gelangen und nicht nur dann, wenn die Vertragsparteien des Einzelvertrages sich freiwillig diesen unterwerfen. Das Ziel, die vereinbarten Normen für die Parteien des Einzelvertrages verbindlich zu machen, lässt sich auf zwei Wegen erreichen. Der eine ist der bereits dargestellte Weg über rechtsverbindliche Normenverträge. Dazu muss den Verbänden jedoch durch Gesetz die Befugnis erteilt werden, für Dritte verbindliche Verträge abzuschließen. Als zweite Möglichkeit bleibt dann noch der Abschluss eines schuldrechtlichen Normenvertrages. Hierbei verpflichten sich die Verbände gegenseitig, auf die Einhaltung der Normen durch ihre angeschlossenen Unternehmen zu achten und für ihre Anwendung Sorge zu tragen. Anders ausgedrückt verpflichten sich die Verbände, dafür zu sorgen, dass die Unternehmen Abschlüsse nicht normgerechter Verträge unterlassen. Schuldrechtliche Verpflichtungen können in einem Vertrag jedoch immer nur für die Vertragsparteien begründet werden. Die Pflicht normwidrige Vertragsabschlüsse zu unterlassen, kann aber lediglich für die Einzelvertragsparteien in Betracht kommen kann. Durch den Normenvertrag kann diese Verpflichtung den Unternehmen nicht ohne weiteres auferlegt werden. Die Verpflichtung zum Unterlassen des Abschlusses normwidriger Verträge durch die Unternehmen wäre für diese nur dann bindend, wenn sich die schuldrechtliche Verpflichtung der Verbände auch auf die Adressaten ausdehnte. Dies könnte durch die allgemeinen rechtsgeschäftlichen Mittel der Vertretung (§ 164 BGB), der vertraglichen Übernahmeerklärung oder des Vereinsbeschlusses auf Grundlage einer entsprechenden Satzungsbestimmung geschehen.[1166] Derartige Einwirkungsmöglichkeiten der Verbände auf die Unternehmen sind aber eher die Ausnahme, so dass es bei dem Grundsatz bleibt, dass Verträge zu Lasten Dritter nicht abgeschlossen werden dürfen.

Die Verbände haben bei Abschluss der VV nicht in berechtigter Stellvertretung gem. § 164 BGB im Namen der Unternehmen gehandelt. Es liegen auch weder Vereinsbeschlüsse der Verbände vor, durch welche die VV bindendes Verbandsrecht würde noch ist die VV durch Verpflichtungserklärung für die Mitglieder der Verbände bindend geworden. Damit ist festzuhalten, dass die VV als Normenvertrag, Richtlinien vorgibt bzw. ihre Anwendung empfiehlt, die Parteien des Einzelvertrages aber rechtlich nicht bindet. Handeln diese bei ihren Vertragsverhandlungen abweichende Kriterien zur Bestimmung der Durchleitungsentgelte aus, so ist ihr Vertrag, trotz Abweichung vom Normenvertrag, gültig. Die Verbände könnten höchstens mittelbar, durch Androhen einer verbandsinternen Strafe, die Adressaten zu normgemäßen Verhalten anhalten.

III. Faktische Bindungswirkung

Wenn die VV als Normenvertrag keine rechtliche Bindungswirkung auf die Adressaten hat, so stellt sich die Frage, ob sie nicht zumindest eine faktische Wirkung entfaltet.

Die VV setzt mit den Kriterien zur Bestimmung von Netznutzungsentgelten Standards, die von anerkannten Fachleuten der tangierten Wirtschaftszweige für maßgeblich gehalten werden. Sie stellt sozusagen ein technisches Regelwerk dar. Technische Regelwerke sind häufig von Sachverständigenausschüssen privatrechtlicher Verbände aufgestellte technische Regeln zur Vereinheitlichung bestimmter Gegenstände[1167] oder Sachverhalte. Bekanntestes und wohl auch wichtigstes Beispiel für ein technisches Regelwerk privater Regelsetzer sind die Normen des DIN (Deutsches Institut für Normung e.V.), die DIN-Normen.[1168] Teilweise können Regelwerke aber auch von öffentlich-

---

[1166] *Baur* (Fn. 1152), Vergütungen für Strom, S. 27 m.w.N.

[1167] *Foerste* in: Graf v. Westphalen, Produkthaftung, Bd. 1, 2. Aufl. 1997, § 24 Rn. 36.

[1168] Vgl. dazu *Büdenbender/von Heinegg/Rosin*, Energierecht I, Recht der Energieanlagen (1999), Rn. 615.

rechtlichen Ausschüssen erlassen werden.[1169] In annähernd jedem Rechtsbereich sind die technischen Regelwerke in mannigfacher Ausprägung anzutreffen. Vor allem im öffentlichen Recht kommt ihnen gerade im Bereich des Rechts der technischen Sicherheit sowie im Immissionsschutzrecht eine große Bedeutung zu. Häufig sind in Gesetzen Generalklauseln zu finden, die auf den „Stand der Technik" oder auf „die anerkannten Regeln der Technik" verweisen. Diese Begriffe werden durch die zumeist von privatrechtlichen Verbänden erlassenen technischen Regelwerke näher erläutert bzw. konkretisiert. Da eben zumeist von privatrechtlichen Organisationen erlassen, erlangen die Regelwerke keinen Rechtsnormcharakter.

Dies bedeutet jedoch nicht, dass technische Regelwerke grundsätzlich keinerlei Verbindlichkeit haben. Privatrechtlich zu Stande gekommene technische Regelwerke werden in Form einer Sachverständigenäußerung zur Konkretisierung der technischen Standards herangezogen.[1170]

Auf diese Weise erlangen technische Regelwerke auch im Strafrecht Bedeutung. So können technische Regelwerke z.B. Hilfsmittel darstellen für die richterliche Entscheidung bei der Frage, ob ein Verstoß gegen die allgemein anerkannten Regeln der Technik i.S.d. § 319 StGB vorliegt.[1171]

Auch im Zivilrecht können technische Regelwerke wie die DIN-Normen etwa zur Ausfüllung des Blankettbegriffs des objektiven Sorgfaltsmaßstabs herangezogen werden.[1172] Im Werkvertragsrecht ist ein zur Zeit der Abnahme gegebener „Verstoß gegen anerkannte Regeln des Fachs, wie sie u.a. in DIN-Normen, Unfallverhütungsvorschriften, VDE-Bestimmungen niedergelegt sind"[1173] ein Mangel. Gerade im Bereich des Produkthaftungsrechts spielen die technischen Regelwerke eine maßgebliche Rolle. Hier beeinflussen sie maßgeblich die Verkehrspflichten des Herstellers.[1174] Auf diversen rechtlichen Wirkungsweisen kommt den technischen Regelwerken die normative Kraft des Faktischen zu. Obwohl kein technisches Regelwerk eine unmittelbare rechtliche Bindung bewirkt, ist eine Abweichung von ihren Standards begründungsbedürftig. Dies gilt vor allem dann, wenn die Abweichung einem Dritten, wie etwa einem Durchleitungswilligen, aufoktroyiert werden soll. Bei der Entscheidungsfindung werden die technischen Regelungen herangezogen. Werden sie eingehalten, so spricht das für ein rechtmäßiges Verhalten. Wird dagegen von den festgesetzten Regelungen abgewichen, indiziert das zunächst ein rechtswidriges Verhalten. Ausnahmsweise, mittels besonderer Begründung, kann eine Abweichung aber dennoch rechtmäßig sein.

Diese normative Kraft des Faktischen kommt einem technischen Regelwerk auch dann zu, wenn nicht sämtliche, wohl aber die meisten der betroffenen Verkehrskreise[1175] die festgesetzten Normen für korrekt halten.

Auch den Verbändevereinbarungen kommt eine solche faktische Bindungswirkung zu. Die VV beschreiben eine Möglichkeit, wie der Zugang zu fremden Netzen organisiert werden kann. Da von anerkannten Fachleuten der Elektrizitätswirtschaft erarbeitet, deutet die Anwendung der in der VV niedergelegten Kriterien a priori darauf hin, dass ein ausgewogenes Verhandlungsergebnis erzielt wurde. Die Kriterien der VV stellen aber nicht die ultima ratio bzw. sind nicht die einzig wahren Vorgaben zum Erreichen eines ausgewogenen Verhandlungsergebnisses. Auch andere Ausgestaltungen von Netzzugangsverträgen mögen zu rechtmäßigen Ergebnissen führen. Mangels rechtlicher Verbindlichkeit ist es den Parteien unbenommen, sich von den Vorgaben der VV zu lösen und

---

[1169] *Graf v. Westphalen* (Fn. 1167).

[1170] *Nicklisch*, Technische Regelwerke – Sachverständigengutachten im Rechtssinne?, NJW 1983, S. 841 (850).

[1171] *Schönke/Schröder-Cramer*, Strafgesetzbuch Kommentar, 26. Aufl. 2001, § 319 Rn. 4.

[1172] BGH Urt. v. 01. März 1988 BGHZ 103, 338 (341); Palandt-*Heinrichs* (Fn. 286), § 276 Rn. 18.

[1173] Palandt-*Thomas* (Fn. 1026), § 633 Rn. 2.

[1174] *Graf v. Westphalen* (Fn. 1167), § 24 Rn. 35.

[1175] *Nicklisch* (Fn. 1170), S. 846; vgl. zu Bedenken des VKU: VKU-ND 586 (Oktober 1997), S. 2.

ihrem Vertrag eigene Kriterien zu Grunde zu legen. Dies ist der deutliche Unterschied zu einer rechtlich verbindlichen Vorgabe. Selbst wenn nachgewiesen werden kann, dass rechtlich verbindlich vorgegebene Kriterien zu unsach- und/oder unrechtmäßigen Resultaten führen, können die Parteien sich davon nicht ohne weiteres lösen. Gelingt hinsichtlich der VV der Nachweis, dass sie zu unrechtmäßigen Ergebnissen führt, ist der Anschein, ihre Anwendung führe zu rechtmäßigen Resultaten, erschüttert. Ein unrechtmäßiges Verhalten kann nicht damit gerechtfertigt werden, dass es von den Vorgaben der VV gedeckt ist. Eine Legitimation eines unrechtmäßigen Verhaltens durch Berufen auf die VV ist nicht möglich.[1176]

Mit der Akzeptanz der betroffenen Verkehrskreise wird die VV zudem zu einem Handelsbrauch im Sinne des § 346 HGB. § 346 HGB regelt, dass unter Kaufleuten in Ansehung der Bedeutung und Wirkung von Handlungen und Unterlassungen auf die im Handelsverkehre geltenden Gewohnheiten und Gebräuche Rücksicht zu nehmen ist. Damit dienen Handelsbräuche dazu, für nicht geregelte Sachverhalte die erforderliche Regelungen bereitzustellen. Um als Handelsbrauch zu gelten, müssen die Regelungen im Handelsverkehr als geltende Gewohnheiten und Gebräuche akzeptiert werden, d.h. die betroffenen Verkehrskreise müssen die Regeln für und gegen sich gelten lassen. Ob eine Akzeptanz der Verkehrskreise vorliegt, kann erst dann definitiv bestimmt werden, wenn der Handelsbrauch über einen gewissen Zeitraum geübt wurde. Bezogen auf die VV bedeutet das, dass die Anwender der VV – Netzbetreiber, Erzeuger und Verbraucher – das Regelwerk als im Handelsverkehr geltende Gewohnheit und Gebrauch akzeptieren und zumindest über einen längeren Zeitraum anwenden müssen. Ist dies der Fall, so geht aber auch beim Handelsbrauch die Individualabrede dem Brauch vor. Letzterer regelt nur die Lücken.[1177]

IV. Fazit zu Rechtsnatur und Bindungswirkung

Die VV stellt einen zwischen BDI und VIK einerseits und VDEW andererseits abgeschlossenen Verbandsvertrag dar. Dieser bindet die abschließenden Parteien. Obwohl sich der Vertragsinhalt dieses zweiseitigen, doppelseitig korporativen Normenvertrages auf die, den Verbänden angeschlossenen Unternehmen bezieht, werden diese rechtlich nicht gebunden.[1178] Die Verbände können, wenn überhaupt, nur mittels verbandsinterner Sanktionsandrohungen, ihre angeschlossenen Unternehmen zur Einhaltung der beschlossenen Regelungen anhalten. Trotz mangelnder rechtlicher Verbindlichkeit, erlangt die VV eine Bindungswirkung. Diese ist allerdings rein faktischer Natur. Indem die VV Standards festsetzt, die von einem Großteil der Fachleute der betroffenen Wirtschaftskreise für richtig und angemessen angesehen werden, kommt ihr – gleichsam den technischen Regelwerken – die normative Kraft des Faktischen zu. Für den Fall einer rechtlichen Auseinandersetzung bedeutet das, dass ein Durchleitungsentgelt, das anhand der Kriterien zur Bestimmung von Durchleitungsentgelten, wie sie in der VV festgelegt wurden, errechnet wurde, grundsätzlich als korrekt angesehen werden kann. Lediglich in begründeten Ausnahmefällen ist eine Abweichung von den vorgegebenen Regelungen zulässig, aber eben auch möglich.

[1176] Vgl. dazu auch schon oben 3. Teil B VIII 2 h).

[1177] Zur Standardisierung durch die VV und zur Eigenschaft als Handelsbrauch vgl. *Börner, A.-R.*, Erste Überlegungen zu den privaten Normierungen der Stromdurchleitung: Stringenz und Kartellrecht (Teil 1), RdE 2000, S. 55 ff.

[1178] So auch *Pfletschinger/Styles/Günther*, Verbändevereinbarung reicht nicht aus, Wirtschaftswelt Energie Oktober 1997, S. 15.

V. Rechtliche Überprüfung der VV

Am 28. Mai 1998 hat die 8. Beschlussabteilung des Bundeskartellamts formell mitgeteilt, dass ihrer Ansicht nach gegen die Anwendung der VV I grundsätzlich keine kartellrechtlichen Bedenken bestehen.[1179] Danach sah die Beschlussabteilung „nach ihrem gegenwärtigen Erkenntnisstand keinen Anlass, die Durchführung der Verbändevereinbarung nach deutschem Kartellrecht zu beanstanden."[1180] Die Vereinbarung regele zwar das Preisverhalten der Elektrizitätsnetzbetreiber beim Abschluss mit Durchleitungsbewerbern. Darüber hinaus könnten die Netzbetreiber als Anbieter von Durchleitungsleistungen in Einzelfällen auch miteinander im Wettbewerb stehen. Insofern sah die Beschlussabteilung die Möglichkeit für gegeben, dass die Durchführung der Verbändevereinbarung in den Anwendungsbereich des Empfehlungsverbots gem. § 38 I Nr. 11 GWB a.F. hineinreicht und hinsichtlich des Abstimmungsprozesses der Leitungsbetreiber untereinander auch zu Verstößen gegen die Verbote der §§ 1 und 25 I GWB a.F. führen könnte. Die Beschlussabteilung sah aber keine Veranlassung auf Grund eines öffentlichen Interesses gegen die Durchführung der Verbändevereinbarung einzuschreiten. Die Ausübung des Opportunitätsprinzips dahingehend nicht einzuschreiten, wurde damit begründet, dass die Vereinbarung erwarten ließe, die vorgesehene Öffnung des Elektrizitätsmarktes zu erleichtern. Wegen dieser „wettbewerbsfördernden Zielsetzung und im Hinblick darauf, dass sie als Empfehlung an die Mitgliedsunternehmen keine bindende Festlegung der Netzbetreiber im Sinne von Mindestpreisen zum Inhalt hat, und schließlich auch wegen ihrer Befristung auf den 30. September 1999" sah die Beschlussabteilung keine Veranlassung, einzuschreiten.[1181] Auch für ein generelles Vorgehen gegen die Entgeltkriterien der VV I sah die Beschlussabteilung keinen Anlass.[1182] Ein Einschreiten der Kartellbehörde sei erst geboten, wenn sich ergäbe, dass die auf Grund der VV I ermittelten Entgelte missbräuchlich, diskriminierend oder unbillig behindernd seien.

Auf dieser Linie beurteilte auch die für Wettbewerb zuständige Generaldirektion (GD) IV der Europäischen Kommission die Verbändevereinbarung. Anfang August 1998 gab die GD ein vorläufiges Ergebnis ihrer Voruntersuchung ab.[1183] Auch die GD sah in der VV I einen wichtigen Beitrag zur Förderung des Wettbewerbs auf dem Elektrizitätsmarkt. Eine weitere Überprüfung sollte erst nach Anlauf des Wettbewerbs auf dem Elektrizitätsmarkt erfolgen.[1184]

Somit hat weder das BKartA eine intensivere Überprüfung nach deutschem Kartellrecht noch hat die GD eine materielle Prüfung der VV I nach Gemeinschaftsrecht vorgenommen. Sowohl das BKartA als auch die GD haben auf Grund opportuner Entscheidungen, von einer materiellrechtlichen Prüfung abgesehen.

Hinsichtlich der VV II haben sich sowohl BKartA[1185] als auch die EU-Kommission[1186] kritisch zu Wort gemeldet. Die Kritik trifft in beiden Fällen vor allem die T-Komponente bzw. die Aufteilung Deutschlands in zwei Zonen und die Abschottung nach außen.

Im Folgenden sollen die materiellen Grenzen einer Verbändevereinbarung ermittelt werden. Diese werden durch die Regelungen des Kartellrechts bestimmt.[1187]

1179 BKartA „Comfort letter" an die Verbände vom 29. Mai 1998. Abgedruckt in VKU-Nachrichtendienst 7-98, Bundeskartellamt zur Verbändevereinbarung, S. 4 f.

1180 BKartA „Comfort letter" (Fn. 1179), S. 4.

1181 BKartA „Comfort letter" (Fn. 1179), S. 4.

1182 BKartA „Comfort letter" (Fn. 1179), S. 5.

1183 Vgl. „EU-Kommission zur Verbändevereinbarung", VDEW-Kontakt 10/98, S. 6.

1184 Vgl. „EU-Kommission zur Verbändevereinbarung", VDEW-Kontakt 10/98, S. 6.

1185 Vgl. Die Überarbeitung der Verbändevereinbarung stößt auf Probleme, FAZ v. 02. September 1999.

1186 VKU-Nachrichtendienst Nr. 614, S. 5

Kartellrechtliche Verstöße im Zusammenhang mit der VV sind grob gesehen in zwei Varianten denkbar:

Zum einen ist zu überprüfen, ob die VV an sich gegen kartellrechtliche Normen verstößt. Einerseits kommt hier ein Verstoß gegen das Kartellverbot gem. § 1 GWB in Betracht. Andererseits kann die VV an sich in den Anwendungsbereich des Empfehlungsverbots des § 22 I S. 1 GWB n.F. (§ 38 I Nr. 11 GWB a.F.) fallen.

Zum anderen kommt ein Verstoß gegen geltendes Kartellrecht auch im Hinblick auf Abstimmungsprozesse der Leitungsbetreiber untereinander in Betracht. Hier könnte gem. § 1 GWB entweder ein Verbot wegen einer wettbewerbsbeschränkenden Vereinbarung oder wegen einer abgestimmten Verhaltensweise in Betracht kommen.[1188]

1. Kartellrechtliche Würdigung

a) Verstoß gegen § 1 GWB durch Abstimmungsprozesse der Leitungsbetreiber untereinander?

§ 1 GWB „Kartellverbot":

„Vereinbarungen zwischen miteinander im Wettbewerb stehenden Unternehmen, Beschlüsse von Unternehmensvereinigungen und aufeinander abgestimmte Verhaltensweisen, die eine Verhinderung, Einschränkung oder Verfälschung des Wettbewerbs bezwecken oder bewirken, sind verboten."

Auf Grund eines möglichen Abstimmungsprozesses der Leitungsbetreiber untereinander, die Anwendung der Verbändevereinbarung betreffend, könnte ein Verstoß gegen § 1 GWB vorliegen. Dabei kommt gem. § 1 GWB entweder ein Verbot wegen einer wettbewerbsbeschränkenden Vereinbarung oder wegen einer abgestimmten Verhaltensweise in Betracht.

Zunächst müsste es sich dann bei den Netzbetreibern um „miteinander im Wettbewerb stehende Unternehmen" handeln. Auf Grund der Änderung des § 1 GWB durch die 6. Kartellrechtsnovelle hat die Norm materiell keine Änderung erfahren.[1189] Nach wie vor gilt der funktionale Unternehmensbegriff.[1190] Entscheidend für die Anknüpfung ist danach nicht, wer tätig ist, sondern die Art der Tätigkeit, nämlich die aktive Teilnahme am Wirtschaftsleben.[1191] Dementsprechend ist auf die unternehmerische Tätigkeit abzustellen. Als unternehmerische Tätigkeit gilt „jede Tätigkeit im geschäftlichen Verkehr [...], die auf den Austausch von Waren oder gewerblichen Leistungen gerichtet ist und sich nicht auf die Deckung des privaten Gebrauchs beschränkt."[1192] Netzbetreibende EVU fallen eindeutig unter den Unternehmensbegriff des GWB.

[1187] *Klaue* (Fn. 1074), S. 23.

[1188] § 1 GWB n.F. beinhaltet seit der 6. Kartellrechtsnovelle beide Alternativen. Die tatbestandliche Trennung der Alternativen durch § 1 GWB a.F. und § 25 I GWB existiert daher nicht mehr. Dadurch wurde ein formaler Gleichklang mit Art. 81 I EGV hergestellt.

[1189] *Frankfurter Kommentar* zum GWB, Kurzdarstellung § 1 n.F. Rn. 25.

[1190] *Frankfurter Kommentar* (Fn. 1189), § 1 a.F. Rn. 38 ff.

[1191] *Bechtold* (Fn. 322), § 1 Rn. 2; *v. Gamm*, Kartellrecht, 2. Auflage 1990, § 1 Rn. 8; *Frankfurter Kommentar* (Fn. 1192), § 1 a.F. Rn. 39.

[1192] BGH „Nahtverlegung" Urt. v. 6. November 1972 WuW/E BGH 1253 (1257).

Die Leitungsbetreiber müssten „miteinander im Wettbewerb stehen." Ein Wettbewerbsverhältnis zwischen zwei Unternehmen liegt vor, wenn sie auf demselben sachlich relevanten Markt tätig sind (aktuelle Wettbewerber).[1193] Zur Erfüllung des Merkmals reicht es aber auch aus, wenn ihre Tätigkeit auf demselben sachlich relevanten Markt kaufmännisch sinnvoll möglich ist (potentielle Wettbewerber).[1194] Dies ist deshalb fraglich, weil grundsätzlich jeder Netzbetreiber mit seinem Netz ein natürliches Monopol darstellt und somit einen eigenen Teilmarkt repräsentiert.[1195] In den meisten Fällen wird es so sein, dass ein Abnehmer nur von einem Netzbetreiber versorgt wird. Um es plastisch auszudrücken: Die meisten Abnehmer sind nur an das Netz von einem Netzbetreiber angeschlossen. Daraus folgt, dass eine Belieferung dieser Abnehmer über einen anderen Netzbetreiber regelmäßig ausgeschlossen ist. Eine Alternative zur Versorgung des jeweiligen Abnehmers gibt es, jedenfalls was den letzten Teil der „Wegstrecke" zu seinem Anschluss betrifft, grundsätzlich nicht. Wenn aber keine alternative Versorgung denkbar ist, so kann auch das Merkmal des „miteinander im Wettbewerb stehen" nicht vorliegen. Denn dies setzt voraus, dass mindestens zwei Unternehmen in irgendeiner Weise miteinander konkurrieren. Im Falle der Netzbetreiber hieße das, dass mindestens zwei Leitungsbetreiber darum konkurrieren, eine Durchleitung über ihr Netz, anstatt über das des anderen durchzuführen. Eine solche Konstellation dürfte aber nur in ganz seltenen Fällen vorliegen, nämlich dann, wenn ein Abnehmer über zwei Stichleitungen, die zu verschiedenen Netzbetreiber gehören, versorgt werden kann. Beim Strompfadmodell der VV I dagegen war Wettbewerb der Leitungsbetreiber auch auf regionaler Ebene denkbar. Das System verlangte, dass mit jedem Netzbetreiber, dessen Netz auf dem Weg von Einspeise- bis zum Entnahmepunkt in Anspruch genommen wurde, ein Durchleitungsvertrag abgeschlossen werden musste. Bei dieser Konstellation war Wettbewerb zwischen den Leitungsbetreibern insofern denkbar, dass eine Durchleitung über verschiedene zwischen Einspeise- und dem Entnahmenetz liegender Netze möglich war.

Beispiel: Der Abnehmer A ist angeschlossen beim Netzbetreiber Na. Die Durchleitung der von Einspeiser E Elektrizität kann dann über das Netz von N1 in das Netz des Na erfolgen. Möglich ist aber auch eine Durchleitung über das Netz des N2 in das Netz des Na. Insoweit können N1 und N2 um die Durchleitung zur Versorgung des A miteinander im Wettbewerb stehen.

Es dürften dies die Fälle gewesen sein, die das BKartA vor Augen hatte, als es mitteilte, dass die Anwendung der VV I hinsichtlich des Abstimmungsprozesses der Leitungsbetreiber untereinander in den Anwendungsbereich des § 1 GWB fallen könne.

Mit der VV II ist dieses Strompfadmodell nunmehr aber zu Gunsten eines Anschluss-Punktmodells aufgegeben worden. Wesen des Anschluss-Punktmodells mit zwei Handelszonen nach der VV II ist es, dass der Kunde für seine gesamte Netznutzung ein pauschales Netznutzungsentgelt entrichtet. Hierdurch wird eine Reduzierung des administrativen Aufwands erreicht, vor allem gegenüber den "Kettendurchleitungen". Darüber hinaus richtet sich das Netznutzungsentgelt nach der VV II nur nach der Spannungsebene, in welcher der Kunde angeschlossen ist. Die darüber liegenden Spannungsebenen werden vom Netznutzungsentgelt ebenso umfasst wie die Kosten für Systemdienstleistungen und eventuell auftretende Verluste. Einzelne hintereinander geschaltete Durchleitungsverträge sind mithin obsolet. Daraus ergibt sich, dass im Gegensatz zum Transaktionsmodell der VV I die einzelnen Netzbetreiber zwischen dem Einspeisenetz und dem Entnahmenetz nicht mehr miteinander um den Abschluss eines Durchleitungsvertrags miteinander im Wettbewerb stehen.

[1193] *Bechtold* (Fn. 322), Rn. 21.

[1194] *Bechtold* (Fn. 322), Rn. 21.

[1195] *Börner, A.-R.*, Erste Überlegungen zu den privaten Normierungen der Stromdurchleitung: Stringenz und Kartellrecht (Teil 2), RdE 2000, S. 94 ff.

Die Möglichkeit, dass Netzbetreiber miteinander im Wettbewerb stehen, beschränkt sich also auf das System der VV I und auf die Fälle, in denen ein Abnehmer durch zwei Netzbetreiber versorgt werden kann. Dies ist aber nur in sehr seltenen Fällen gegeben. Schon allein deshalb stellt sich die Frage nach der kartellrechtlichen Relevanz. Dabei kann es dahin stehen, ob überhaupt eine Vereinbarung oder eine aufeinander abgestimmte Verhaltensweise im Sinne des § 1 GWB vorliegt. Zwar erfasst § 1 GWB nach seinem Wortlaut alle Vereinbarungen von miteinander im Wettbewerb stehenden Unternehmen, die eine Wettbewerbsbeschränkung in irgendeiner Art bewirken oder bezwecken. Dieser weite Wortlaut bedarf nach wohl unbestrittener Meinung einer an Sinn und Zweck des Gesetzes ausgerichteten graduellen Einengung dahin, dass nur Vereinbarungen mit einer Eignung zu spürbaren Auswirkungen verboten sind.[1196] Da Leitungsbetreiber nur in ganz seltenen Fällen miteinander überhaupt im Wettbewerb stehen können, liegt eine spürbare Außenwirkung nicht vor. Sollte das Tatbestandsmerkmal des „miteinander im Wettbewerbs stehen" dennoch bejaht werden, so müssten auch die übrigen Voraussetzungen des § 1 GWB vorliegen. Es müsste sich um eine Vereinbarung im Sinne des § 1 GWB handeln.[1197] Aus dem Wortlaut „Verbändevereinbarung" ergibt sich zwar unzweifelhaft, dass die Verbände Vereinbarungen geschlossen haben. Allerdings ist damit noch nicht geklärt, ob es sich dabei auch um Vereinbarungen im Sinne des § 1 GWB handelt. Obschon § 1 GWB in seiner neuen Fassung nicht mehr von Verträgen spricht, sondern nur noch von Vereinbarungen, ist damit kein sachlicher Unterschied verbunden. Gemeint sind nach wie vor Verträge im Sinne der §§ 145 ff. BGB.[1198] Das bedeutet, dass übereinstimmende Willenserklärungen vorliegen müssen, durch die bestimmte Rechtsfolgen begründet werden sollen.[1199] Es ist auf jeden Fall erforderlich, dass eine tatsächliche Bindungswirkung eintritt bzw. eintreten soll.[1200] Eine Bindungswirkung ist von den Verbändevereinbarungen auch vorgesehen. Dies ist der Diktion der VV zu entnehmen, die deutlich macht, dass die abschließenden Verbände gebunden werden sollen. So heißt es beispielsweise in Ziffer 3.6 der VV I bzw. in Ziffer 5.6 der VV II: „Die Verbände wirken darauf hin, dass bei Meinungsverschiedenheiten zunächst von den Schlichtungsmöglichkeiten der Clearingstelle Gebrauch gemacht wird." Und in Ziffer 4.1 der VV I bzw. in Ziffer 6.1 der VV II heißt es: „[...] Sie (die Verbände) werden sich rechtzeitig vor Ablauf der Vereinbarung auf etwa notwendige Änderungen im Lichte der zwischenzeitlich gemachten Erfahrungen verständigen."[1201] Sowohl die Formulierung „sie wirken darauf hin" als auch die Formulierung „sie werden sich verständigen" zeigt, dass eine Bindung gewollt ist. Diese Bindung besteht jedoch nur für die vertragsschließenden Verbände. Auf die den Verbänden angeschlossenen Unternehmen – insbesondere auf die einzelnen Netzbetreiber – bezieht sich die Bindungswirkung nicht.[1202] Hinsichtlich eines Abstimmungsprozesses der Netzbetreiber untereinander liegt mithin mangels Bindungswirkung keine Vereinbarung im Sinne des § 1 GWB vor.

Bezüglich eines Abstimmungsprozesses der Leitungsbetreiber untereinander kommt aber eine Erfüllung des Tatbestandsmerkmals der „aufeinander abgestimmten Verhaltensweise" in Frage.[1203] Eine aufeinander abgestimmte Verhaltensweise ist eine bewusste und praktische Zusammenarbeit,

---

[1196] BGH Urt. v. 19.4.1983 BGH WuW/E 2000 (2001).

[1197] Zum kartellrechtlichen Vereinbarungsbegriff vgl. *Immenga/Mestmäcker* (Fn. 342), § 1 Rn. 109 ff.; *Schwabe*, Die deutsche Stromversorgungsstruktur und der EWG-Vertrag, 1993, Baden-Baden, S. 39 f.

[1198] *Bechtold* (Fn. 322), Rn. 6; *Langen/Bunte* (Fn. 325), § 1 Rn. 28 ff. Ein Vertrag im zivilrechtlichen Sinn liegt vor, wenn zwei inhaltlich übereinstimmende Willenserklärungen mindestens zweier Rechtssubjekte mit Bezug aufeinander abgegeben wurden.

[1199] *Bechtold* (Fn. 322), Rn. 6; *Langen/Bunte* (Fn. 325), Rn. 28.

[1200] *Bechtold* (Fn. 322), Rn. 6.

[1201] Anmerkung des Autors.

[1202] Vgl. 6. Teil D. II. Ferner *Börner, A-R.* (Fn. 1195), Erste Überlegungen, Teil 2, S. 96.

[1203] So auch *Klaue* (Fn. 1074), S. 25.

die noch nicht bis zum Abschluss eines Vertrages im eigentlichen Sinne gediehen ist.[1204] Das Verhalten ist Ausfluss einer tatsächlichen Abstimmung und damit Expression einer bewussten praktischen Zusammenarbeit. Eine solche abgestimmte Verhaltensweise kann darin gesehen werden, dass die einzelnen netzbetreibenden Unternehmen sich hinsichtlich der Erarbeitung der anzuwendenden Kriterien abgestimmt haben bzw. sich dahingehend geeinigt haben, diese Regeln gleichmäßig anzuwenden und zu beachten[1205] und in der Praxis auch tatsächlich so verfahren. Der Abstimmungsprozess der einzelnen Netzbetreiber untereinander muss eine Beschränkung des Wettbewerbs bezwecken oder bewirken. „Beschränkung" des Wettbewerbs bedeutet die Beeinträchtigung der wettbewerblichen Handlungsfreiheit als Anbieter oder Nachfrager.[1206] Hiervon müssen wettbewerbs-relevante Handlungen betroffen sein. Es erscheint fraglich, ob mit der möglicherweise vorliegenden abgestimmten Verhaltensweise tatsächlich eine Beschränkung des Wettbewerbs auf dem Elektrizitätsmarkt bezweckt ist oder sie eine solche bewirkt, oder ob nicht viel eher Wettbewerb ermöglicht werden soll. Wird die Anwendung der Kriterien der VV jedoch vereinbart, begeben sich die Beteiligten ihrer wettbewerblich relevanten Handlungsfreiheit, Durchleitungsentgelte im Wettbewerb allein auf unternehmensindividuellen Fakten gegründet festzusetzen.[1207] Unerheblich ist dabei, ob das Entgelt als der „Preis" an sich gesehen wird oder ob es sich um einen Teil des Gesamtstrompreises handelt. Denn nach ständiger höchstrichterlicher Rechtsprechung ist eine Vereinbarung, die eine Bindung von einem oder mehreren Bestandteilen eines Gesamtpreises enthält, eine Wettbewerbsbeschränkung im Sinne des § 1 GWB.[1208] Sowohl in der VV I als auch in der VV II sind Bestimmungen enthalten, die unmittelbaren Einfluss auf die Art und Weise der Ermittlung des Entgelts einerseits und auf das Entgelt der Höhe nach haben.[1209] Durch die Anwendung dieser Vertragsbestandteile begeben sich die Unternehmen der Möglichkeit, die Entgelte frei und nach ihren eigenen Vorstellungen festzusetzen. Insofern kommt es in Betracht, dass auf Grund einer abgestimmten Verhaltensweise der Netzbetreiber eine Beschränkung von Wettbewerb bezweckt oder bewirkt werden soll.

Auch eine spürbare Außenwirkung dürfte bei Anwendung der VV gegeben sein. So ist zum einen schon jetzt festzustellen, dass die Kriterien der VV in der Elektrizitätswirtschaft weitgehend anerkannt und angewandt wurden bzw. werden. Insofern kommt auch diesbezüglich eine „Bündeltheorie" zum Tragen, die bei der Spürbarkeit ein „Bündel" gleichlaufender Vereinbarungen berücksichtigt. Danach kann eine einzelne Wettbewerbsbeschränkung spürbar sein, wenn sie ein Teil von die ganze Branche umfassenden Beschränkungen ist.[1210] Zum anderen kommt eine spürbare Außenwirkung umso eher in Betracht, wenn der Wettbewerb auf dem Markt ohnehin eingeschränkt ist.[1211] Zwar ist durch das Neuregelungsgesetz und die 6. Kartellrechtsnovelle nunmehr Wettbewerb auf dem leitungsgebundenen Elektrizitätsmarkt eingeführt worden, doch ist der Wettbewerb auf Grund der nach wie vor gegebenen faktischen Monopole sowie wegen der Leitungsgebundenheit und der damit verbundenen Probleme wie z.B. dem Kapazitätsmangel der Wettbewerb weiterhin eingeschränkt.

[1204] EuGH „Teerfarben" Urt. v. 14. Juli 1972 WuW/E 269 (272); *Bechtold* (Fn. 322), Rn. 11; *v. Gamm* (Fn. 1191), § 25 Rn. 5 ff.

[1205] So auch *Börner, A-R.* (Fn. 1195), Erste Überlegungen, Teil 2, S. 96.

[1206] BGH Urt. v. 13. Dezember 1983 WuW/E BGH 2049; *Bechtold* (Fn. 322), Rn. 26.

[1207] Vgl. *Klaue* (Fn. 1074), S. 24.

[1208] *Immenga/Mestmäcker* (Fn. 342), § 1 Rn. 240 m.w.N.; *Klaue* (Fn. 1074), S. 24.

[1209] *Klaue* (Fn. 1074), S. 24. Hinsichtlich der betreffenden Bestimmungen wird auf die Darstellung des jeweiligen Inhalts der VVs verwiesen.

[1210] KG Urt. v. 04. November 1991 KG WuW/E 4885 ff. (4891).

[1211] BKartA TB 1981/1982, S. 71.

Nach der hier vertretenen Auffassung kommt ein Verstoß gegen § 1 GWB auf Grund eines Abstimmungsprozesses seitens der Netzbetreiber untereinander wenn überhaupt, dann nur selten in Betracht. Dies resultiert daraus, dass – vor allem auf Grund der jetzigen Fassung der VV II – ein Wettbewerbsverhältnis zwischen zwei Netzbetreibern so gut wie nie gegeben sein dürfte. Bei den wenigen Fällen, in denen ausnahmsweise doch ein Wettbewerb zwischen Netzbetreibern möglich ist, dürfte es dann aber jedoch an einer kartellrechtsrelevanten Spürbarkeit fehlen, selbst wenn angenommen werden würde, dass in diesen Fällen eine kartellrechtswidrige Absprache getroffen worden sei. Wenn jedoch ein Wettbewerbsverhältnis angenommen wird, so kommt eine abgestimmte Verhaltensweise auf Grund des Abstimmungsprozesses der Leitungsbetreiber untereinander in Betracht, die eine Beschränkung des Wettbewerbs bezweckt oder bewirkt.

b) Verstoß gegen § 1 GWB durch die VV als Vertrag zwischen den Verbänden?

Es könnte auch ein Kartellrechtsverstoß durch die VV an sich angenommen werden. Dann müsste es sich bei der VV zunächst um Vereinbarungen von miteinander im Wettbewerb stehenden Unternehmen oder um einen Beschluss von Unternehmensvereinigungen handeln. Unter den Unternehmensbegriff fallen nach wie vor grundsätzlich auch Berufs- und Wirtschaftsverbände.[1212] Wegen der weiten Fassung des kartellrechtlichen Unternehmensbegriffs sind somit auch die Verbände VDEW, BDI und VIK somit als Unternehmen i.S. des § 1 GWB zu qualifizieren.[1213]

VDEW einerseits und VIK und BDI andererseits stehen einander aber weder als aktuelle noch als potentielle Wettbewerber gegenüber. Die Verbände wollen unmittelbar keine Durchleitungsverträge miteinander abschließen. Insofern stehen die Verbände als Unternehmen nicht „miteinander im Wettbewerb“. Eine irgendwie geartete rechtliche oder tatsächlich Bindung der den Verbänden angeschlossenen Unternehmen besteht aber gerade nicht. Die VV ist mithin keine Vereinbarung zwischen miteinander im Wettbewerb stehender Unternehmen.

Es könnte noch daran gedacht werden, dass ein Kartellrechtsverstoß im Sinne einer aufeinander abgestimmten Verhaltensweise vorliegt. Hinsichtlich der Verbände kommt eine „aufeinander abgestimmte Verhaltensweise“ aber nicht in Frage. Dies scheitert ebenfalls daran, dass die Verbände nicht miteinander im Wettbewerb stehen. Wegen der Systematik des § 1 GWB könnte angenommen werden, dass es bei der Alternative der „aufeinander abgestimmten Verhaltensweise“ auf ein „miteinander im Wettbewerb stehen“ auch nicht ankommt. Denn das Tatbestandsmerkmal „ von miteinander im Wettbewerb stehenden Unternehmen“ steht nur mit dem Tatbestandsmerkmal „Vereinbarungen“ in unmittelbaren Zusammenhang, während die Alternative der „aufeinander abgestimmten Verhaltensweise“ durch das Merkmal der Konjunktion „und“ hiervon getrennt steht. Aus dem Sachzusammenhang ergibt sich jedoch, dass auch hinsichtlich der aufeinander abgestimmten Verhaltensweisen ein Wettbewerbsverhältnis vorausgesetzt wird. Das Merkmal des „miteinander im Wettbewerb stehen“ dient der – dem deutschen Kartellrecht nach wie vor zu Grunde liegenden – Unterscheidung von horizontalen und vertikalen Vereinbarungen bzw. aufeinander abgestimmter Verhaltensweisen.[1214] Während § 1 GWB Kartelle zwischen Wettbewerbern, also horizontale Wettbewerbsbeschränkungen, verbietet, unterliegen vertikale Abstimmungen, also solche zwischen Nicht-Wettbewerbern, nicht dem § 1 GWB. Sie können aber im Wege der Missbrauchsaufsicht gem. § 16 GWB für unzulässig erklärt werden. § 1 GWB ist daher so zu lesen, dass *„Vereinbarungen und aufeinander abgestimmte Verhaltensweisen von miteinander im Wettbewerb stehenden Unternehmen, sowie Beschlüsse von Unternehmensvereinigungen, denen miteinander im*

[1212] *Frankfurter Kommentar* (Fn. 1189), § 1 a.F. Rn. 88.

[1213] So auch *Klaue* (Fn. 1074), S. 24.

[1214] *Bechtold* (Fn. 322), § 1 Rn. 17 f.

Wettbewerb stehende Unternehmen angehören, die eine Verhinderung, Einschränkung oder Verfälschung des Wettbewerbs bezwecken oder bewirken, sind verboten."

Nachdem nunmehr festgestellt worden ist, dass auch „aufeinander abgestimmte Verhaltensweisen" nur dann zwingend gem. § 1 GWB verboten sind, wenn sie von „miteinander im Wettbewerb stehenden Unternehmen" praktiziert werden, wird deutlich, dass die VV an sich auch nicht unter dieses Tatbestandsmerkmal des § 1 GWB fällt.

Insgesamt ist festzuhalten, dass die VV als Vertrag zwischen den Verbänden nicht unter § 1 GWB fällt.

c) Verstoß gegen das Empfehlungsverbot gem. § 22 I S. 1 GWB?

Die VV als Vertrag zwischen den Verbänden könnte gegen das Empfehlungsverbot des § 22 I S. 1 GWB (Umgehungsempfehlung) verstoßen. Danach sind Empfehlungen, die eine Umgehung der in diesem Gesetz ausgesprochenen Verbote oder der von der Kartellbehörde auf Grund dieses Gesetzes erlassenen Verfügungen durch gleichförmiges Verhalten bezwecken oder bewirken, verboten. Damit enthält § 22 I S. 1 GWB n.F. die Empfehlungsverbote, die bislang in § 38 I Nr. 11 und 12 GWB a.F. normiert waren.[1215]

Empfehlungen sind wie bisher Erklärungen, durch die jemand etwas als für einen anderen gut oder vorteilhaft bezeichnet und es ihm deshalb anrät, nahe legt oder vorschlägt.[1216] Durch sie soll der Wille des Empfehlungsempfängers in eine bestimmte Richtung gelenkt werden. Eine besondere Machtposition muss auf Seiten des Empfehlenden nicht vorhanden sein. Der Empfehlungsempfänger behält überdies seine Entschließungsfreiheit.[1217] Daher ist eine rechtliche Verbindlichkeit der Empfehlung gerade nicht erforderlich. Das Umgehungsverbot des § 22 I S. 1 GWB verbietet sämtliche Empfehlungen, die eine Umgehung des Gesetzes durch gleichförmiges Verhalten bewirken. Eine ausdrückliche Empfehlung ist im Rahmen des Empfehlungsverbots gem. § 22 I GWB nicht nötig.[1218] Ebenso wenig muss die Empfehlung genau bestimmt sein. Es werden auch Empfehlungen erfasst, die auf eine bestimmte Preisberechnung hinwirken.[1219] Ein Verbot im Sinne des § 22 GWB ist vor allem § 1 GWB. Die Umgehung dieses Verbotes besteht darin, dass das Marktverhalten der Unternehmen koordiniert wird, jedoch nicht durch eine Vereinbarung zwischen ihnen, sondern auf Grund der Empfehlung eines der Beteiligten oder eines Dritten. Der Umgehungstatbestand ist folglich erfüllt, wenn sich auf Grund der Empfehlung mindestens zwei Adressaten so verhalten haben, als ob sie hierzu vertraglich verpflichtet seien, sofern die Folge eine Wettbewerbsbeschränkung ist, wie sie der jeweilige Verbotstatbestand gerade verhindern will.[1220] Bei einer Empfehlung zur Umgehung des § 1 GWB muss das abgestimmte Verhalten der Empfehlungsadressaten eine Wettbewerbsbeschränkung darstellen. Die VV muss dementsprechend eine Verhinderung, Einschränkung oder Verfälschung des Wettbewerbs durch ein gleichförmiges Verhalten ihrer Adressaten bezwecken oder bewirken. Dies erscheint fraglich. Ziel der VV II ist es laut Präambel „eine Basis (zu)

[1215] *Bechtold* (Fn. 322), § 22 Rn. 2.

[1216] BGH „Kohlenplatzhandel" Urt. v. 14. Januar 1960 BGHSt 14, 55 ff. (57 ff.) = BGH WuW/E BGH 369 = NJW 1960, 723; BGH Urt. v. 30. Juni 1987 BGH WuW/E 2411 (2413); *Bechtold* (Fn. 322), § 22 Rn. 3; *Emmerich* (Fn. 846), § 16 S. 221; *v. Gamm* (Fn. 1191), §§ 38, 38a Rn. 28; *Langen/Bunte*, Kommentar zum deutschen und europäischen Kartellrecht, 7. Aufl. 1994, § 38 Rn. 56.

[1217] BGH (Fn. 1216) BGHSt 14, 55 ; BGH Urt. v. 01. Juni 1977 BGHSt 27, 196; *Emmerich* (Fn. 846), S. 223; *Immenga/Mestmäcker* (Fn. 342), § 38 Rn. 116 ff.

[1218] *Langen/Bunte* (Fn. 1216), § 38 a.F. Rn. 56.

[1219] *Langen/Bunte* (Fn. 1216), § 38 a.F. Rn. 57.

[1220] BGH Urt. v. 23. Februar 1988 WuW/E BGH 2469 (2470); *Emmerich* (Fn. 846), S. 223.

schaffen für Vereinbarungen zwischen Netzbetreibern und Netznutzern über die Netznutzung auf Vertragsbasis und die entsprechenden Entgelte zur Ausfüllung des Energiewirtschaftsgesetzes als Umsetzung der RL 96/92/EG in deutsches Recht."[1221] Von der grundsätzlichen Ausrichtung ist die VV darauf gerichtet, die Durchführung von Wettbewerb zu ermöglichen. Aus diesem Grunde beinhaltet sie Kriterien, die zur Berechnung von Netznutzungsentgelten bzw. bei einer Versorgung eines Abnehmers durch einen dritten Versorger beachtet werden müssen. Im Gegensatz zu § 1 GWB, der Verhaltensweisen verbietet, die Wettbewerb be- oder verhindern, ist die VV dagegen darauf ausgerichtet, diesen zu ermöglichen bzw. zumindest zu fördern. Eine grundsätzliche wettbewerbswidrige Zielsetzung ist mithin nicht ersichtlich.[1222] Dieser Befund wird auch durch einen weiteren Umstand gestützt. Die Beteiligten am Abschluss der VV repräsentieren nicht nur eine Marktseite, sondern alle Teilnehmer am Strommarkt: Netzinhaber, Einspeiser und Verbraucher. Ein Verstoß durch gemeinsames Zusammenwirken dieser heterogenen Gruppierungen ist nicht vorstellbar.[1223] Ein Verstoß gegen das Empfehlungsverbot kann jedoch auch dann vorliegen, wenn nur ein Teil des gesamten Adressatenkreises zu einer Umgehung aufgefordert wird. Auf Grund dessen reicht es aus, wenn lediglich die Netzbetreiber zu einem kartellrechtswidrigen Verhalten aufgefordert werden.[1224] Die VV legt den Netzbetreibern nahe, die Netznutzungsentgelte nach den in ihnen niedergelegten Kriterien zu berechnen. Insofern ist eine Empfehlung gegeben. Ob durch die VV damit auch die Umgehung des § 1 GWB bezweckt ist, lässt sich nicht ohne weiteres belegen. Jedoch ist nicht auszuschließen, dass es durch das gleichförmige Verhalten von Netzbetreibern zu einer Beschränkung von Wettbewerb kommt. Insoweit kann auf die Ausführungen zu einem Verstoß gegen § 1 GWB auf Grund des Abstimmungsprozesses der Leitungsbetreiber untereinander verwiesen werden.[1225]

Demzufolge ergibt eine kartellrechtliche Würdigung der VV, dass – vorausgesetzt zwischen Netzbetreibern wird ein Wettbewerbsverhältnis gesehen – ein Verstoß sowohl gegen § 1 GWB als auch ein Verstoß gegen § 22 I S. 1 GWB kommt.[1226]

2. Rechtsfolgen bei Kartellrechtsverstoß

Selbst wenn die VV gegen wettbewerbliche Beschränkungsregeln entweder wegen eines Verstoßes gegen das Kartellverbot oder wegen eines Verstoßes gegen das Empfehlungsverbot zur Umgehung des Kartellverbotes verstößt, stellt sich die Frage, ob die kartellrechtlichen und zivilrechtlichen Sanktionen des Kartellrechts anwendbar sind, oder ob die Anwendung dieser Sanktionen nicht ausgeschlossen ist.

a) Teleologische Reduktion des § 1 GWB?

Fraglich erscheint, ob es angesichts der aktiven Mitwirkung des Gesetzgebers einschließlich des BMWi an der VV zur Anwendung des § 1 GWB kommen kann oder ob dies ausgeschlossen ist. Die Anwendbarkeit des Kartellverbots könnte auf Grund einer teleologischen Reduktion seines Tatbe-

---

[1221] Dem entspricht im Wesentlichen der Präambel der VV I. Dort heißt es: „Sie wollen damit eine Grundlage als Verhandlungsbasis schaffen für frei auszuhandelnde Vereinbarungen zwischen Unternehmen der Elektrizitätswirtschaft und Elektrizitätskunden über den Netzzugang auf Vertragsbasis und die entsprechenden Netznutzungsentgelte zur Ausfüllung der Richtlinie Elektrizität 96/96/EG und ihrer Umsetzung in deutsches Recht."

[1222] So auch *Börner* (Fn. 1195), Erste Überlegungen, Teil 2, S. 97.

[1223] *Börner* (Fn. 1195), Erste Überlegungen, Teil 2, S. 97.

[1224] *Börner* (Fn. 1195), Erste Überlegungen, Teil 2, S. 97.

[1225] 6. Teil D. IV. 1. a).

[1226] So zum Teil auch BKartA „Comfort letter", S. 4; *Klaue* (Fn. 1074), S. 24 ff.

standes ausgeschlossen sein. Die Reduktion könnte sich daraus ergeben, dass die VV aus Sicht des Staates das notwendige Regelwerk zur Regelung eines wettbewerblich ausgerichteten Elektrizitätsmarktes ist. Dies könnte das Resultat einer staatlicherseits vorgenommenen Rechts-güterabwägung zwischen der Freiheit des Wettbewerbs und energiepolitischen Zielen sein. Daraus, dass der Staat mit der Wirtschaft zusammenwirkt und der Wirtschaft das Ergebnis seiner Rechtsgüterabwägung vorgibt, könnte eine Reduktion des Kartellverbots folgen.[1227]

Dies setzt zunächst voraus, dass der Staat eine Rechtsgüterabwägung vorgenommen hat, deren Ergebnis er der Wirtschaft anschließend vorgegeben hat. In Bezug auf die VV ist insoweit ihre Entstehungsgeschichte zu beachten. Daher soll noch einmal darauf hingewiesen werden, dass die VV auf ausdrücklichen Aufruf der damaligen Regierungskoalition vor allem des BMWi entwickelt worden ist. In den Materialien heißt es hierzu:

> *„Nach Auffassung der Koalitionsfraktionen kann die Durchsetzung des Durchleitungsanspruchs nach § 3 c Abs. 1 im Einzelfall wesentlich erleichtert werden, wenn zwischen den Beteiligten Einvernehmen über die Struktur und die wesentlichen Elemente derartiger Verträge besteht und dafür ein entsprechender Rahmen zur Verfügung steht. Die Koalitionsfraktionen erwarten daher, dass die laufenden Verhandlungen zum Abschluss einer „Verbändevereinbarung über Kriterien zur Bestimmung von Durchleitungsentgelten" rasch erfolgreich abgeschlossen werden."*[1228]

Diese Ansicht sowie die herausragende Rolle des BMWi wird anhand eines Redeauszuges aus dem Bundesrat Plenarprotokoll 720 vom 19.12.1997 des damaligen BMWi Dr. Rexrodt deutlich.[1229] Dort heißt es:

> *„Eine Verbändevereinbarung kann dabei ein nützlicher Rahmen für die Durchleitung sein. Das ist zunächst einmal ein Regelwerk, das die Betroffenen selbst schaffen – nicht schon wieder eine Behörde, eine Regulierungsbehörde. Allerdings werden wir von der Bundesseite diese Vereinbarung und ihre Praxis genau darauf prüfen müssen, ob sie wirklich effektiven Wettbewerb Gewähr leistet. Ich gebe zu: Das ist nicht garantiert. Wir müssen da hingucken. Ich kann Ihnen heute zusagen: Wir werden insbesondere darauf achten, dass kleinere Anbieter und Abnehmer nicht benachteiligt werden. Keinesfalls darf das Entgelt prohibitiv sein. Andernfalls – ich bitte darum, dass auch zur Kenntnis zu nehmen; ich sage das mit Nachdruck – werde ich das Gesetz so anwenden, wie es vorgesehen ist: Ich werde eine Ermächtigung nutzen und mit Ihrer Zustimmung, mit der Zustimmung des Bundesrates, die Durchleitung per Rechtsverordnung regeln.*
>
> *Aber erst einmal regeln wir das auf einer anderen Basis, auf freiwilliger Basis; die Betroffenen regeln das selbst. Dann wird geordnet, dann wird geregelt, dann gibt es Behörden, und dann gibt es Leute , die mit dem Bleistift daran herumarbeiten. Erst einmal selbst regeln: Das ist unsere Philosophie."*

Die Bevorzugung der Regelung der Durchleitungsmaterie durch eine VV wurde von der Regierung auch sonst publik gemacht.[1230] Aber auch das BKartA gab früh zu erkennen, dass es einer VV positiv gegenüberstehe.[1231]

[1227] Vgl. *Wolf*, Der „Jahrhundertvertrag" im Lichte des deutschen und europäischen Kartellrechts, BB 1989, S. 160 ff. (165).

[1228] BT-Drs. 13/9211, S. 24.

[1229] BR-Plenarprotokoll 720 vom 19.12.1997 S. 601.

[1230] Vgl. dazu auch *Cronenberg* (Fn. 128), S. 86. Der damalige BMWi Rexrodt verdeutlichte diesen Standpunkt u.a. auch im Handelsblatt vom 3. Februar 1998.

Die Entwicklung der VV wurde von der Regierung auch veranlasst. Initiiert wurde die VV dadurch, dass für den Fall des Scheiterns einer Einigung angedroht wurde, dass von der Rechtsverordnungsermächtigung nach § 6 III EnWG Gebrauch gemacht werde.[1232] Ausgangspunkt für die privatwirtschaftliche Lösung der VV war somit die Aufforderung des Gesetzgebers. Die Ankündigung bei einem Scheitern einer VV eine Netzzugangsverordnung zu erlassen, kann dabei als staatlicher Druck auf die Verbände gesehen werden, um zu dem von den Koalitionsfraktionen gewünschten Ergebnis einer privatwirtschaftlichen Lösung zu kommen.[1233] Das bedeutet, dass seitens der damaligen Bundesregierung und somit auch vom damaligen BMWi eine Rechtsgüterabwägung dahingehend vorgenommen worden ist, eine Beschränkung des Wettbewerbs hinzunehmen und diese Beschränkung durch eine privatwirtschaftliche Lösung vornehmen zu lassen. Somit wurde die Wettbewerbsbeschränkung staatlicherseits angeregt und die Verbände unter Androhung des Erlasses einer VO vom Staat aufgefordert, die wettbewerbsbeschränkende Abrede vorzunehmen. Eine staatlicherseits vorgenommene und der Wirtschaft vorgegebene Rechtsgüterabwägung liegt damit vor.

Fraglich ist aber, ob auf Grund dessen eine teleologische Reduktion des Kartellverbots in Betracht kommt. Die Vorgehensweise, dass der Staat privatwirtschaftliche Unternehmen oder Verbände auffordert, bestimmte Sachverhalte selbst zu regeln und dabei insofern Druck auf sie ausübt, dass er ihnen im Falle des Scheiterns einer Einigung den Erlass eines Gesetzes oder einer Verordnung androht ist nicht neu. Ein derartiges Vorgehen ist unter dem Begriff der „kooperativen Wirtschaftslenkung“[1234] oder als „staatlich inspirierte Selbstbeschränkungsabkommen“[1235] oder auch als „gesetzesersetzende Vereinbarung“[1236] bekannt. Beispiele für derartige staatlich veranlasste Vereinbarungen sind u.a. der sog. „Jahrhundertvertrag“[1237] und die „Grundsätze über die Intensivierung der stromwirtschaftlichen Zusammenarbeit zwischen öffentlicher Elektrizitätsversorgung und industrieller Kraftwirtschaft“.[1238] Nahezu einhellig sind sämtliche Formen derartiger Vereinbarungen im Schrifttum[1239] wegen Verstoßes gegen das Kartellrecht, insbesondere gegen § 1 GWB, kritisiert und für kartellrechtlich nicht zulässig gehalten worden.[1240] Eine Freistellung staatlich inspirierter Abkommen insbesondere vom Kartellverbot auf Grund außergesetzlicher Gründe wird ebenso abgelehnt. Vor allem eine Reduktion des § 1 GWB aus außergesetzlichen Gründen, speziell auf Grund einer Rechtsgüterabwägung, wird wegen der Befürchtung kritisiert, dass die Geltung des „Grundgesetzes der Wirtschaft“ ansonsten mit Hilfe der unpräzisen Rechtsgüterabwägung zu leicht durch zweifelhafte politische Interessen außer Kraft gesetzt werden könnte.[1241] Allein durch die sog. Mi-

---

1231 Vgl. Handelsblatt v. 3. Februar 1998

1232 BT-Drs. 13/9211, S. 25.

1233 So auch *Büdenbender* (Fn. 126), Schwerpunkte, Rn. 230.

1234 *Baur* in FS für v. Gamm, Kooperative Wirtschaftslenkung und Kartellrecht, S. 525 ff.

1235 *Lorenz*, Staatlich inspirierte Selbstbeschränkungsabkommen und Kartellrecht, 1977/78, S. 317; *Wolf* (Fn. 1230), S. 165 ff. Vgl. auch *Kaiser*, Industrielle Absprachen im öffentlichen Interesse, NJW 1971, S. 585 (588), der von öffentlich inspirierten Wettbewerbsbeschränkungen spricht.

1236 *Baudenbacher*, Kartellrechtliche und verfassungsrechtliche Aspekte gesetzesersetzender Vereinbarungen zwischen Staat und Wirtschaft, JZ 1988, S. 689 ff.

1237 Abgedruckt bei *Obernolte/Danner*, Energiewirtschaftsrecht, Teil II, Anhang XI, S. 123 ff.

1238 Abgedruckt bei *Tegethoff/Büdenbender/Klinger* (Fn. 68), Anhang zu § 103, S. II, 290.

1239 *Biedenkopf*, Zur Selbstbeschränkung auf dem Heizölmarkt, BB 1966, S. 1113 f. (1117 f.); *Dehmer*, Energieversorgungskonzept – Vorranggebiete – Kartellrecht, 1989, S. 164 f.; *Emmerich* (Fn. 29), S. 74; *Immenga/Mestmäcker* (Fn. 342), § 1 Rn. 389; *Möschel* (Fn. 909), Tz. 212; *Rittner*, Wettbewerbs- und Kartellrecht, 3. Aufl., S. 234; *ders.*, Wirtschaftsrecht, 2. Aufl., S. 297.

1240 *Baur* (Fn. 1234), Kooperative Wirtschaftslenkung, S. 530.

1241 *Wolf* (Fn. 1227), S. 165.

nistererlaubnis gem. § 8 GWB sollte die Anwendung des GWB auf staatlich inspirierte Vereinbarungen ausgeschlossen werden. § 8 GWB enthielte die einzige Lösung, um den Konflikt zwischen generellem Verbot einer wettbewerbsbeschränkenden Abrede und der Verfolgung eines höherrangigen Zieles mit Hilfe einer solchen Abrede zu erschließen. In einem solchen Fall könne der BMWi auf Antrag die betreffende Vereinbarung vom Verbot des § 1 GWB freistellen. Eine Reduktion der Anwendbarkeit des § 1 GWB ohne das förmliche Verfahren, führte dazu, dass das Kartellverbot einer ordnungspolitisch nicht tragbaren Instrumentalisierung[1242] ausgesetzt wäre,[1243] weil es auf diese Weise wahllosen öffentlichen Interessen Platz machen müsste. Bei der Entscheidung gem. § 8 GWB käme dem BMWi zwar ein weiter, der gerichtlichen Überprüfung nicht zugänglicher Ermessensspielraum zu, er unterläge aber wenigstens der parlamentarischen Kontrolle.[1244] Bei einem Verzicht auf das Erfordernis des förmlichen Verfahrens käme es überdies zu einer Beschneidung der Beteiligungsrechte Dritter und zu einer Umgehung der verwaltungsrechtlichen Anforderungen an den Erlass eines Verwaltungsaktes mit belastender Drittwirkung.[1245]

Demgegenüber steht nahezu ebenso einmütig das Bemühen, „das Verbot im Ergebnis nicht durchgreifen zu lassen."[1246] Dieses Ergebnis wird in der Praxis auch meist erzielt. Trotz der vehementen Kritik sind staatlich inspirierte Beschränkungsabreden gängige Praxis. Kartellrechtliche sowie zivilrechtliche Sanktionen derartiger Vereinbarungen bleiben indes zumeist aus. Nicht zu überzeugen vermag indessen der Versuch, ein Durchgreifen des Verbots dadurch zu vermeiden, dass der Tatbestand des § 1 GWB teleologisch reduziert wird.[1247] Ein Durchgreifen des Verbots kann nach dem GWB nur dadurch verhindert werden, dass einer der Tatbestände aus dem Freistellungskatalog zur Anwendung kommt.[1248] Der Katalog ist abschließend. Grundsätzlich verfolgt das GWB ausschließlich das Ziel der Freiheit des Wettbewerbs. Nur ausnahmsweise kann dieses eingeschränkt werden. Hierfür hat der Gesetzgeber exklusiv die Freistellungstatbestände geschaffen. Eine teleologische Reduktion des § 1 GWB ist mithin abzulehnen.

b) Freistellung auf Grund § 8 GWB?

Die Anwendung der Sanktionen wäre aber dann ausgeschlossen, wenn die VV auf Grund eines Freistellungstatbestandes vom Verbot des § 1 GWB freigestellt werden könnte. In Betracht kommt diesbezüglich vor allem die Ministererlaubnis gem. § 8 GWB. In § 8 I GWB heißt es:

> *Liegen die Voraussetzungen der §§ 2 bis 7 nicht vor, so kann der Bundesminister für Wirtschaft Vereinbarungen und Beschlüsse vom Verbot des § 1 freistellen, wenn ausnahmsweise die Beschränkung des Wettbewerbs aus überwiegenden Gründen der Gesamtwirtschaft und des Gemeinwohls notwendig ist.*

[1242] *Immenga* (Fn. 952), S. 17 ff.

[1243] *Immenga/Mestmäcker* (Fn. 342), § 1 Rn. 389.

[1244] *Lorenz* (Fn. 1235), S. 317.

[1245] *Baumann*, Rechtsprobleme freiwilliger Selbstbeschränkung, 1978, S. 97 ff.

[1246] *Immenga* (Fn. 952), S. 13.

[1247] So auch *Baur* (Fn. 1234), Kooperative Wirtschaftslenkung, S. 534.

[1248] *Baur* (Fn. 1234), Kooperative Wirtschaftslenkung, S. 534 m.w.N.

aa) Nichtvorliegen von §§ 2 – 7 GWB

Für eine Freistellung gem. § 8 GWB dürften zunächst die Voraussetzungen der §§ 2 bis 7 GWB nicht vorliegen. § 8 GWB ist insofern ein Auffangtatbestand.[1249]

Es könnte jedoch an eine Freistellung gem. § 2 GWB gedacht werden, wenn die VV als Normen-, Typen- oder Konditionenkartell gesehen wird. Auch wenn die VV „normierend" in dem Sinne wirkt, dass die am Stromwettbewerb Beteiligten die in der VV niedergelegte Berechnungsweise als „state of the art" beschreiben,[1250] behandelt sie keine „Normen" i.S. des § 2 GWB. „Normen" i.S. des § 2 GWB sind nichtstaatliche technische Vorschriften über die Beschaffenheit einer Ware und zwar hinsichtlich ihres Materials, ihrer Herstellung, ihres Zusammenbaus oder ihrer Verbindung mit anderen Waren, die Eignung für bestimmte Anwendungen oder die Erfüllung bestimmter Sicherheits- oder Verträglichkeitsdaten.[1251] Nichts von alledem wird jedoch von der VV geregelt.

Da unter „Typen" Baumuster zur Einhaltung bestimmter Abmessungen oder bestimmter inhaltlichen Beschaffenheit verstanden werden, ist offensichtlich, dass auch dies nicht auf die VV zutrifft.

Nach § 2 II S. 2 GWB kommt letztlich auch kein Konditionenkartell in Betracht, da sich danach die vereinbarten Regelungen nicht auf Preise oder Preisbestandteile beziehen dürfen. Die VV regelt aber gerade die Ermittlung der Entgelte, also schließlich der Preise für eine Durchleitung. Insofern bezieht sich die VV auf Preise oder Preisbestandteile.

Fraglich ist aber, ob nicht eine Freistellung auf Grund des im Wege der 6. Kartellrechtsnovelle neu eingeführten Freistellungstatbestandes des § 7 GWB möglich ist. Dieser Norm zufolge können Vereinbarungen, die unter angemessener Beteiligung der Verbraucher an dem entstehenden Gewinn zu einer Verbesserung der Entwicklung, Erzeugung, Verteilung, Beschaffung, Rücknahme oder Entsorgung von Waren oder Dienstleistungen beitragen, vom Verbot des § 1 GWB freigestellt werden, wenn die Verbesserung von den beteiligten Unternehmen auf andere Weise nicht erreicht werden kann, in einem angemessenen Verhältnis zu der damit verbundenen Wettbewerbsbeschränkung steht und die Wettbewerbsbeschränkung nicht zur Entstehung oder Verstärkung der marktbeherrschenden Stellung führt. Im Zusammenhang mit der VV könnte an eine Freistellung nach § 7 GWB gedacht werden, falls die Vereinbarung zu einer Verbesserung der Erzeugung und Verteilung von Dienstleistungen führt.

Erforderlich für eine Freistellung nach § 7 I GWB ist zunächst, dass die Vereinbarung zu einer angemessenen Beteiligung der Verbraucher an dem entstehenden Gewinn führen. Der Begriff des Gewinns darf dabei nicht im betriebswirtschaftlichen Sinn verstanden werden, sondern analog zu § 5 I GWB als Verbesserung der Befriedigung des Bedarfs.[1252] Ob durch die VV eine Verbesserung der Befriedigung des Bedarfs erreicht wird, ist, ob der bereits flächendeckenden und zuverlässigen Elektrizitätsversorgung in Deutschland, bereits fraglich. Grundsätzlich ist eine Verbesserung der Befriedigung des Bedarfs aber anzunehmen, wenn niedrigere Preise weitergegeben werden.[1253] Da bei der Freistellung noch nicht sicher sein kann, ob es hierzu kommt, ist eine Prognose anzustellen. Insoweit muss die Vereinbarung zumindest geeignet sein, zu einer Verbesserung zu führen. Die Preisentwicklung auf dem Strommarkt zeigt bereits deutlich fallende Tendenz auf. Insofern ist es bereits zu niedrigeren Preisen gekommen. Zusätzlich muss durch die Vereinbarung ein Beitrag zur Verbesserung der Erzeugung und Verteilung geleistet werden. Die VV regelt Kriterien, welche von den Vertragsparteien bei den Verhandlungen über einen Netzzugang herangezogen werden können.

[1249] *Bechtold* (Fn. 322), § 8 Rn. 2.

[1250] Vgl. dazu Teil 4, D. III.

[1251] *Bechtold* (Fn. 322), § 2 Rn. 1.

[1252] *Frankfurter Kommentar* (Fn. 1189) § 7 n.F. GWB 1999.

[1253] *Frankfurter Kommentar* (Fn. 1189), § 5 GWB, Rn. 126.

Dadurch ist es möglich, effektiv und schnell Elektrizitätslieferungen zu Abnehmern durchzuführen. Ebenso wird der Wettbewerb in diesem Bereich vereinfacht. Dies wirkt sich positiv auf die Bereiche der Elektrizitätserzeugung und –verteilung aus. Es ist jedoch fraglich, ob die den Abnehmern zugute kommenden niedrigeren Preise und die Verbesserung der Erzeugung und Verteilung letztlich auf der VV beruhen. Die VV wurde erlassen, um einer staatlichen Regulierung zuvor zu kommen. Wettbewerb ist nicht durch die VV eingeführt worden, sondern durch das NeuregelungsG, insbesondere die §§ 5-8 EnWG und § 103 b GWB. Allein hierdurch wurde Wettbewerb eingeführt, der schließlich zu niedrigeren Preisen und zur Optimierung von Erzeugung und Verteilung führt. Die VV ist dabei nur ein Hilfsmittel, die gesetzgeberische Vorgabe umzusetzen. Daraus folgt, dass das NeuregelungsG zu den positiven Auswirkungen auf dem Elektrizitätsmarkt geführt hat. Insoweit dürften schon diese Tatbestandsmerkmale nicht vorliegen.

Hinzu kommt, dass ebenso wie Art. 81 III EGV, dem die Vorschrift des § 7 EnWG weitgehend nachempfunden ist, die Wettbewerbsbeschränkung zur Erreichung des angestrebten Zwecks unerlässlich sein muss.[1254] Aus dem Erfordernis folgt die Notwendigkeit, in jedem Einzelfall zu prüfen, ob nicht an Stelle des Kartells eine wettbewerbskonformere Lösung gewählt werden kann, die denselben Effekt hat.[1255] Gibt es eine solche Möglichkeit, so kann das von den Beteiligten gewählte Kartell nicht freigestellt werden.[1256] Kriterien zur Gestaltung von Netznutzungsverträgen sowie zur Bestimmung von Durchleitungsentgelten könnten ebenfalls durch eine Rechtsverordnung geregelt werden. Der BMWi ist hierzu durch § 6 II EnWG ausdrücklich ermächtigt. Zwar würde auch hierdurch eine Wettbewerbsbeschränkung bedingt. Im Gegensatz zu einer privatwirtschaftlichen Lösung handelte es sich aber in diesem Fall um eine wirtschaftslenkende Maßnahme auf Grund einer gesetzlichen Ermächtigung. Daraus folgt, dass ein solches Vorgehen wettbewerbskonformer wäre, als eine Wettbewerbsbeschränkung auf Grund eines Kartells. Eine Freistellung gem. § 7 I GWB kommt demzufolge ebenfalls nicht in Betracht.

Die Voraussetzungen für eine kartellrechtliche Rechtfertigung gem. der §§ 2 – 7 GWB liegen demnach nicht vor.

bb) Überwiegende Gründe der Gesamtwirtschaft und des Gemeinwohls

Ferner muss die betreffende Wettbewerbsbeschränkung aus Gründen der Gesamtwirtschaft und des Gemeinwohls notwendig sein. Ist dies der Fall, „kann“ der BMWi die Wettbewerbsbeschränkung freistellen. Daraus ergibt sich zweierlei: Einerseits folgt daraus, dass der BMWi bei seiner Entscheidung die Wettbewerbsfreiheit mit Gründen der Gesamtwirtschaft und des Gemeinwohls abzuwägen hat und andererseits, dass dem BMWi insoweit ein Ermessen dahingehend zukommt, ob er eine Vereinbarung überhaupt freistellt. Eine Freistellung vom Verbot des §1 GWB und damit das Zulassen einer Beschränkung des Wettbewerbs durch eine Vereinbarung muss aus überwiegenden Gründen der Gesamtwirtschaft und des Gemeinwohls notwendig sein, um vom BMWi freigestellt zu werden. Aus dem Tatbestandsmerkmal „überwiegen“ ergibt sich, dass die Gründe der Gesamtwirtschaft und des Gemeinwohls in der Interessenabwägung ein Plus gegenüber der Wettbewerbsfreiheit erlangen müssen.[1257]

Der Begriff „Gesamtwirtschaft“ umfasst im Allgemeinen alle sich in einer Volkswirtschaft abspielenden wirtschaftlichen Vorgänge. Gründe der Gesamtwirtschaft i.S. des § 8 GWB sind daher sämt-

---

1254 *Frankfurter Kommentar* (Fn. 1189), Kurzdarstellung § 7 n.F. GWB 1999.

1255 *Emmerich* (Fn. 846), S. 555 (§ 34 11 c).

1256 *Emmerich* (Fn. 846), S. 555 (§ 34 11 c).

1257 Im Gegensatz dazu verlangt § 4 GWB lediglich die Berücksichtigung der Gesamtwirtschaft und des Gemeinwohls. Ein Überwiegen ist im Rahmen des § 4 GWB daher nicht erforderlich.

liche wirtschaftlichen Vorteile, die der Volkswirtschaft als Ganzes oder allen am Wirtschaftsleben Beteiligten zugute kommen.[1258] Voraussetzung hierfür ist, dass die Vorteile aus der Wettbewerbsbeschränkung nicht nur den hieran Beteiligten zukommen, sondern dass darüber hinausgehend auch konkret nachweisbare staats-, gesellschafts- oder wirtschaftspolitische Gründe erzielt werden. Als Maßstab für die Bewertung der wirtschaftspolitischen Gründe sind die Ziele der staatlichen Wirtschaftspolitik heranzuziehen, wobei zu beachten ist, dass diese sich allerdings ändern können. Änderungen der politischen Zielsetzungen sind im Rahmen des § 8 GWB jedoch typisch, da Freistellungen gemäß dieser Norm zu großen Teilen der Einschätzungsprärogative des Ministers unterfallen.[1259] Ein geradezu typischer Bereich wechselnder wirtschaftspolitischer Beurteilung ist die Energiepolitik.[1260]

Eine genaue Definition des Begriffs des „Gemeinwohls" gibt es nicht. Aus dem Wortlaut ergibt sich jedoch, dass hiermit das Interesse der Gemeinschaft bzw. anderer überindividueller Einheiten gemeint ist und nicht das einiger weniger.[1261] Aus der Weite des Begriffs folgt, dass der Begriff des Gemeinwohls neben wirtschaftlichen auch soziale, kulturelle und sittliche Güter und Werte umfasst.[1262] Unter „Gründe des Gemeinwohls" fallen daher nicht nur wirtschaftliche, sondern auch außerwirtschaftliche Auswirkungen. Die Gesamtwirtschaft fällt demzufolge ebenfalls unter den Begriff des Gemeinwohls.[1263] Der Begriff des Gemeinwohls bildet den Oberbegriff, der den Begriff der „Gesamtwirtschaft" mit einschließt.[1264] Daher wird ein kumulatives Vorliegen heute nicht mehr vorausgesetzt, so dass es auch ausreicht, wenn nur Gründe des Gemeinwohls vorliegen.[1265]

cc) Überwiegen der Gründe

Das bedeutet, dass der BMWi eine Rechtsgüterabwägung vorzunehmen hat, wobei er dem Rechtsgut der Freiheit des Wettbewerbs Gründe der Gesamtwirtschaft und des Gemeinwohls gegenüberzustellen hat, die es ausnahmsweise rechtfertigen, die Freiheit des Wettbewerbs zu beschränken. Dieses Rechtsgut muss die Freiheit des Wettbewerbs aus Gründen der Gesamtwirtschaft und des Gemeinwohls ausnahmsweise überwiegen. Der mit der Wettbewerbsbeschränkung verbundene Vorteil für die Allgemeinheit muss die damit verursachten Nachteile überwiegen. Bei dieser Rechtsgüterabwägung kommt dem BMWi ein weiter, der gerichtlichen Überprüfung nicht zugänglicher Ermessensspielraum zu.[1266] Es handelt sich schlussendlich um eine politische Entscheidung, bei der dem Minister eine Einschätzungsprärogative zukommt.[1267]

Es stellt sich daher die Frage, ob der Wettbewerbsbeschränkung durch die VV Gründe der Gesamtwirtschaft und des Gemeinwohls gegenüberstehen, die das Interesse an der Freiheit des Wettbewerbs überwiegen und es deshalb notwendig machen, die Wettbewerbsfreiheit einzuschränken.

[1258] *Frankfurter Kommentar* (Fn. 1189), § 8 Rn. 36.

[1259] *Frankfurter Kommentar* (Fn. 1189), §8 Rn. 36.

[1260] *Frankfurter Kommentar* (Fn. 1189), § 8 Rn. 9.

[1261] *Frankfurter Kommentar* (Fn. 1189), §8 Rn. 41.

[1262] *Bechtold* (Fn. 322), § 8 Rn. 2.

[1263] *Bechtold* (Fn. 322), § 8 Rn. 2.

[1264] *Bechtold* (Fn. 322), Rn. 2; *Frankfurter Kommentar* (Fn. 1189), § 8 Rn. 7 und Rn. 43; *Langen/Bunte* (Fn. 325), § 8 Rn. 32.

[1265] BMWi v. 14. März 1972 WuW/E BMW 143 (145); *Frankfurter Kommentar* (Fn. 1189), § 8 Rn. 43; *Immenga/Mestmäcker* (Fn. 342), § 1 Rn. 389 ff.; *Langen/Bunte* (Fn. 325), § 8 Rn. 7; *Wolf* (Fn. 1227), S. 165.

[1266] *Lorenz* (Fn. 1235), S. 317.

[1267] So auch *Frankfurter Kommentar* (Fn. 1189), § 8 Rn. 44.

Der Freiheit des Wettbewerbs steht im Zusammenhang mit der VV das Rechtsgut einer preiswerten, sicheren und umweltverträglichen Energieversorgung gegenüber. Nachdem der Rechtsrahmen für die Elektrizitätswirtschaft rundum erneuert wurde und ohne Übergangsphase von einem Monopolsystem auf ein Wettbewerbssystem umgestellt wurde, mussten die unter Berücksichtigung des neuen Rechtsrahmens zur Energieversorgung notwendigen „Spielregeln“ ebenfalls neu geschaffen werden. Ohne die Regelungen zur Durchleitung und zur Bestimmung von Durchleitungen konnte ein wettbewerblich konstruierter Elektrizitätsmarkt gar nicht funktionieren, da es bis dahin Wettbewerb einfach nicht gab. Ohne die Regelung der durch das Durchleitungssystem entstandenen Probleme, wäre eine sichere Elektrizitätsversorgung gefährdet, da dann praktisch jedes EVU seine eigenen „Spielregeln“ machen könnte. Davon umfasst wäre nicht nur der „Weg der Berechnung“ also die Rechenoperation, sondern auch die in die Operation aufzunehmenden Faktoren. Völlig ungeklärt wäre, welche Voraussetzungen bei einer Durchleitung seitens des Netzbetreibers und des Durchleitungspetenten erfüllt sein müssten. Trotz das Kodifikationen erstellt wurden, zeigt der Elektrizitätsmarkt derzeit, dass viele Voraussetzungen im Unklaren sind. Ohne eine Regelung wäre ein freier Wettbewerb demnach überhaupt nicht möglich. Ein Offenlassen der Regelung könnte auch einer möglichst preiswerten Energieversorgung entgegenstehen, da jedes EVU zunächst sein Durchleitungsentgelt festlegen könnte. Ob dieses Entgelt kartellrechtlich als missbräuchlich eingestuft würde, hinge davon ab, ob die Kartellbehörde eingreift. Selbst wenn sie jedoch gegen das Entgelt vorginge, könnte es einige Zeit dauern bis das spezielle Entgelt herabgesetzt werden müsste. Für den Fall, dass jedes EVU sein Entgelt ohne jegliche Vorgaben machen kann, müsste in jedem Fall geprüft werden, ob die Herleitung, sprich die Berechnung des Entgelts, missbräuchlich ist oder nicht. Es wäre also nicht nur eine Masse an Überprüfungen vorzunehmen. Jedes Verfahren würde wahrscheinlich auch noch längere Zeit wegen der Überprüfung der Berechnungsverfahren in Anspruch nehmen. Der Nachteil der Wettbewerbsbeschränkung durch die VV steht also dem Vorteil für die Allgemeinheit gegenüber, dass die „Durchleitungsregeln“ transparent und einheitlich festgelegt sind. Daraus ergibt sich der Vorteil, dass freier Wettbewerb überhaupt entstehen kann. Dessen Vorteile für die Allgemeinheit und damit auch für die Gesamtwirtschaft liegen auf der Hand: Die Strompreise sinken; der Kostenfaktor Strom nimmt ab. Die mit der VV einhergehenden Vorteile für die Gesamtwirtschaft und das Gemeinwohl überwiegen daher den Nachteil der Wettbewerbsbeschränkung, zumal die Wettbewerbsbeschränkungen – soweit sie überhaupt vorliegen – minimal sind.

dd) Notwendigkeit

Die Freistellung nach § 8 GWB kommt jedoch nur dann in Frage, wenn die Wettbewerbsbeschränkung nicht nur geeignet ist, das angestrebte Ziel zu erreichen, sondern darüber hinaus auch notwendig ist. Geeignet ist die Wettbewerbsbeschränkung, wenn das angestrebte Ziel auch nur teilweise verwirklicht werden kann.[1268] Für die Notwendigkeit ist aber erforderlich, dass kein anderes Mittel zur Verfügung steht, das die Freiheit des Wettbewerbs weniger beeinträchtigt.

Eine privatwirtschaftliche Lösung, welche nicht oder zumindest weniger gegen das Kartellverbot verstieße, dabei aber den gewünschten Regelungscharakter beibehielte, ist nicht ersichtlich. Letztlich käme bei einer solchen Regelung immer ein Verstoß gegen das Kartellverbot in Betracht. Demnach wäre auch die Notwendigkeit der Freistellung gegeben. Zweifel können sich diesbezüglich aber daraus ergeben, dass dem BMWi gem. § 6 II EnWG auch die Möglichkeit gegeben war, die Regelung der Materie durch eine Rechtsverordnung vorzunehmen, wie dies auch häufig gefordert wurde.[1269] Es stellt sich die Frage, ob im Rahmen der Notwendigkeit zu prüfen ist, ob nicht eine

[1268] *Frankfurter Kommentar* (Fn. 1189), § 8 Rn. 14 und Rn. 45.

[1269] Vgl. 3. Teil B XII.

gesetzliche Regelung hätte getroffen werden müssen. Der Wortlaut des § 8 I GWB stellt eine solche Voraussetzung nicht auf. § 8 II GWB enthält dagegen das Erfordernis, dass eine Freistellung erst in Betracht kommt, „wenn andere gesetzliche [...] Maßnahmen nicht oder nicht rechtzeitig getroffen werden können [...]". Daraus, dass § 8 II GWB vorrangig eine gesetzliche Regelung verlangt, § 8 I GWB hierauf aber verzichtet, ergibt sicht, dass im Rahmen des § 8 I GWB nicht geprüft werden muss, ob eine gesetzliche Regelung hätte getroffen werden müssen. Dieses Ergebnis wird auch vom allgemeinen Subsidiaritätsgrundsatz gestützt, nach dem privatrechtliche Lösungen einem hoheitlichen Eingriff vorzuziehen sind.[1270]

Insofern ist die Wettbewerbsbeschränkung auch notwendig. Die materiellen Voraussetzungen für eine Ministererlaubnis gem. § 8 I GWB liegen mithin insgesamt vor.

ee) Verfahren

Bei der Ministererlaubnis gem. § 8 GWB handelt es sich um ein sog. Freistellungskartell. Im Gegensatz zum Anmeldekartell des § 4 II GWB, dass lediglich angemeldet werden muss, und zu den Widerspruchskartellen der §§ 2- 4 I GWB, die dadurch wirksam werden, dass sie angemeldet werden und die Kartellbehörde nicht widerspricht, bedürfen die Freistellungskartelle der §§ 5-8 GWB eines Antrages und einer Freistellung durch die Kartellbehörde, wobei bei § 8 GWB allein der BMWi zuständig für eine Freistellungsverfügung gem. § 8 I GWB ist, § 48 II i.V.m. § 8 I GWB.

Seit der 6. Kartellrechtsnovelle folgt dies nicht mehr aus dem Wortlaut des § 8 GWB, da dieser das Tatbestandsmerkmal der Antragsbedürftigkeit nicht mehr enthält. Vielmehr ergibt es sich nunmehr aus § 10 I S. 1 GWB, dass eine Freistellung nur per Verfügung und auf einen Antrag hin erfolgen kann. Dem Antrag ist gem. § 10 I S. 3 GWB eine Stellungnahme der betroffenen inländischen Erzeuger und Abnehmer beizufügen, es sei denn, eine solche ist nicht zu erlangen. Über § 10 III GWB gelten § 9 II und V GWB. Danach muss die Anmeldung die Firma oder sonstige Bezeichnung und Ort der Niederlassung oder Sitz der beteiligten Unternehmen; Rechtsform und Anschrift des Kartells; Name und Anschrift der zur Vertretung bestellten oder sonstig bevollmächtigten Person enthalten. Selbstverständlich darf der Antrag keinerlei Falschangaben erhalten. Ferner ist der Kartellbehörde Meldung zu machen, wenn die freigestellten Vereinbarungen aufgehoben oder beendigt werden. Darüber hinaus ist die Freistellung zu befristen, wobei die Frist 5 Jahre möglichst nicht überschreiten soll. Auf Antrag kann die Frist verlängert werden.

Ein förmliches Verfahren i.S. des § 10 GWB hat hinsichtlich der VV aber nicht stattgefunden. Ein Antrag seitens der Verbände auf Freistellung der VV gem. § 8 GWB ist höchstens konkludent erfolgt, als die Verbände die Vereinbarung dem BMWi und auch dem Wirtschaftsausschuss des Deutschen Bundestages am 08.09.1997 die VV vorlegten.

Für eine Freistellungsverfügung seitens des für Freistellungen gem. § 8 GWB allein zuständigen BMWi gibt es verschiedene Anknüpfungspunkte. So könnte eine Freistellungsverfügung bereits darin gesehen werden, dass der BMWi den Verbänden die Aufgabe übertrug, eine Vereinbarung über Kriterien zur Bestimmung von Durchleitungsentgelten zu entwerfen. In der staatlichen Aufforderung unter Mitwirkung des BMWi, mit der VV eine aus Gründen der Gesamtwirtschaft und des Gemeinwohls notwendige Wettbewerbsbeschränkung zu schaffen, ist die konkludente Genehmigung zu sehen, dass die erforderliche Freistellungserlaubnis erteilt wird, wenn die Beschränkung den staatlichen Vorstellungen entspricht. Denn wenn u.a. von dem für die Freistellung zuständigen Bundesminister die Aufforderung ergeht, eine von ihm zu genehmigende Handlung vorzunehmen, kann dies nur so verstanden werden, dass später dann auch die Genehmigung ergeht bzw. dass die Genehmigung bereits erteilt ist. In der Aufforderung ein privatwirtschaftliches Regelwerk zu schaf-

---

[1270] *Frankfurter Kommentar* (Fn. 1189), § 8 Rn. 17 und Rn. 46.

fen, welches ausnahmsweise die Freiheit des Wettbewerbs beschränken darf, ist somit gleichzeitig die Erklärung enthalten, dass dieses Regelwerk später auch genehmigt wird. Dem kann nicht entgegengehalten werden, dass die Freistellungsverfügung nicht schriftlich ergangen ist. Die Freistellungsverfügung gem. §§ 8 I, 10 I GWB ist ein Verwaltungsakt (VA). Eine besondere Formvorschrift hierfür besteht nicht. Daher kann der VA schriftlich, mündlich oder in anderer Weise erlassen werden. Es gilt der Grundsatz der Formfreiheit (vgl. § 37 II S. 1 VwVfG).

Eine Freistellungsverfügung kann auch darin gesehen werden, dass der BMWi den Verbänden, nachdem sie die VV vorgelegt hatten, mitgeteilt hat, dass er mit der gefundenen Lösung zufrieden ist und der VV daher tatsächlich den Vorrang vor einer normativ-administrativen Lösung geben werde. Bezüglich der VV II haben die Verbände dem BMWi die Eckpunkte der VV II erläutert und anschließend paraphiert. Auch hier hat der BMWi erklärt, dass der „freiwilligen 'staatsfreien' Lösung [...] gegenüber einer Regulierung durch den Verordnungsgeber klar der Vorzug zu geben" ist.

Selbst wenn Antrag und Freistellungsverfügung wie vorab beschrieben als vorliegend unterstellt würden, sind die förmlichen Anforderungen des § 10 GWB nicht erfüllt. Auf der Antragsseite fehlt insbesondere die Stellungnahme der betroffenen inländischen Erzeuger und Abnehmer zumindest insoweit, als sie nicht von den vertragsschließenden Verbänden „vertreten" wurden. Die Freistellungsverfügung des BMWi müsste dagegen befristet worden sein. Außerdem begegnet eine nicht schriftlich erlassene, u.U. sogar konkludent erteilte Verfügung, Bedenken hinsichtlich der Rechtsklarheit. Das Verfahren gem. §§ 8, 10 GWB ist mithin nicht bzw. nicht ordnungsgemäß durchgeführt worden.

Auch damit ist aber noch keine endgültige Entscheidung darüber gefallen, dass die Freistellung gem. § 8 I GWB nicht ergangen ist. Es stellt sich nämlich die Frage, ob ein förmliches Verfahren hinsichtlich der VV nicht ausnahmsweise entfallen durfte. Für das Stellen eines Antrages bzw. für die Durchführung eines förmlichen Verfahrens spricht der Wortlaut des Gesetzes, der für eine Ministererlaubnis nach § 8 I GWB in § 10 I GWB vorsieht, dass eine Freistellung des BMWi „auf Antrag durch Verfügung" zu geschehen hat. Eine Ausnahmeregelung ist vom Wortlaut her nicht vorgesehen.

Auch die Systematik spricht für die Notwendigkeit eines förmlichen Verfahrens. Wie bereits erläutert, handelt es sich bei der Ministererlaubnis um ein sog. Freistellungskartell. D.h., dass – vor allem im Gegensatz zum Anmeldekartell – die Ministererlaubnis erst durch die auf einen Antrag ergehende Freistellungsverfügung von der Anwendung des § 1 GWB freigestellt wird. Wäre ein förmliches Verfahren nicht notwendig, so hätte die Ministererlaubnis ebenfalls als Anmeldekartell ausgestaltet werden können, so dass sie bereits mit der Anmeldung erteilt würde.

Fraglich erscheint aber, ob im Zusammenhang mit der VV nicht nach Sinn und Zweck der Norm auf ein förmliches Verfahren verzichtet werden konnte bzw. ob nicht der BMWi in zulässiger Weise auf das Verfahren verzichtet hat.

Das Verfahren gem. §§ 8 I, 10 GWB verfolgt mehrere Zwecke:[1271]

- Zunächst dient das Verfahren dazu, den Vorgang als auch die Entscheidung des BMWi öffentlich zu machen. Daraus resultiert, dass die Entscheidung des BMWi auch öffentlich nachgeprüft werden kann. „Die Notwendigkeit der Veröffentlichung von Anmeldung und Genehmigung Gewähr leistet die Möglichkeit, die Entscheidung des Zielkonflikts nachzuvollziehen."[1272]

- Weiter dient das Verfahren dazu, die Interessen der betroffenen Erzeuger und Abnehmer zu wahren, da ihre Stellungnahmen dem Antrag beigefügt werden müssen. Darüber hinaus hat die Kartellbehörde ihnen Gelegenheit zur Stellungnahme zu geben und kann sie am Verfahren beteiligen.

- Ferner dient das Verfahren der Überwachung des genehmigten Kartells durch die Kartellbehörde im Rahmen der Missbrauchsaufsicht gem. § 12 II GWB.

Sämtliche Zwecke sind im Zusammenhang mit der VV auch ohne das vorgesehene Verfahren berücksichtigt und erfüllt worden. So ist die Debatte hinsichtlich der Regelungsbedürftigkeit von Durchleitungsverträgen und ob ein privatwirtschaftlicher oder ein normativ-administrativer Ansatz vorzugswürdig ist, in der Öffentlichkeit ausgetragen worden.[1273] Neben der kontroversen Debatte im Bundestag ist das Thema VV auch in der Öffentlichkeit und vor allem von den am Markt Beteiligten bzw. von der Regelung betroffenen Unternehmen diskutiert worden.[1274] Die Diskussion hat zu unterschiedlichen Vorschlägen[1275] geführt und u.a. dazu, dass von der Seite, die der VV ablehnend gegenüberstand, eine Netz-VO[1276] entwickelt und vorgestellt wurde. Gutachten und Stellungnahmen haben sich mit der Frage beschäftigt, welcher Lösungsansatz zu den besseren Ergebnissen führt.[1277] An diesem Vorgang waren nicht nur die politischen Parteien und die letztlich die VV abschließenden Verbände beteiligt, sondern darüber hinaus auch weitere betroffene Erzeuger und Abnehmer. Die Möglichkeit, die Entscheidung des Zielkonflikts nachzuvollziehen, war mithin gegeben.

Dies gilt auch bzw. vor allem hinsichtlich der betroffenen Erzeuger und Abnehmer, deren Interessen somit gewahrt wurden. Zwar ist diesen Unternehmen nicht formell die Möglichkeit zur Stellungnahme gegeben worden; sie ist aber faktisch ermöglicht und wahrgenommen worden. Dabei muss außerdem beachtet werden, dass auch das formelle Verfahren lediglich vorsieht, dass den betroffenen Erzeugern und Abnehmern die Gelegenheit zur Stellungnahme zu geben ist und sie vom BMWi am Verfahren beteiligt werden *können*. *Können* heißt aber nicht *müssen*. Die Unternehmen sind also selbst nach dem formellen Verfahren nicht zwangsläufig am Verfahren zu beteiligen, sondern ihnen kann lediglich die Gelegenheit zur Stellungnahme gegeben werden. Die Stellungnahmen sind bei der Entscheidung zu beachten. Die Würdigung der gesamtwirtschaftlichen Lage und Entwicklung obliegt aber dem BMWi. Die Nachprüfung seiner Entscheidung ist dem Gericht entzogen. Wie bereits dargelegt haben die betroffenen Erzeuger und Abnehmer zur Problematik „Netz-VO oder VV" Stellung genommen. Somit ist sowohl dem Zweck „Nachvollziehbarkeit

---

[1271] Vgl. hierzu bereits *Biedenkopf* (Fn. 1239), S. 1119.

[1272] *Biedenkopf* (Fn. 1239), S. 1119.

[1273] Börsen-Zeitung vom 30. Mai 1998; FAZ vom 6. April 1998 und vom 31. Oktober 1998 ; Handelsblatt vom 4. Dezember 1997; 3. Februar 1998; 17. Februar 1998;

[1274] *Geiß* (Fn. 1075), S. 13; *Klafka/Hinz/Zander/Ritzau/Held* (Fn. 698), S. 35 ff.; *Meier* (Fn. 743), S. 41 ff. Vgl. ferner *Pfletschinger/Styles/Günther* (Fn. 1178), S. 15 f.; *Sauerbaum*, Mit heißer Nadel genäht, Wirtschaftswelt Energie, Oktober 1997, S. 14; *Schröter* (Fn. 743), S. 196; Handelsblatt vom 4. Dezember 1997 „Für die Regelung der Durchleitung ist eine staatliche Kontrollenotwendig".

[1275] Z.B. *Klafka/Ritzau/Zander/Held* (Fn. 1084).

[1276] BR-Drs. 1019/97; vgl. auch § 5 IV des zurückgezogenen Gesetzesantrag des Saarlandes, BR-Drs. 556/97.

[1277] Z.B. BET Aachen; Becker Büttner Held, Gutachten: Regelungs- und Tarifierungsvorschläge zur Öffnung des Elektrizitätsmarktes für Wettbewerber unter Sicherung von Umweltschutzstandards, 1997.

der Entscheidung“ als auch dem der „Wahrung der Interessen der betroffenen Erzeuger und Abnehmer“ genügt worden.

Auch der Zweck der Missbrauchsaufsicht gem. § 12 II GWB wird erfüllt. Auch ohne dass das förmliche Verfahren durchgeführt wurde, ist es der Kartellbehörde, in diesem Falle allein dem BMWi, möglich, im Rahmen der Missbrauchsaufsicht zu überprüfen, ob wesentliche Veränderungen der Verhältnisse, die für die Entscheidung maßgeblich waren, eine Änderung der Genehmigung erforderlich machen. Diese Möglichkeit wird nicht dadurch abgeschnitten, dass kein formelles Verfahren stattgefunden hat. In diesem Fall ist aber nicht die formelle, sondern die faktische Freistellungsverfügung zu überprüfen.

Nach alledem konnte auf das formelle Verfahren verzichtet werden bzw. stößt die Entscheidung des BMWi, auf das Verfahren zu verzichten, auf keinerlei Bedenken. Selbst wenn, die VV oder ihre gleichmäßige Anwendung in den Anwendungsbereich des § 1 GWB stoßen, so zeitigt dies nicht die vorgesehenen Folgen. Die VV ist gem. § 8 GWB von der Anwendung des § 1 GWB freigestellt.

In dem Vorgehen, die Kriterien zur Bestimmung der Netznutzungsentgelte durch die VV regeln zu lassen, anstatt sie per Rechtsverordnung zu regeln, kann auch kein Verstoß gegen die Wesentlichkeitstheorie gesehen werden.[1278] Aus dem Wesentlichkeitsgrundsatz folgt lediglich, dass der Gesetzgeber für staatliches Handeln, das nicht unwesentlich in die Rechte des Einzelnen eingreift, eine gesetzliche Ermächtigungsgrundlage zu schaffen hat. Der Wesentlichkeitstheorie kann indes nicht entnommen werden, dass wirtschaftliche Vorgänge zwischen Privaten ebenfalls durch den Gesetzgeber geregelt werden müssen.

3. Ergebnis

Die Verbändevereinbarung kann in den Anwendungsbereich des Empfehlungsverbots nach § 22 I S. 1 GWB hineinreichen. Ferner kommt ein Verstoß gegen § 1 GWB hinsichtlich des Abstimmungsprozesses der Leitungsbetreiber untereinander in Betracht.

Zu einer Anwendung eines kartellrechtlichen Verbots kommt es jedoch nicht. Bei den Verbändevereinbarungen handelt es sich um sog. Ministerkartelle i.S. des § 8 GWB, die von der Verbotsnorm des § 1 GWB ausgenommen sind. Das fehlende förmliche Verfahren, welches das GWB grundsätzlich für eine Freistellung nach § 8 GWB vorsieht, steht dem nicht entgegen.

[1278] Zur Wesentlichkeitstheorie BVerfG Entsch. v. 20. Oktober 1981 BVerfGE 58, 257 (278) = NJW 1982, 921.

7. Teil: Zusammenfassung

Am 29. April 1998 ist mit Inkrafttreten des Gesetzes zur Neuregelung des Energiewirtschaftsrechts nach langjähriger Diskussion die Reform des Energierechts abgeschlossen worden. Es setzt die Elektrizitätsbinnenmarktrichtlinie des Europäischen Parlaments und des Rates vom 19.12.1996 in nationales Recht um.

Die Reform bedeutet eine Abkehr von der bis dahin vorherrschenden Überzeugung, dass Monopolstellungen der Energieversorgungsunternehmen die beste Gewähr für Sicherheit und Preiswürdigkeit bieten. Wettbewerb wurde durch das Energiewirtschaftsgesetz a. F. von 1935 ausdrücklich ausgeschlossen. Diese energierechtliche Bestimmung wurde flankiert von der Regelung in § 103 GWB, der die in der Versorgungswirtschaft zur Abschottung der Märkte üblichen Gebietsschutzabreden von den kartellrechtlichen Vorgaben freistellte.

Genau in die entgegengesetzte Richtung zielt nun das Gesetz zur Neuregelung des Energiewirtschaftsrechts. Wettbewerb wird nicht mehr als schädlich, sondern als förderlich angesehen. Auf Grund dessen ist primäres Ziel der europäischen und damit auch der nationalen Reformbestrebungen der Aufbau eines effektiven brancheninternen Wettbewerbs bei Strom und Gas. Da Strom- und Gaswirtschaft zu den sog. leitungsgebundenen Versorgungswirtschaften zählen, ist effektiver Wettbewerb auf diesen Märkten nur möglich, wenn auch Dritte Zugang zu den – als natürliche Monopole fortbestehenden – Netzen der Leitungsbetreiber erhalten. Darum sieht das Energiewirtschaftsgesetz von 1998 in § 6 I EnWG den Zugang zu vorhandenen Elektrizitätsversorgungsleitungen vor. Eine fast identische Regelung enthält zusätzlich der § 19 IV Nr. 4 GWB n. F. Hierdurch soll die sog. Durchleitung durch fremde Übertragungs- und Verteilungsnetze ermöglicht werden, so dass rechtlich jeder Abnehmer in die Lage versetzt wird, von einem beliebigen Erzeuger versorgt zu werden. Die Abhängigkeit vom bisherigen Gebietsversorger endet damit. Zur Aufbrechung der Monopolstellungen und zur Einführung des Wettbewerbs dient auch die Abschaffung der Freistellung der Gebietsschutzabreden durch § 103 b GWB. Neben der Durchleitung sieht das Gesetz ferner den Bau von Direktleitungen vor. Durch die Ermöglichung zum Bau von Direktleitungen soll dem Wettbewerber ein Druckmittel an die Hand gegeben werden, mit dessen Hilfe er notfalls den Zugang zum Netz eines Leitungsbetreibers erreichen kann.

A. Die Durchleitung elektrischer Energie

Parallel mit der Diskussion um die Reform der Energiewirtschaft wurde im Rahmen der Elektrizitätswirtschaft über die technisch-physikalische Machbarkeit einer Durchleitung diskutiert. Dabei wurde die Einführung von Wettbewerb teilweise mit der Begründung abgelehnt, eine Durchleitung in dem Sinne, dass Elektrizität von einem definierten Einspeisepunkt zu einem definierten Entnahmepunkt geleitet wird, sei technisch-physikalisch nicht machbar.

Mittlerweile besteht Einigkeit darüber, dass eine Durchleitung in der dargestellten Weise zum einen nicht einem Warentransport gleicht und zum anderen tatsächlich technisch-physikalisch nicht möglich ist. Dies beruht auf den Besonderheiten der Elektrizitätswirtschaft. Hierzu gehört zum einen, dass Elektrizität sich in nennenswertem Umfang nicht speichern lässt, so dass eine Erzeugung immer am Bedarf der Abnehmer ausgerichtet sein muss. Eine über die Nachfrage hinausgehende Produktion könnte nicht gelagert werden. Da Einspeisung und Entnahme bei Elektrizitätsversorgungsnetzen immer ungefähr ausgeglichen sein müssen, da sonst der Zusammenbruch droht, muss die Stromerzeugung immer dem Entnehmerverhalten in kurzem zeitlichen Abstand folgen. Ferner sind für den Netzbetrieb weitere Dienstleistungen erforderlich. Strom ist insoweit keine Ware, die transportiert werden kann. Beim Netzzugang handelt es sich um mehrere Dienstleistungen. Ein zielgerichteter Transport von Strom ist ebenfalls nicht möglich. Hierfür verantwortlich ist die Eigenart von Strom, sich immer den Weg des geringsten Widerstands zu suchen. In vermaschten Netzen ändern sich die Lastflüsse ständig.

Trotz der Einigkeit über die technisch-physikalische Unmöglichkeit einer Durchleitung hat der Begriff Einzug in das Gesetz und die Sprache gehalten. Durchleitung wird dabei als Einspeisung und zeitgleiche Entnahme von Strom an einem entfernt liegendem Ort verstanden. Im Bewusstsein um die technisch-physikalische Unmöglichkeit handelt es sich bei der Verwendung des Begriffs um eine rechtliche Fiktion.

B. Der Zugang zu Elektrizitätsversorgungsnetzen nach dem EnWG

Das Energiewirtschaftsgesetz sieht für den Bereich der Elektrizitätswirtschaft den Zugang zu fremden Netzen vor. § 5 EnWG bestimmt, dass dieser Netzzugang grundsätzlich nach dem System des „verhandelten Netzzugangs" zu erfolgen hat. Der verhandelte Netzzugang stellt ein Durchleitungssystem dar. Es ist das zentrale System zur Öffnung des Strommarktes. Das System wird in § 6 EnWG im Einzelnen geregelt. Durch § 6 EnWG werden die Vorgaben des Art. 17 der RL 96/92/EG umgesetzt. Um die Interessen der kommunalen Versorger besser zu berücksichtigen hat der deutsche Gesetzgeber sich entschieden, mit § 7 EnWG zusätzlich eine „Netzzugangsalternative" einzuführen. Die „Netzzugangsalternative" setzt das in Art. 18 RL 96/92/EG geregelte Alleinabnehmersystem in nationales Recht um.

In Deutschland existieren mithin zwei Netzzugangssysteme. Dabei gilt es zu beachten, dass dem „Verhandelten Netzzugang" grundsätzlich vorrangige Bedeutung zukommt und die „Netzzugangsalternative" nur in Ausnahmefällen in Anspruch genommen werden kann.

I. Der verhandelte Netzzugang gem. § 6 I S. 1 EnWG

Der deutsche Gesetzgeber hat sich dafür entschlossen, von der Möglichkeit der RL 96/92/EG, den Strommarkt stufenweise zu öffnen, keinen Gebrauch zu machen. Stattdessen hat er den deutschen Strommarkt vollständig geöffnet. Gem. § 6 I S. 1 EnWG haben Übertragungs- und Verteilungsnetzbetreiber anderen Unternehmen grundsätzlich ihre Netze ohne Diskriminierungen zur Verfügung zu stellen. Petenten haben einen Anspruch darauf, dass der Netzbetreiber in Verhandlungen über Durchleitungen mit ihnen eintritt. Das System des verhandelten Netzzugangs erfordert, dass Petent und Netzbetreiber über alle technischen und wirtschaftlichen Fragen der Durchleitung Vereinbarungen treffen. Ohne Diskriminierung bedeutet vor allem, dass die an die Durchleitung gestellten Bedingungen nicht diskriminierend sein dürfen. Nach § 6 I S. 1 EnWG dürfen die Bedingungen nicht schlechter sein als für vergleichbare Stromlieferungen des Netzbetreibers innerhalb seines Unternehmens oder gegenüber verbundenen oder assoziierten Unternehmen. Daraus ergibt sich, dass die vom Netzbetreiber innerbetrieblich verlangten Durchleitungsentgelte die von Dritten verlangten nicht unterschreiten dürfen.

Durch die Norm des § 6 I S. 1 EnWG werden alle Netzbetreiber ohne Ausnahme dazu verpflichtet, ihre Netze für Durchleitungen zur Verfügung zu stellen. Berechtigt sind dagegen nur „andere Unternehmen", woraus sich ergibt, dass nach dem Gesetz lediglich Unternehmen nicht aber Private eine Zugangsberechtigung zu fremden Netzen haben.

Der Gesetzgeber verfolgt mit § 6 I EnWG das Ziel einer umfassenden Einführung von Wettbewerb. Hierzu hat er den Zugang zu fremden Netzen als grundsätzliche Regel ausgestaltet. Die Verweigerung des Netzzugangs durch den Netzbetreiber kommt nur in Ausnahmefällen in Frage. Dies folgt aus der Formulierung des die Verweigerungsmöglichkeit statuierenden § 6 I S. 2 EnWG, der bestimmt, dass § 6 I S. 1 EnWG nicht gilt, soweit der Netzbetreiber nachweisen kann, dass ihm die Durchleitung unmöglich oder unzumutbar ist. Aus dieser Formulierung folgt ferner, dass grundsätzlich dem Netzbetreiber die Darlegungs- und Beweislast dahingehend obliegt, nachzuweisen, dass ihm die Durchleitung nicht zumutbar oder unmöglich ist. Der Petent muss demnach grundsätzlich nicht darlegen und beweisen, dass die Durchleitung möglich ist.

Gem. § 6 I S. 2 EnWG kann ein Netzbetreiber die Durchleitung verweigern, wenn er nachweist, dass sie ihm aus betriebsbedingten oder sonstigen Gründen unter Berücksichtigung der Ziele des § 1 EnWG nicht möglich oder nicht zumutbar ist. Die Unterscheidung nach betriebsbedingt und sonstigen Gründen knüpft an die Art des der Verweigerung zu Grunde liegenden Grundes an. Rechtliche Konsequenzen sind damit nicht verbunden. Die Differenzierung nach „nicht möglich" und „nicht zumutbar" knüpft dagegen an die Wirkung des der Verweigerung zu Grunde liegenden Grundes an. Ein Grund, der die Durchleitung unmöglich macht, ist auf Grund dieser Wirkung nicht mehr anderen Gründen gegenüberzustellen, die eine Durchleitung befürworten würden. Derartige Gründe sind absolute Verweigerungsgründe.

Verfügt ein Übertragungs- oder Verteilungsnetzbetreiber nicht über die für die Durchleitung notwendige Kapazität, so ist ihm die Durchleitung unmöglich. Durchleitungsbegehren brauchen, wegen der sonst drohenden Gefahr eines Zusammenbruchs des Netzes, nur bis zur Obergrenze der vorhandenen Kapazität berücksichtigt zu werden. Kapazitätsmangel ist ein absoluter Verweigerungsgrund.

Einen absoluten Verweigerungsgrund enthält ferner die Reziprozitätsklausel des Art. 4 § 2 NeuregelungsG. Danach dürfen Durchleitungsbegehren aus dem Ausland verweigert werden, wenn der Abnehmer, der in Deutschland beliefert werden soll, nicht ebenso in dem Land beliefert werden könnte, aus dem das Begehren stammt.

Auch ein Netzbetreiber, dem der Status des Single-Buyers gem. § 7 EnWG zukommt, kann Durchleitungen generell verweigern. Mit der Bewilligung des Alleinabnehmerstatus nach § 7 EnWG ist die Anwendung des § 5 EnWG gerade ausgeschlossen.

Ohne Abwägung kann ein Durchleitungsbegehren auch dann verweigert werden, wenn Ziel der begehrten Durchleitung ein Abnehmer ist, der sich bereits vertraglich zur Abnahme von Strom bei einem Dritten oder dem Netzbetreiber bzw. einem mit diesem verbundenen Unternehmen verpflichtet hat. Dabei ist es unerheblich, ob der anvisierte Abnehmer Letztabnehmer oder ein weiterverteilendes Unternehmen ist. Es gilt der allgemeine Grundsatz „pacta sunt servanda". Diesen Grundsatz darf der Netzbetreiber nicht unterlaufen, indem er den Abnehmer beliefert bzw. beliefern hilft. Voraussetzung für den Grundsatz „pacta sunt servanda" ist aber, dass der zwischen Abnehmer und Drittem geschlossene Vertrag wirksam ist. Elektrizitätslieferverträge können auf Grund der Aufhebung der kartellrechtlichen Freistellung in § 103 GWB unwirksam sein, wenn sie horizontale und/oder vertikale Vereinbarungen beinhalten. Allerdings ist eine Rettung des Restvertrages über salvatorische Klauseln oder Wirtschaftsklauseln möglich. Ein Fortbestand des Restvertrages ist auch über § 139 BGB zu erreichen.

Neben diesen – nicht in eine Abwägung einzustellenden – absoluten Verweigerungsgründen sieht das Gesetz ferner relative Verweigerungsgründe vor. Das Vorliegen eines relativen Verweigerungsgrundes macht die beantragte Durchleitung nicht per se unzumutbar. Vielmehr sind die relativen Verweigerungsgründe des Netzbetreibers den Gründen des Petenten, an der Durchleitung gegenüberzustellen und miteinander abzuwägen. Dabei ist die Zielsetzung des § 1 EnWG zu berücksichtigen.

Solche seitens des Netzbetreibers in die Abwägung einzustellenden Gründe können u.a. technischer Art sein. Da lediglich relativ wirkend sind dies solche Mängel der technischen Sicherheit, die sich infolge der Art der Durchleitung ergeben können und die bei entsprechenden Maßnahmen ausgeräumt werden können. In Betracht kommen u.a. Probleme hinsichtlich der Kurzschlussleistung, Schutztechnik, Blindleistungskompensation, etc.

Auch wirtschaftliche Gründe kommen in Betracht, ein Netzzugangsbegehren zu verweigern. Wirtschaftliche Gründe, die es dem Netzbetreiber unzumutbar machen, dem Petenten sein Netz zur Verfügung zu stellen, können in dessen Zahlungsbereitschaft oder –fähigkeit liegen. Dem Netzbetreiber ist es nicht zuzumuten, sein Netz zur Verfügung zu stellen, wenn ihm die mangelnde Zahlungsbereitschaft bzw. –fähigkeit des Petenten bekannt ist.

Selbiges gilt, wenn sich Durchleitungspetent und/oder der zu beliefernde Kunde vertragswidrig verhalten und dem Netzbetreiber daraus ein Schaden entstehen kann. Hierbei kommen die allgemeinen Regeln des Vertragsrechts zur Anwendung.

Nach der Übergangsregelung des Art. 4 § 3 NeuregelungsG ist bei der Beurteilung, ob die Ablehnung des Netzzugangs zur Belieferung von Abnehmern in den Ländern Berlin, Brandenburg, Mecklenburg-Vorpommern, Sachsen, Sachsen-Anhalt und Thüringen mit Elektrizität unzulässig ist, die Notwendigkeit einer ausreichend hohen Verstromung von Braunkohle aus diesen Ländern besonders zu berücksichtigen. Auf Grund dieser Braunkohleschutzklausel kann ausschließlich die VEAG Zugangsbegehren zu ihrem Netz verweigern, soweit es um die Belieferung eines Abnehmers in den o.g. Bundesländern geht. Eine Verweigerung auf Grund der Braunkohleschutzklausel kommt nicht in Betracht, wenn die Durchleitung einen Endverbraucher mit einem Verbrauch von 100 GWh/a (je Verbrauchsstätte und inklusive der Eigenerzeugung) zum Ziel hat. Ferner kommt eine Durchleitungsverweigerung gestützt auf die Braunkohleschutzklausel dann nicht in Frage, wenn die ausreichende Höhe der ostdeutschen Braunkohleverstromung erreicht worden ist. Dies ist von zwei Seiten her zu bestimmen. Zum einen müssen die Investitionen in die VEAG geschützt werden. Danach ist die ausreichende Höhe erreicht, wenn der Bestand der VEAG gesichert ist, weil dann eine ausreichende Braunkohleverstromung durch das Unternehmen garantiert ist. Zum anderen muss die Versorgungssicherheit Gewähr leistet sein. Dies ist der Fall, wenn der Anteil der ostdeutschen Braunkohle innerhalb des Primärenergieträger-Mix so hoch ist, dass insgesamt die stets ausreichende und ununterbrochene Befriedigung der Nachfrage nach Energie Gewähr leistet ist. Derzeit dürfte dies gegeben sein, wenn der Anteil ca. 40 – 60 % ausmacht. Grundsätzlich ist die Betrachtung des Investitionsschutzes vorrangig. Ist der Bestand der VEAG gefährdet, kann die Durchleitung verweigert werden. Erst wenn dies nicht gegeben ist, kann u.U. eine Verweigerung auf das Fehlen der Versorgungssicherheit gestützt werden. Da die Notwendigkeit besonders zu berücksichtigen ist, kommt der Braunkohleschutzklausel innerhalb der Abwägung ein außerordentliches Gewicht zu.

Besonderes Gewicht kommt auch der Förderung rationeller Energieerzeugung gem. § 6 III EnWG zu. Wenn auf Grund von Durchleitungen Elektrizität aus bestimmten KWK-Anlagen oder aus Anlagen zur Nutzung erneuerbarer Energien verdrängt wird, kann die Durchleitung verweigert werden. Voraussetzung ist aber ferner, dass durch die beantragte Durchleitung ein wirtschaftlicher Betrieb der Anlage verhindert werden muss. Bei der Betrachtung der Wirtschaftlichkeit ist zu überprüfen, ob die verdrängte Elektrizität an anderer Stelle verkauft werden kann.

Der Netzbetreiber kann berechtigt sein, die Durchleitung zu einem Abnehmer zu verweigern, wenn er diesen Abnehmer im Gebiet des ebenfalls netzbetreibenden Durchleitungspetenten nicht beliefern könnte, weil dieser den Zugang zu Unrecht verweigert. Wegen dieses widersprüchlichen Verhaltens des Petenten kann eine Durchleitung verweigert werden.

Nur in besonderen Ausnahmefällen kann sich ein Netzbetreiber gegen das Abwerben besonders lukrativer Abnehmer seines Versorgungsgebietes – das sog. Rosinenpicken – mittels Durchleitungsverweigerung erwehren. Eine Verweigerung unter Berufung darauf, dass sich die gemachten

Investitionen nicht mehr amortisieren und darum u.U. die Existenz gefährdet ist, ist nur in den seltenen Ausnahmefällen möglich, dass die sichere und preisgünstige Versorgung der verbleibenden Kunden ansonsten gefährdet würde.

Eine Verweigerung der Durchleitung dadurch, dass der Netzbetreiber bzw. seine Schwesterorganisationseinheit Vertrieb in die Vertragsbedingungen zwischen Abnehmer und Petenten eintritt, scheidet grundsätzlich aus. Zwar würde hierdurch das Interesse des Abnehmers an günstigem Strom befriedigt, jedoch nicht das Absatzinteresse des Dritten. In einem wettbewerblich ausgestaltetem Markt ist dieses Interesse aber ebenfalls schutzwürdig.

Nicht zu einer Verweigerung berechtigen dagegen Verweisungen darauf, dass die für die Umsetzung der VV II erforderlichen Voraussetzungen noch nicht geschaffen werden konnten. Ebenso verhält es sich, wenn zwischen Netzbetreiber und Durchleitungsinteressenten keine Einigung über die Leistungsmessung bei Tarifkunden erzielt werden kann. In beiden Fällen können sich die Vertragsparteien auf alternative Konzepte einigen, die eine Durchleitung ermöglichen.

Durchleitungsverweigerungen sind in jedem Fall vom Netzbetreiber gem. § 6 I S. 3 EnWG schriftlich zu begründen.

II. Die Netzzugangsalternative des Alleinabnehmersystems gem. § 7 EnWG

Neben dem verhandelten Netzzugang nach § 6 I EnWG sieht das EnWG 1998 in § 7 das so genannte Alleinabnehmersystem (Single-Buyer-System) vor. Damit hat der deutsche Gesetzgeber Art. 18 der RL 96/92/EG in nationales Recht umgesetzt, wobei er sich für ein Alleinabnehmersystem mit Abnahmeverpflichtung entschieden hat.

Der Alleinabnehmerstatus wird auf Antrag bewilligt. Den Alleinabnehmerstatus beantragen kann jedes netzbetreibende EVU, gleich ob es auf Verbund-, Regional- oder Kommunalebene tätig ist. Wird ein Antrag auf den Alleinabnehmerstatus bewilligt, bleibt der Alleinabnehmer für sein Versorgungsgebiet alleine zuständig. Es verbleibt daher bei seiner Monopolstellung. Da dies dem Zweck des Gesetzes zuwiderliefe, wird auch beim Alleinabnehmersystem Wettbewerb ermöglicht. Daher wird es den im Versorgungsgebiet eines Alleinabnehmers ansässigen Letztabnehmern ermöglicht, Elektrizität bei einem Wettbewerber „ihres" Versorgers zu kaufen. Durch den Vertrag eines Letztabnehmers mit dem Wettbewerber wird letztlich die Ankaufsverpflichtung des Alleinabnehmers sowie die weiteren Folgen des § 7 EnWG ausgelöst, wodurch der Letztabnehmer Elektrizität zu den von ihm mit dem Wettbewerber ausgehandelten Konditionen erhält.

Nach § 7 II S. 1 EnWG ist der Alleinabnehmer verpflichtet, die Elektrizität, die ein Letztabnehmer aus seinem Gebiet bei einem Wettbewerber gekauft hat, von diesem abzunehmen. Diese Verpflichtung besteht gegenüber dem Wettbewerber als auch gegenüber dem Letztabnehmer. Aus § 7 II S. 1 EnWG folgt für den Alleinabnehmer insoweit ein Kontrahierungszwang. Damit korrespondiert ein unmittelbarer zivilrechtlicher Anspruch des Letztabnehmers, dass der Alleinabnehmer die beim Wettbewerber gekaufte Energie diesem auch abnimmt.

Die Verpflichtung zur Abnahme trifft den Alleinabnehmer zwar grundsätzlich, aber nicht ausschließlich. Gem. § 7 II S. 2 EnWG findet § 6 I S. 2 bis 4 und III EnWG entsprechende Anwendung. Damit gelten die Verweigerungsgründe des Systems des verhandelten Netzzugangs gem. § 6 EnWG bei der Netzzugangsalternative entsprechend.

Die Vergütung der vom Alleinabnehmer gem. § 7 II S. 1 EnWG abzunehmenden Elektrizität wird in § 7 III S. 1 EnWG geregelt. Um zu vermeiden, dass der Alleinabnehmer Interna der Vertragsbeziehung zwischen Wettbewerber und Letztabnehmer erfährt, werden Abnahmeverpflichtung und Vergütung in einem Dreiecksverhältnis zwischen den Beteiligten abgewickelt. Die dem Wettbewerber vom Alleinabnehmer zu zahlende Vergütung muss mindestens dem vom Letztverbraucher an den Alleinabnehmer zu zahlenden Preis, vermindert um den Tarif für die Nutzung des Versorgungsnetz entsprechen. Der Tarif für die Nutzung des Versorgungsnetzes des Alleinabnehmers ist gem. § 7 III S. 2 EnWG nach den Regeln des § 6 I S. 1 EnWG zu ermitteln, bedarf der behördlichen Genehmigung und muss vom Alleinabnehmer öffentlich bekannt gegeben werden. Der Tarif ist das Äquivalent zum Durchleitungsentgelt. Hinsichtlich des Netztarifs und dem zu zahlenden Preis besteht eine gesetzlich vorgegebene Aufrechnung.

Die Belieferung des Letztabnehmers erfolgt allein durch den Alleinabnehmer. Zwischen diesen beiden besteht weiterhin eine synallagmatische Vertragsbeziehung, auf Grund derer der Alleinabnehmer als Gebietsversorger verpflichtet ist, den Letztabnehmer zu beliefern und der Letztabnehmer verpflichtet ist, den vom Gebietsversorger (= Alleinabnehmer) verlangten Preis zu entrichten. Um in den Genuss des günstigeren Wettbewerbspreis zu kommen, bedarf es der Weiterleitung des Differenzbetrages des von ihm an den Alleinabnehmer gezahlten „Alleinabnehmerpreises“ und dem mit dem Wettbewerber ausgehandelten, niedrigeren „Wettbewerbspreis“. Wie diese Weiterleitung zu erfolgen hat, ist gesetzlich nicht geregelt. Regelmäßig werden Letztabnehmer und Wettbewerber im Liefervertrag vereinbaren, dass der Wettbewerber verpflichtet ist, den Differenzbetrag an den Letztabnehmer zu zahlen.

Voraussetzung für die Bewilligung des Antrags ist gem. § 7 IV S. 1 EnWG ferner, dass bei vertikal integrierten EVU die Tätigkeiten des Alleinabnehmers nach den Absätzen 2 und 3 getrennt von der Erzeugungs- und Verwaltungstätigkeit verwaltet werden.

Gem. § 7 I S. 2 EnWG wird einem EVU der Alleinabnehmerstatus nur bewilligt, wenn zu erwarten ist, dass der Netzzugang zu gleichwertigen wirtschaftlichen Ergebnissen und daher zu einer direkt vergleichbaren Marktöffnung sowie einem direkt vergleichbaren Zugang zu den Elektrizitätsmärkten führt. Vergleichsmaßstab ist der verhandelte Netzzugang gem. § 6 I S. 1 EnWG. Es handelt sich um eine Prognoseentscheidung der Behörde.

Nach § 7 I S. 2 EnWG wird einem EVU der Alleinabnehmerstatus nur bewilligt, wenn zu erwarten ist, dass der Netzzugang zu gleichwertigen wirtschaftlichen Ergebnissen und daher zu einer direkt vergleichbaren Marktöffnung sowie einem direkt vergleichbaren Zugang zu den Elektrizitätsmärkten führt. Vom Grundsatz her ist dieses Erfordernis bei der Netzzugangsalternative für alle Beteiligten gegeben. Probleme treten bei Berücksichtigung der Umsatzsteuer auf, wenn der Letztabnehmer nicht vorsteuerabzugsberechtigt ist. Dann steht der Wettbewerber letztlich schlechter dar, als im System des verhandelten Netzzugangs, da er den Teil, den der Letztabnehmer nicht als Vorsteuer geltend machen kann, selber tragen muss, um den vereinbarten Preis darstellen zu können. Die wirtschaftliche Gleichwertigkeit der Systeme ist nicht mehr gegeben. Dieses Problem können die Parteien entweder dadurch umgehen, dass in den Vertrag zwischen Letztabnehmer und Alleinabnehmer der vom Letztabnehmer mit dem Wettbewerber ausgehandelte Preis übernommen wird oder dass die Parteien einen Vertrag zu Gunsten Dritter schließen. Hierbei verspräche der Alleinabnehmer dem Wettbewerber, den Letztabnehmer zu den Konditionen des Wettbewerbers zu beliefern.

C. Der Zugang zu Elektrizitätsversorgungsnetzen nach dem GWB

Neben dem energiekartellrechtlichen Netzzugang besteht für den Durchleitungspetenten auch die Möglichkeit, seinen Anspruch auf Netzzugang auf kartellrechtliche Normen zu stützen.

I. Der Netzzugang gem. § 19 IV Nr. 4 GWB

Nach § 19 I GWB ist die missbräuchliche Ausnutzung einer marktbeherrschenden Stellung durch ein oder mehrere Unternehmen verboten. § 19 IV GWB enthält Regelbeispiele, nach denen ein Missbrauch durch ein marktbeherrschendes Unternehmen als Anbieter oder Nachfrager einer bestimmten Art von Waren oder gewerblichen Leistungen vorliegt Mit Einführung des §19 IV Nr. 4 GWB im Rahmen der 6. Kartellrechtsnovelle hat der Gesetzgeber ein zusätzliches eigenständiges Regelbeispiel normiert, dass eine solche missbräuchliche Ausnutzung einer marktbeherrschenden Stellung charakterisiert. Das Regelbeispiel enthält den Tatbestand der Verweigerung des Zugangs zu einer wesentlichen Einrichtung. Eine Verweigerung des Netzzugangs ist demzufolge gem. § 19 I GWB verboten, wenn sie eine missbräuchliche Ausnutzung einer marktbeherrschenden Stellung darstellt. Nach § 32 GWB kann die Verweigerung durch die Kartellbehörde untersagt werden.

Voraussetzung für die Anwendung des § 19 GWB ist, dass der verweigernde Netzbetreiber eine beherrschende Stellung auf dem sachlich und räumlich relevanten Markt innehat. Nach dem Bedarfsmarktkonzept ist als sachlich relevanter Markt, der Markt für Übertragung und Verteilung von Strom, sog. Durchleitungsmarkt, anzusehen. Der räumlich relevante Markt wird in Durchleitungsfällen durch das Gebiet bestimmt, das für die nachgefragte Durchleitung sinnvollerweise in Betracht kommt. Bestimmend sind dabei der Punkt der Einspeisung, der Entnahmepunkt sowie die zwischen beiden liegende Verbindungsleitung. Gem. § 19 II Nr. 1 GWB ist ein Unternehmen marktbeherrschend, wenn es als Anbieter oder Nachfrager ohne Wettbewerber ist oder keinem wesentlichen Wettbewerb ausgesetzt ist. In der Regel wird ein netzbetreibendes Unternehmen über eine marktbeherrschende Stellung auf dem relevanten Markt verfügen, da auf Grund des bis 1998 geltenden Monopolsystems keine parallelen Leitungsnetze errichtet worden sind. Daher stellen die Versorgungsnetze der deutschen Netzbetreiber sog. „natürliche Monopole“ dar. Missbräuchlich kann die Verweigerung des Netzzugangs durch ein marktbeherrschendes Unternehmen indes nur sein, wenn das Netz als „wesentliche Einrichtung“ zu qualifizieren ist. „Wesentliche Einrichtungen“ sind Netze oder Infrastruktureinrichtungen, die als strategische Engpasseinrichtungen den Charakter eines natürlichen Monopols haben. Es handelt sich dann um wesentliche Einrichtungen, wenn sie objektiv erforderlich ist, um auf dem vor- oder nachgelagerten Markt Wettbewerb einzurichten bzw. aufrechtzuerhalten. Ferner muss es dem anderen Unternehmen nicht möglich ist, eine vergleichbare Einrichtung zu errichten. Auf Grund ihrer Qualität als „natürliche Monopole“ und des wirtschaftlichen Aufwands zur Errichtung von Direktleitungen, handelt es sich in der Regel um „wesentliche Einrichtungen“. Ein Missbrauch kann jedoch auch dann vorliegen, wenn der vom Netzbetreiber verlangte Preis für den Netzzugang nicht mehr „angemessen“ ist, so wie es das Gesetz verlangt. Ob ein Netznutzungsentgelt missbräuchlich hoch ist, ist anhand des „Als-ob-Konzepts“ in seiner Ausgestaltung durch das Vergleichsmarktkonzept festzumachen. Dabei muss berücksichtigt werden, dass es Gründe geben kann, die einen erhöhten Preis rechtfertigen. Solange zu Beginn allerdings noch keine Vergleichspreise vorliegen, ist auf die Vorgaben des § 6 I S. 1 EnWG bezüglich der Ermittlung der Durchleitungsentgelten zurückzugreifen.

Nach § 19 IV Nr. 4 HS. 2 GWB liegt kein Missbrauch vor, wenn das marktbeherrschende Unternehmen nachweist, dass die Mitbenutzung des Netzes aus betriebsbedingten oder sonstigen Gründen nicht möglich oder nicht zumutbar ist. Wie im Energierecht weist auch hier die Formulierung

„dies gilt nicht, wenn“ darauf hin, dass die Zulassung zum Netz die Regel und ihre Verweigerung die Ausnahme sein soll.

Ob und inwieweit die genannten Gründe im jeweiligen Einzelfall eine Netzzugangsverweigerung zu rechtfertigen vermögen, ist auf Grund einer Interessenabwägung unter Berücksichtigung der auf die Freiheit des Wettbewerbs gerichteten Zielsetzung des GWB zu entscheiden. Dabei sind die energierechtlichen Vorgaben ebenfalls zu beachten. Neben den Regelungen bezüglich des Netzzugangs und seiner Verweigerung sind auch die Ziele des § 1 EnWG zu berücksichtigen. Eine energierechtlich nicht mögliche Durchleitung in das Gebiet eines Alleinabnehmers kann auch nicht über das Kartellrecht erzwungen werden. Insoweit sind die beiden Tatbestände im Sinne der Einheit der Rechtsordnung in Einklang zu bringen. Durchleitungen und Durchleitungsverweigerungen sind im Kartellrecht und im Energierecht gleich zu beurteilen.

II. Diskriminierungsverbot gem. § 20 I GWB

Für das Diskriminierungsverbot gem. § 20 I GWB gelten die zu § 19 IV Nr. 4 GWB gemachten Ausführungen. Der Anwendungsbereich ist aber insoweit weiter, als das den Netzzugang verweigernde Unternehmen nicht zwangsläufig marktbeherrschend sein muss. Im Kontext mit § 20 I GWB genügt es, wenn es sich um ein marktstarkes Unternehmen handelt.

D. Durchsetzung von Netzzugangsansprüchen

Allein das Innehaben eines Anspruchs auf Netzzugang nützt dem Durchleitungspetenten letztlich nichts. Für die Einführung effektiven Wettbewerbs in der Elektrizitätswirtschaft kommt der Durchsetzbarkeit von Durchleitungsansprüchen gegen den Willen des Netzbetreibers eine große Bedeutung zu.

I. Schiedsgerichtliche Durchsetzung

Grundsätzlich ist es den Parteien unbenommen, ihre Streitigkeit vor einem Schiedsgericht klären zu lassen. Schiedsgerichte können entweder sog. „ad-hoc-Schiedsgerichte“ sein, also solche die eigens für den betreffenden Streit errichtet wurden, oder ständige Schiedsgerichte sein, die gegebenenfalls von Verbänden eingerichtet wurden. Für Streitigkeiten, die den Netzzugang betreffen, schlagen die Verbändevereinbarungen deren Erledigung vor einer Clearingstelle vor. Das schiedsgerichtliche Verfahren endet mit einem Schiedsspruch. Dieser wirkt inter partes wie ein rechtskräftiges Urteil. Eine Entscheidung am Ende eines Clearing-Verfahrens nach der VV nimmt den Parteien nicht die Möglichkeit, den Rechtsweg in Anspruch zu nehmen.

II. Energieaufsichtsbehördliche Durchsetzung

Nach § 18 I S. 1 EnWG überwacht die Behörde die Einhaltung der Vorschriften dieses Gesetzes und kann gem. § 18 I S. 2 EnWG im Einzelfall die erforderlichen Maßnahmen zur Durchführung des Gesetzes anordnen. Verweigert ein Netzbetreiber den Zugang zu seinem Netz ohne dass ein berechtigter Grund vorliegt, verstößt er gegen eine energierechtliche Vorschrift. Insofern ist die Energieaufsichtsbehörde berechtigt, eine Maßnahme anzuordnen, um die Einhaltung des § 6 EnWG zu Gewähr leisten.

Bei der inhaltlichen Ausgestaltung der aufsichtsbehördlichen Verfügung gilt es zu beachten, dass es der Energieaufsichtsbehörde grundsätzlich versagt ist, dem Netzbetreiber zu gebieten, wie er sein Netz zur Verfügung zu stellen hat. Sie kann grundsätzlich nur verbieten. Die genaue Ausgestaltung des Durchleitungsvertrags obliegt – solange keine Ermessensreduzierung auf nur eine mögliche Vertragsgestaltung vorliegt – den an der Durchleitung Beteiligten. Ist eine quantitative Bestimmung des missbräuchlichen Verhaltens möglich, kann die Behörde eine Mindestgrenze festlegen, ab deren Überschreiten ein Missbrauch vorliegt.

III. Kartellbehördliche Durchsetzung

In dem Fall, dass ein marktbeherrschendes Unternehmen den Zugang zu seinem Netz missbräuchlich verweigert, kann die Kartellbehörde gem. § 32 i.V.m. § 19 IV Nr. 4 bzw. § 20 I GWB dem Netzbetreiber das missbräuchliche Verhalten untersagen. Eine solche Untersagung kommt im Hinblick auf ein Durchleitungsbegehren einer Durchleitungsverpflichtung des Netzbetreibers gleich. Dies resultiert daraus, dass eine Unterlassung der Netzzugangsverweigerung zwangsläufig zu einem Zulassen des Netzzugangs führt.

Bezüglich der inhaltlichen Ausgestaltung der Verfügung gilt das zur energieaufsichtsbehördlichen Verfügung Gesagte.

IV. Durchsetzung im zivilrechtlichen Hauptsacheverfahren

Die Besonderheiten des verhandelten Netzzugangs sind auch im zivilgerichtlichen Hauptsacheverfahren zu beachten. Auch ein Zivilgericht darf grundsätzlich nicht den Durchleitungsvertrag selbst formulieren. Darum kann der Durchleitungspetent nicht im Wege der Leistungsklage auf Gewährung der Durchleitung klagen, sondern muss auf Zustimmung des Netzbetreibers zu einem vom Petenten unterbreiteten Netzzugangsangebot klagen. Obsiegt er und wird der Beklagte zur Abgabe der Willenerklärung verurteilt, so gilt diese als abgegeben, sobald das Urteil rechtskräftig geworden ist, § 894 I S. 1 ZPO. Aus Gründen der Prozessökonomie braucht der Durchleitungspetent nicht zunächst auf Zustimmung zu dem von ihm vorgelegten Durchleitungsvertrag zu klagen, um anschließend in einer weiteren Klage, den Anspruch aus dem Vertrag einzuklagen. Der Petent kann vielmehr – vergleichbar mit der Situation bei der Klage auf Wandelung – unmittelbar auf Netzzugang klagen.

Ist das „Ob“ einer Durchleitung geklärt und streiten die Parteien nur noch über die Höhe des Durchleitungsentgelts können sie zur schnelleren Abwicklung des Streits eine Vereinbarung hinsichtlich eines Leistungsbestimmungsrechts vereinbaren. Weigert sich der Netzbetreiber eine solche Bestimmung zu vereinbaren, verstößt er gegen seine Mitwirkungs- und Vertragsförderungspflichten, die als Minus in der Pflicht enthalten sind, Netzzugang zu gewähren.

V. Einstweiliger Rechtsschutz

1. Im Zivilprozess

Einstweiliger Rechtsschutz ist für den Durchleitungspetenten nur dann von Interesse, wenn er auf diesem Weg ein Urteil erreichen kann, welches dem Netzbetreiber eine bestimmte Leistung auferlegt, nämlich die (zumindest teilweise) Gewährung von Netzzugang bzw. die Zustimmung zu dem vom Petenten vorgelegten Durchleitungsvertrag. Dem Durchleitungspetenten hilft daher nur die sog. Leistungsverfügung weiter. Diese ist, da sie die Hauptsache zumindest zum Teil vorwegnimmt, im einstweiligen Rechtsschutz nur in seltenen Ausnahmen zulässig. Letztlich ergeht die Entscheidung des Gerichts über eine Leistungsverfügung auf Grund einer Interessenabwägung. Insgesamt verlangen die strengen Anforderungen der Leistungsverfügung, dass die Interessen des Petenten an einer vorläufigen Durchleitungsregelung den Interessen des Netzbetreibers, während des Streits über den Netzzugang nicht in Anspruch genommen zu werden, deutlich überwiegen. Ob dies der Fall ist, hängt vom jeweiligen Einzelfall ab.

2. Im Energieaufsichts- und Kartellverwaltungsrecht

Gem. § 18 I S. 2 EnWG kann die Energieaufsichtsbehörde eine Netzzugangsverweigerung verbieten, was einer Netzzugangsverfügung gleichkommt. Einsprüche hiergegen haben gem. § 80 I S. 1 VwGO aufschiebende Wirkung. Nach § 80 II Nr. 4 VwGO kann die Behörde jedoch den sofortigen Vollzug anordnen, wenn auf Grund der Durchleitungsverweigerung, die Entstehung von Wettbewerb zu großen Teilen verhindert wird.

Gleiches gilt, wenn der Netzbetreiber gegen eine Durchleitungsverfügung Beschwerde gem. § 63 I S. 1 GWB einlegt. Auch diese hat aufschiebende Wirkung, § 64 I GWB. Die Kartellbehörde ist gem. § 65 I GWB berechtigt, die sofortige Vollziehung anzuordnen. Wie im Energierecht erfordert dies, dass das öffentliche Interesse oder das des Petenten am Sofortvollzug überwiegt.

Bis zur endgültigen Entscheidung ist die Kartellbehörde berechtigt, einstweilige Anordnungen zum Zwecke der Regelung eines einstweiligen Zustands zu treffen, § 60 Nr. 3 GWB. Da auch hiermit die Hauptsache zumindest zum Teil vorweggenommen wird, sind an den Erlass einer einstweiligen Anordnung strenge Anforderungen zu stellen.

E. Die Verbändevereinbarungen

Der BMWi hat von seiner Ermächtigung, eine Rechtsverordnung zur Regelung der Durchleitungsverträge und über die Kriterien zur Bestimmung von Durchleitungsentgelten zu erlassen, keinen Gebrauch gemacht. Stattdessen hat er der privatwirtschaftlichen Lösung der Verbändevereinbarung den Vorzug gegeben.

Am 22. Mai 1998 trat die Verbändevereinbarung über Kriterien zur Bestimmung von Durchleitungsentgelten (VV I) in Kraft. Die VV I wurde vom Bundesverband der Deutschen Industrie (BDI), dem Verband der Industriellen Energie- und Kraftwirtschaft (VIK) und der Vereinigung Deutscher Elektrizitätswerke (VDEW) entwickelt und geschlossen.

Vorrangiges Ziel der VV I war die Realisierung von Zugang und Nutzung der Elektrizitätsnetze nach objektiven, transparenten und diskriminierungsfreien Regeln. Dieses Ziel sollte dadurch erreicht werden, dass die VV I als Grundlage eine Verhandlungsbasis für frei auszuhandelnde Vereinbarungen zwischen EVU und Elektrizitätskunden über den Netzzugang auf Vertragsbasis (NTPA) und die entsprechenden Netznutzungsentgelte schaffte. Der VV I lag ein sog Transaktionsmodell zu Grunde. Für die Berechnung des Durchleitungsentgelts wurde die fiktive Wegstrecke von Einspeisepunkt zum Entnahmepunkt betrachtet. Mussten bei einer Belieferung Netze verschiedener Betreiber in Anspruch genommen werden, so war mit jedem von diesem ein Durchleitungsvertrag abzuschließen. Bei der Berechnung der Entgelte unterschied die VV I zwischen Übertragungs- und Verteilungsnetzen. Das Durchleitungsentgelt bei Übertragungsnetzen beinhaltete, soweit zwischen Einspeise- und Entnahmepunkt eine Entfernung von 100 km und mehr lag, eine Entfernungskomponente. Im Verteilungsnetzbereich war dagegen ein Briefmarkentarif vorgesehen.

Die VV I enthielt zwar Kriterien zur Ermittlung der Durchleitungsentgelte. Die Regelungen über die technische und administrative Abwicklung sowie die Bereitstellung von Systemdienstleistungen und Regelleistungen bzw. –arbeit wurden dagegen durch den DVG GridCode, den VDEW DistributionCode bzw. durch die veröffentlichten Regelungen der betroffenen Netzbetreiber geregelt. Die VV I hat in entscheidendem Maße dazu beigetragen, dass der deutsche Strommarkt sich in relativ kurzer Zeit recht umfangreich geöffnet hat. Sie hatte einen erfolgreichen „Anzündereffekt". Für den Massenwettbewerb ist die VV I aber ebenso wenig geeignet gewesen wie für den Handel über eine Strombörse.

Unter Berücksichtigung der Nachteile der VV I wurde sie durch die Verbändevereinbarung über Kriterien zur Bestimmung von Netznutzungsentgelten für elektrische Energie (VV II), die am 13. Dezember 1999 unterschrieben wurde, an die Marktentwicklung angepasst und konkretisiert. Ziele der VV II sind vor allem die Ermöglichung des Massen- und des Börsengeschäfts. Zu diesem Zweck soll das Entgeltsystem sowie die Abwicklungs- und Abrechnungsmodi vereinfacht werden. Wichtigste Änderung ist die Aufgabe des Transaktionsprinzips der VV I. Wesen dieses Modells ist es, dass der Kunde für seine gesamte Netznutzung ein pauschales Netznutzungsentgelt entrichtet. Hierdurch wird eine Reduzierung des administrativen Aufwands erreicht, vor allem gegenüber den "Kettendurchleitungen". Eine Entfernungskomponente entfällt grundsätzlich. Lediglich wenn ein Handelszonen überschreitender Transport stattfindet, ist die sog. T-Komponente zu entrichten. Innerhalb der Handelszonen bleiben die Verbundunternehmen für ihre Regelzone verantwortlich. Innerhalb der Regelzonen sieht die VV II die Einrichtung sog. Bilanzkreise durch Marktteilnehmer vor. In einem Bilanzkreis bündelt ein sog. Bilanzkreisverantwortlicher, beispielsweise ein Händler, einerseits sämtliche einspeisenden Kraftwerke und andererseits sämtliche entnehmenden Verbraucher. Bei den Bilanzkreisen handelt es sich nicht um geographische, sondern vielmehr um virtuelle Gebilde, da die vom Bilanzkreisverantwortlichen gebündelten Kraftwerke und Verbraucher nicht in einem bestimmten Gebiet liegen müssen, sondern ihren Standpunkt an einem beliebigen Punkt innerhalb der Regelzone haben können.

Von ihrer Rechtsnatur her handelt es sich bei den VV um zweiseitige, doppelseitig korporative Normenverträge. Sie legen Normen fest, die für schuldrechtliche Einzelverträge Geltung erhalten sollen. Als Vertragsparteien haben sich die Verbände BDI und VIK einerseits und der VDEW andererseits darüber geeinigt. Durch die VV werden nur die Vertragsparteien gebunden. Eine rechtliche Bindung der den Verbänden angeschlossenen einzelnen Unternehmen wird dadurch nicht erreicht. VV haben für die einzelnen Unternehmen keine rechtliche Verbindlichkeit. Der VV kommt aber die normative Kraft des Faktischen zu. Es handelt sich um ein Regelwerk, das von anerkannten Fachleuten entworfen worden ist. Die dort festgelegten Kriterien können als zutreffend angesehen werden. Ähnlich wie die DIN-Normen und andere technische Regelwerke deutet die Anwendung der Kriterien der VV auf rechtmäßiges Verhalten hin. Eine faktische Bindung wird insoweit dadurch erzeugt, dass die VV-Kriterien die Rechtmäßigkeit indizieren. Ein Abweichen unter Anwendung ebenfalls rechtmäßiger Kriterien ist aber möglich.

Verstöße gegen das Kartellrecht durch die VV sind in mehrerer Hinsicht denkbar. Zum einen kommt ein Verstoß gegen § 1 GWB auf Grund eines Abstimmungsprozesses der Leitungsbetreiber untereinander in Betracht. Ein Verstoß gegen das Kartellverbot des § 1 GWB durch die VV an sich, also durch den Abstimmungsprozess der vertragsschließenden Verbände, kommt dagegen nicht in Betracht, da die Verbände nicht miteinander im Wettbewerb stehen. Durch den Erlass der VV und das Nahelegen, die VV anzuwenden, kommt jedoch ein Verstoß gegen das Empfehlungsverbot des § 22 I S. 1 GWB in Frage. Zu einer Anwendung eines kartellrechtlichen Verbots kommt es jedoch nicht. Bei den Verbändevereinbarungen handelt es sich um sog. Ministerkartelle im Sinne des § 8 GWB, die von der Verbotsnorm des § 1 GWB ausgenommen sind. Das fehlende förmliche Verfahren, welches das GWB grundsätzlich für eine Freistellung nach § 8 GWB vorsieht, steht dem nicht entgegen. Die mit dem formellen Antragsverfahren verfolgten Ziele können auch anderweitig erreicht werden.

Peter Lang · Europäischer Verlag der Wissenschaften

Stefan Tüngler

Der Netzzugang in der Elektrizitätswirtschaft auf der Grundlage des Energiewirtschaftsgesetzes (EnWG)

Frankfurt/M., Berlin, Bern, Bruxelles, New York, Oxford, Wien, 2002. XX. 280 S.
Europäische Hochschulschriften: Reihe 2, Rechtswissenschaft. Bd. 3355
ISBN 3-631-39028-9 · br. € 45.50*

Die rechtlichen Rahmenbedingungen für die Elektrizitätswirtschaft haben sich in den letzten Jahren grundlegend geändert. An erster Stelle steht die wettbewerbsorientierte Umgestaltung des energiewirtschaftlichen Ordnungssystems durch das Gesetz zur Neuregelung des Energiewirtschaftsrechts vom 24.04.1998. Neben der durch die Aufhebung der kartellrechtlichen Freistellungstatbestände (§§ 103, 103 a GWB a.F.) ermöglichten Alternative des freien Leitungsbaues hat die Energierechtsnovelle die Stromversorgungsnetze mittels Durchleitungsrechten auch Wettbewerbern zugänglich gemacht (§§ 5 ff EnWG). Nach der dogmatischen Herleitung des Anspruchs auf Mitbenutzung fremder Elektrizitätsversorgungsnetze werden Inhalt und Grenzen dieses Anspruchs untersucht.

Aus dem Inhalt: Der Netzzugang in der Elektrizitätswirtschaft · Inhalt und Grenzen des Anspruchs aus § 6 EnWG

Kolibri 360 GmbH
Ferdinand-Jühlke-Straße 7
99095 Erfurt, Deutschland
produktsicherheit@kolibri360.de

Druck:
CPI Druckdienstleistungen GmbH
im Auftrag der
Kolibri 360 GmbH
Ferdinand-Jühlke-Str. 7
99095 Erfurt